国家社科基金重大项目"中国传统礼仪文化通史研究"（18ZDA021）阶段性成果

经学·礼学与中国社会

潘 斌 主编

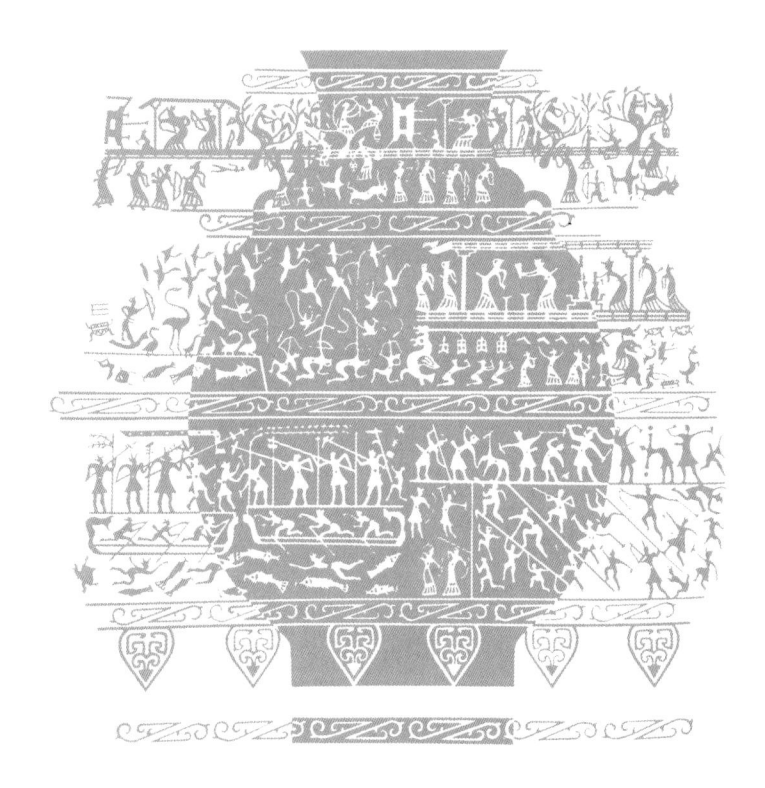

南京大学出版社

图书在版编目(CIP)数据

经学·礼学与中国社会 / 潘斌主编. —南京：南京大学出版社，2020.8
　　ISBN 978-7-305-23607-5

　　Ⅰ.①经… Ⅱ.①潘… Ⅲ.①经学—文集②礼仪—中国—古代—文集 Ⅳ.①Z126.27-53②K892.9-53

中国版本图书馆CIP数据核字(2020)第131809号

出版发行　南京大学出版社
社　　址　南京市汉口路22号　　　邮　编　210093
出 版 人　金鑫荣

书　　名　经学·礼学与中国社会
主　　编　潘　斌
责任编辑　张　敏

照　　排　南京紫藤制版印务中心
印　　刷　江苏凤凰扬州鑫华印刷有限公司
开　　本　787×1092　1/16　印张35.5　字数540千
版　　次　2020年8月第1版　2020年8月第1次印刷
ISBN 978-7-305-23607-5
定　　价　108.00元

网　　址：http://www.njupco.com
官方微博：http://weibo.com/njupco
官方微信：njupress
销售咨询热线：(025)83594756

＊ 版权所有，侵权必究
＊ 凡购买南大版图书，如有印装质量问题，请与所购
　 图书销售部门联系调换

"经学·礼学与中国社会"学术研讨会开幕式

专家专题发言

与会学者合影

会议现场剪影

前　言

2018年7月6—8日，由西南财经大学人文学院主办的"经学·礼学与中国社会"学术研讨会在西南财经大学柳林校区召开。来自中国人民大学、清华大学、复旦大学、南京大学、南京师范大学、上海交通大学、浙江大学、武汉大学、吉林大学、山东大学、山东师范大学、同济大学、安徽大学、西北大学、陕西师范大学、国防科技大学、广州大学、东北师范大学、大连大学、重庆大学、四川省社会科学院、四川大学、西南交通大学、四川师范大学、西南石油大学、西南科技大学、西华大学、西南财经大学、台湾"中央研究院"、台湾清华大学、台湾师范大学、台湾辅仁大学、台湾中原大学、台湾育达科技大学、香港岭南大学的百余名专家学者参与了此次盛会。本次学术会议共收到学术论文八十余篇，分为十二个讨论组，发言八十余人次。主要内容涉及经学文献、经学思想、经学历史、经典诠释方法、礼学文献、礼学思想、礼学史、礼学与社会的互动等。与会学者围绕"经学""礼学"的主题热烈地开展研讨，抓住了中国传统文化的核心要义，触及了中国传统文化的基本精神，因此，这次学术研讨会具有很高的学术价值。此次研讨会必将进一步加强和促进两岸三地学者之间的交流和思想的碰撞，从而推动包括经学、礼学在内的中国优秀传统文化的深入研究。

为了展示这次会议的成果，我们选编了这本会议文集。本书所选入的论文共三十八篇，分为上、下两编，上编为"经学研究"，下编为"礼学研究"。

本书的选编与出版，得到了各位参会代表的大力支持。西南财经大学人文学院承担了全部的出版经费。在文集付梓之际，谨向各位支持我们的前辈和同仁表示诚挚的谢意！

编　者

目 录

上编　经学研究

熹平石经《周易》经本之推定 ……………………………… 虞万里 / 3
《尚书》学文献史简论 ……………………………………… 王小红 / 17
20世纪的元明《春秋》学研究述评 ………………………… 张尚英 / 24
《论语》何时成为经典考论
　　——兼与秦晖先生商榷 …………………………………… 丁　鼎 / 30
张岱《论语遇》的诠释特色 ………………………………… 唐明贵 / 42
大历出土《古文孝经》考实 ………………………………… 舒大刚 / 60
论《中庸》对张载理学建构的特殊影响 …………………… 林乐昌 / 71
关于《荀子》书之蠡测 ……………………………………… 汪春泓 / 86
董仲舒的历史观与政治哲学 ………………………………… 陈福滨 / 109
经学理学化
　　——中国宋代学术发展的趋势 …………………………… 蔡方鹿 / 122
论汉儒"太平乃制礼作乐"的思想 ………………………… 徐兴无 / 127
论今文经学与其口说传业方式 ……………………………… 葛志毅 / 150
文人论经
　　——袁枚经说抉隐 ………………………………………… 刘芝庆 / 160
"宋学"在乾嘉汉学话语中的不同意蕴 ………… 崔发展　郑　超 / 175
宋代皇帝书法艺术中的经学篇章抄写研究 ………………… 宋晓希 / 187
文化认同与体系构建：《钦定篆文六经四书》初探 ……… 任利荣 / 202

· 1 ·

《汉学商兑刊误补义》发微
　　——再论方东树《汉学商兑》之立意 ………………………… 虞思徵 / 218
近代儒学研究的反思
　　——论文化差别性与共同性的研究方法 …………………… 詹海云 / 230
论马克思主义儒学 ………………………………………………… 张茂泽 / 251

下编　礼学研究

荀子王霸理论与《周礼》之关系 ………………………………… 林素英 / 265
《周礼》郑注"马上鼓"及相关问题研究 ………………………… 朱红林 / 291
宋代《周礼》学史论略 …………………………………………… 夏　微 / 309
《周礼》"大史""内史"关系析论 ………………………………… 任慧峰 / 320
试论贾公彦的《丧服》诠释 ……………………………………… 邓声国 / 335
读余仁仲本《礼记注》札记 ……………………………………… 王　锷 / 351
金榜《礼笺》的思想诠释 ………………………………………… 徐道彬 / 364
《五礼通考》中的天神祭祀系统 ………………………………… 霞绍晖 / 385
射礼礼典与嵌错刻纹铜器图案辨误 …………………………… 徐　渊 / 394
《周易》的礼仪属性及其孝道观念 ……………………………… 陈居渊 / 409
摄礼归心与孟子对礼的内在化改造 …………………………… 高国良 / 420
礼之本
　　——礼乐的价值基础和内在精神 …………………………… 韩　星 / 433
荀子"礼"的正义论意涵 ………………………………………… 黄玉顺 / 450
论荀子人性论以"道德之极"为"礼"之意义 …………………… 黄秋韵 / 474
张载哲学中"礼"与"理"间的转换机制 ………………………… 黄信二 / 494
荣仲方鼎铭文所见诸子之官及其职掌
　　——兼论周初学校的设立及学中所习之业 ……………… 贾海生 / 512
从苞苴礼看上古礼义的生成方式 …………………… 余　琳　戴伟华 / 521
明代国家祭祀体系的衍变 ………………………………………… 李　媛 / 532
时代学风与宋儒通经致用的经典诠释取向
　　——以"三礼"诠释为中心的考察 ………………………… 潘　斌 / 543

上编 经学研究

熹平石经《周易》经本之推定

虞万里

上海交通大学人文学院

    熹平石经所刊经数，文献记载有五经、六经、七经之异说，至其所刊经本，更鲜所论及。北宋赵明诚校核残石异同，于《诗》仅言其多与今本《毛诗》不同，惜其校记散佚，无法知其异同所在。南宋洪适《隶释》逐录熹平残石文字，始据校记"齐、韩"残文和《隋志》所载"石经《鲁诗》六卷"，定石经用《鲁诗》，参用齐、韩异文；又据《公羊》校记"颜氏"，定《公羊传》用严彭祖本。[①] 其《尚书》虽存五百余字，校以传世孔本，而未指明为欧阳或大小夏侯本，《易》则不见残文，更无从言其文本。及至上世纪二十年代熹平残石再次出土，短短十余年间，竟有残石一二千字，学者乃据残石文字推考其文本。

一、熹平石经《周易》文本推测

    北宋嘉祐间出土熹平石经残石不少，然据《隶释》所载，竟无《周易》，故熹平《周易》面貌一直隐在谜中。洛阳大块《周易》《家人》至《归妹》卦与《文言》《说卦》残石出土，引起学者探究其所据文本之兴趣。

    一九二八年，洛阳朱疙瘩村出土大卣熹平石经《周易》残石，正面为下经《家人》之《小过》等二十六卦五百三十余字，背面为《系辞》《文言》《说卦》，存四百二

[①] （宋）洪适：《隶释》卷一四，北京：中华书局1985年影印本，第152页上。

十余字。① 石甫出土,当地人以石巨不易搬运,效法三体石经《尚书》《春秋》之法,横断为二。一九二九年,文素松因公往来洛郑间,得其上段。② 下段归三原于右任。于、文二家视若拱璧,拓本稀见,仅在政界要员、学者名流中流传。

初出土时既剖后两石合拓本③

① 按:此据《河南政治》1936年所刊初拓本之介绍。此石出土年月,亦记载各异。刘节据文素松自序谓民国十八年(1929),顾鼎梅《汉熹平石经〈周易〉残石跋》谓:"庚午辛未之际,洛河之南,朱疙疸村(原作'材',误)发见汉熹平《周易》石经残石二段。"《学术世界》1936年第一卷第二期,第106页)则是在1930、1931年矣。又《国立北平图书馆馆刊》1931年第五卷第六期介绍文素松《汉熹平〈周易〉石经残碑录》云:"此方于民国十九年在洛阳出土,分上下两截,共存八百余字。"屈万里亦云:"民国十九年,朱疙疸村复发现汉石经《周易》残碑一大段,凡九百七十余字。"《汉石经〈周易〉残字集证》卷一,台湾"中研院"历史语言研究所专刊之四六,1961年,第十五叶)则为1930年,盖以文素松获得残石之年为出土之时。可见时隔不足十年,记载即已纷纭。
② 文素松:《汉熹平石经〈周易〉残碑序》,《新闻报》1931年6月14日12版。
③ 《汉熹平石经〈周易〉残石》,《河南政治》1936年6卷6期,第1页。

易经残石（背面）　　　易经残石（正面）

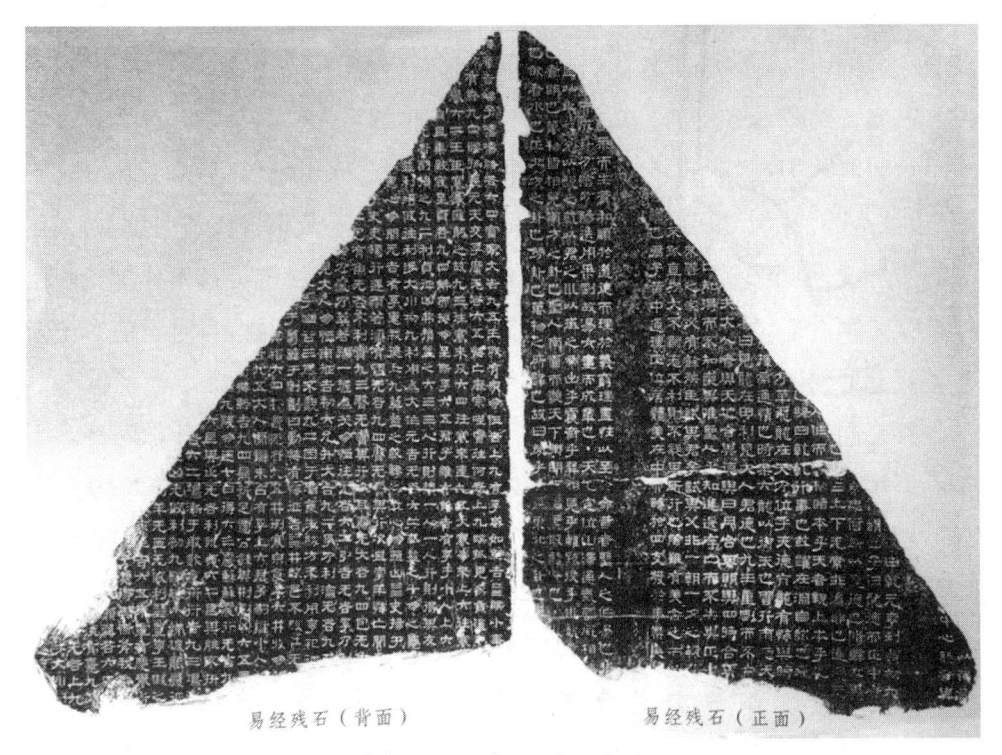

熹平石经《易经》残石拓本

（一）熹平石经《周易》为京本说

一九二九年，孙壮将此残石拓本赠予马衡，衡著一跋，探讨其文本归属。马跋先校每行文字多寡，得整行七十三字，然碑阳第五、第八、第十行各盈一字，第十二行盈二字。碑阴第一行绌二字，第二、第九行各绌一字，第三行绌四字，第五行盈一字，第十二行盈二字，第十五行盈五字。由此显示今本与熹平经本文字多寡，不在少数。继列两本十一条异文，征引文献，别其形音义之异同。进而谓后汉《易》有施、孟、梁丘、京四家，从二条异文考证石经所据为京氏本。一是"坎"字。《说卦》"坎者，水也"，石经作"欿"。《释文》于《坎》卦"习坎"下云："京、刘作欿"，马衡谓石经《鲁诗》"坎坎伐轮"亦作"欿"，推论石经《周易》之"坎字皆作欿矣"。二是"劓刖"。《困》卦"于臲卼"，石经作"于劓刖"。《释文》出"劓刖"，云："荀、王肃本'劓刖'作'臲卼'，云'不安貌'，陆同。郑云'劓刖当为倪仉'。京作'劓劊'。"京《易》"刖"与石经同，而"劓"则不同。但马衡辗转牵合，而谓："此一家果谁氏乎？以此石证之，盖用京氏本也。陆氏谓坎，'京、刘作欿'；又劓刖，京作'劓刖'。此本悉与京氏合,是用京氏本无疑矣。其碑末校记中,当著施孟梁丘之异同,如《诗》《公羊》《论语》之例,又可断言也。"①言之凿凿,似为定论。

其实此结论本有反证。马衡所列《家人》卦"终吝"之"吝",石经作"吝",《释文》于《说卦》"为吝"下云:"京作遴。"许慎《说文》自称用孟氏《易》,而在"遴"下引"以往遴","吝"下却引作"以往吝",前后不同。段玉裁谓许氏或引别本,或孟《易》有异文,但至少京氏作"遴",与石经不同。马衡却一笔带过不作深论。由于此文是第一篇讨论熹平石经文本文章,又刊发在北大刊物,当时正值古史辨思潮兴起的数年中,故响应者不少。

钱玄同从马衡处见《周易》残石拓本,并读到马跋"坎,京、刘作欿",疑熹平刻石系用京氏《易》一说,即刻表示:"我认为马先生的意见是很对的。"②从而在《论观象制器的故事出京氏〈易〉书》一文中云:"惟熹平石经为京氏《易》,除'劓刖'二字外,尚有一字更为重要者,即'坎'字作'欿'是也。京氏作'欿',陆氏《释文》已明言之,石经适与京符,其为京《易》更无疑义矣。"③顾颉刚虽未直接说是从马衡之说,然亦云"至于《周易》经传的本子因京房之学日盛,遂使他的本子成为定本,新出汉石经可见"④,所引证据即马跋所揭示之二例,故而马说在二十年代末有一定影响。

一九三三年,国内学界著名学者为蔡元培六十五岁撰文祝寿,马衡撰《从实验上窥见汉石经之一斑》以献。其论《周易》经本为京氏本,更增前说云:

> 近出《周易》残石,表刻《家人》迄《小过》二十六卦,凡二十八行;里刻《系辞下》《文言》《说卦》,凡二十一行。《蹇卦》"大蹇朋来"之"朋"作"崩";《困卦》"于臲卼"作"于劓刖";《说卦》"坎者水也"之"坎"作"欿",与《释文》所举京本合(崩见《复卦》,欿见《坎卦》)。余前跋此石,定其

---

① 马衡:《汉熹平石经〈周易〉残字跋》,《北大图书部月刊》1卷1期,1929年12月,第101—166页。
② 钱玄同:《读汉石经〈周易〉残字而论及今文〈易〉的篇数问题》,《古史辨》第3册,上海:上海古籍出版社1979年影印本,第74页。
③ 钱玄同:《论观象制器的故事出京氏〈易〉书》,《古史辨》第3册,上海:上海古籍出版社1979年影印本,第74页。原刊《燕大月刊》1930年第六卷第三期。
④ 顾颉刚:《论〈易〉系辞传中观象制器的故事》,《古史辨》第3册,上海:上海古籍出版社1979年影印本,第68页。

本为京氏。又《系辞下》"洗心"条曰:"京、荀、虞、董、张、蜀才作'先',石经同。"既于四家之中独举京氏,而又言石经与之同,是于上举诸证之外,又得一铁证矣。①

此文补证"洗心"一条,以坚前说。刘节为熹平石经《周易》巨石作跋,胡小石为作校字记,亦皆赞同马衡之说,并在马衡基础上,又益石经与京本同字数例,以证其说。② 张国淦撰《汉石经碑图》,虽见后记有"梁□施氏"云云,仍从《释文》异文循马衡思路云"似系用京本也"。③

(二)熹平石经《周易》为梁丘本说

罗振玉在1929年十一月初见《文言》《说卦》残石时,也已注意到"欿者,水也"文,其作校云:"'欿者,水也',今本'欿'作'坎',《习卦》《释文》'习坎'注:'本亦作坎,京、刘作欿。'石经与京本合。"④并未说熹平石经所据为京本。及至1932年十一月获得"革去故/济男之/易经梁"残石,遂云"乃后题'易经'下有'梁'字,知《易》用梁丘氏本矣"⑤。嗣后作《记梁邱氏易》一文,更言:"嗣观往岁所出序记残石,亦有'易梁'字,又有'施氏''郎中孙进'及'考合异同,各随家法,是正五经□□(当是"文字"二字)'语,益知《易》用梁丘

"革去故/济男之/易经梁"残石字样

---

① 马衡:《从实验上窥见汉石经之一斑》,《凡将斋金石丛稿》,北京:中华书局1977年版,第202—203页。
② 刘节:《汉熹平石经〈周易〉残字跋》,《燕京学报》1932年第11期。胡小石:《文于二氏所藏汉熹平石经〈周易〉残石校字记》,《国风》半月刊1934年5卷2期,第1—7页。
③ 张国淦:《汉石经碑图》,沈阳:辽宁关东印书馆1931年版,第6页下。
④ 罗振玉:《汉熹平石经残字集录三编》,1929年仲冬石印本,《历代石经研究资料辑刊》第5册,北京:北京图书馆出版社2005年版,第448页。按,罗氏《三编序》作于1929年仲冬四日,时在1929年12月4日,应该尚未见到马衡1929年12月出版的《北大图书部月刊》。
⑤ 罗振玉:《汉熹平石经集录续补》,1932年石印本,《历代石经研究资料辑刊》第5册,北京:图书馆出版社2005年版,第742页。

氏本，而参以施氏诸家本也。"①因梁丘《易》亡于晋永嘉之乱，故陆德明《释文》不载其佚文。罗氏校核残石与今传王弼本文字异同三十二则，遂谓"凡此异同，皆晋以后治《易》家所未及知，幸于残石中得之，可谓一字千金矣"。罗氏著此文时，时间上可见马跋，然文中未予提及。与罗氏同时，有署名"次公"者，在《河南大学周刊》上为关百益题《周易》残石诗云："倘遇中郎残叙在，应知旧本出梁丘。韦编《说卦》接《文言》，经翼分行见本原。"②盖据残叙而以为是梁丘本，时间皆在该年年末。

1944年，屈万里从国民党元老张溥泉处获汉熹平石经《周易》一残石拓本，正反两面，正面为经文，存二十八字，反面为校勘记，存二十四字（其中"四童"两字残泐，漫漶不清）。碑式文字如下：

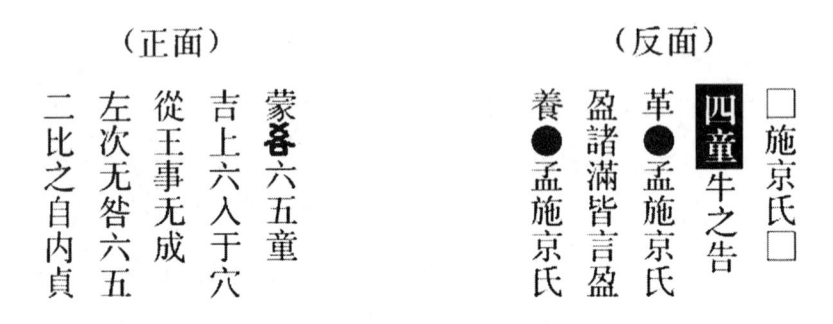

（正面）

蒙䷃六五童
吉上六入于穴
从王事无成
左次无咎六五
二比之自内贞

（反面）

□施京氏□
四童牛之告
革●孟施京氏
盈诸满皆言盈
养●孟施京氏

熹平石经《周易》残石拓本碑式文字

上列反面文字亦关涉熹平石经《周易》所据文本问题。屈万里先列叙山东省立图书馆所藏，亦为罗振玉《汉熹平石经残字集录续补》所著录之"易经梁"残石，指出罗氏曾推测为梁丘氏本，唯无其他佐证，学者未之信。而马衡著跋之后，"钱玄同、顾颉刚、胡适之皆和之"③，马衡复在《从实验上窥见汉石经之一斑》

---

① 罗振玉：《记梁邱氏易》，《松翁未焚稿》，《罗振玉学术著作集》第10集上，上海：上海古籍出版社2012年版，第443页。按：《未焚稿》系1933年缀集旧稿而成，则此篇当作于此年之前，疑其作于《续补》前后。

② 民国间字次公者多人，即南社诗人沈昌直、邵瑞彭皆字次公。邵退出官场后，曾任河南大学教授，晚年寓居开封，穷愁潦倒。疑此诗即邵瑞彭所作。《省立河南大学周刊》第6期，第5页。

③ 按：屈氏所指三人文章，即钱玄同《读汉石经〈周易〉残字而论及今文〈易〉的篇数问题》，顾颉刚《论〈易〉系辞传中观象制器的故事》和胡适之《论观象制器的故事出京氏〈易〉书》三篇。但其指为胡适之的一篇，仍是钱玄同之文，署"疑古玄同"。此当是屈氏误记。

更举例证以加强其说。① 屈氏得新残石之证，遂就马氏所列四证逐条驳之：

一、坎，陆氏《释文》谓京本作"欿"，而《说文》引《易》作"欿"，许慎用孟喜《易》，是先于京房之孟喜《易》已作"欿"，非京氏特点。且《诗·伐檀》"坎坎"字，汉石经亦作"欿"。

二、朋，石经《蹇卦》九五爻辞"大蹇朋来"之"朋"作"崩"，京氏《易·复卦》卦辞"朋来无咎"之"朋"作"崩"，两者非同一文句之异文。

三、汉石经《困卦》上六爻辞"劓刖"，虞翻、王弼诸本皆作"臲卼"，而《释文》所谓京作"劓刖"者，乃九五爻辞"劓刖"之异文，二者非同一事。

四、"洗"字作"先"，《释文》既著"京氏"，又著"石经"与之同，适足以证明石经非京氏本，否则毋庸复举。

屈氏以为以上四证，皆非石经为京氏本究极之证，相反，他提出二证，《艮卦》初六爻辞"不拯其随"，京氏作"承"，而石经作"抍"；《释文》于《说卦传》"为吝"下云"京作遴"，今出土石经却作"吝"，是皆汉石经《周易》非京氏本之证。于是他据新见残石文字云：

> 今此石反面之校记，寥寥二十四字中，"孟施京氏"语凡三见（其首行"施京"两字上虽残缺，然可断其必"孟"字无疑），乃有京氏而无梁丘。后汉《周易》之立于学官者，既仅施孟梁丘京四家，校记中既已出施孟梁丘三家，则其主本必梁丘氏本，断然无疑。复证以山东图书馆藏石，其校记开首为"易经梁"三字，知其语当为"《易经》梁丘氏本"之意，又必无疑也。②

屈氏此文写于 1945 年三月五日，而刊出已在 1947 年三月。然马衡《凡将斋金石丛稿》有《汉石经〈易〉用梁丘本证》一文，未署作年。自谓"余曩著《从实

---

① 屈万里：《汉石经〈周易〉为梁丘氏本考——跋张溥泉先生藏汉熹平石经〈周易〉残石》，《台湾"中央图书馆"馆刊》复刊第一号《书佣论学集》，《屈万里先生全集》之一四，台北：联经出版事业公司1984年版，第 4 页。

② 屈万里：《汉石经〈周易〉为梁丘氏本考——跋张溥泉先生藏汉熹平石经〈周易〉残石》，《书佣论学集》，《屈万里先生全集》之一四，台北：联经出版事业公司1984年版，第 5 页。

验上窥见汉石经之一斑》一文……其关于经本者……至《易》之为京氏，则以《易》之残石异文多与陆德明《经典释文》所引之京氏合(见余所著《汉石经〈周易〉残字跋》)，亦为假定之说，较《论语》之为《张侯论》，证据尤为薄弱。前为蔡子民作纪念论文时，论及本经，以《易》之残字发见不多，舍此又别无他说，姑取此以备吾一说，不敢谓之定本也。今直接证据发见，而前说果被推翻，于此益见考证之难也"①。马衡所谓直接证据，即屈万里所考《周易校记》残石，谓"校记虽仅二十余字，而两见孟、施、京氏字，是可证《易》用梁丘，正可纠正前此之误"②。读此似觉马衡见新获残石而纠正前说。此文未著撰作年月，文中云"一九四二年李涵初(培基)以拓本见寄，久而未至。今年春，复寄一本来，而誊以他经小由二纸……其一为《易》上经《蒙》至《比》卦及《易·校记》，存五十四字"。李培基(字涵初)曾任国民党铨叙部部长、"考试院"秘书长，一九四二年一月任河南省政府主席，马衡谓一九四二年李以拓本见寄，应是李在省政府主席任上所得之拓本。一九四二年适值河南发生大饥荒，李在任瞒报，国民政府于十月派张继(溥泉)和张厉生赴河南视察调查，张溥泉很可能在与李培基交谈时获得《周易》校记残石，而于一九四四年转赠屈万里。以此年月推之，似马衡撰文在屈万里之前。然从马衡此文后重申其原举四例异文与京本同，不得谓毫无根据，则又似针对屈万里文章之批评而发。若然，则马文似在见到屈文之后而作。屈氏一九六一年著《汉石经〈周易〉残字集证》，又增四事以坚其说，云：

  今所见残字较多，更有四事，可证汉石经《周易》非京氏本。《小畜》上九"尚德载"，吕氏《古易音训》引晁氏云："德，子夏作得；京、虞翻同。"而汉石经残字《象传》云："德积载也。"明汉石经"德"不作"得"。一也。《豫》六三"盱豫悔"，盱，《释文》云："京作污。"而汉石经残字《象传》云："疛豫有悔。"是汉石经作"疛"不作"污"。二也。《系辞上》"可与酬酢"，《释文》云："酢，京作醋。"而汉石经残字作"酢"不作"醋"。三也。《杂卦传》"谦轻而豫怠也"，怠，《释文》云："京作冶。"而汉石经残

---

① 马衡:《汉石经〈易〉用梁丘本证》，《凡将斋金石丛稿》，北京：中华书局1977年版，第228页。
② 马衡:《汉石经〈易〉用梁丘本证》，《凡将斋金石丛稿》，北京：中华书局1977年版，第228页。

字作"怠"不作"冶"。四也。①

徐芹庭继屈万里之后,撰《梁丘〈易〉与汉熹平〈周易〉石经》,承屈说而又补证四事:

《革》九五"大人虎变",熹平石经"变"作"辩",而京作"辨",《古易音训》引晁氏云:"变,京作辨,不同。"而汉石经"变"皆作"辩",其不同又一也。《蹇》卦,汉石经"蹇"皆"蹇",《释文》云:"兑宫四世卦。"此引京氏《易》也,而不载京之异文,则京亦作"蹇"也。此其不同者又二也。《家人》九三"妇子嘻嘻,终吝",吝,汉石经作"吝"。朱震《汉上易传》引京房《易》,不载"吝",京作"遴",以此推之或当作"遴",不然则作"吝"。此其不同者又三也。丰,汉石经作"豊",《释文》云:"坎宫五世卦。"此京氏之说也,而不云京氏作"丰",是京氏亦作"丰"。此其不同者又四也。②

徐氏所举四例,虽犹如默证,然结合屈氏所举,亦有参考价值。无论如何,熹平石经《周易》所据文本,经马衡、罗振玉、屈万里、徐芹庭反复论证,其为梁丘氏本已断然无可怀疑。

二、熹平石经《周易》文本异同

今传王弼本《周易》,分《上经》《下经》及《系辞》上、下和《说卦》《序卦》《杂卦》。其《文言》分置《乾》《坤》二卦后,《彖传》《象传》分置六十四卦后。唐石经用王弼本,遂传于今。然据《三国志·魏书·高贵乡公纪》云:

---

① 屈万里:《汉石经〈周易〉残字集证》,台北:"中央研究院"历史语言研究所专刊之四十六1961年版,第30—31页。
② 徐芹庭:《梁丘〈易〉与汉熹平〈周易〉石经》,《汉易阐微》第六章,北京:中国书店2010年版,第197页。按,四也,原作"五也",据文义改。

帝（高贵乡公）又问曰："孔子作《彖》《象》，郑玄作注，虽圣贤不同，其所释经义一也。今《彖》《象》不与经文相连，而注连之，何也？"俊（淳于俊）对曰："郑玄合《彖》《象》于经者，欲使学者寻省易了也。"帝曰："若郑玄合之，于学诚便，则孔子曷为不合以了学者乎？"俊对曰："孔子恐其与文王相乱，是以不合，此圣人以不合为谦。"帝曰："若圣人以不合为谦，则郑玄何独不谦邪？"俊对曰："古义弘深，圣问奥远，非臣所能详尽。"①

论者由此言合《彖》《象》于经，郑玄已为之，而洪颐煊则驳之，以为康成援《彖》《象》以己注出之，非混传于经也。② 宋陈振孙曾引晁说之谓"以《彖》《象》《文言》杂入卦中自费氏始"，"古经始变于费氏，大乱于王弼"。③ 孔颖达云郑玄前之马融曾合《周礼》经注于一本，以省两读之便，虽不知其时《周易》是否有合，而其为"寻省易了"、有便学者之意完全一致。

宋代学者始有恢复古经之愿望。宋初王洙著《古易十二卷》，其上下经唯载爻辞，其他则《卦辞》一、《彖辞》二、《大象》三、《小象》四、《上系》六、《下系》七、《说卦》八、《序卦》九、《杂卦》十。王氏将卦、爻辞分开，《彖辞》不分上下。至吕大防著《周易古经》，自序谓："《彖》《象》所以解经，始各为一书。王弼专治《彖》《象》以为注，乃分缀卦爻之下，学者于是不见完经，而《彖》《象》辞次第贯穿之意亦缺然不属。予因案古文而正之，凡经二篇，《彖》《象》《系辞》各二篇，《文言》《说卦》《序卦》《杂卦》各一篇，总一十有二篇。"④晁说之著《古周易》八卷，分《卦爻》一、《彖》二、《象》三、《文言》四、《系辞》五、《说卦》六、《序卦》七、《杂卦》

---

① （西晋）陈寿：《三国志》卷四，北京：中华书局1964年版，第136页。
② （清）洪颐煊：《读书胜录续编》卷一，并云："然则以传附经，实始乱于王弼，以为始于费直、郑康成者皆误。"（咸丰浮溪精舍刻本）而皮锡瑞则以为"以传附经始于费直，不始于王弼，亦非本于郑君"，见其所著《经学通论》。
③ （宋）陈振孙：《直斋书录解题》卷一，上海：上海古籍出版社1987年版，第2页。
④ （宋）吕祖谦：《古周易》迻录吕大防序，《通志堂经解》，扬州：江苏广陵古籍刻印社1996年影印本，第1册，第486页下。按，宋晁公武《郡斋读书志》卷一（上海：上海古籍出版社1990年版，第38页）所引述微有不同，此不从。又宋陈振孙云："丞相汲郡吕大防微仲所录上下经，并录爻辞、《彖》《象》，随经分上下，共为六卷，上下《系辞》二卷，《文言》《说》《序》《杂卦》各一卷。"（《直斋书录解题》卷一，上海：上海古籍出版社1987年版，第2页）依陈所引，吕大防仅是撮取《乾》《坤》二卦之"文言"而独立，尚未使《彖》《象》从爻辞中剥离以复古易旧观。与吕祖谦所引不符，存此异同待考。

八。虽未如汉代今文《易》旧观,确已将《彖》《象》《文言》从卦中剥离。吕祖谦著《古易》十二卷,则分上经、下经,和《彖上传》第一、《彖下传》第二、《象上传》第三、《象下传》第四、《系辞上传》第五、《系辞下传》第六、《文言传》第七、《说卦传》第八、《序卦传》第九、《杂卦传》第十。① 后人多知吕祖谦恢复古《周易》,不知王洙、吕大防等导夫先路在前也。《四库提要》于吕祖谦《古周易》下历数宋代企图恢复汉代《古易》之作者,然却无法做出判决,盖以无实物可证故也。

及至大屯《周易》残石出土,其《家人》至《归妹》卦,爻辞下无象辞,知《象辞》自成一篇;《系辞》后有《文言》,知《乾》《坤》卦下无《文言》:完全证实汉代《古易》是宋人尤其是吕大防、吕祖谦等根据《汉志》所恢复之样貌。

《汉志·六艺略》:"《易经》十二篇,施、孟、梁丘三家。"颜师古注:"上下经及十翼,故十二篇。"熹平石经既为梁丘本,其十翼独立于上下经之外,自与《汉志》相符。《汉志》不将京氏与三家并言,而在各家之传下述有"孟氏京房十一篇,灾异孟氏京房六十六篇,五鹿充宗略说三篇,京氏段嘉十二篇",此皆传而非经,尤足证熹平石经为京本之非。

梁丘本与今传王弼本在经、传分合上已有上述之不同,其在章节衔接上亦不无小异。如《系辞上》有"天一地二天三地四天五地六天七地八天九地十"二十字,王弼本在"易有圣人之道四焉者此之谓也"下,下接"子曰夫易何为者也"一段。朱熹将"天一地二"二十字置于"天数五地数五"之上,并移此二段六十六字于"大衍之数五十"之前,自注云:"此简本在第十章之首,程子曰宜在此,今从之。此言天地之数,阳奇阴耦,即所谓《河图》者也。"② 知此移易本之程子。今以熹平残石《系辞》较之,其以"天一地二"二十字置"天数五地数五"上,与残石相吻,而移此二段于"大衍之数"一节前,又与残石不合。为清眉目,兹将三种不同排列示例如下:

（一）王弼本

■ 大衍之数五十其用四十有九分而为二以象两挂一以象三揲之以四以象四时归奇于扐以象闰五岁再闰故再扐而后挂<u>天数五地数五五位相得而各有合</u>

---

① （宋）吕祖谦:《古周易》,《通志堂经解》第1册,扬州:广陵书社2007年版,第489页。
② （宋）朱熹:《周易本义·系辞上传第五》,《朱子全书》第1册,上海:上海古籍出版社;合肥:安徽教育出版社2002年版,第129页。

天数二十有五地数三十凡天地之数五十有五此所以成变化而行鬼神也乾之策二百一十有六坤之策百四十有四凡三百有六十当期之日二篇之策万有一千五百二十当万物之数也是故四营而成易十有八变而成卦八卦而小成引而伸之触类而长之天下之能事毕矣……夫易圣人之所以极深而研几也唯深也故能通天下之志唯几也故能成天下之务唯神也故不疾而速不行而至子曰易有圣人之道四焉者此之谓也天一地二天三地四天五地六天七地八天九地十子曰夫易何为者也

(二)朱熹本

■ 天一地二天三地四天五地六天七地八天九地十天数五地数五五位相得而各有合天数二十有五地数三十凡天地之数五十有五此所以成变化而行鬼神也大衍之数五十其用四十有九分而为二以象两挂一以象三揲之以四以象四时归奇于扐以象闰五岁再闰故再扐而后挂乾之策二百一十有六坤之策百四十有四凡三百有六十当期之日二篇之策万有一千五百二十当万物之数也是故四营而成易十有八变而成卦八卦而小成引而伸之触类而长之天下之能事毕矣……夫易圣人之所以极深而研几也唯深也故能通天下之志唯几也故能成天下之务唯神也故不疾而速不行而至子曰易有圣人之道四焉者此之谓也

(三)熹平石经本

■ 大衍之数五十其用四十有九分而为二以象两挂一以象三揲之以四以象四时归奇于扐以象闰五岁再闰故再扐而后挂天一地二天三地四天五地六天七地八天九地十天数五地数五五位相得而各有合天数廿有五地数卅凡天地之数五十有五此所以成变化而行鬼神也乾之策二百一十有六坤之策百四十有四凡三百有六十当期之日二篇之策万有一千五百二十当万物之数也是故四营而成易十有八变而成卦八卦而小成引而伸之触类而长之天下之能事毕矣……夫易圣人之所以极深而研几也唯深也故能通天下之志唯几也故能成天下之务唯神也故不疾而速不行而至子曰易有圣人之道四焉者此之谓也

就单向性思维推论,王弼本和朱熹改本皆非汉代《易经》古本。然就义理度之,"天一地二"在"天数五地数五"之前,逻辑分明,熹平石经本和朱熹改本同,王弼本将"天一地二"二十字置于"易有圣人之道四焉者此之谓也"后,孤零无照援,似有错简。熹平石经残石"天一地二……所以成变化而行鬼神也"六十六字置于"大衍之数五十"后,虽是汉代梁丘《易》古本如是,而朱熹将"天一地二……所以成变化而行鬼神也"六十六字置于"大衍之数五十"前,也自成逻辑。对照马王堆帛书《系辞》,其文如下:

子[曰易有]圣人之道[四]焉者此言之胃也天一地二天三地四天五地六天七地八天九地十子曰夫易何为者也①

亦以"天一地二"置于两"子曰"之中,可见王弼文字亦前有所承,并非自作主张移易师传文本。又《说卦》有一残石,拓本如下:

熹平石经《周易·说卦》残石拓本

就中文字涉及六子之象,王弼本顺序是:"震为雷,为龙,为玄黄,为旉,为大涂,为长子……巽为木,为风,为长女……坎为水,为沟,为渎,为隐伏……离为火,为日,为电,为中女……艮为山,为径路,为小石……兑为泽,为少女……"而依残石文字排列,其六子顺序为:震……坎……艮……巽……离……兑。亦互有不同。由此知不仅古文费氏《易》与今文三家《易》不一定全同,即今文施、孟、梁丘三家,亦未必相同。至于京氏,刘向云"唯京氏为异",是则必与三家有出

---

① 马王堆汉墓帛书《周易·系辞》,裘锡圭主编:《长沙马王堆汉墓帛书集成》第3册,北京:中华书局2014年版,第69—70页。

入。会通传本、改本、石经、帛书诸本,诸家章节,尚且有如此异同,而文字甲乙从违,更是不胜其数,刘节、胡小石以至屈万里都有详细辨证,①兹不赘。

晁说之谓"古经始变于费氏,大乱于王弼"。王弼之承袭何家之《易》,历来说亦不同。焦循尝谓弼之《易》传自外祖刘表,焦氏云:

> 东汉末以《易》学名家者,称荀、刘、马、郑。荀谓慈明爽,刘谓景升表。表之学受于王畅,畅为粲之祖父,与表皆山阳高平人。粲族兄凯为表女壻,凯生业,业生二子,长宏,次弼。粲二子既诛,业为粲嗣。然则王弼者,刘表之外曾孙,而王粲之嗣孙,即畅之嗣元孙也。弼之学盖渊源于刘,而实根本于畅。宏字正宗,亦撰《易义》。王氏兄弟皆以《易》名,可知其所受者远矣。②

焦氏从家族渊源追溯,自有其理,故钱穆、高明等亦从其说。唯程元敏比勘刘表《易说》佚文,谓王不渊源于刘。③ 按刘、王《易》说,盖其解《易》之注,无关其所据文本。刘表从王畅(王弼之高祖)学,畅从荀淑学,荀爽为荀淑之子,荀爽传费氏《古易》,亦以十翼解说经义。由是知弼所据本很可能是费氏本,而其以十翼解说,亦非自创也。若然,则晁说之谓始变于费氏非无根之说,而古文《易》费氏本与今文《易》梁丘本之不同亦从可知也。

---

① 参见刘节:《汉熹平石经〈周易〉残字跋》,《燕京学报》第 11 期,1932 年 6 月;胡小石:《文于二氏所藏汉熹平石经〈周易〉残石校字记》,《国风》半月刊 1934 年 5 卷 2 期;屈万里:《汉石经〈周易〉残字集证》,台北:"中央研究院"历史语言研究所专刊之四十六,1961 年版。
② (清)焦循:《群经补疏序·周易王氏注》,《雕菰楼集》卷一六,扬州:广陵书社 2009 年版,第 302 页。
③ 程元敏:《汉经学史》卷一四,台北:台湾商务印书馆 2018 年版,第 748 页。

《尚书》学文献史简论

王小红

四川大学古籍整理研究所

《尚书》是儒家最早的经典之一,从其内容看,世历三代,人更数圣,故文字古奥,语义难晓,即使唐代古文运动的倡导者韩愈也叹其"佶屈聱牙"[1]。加之《尚书》经本有今文古文之分,家法师法之别,流传过程中又隐显不一,真伪杂呈,故在群经文献中,无论文本之繁,[2]还是问题之多,都堪称独一无二。尽管如此,《尚书》起自尧舜之《典》,迄于秦穆之《誓》,可谓自四千年前的二帝时代,至春秋初期的西秦历史,皆于其中得到关键性记录和概略性反映。其内容涉及政治、经济、军事、地理、宗教、哲学、伦理、法律等各个方面,是中国传统文化思想的主要源头之一,含"二帝三王治天下之大经大法"[3]。自汉以来,其被奉为"七经之冠冕,百氏之襟袖"[4],"治道之本"[5]。历代帝王将相以《书》安邦定国,工商士民以《书》修身待物,学者更以《书》著书立说,演绎其经义,分辨其今古,聚讼其真伪,形成了中国学术史上纷繁复杂的《尚书》学文献。

---

[1] (唐)韩愈:《进学解》,刘真伦、岳珍校注:《韩愈文集汇校笺注》卷二,北京:中华书局2010年版,第147页。

[2] 按,本文研究的文本是目前通行本《尚书》文本。

[3] (宋)蔡沈:《书集传》卷首《九峰蔡先生书集传序》,载朱杰人、严佐之、刘永翔主编:《朱子全书外编》,上海:华东师范大学出版社2010年版,第1页。

[4] (唐)刘知几:《史通·内篇·断限第十二》,赵吕甫校注:《史通新校注》,重庆:重庆出版社1990年版,第234页。

[5] (宋)杨万里:《故工部尚书焕章阁直学士朝议大夫赠通议大夫谢公神道碑》,辛更儒笺校:《杨万里集笺校》卷一二一,北京:中华书局2007年版,第9册,第4691页。

一、《尚书》概论

中国史官文化发达,正所谓"君举必书"①,"古之王者世有史官,所以慎言行,昭法式也"②,因此自古留下许多历史文献,《尚书》即是其中之一。其最早称《书》,后称《尚书》,成为儒家经典以后,又叫作《书经》。《庄子·天下篇》曰:"《书》以道事。"③《荀子·劝学篇》云:"《书》者,政事之纪也。"④《史记·太史公自序》谓《书》"记先王之事"⑤。盖《书》者,其亦古史所记帝王言行者欤? 至其作用,《汉书·艺文志》谓为"慎言行,昭法式也"⑥。孔颖达《尚书正义序》亦谓:"夫《书》者,人君辞诰之典,右史记言之策。古之王者,事总万机,发号出令,义非一揆:或设教以驭下,或展礼以事上,或宣威以肃震曜,或敷和而散风雨。得之则百度惟贞,失之则千里斯谬。枢机之发,荣辱之主,丝纶之动,不可不慎。所以辞不苟出,君举必书,欲其昭法诫、慎言行也。"⑦二子之说,洵为的论。

《书》首尧舜之《典》(史称"虞书"),迄于秦穆之《誓》,中有"夏书""商书""周书",自四千年前二帝时代,至春秋初期之西秦历史,皆于其中得到关键性记录和概略性反映。是《尚书》者,其中国上古史之资料渊薮乎! 至其体裁,则有典、谟、训、诰、誓、命,以及范、贡、歌、征之文,或典或雅,亦文亦史,而以周初诸诰为最繁富典要。盖《尚书》者,其亦中华文章之鼻祖而艺事之发轫者欤?

《书》之"记先王之事,故长于政"⑧,其以垂诫为宗旨,故很早即得以结集成编,以为教典。《王制》述周代教育制度,谓"乐正崇四术,立四教,顺先王《诗》《书》《礼》《乐》以造士。冬夏教经《诗》《书》,春秋教经《礼》《乐》"⑨。《左传》僖公

---

① (清)阮元校刻:《十三经注疏》,北京:中华书局2009年影印版,第3860页。
② (汉)班固:《汉书·艺文志》,北京:中华书局1962年版,第1715页。
③ (清)王先谦:《庄子集解》,北京:中华书局1987年版,第339页。按:亦见司马迁:《史记》卷一二六,北京:中华书局1982年版,第3197页。
④ (清)王先谦:《荀子集解》卷一,北京:中华书局1988年版,第11页。
⑤ (汉)司马迁:《史记》卷一三〇,北京:中华书局1982年版,第3297页。
⑥ (汉)班固:《汉书·艺文志》,北京:中华书局1962年版,第1715页。
⑦ 《尚书正义序》,(汉)孔安国传,(唐)孔颖达正义:《尚书正义》,上海:上海古籍出版社2007年版,第1页。
⑧ (汉)司马迁:《史记》卷一三〇,北京:中华书局1982年版,第3297页。
⑨ (清)阮元校刻:《十三经注疏》,北京:中华书局2009年版,第2905页。

廿七年赵衰亦述时之良帅:"说《礼》《乐》而敦《诗》《书》。《诗》《书》,义之府也;《礼》《乐》,德之则也。"①可知《书》乃西周、春秋造士之典。

及乎春秋时期,孔子"论次《诗》《书》,修起《礼》《乐》"②,《尚书》由史料进而成为经典文化,由历史记事达于教化之升华。先秦诸子,固亦屡称引《尚书》之文,然于《尚书》文本未有论定。孔子既"博于《诗》《书》"③,复"论次《诗》《书》"④,既熟玩其文而精通其意,复传播其书而考论其典,史称"古者《书》三千余篇",孔子"断自唐、虞以下,讫于周。芟夷烦乱,剪截浮辞,举其宏纲,撮其机要,足以垂世立教,典、谟、训、诰、誓、命之文,凡百篇"⑤,是对《尚书》有史以来最系统之编选。孔子之于《尚书》文献,或"序"或"修",或"编次",或"传解"⑥,遂使"二帝三王之《书》"⑦,事文俱备、义理足观,于是《尚书》之经典规模乃定。汉人一则曰"《诗》《书》《礼》《乐》,定自孔子"⑧,再则曰"故《书传》《礼记》自孔氏"⑨,盖有以矣!

儒家六经,《易》为义理之原,《书》则政事之纪,故被视为"七经之冠冕,百氏之襟袖",至谓"凡学者,必先精此书,次及群籍"⑩。《书》乃"治道之本"⑪,历代君臣以《书》安邦,士民以《书》持身,学者更以《书》著书立说,故通过"口耳相传"以及竹、木、帛、石、纸等载体演绎《尚书》者,实繁其徒。由于《尚书》文献形成久远,世经三代,人更数圣,文字古奥,语义难晓,自昔韩愈有"佶屈聱牙"⑫之叹,迄于近世,王国维亦有"于《书》所不能解者殆十之五"⑬之慨。加之《尚书》经本有

---

① (清)阮元校刻:《十三经注疏》,北京:中华书局2009年版,第3956页。
② (汉)司马迁:《史记》卷一二一,北京:中华书局1982年版,第3115页。
③ 《墨子·公孟》,吴毓江撰、孙启治点校:《墨子校注》,北京:中华书局2006年版,第704页。
④ (汉)司马迁:《史记》卷一二一,北京:中华书局1982年版,第3115页。
⑤ 《尚书序》,(汉)孔安国传,(唐)孔颖达正义:《尚书正义》,上海:上海古籍出版社2007年版,第11页。
⑥ 按:详《史记·三代世表》《伯夷列传》《儒林列传》等篇。
⑦ (宋)石介:《答欧阳永叔书》,《徂徕石先生文集》卷一五,北京:中华书局1984年版,第176页。
⑧ (南朝·宋)范晔:《后汉书》卷七四,北京:中华书局1965年版,第1500页。
⑨ (汉)司马迁:《史记》卷七四,北京:中华书局1982年版,第1936页。
⑩ (唐)刘知几:《史通》卷四,赵吕甫校注:《史通新校注》,重庆:重庆出版社1990年版,第234页。
⑪ (宋)杨万里:《故工部尚书焕章阁直学士朝议大夫赠通议大夫谢公神道碑》,辛更儒笺校:《杨万里集笺校》卷一二一,北京:中华书局2007年版,第9册,第4691页。
⑫ (唐)韩愈:《进学解》,刘真伦、岳珍校注:《韩愈文集汇校笺注》卷二,北京:中华书局2010年版,第147页。
⑬ 王国维:《与友人论〈诗〉〈书〉中成语书》,《观堂集林》卷二,北京:中华书局1959年版,第75页。

今文古文之分,家法师法之别,流传过程中又隐显不一,真伪杂呈,故历代解经释疑者不知凡几。《尚书》文献素称内容复杂、形式多样,在群经文献中无论文本之繁,还是问题之多,都堪称独一无二。

二、《尚书》学文献史简论

如前所述,周秦时期,《书》与《诗》《礼》《乐》一直是"造士"的教典,"说《礼》《乐》,敦《诗》《书》"①一直是考验将相良否的标准,尤其是孔子以《诗》《书》《礼》《乐》教弟子以后,《尚书》便成为通过教育向人们提供治国理民的经验教训和文物典章的古老规范。即使是诸子争鸣的时代,引《书》、释《书》、用《书》、传《书》,成为当时风尚,渐成传统。传世文献如《左传》《国语》《论语》《孝经》《孟子》《荀子》《公羊传》《穀梁传》《墨子》《管子》《庄子》《礼记》《孔丛子》《孔子家语》《韩非子》《尸子》《战国策》《吕氏春秋》等,以及出土文献如《郭店楚墓竹简》《上海博物馆藏战国楚竹书》《马王堆汉墓帛书》《河北定县八角廊汉墓竹简》、清华简等,都有称引《尚书》之文。当然,先秦时期有引《书》尊《书》者,亦有抑《书》毁《书》者,两种思想交锋迭进,直至演为秦始皇之禁《书》焚《书》,造成《尚书》学的一度衰落。

汉兴,《尚书》学重获生机,先是汉惠帝四年(前191)"除挟书律"②,原来被禁的许多古书重现于世。以精通《尚书》为秦代博士的伏胜(即"伏生"),取出所藏壁中旧《书》,重加研讨,可惜已散佚数十篇,仅得二十九篇,即《尧典》《皋陶谟》《禹贡》《甘誓》《汤誓》《盘庚》《高宗肜日》《西伯戡黎》《微子》《泰誓》《牧誓》《洪范》《金縢》《大诰》《康诰》《酒诰》《梓材》《召诰》《洛诰》《多士》《无逸》《君奭》《多方》《立政》《顾命》《吕刑》《文侯之命》《费誓》《秦誓》。伏生以此二十九篇教于齐鲁之间,"学者由是颇能言《尚书》,诸山东大师无不涉《尚书》以教矣"③。汉文帝时,朝廷派太常使掌故晁错从伏生受《书》,晁错遂将伏传《尚书》带回朝,入藏于中秘。伏生亦因藏《书》传《书》被征入朝,开创汉《尚书》学之今文派。武帝

---

① (清)阮元校刻:《十三经注疏》,北京:中华书局2009年版,第3956页。
② (汉)班固:《汉书》卷二,北京:中华书局1962年版,第90页。
③ (汉)司马迁:《史记》卷一二一,北京:中华书局1982年版,第3125页。

"罢黜百家,表章六经"①,设五经博士,《书》博士即伏生一脉,后来立于学官之欧阳、大小夏侯三家,皆伏生后学,直到东汉而未改。

在伏生今文《尚书》之外,西汉鲁恭王又于曲阜孔子家壁中发现《古文尚书》,书写文字系用战国古文,有别于汉之隶书。《史记》载"孔氏有古文《尚书》,而安国以今文读之"②,相较于伏生今文"得多十六篇"③。此本因未能及时立于官学,致使其版本状况、文字内容、流传序列,皆不可得而详,因而造成汉代《尚书》最纠纷难辨的现象。古文《尚书》学由东汉杜林发扬光大,及至汉末,郑玄注《尚书》,兼采今、古,融合诸家,遂集汉代《尚书》学之大成。

魏晋南北朝时期是《尚书》学史上非常重要的发展阶段,呈现出多元发展模式。汉末魏初,《书》有贾逵、马融、郑玄、王肃四家,尤以郑学为盛,时人称"伊、洛已东,淮、汉之北,一人而已,莫不宗焉"④。魏晋之时,王肃继起,亦杂采今、古,专与郑学抗礼,形成南北朝时期的郑学、王学之争。此外,玄学家对《尚书》的训说,使这一时期的《尚书》学打上玄学之烙印,其中影响最大者乃采用佛家以义疏讲经这一形式写成的《尚书》义疏类著作频出,成为此时期《尚书》学文献的一大特色。

这一时期《尚书》学发展的转折点,是东晋梅赜奏献的所谓"孔安国《古文尚书传》"(史称"孔《传》")的出现。梅献孔《传》四十六卷五十八篇,就其史料和思想内容而言,价值很大,故其一出便风靡一时,成为南朝《书》学主流,形成"北郑南孔"的《书》学格局。唐代孔颖达作《尚书正义》,以"孔传《古文尚书》"取代"郑注今文《尚书》",《书》学领域遂形成"孔传《尚书》"一枝独秀的局面,其他今文诸家反而逐渐消失。然而,"孔传《尚书》"传授渊源不清,各种史料记载矛盾重重,且缺乏重要环节,加上其内容、篇章等与传世《尚书》经文出入较大,故自宋以来历代学者渐生怀疑,吴棫开古文《尚书》辨伪之先河,宜略表出。到清人而考辨尤精。于是,在《尚书》学领域又产生出繁多的真伪考辨类文献。

两宋时期,学术风气大变,学者摆脱章句、传注、训诂等传统的解经方式,而

---

① (汉)班固:《汉书》卷六,北京:中华书局1962年版,第212页。
② (汉)司马迁:《史记》卷一二一,北京:中华书局1982年版,第3125页。
③ (汉)班固:《汉书》卷三〇,北京:中华书局1962年版,第1706页。
④ (后晋)刘昫等:《旧唐书》卷一二〇,北京:中华书局1975年版,第3180页。

以义理解经和疑古辨伪为主。宋人有《尚书》学著作四百三十余部,十之七八为义理之作。其中,蔡沈承师旨所作《书集传》,以理释经,集宋代《尚书》学之大成。此外,宋人对《尚书》重新审视,辨析疑似,区别真伪,对孔《传》《孔序》、百篇《小序》、今文《尚书》与孔《传》本《古文尚书》等皆提出疑问,对后世彻底解决《尚书》今古文及其真伪问题,做出重要奠基。同时,由于国家疆域长期受到侵扰的缘故,宋代学者研究《尚书》特别注重空间地理,故宋人对"惟言地理"的《禹贡》研究尤多,考辨、著论、绘图,不一而足,见于著录的宋人《禹贡》学著作逾二十部。同时,宋代《尚书》"集解""集说""集义""集疏""集注""集传""类编"等文献繁多,客观上起到保存古今《书》学成果之作用。

元明两代,《尚书》学都奉行宋学,特别是将蔡沈《书集传》(史称"蔡《传》")著为功令,定于一尊,成为学人研习的教科书,于是造成此时期《书》学著述大多在疏解蔡《传》"时义"(类今之应试参考书)上做文章。陈栎《尚书集传纂疏》、董鼎《书传辑录纂注》等是元代疏解蔡沈《书集传》最成功者;明代的"时义"之作更繁富,而以《书经大全》最具代表性。另外,自宋代开启对梅赜所献《古文尚书孔传》的辨伪运动,到元明时期又有新发展,其中以吴澄《书纂言》、梅鷟《尚书谱》《尚书考异》成就最大。

清代《尚书》学家,明确提出"取近代理明义精之学,用汉儒博物考古之功"[①]的主张,一方面仍用"蔡《传》"以为"功令"之书,绍述蔡《传》者层出不穷;同时还继续进行宋代开始的疑辨《古文尚书孔传》运动,尤以阎若璩《尚书古文疏证》、惠栋《古文尚书考》为最卓绝,辨伪与存真,终于判定晚出《古文尚书孔传》及多出二十五篇经文为伪书。另一方面,清人又致力于《尚书》学之复古,以为唐必胜于宋,汉必胜于唐,几致"家家许、郑,人人贾、马"[②],使东汉《古文尚书》学得以复兴。四库馆臣总结历代《尚书》研究之特色云:"《尚书》一经,汉以来所聚讼者,莫过《洪范》之五行;宋以来所聚讼者,莫过《禹贡》之山川;明以来所聚讼者,莫过于今古文之真伪。"[③]凡此诸端,在清代都得以总结性论定。清代共有约九百余部《书》学论著问世,在数量上、内容上、方法上都远超前代。

---

① (清)徐世昌等:《清儒学案》卷二,北京:中华书局2008年版,第136页。
② (清)梁启超:《清代学术概论》,北京:东方出版社1996年版,第66页。
③ (清)永瑢等:《四库全书总目》卷一二,北京:中华书局1965年版,第100页。

近代以来，西学东渐，科学与民主高涨，中西学术交流会通，故《尚书》之研究，传统与创新交织，纷繁复杂。不仅有传统的经义音注今释、晚出《古文尚书》经传之疑辨与反疑辨，更有用新理论、新方法和出土新材料研究《尚书》之天文、地理、土壤、地貌、农业、物产等新问题。近现代《尚书》学文献形式多样，呈现出"科学"之新气象。

四库馆臣云："《书》以道政事，儒者不能异说也。"①但由于《尚书》篇章繁多，内容丰富，文辞古奥，今古异趋，真伪杂呈，纠葛纷繁，历代学者从不同角度对其进行研究，产生出数量庞大的《尚书》学文献。据不完全统计，自汉迄清，《尚书》学文献的总量仅专著就达二千二百五十余种，流传至今的约为七百二十种；而近百年来，专著逾百部，专论近千篇。历史上，不但有各种艺文志和目录书著录《尚书》学文献，而且有诸如北宋顾临《尚书集解》、南宋成申之《四百家尚书集解》、明代《书经大全》、清代《钦定书经传说汇纂》等《尚书》学成果的纂辑和整理。此外，明清学人编类书、丛书，也大量收录《尚书》学文献，如《永乐大典》保存宋代《尚书》学文献十二种；《通志堂经解》收录二十一种；《四库全书》正目收录《尚书》学文献五十七种，又于《存目》介绍七十九种；《皇清经解》及续编收录三十种。近年出版的《续修四库全书》的"尚书类"，又收录宋明稀见版本和清人重要著述九十种。

纷繁复杂而浩如烟海的《尚书》学文献，既是历代学者阐释古史的重要成果，也是其探讨修身待物之道、治国安邦之术的重要作品。研究《尚书》学文献史，既是中国经学史、儒学史研究的需要，也是今之复兴和弘扬中华传统文化的需要。

---

① （清）永瑢等：《四库全书总目》卷一一，北京：中华书局1965年版，第89页。

20世纪的元明《春秋》学研究述评

张尚英

四川大学古籍整理研究所

皮锡瑞《经学历史》、钱基博《经学通志》在谈到宋元明经学时,都言元不及宋、明不及元,此说用来概括20世纪对宋元明《春秋》学的研究也非常恰当。同对宋代《春秋》学的研究相比,对元明二代的研究要少得多,而其中对明代的研究更是屈指可数。

1936年出版马宗霍《中国经学史》、钱基博《经学通志》对元明二代《春秋》学有所叙述。马书所述非常简略,只是提到赵汸、程端学、张以宁、陆粲等一些著名的学者及其著作,且与其他经混在一起,并未做具体的研究。钱书以为元明二代以胡安国《春秋传》为主,尤其是明代定胡传为一尊的做法,使元明二代《春秋》学"所为卑之无甚高论"[1],不过也有值得称道的学者,元代为程端学、赵汸,明代为陆粲、傅逊。钱氏还对四人的著作做了提纲挈领的介绍。这是20世纪关于元明二代《春秋》学较早的研究,之后到90年代以前,除吴哲夫70年代发表了几篇介绍现存几种元代《春秋》学著作善本的论文,宋鼎宗《春秋宋学发微》讨论宋代《春秋》学的影响对元明二代有所涉及外[2],没有其他人措意于元明二代《春秋》学的研究。

进入90年代,这种状况得到了改变,有10余种论著以元明《春秋》学为研

---

[1] 钱基博:《经学通志》,上海:中华书局1936年版,第204页。
[2] 吴氏的文章为《春秋集传释义大成十卷》(台湾《故宫季刊》第11卷第1期,1976年秋),《春秋师说三卷附录二卷》《春秋属辞五卷》《春秋左氏传补注十卷》(台湾《故宫季刊》第12卷第4期,1978年夏)。

究对象。这10余种论著中有整体的梳理,亦有个案的探讨。

沈玉成、刘宁《春秋左传学史稿》以一节的内容简略地介绍了元、明二代一些重要的《春秋》学者及其著作,限于体例与篇幅,其介绍以各种文献著录的材料为主,没有做深入的研究。刘明宗则据文渊阁《四库全书》、《通志堂经解》,黄虞稷《千顷堂书目》,倪文灿、卢文弨《补辽金元艺文志》,金门诏《补三史艺文志》,清官修《钦定续文献通考》,钱大昕《补元史艺文志》及朱彝尊《经义考》等统计得元代《春秋》学者132家,著作205种,并将之分为以《左传》为主者,以《公羊》《穀梁》为主者,以《胡安国传》为主者,为《春秋》辨解、释义、会通者,诘难《三传》者,论说《春秋》经旨、大义者,《春秋》条例之属,谱表、图说之类,类编之属,其他共十种类型。其中,为《春秋》作辨解、释义、会通者最多,计58家、70种;其次为论说《春秋》经旨及大义者,计52家、60种;再次为研治《左传》为主者17家、18种。其他类型的数量则为:《春秋》类编之属9家、9种,条例之属7家、7种,谱表、图说之类4家、5种,以《公羊》《穀梁》为主者最少,只有1家、2种。①刘氏此文从文献的角度展现了元代《春秋》学的概貌。简福兴《元代春秋学研究》对元代《春秋》学做了较为全面的研究,除第一章绪论、第九章结论外,第二至八章从多个方面讨论了元代的《春秋》学。第二章"元代《春秋》学溯源"分析了从汉至宋《春秋》学发展的大致状况,奠定了讨论元代《春秋》学的一个学术大背景。第三章"元儒春秋学述略"讨论了元代一些主要《春秋》学者的师承关系,并概述了吴澄、黄泽、陆深、俞皋、齐履谦、程端学、郑玉、王元杰、李廉、汪克宽、赵汸等《春秋》名家的生平事迹与"《春秋》论见"。第四章"元儒《春秋》经世思想"分析了元代的时代背景,并以之为基础探讨了元儒的"敦励臣纲""著复仇微旨""谕自立图存""存注固国守疆""措意主势式微"等《春秋》经世思想。第五章"元儒尊王要义"分"崇君抑臣""戒诸侯之无天""斥臣以下犯上""责王政有失君体"等几个方面讨论了元儒对《春秋》尊王大义的阐发。第六章"元儒攘夷微旨"分析了元儒对《春秋》攘夷大义的发挥。第七章"元儒对三传解经之意见"剖析了元儒对三传的认同与歧异,及方法上与三传的殊别。第八章"春秋元学之价值与影响"揭示了元代《春秋》学在《春秋》学史上继宋启明的"枢机"作用,以及

---

① 刘明宗:《元代〈春秋〉学撰著分类考述》,台湾《中国书目季刊》第27卷第1期,1993年6月。

其阐发的经世之旨、提倡的正统与伦理对政治的影响。①

元明二代治《春秋》的学者很多,但20世纪对这一时期《春秋》学者的研究,除上述《元代春秋学研究》的概述性介绍外,专门的个案研究很少,笔者所及仅有黄泽、赵汸、俞皋、李廉、刘基、高攀龙、高拱等人。其中对俞皋、李廉的研究是对其著作现存特定版本的介绍,②关于高拱的则是对其《春秋正旨》做了点校,③都限于文献介绍与简单的整理,并没有深入研究。剩下的几人中,以对元代黄泽、赵汸的研究较多。

张高评《黄泽论〈春秋〉书法——〈春秋师说〉初探》、简福兴《黄泽〈春秋〉学方法论》都以赵汸所撰《春秋师说》为基础讨论了黄泽的《春秋》学。黄泽为赵汸之师,但其没有著作传世,其关于《春秋》的观点赖赵汸所撰《春秋师说》而传,因此张文首先论证了《春秋师说》与黄泽《春秋》学的关系,在此基础上讨论了黄泽《春秋》学及其构建的《春秋》学研究方法。在张氏看来,黄泽治《春秋》以通书法、求书法为主,其研究《春秋》学的方法论分为三个方面:第一,《春秋》有鲁史书法、有圣人书法,说《春秋》必须兼得并顾,相济为用,方能知夫子"窃取之义",见圣经之笔削;第二,解说《春秋》,短中取长,据《左氏》事实,兼采《公》《穀》大义;第三,黄泽研究《春秋》书法,借重格物致知工夫,上溯下探。④简文认为黄泽在论列先儒得失的同时,也顺便交待治《春秋》的原则与方法,故其文也以讨论黄泽的《春秋》学方法论为主。简氏将黄泽治《春秋》的方法论归纳为"志在复古""以考事实为原则""以致思为门径"三者,并做了具体分析。⑤

比较凑巧的是,1998年涂茂奇、吴晓萍、周晓光、冯晓庭等学者同时将研究的目光投向了赵汸的《春秋》学。涂茂奇《赵汸对春秋三传所持的态度》在介绍

---

① 简福兴:《元代春秋学研究》,高雄师范大学国文学系博士论文,1997年。
② 对俞皋的研究即前述吴哲夫:《春秋集传释义大成十卷》(台湾《故宫季刊》第11卷第1期,1976年秋),关于李廉的则是李国强:《元至正本〈春秋诸传会通〉述略》(台湾《故宫博物院院刊》1994年第4期)。
③ (明)高拱著,流水点校:《高拱论著四种》,北京:中华书局1993年版。
④ 张高评:《黄泽论〈春秋〉书法——〈春秋师说〉初探》,《元代经学国际研讨会论文集(下)》,台北:"中央研究院"中国文哲研究所筹备处,2000年10月。"元代经学国际研讨会"于1998年12月22—23日举行。又载张高评《春秋书法与左传学史》(此书有台湾五南图书出版有限公司2002年版、上海古籍出版社2005年版)。
⑤ 简福兴:《黄泽春秋学方法论》,《第八届所友学术讨论会论文集》,高雄:高雄师范大学国文学系,1999年5月;《孔孟学报》第78期,2000年9月。

赵汸生平、著述与学术渊源的基础上,集中讨论了赵汸对《春秋》及三《传》的看法,指出赵汸以为《春秋》当信《左氏》事实,孔子所授予弟子者,则为《公羊》《穀梁》,因此说经只可据《左氏》事实,而参以《公》《穀》大义。赵汸对《左传》,以为只可信其可信处;对《公》《穀》二《传》或引以辨《左氏》之非,或互相补充,或引而明其非。① 吴晓萍、周晓光《论新安理学家赵汸的〈春秋〉学说》探讨了赵汸深研《春秋》学的原因、关于《春秋》的发明及其研究的特色三个方面。吴、周二人把赵汸研究《春秋》学的原因归结为三,一是新安理学重视《春秋》研究传统的影响,二是基于自身对《春秋》重要性及其研究价值的认识,三是因资中学者黄泽的引导。关于赵汸对《春秋》学的发明,吴、周二人重点讨论了其对历史上《春秋》诸家的评价分析,提出的"属辞比事法"及研究《春秋》的具体途径应是先考鲁史之法,再求圣人之法,以及突破成说的一些具体观点。至于赵汸《春秋》学的特色,吴、周二人则总结为"坚持'三传'并重的原则""据传求经,由考证而索经义""继承与创新相结合""研究与著述并举"四个方面。此文将赵汸《春秋》学的研究置于新安理学的大背景中来考察,应该说是一种很好的尝试。但其所述亦有一些地方略显牵强,如因赵汸之师黄泽无《春秋》学著作传世,就言很多学者不轻易与人言《春秋》,更少著述,并将"研究与著述并举"列为赵汸《春秋》学的特色之一就比较牵强。冯晓庭《赵汸〈春秋金锁匙〉初探》则从《春秋》大义、书法史事两个方面阐释了《春秋金锁匙》的内容。冯氏认为《春秋金锁匙》对《春秋》大义的标举可以分为"说明《春秋》述作的意义与原因""《春秋》尊崇周王室、抑制诸侯霸主""《春秋》严夷夏之防""《春秋》痛恶大夫专政"几个方面;对书法史事的解析则可从"对《春秋》书法的解析""对《春秋》史事变化的釐清"来说明。②

周群《刘基"春秋学"论析》主要讨论了明代开国功臣刘基所著《春秋明经》的相关问题。文章首先考辨了《春秋明经》的创作年代,以为此书是刘基思想成熟以后的著作,而不是早年之作;其次分析了《春秋明经》与刘基另一著作《郁离子》关于"天"的不同观点,认为刘基在《春秋明经》中没有批驳"神学天道观",赋

---

① 涂茂奇:《赵汸对〈春秋〉三〈传〉所持的态度》,《东吴中文研究集刊》第5期,1998年5月。
② 冯晓庭:《赵汸〈春秋金锁匙〉初探》,《元代经学国际研讨会论文集(下)》,台北:"中央研究院"中国文哲研究所筹备处,2000年10月。"元代经学国际研讨会"于1998年12月22—23日举行。

予"天"限制君权的权威,应该从"'天'仅是刘基达到自己政治理想的工具,而绝非由衷的信仰"这样的角度来理解;再次对比《春秋明经》与刘基其他著作,指出《春秋明经》与刘基其他成熟的作品是一个有机联系的整体,表现为从哲学方面看,《春秋明经》中的"感应论"注入了"气"的因素,政治思想方面的民本思想、德治思想等都与其他著作密切相关。从上述可见,周群偏重从刘基的整体思想来论证《春秋明经》的相关问题,这无可非议,但论证中重点放在与其他著作的对比联系上,对《春秋明经》本身的内容则论述不够。周群的研究有引领之功,进入本世纪有多篇文章讨论《春秋明经》,如朱鸿林《刘基〈春秋明经〉的著作年代问题》(《浙江工贸职业技术学院学报》2006 年第 4 期)、王宇《〈春秋明经〉与元代科举的〈春秋〉经义》(《浙江工贸职业技术学院学报》2007 年第 3 期)、李永明《刘基〈春秋明经〉教育学探微》(《大家》2012 年第 5 期)、郑任钊《刘基〈春秋明经〉若干问题探究》(《浙江工贸职业技术学院学报》2011 年第 3 期)等。

张高评《高攀龙〈春秋孔义〉初探——以"取义"为例》将《春秋孔义》所取《春秋》之义分为两大类,一曰谨本源、著几微、察世变,皆就"经世之大法"言,可以推求古今治乱兴亡之原;一曰正名实、崇礼义、尊王攘夷、劝善惩恶,可以求圣贤存心养性之道,君子小人立心行事之别。将经世史鉴与穷理尽道相结合。但高氏处于王学末流任心任空横行之时,以其《春秋孔义》以强调闻见,折衷诸家为主,成就亦有限。①

由上可见,因为元明被经学史家贴上了经学积衰时代的标签,20 世纪学者对元明《春秋》学不够重视,导致其研究很不充分。首先,在成果的时间分布上,大部分成果集中于上世纪最后 10 年,表明在 20 世纪的大部分时间,元明《春秋》学很少进入学者们的研究视野。其次,因为研究的时间、成果有限,所以元明二代很多《春秋》学名家及其著作没有专门的个案研究,如元代的程端学、汪克宽在《春秋》学史上都具有重要的地位,却没有对他们《春秋》学的专门研究,明代的情况就更是差强人意,学者们专门予以个案研究的刘基、高攀龙并不是明代《春秋》学的代表人物,如刘基并非《春秋》学名家,《春秋明经》也只是他为举业而作,他会引起 20 世纪学者的重视与研究,完全是因为其明代开国功臣的

---

① 张高评:《高攀龙〈春秋孔义〉初探——以"取义"为例》,《明代经学国际研讨会论文集》,台北:"中央研究院"中国文哲研究所筹备处,1996 年 6 月,第 431—461 页。

政治地位。再次，相比而言，明代《春秋》学的研究实在太少，除沈书及周群、张高评之文外，几乎无人言及，这种情形与明代《春秋》学的实际成就是非常不相称的。据不完全统计，明代《春秋》学文献达500余种，存者亦有200余种，仅少于宋、清二代，由此可见明代《春秋》学研究的盛况。再者，明人学术虽无汉、唐、宋、清精专，但正如刘师培所言，明代经学对清代朴学有先导作用，如陆粲《左传附注》、冯时可《左传释》就是清儒顾炎武《左传杜解补正》、惠栋《左传补注》的先导。这些都说明明代《春秋》学在《春秋》学史上具有重要的地位和价值，加强对它的研究有助于深化对两千多年来《春秋》学形成、发展、演变的认识，也有助于纠正人们对明代经学乃至整个明代学术的一些不恰当的看法。好在进入本世纪后情况有所好转，十几年来，仅明代《春秋》学研究的论著就已有十几种，其中两篇博士论文从整体上讨论了明代《春秋》学。①

---

① 此两篇博士论文为林颖政《明代〈春秋〉学研究》（台湾中央大学中国文学研究所博士学位论文，2012年）、周翔宇《经典诠释的新发展——明代〈春秋〉学研究》（华中师范大学博士学位论文，2015年）。

《论语》何时成为经典考论

——兼与秦晖先生商榷

丁 鼎

中国孔子研究院、山东师范大学齐鲁文化研究院

《论语》在儒家文献体系中占有非常重要的地位,但《论语》何时被列于儒家经典却是现代学术界一个有争议的话题。清华大学秦晖先生十几年前发表《〈论语〉是怎么成为经典的?》一文,认为《论语》直到宋代才成为经典。他说:"其实孔子以后很长(长达千年以上)一段时间,《论语》虽然被儒者看作一部重要的书,但在宋以前,儒家的人是没有把它当作经典的。那时儒家崇奉的是《易》《诗》《书》《礼》《乐》和《春秋》'六经',所谓《乐》是典礼音乐,当时没有记谱法,所以只是口耳相传,并无经书。有书的就是'五经'。那时的儒家一直就讲这'五经'或者'六经'。……《论语》的地位绝对无法与'五经'相比。直到北宋中期以后,刘敞首倡'七经'之说,《论语》才首次列入其中。南宋末年,朱熹把《论语》和《孟子》《大学》《中庸》列为'四书',并抬高至'五经'之前,当时又出现了'十三经'之说,也把《论语》列入。所以,《论语》被尊为经典,并非古儒传统,而是宋明理学的特点。即使把儒家学派当作信奉的对象,《论语》本身在儒家学派中的地位也是值得讨论的。"[1]

秦文主要结论有二:一是宋以前儒家学者没有把《论语》当作经典。二是北宋刘敞首倡"七经"之说,《论语》才首次列入其中。无独有偶,2017 年 11 月 25 日,北京师范大学哲学与社会学学院强昱教授在"济南市传统文化研究会成立十周年庆典学术报告"[2]中也强调指出《论语》在汉代只是相当于《急就章》类的

---

[1] 秦晖:《〈论语〉是怎么成为经典的?》,《南方周末》2007 年 7 月 12 日 D26 版。
[2] 该庆典学术报告会于 2017 年 11 月 25 日在山东师范大学齐鲁文化研究院一楼报告厅举行。

识字课本,直到宋代才被程朱推崇,被列为"四书"之一,成为经典。秦晖、强昱两位先生均认为《论语》直到宋代才成为经典。考诸有关文献,可知这个结论有悖于史实,似是而非,有进一步探讨的必要。兹具论如下。

一、西汉时期,《论语》的地位近于"六经"

(一)《论语》在西汉初期曾设置博士

赵岐《孟子题辞》曰:"汉兴,除秦虐禁,开延道德,孝文皇帝欲广游学之路,《论语》《孝经》《孟子》《尔雅》皆置博士,后罢传记博士,独立五经而已。"①按赵岐之说,《论语》在汉文帝时与《孟子》《尔雅》一起被设立了"博士",也就是学术史上通常说的"传记博士"。刘歆《移太常博士书》则曰:"至孝文皇帝,始使掌故朝错从伏生受《尚书》。《尚书》初出于屋壁,朽折散绝,今其书见在,时师传读而已。《诗》始萌牙。天下众书往往颇出,皆诸子传说,犹广立于学官,为置博士。"②刘歆虽然并没有罗列所立博士之名目,但从其所谓"诸子传说,广立学官,为置博士"来看,《论语》当包含其中,也就是说汉武帝独尊儒术之前,文帝时《论语》即已被立于学官,设置了博士,具有很高的社会地位。后来汉武帝设立五经博士后,罢黜"传记博士"。但《论语》的地位和影响并没有因此而降低和削弱,诚如王国维在《汉魏博士考》中所说:"至《论语》《孝经》则以受经与不受经者皆诵习之,不宜限于博士而罢之者也"③,"然则汉时《论语》《孝经》之传实广于五经,不以博士之废置为兴衰也"④。

(二)在石渠阁会议上,《论语》曾与"五经"一起被并列为讨论对象

汉宣帝于甘露三年(公元前51年),"诏诸儒讲'五经'同异,太子太傅萧望之等平奏其议,上亲称制临决焉。乃立梁丘《易》、大小夏侯《尚书》、谷梁《春秋》博士。"⑤这次会议史称石渠阁会议。石渠阁会议是汉代历史上与盐铁会议、白虎观会议齐名的三次著名会议之一。本次会议由皇帝亲自参与,邀请各经各家

---

① (清)阮元校刻:《十三经注疏》,北京:中华书局2009年影印本,第5793页。
② (汉)班固:《汉书》卷三六,北京:中华书局1962年版,第1968—1969页。
③ 王国维:《观堂林集》,北京:中华书局1959年版,第178页。
④ 王国维:《观堂林集》,北京:中华书局1959年版,第182页。
⑤ (汉)班固:《汉书》卷八,北京:中华书局1962年版,第272页。

的主要代表人物与会,规模之盛大,讨论问题之广泛,在中国历史上是前所未有的。本次会议对西汉以来经学领域的许多重大问题进行了较全面深入的讨论和决断,对汉代学术乃至中国古代经学史都有着重大意义。

本次会议主要讨论了《易》《书》《诗》《礼》《春秋》等"五经"的许多相关问题。会议讨论内容最后形成结论性的记录文件,称为《石渠议奏》。虽然《石渠议奏》后来散佚了,但《汉书·艺文志》"六艺"类文献著录了一百六十五篇《议奏》。其中包括《书议奏》四十二篇(班固自注曰"宣帝时石渠论")、《礼议奏》三十八篇(班固自注曰"石渠")、《春秋议奏》三十九篇(班固自注曰"石渠论")和《五经杂议》十八篇(班固自注曰"石渠论")。值得注意的是其中还著录有《论语议奏》十八篇(班固自注曰"石渠论")。这说明在石渠阁会议上除了讨论"五经"之外,还把《论语》列入讨论范围,因而形成了《论语议奏》十八篇。由此可见,当时《论语》虽然不在"五经"之数,但其地位已经很接近"五经"。

既然在石渠阁会议上形成了《论语议奏》,那么就可以肯定当有几位《论语》专家出席了本次会议。根据有关文献记述,可以推知当时的《论语》专家韦玄成以淮阳中尉的身份出席了本次会议,而且韦玄成可能就是《论语议奏》的执笔者。据《汉书·韦贤传》(附子玄成传)记载,韦玄成的父亲韦贤(鲁国邹人)是当时著名的兼通《礼》《尚书》和《诗》的著名经师,曾担任丞相。"玄成字少翁,以父任为郎,常侍骑。少好学,修父业。"①《汉书·儒林传》也记载:"韦贤治《诗》,事大江公及许生,又治《礼》,至丞相。传子玄成,以淮阳中尉论石渠,后亦至丞相。"②据唐陆德明《论语注解传述人》记述:"《论语》者……汉兴传者则有三家:鲁《论语》者,鲁人所传,即今所行篇次是也。常山都尉龚奋、长信少府夏侯胜、丞相韦贤及子玄成、鲁扶卿、太子少傅夏侯建、前将军萧望之并传之,各自名家。"③实际上韦玄成不仅"修父业",学习过《礼》《尚书》和《诗》,而且也曾随从父亲学习过《鲁论语》,是当时著名的《论语》专家。宣帝召开石渠阁会议时,韦玄成曾"受诏与太子太傅萧望之及'五经'诸儒杂论同异于石渠,条奏期对"④。这

---

① (汉)班固:《汉书》卷七三,北京:中华书局1962年版,第3108页。
② (汉)班固:《汉书》卷八八,北京:中华书局1962年版,第3609页。
③ (唐)陆德明:《经典释文》卷一,《四部丛刊》本,第15页。
④ (汉)班固:《汉书》卷七三,北京:中华书局1962年版,第3108页。

里所谓"条奏其对",当就是指韦玄成在石渠阁会议上参与讨论并撰写《论语议奏》而言。

(三)刘歆将《论语》列于《七略》之"六艺略"

西汉哀帝年间,刘歆奉诏继承父亲刘向之事业,校理中秘图书,并在刘向所撰《别录》的基础上,撰成《七略》这部具有划时代意义的目录学著作。后来东汉明帝时班固任兰台令史、典校秘书,将刘歆《七略》"删去浮冗,取其指要"[①],编纂成我国历史上第一部史志目录《汉书·艺文志》。虽然《七略》一书已经亡佚,但由于《汉书·艺文志》是取《七略》之"指要"而成书,因此我们可以从《汉书·艺文志》中窥见《论语》在西汉时期的社会地位和学术地位。《汉书·艺文志》依照《七略》之体例,将书籍分为六艺、诸子、诗赋、兵书、数术、方技等"六略"(即"六部")。"六略"中,"六艺"居首,"六艺"也即"六经",《艺文志》"序六艺九种",依次为:《易》《书》《诗》《礼》《乐》《春秋》《论语》《孝经》、小学。由此可以推知,在刘歆《七略》的文献体系中,《论语》属于"六艺略",与《诗》《书》《礼》《乐》《易》《春秋》"六经"并列,而不属于诸子略,其地位远高于《老子》《管子》《墨子》《庄子》《孟子》等其他诸子书。

此外,《汉书·艺文志》中还详列了"六艺九种"之家数:《易》十三家,《书》九家,《诗》六家,《礼》十三家,《乐》六家,《春秋》二十三家,《论语》十二家,《孝经》十一家,小学十家。《论语》有十二家之多,仅次于《春秋》的二十三家、《易》与《礼》的十三家,位居第四。虽然不能以家数之多寡来判定各种典籍的地位,但《论语》的家数高居"六艺九种"的第四位,也从一定程度上反映了《论语》地位之高,及其在西汉时期研究之盛况。这也从一个侧面说明西汉时期《论语》的地位及其重要性基本上与《诗》《书》《礼》《乐》《易》《春秋》等"六艺"("六经")不相上下。

二、东汉时期,《论语》已取得了与"五经"并列的经典地位

《论语》至东汉时尽管还未正式立学官设博士,但已取得了与"六经"并举的

---

① (汉)班固:《汉书》卷三〇,北京:中华书局1962年版,第1702页。

经典地位,这可以从东汉后期产生了包括《论语》在内的"七经"之说和镌刻了包括《论语》在内的熹平石经、立碑太学门的史实中得到佐证。

(一)东汉时出现了包括《论语》在内的"七经"说

《后汉书·赵典传》李贤注引谢承《后汉书》曰:"(赵)典学孔子七经、河图、洛书,内外艺术,靡不贯综。受业者百有余人。"①这里所谓的"七经"显然是在"六艺"("六经")基础上的扩展,其中是否包括《论语》呢?《后汉书·张纯传》有言:"纯以圣王之建辟雍,所以崇尊礼义,既富而教者也。乃案七经谶、《明堂图》、河间《古辟雍记》、孝武太山明堂制度,及平帝时议,欲具奏之。"唐李贤注曰:"七经谓《诗》《书》《礼》《乐》《易》《春秋》及《论语》也。"②按:张纯为两汉之际人,西汉成帝时为侍中,东汉光武帝时官至太仆、大司空。张纯在奏章中提到"七经谶",而当时的"谶"就是指"谶纬"或"纬书",是指附经而行的以怪力乱神之说阐释儒家经典的图书。据此可知至迟在东汉早期即已出现了包括《论语》在内的"七经"说。换言之,当时学界已出现了把《论语》看作"经"的观点。因此,秦晖先生断言"北宋刘敞首倡'七经'之说"显然是不符合历史实际的。

不过需要注意的是:虽然李贤在前引《后汉书》注中明确说"七经"就是"六经"加上《论语》,但李贤《后汉书》注还明确说"七纬"是依附于"六经"的六类纬书再加上依附于《孝经》的一类纬书。如《后汉书·方术列传·樊英传》载:"樊英字季齐,南阳鲁阳人也。少受业三辅,习京氏《易》,兼明五经,又善风角、星算、河洛七纬、推步灾异。"李贤注曰:"七纬者,《易》纬:《稽览图》《乾凿度》《坤灵图》《通卦验》《是类谋》《辨终备》也;《书》纬:《璇玑钤》《考灵耀》《刑德放》《帝命验》《运期授》也;《诗》纬:《推度灾》《记历枢》《含神务》也;《礼》纬:《含文嘉》《稽命征》《斗威仪》也;《乐》纬:《动声仪》《稽耀嘉》《叶图征》也;《孝经》纬:《援神契》《钩命决》也;《春秋》纬:《演孔图》《元命包》《文耀钩》《运斗枢》《感精符》《合诚图》《考异邮》《保乾图》《汉含孳》《佑助期》《握诚图》《潜潭巴》《说题辞》也。"③由于两汉时期的"纬书"或"谶纬"都是附经而行的,是两汉时期一些方士化的儒生和儒学化的方士假托孔子或黄帝、尧、舜等神圣人物用阴阳五行、天人感应、符

---

① (南朝·宋)范晔:《后汉书》卷二七,北京:中华书局1965年版,第947页。
② (南朝·宋)范晔:《后汉书》卷三五,北京:中华书局1965年版,第1196页。
③ (南朝·宋)范晔:《后汉书》卷八二上,北京:中华书局1965年版,第2721—2722页。

命等神学迷信观点对《诗》《书》《易》《礼》《春秋》等儒家经典进行解释和阐发的著作。上引这段李贤注将"《孝经》纬"列于"七纬"之中,据此可以推知《孝经》当时也被列于儒家经典之列。既然当时有人将《孝经》纬列于"七纬"之中,那么似乎可以推断当时可能也有人将"六经"加《孝经》合称为"七经"。这可能是当时另一种"七经"说,然而不能据此将《论语》排挤出"七经"之外。

(三)东汉熹平石经中刻有《论语》

东汉灵帝熹平四年(175),蔡邕以"经籍去圣久远,文字多谬,俗儒穿凿,疑误后学"为由,与五官中郎将堂谿典、光禄大夫杨赐、谏议大夫马日磾、议郎张驯、韩说、太史令单飏等"奏求正定'六经'文字,灵帝许之。邕乃自书丹于碑,使工镌刻,立于太学门外"。① 蔡邕奉诏刻立的这批石经就是经学史上著名的熹平石经。因其所刻经文字体为隶书一种字体,故又称为一字石经(或一体石经),以区别于曹魏正始年间以篆文、古文、隶书3种字体刻写的三字(体)石经。熹平石经中除了《诗》《书》《礼》《易》《春秋》等五经之外,还有哪部经典呢?答案是《论语》。

《隋书·经籍志》记载:"一字石经《周易》一卷,一字石经《尚书》六卷,一字石经《鲁诗》六卷,一字石经《仪礼》九卷,一字石经《春秋》一卷,一字石经《公羊传》九卷,一字石经《论语》一卷。"②这里所载的"一字石经《论语》",无疑就是据熹平石经的摹写本(或拓本)。

《后汉书·蔡邕传》李贤注引《洛阳记》曰:"太学在洛城南,开阳门外,讲堂长十丈,广二丈,堂前石经四部,本碑凡四十六枚,西行《尚书》《周易》《公羊传》,十六碑存,十二碑毁;南行《礼记》,十五碑悉崩坏;东行《论语》,三碑,二碑毁。《礼记》碑上有谏议大夫马日磾、议郎蔡邕名。"③这里明确说明熹平石经中刻有《论语》。不过需要说明的是《洛阳记》中所谓的《礼记》并非小戴《礼记》,而是指作为"五经"之一的《仪礼》。考熹平石经中仅刻有《仪礼》十七篇,并无今传世本小戴《礼记》。据此可知熹平石经所谓《礼记》当是指《仪礼》而言。《后汉书·卢植传》载:"时始立太学石经,以正'五经'文字。植乃上书曰:'臣少从通儒故南

---

① (南朝·宋)范晔:《后汉书》卷六〇下,北京:中华书局1965年版,第1990页。
② (唐)魏徵:《隋书》卷三二,北京:中华书局1973年版,第945—946页。
③ (南朝·宋)范晔:《后汉书》卷六〇下,北京:中华书局1965年版,第1990页。

郡太守马融受古学,颇知今之《礼记》特多回冗。……愿得将能书生二人,共诣东观,就官财粮,专心精研,合《尚书》章句,考《礼记》失得,庶裁定圣典,刊正碑文。'"①卢植上书中所谓的《礼记》,也是指《仪礼》十七篇,而不是指小戴《礼记》四十九篇。

北宋赵明诚《金石录》在记述"熹平石经"时云:"今余所藏遗字有《尚书》《公羊传》《论语》,又有《诗》《仪礼》。"②由此可见赵明诚所看到的"熹平石经"残石经文,除《尚书》《公羊传》《诗》和《仪礼》之外,还有《论语》。

南宋洪适《隶释》卷十四,胪列石经残碑五种,分别是:石经《尚书》残碑、石经《鲁诗》残碑、石经《仪礼》残碑、石经《公羊》残碑、石经《论语》残碑。③ 并对《论语》残碑描述如下:"右石经《论语》残碑,九百七十有一字,前四篇、后四篇之文也,每篇必计其章,终篇又总其字,又载盍、毛、包、周有无不同之说,以今所行板本校之,亦不至甚异。"④

综合上述《隋书·经籍志》、《后汉书》李贤注、赵明诚《金石录》和洪适《隶释》的有关记载,可以断言"熹平石经"中除《周易》《尚书》《鲁诗》《仪礼》和《春秋公羊传》等'五经'之外,还有(而且是唯有)《论语》。据此可以说明当时"五经"之外的儒家经典唯有《论语》取得了与"五经"并列的地位。

三、魏晋南北朝时期,《论语》正式立于学官,"七经说"普遍流行

魏晋南北朝时期,战乱频仍,社会动荡,政权不断更迭,文化日趋多元,玄、道、佛大盛。当时,儒学独尊的格局虽被打破,但其作为主流意识形态的地位并未丧失。相反,在儒释道互相辩难、互相融合、互相吸收的过程中,通过援佛入儒、援道入儒,儒学获得了前所未有的大发展。在这样的社会文化背景之下,《论语》学较两汉时期有了长足的发展。魏晋南北朝时期,《论语》注释专著数量

---

① (南朝·宋)范晔:《后汉书》卷六四,北京:中华书局1965年版,第2116页。
② (宋)赵明诚:《宋本金石录》,北京:中华书局1991年版,第385页。
③ (宋)洪适:《隶释·隶续》,北京:中华书局1986年版,第149页。
④ (宋)洪适:《隶释·隶续》,北京:中华书局1986年版,第155页。

大增,据唐明贵先生统计,计有84部,是两汉时期的18部在数量上的4倍多。[①]何晏《论语集解》、皇侃《论语义疏》这两部对后世产生重大影响的丰碑式的《论语》学著作就产生于这一时期。尤其值得注意的是,《论语》在曹魏时期正式立于学官,设博士,地位得到进一步提升,正式列于"经"的行列。与此相应,包括《论语》在内的"七经"说正式形成。

(一)《论语》在曹魏时期立于学官,设博士

《三国志·魏书·王肃传》载:"初,肃善贾、马之学,而不好郑氏,采会同异,为《尚书》《诗》《论语》《三礼》《左氏》解,及撰定父朗所作《易传》,皆列于学官。"[②]王肃,字子雍,生当魏晋之际,善治贾逵、马融之古文之学,而不喜欢混合今、古的郑玄之学。王肃采集诸家之同异,遍注群经,撰定其父王朗所作《易传》,并注解《尚书》《诗》《论语》《三礼》《左氏》,当时都立于学官,设博士。曹魏时王肃《论语注》"列于学官"标志着《论语》已被官方列于经典,取得了与"五经"分庭抗礼的地位。

(二)两晋与南北朝时期,《论语》也沿袭魏制立于学官

《晋书》卷七五《荀崧传》记载:"(东晋)元帝践阼,征拜尚书仆射……转太常。时方修学校,简省博士。置《周易》王氏、《尚书》郑氏、《古文尚书》孔氏、《毛诗》郑氏、《周官》《礼记》郑氏、《春秋左传》杜氏服氏、《论语》《孝经》郑氏,博士各一人,凡九人。其《仪礼》《公羊》《穀梁》及郑《易》,皆省不置。"[③]这是说东晋元帝恢复博士制度时,决定将西晋时期的十九博士简省为九博士,但《论语》博士仍然位列九博士之中,不在简省之列。《晋书·荀崧传》记载,荀崧当时不同意简省《仪礼》《公羊》《穀梁》及郑《易》博士,并上书说:"世祖武皇帝应运登禅,崇儒兴学。经始明堂,营建辟雍。……太学有石经古文先儒典训。贾、马、郑、杜、服、孔、王、何、颜、尹之徒,章句传注众家之学,置博士十九人。九州之中,师徒相传,学士如林。"[④]据荀崧上书可知,西晋时设置的各经博士共有十九人,至东晋元帝时简省为九博士。在如此大的简省幅度中,《论语》博士仍然保留下来

---

① 唐明贵:《论语学史》,北京:中国社会科学出版社2009年版,第168页。
② (晋)陈寿:《三国志》卷一三,北京:中华书局1959年版,第419页。
③ (唐)房玄龄等:《晋书》卷七五,北京:中华书局1974年版,第1977—1978页。
④ (唐)房玄龄等:《晋书》卷七五,北京:中华书局1974年版,第1978页。

了,可见《论语》在当时的地位是相当高的,甚至超过了《仪礼》《公羊》《穀梁》及《易》的地位。

南北朝时也多见《论语》立于学官的记载。《宋书·百官志》载:"国子祭酒一人,国子博士二人,国子助教十人。《周易》《尚书》《毛诗》《礼记》《周官》《仪礼》《春秋左氏传》《公羊》《穀梁》各为一经,《论语》《孝经》为一经,合十经。"①这说明《论语》在刘宋时位列"十经"之列。只是由于《论语》与《孝经》篇幅简短,因而二者合为一经,但这丝毫不影响其"经"的地位。

《隋书·经籍志》不仅将《论语》列于经部,而且在论述《论语》类文献时说:"《古论》先无师说,梁、陈之时,唯郑玄、何晏立于国学,而郑氏甚微。周、齐,郑学独立。至隋,何、郑并行,郑氏盛于人间。"②这里所谓郑玄、何晏,就是指郑玄《论语注》与何晏《论语集解》。由此可知,不仅南朝梁、陈之时,郑玄《论语注》与何晏《论语集解》"立于国学",而且北朝周、齐时代,郑玄《论语注》也"独立"于国学。

尤其值得注意的是,《周书·高昌传》有这样一段记载:"文字亦同华夏,兼用胡书。有《毛诗》《论语》《孝经》,置学官弟子,以相教授。虽习读之,而皆为胡语。"③这说明连当时少数民族建立的高昌国也将《论语》与《毛诗》《孝经》等儒家经典一起立于学官。

(三) 包括《论语》在内的"七经说"在魏晋南北朝时期普遍流行

前已述及,东汉时期似乎就有了包括《论语》在内的"七经说",但那时"七经说"还不普及,只偶尔见于文献记述。而到了魏晋南北朝时期,"七经"说则被普遍接受和认可,并广为流传。兹举例如下:

1. 西晋傅咸作《七经诗》。 南宋王应麟《困学纪闻》曰:"《春秋正义》云:'傅咸为《七经诗》,王羲之写。'今按《艺文类聚》《初学记》载,傅咸《周易》《毛诗》《周官》《左传》《孝经》《论语》诗,皆四言,而阙其一。"④按,傅咸(239—294),字长虞,西晋文学家。曹魏司隶校尉傅玄之子。曾任太子洗马、尚书右丞、御史中丞等职。西晋元康四年(294)去世,时年56岁。傅咸所作的《七经诗》是集《周易》

---

① (南朝·梁)沈约:《宋书》卷三九,北京:中华书局1974年版,第1228页。
② (唐)魏徵等:《隋书》卷三二,北京:中华书局1973年版,第939页。
③ (唐)令狐德棻等:《周书》卷五〇,北京:中华书局1971年版,第1229页。
④ (宋)王应麟:《困学纪闻》卷八,上海:上海古籍出版社2015年版,第289页。

《毛诗》《周官》《左传》《孝经》《论语》《左传》《诗经》等七部经典的文句为诗,是现存所知最早的集句诗。唐代的《艺文类聚》《初学记》对傅咸所作《七经诗》诗文有记载,成书于明代的《汉魏六朝百三家集》《古诗纪》录有《孝经诗》二章、《论语诗》二章、《毛诗诗》二章、《周易诗》一章、《周官诗》二章、《左传诗》一章。生当魏晋之际的傅玄既然在其所作《七经诗》中把《论语》作为"七经"之一来看待,说明当时包括《论语》在内的"七经说"应该已经成为普遍流行的说法。

2. 北周樊文深著有《七经异同说》《七经义纲略论》等关于"七经"的专门性论著。《周书·樊深传》载:"樊深,字文深……既专经,又读诸史及《苍》《雅》、篆籀、阴阳、卜筮之书。虽博赡,讷于辞辩,故不为当时所称。撰《孝经》《丧服问疑》各一卷,撰《七经异同说》三卷,《义经(纲)略论》并月(目)录三十一卷,并行于世。"①中华书局本《周书》据《册府元龟》《隋书》《旧唐书》《新唐书》将《义经略论》改为《义纲略论》,《月录》改为《目录》。② 另,《隋书·经籍志》于经部《论语》类下著录"《七经义纲》二十九卷,樊文深撰;《七经论》三卷,樊文深撰"③。其中的《七经义纲》当即是《周书》本传中所谓《义纲论略》,二者或当时同书异名。樊深有关"七经"的这两部著作已经亡佚,而且《周书》与《隋书》也均未说明"七经"之目,因此"七经"之中是否包括《论语》难以断言。不过或许可以根据《隋书·经籍志》略探其大概。《隋书·经籍志》将《七经义纲》和《七经论》这两部著作均著录于经部《论语》类下,或许说明这两部书与《论语》有着密切的关联,也就是说,樊氏《七经论》中所谓的"七经"应包含《论语》。

四、唐代不仅将《论语》作为明经科的必考科目,而且将《论语》刻入开成石经之中

(一)《论语》是唐代明经取士的必考科目之一

唐代实行科举制,明经科是其中最重要的常科之一。"凡诸州每岁贡人,其

---

① (唐)令狐德棻等:《周书》卷四五,北京:中华书局1971年版,第811—812页。
② (宋)王钦若等:《册府元龟》卷六〇六《学校部》载:"樊深……撰《七经异同说》三卷,《义纲略论》并目录三十卷,并行于世。"《隋书》卷三二《经籍志》:"《七经义纲》二十九卷,樊文深撰;《七经论》三卷,樊文深撰。"《旧唐书·经籍志》与《新唐书·艺文志》均载樊文深撰《七经义纲略论》三十卷。
③ (唐)魏徵等:《隋书》卷三二,北京:中华书局1973年版,第938页。

类有六:一曰秀才,二曰明经,三曰进士,四曰明法,五曰书,六曰算。"①所谓"明经",就是明习儒家经学,就是通过对儒家经典内容的考试来选拔精通经学的人才。下文中将要提到刊刻开成石经的核心人物郑覃就是明经科出身。关于唐代明经科考试,国家有统一的规定和标准:"其明经各试所习业,文、注精熟,辨明义理,然后为通。正经有九:《礼记》《左传》为大经,《毛诗》《周礼》《仪礼》为中经,《周易》《尚书》《公羊》《穀梁》为小经。通二经者,一大一小,若两中经;通三经者,大、小、中各一;通五经者,大经并通。其《孝经》《论语》并须兼习。"②据此可知,当时明经科考试科目有正经和兼经之分,《论语》与《孝经》属于兼经,意即无论明几经,无论明何经,都必须兼习《论语》与《孝经》;而《论语》则是每一位参加明经试的人都必须学习的,属于必修课。由此可见,《论语》在当时明经科考试中不仅已被列于经典,而且是较其他经典更重要的"经"。

(二)《论语》是开成石经十二经之一

唐文宗太和四年(830),时任工部侍郎郑覃上奏文宗,效仿东汉刻立熹平石经之举,勘校经书,正定文字,刻立于石,垂范将来。《旧唐书》本传载:"覃长于经学,稽古守正,帝尤重之。覃从容奏曰:'经籍讹谬,博士相沿,难为改正。请召宿儒奥学,校定六籍,准后汉故事,勒石于太学,永代作则,以正其阙。'从之。"③文宗皇帝批准了郑覃的奏请。于是太和七年(833)开始刊刻石经,开成二年(837)完成,因其完成于开成年间,故称为开成石经。

开成石经共刊刻了十二部经书。计有:《易》九卷、《书》十三卷、《诗》二十卷、《周礼》十卷、《仪礼》十七卷、《礼记》二十卷、《春秋左氏传》三十卷、《公羊传》十卷、《穀梁传》十卷、《孝经》一卷、《论语》十卷、《尔雅》二卷。开成石经共114石,迄今保存完好,一石不缺,现藏西安碑林博物馆。开成石经的刊刻,一方面使包括《论语》在内的十二经成为不刊之典;另一方面说明《论语》在唐代朝廷确认为"经"当是不刊之论。

---

① (唐)李林甫等:《唐六典》,北京:中华书局1992年版,第44页。
② (唐)李林甫等:《唐六典》,北京:中华书局1992年版,第45页。
③ (后晋)刘昫等:《旧唐书》卷一七三,北京:中华书局1975年版,第4490页。

五、结论

综上所述,西汉时期,《论语》已与"六艺"并列,或者说是附于"六艺"之后,最起码算是准经典。东汉时期不仅出现了包括《论语》在内的"七经说",而且把《论语》刊刻于熹平石经之中,说明其时《论语》已被朝廷确认为"经",只是当时尚未立于学官而已。魏晋南北朝时期,《论语》正式立于学官,设博士;包括《论语》在内的"七经说"普遍流行,说明其时《论语》已正式成为"经"。唐代《论语》不仅是明经科考试的经学课目之一,而且还被刻立于开成石经之中。据此可知,《论语》成为"经"的时间,远早于秦晖先生所说的宋代。东汉时期《论语》就已经成为"七经"之一了。即使从立学官、设博士算起,也可以断言早在曹魏时期《论语》就已经成为朝廷确认的"经"了!此外,包括《论语》在内的"七经说"早在东汉就出现了,并普遍流行于魏晋南北朝时期,而并非由北宋刘敞"首倡"。

张岱《论语遇》的诠释特色

唐明贵

聊城大学政治与公共管理学院

张岱(1597—1680),字宗子、石公,号陶庵、天孙,别号蝶庵居士、六休居士,浙江山阴(今绍兴)人。他幼承家学,精通史学、经学、理学、文学、小学和舆地学,著有《琅嬛文集》《陶庵梦忆》《西湖梦寻》《三不朽图赞》《夜航船》《四书遇》等名著。其中《四书遇》"三十万言,独标新义,与朱熹《四书集注》异趣"[①],是晚明心学派的代表作之一。

一、扬弃朱注

及至明末,朱子后学不但将经义搞得日趋晦暗,而且多脱离现实,诚如黄宗羲所说:"朱子之功名,岂不及王、刘二先生乎?其三言浙东学派,最多流弊。有明学术,白沙开其端,至姚江而始大明。盖从前习熟先儒之成说,未尝反身理会,推见至隐,此亦一述朱,彼亦一述朱。"[②]伴随朱注的地位日趋式微,要求不读朱注,甚至质疑和批评朱注之风几成燎原之势。张岱亦"幼遵大父教,不读朱注"[③],但他对朱注却采取了扬弃的态度,是者是之,非者非之,并非一味地排斥。

第一,赞引朱注。张岱在《论语遇》中有时直接引用朱熹之语做注,如《里仁

---

① 侯外庐等:《宋明理学史》下册,北京:人民出版社1987年版,第414页。
② (清)黄宗羲:《移史馆论不宜立理学传书》,《黄梨洲文集》,北京:中华书局2009年版,第451页。
③ (清)张岱:《四书遇·自序》,杭州:浙江古籍出版社1985年版,第1页。

篇》"君子喻于义,小人喻于利"下,张岱注引朱子曰:"喻义、喻利,只是这一事上君子见得是'义',小人见得是'利'。如伯夷见饴曰:'可以养老。'盗跖见之曰:'可沃户枢。'"①这里直接引用了《朱子语类》卷二十七的文字。有时在引用后还予以高度评价,如《雍也篇》"如有博施于民而能济众"章下,张岱引朱子曰:"譬如东洋大海固是水,但不必以此方为水。只瓶中倾出来的便是水。博施固是仁,但那见孺子怵惕恻隐之心亦是仁。"认为朱子此喻"甚好"②。又,《宪问篇》"君子思不出其位"下,朱注引范氏曰:"物各止其所,而天下之理得矣。故君子所思不出其位,而君臣、上下、大小,皆得其职也。"③在张岱看来,注中的"'止其所,而天下之理得'句最好",因为"位在而废思,与位不在而越思,都是出位。思不出位,不惟尽其分,且亦能定其心,正是君子得止之学"④。

第二,辩驳朱注。张岱对朱注的辩驳主要集中在四个方面:

一是断句与朱注立异。如《八佾篇》"夏礼,吾能言之,杞不足征也;殷礼,吾能言之,宋不足征也"句,朱熹断句将两"之"字属上,"言二代之礼,我能言之,而二国不足取以为证,以其文献不足故也"⑤;而张岱则重新予以断句,他说:"《礼运》孔子曰:'我欲观夏道,是故之杞,而不足征也,吾得夏时焉。我欲观殷道,是故之宋,而不足征也,吾得《坤》《乾》焉。'读此知《论语》:'夏礼吾能言,之杞不足征也;殷礼吾能言,之宋不足征也。'"⑥根据《礼记·礼运篇》经文内容直解将"之"属下。又,《颜渊篇》"棘成子曰:'君子质而已矣,何以文为?'子贡曰:'惜乎!夫子之说,君子也。驷不及舌。质犹文也,虎豹之鞟犹犬羊之鞟'"章,朱子对其中的"惜乎夫子之说君子也"的断句为"惜乎!夫子之说,君子也",并解释说:"言子成之言,乃君子之意。然言出于舌,则驷马不能追之,又惜其失言也。"⑦张岱则不这样认为,在他看来,"'惜乎'二句,一直说下,如云'惜乎夫子之说'。君子一言既出,四马难追矣。与上文'君子'二字呼吸相应"⑧。

---

① (清)张岱:《四书遇》,杭州:浙江古籍出版社1985年版,第125—126页。
② (清)张岱:《四书遇》,杭州:浙江古籍出版社1985年版,第167页。
③ (宋)朱熹:《四书章句集注》,北京:中华书局1983年版,第156页。
④ (清)张岱:《四书遇》,杭州:浙江古籍出版社1985年版,第297页。
⑤ (宋)朱熹:《四书章句集注》,北京:中华书局1983年版,第63—64页。
⑥ (清)张岱:《四书遇》,杭州:浙江古籍出版社1985年版,第103页。
⑦ (宋)朱熹:《四书章句集注》,北京:中华书局1983年版,第135页。
⑧ (清)张岱:《四书遇》,杭州:浙江古籍出版社1985年版,第259页。

二是质疑朱子错简、阙文之说。《述而篇》:"互乡难与言,童子见,门人惑。子曰:'与其进也,不与其退也,唯何甚？人洁己以进,与其洁也,不保其往也'"下,朱注曰:"互乡,乡名。其人习于不善,难与言善。惑者,疑夫子不当见之也。疑此章有错简。'人洁'至'往也'十四字当在'与其进也'之前。洁,修治也。与,许也。往,前日也。言人洁己而来,但许其能自洁耳,固不能保其前日所为之善恶也。但许其进而来见耳,非许其既退而为不善也。盖不追其既往,不逆其将来,以是心至,斯受之耳。'唯'字上下疑又有阙文,大抵亦不为己甚之意。"①此章朱子以"互乡难与言,童子见,门人惑"断句,并认为此章有错简、阙文。张岱却引周海门之言曰:"此章原无错简,亦无阙文。朱注改之,未是。'互乡'八字为句,言此乡有一难与言之童子,非一乡皆难于言也,此汉疏,宜从。'唯何甚'言怪见此童子,恶恶抑何甚乎？旧说宜从。"②不仅对断句进行了重新划定,而且认为此章并无阙文与错简。

三是朱注字词解释有误。《公冶长篇》"十室之邑,必有忠信如丘者焉,不如丘之好学也"章下,朱注曰:"忠信如圣人,生质之美者也。夫子生知而未尝不好学,故言此以勉人。言美质易得,至道难闻,学之至则可以为圣人,不学则不免为乡人而已。可不勉哉？"③在张岱看来,朱注中对"忠信"的解释欠妥,指出:"皋、夔、稷、卨,有何书可读？君子威重之学,亦以忠信为本,而朱子以美质绎忠信,抹杀古今学脉矣。"④错在缩小了"忠信"的外延。《宪问篇》"深则厉"句,朱注曰:"以衣涉水曰厉。"⑤张岱认为此注有误,指出:"翁子先曰:厉者,危殆也。《易》所谓'过涉灭顶'也。《诗》意若曰,深则有厉,当见险而止,非如浅可摄衣而涉也。《注》'以衣涉水曰厉',殊不可解。"⑥又,《为政篇》"攻乎异端,斯害也已"章下,朱熹引用范氏和程子之注解释"异端",范氏曰:"异端,非圣人之道,而别为一端,如杨、墨是也,其率天下至于无父无君,专治而欲精之,为害甚矣！"程子曰:"佛氏之言,比之杨、墨,尤为近理,所以其害为尤甚。学者当如淫声美色以

---

① (宋)朱熹:《四书章句集注》,北京:中华书局1983年版,第100页。
② (清)张岱:《四书遇》,杭州:浙江古籍出版社1985年版,第186页。
③ (宋)朱熹:《四书章句集注》,北京:中华书局1983年版,第83页。
④ (清)张岱:《四书遇》,杭州:浙江古籍出版社1985年版,第148—149页。
⑤ (宋)朱熹:《四书章句集注》,北京:中华书局1983年版,第159页。
⑥ (清)张岱:《四书遇》,杭州:浙江古籍出版社1985年版,第303—304页。

远之,不尔,则骎骎然入于其中矣。"①张岱认为上述对"异端"的解释是有问题的,在他看来,与尧舜不同者皆为异端,而非专指杨、墨和佛教。他指出:"陆象山云:孔子时佛教未入中国,虽有老子,其说未著,却指那个为'异端'？盖'异'与'同'对,虽同学尧舜,而所学之端绪,与尧舜稍不同,便是'异端'。何止佛老哉！或问:如何是'异',曰:子先理会得'同'的一端,则凡异此者,皆为'异端'。孔林预知有颠倒衣裳之秦始皇,岂不知数世之后,有杨墨佛老来与吾夫子斗法乎？'异端'不必曲解。"②

四是朱注经文解释有误。《为政篇》"今之孝者,是谓能养。至于犬马皆能有养;不敬,何以别乎"下,朱注曰:"养,谓饮食供奉也。犬马待人而食,亦若养然。言人畜犬马,皆能有以养之,若能养其亲而敬不至,则与养犬马者何异。甚言不敬之罪,所以深警之也。"③在张岱看来,朱注将父母与犬马相提并论是不对的:"孔子论孝,岂有以父母与犬马相比之理！按《内则》曾子曰:'是故父母之所爱亦爱之,父母之所敬亦敬之。至于犬马尽然,而况于人乎！'则犬马者,是父母之犬马。言孝者自谓能养,至于父母之犬马,皆能有以养之,但不敬,则何以自别其养父母之心乎？释者不考,遂成千古之误。"④朱子解释与《内则篇》曾子所言相违背。又,《述而篇》"德之不修,学之不讲,闻义不能徙,不善不能改,是吾忧也"下,朱熹引尹氏语解曰:"德必修而后成,学必讲而后明,见善能徙,改过不吝。此四者,日新之要也。苟未能之,圣人犹忧,况学者乎？"⑤张岱借主考官对卷子的批示对此解释提出了质疑:"庚子,山东出此题。主司批解元卷云:'吾忧'句久被紫阳注脚障碍,不知'忧'字即曾子'三省''省'字,非是不能而始忧。总之四者,是吾切己工夫,吾所当时时兢惕者耳。"⑥认为"忧"当做"省"字,文意当从"切己"工夫的解读来解读。

与辩驳朱注相并行的便是对时文的批判。在明代,时文主要是指八股文,而八股文又主要是围绕《四书》展开,因此,张岱在批驳朱注的同时,也对时文予

---

① (宋)朱熹:《四书章句集注》,北京:中华书局1983年版,第57页。
② (清)张岱:《四书遇》,杭州:浙江古籍出版社1985年版,第91—92页。
③ (宋)朱熹:《四书章句集注》,北京:中华书局1983年版,第56页。
④ (清)张岱:《四书遇》,杭州:浙江古籍出版社1985年版,第86页。
⑤ (宋)朱熹:《四书章句集注》,北京:中华书局1983年版,第93页。
⑥ (清)张岱:《四书遇》,杭州:浙江古籍出版社1985年版,第169页。

以贬斥。如《八佾篇》"周监于二代，郁郁乎文哉！吾从周"下，张岱注曰："文盛，是周制大备处。降自幽厉，纪纲扫地，文尽而国亦随之，岂忧文胜耶！且夫子明说'从周'，时文却曰'即所以从二代'，何也？"①时文不顾经文，随意解读，是不对的。《公冶长篇》"宁武子邦有道，则知；邦无道，则愚。其知可及也，其愚不可及也"下，张岱注曰："'知'是有道无道的总关，'愚'是鞠躬尽瘁，死而后已的心事。时文竞作，以愚运知，发引出后人多少权谋、诡秘、说话，非圣人所谓不可及者也，还以就愚论愚为是。"②时文任意阐发，误读了经义。又，《乡党篇》"乡人饮酒，杖者出，斯出矣。乡人傩，朝服而立于阼阶"下，张岱注曰："此章只是乡人饮酒，近日时文，俱讲做乡饮酒礼矣，将圣人一段居乡恭谨之意，尽行抹煞。"③误读了圣人。

作为王学传人，一方面，张岱对朱注在断句、错简、阙文、训诂、经义等有所质疑或批评，充分表明了其自身"宗王反朱"的学术宗旨；另一方面，他不但引证朱注，而且还高调赞扬朱注，某种程度上也反映了其欲调和朱王的治学倾向。

二、归宗王学

张岱对王阳明极为推崇，在《于越有明一代三不朽图赞》中将其列为首位，并赞曰："圣学渊源，必宗邹鲁。良知良能，孟氏是祖。訾为异端，人皆聋瞽。不朽兼三，历爵臻王。既列勋臣，复祀两庑。人皆妒之，遂多簧鼓。吾论姚江，窃效韩愈。引导之功，不下大禹。"④以之为韩愈、大禹。认为阳明所创制的良知之说，在明代思想史上具有重要的地位："阳明先生创良知之说，为暗室一炬。"⑤因此，他在学术上归宗王学。

第一，直接引证王学代表人物之语。在对《论语》的解读上，张岱一方面直接引用王阳明本人的话语以为自己的注释张目，如《子罕篇》"君子居之，何陋之有"章，张岱注引王阳明曰："不必说'所居则化'，此言碍了，中国君子可夷狄、可

---

① （清）张岱：《四书遇》，杭州：浙江古籍出版社1985年版，第106页。
② （清）张岱：《四书遇》，杭州：浙江古籍出版社1985年版，第144页。
③ （清）张岱：《四书遇》，杭州：浙江古籍出版社1985年版，第232页。
④ （清）张岱：《于越有明一代三不朽图赞》，清光绪十四年凤嬉堂刻本。
⑤ （清）张岱：《石匮书·王阳明弟子列传》，《续修四库全书》第318册，第350页。

患难,无入而不自得,九夷之陋,于君子何有焉,故曰'何陋之有'。"①《先进篇》"回也,非助我者也,于吾言无所不说"章下,张岱直接征引阳明之说曰:"圣人以'助'望门人,亦是实话。盖道本无穷尽,问难愈多,则精神愈显。圣人的言语,本自周遍,但有问难的人,被他一难,发挥愈加精神,岂不是'助'!颜子无所不悦,既无问难,即圣人亦寂然不动,无所发挥了,故曰'非助我者也'。"②另一方面,也征引王门后学之语。如《为政篇》"六十而耳顺"句下,张岱就引证了王畿之言:"王龙溪曰:'耳顺'乃六经中未道之语。目有开闭,口有吐纳,鼻有呼吸,惟耳无出入,佛家谓之圆通;'顺'与逆对,更无好丑拣择矣。"认为此说"解之极彻"③。王畿乃浙中王学的代表。《泰伯篇》"可以托六尺之孤,可以寄百里之命,临大节而不可夺也"下,张岱注曰:"杨复所曰'不可夺',方是可以托,可以寄,初无才节两层。"④其中杨复所为泰州王学中人。

第二,以阳明心学解读《论语》。张岱在解读《论语》过程中,还时常借助阳明心学以阐发之。如《子罕篇》"知者不惑,仁者不忧,勇者不惧"下,张岱注曰:"'惑''忧''惧'三字皆从心。人知慕智、仁、勇之名,而不知本于心,故夫子特为拈出,其实'不惑''不忧''不惧',总之一不动心也。名虽三分,心则合一。"⑤"智、仁、勇"三德虽名不同,但皆本于一心,不外于心,都是良知之心的外在表现形式。因此,只要努力在心上做工夫,去恢复和扩充这些本具之德,就能成圣,他说:"'德'字、'慝'字、'惑'字皆从心。一心去先事,则'德'日起;专心去除恶,则'慝'日消;耐心去惩忿,则'惑'日解。大抵圣贤教人,只在心上做工夫,不在外边讨求。"⑥在他看来,"义"也是良知之心的自然而然的行为,他说:"学莫先于'义''利'之辨。'义'者,本心之当为,非有而为之也,有为而为,则皆人欲,非天理矣。"⑦若是有所为而为,就是人欲了,而非天理了。

第三,对阳明心学思想的继承。张岱对阳明学的继承可谓全方位的,这在

---

① (清)张岱:《四书遇》,杭州:浙江古籍出版社1985年版,第214—215页。
② (清)张岱:《四书遇》,杭州:浙江古籍出版社1985年版,第239页。
③ (清)张岱:《四书遇》,杭州:浙江古籍出版社1985年版,第84页。
④ (清)张岱:《四书遇》,杭州:浙江古籍出版社1985年版,第195页。
⑤ (清)张岱:《四书遇》,杭州:浙江古籍出版社1985年版,第224页。
⑥ (清)张岱:《四书遇》,杭州:浙江古籍出版社1985年版,第265页。
⑦ (清)张岱:《四书遇》,杭州:浙江古籍出版社1985年版,第126页。

《论语遇》中明显地体现在三个方面：一是承袭阳明的本体论。王阳明主张"心之本体即是天理"[①]，因此，"无心外之理，无心外之物"[②]。而"良知是天理之昭明灵觉处，故良知即是天理"[③]，良知与孔子的"仁"关系密切："仁，人心也；良知之诚爱恻怛处，便是仁，无诚爱恻怛之心，亦无良知可致矣。"[④]在此基础上，他认为人与天地万物是一体的："盖天地万物与人原是一体，其发窍之最精处，是人心一点灵明。风、雨、露、雷、日、月、星、辰、禽、兽、草、木、山、川、土、石，与人原只一体。"[⑤]此处的灵明便是良知，它是万物一体的源头，"人的良知，就是草木瓦石的良知，若草木瓦石无人的良知，不可以为草木瓦石矣。岂惟草木瓦石为然，天地无人的良知，亦不可为天地矣"[⑥]。以上观点为张岱所继承，在他看来，仁是与心紧密相连："仁，人心也；心之所安，便是仁。"[⑦]又说："所学、所志、所问、所思，是仁；即学、即志、即问、即思，是仁；离学、离志、离问、离思，是仁。""仁不是外面别寻一物，即在吾心，譬如修养家所谓龙虎铅汞，皆是我身内之物，非在外也，故曰：'仁在其中矣。'"[⑧]可见，仁就在己心之内，无须外求，"与朋友应接，言动周旋，刻刻处处，有个粲然者在，而就其粲然中有真切不容自已处，如血脉在四肢，如春光在红紫，生生不断，这个是'仁'"[⑨]。这是从"良知"角度来阐释"仁"之涵义，且把"心"置于首位。与此同时，他也从这一角度阐发了万物一体的思想。在解读《阳货篇》"子张问仁于孔子"章时，张岱指出："高景逸问圣门求'仁'。颜子是沉潜的，如何圣人在视听言动上告他？子张是务外人，却又曰'能行五者于天下'？答曰：总是仁体通天下为一身的。颜子功夫浑成，圣人从天性上点出形色；子张功夫高大，圣人从作用上究竟本体。其实万物一体，源头初无二也。"[⑩]人之所以能够与万物一体，关键就在于良知。

---

① （明）王守仁：《王阳明全集》上册，上海：上海古籍出版社1992年版，第58页。
② （明）王守仁：《王阳明全集》上册，上海：上海古籍出版社1992年版，第6页。
③ （明）王守仁：《王阳明全集》上册，上海：上海古籍出版社1992年版，第72页。
④ （明）王守仁：《王阳明全集》下册，上海：上海古籍出版社1992年版，第990页。
⑤ （明）王守仁：《王阳明全集》上册，上海：上海古籍出版社1992年版，第107页。
⑥ （明）王守仁：《王阳明全集》上册，上海：上海古籍出版社1992年版，第107页。
⑦ （清）张岱：《四书遇》，杭州：浙江古籍出版社1985年版，第176页。
⑧ （清）张岱：《四书遇》，杭州：浙江古籍出版社1985年版，第358页。
⑨ （清）张岱：《四书遇》，杭州：浙江古籍出版社1985年版，第267页。
⑩ （清）张岱：《四书遇》，杭州：浙江古籍出版社1985年版，第339页。

二是继承阳明的心性论。王阳明不仅主张"心即理",而且认为"性即理",他说:"心之体,性也;性即理也。"①视"心""性""理"为一体,使"性"与"理"同归于一"心"。因此"人心本体原是明莹无滞的",后天之恶主要来自"习心":"有习心在,本体受蔽。"②张岱继承了上述观点,他说:"性体无善恶,无向背,无取舍;离彼离此而卓尔独存,非中非边而巍然孤立。"③把人的善恶归结为后天之习染。在阐释《里仁篇》"富与贵,是人之所欲也"章时,指出:"孟子从'乍见'指点恻隐,今人见色动心,谈梅生唾,此与'乍见'何异?大抵无始以来,积业深重,习气缘心,触境便见,第一念认真不得。顾盼祸福,商略道理,全靠第二念头。'所欲''所恶'是初念,'不处''不去'是转念,是仁体,故径接'君子去仁,恶乎成名'。孟子忒看得自然,中间倒有躲闪,所以告子信他不过。"④认为人在后天环境中易生发多种欲念,关键要排除欲念,坚守本性。

三是秉承阳明的修养论。王阳明把"致良知"的具体实现方法叫做"格物",在他看来,"工夫难处,全在格物致知上"⑤,其中"格物"的"格"就是"正","物"就是"事","格物"就是在意念发动处为善去恶,此之谓知行合一的工夫。他说:"物者,事也,凡意之所发必有其事,意所在之事谓之物。格者,正也,正其不正以归于正之谓也。正其不正者,去恶之谓也。归于正者,为善之谓也。夫是之谓格。"⑥因此,"学者学圣人,不过是去人欲而存天理耳",不必"专去知识才能上求圣人","不务去天理上著工夫,徒弊精竭力,从册子上钻研,名物上考索,形迹上比拟,知识愈广而人欲愈滋,才力愈多,而天理愈蔽"⑦。张岱秉承了阳明学的精髓,一方面,主张致本身之良知,在诠释《卫灵公篇》"君子求诸己,小人求诸人"章时,他引阳明之话说:"君子之学,务求在己而已。毁誉荣辱之来,非独不以动其心,且资之以为切磋砥砺之地,故君子无入而不自得,正以其无入而非学也。若夫闻誉而喜,闻毁而戚,则将皇皇于外,惟日之不足矣,其何以为君子?"⑧

---

① (明)王守仁:《王阳明全集》上册,上海:上海古籍出版社1992年版,第42页。
② (明)王守仁:《王阳明全集》上册,上海:上海古籍出版社1992年版,第117页。
③ (清)张岱:《四书遇》,杭州:浙江古籍出版社1985年版,第160页。
④ (清)张岱:《四书遇》,杭州:浙江古籍出版社1985年版,第118页。
⑤ (明)王守仁:《王阳明全集》上册,上海:上海古籍出版社1992年版,第25页。
⑥ (明)王守仁:《王阳明全集》上册,上海:上海古籍出版社1992年版,第972页。
⑦ (明)王守仁:《王阳明全集》上册,上海:上海古籍出版社1992年版,第28页。
⑧ (清)张岱:《四书遇》,杭州:浙江古籍出版社1985年版,第317页。

在他看来,"凡为仁者,只在布帛菽粟、饮食、日用之间。原不必好高骛远"①。因此,格物致良知就是保持警觉之心,不让私欲侵染,努力做到"收视反听,谨言慎为"②,不迷于"私欲",随时在日常生活中保持省察克制的工夫。另一方面,王阳明认为,除致本身之良知外,尚须"致吾心之良知于事事物物也"③,张岱也说:"言行从忠信笃敬流出,忠信笃敬不依言行而有,故参前倚衡,刻刻皆然,处处皆见,此是自然本体功夫。必如此,才与天下,可不言而喻,故曰'夫然后行'。"④又云:"安人安百姓,是修己实功,不是修己效验。盖'以安人''以安百姓'与'修己以敬',同是一'以'。圣贤看得安人安百姓,是我己中一件吃紧之事,不可推出外边。"⑤而这一工夫"不可少有间断"⑥。

第四,承袭阳明以己意解经的方法。王阳明倡导以己意解经,崇尚心悟,主张对经典进行创造性的解读,从而超越经典本身。他说:"圣贤垂训,固有书不尽言,言不尽意者。凡看经书,要在致吾之良知,取其有益于学而已。则千经万典,颠倒纵横,皆为我之所用。一涉拘执比拟,则反为所缚。"⑦因为经典存在着书不尽言、言不尽意处,所以解经要以致良知为本,达到"六经注我"的目的。因此王阳明说:"只致良知,虽千经万典,异端曲学,如执权衡,天下轻重莫逃焉,更不必支分句析,以知解接人也。"⑧为致良知,应舍弃支离破碎的繁琐,解经时只要做到明自我心体、不假外求,就能通经明道。他说:"只是在文义上穿求,故不明……须于心体上用功,凡明不得,行不去,须反在自心上体当即可通。盖'四书五经'不过说这心体。这心体即所谓道。心体明即是道明。"⑨这种"学贵自得"的治经方法极具自我创造的思想解放精神。张岱深受阳明解经思想的影响,《论语遇》的成书即得自于心之自得。他说:"凡看经书,未尝敢以各家注疏横据胸中,正襟危坐,朗诵白文数十馀过,其意义忽然有省,间有不能强解者,无

---

① (清)张岱:《四书遇》,杭州:浙江古籍出版社1985年版,第363页。
② (清)张岱:《四书遇》,杭州:浙江古籍出版社1985年版,第253—254页。
③ (明)王守仁:《王阳明全集》上册,上海:上海古籍出版社1992年版,第45页。
④ (清)张岱:《四书遇》,杭州:浙江古籍出版社1985年版,第310页。
⑤ (清)张岱:《四书遇》,杭州:浙江古籍出版社1985年版,第305页。
⑥ (清)张岱:《四书遇》,杭州:浙江古籍出版社1985年版,第565页。
⑦ (明)王守仁:《王阳明全集》上册,上海:上海古籍出版社1992年版,第214页。
⑧ (明)王守仁:《王阳明全集》下册,上海:上海古籍出版社1992年版,第976页。
⑨ (明)王守仁:《王阳明全集》上册,上海:上海古籍出版社1992年版,第14页。

意无义,贮之胸中。或一年,或二年,或读他书,或听人议论,或见山川云物,鸟兽虫鱼,触目惊心,忽于此书有悟,取而出之,名曰《四书遇》。"①张岱之所以不先看已有注疏,究其原因就在于"六经四子,自有注脚,而十去其五六矣;自有诠解,而去其八九矣。故先辈有言,六经有解不如无解,完完全全几句好白文,却被训诂讲章说得零星破碎,岂不重可惜哉"②。因此,他"解'四书五经'未尝敢以注疏讲章先立成见"③。由于不先立己见,一切义理皆是透过自己的体悟而来,所以《论语遇》中自由解经的色彩较为明显。

一是援引小说中的人物和情节解读《论语》。如《述而篇》"三人行必有我师焉"下,张岱注曰:"读《三国演义》,恨得董卓、曹操。凡事类董卓、曹操者,我一件断然不为,则董卓、曹操便是我师。"④以董卓、曹操为师,此种解释可谓匠心独运。又,《雍也篇》"子见南子,子路不悦"章下,张岱注曰:"子见南子,妙在子路一怒,则圣贤循礼蹈义家风,神气倍振。如读《水浒传》,黑旋风斫倒杏黄旗,则梁山忠义,倍觉肃然。夫子第矢之,而不与解释,政所以坚其不悦之意也。"⑤用李逵的忠义来类比孔子的循礼蹈义,可谓别出心裁。

二是援引民间谚语诠释《论语》。民间谚语一般难入经典诠释之大堂,但张岱在诠释《论语》时却多次提及。如《为政篇》"孟武伯问孝"章,其注曰:"谚曰:'养子方知父母恩。'只说父母之心,孝子逆子都通身汗下。"⑥又同篇"温故而知新"句下,其注曰:"谚曰:'读书至老,一问便倒。'其亦所谓井不泉而钟不声者与!"⑦两用谚语,使经典诠释更接地气,更感亲切。

三是采用比喻的手法诠释《论语》。运用比喻的手法可以使抽象的事物具体化,深奥的道理浅显化。如《学而篇》首章,张岱注曰:"譬之弹琴,时时操弄,得手应心,此种意趣,悠然自领。知音远来,引商刻羽,动指会心,相对莫逆,岂非至乐!至如村夫竖子,顽木不知;痴牛相向,毫不介心。一念冷然,自舞自蹈

---

① (清)张岱:《四书遇·自序》,杭州:浙江古籍出版社1985年版,第1页。
② (清)张岱:《四书遇·自序》,杭州:浙江古籍出版社1985年版,第1页。
③ (清)张岱:《张岱诗文集》,杭州:上海古籍出版社1991年版,第232页。
④ (清)张岱:《四书遇》,杭州:浙江古籍出版社1985年版,第181页。
⑤ (清)张岱:《四书遇》,杭州:浙江古籍出版社1985年版,第166页。
⑥ (清)张岱:《四书遇》,杭州:浙江古籍出版社1985年版,第85页。
⑦ (清)张岱:《四书遇》,杭州:浙江古籍出版社1985年版,第89页。

已耳。"①把"学而时习之"和"有朋自远方来"比作弹琴,把二者有机联系起来,使其更加具体化。又,《里仁篇》"君子欲讷于言而敏于行"章,《论语遇》曰:"如鸡抱卵,如龙护珠,自有一段精神萦系于珠卵之外。"②以比喻的手法写出了外在行为对人的重要性。

四是援引前人事迹解读《论语》。如《八佾篇》"定公问:'君使臣,臣事君,如之何?'孔子对曰:'君使臣以礼,臣事君以忠'"章下,《论语遇》云:"晏子常告景公以田氏之祸,公问所以救之者。晏子曰:'惟礼可以已之。在礼,家施不及国,而大夫不收公利。'公不能用,齐卒以亡。马超初见先主,与先主言,呼先主字。关羽怒,请杀之。先主曰:'人穷来归,以呼我字而杀之,何以示天下?'张飞曰:'如是,当示之以礼。'明日大会,请超入,羽、飞并杖刀立直,超乃大惊,遂不复敢呼字。礼之足以御下也如此。天子之堂九尺,诸侯七尺,所争者二尺耳。天子之席五重,诸侯三重,所争者再重耳。只此尺寸,君臣之分截然。礼之治国,关系若此。"③征引晏子和马超的事迹说明礼的重要性。又,《泰伯篇》"三年学,不至于穀,不易得也"章下,《论语遇》云:"管宁、华歆同学,锄地见金,宁视如瓦石,歆捉而掷之。又尝同席,有乘轩过门者,宁读书如故,歆废书往视。宁割席分座曰:'子非吾友也。'如管宁者,方谓之'不至于穀'。"④用割席的典故说明志不同不相为谋。张岱的这种做法,"使古事古语和当前事实形成对应和交流,借他人而申发己意,读者在品阅中,作品意蕴愈显深厚味长"⑤。

五是借《论语》诠释感怀时政。晚明党争比较激烈,张岱对此深恶痛绝,指出:"世道之祸,莫大于争与党,然势必借君子之名,方能高自标榜,故夫子揭出'君子'二字,为立异同者药石。"⑥在解读《泰伯篇》"好勇疾贫,乱也"章时,他还专门提及了东林党与阉党之争:"刺虎不毙,断蛇不死,其伤人愈多。君子之遇小人,政不可不慎。近日杨、左之御魏珰,是其鉴也。"⑦在他看来,党争的本质在

---

① (清)张岱:《四书遇》,杭州:浙江古籍出版社1985年版,第69页。
② (清)张岱:《四书遇》,杭州:浙江古籍出版社1985年版,第130页。
③ (清)张岱:《四书遇》,杭州:浙江古籍出版社1985年版,第109—110页。
④ (清)张岱:《四书遇》,杭州:浙江古籍出版社1985年版,第200—201页。
⑤ 冯永敏:《散文鉴赏艺术探微》,台北:文史哲出版社1998年版,第248页。
⑥ (清)张岱:《四书遇》,杭州:浙江古籍出版社1985年版,第317页。
⑦ (清)张岱:《四书遇》,杭州:浙江古籍出版社1985年版,第199页。

"情私":"情私,即到处倾盖亦'比'。……朋党是'比'的精神。"[1]要想瓦解朋党、避免党争,需要完善制度:"党与生于替谋,欲散其谋,当密考工法。"[2]这部分内容虽着墨不多,但既有原因的剖析也有预防措施,可谓用心良苦。

由于解经方式自由,且注重追求心得体会,所以张岱常常会在解读过程中有一些创见。如《公冶长篇》"晏平仲善与人交,久而敬之"章,《论语遇》云:"齐桓公欲相鲍叔,而管仲沮之;齐景公欲以尼豀封孔子,而晏婴沮之。千古交情,千古知己。盖齐景公时嬖宠内擅,强臣外横,虽用圣人,其势难久,况当年累世之言?其知孔子最深。余谓晏婴是孔子第一知己也。"[3]将晏婴视为孔子第一知己,可以说是发前人所未发。

由上可见,张岱诠释《论语》时,其最基本也是最主要的思想基础即为阳明心学,他将自己对阳明心学的体悟心得,融入对《论语》义理的诠释中,充分展现出了阳明后学那种"学贵自信自立,不是倚傍世界做得的,求自得而已"[4]的独立自由的精神。与此同时,他援引小说、民间谚语的做法以及文学手法的运用,也使得经典解释进一步通俗化,拉近了经典与民众的距离,增加了阅读的趣味性,在一定程度上助推了经典的传播。

三、融通三教

明末,三教合一思潮十分兴盛。受时代思潮影响,张岱也对佛道二教相当熟悉。他曾"学仙学佛"[5],且有禅学知己:"余好参禅,则有祁文载、具和尚为禅学知己。"[6]在《夜航船》卷十四《九流部》专设"道教""佛教"[7]部分,牵涉到了与之有关的名词术语、代表人物、典故等方面的内容。他还著有《金刚如是解》,在解读过程中,力求保持与儒家经典解释保持一致:"解经者,于字句中寻指归,必

---

[1] (清)张岱:《四书遇》,杭州:浙江古籍出版社1985年版,第90—91页。
[2] (清)张岱:《四书遇》,杭州:浙江古籍出版社1985年版,第202页。
[3] (清)张岱:《四书遇》,杭州:浙江古籍出版社1985年版,第141页。
[4] (清)张岱:《四书遇》,杭州:浙江古籍出版社1985年版,第467页。
[5] (清)张岱:《张岱诗文集》,上海:上海古籍出版社1991年版,第295页。
[6] (清)张岱:《琅嬛文集》,杭州:浙江古籍出版社2013年版,第361页。
[7] (清)张岱:《夜航船》,杭州:浙江古籍出版社1987年版,第527—553页。

须烂熟白文,漫加咀嚼。弟阅《金刚经》诸解,深恨灶外作灶,硬入人语,未免活剥生吞,又恨于楼上造楼,横据己见,未免折桥断路。故余之解《金刚经》,与余之解'四书五经',无有异也。"①正是由于具有丰富的佛学和道家文化知识,所以他在解读《论语》时时常会通之。

第一,直接引用佛道之语解释经文。这主要分为以下几个方面:

一是援引道家代表人物老子之语解读《论语》。如《为政篇》"君子不器"下,张岱注中引用老子之言来解释"不器",曰:"董思白曰:世人多以不器为无所不能,不知君子政不贵多能。惟其无能可名,故不可以器名。老子曰:'朴散则为器,圣人用之,则为官长,故大制不割。'"②所引老子之话出自《道德经》第二十八章,这句话正好与"君子不器"表达的意思相近。《里仁篇》"惟仁者能好人,能恶人"章,张岱注曰:"老子云:'常善救人,故无弃人。'今人见恶人,一切忿恨不平,是先已失仁体,而堕于恶矣,又何能恶人之有! 二'人'字亦要看。好善恶恶易,好人恶人难,何也? 善恶,人之已定也;人,善恶之未定者也。故好善恶恶,常人能之;好人恶人,非一定成心如仁者,恐不能也。"③老子所言出自《道德经》第二十七章,用以说明达到一定境界的人就能做到人尽其才,与经文意思相通。又,《述而篇》"三人行,必有我师焉:择其善者而从之,其不善者而改之"章下,张岱注曰:"老子云:'善人,不善人之师;不善人,善人之资。'改之,即是资,即是师也。故曰'必有我师'。"④此处所引老子所言出自《道德经》第二十七章,刚好可做经文的注脚。

二是征引佛教宗师之语或经文注解《论语》。如《里仁篇》"苟志于仁矣,无恶也"下,张岱解曰:"'志'者,气之帅也。此志一提醒,如大将登坛,三军听命,更何众欲纷扰之有。雪庵上人曰:'一源既澄,万流皆清。揭起慧灯,千岩不夜。孔门志仁无恶,其旨如此。尘魔作祟,皆缘主人神不守舍。念之,念之。'"⑤其中引用了雪庵禅师的话,将"志于仁"描述为澄清本源与揭起慧灯,将"恶"比作末流和长夜。又,《子张篇》"叔孙武叔毁仲尼"章,张岱注曰:"《经》曰:恶人害贤,

---

① (清)张岱:《琅嬛文集》,杭州:浙江古籍出版社 2013 年版,第 231 页。
② (清)张岱:《四书遇》,杭州:浙江古籍出版社 1985 年版,第 90 页。
③ (清)张岱:《四书遇》,杭州:浙江古籍出版社 1985 年版,第 117 页。
④ (清)张岱:《四书遇》,杭州:浙江古籍出版社 1985 年版,第 181 页。
⑤ (清)张岱:《四书遇》,杭州:浙江古籍出版社 1985 年版,第 118 页。

犹仰天而唾,唾不至天,还从己堕;迎风飏尘,尘不至彼,还坌己身;贤不可毁,毁必灭己。"①这里援引《四十二章经》,借以揭示"叔孙武叔毁仲尼"的结果必是"贤不可毁,毁必灭己"。

三是征引佛教用语解读《论语》。如《子罕篇》"仰之弥高,钻之弥坚。瞻之在前,忽焉在后。夫子循循然善诱人,博我以文,约我以礼。欲罢不能,既竭吾才,如有所立卓尔。虽欲从之,末由也已"下,张岱引杨贞复注曰:"以博去分别心、爱憎心,以约去依傍心、执着心,可省'博''约'之旨。"②其中"分别心""爱憎心""执着心"都是佛教用语。又,《子罕篇》"岁寒,然后知松柏之后凋也"下,张岱注曰:"岁寒后凋,是圣人慨叹俗眼识鉴何迟。若是法眼,见松柏,就晓得后凋。铁骨刚肠,一见即决,何待岁寒始有知己也。"③其中的"法眼"为佛教五眼之一,仅次于佛眼。

四是援引佛教典故诠释《论语》。如《雍也篇》"仁者,虽告之曰:'井有仁焉。'其从之也"章,张岱注曰:"仁者有个穷处,要寻绝处逢生法。昔有一参禅者问曰:'譬如有人口咬树藤,两手撒开,悬崖百丈,下面有人问曰:"如何是祖师西来意?"若应他,丧身亡命,若不应他,辜负了他来意,却是如何?'禅师答曰:'请他在未咬树时节来问。'"④借用佛教故事来说明要用智慧来避开别人对你的陷害。《雍也篇》"如有博施于民而能济众"章下,张岱注曰:"梁武铸象造经,崇饰梵宇,问达摩有功德否? 达摩云:'实无功德。'博施济众,总是功德念头,所以圣人提出本领销归到自家身上,却又不是虚愿口谈没把柄的话。大机大用全在'立''达'两字,非解人谁与归?"⑤引用《五灯会元》中记载的梁武帝会见达摩祖师的典故,来诠释孔子论"立""达"两字的真实含义。又,《子罕篇》"夫子圣者与,何其多能也"章,张岱注曰:"子贡多能,圣人调伏子贡,亦以多能,盖以绣球驯狮子法也。故昔人有言曾子以秋阳、江汉说夫子,只成得曾子之夫子,孟子以小鲁、小天下言夫子,只成得孟子之夫子,子贡以多能、天纵言夫子,亦只成得子贡之夫子。如盲人摸象,得耳者以为如簸,得鼻者以为如杵,得牙者以为如槊;

---

① (清)张岱:《四书遇》,杭州:浙江古籍出版社1985年版,第366页。
② (清)张岱:《四书遇》,杭州:浙江古籍出版社1985年版,第212页。
③ (清)张岱:《四书遇》,杭州:浙江古籍出版社1985年版,第224页。
④ (清)张岱:《四书遇》,杭州:浙江古籍出版社1985年版,第164—165页。
⑤ (清)张岱:《四书遇》,杭州:浙江古籍出版社1985年版,第167页。

摸得一体,皆以为象。其实象之全体,非盲者所能揣摩得也。"①"盲人摸象"的故事出自《涅槃经》,借以说明曾子、孟子、子贡等人对孔子认识之偏。

张岱有时兼用佛道之语来解释经文。如《子罕篇》"衣敝缊袍,与衣狐貉者立,而不耻者,其由也与"章,张岱注曰:"此即佛家破执之说。盖一执,则非独未得者不能进,即已得者亦块磊不化之物矣。老子曰:'人知善之为善,斯不善矣!'亦即此意。学问无穷,尚在言外。……天龙问祖师,道在何处?祖师曰:'道在女指上。'天龙终日兀坐,看其一指。祖师从背地持利刃截去一指,天龙大悟。"②此处既引用了《菩提心论》中的"破执"之说,也引用了《道德经》中第二章的话语,可谓融通三教的代表。

第二,以佛道两家的思想诠释儒学。如果说引用佛道之语来解读《论语》是基本套路的话,那么通过诠释《论语》会通儒释道三家的思想则是较高一级的套路。

一是利用佛教境界观来解读儒家境界观。如《述而篇》"子之燕居,申申如也,夭夭如也"下,张岱注曰:"或问:'孔子燕居,何以申申夭夭?'余曰:'空山无人,水流花开。'"③此处的解释颇似禅宗公案,着实让人摸不着头脑。实际上"空山无人,水流花开"出自苏轼《十八大阿罗汉颂》,被后来的禅宗借为表现禅的一种境界,喻示着物我合一、人景合一,但却空而不寂,水自流,花自开,自由自在。此处借来用以形容孔子闲居时自由自在的状态。又,《述而篇》"君子坦荡荡,小人长戚戚"下,张岱借用《楞严经》佛教以"平等心""平常心"待人处事的思想,来诠释"君子坦荡荡"的心胸世界,注曰:"释家言心地平,则尽世界一切皆平。天下惟平易处,最是宽广。人心险峭,便如山川,如谿壑,岂得有通衢大道?"④

二是利用佛教的功夫论来解读儒家的修养工夫论。如《学而篇》"吾日三省吾身"章,张岱借用佛家参禅功夫来解读儒家的三省功夫,指出:"昔有禅师常日唤主人公:'惺惺否?'自答曰:'惺惺。'此即是日省之意。三'乎'字是细细问心

---

① (清)张岱:《四书遇》,杭州:浙江古籍出版社1985年版,第210页。
② (清)张岱:《四书遇》,杭州:浙江古籍出版社1985年版,第223页。
③ (清)张岱:《四书遇》,杭州:浙江古籍出版社1985年版,第170页。
④ (清)张岱:《四书遇》,杭州:浙江古籍出版社1985年版,第191页。

之词,故曰'三省'。"①同篇"贫而无谄,富而无骄"章下,张岱还借禅宗顿悟的功夫来解释儒家的志学工夫,他说:"尝言志学章,非夫子能进,乃夫子能舍。学问时时进,便时时舍。天龙截却一指,痛处即是悟处。禅学在扫,圣学在脱,总一机锋。明道云:'学者无可添,惟有可减,减尽便无事。'切磋琢磨,俱是减法。"②二者方法上是一致的。又,《雍也篇》"回也,其心三月不违仁。其余则日月至焉而已矣"下,张岱把佛教禅修功夫所达到的"四十年打成一片"和"使得十二时辰"的境界与儒家修养工夫所能达到的"不违仁"的境界搭挂了起来,指出:"昔有祖师言:'四十年打成一片。''不违仁',打成一片也。又有云:'他人为十二时辰使,我使得十二时辰。'曰'月至焉',犹被时辰使也。"③

三是会通阳明学和佛道二学。如《里仁篇》"以约失之者鲜矣"章下,张岱注曰:"'约'字浅浅说。老子曰:'治人事天莫如啬。'简缘省事,其失自少。此是实理。若以阳明作求放心说,则是彻首彻尾工夫,岂止鲜失乎?少管一件事,少说一句话,清夜思之,何等受用。"④把道家的"简省俗缘,不预世事"思想与儒家阳明学的求放心思想结合了起来。又,《为政篇》"由!诲女,知之乎!知之为知之,不知为不知,是知也"章下,张岱注曰:"'知之为知之,不知为不知',息息不昧,千古长存。禅家谓之孤明,吾儒指为独体。既不倚靠闻见,亦不假借思维。当下即照,更无转念,故曰'是知'。《论语》中'之'字、'斯'字、'是'字,最当养眼,如'是知也'、'是丘也',俱急切指认。一是不可当下埋没了这点真灵明;一是不可当前蹉过了这个真面目。"⑤把阳明学中被称为"真灵明"(即良知)的"独体"与佛家的"孤明"等同了起来。

第三,把孔子佛家化和道家化。张岱在《论语遇》中,极力改变圣人形象,孔子寖假而为佛,寖假而为菩萨,寖假而为老子。在佛家化方面,一是他把孔子及其弟子贴上佛教的标签。如《子张篇》"子贡贤于仲尼"章下,张岱以佛和菩萨指称孔子和子贡:"孔子是佛,子贡是菩萨;佛惟清净无为,而菩萨则神通广大。外

---

① (清)张岱:《四书遇》,杭州:浙江古籍出版社1985年版,第71—72页。
② (清)张岱:《四书遇》,杭州:浙江古籍出版社1985年版,第79页。
③ (清)张岱:《四书遇》,杭州:浙江古籍出版社1985年版,第153页。
④ (清)张岱:《四书遇》,杭州:浙江古籍出版社1985年版,第129页。
⑤ (清)张岱:《四书遇》,杭州:浙江古籍出版社1985年版,第92页。

道见其龙象光明,未免认是菩萨胜佛。武叔之见亦是如此。"①《为政篇》"季康子问政于孔子"章,张岱将孔子视为救世的菩萨:"康子才说杀,孔子便说善;康子欲杀恶人以成善人,孔子便欲化恶人而成善人。此正是以德易刑之旨。康子如金刚怒目,欲以摄伏群魔;孔子如菩萨低眉,欲以慈悲六道。"②又,《子罕篇》"子绝四"章下,张岱径直将孔子之言等同于佛教徒之言,其引刘元城语曰:"孔子佛氏之言,相为表里。孔子言'毋意,毋必,毋固,毋我',而佛言'无我,无人,无众生,无寿者',其言若出一人。"③认为孔子言与佛氏言相近,可互为表里。二是将孔子及其弟子的思想境界与佛教的功德境界联系起来,如《公冶长篇》"颜渊季路侍,子曰:'盍各言尔志?'子路曰:'愿车马,衣轻裘,与朋友共,敝之而无憾。'颜渊曰:'愿无伐善,无施劳。'子路曰:'愿闻子之志。'子曰:'老者安之,朋友信之,少者怀之'"章下,张岱引陈道掌之注曰:"子路车裘,是七宝布施;颜子舍善劳,是身命布施;夫子安信怀,是不住色相布施。"④其中的"七宝布施"是指眼不贪色、耳不贪声、鼻不贪嗅、口不贪味、身不贪衣、心不贪名利恩爱、性不贪世间欲乐,"身命布施"是指献出自己的性命布施,"不住色相布施"是指不住声、香、味、触、法行布施。这里引用《金刚经》中七宝布施、身命布施、不住色相布施三种布施的功德境界来比拟孔子师徒三人境界之高低不同。

在道家化方面,如《八佾篇》"仪封人请见"下,张岱注曰:"老子出关而有尹喜,孔子适卫而有封人,皆是风尘知己。"⑤径直把孔子和老子视为风尘知己,是一类人。在张氏看来,二人在某些思想上是一致的,《道德经》第六十章提出了"民忘于治,若鱼忘于水"的理念,这在《论语遇·泰伯篇》"民可使由之,不可使知之"章的注释中有所体现:"老子曰:'鱼相忘于渊,国之利器,不可以示人,不可使知政。'示为上者,当进一步意,不必向民身权衡可与不可。""或曰:'秦焚《诗》《书》以愚黔首,亦是此意。'余曰:非也。圣人之治也,令民忘;民忘,则惟率而教益修。秦之治也,欲民愚,民不可愚,故谋不闭而盗愈作。圣人为民计也,

---

① (清)张岱:《四书遇》,杭州:浙江古籍出版社1985年版,第366页。
② (清)张岱:《四书遇》,杭州:浙江古籍出版社1985年版,第264页。
③ (清)张岱:《四书遇》,杭州:浙江古籍出版社1985年版,第208页。
④ (清)张岱:《四书遇》,杭州:浙江古籍出版社1985年版,第147页。
⑤ (清)张岱:《四书遇》,杭州:浙江古籍出版社1985年版,第114页。

秦人自为计也，此其所以别也。"①如此一来，孔子的国家治理思想便进一步具有了道家"无为而治"的特色。

概言之，张岱在《论语遇》中通过对佛道之语的征引、思想观念的引用、圣人形象的改造等，表现出了以佛诠儒、以道诠儒的治经特色，迎合了晚明三教合流的趋势。

从上述归纳《论语遇》的诠释特色来看，张岱诠释经典的方式与内容业已呈现出《四书遇·自序》中所提倡的与"四书""相悦以解，直欲以全副精神注之。其所遇之奥窍，真有不可得而自解者矣"②的要求，自成一家，诚如马一浮《〈四书遇〉题记》所言："明人说经，大似禅家举公案，张宗子亦同此血脉。卷中时有隽语，虽未必得旨，亦自可喜，胜于碎义逃难、味同嚼蜡者远矣。"③张岱在诠释《论语》的过程中，"重在强调一种'石火电光'式的顿悟，强调有'遇'于心，也就是要根据自己的主观体认，领会经典中所蕴含的精义，从而做出创造性的解释。这使经文被解释的主体赋予了新的含义。这种解经方式，是作为个人心路历程表述的诠释学，是在解经者个人的思想体系的脉络之中来完成对经书的诠释"④。同时，在《论语遇》中，他还征引了大量晚明学者尤其是阳明后学的注释，对于保存这一时期的《论语》学史料具有重要的意义："今读《四书遇》，可以看到张岱的许多心悟之言，的确传衍了王学的绪余。书中又大量引录宋明理学家特别是晚明理学家的语录，阐明"四书"的义蕴，也是很有意义的。"⑤

---

① （清）张岱：《四书遇》，杭州：浙江古籍出版社1985年版，第198页。
② （清）张岱：《四书遇·自序》，杭州：浙江古籍出版社1985年版，第1—2页。
③ 马一浮：《马一浮集》第2册，杭州：浙江古籍出版社1996年版，第63页。
④ 赵一静：《张岱的四书学与史学》，湖南大学硕士论文，2006年，第21页。
⑤ 侯外庐等：《宋明理学史》下册，北京：人民出版社1987年版，第415页。

大历出土《古文孝经》考实

舒大刚

四川大学古籍整理研究所

《古文孝经》问题在经学史上一直处于扑朔迷离状态,面貌难识,真伪莫分。一般而论,人们对《古文孝经》注意力都集中在西汉孔壁发现的《古文孝经》和隋朝刘炫表彰的《古文孝经孔传》上。因此,凡谈及《古文孝经》(或与《古文孝经》相关和相似的文献),都往这两种古文上去联系。形成《孝经》古文不归孔壁,即归刘炫的现象。然而这样一来,对宋代《古文孝经》的认知就产生了许多矛盾之处。如孔壁分章史有明文,而宋世古文与之不同;孔壁古字既已隶定,而宋世古文仍存"科斗书";孔壁古文文句与今文相异之处,而宋世古文则一概与今文相同。故有的学人认为宋世古文乃刘炫伪本《古文孝经》。然而刘本在当时的争议重点,在《传》不在经,文献未记其文字是古文,何得后世传本转成古文了?这些都是用"孔壁古文""刘炫古文"难以解释的,只能从孔壁本、刘炫本以外再找原因。历考文献,唐代大历年间曾经出土一本《古文孝经》,宋世古文或与此有关。下面根据各类资料,试作考证。

一、《古文孝经》的五次发现

《古文孝经》在历史上约有五次发现。其一是汉武帝时的孔壁本,其二是隋朝刘炫发现的"孔传本"(下称"刘炫本"),其三是司马光据以作《古文孝经指解》的发现于秘阁的本子(下称《指解》本),其四是清乾隆时从日本传来的"伪孔传本"(下称"日传本"),其五便是本文要讨论的大历出土本(下称"大历本")。

《汉书·艺文志》著录"《孝经古孔氏》一篇,二十二章"。又于"尚书类序"说:"武帝末,鲁共王坏孔子宅,欲以广其宫,而得古文《尚书》及《礼记》《论语》《孝经》凡数十篇,皆古字也。"①"孔安国者,孔子后也。悉得其书。"②许慎《说文解字叙》:"壁中书者,鲁恭王坏孔子宅,而得《礼记》《尚书》《春秋》《论语》《孝经》。"③王肃《孔子家语后序》亦载,并说孔安国为之《传》。此即"孔壁本",又称"孔传本"。

其二,《隋书·经籍志序》"孝经类小序"说:"至隋,秘书监王劭于京师访得孔传,送至河间刘炫。炫因序其得丧,述其议疏,讲于人间,渐闻朝廷,后遂著令,与郑玄并立。儒者喧喧,皆云炫自作之,非孔旧本,而秘府又先无其书。"④《隋志》还著录:"《古文孝经》一卷,孔安国传。梁末亡逸,今疑非古本。"⑤将王肃所说的孔传古文与隋时刘炫发现的孔传古文区分甚严。

据司马光《古文孝经指解》自序称:"今秘阁所藏止有郑氏、明皇及古文三家而已,其古文有经无传。"范祖禹也运用此本撰有《古文孝经说》一卷。

清乾隆时,鲍廷博友人汪翼沧从日本访得《古文孝经孔传》。"鲍廷博《新刊跋》称,其友汪翼沧附市舶至日本,得于彼国之长崎澳。核其纪岁干支,乃康熙十一年所刊。"⑥此本或说系孔壁孔传本嫡传,或说是刘炫本再现。

郭忠恕《汗简》卷七《目录略叙》引李士训《记异》:"大历初,予带经锄瓜于灞水之上,得石函,中有绢素《古文孝经》一部,二十二章,一千八百七十二言。初传与李太白,白授当涂令李阳冰。阳冰尽通其法,上皇太子焉。"夏竦《古文四声韵序》:"唐贞元中,李阳冰子、开封令服之有家传《古孝经》及汉卫宏《官书》,两部合一卷,授之韩愈。愈识归公,归公好古,能解之,因遗归公。又有自项羽妾

---

① (汉)班固:《汉书》卷三〇,北京:中华书局1962年版,第1706页。
② (汉)班固:《汉书》卷三〇,北京:中华书局1962年版,第1706页。
③ (汉)许慎著,王平、李建廷整理:《说文解字》,上海:上海书店出版社2016年版,第396页。
④ (唐)魏徵、令狐德棻:《隋书》卷三二,北京:中华书局1973年版,第935页。
⑤ (唐)魏徵、令狐德棻:《隋书》卷三二,北京:中华书局1973年版,第935页。
⑥ (清)永瑢等:《四库全书总目》卷三二,北京:中华书局1965年版,第263页。

墓中得《古文孝经》,亦云渭上(灞上)耕者所获。"①

李士训、夏竦所言盖同一件事,亦即唐大历年间从灞上项羽妾墓出土的"石函绢素《古文孝经》"。说明在"孔壁古文"和"刘炫古文"之外,又有一种出土于项羽妾墓的《古文孝经》。这个本子韩愈也曾见过,其《科斗书后记》:"贞元中,愈事董丞相幕府,于汴州识开封令服之。服之者,阳冰子,授余以其家科斗书《孝经》、汉卫宏《官书》,两部合一卷。余宝蓄之,而不暇学。后来京师,为四门博士,识归公。归公好古书,能通之。愈曰:'古书得其据依,盖可讲。'因进所有书属归氏。"②所言情形与出土石函绢素本相同,大历出土在前,贞元传授在后,系同一出土文献,唯其保留了先秦旧籍古文字形,故宋初郭忠恕《汗简》、夏竦《古文四声韵》才大量收录了标明取自《古文孝经》的古文字形,特别是夏书引字多达404例,于此可见一斑。这与桓谭所称"(古文)与今异者四百余字"的情况,当不是偶然的巧合。司马光于秘府所见《古文孝经》应该就是这个从项羽妾墓中出土的本子。

郭沂说:"推论的项羽妾去世的下限公元前127年,为汉武帝元朔二年,时值武帝初期,也就是说,当时《古文孝经》刚发现不久。所以唐代从项羽妾墓中发现的这部《古文孝经》相当原始,它不但尚未为卫宏所校,而且也未为刘向审理。"③项羽妾墓随葬的《古文孝经》不论是不是"孔壁古文",其未经刘向审理、卫宏校定则是千真万确的,这也许正是造成刘向、陆德明、司马贞所述古文与宋世古文区别的原因。而《崇文总目》说《古文孝经》:"今孔注不存,而隶古文与章数存焉。"④《宋史·艺文志》说:"《古文孝经》一卷,凡二十二章。"⑤既称其为"隶古文",就不可能再是科斗文,可见此本已是改编过的,也许就是司马光"以隶写古文"作《古文孝经指解》后留下的白文,应当也是大历出土石函绢素本的翻版。

---

① (宋)夏竦:《古文四声韵序》,曾枣庄、刘琳主编:《全宋文》第17册,上海:上海辞书出版社;合肥:安徽教育出版社2006年版,第150页。此外明焦竑《老子翼》卷二、沈乘《项王妾》(沈季友《槜李诗系》卷二八)并载北齐武平五年(574年),"彭城人开项羽妾冢,得《道德经》一帙"。可见项羽亦是爱好文献之人。
② (唐)韩愈:《科斗书后记》,(清)董诰等编:《全唐文》卷五五七,北京:中华书局1983年版,第5637页。
③ 郭沂:《郭店竹简与先秦学术》,上海:上海教育出版社2001年版,第406—407页。
④ 转引自(元)马端临:《文献通考》卷一八五,北京:中华书局2011年版,第5441页。
⑤ (元)脱脱:《宋史》卷二〇二,北京:中华书局1985年版,第5066页。

二、宋代《古文孝经》的面貌及其与孔壁本、刘炫本的差别

司马光作《古文孝经指解》所用的底本,他说是出自孔壁:"孔子与曾参论孝,而门人书之,谓之《孝经》,及传授滋久,章句浸差,孔氏之人畏其流荡失真,故取其先世定本,杂虞、夏、商、周之《书》及《论语》藏诸壁中……及鲁恭王坏孔子宅,而古文始出,凡二十二章。"①而且认为隋朝刘炫本与之有渊源:"隋开皇中,秘书学士王逸于陈人处得之,河间刘炫为之作《稽疑》一篇,将以兴坠起废,而时人已多讥笑之者。"②迟至"唐明皇开元中,诏议孔、郑二家,刘知几以为宜行孔废郑,于是诸儒争难蜂起,卒行郑学。及明皇自注,遂用十八章为定"③。司马光认为,比量二本,古优于今:"盖始藏之时去圣未远,其书最真,与夫他国之人转相传授、历世疏远者,诚不侔矣。"④他对时人怀疑《古文孝经》不以为然:"且《孝经》与《尚书》俱出壁中,今人皆知《尚书》之真,而疑《孝经》之伪,是何异信脍之可啖,而疑炙之不可食也?"⑤于是感慨:"嗟乎!真伪之明,皎若日月,而历世争论不能自伸,虽其中异同不多,然要为得正,此学者所当重惜也。"⑥

范祖禹也承袭此说:"《古文孝经》二十二章,与《尚书》《论语》同出于孔氏壁中,历世诸儒疑眩莫能明,故不列于学官。今文十八章,自唐明皇为之注,遂行于世。二书虽大同而小异,然得其真者古文也。"⑦南宋杨简弟子钱时也相信宋世"古文"来自孔壁,清末张澍也认为司马光书所用乃孔氏古文。

---

① (宋)司马光:《古文孝经指解序》,曾枣庄、刘琳主编:《全宋文》第56册,上海:上海辞书出版社;合肥:安徽教育出版社2006年版,第101—102页。
② (宋)司马光:《古文孝经指解序》,曾枣庄、刘琳主编:《全宋文》第56册,上海:上海辞书出版社;合肥:安徽教育出版社2006年版,第102页。
③ (宋)司马光:《古文孝经指解序》,曾枣庄、刘琳主编:《全宋文》第56册,上海:上海辞书出版社;合肥:安徽教育出版社2006年版,第102页。
④ (宋)司马光:《古文孝经指解序》,曾枣庄、刘琳主编:《全宋文》第56册,上海:上海辞书出版社;合肥:安徽教育出版社2006年版,第102页。
⑤ (宋)司马光:《古文孝经指解序》,曾枣庄、刘琳主编:《全宋文》第56册,上海:上海辞书出版社;合肥:安徽教育出版社2006年版,第102页。
⑥ (宋)司马光:《古文孝经指解序》,曾枣庄、刘琳主编:《全宋文》第56册,上海:上海辞书出版社;合肥:安徽教育出版社2006年版,第102页。
⑦ (宋)范祖禹:《古文孝经说序》,曾枣庄、刘琳主编:《全宋文》第98册,上海:上海辞书出版社;合肥:安徽教育出版社2006年版,第258页。

吴澄则认为司马光因袭的是刘炫本,其《答张恒问孝经》说:"《古文孝经》二十二章,与今文《孝经》为二,魏晋而后不存。隋人以今文《孝经》增减数字,分拆两章,又伪作一章,名之曰《古文孝经》。其得之也绝无来历左验。《隋·经籍志》及唐开元时集议,显斥其妄。邢昺《正义》具载,详备可考。司马温公有《古文孝经指解》,盖温公资质重厚,于《孝经》今文尚且笃信,则谓古文尤可尊也,而不疑后出之伪。"①康有为《新学伪经考·隋书经籍志纠谬》也说:"宋至和元年,司马光上《古文孝经指解》一卷,则刘炫伪古文之余波。"②

以上诸说,或信其为"孔壁古文"的真传,或斥其为隋朝刘炫本之伪书。然而细考诸说,都是不知根柢、缺乏依据之言。西汉"孔壁古文"、隋时"刘炫古文"是真是假姑且不论,司马光《指解》本与他们是否有直接的渊源关系却从来无人深究。诸人在讨论《古文孝经》时都只知有西汉的"孔壁古文",而忽略了其他系统的"古文";他们纯粹从诸本《古文孝经》出现的时间早晚上思考问题,却没有具体辨明各本"古文"之间的真正关系。他们或者抱定凡古文皆伪的成见,或坚信凡古文皆出孔氏,从而对诸本"古文"之间的许多矛盾龃龉之处百思不得其解,只好避重就轻,以偏概全,所得结论当然是不可靠的。

综考宋世《古文孝经》与其他诸本"古文",其不同之处有以下几点。首先是文字古今不一。孔安国明明已用隶书改写壁中古文,何以至宋世《古文孝经》仍是科斗文字呢?司马光在《古文孝经指解序》中也表示过怀疑:"孔安国以古文时无通者,故以隶体写《尚书》而传之,然则《论语》《孝经》不得独用古文。"③对此明显的矛盾之处,他并未多想,只是简单猜测说"此盖后世好事者用孔氏传本,更以古文写之。其文则非,其语则是也"。但他没提出任何佐证,因此不能解决问题。

其二是篇章分合不一。依颜师古《汉书》注引刘向说:"古文字也。《庶人章》分为二也,《曾子敢问章》为三,又多一章,凡二十二章。"④陆德明《经典释文》

---

① (元)吴澄:《草庐孝经后序》,李修生主编:《全元文》卷一一二五,南京:凤凰出版社1998年版,第315页。
② (清)康有为:《新学伪经考》,北京:中华书局2012年版,第240页。
③ (宋)司马光:《古文孝经指解序》,曾枣庄、刘琳主编:《全宋文》第56册,上海:上海辞书出版社;合肥:安徽教育出版社2006年版,第102页。
④ (汉)班固:《汉书》卷三〇,北京:中华书局1962年版,第1719页。

历言《古文孝经》分章之处:《庶人章》"故自天子"下:"古文分此以下(旻)〔别〕为一章";《圣治章》"父子之道"下:"古文从此以下别为一章。""故不爱其亲"下:"古文从此以下别为一章。"司马贞也说:"(古文)又分《庶人章》,从'故自天子'以下别为一章。仍加'子曰'二字。"①刘向所说当然是孔壁本,陆氏、司马贞所言则有可能出自隋时刘炫本。无论何本,其分章都是相同的,位置具体,起讫分明,没有分歧。可是,今存与司马光原本同出一源的范祖禹所书大足石刻《古文孝经》(下称"石刻本"),其分章却与上述诸说都不同。其第六章(今文《庶人章》)从"子曰因天之道"以下直接"故自天子"至章末,并与下章首句"曾子曰甚哉孝之大也"九字合为第六章;第八章(今文《三才章》)"子曰夫孝天之经"至"不严而治"为一章,又自"子曰先王见教"以下至章末别为一章。黄震《黄氏日钞》卷一"读孝经"也说:"案,《孝经》一耳,古文、今文特所传微有不同……至于分章之多寡,今文《三才章》'其政不严而治'与'先王见教之可以化民'通为一章,古文则分为二章。今文《圣治章第九》'其所因者本也'与'父子之道天性'通为一章,古文则分为二章。'不爱其亲而爱他人者',古文又分为一章。"②所言分章也与"石刻本"完全一致。可见宋世所传《古文孝经》自是一个系统,其与刘向、陆德明、司马贞所见都是不一样的。

其三是内容异同不一。《汉书·艺文志》"孝经类小序"说:"汉兴,长孙氏、博士江翁、少府后仓、谏大夫翼奉、安昌侯张禹传之(即今文《孝经》——引者),各自名家,经文皆同。唯孔氏壁中古文为异。'父母生之,续莫大焉','故亲生之膝下',诸家说不安处,古文字读皆异。"③颜师古《汉书注》引桓谭《新论》:"《古孝经》千八百七十二字,今异者四百余字。"④即是说,据桓谭所见,《古文孝经》在文字上、内容上与今文有很大不同。而《指解》本(包括石刻本)与今文相同。司马光《古文孝经指解》在相关条目下注明"续一作绩""膝一作育",宋夏竦《古文四声韵》自有一本与《汉书》所说"古文"相同,而与《指解》本并不一致。

---

① (唐)司马贞:《孝经老子注易传议》,(清)董诰等编:《全唐文》卷四〇二,北京:中华书局1983年版,第4107页。
② 转引自(清)王梓材、冯云濠编:《宋元学案补遗》卷八六,北京:中华书局2012年版,第5136页。
③ (汉)班固:《汉书》卷三〇,北京:中华书局1962年版,第1719页。
④ (清)阮元校刻:《十三经注疏》,北京:中华书局2009年版,第5518页。

其四是文字多寡不一。《唐会要》载司马贞说,隋时刘炫本古文"又分《庶人章》从'故自天子'以下别为一章。辄加'子曰'二字"[1],说明当时的"古文"《庶人章》比今文多"子曰"二字,而石刻本、《指解》本都无此二字。宋陈叔方《颍川语小》卷上又指出:"《古文孝经》罕有'也'字,今人所读乃明皇本,用'也'字颇多。"这种情形则与大足石刻本同。唐时争议最大的古文《闺门章》,陈叔方也读到了,并对此有证其为真的讨论:"《古文孝经》云:'子曰:闺门之内具礼矣乎,严父严兄,妻子臣妾,犹百姓徒役也。'司马温公《指解》谓:'"刑于寡妻,至于兄弟,以御于家邦",与此章何以异?'唐明皇时,国子博士司马贞议曰:'案其文,是比妻子于徒役,文句凡鄙,不合经典,必非宣尼正说。'二者之论不同。愚谓,贱百姓,轻徒役,乃后世庸暴之君耳,古人未尝不以民为贵,以徒役为重事。妻子臣妾虽下于我,而其理有不可忽者存。如待百姓徒役,得其心则顺,失其心则违。兹顾可不谨耶?"(清刻《守山阁丛书》本)可见,宋时古文与孔壁本、刘炫本,有同有异,未可一概。

综上所述,司马光发现的《古文孝经》在古今字形、分章起讫、内容异同、文字多寡等四个方面都与刘向、陆德明、司马贞所见本有如此之大的差别,这还能说明他们系出一源吗?显然是不能的。我们认为,造成这些区别的真正原因不在于"后世好事者"的改作,而在于它们各自禀承了不同的经文系统。

三、《记异》所载大历出土《古文孝经》之审察

李士训《记异》所载《古文孝经》的发现,应当是经学史十分重要的事件,可惜未获得历代学人应有的重视。我们通过审察此一事件的真实与否,即可考见《记异》记事是否准确,亦可证其"初传与李太白"的记载是否可信。

《记异》说:"绢素《古文孝经》一部,二十二章,一千八百七十二言。"与汉儒刘向、桓谭、班固等人所言《古文孝经》情形吻合。只不过,班氏、桓氏等人所言乃"孔壁古文",其书已随孔传的失传而亡于梁末;隋世新出本又疑为刘炫伪造,"疑非古本"。二十二章的《古文孝经》之以古文字形行于世者,实有赖于大历初

---

[1] (唐)司马贞:《孝经老子注易传议》,(清)董诰等编:《全唐文》卷四〇二,北京:中华书局1983年版,第4107页。

年的这次重要发现。

除李士训《记异》有载外,北宋古文字学家夏竦《古文四声韵序》也记载了这次发现。合两事观之,李士训所获石函绢素《古文孝经》乃出于灞上项羽妾墓之中,为秦汉之间旧物,非常可贵,所以当时就引起了李白、李阳冰等人的高度重视,转相传授和研习。

李阳冰从李白处接受了《古文孝经》,经过研习,"尽通其法",一方面将其书"上皇太子"(当时的皇太子即后来的唐德宗);另一方面,又传与其子服之。贞元中,服之又传给韩愈等人。

王应麟《玉海》对此事也有所记:"李阳冰子服之,贞元中授韩愈以其家《科斗孝经》、卫宏《官书》,两部合一卷。后以归归登。其后以凡为文辞,宜略识字,再乞观之。张籍令贺拔恕写之(韩愈《科斗书后记》)。又渭上耕者亦得《古文孝经》。"① 可见在大历、贞元之间,《古文孝经》被李士训发现后,经历了初传李白,李白传李阳冰,阳冰上皇太子,阳冰又传其子服之,服之传韩愈,韩愈传归公(即归登),又传张籍、贺拔恕等人这一过程。这些都载在信史,记入方策,不应有丝毫造伪。只因其详情无人发覆,故对其所传《科斗孝经》与大历出土石函绢素《古文孝经》之间的因袭关系,每每讲不清楚,最为可惜。

如前所述,此本科斗《古文孝经》在五代、北宋都有传授,郭忠恕首次将其字形编入《汗简》,凡七例;句中正又据"旧传《古文孝经》"造《三体孝经》;李建中亦"尝得《古文孝经》,研玩临学,遂尽其势"②。夏竦称赞说:"太学博士周之宗正丞郭忠恕首编《汗简》,究古文之根本;文馆学士句中正刻《孝经》,字体精博;西台李建中总贯此学,颇为该洽。"③ 并据郭氏《汗简》和句氏《三字孝经》,将《古孝经》字形一一著录于《古文四声韵》达 404 例。此正与桓谭所谓古、今文"异者四百余字"的说法前后印证,若非出自真品不能如此巧合。

宋仁宗时,司马光从秘府发现科斗文《古文孝经》,并据之作《古文孝经指

---

① (宋)王应麟著,武秀成、赵庶洋校证:《玉海艺文校证》卷七,南京:凤凰出版社 2013 年版,第 327 页。按,此处将两事并列,并时序有颠倒,"渭上"即"灞上"。
② (宋)苏轼撰,(清)王文诰辑注:《苏轼诗集》卷二八,北京:中华书局 1982 年版,第 1513 页。
③ (宋)夏竦:《古文四声韵序》,曾枣庄、刘琳主编:《全宋文》第 17 册,上海:上海辞书出版社;合肥:安徽教育出版社 2006 年版,第 150 页。

解》;范祖禹复作《古文孝经说》①,还手书《古文孝经》,后人将之刻于大足北山石刻之中。② 其书旧时尚以为是汉代出于孔子壁中的《古文孝经》,但如前所述,其分章起讫、文字今古、经文内容以及与今文《孝经》异同之处,都与刘向、班固、陆德明、司马贞所言"孔壁古文"并不一致,应该在孔壁以外另寻渊源。经考证,该本疑即禁中秘府所藏的大历出土《古文孝经》,或许就是当年李阳冰"上皇太子"之本的异代流传。看来中唐以下直至北宋时期所传科斗《古文孝经》,有可能都渊源于大历初年的这次发现。③

四、《记异》与其他唐人碑序可以互证

李士训《记异》记载,于大历初发现《古文孝经》后,曾经传给李白,李白又传与李阳冰。将李士训《记异》所言李白生活下限,与其他唐人记载李白生平的历史文献相对照,就会发现彼此互相吻合,毫无矛盾扞格之处,这也说明此次发现是真实的。

据陈振孙、赵希弁等人书录所载,李白集自北宋以来就载有唐人所做的两序、四碑:李阳冰《草堂集序》、魏颢《李翰林集序》,李华《故翰林学士李君墓志并序》、刘全白《唐故翰林学士李君碣记》、范传正《唐左拾遗翰林学士李公新墓碑并序》、裴敬《翰林学士李公墓碑》④。是考证李白生卒及籍贯的重要史料。

李华《李君墓志铭》序说:李白"年六十有二不偶,赋《临终歌》而卒"。根据李华提供的李白享年,再结合李士训《记异》所载李白生活下限,从大历初年

---

① 司马光《古文孝经指解》、范祖禹《古文孝经说》,今已与唐玄宗注《孝经》合编,收入《通志堂经解》及《四库全书》等丛书中。参见舒大刚:《今传司马光〈古文孝经指解〉"合编本"之时代与编者考》,台湾"中央研究院"《中国文哲研究通讯》第12卷第3期,2002年。
② (宋)王象之:《舆地纪胜》卷一六一,北京:中华书局1992年影印道光刊本;《雍正四川通志》(清刊本)卷二六等著录。参见舒大刚:《试论范祖禹书大足石刻〈古文孝经〉的重要价值》,《四川大学学报》2003年第1期。
③ 参见舒大刚:《司马光〈古文孝经指解〉的渊源与流变》,《烟台师范学院学报》2003年第1期。
④ (宋)陈振孙《直斋书录解题》卷十六载:"《李翰林集》三十卷……家所藏本不知何处本,前二十卷为诗,后十卷为杂著,首载阳冰、(乐)史及魏颢、曾巩四序,李华、刘全白、范传正、裴敬碑志。……别有蜀刻大、小二本,卷数亦同,而首卷载碑、序,余二十三卷歌诗,而杂著止六卷。"赵希弁:《郡斋读书附志》(《郡斋读书志》卷五下)亦云:"《李翰林文集》三十卷……希弁所藏三十卷……然第一卷乃李阳冰、魏颢、乐史三人所作序,李华、刘全白、范传正、裴敬四人所作志与碑;第二卷以后乃白诗文云。"

(766)上推62年,则得李白的生年即唐中宗神龙元年(705)。这与李阳冰、范传正所言完全吻合:

> 一说:(李白先世)中叶非罪,谪居条支,易姓与名。然自穷蝉至舜,五世为庶,累世不大曜,亦可叹焉。神龙之始,逃归于蜀,复指李树而生伯阳(指李白——引者)。惊姜之夕,长庚入梦,故生而名白,以太白字之。①

> 或说:隋末多难,一房被窜于碎叶,流离散落,隐易姓名。故国朝以来,漏于属籍。神龙初,潜还广汉,因侨为郡人。父客以逋其邑,遂以"客"为号。高卧云林,不求禄仕。公之生也,先府君指天枝(即李树——引者)以复姓,先夫人梦长庚告祥,名之与字,咸所取象。受五行之刚气,叔夜心高;挺三蜀之雄才,相如文逸。②

李阳冰、范传正俱说李白之父(即李客)神龙初年从条支(或碎叶)潜逃回来,客居蜀中(或称广汉,唐时彰明县属广汉郡),恢复李姓,才生李白。假令李白生于神龙初其父归蜀之时,下数62年,也正好是大历元年(766)。李阳冰、李华、范传正所述与李士训《记异》如此契合,当然不是偶然的。

李阳冰《草堂集序》得于李白的枕上口授,自然真实可信;李华所写墓志又系当时人记当时事,当然不会有误;李士训《记异》所录更是当事人记亲历事,也是实录;范传正撰李白碑文系李白孙女"搜于箱箧中,得公(李白)之亡子伯禽手疏十数行"改撰而成,亦非耳食传闻者可比!四者都是原始材料,没有造伪嫌疑,因此才能如此互相印证,彼此契合。

可是,人们曾误解李阳冰序所说宝应元年(762)李白"疾亟","枕上授简"写序之时为李白死卒之年。并以此为基础,上溯62年,将李白生年定在长安元年(701),是非常错误的。

---

① (唐)李阳冰:《草堂集序》,《李白集校注》,上海:上海古籍出版社1980年版,第1789页。
② (唐)范传正:《唐左拾遗翰林学士李公新墓碑》,《李白集校注》,上海:上海古籍出版社1980年版,第1780页。

结 论

  我们认为,历史上多次发现《古文孝经》,每本的内涵不尽相同。北宋司马光等人从皇家藏书中所得的科斗文《古文孝经》,与桓谭和《汉书》所述,刘炫等人所传的《古文孝经》,从字形、字数、分章起讫,到内容、次第,都不完全一致,可见它们不是同一系统。相反,宋代所传《古文孝经》却与李士训《记异》所述、大足石刻所存《古文孝经》互相吻合,说明宋人所传《古文孝经》应当是渊源于大历灞上出土的石函绢素《古文孝经》,而非其他。李士训《记异》所说大历初将《古文孝经》传与李白,也与唐人所记李白生年和享年吻合,李白得读出土《古文孝经》完全可能,说明李士训《记异》关于"大历初"得《古文孝经》的说法实有其事。这则史料非同于一般志怪小说,它真实地反映了大历年间《古文孝经》出土和传授的情形,是我们研究《孝经》学史的重要材料。

论《中庸》对张载理学建构的特殊影响

林乐昌

陕西师范大学哲学与政府管理学院

引　言

《宋史》张载本传将其学所依托的经典资源归结为"以《易》为宗,以《中庸》为体,以孔孟为法"。今人钱穆则把张载之学所依托的经典资源进一步集中于《易》《庸》两种。钱穆说,与周敦颐类似,"横渠著书亦多本《易》《庸》,独'二程'更多引孔孟"[1]。本文作为专题性研究的尝试,基本观点是:虽然《易》《庸》对张载理学思想发展的影响都很大,但相比之下,《中庸》的影响尤其特殊。这里所谓《中庸》对张载之学具有"特殊影响",具体指:范仲淹授《中庸》是张载走上学术道路的起点,此后《中庸》对张载理学思想的发展产生了持续的和多方面的影响,尤其对张载理学纲领的确立和理学体系的建构影响更加深远。在理学史上,《中庸》如此持续、多方面而又深远地影响了一位理学家思想的发展,是比较罕见的学术现象。基于这一观察,本文拟着重探讨以下三个问题:一、《中庸》对张载理学产生了哪些特殊影响？二、《中庸》是张载确立理学纲领的经典资源；三、《中庸》是张载建构理学体系的主要依据。

---

[1] 钱穆:《宋代理学三书随劄》,北京:生活·读书·新知三联书店2002年版,第138、150、211页。

一、《中庸》对张载理学思想产生了哪些特殊影响?

《中庸》对张载理学思想的特殊影响,主要表现为其影响是持续的、多方面的和深远的。

首先,《中庸》对张载理学思想的影响是持续的。据吕大临撰写的《横渠先生行状》(以下简称《行状》)记载,时任陕西招讨副使兼知延州的范仲淹对原本"喜谈兵"的青年张载"劝读《中庸》"之后,使之扭转了人生方向,走上了学术道路。《行状》还说,张载读《中庸》,"虽爱之,犹未以为足也,于是又访诸释老之书,累年尽究其说,知无所得,反而求之六经"①。这种表述很容易给人造成一种印象,似乎《中庸》对张载思想的影响仅限于其早年。事实上,的确有学者就是这样认为的。② 本文主张,就《中庸》对张载思想发展的影响看,并不限于早年,而是持续其一生各个时期的。当然,这需要对《中庸》影响张载思想发展的时间范围进行考察。

《中庸》影响张载思想发展的时间范围,与张载思想的阶段性演变有关。对于张载的学术演变,研究者历来仅依据吕大临《行状》和《宋史》张载本传的寥寥数语,将其划分为从"受《中庸》而读之"到"访诸释老之书",再到"反求之六经"等两次转折。其实,这两次转折都属于张载早期学术活动的范围,无法全面展现张载学术的阶段性演变脉络。有必要把张载从21岁到58岁将近四十年的思想演变历程划分为三个时期:早期、中期和晚期,并力求大体确定每一时期的边界和特征。

张载之学的早期,时间跨度大约二十年。这是他奠定学术基础的时期。这一时期以范仲淹"劝读《中庸》"为起点,张载时年21岁。③《行状》称,张载从读

---

① (宋)吕大临:《横渠先生行状》,(宋)张载:《张载集·附录》,北京:中华书局1978年版,第381页。
② 杜维明:《论儒学的宗教性——对〈中庸〉的现代诠释》,武汉:武汉大学出版社1999年版,第153页。在一条注释中,杜维明说:"张载早年对《中庸》的潜心研究对他的思想发展产生了深刻的影响。"
③ 张载上书谒范仲淹的年龄,吕大临《行状》记作"当康定用兵时,年十八",《宋史·道学传》张载本传则记作21岁。按,"康定"系仁宗年号,使用不足两年,即公元1040年至1041年。据此可知,《宋史》所记21岁比较准确。

《中庸》后,"犹未以为足也,于是又访诸释老之书,累年尽究其说"①。这里"累年尽究其说"的"累年"是多少年?朱熹在述及张载这段治学经历时说:"夫子(指张载——引者注)早从范文正公受《中庸》之书,中岁出入于老、佛诸家之说,左右采获,十有余年。"②张载从21岁出入老、佛诸家之说"十有余年"之后,应当30岁出头。张载总结自己读书经历说:"唯六经则须着循环,能使昼夜不息,理会得六七年,则自无可得看。"③张载30多岁从佛老之学"反而求之六经",用"六七年"之功对六经做过一番系统研究,初步奠定了学术基础,年龄应当在三十七八岁。我们不妨取张载年龄的整数,视其思想的早期阶段结束于他40岁时。

张载之学的中期,亦即其思想形成期,大约在张载40岁至50岁的十年间。40岁以前的大约二十年,是张载学术成长的早期阶段,其思想在探索中趋于形成;40岁以后是张载学术成长的中期阶段,其思想在形成中趋于成熟。

张载之学的晚期,大约从张载50岁至去世前的八年间。在思想初入成熟期时,张载曾回顾自己的成学经历说:"某学来三十年,自来作文字说义理无限,其有是者皆只是亿则屡中。""比岁方似入至其中,知其中是美是善,不肯复出,天下之议论莫能易此。"④以范仲淹劝读《中庸》为张载向学的开始,"某学来三十年",刚好步入知天命之年。"入至其中",可以理解为张载的学术已登堂入室,其思想步入了成熟期。

在张载的学术生涯中,曾经对自己研读《中庸》的经验做过两次总结。

第一次总结。张载说:"某读《中庸》二十年,每读每有义,自长得一格。"⑤张载从21岁读《中庸》,经过二十年,已届41岁。此时,张载的思想刚脱离其早期,转而进入中期。此外,张载读《中庸》的历史,还有一个从不自觉到自觉的转变。而这一转变,与张载对道学的自信有关。史载,仁宗嘉祐初(1056),张载与"二程"京师论学,他们"共语道学之要"。这促使张载"焕然自信曰:'吾道自足,

---

① (宋)吕大临:《横渠先生行状》,(宋)张载:《张载集·附录》,北京:中华书局1978年版,第381页。
② (宋)朱熹:《楚辞集注·楚辞后语》卷六《鞠歌第五十一》,朱杰人、严佐之、刘永翔主编:《朱子全书》第19册,上海:上海古籍出版社;合肥:安徽教育出版社2002年版,第308页。
③ (宋)张载:《经学理窟·义理》,《张载集》,北京:中华书局1978年版,第278页。
④ (宋)张载:《经学理窟·自道》,《张载集》,北京:中华书局1978年版,第288页。
⑤ (宋)张载:《经学理窟·义理》,《张载集》,北京:中华书局1978年版,第277页。

何事旁求！'于是尽弃异学,淳如也"①。这就促使张载从儒学与佛、老之学的游移中摆脱出来,明确了学术方向,"尽弃异学","专以圣人之言为学"②。几年后,张载的思想便摆脱了早期阶段进入中期阶段。如果说张载最初读《中庸》是范仲淹劝导的结果,是被动的和不自觉的,那么,从嘉祐初开始,张载对包括《中庸》在内的儒家经典的研读便越来越自觉了。

第二次总结。张载说:"《中庸》直须句句理会过,使其言互相发明。"③朱熹曾赞叹张载研读《中庸》的这次总结,"真读书之要法"④。如果没有长期研读《中庸》的经验,张载是无法提炼出这一研读"要法"的。据此推断,第二次总结要晚于第一次总结,大约发生于其思想演变的中期,甚至更晚。由于第二次总结发生的确切时间今天已难断定,因而这里就有一个需要思考的问题:《中庸》是否对张载的晚年思想也产生过影响？对此,回答是肯定的,这有张载的晚年代表作《正蒙》为证。(详下)

其次,《中庸》对张载理学思想的影响是多方面的。从张载的多种著作中,不难看出其理学思想从很多方面都受到《中庸》的影响。这些著作,既包括形成于较早时期的《经学理窟》《张子语录》《横渠易说》及佚著《礼记说》⑤等,也包括完成于晚年的《正蒙》。限于篇幅,以下主要依据《礼记说》辑本和《正蒙》这两种著作及其关系,以揭示《中庸》对张载理学思想的多方面影响。

《中庸》,是《礼记》的第 31 篇。《礼记说》,是张载解说《礼记》的著作。据推断,《礼记说》大约形成于张载思想演变的中期前后。《礼记说》的《中庸第三十一》,解说了《中庸》33 章中的 16 章,合计 56 条。这 56 条解说的多数,后来被张载选入其晚年著作《正蒙》的十篇之中,包括《太和》《诚明》《中正》《至当》《乾称》诸篇。其中《诚明篇》,其篇名"诚明"是《中庸》用语,该篇与《中正篇》对《中庸》的解说比较集中。《正蒙》的内容,既包含张载的思想创新,同时也是他对自己

---

① (元)脱脱等:《宋史》卷四百二十七,北京:中华书局 1985 年版,第 12723 页。
② (宋)张载:《经学理窟·自道》,《张载集》,北京:中华书局 1978 年版,第 289 页。按:"专以圣人之言为学",《张载集》作"专与圣人之言为学",此据南宋《诸儒鸣道》所收《经学理窟》改。
③ (宋)张载:《经学理窟·学大原下》,《张载集》,北京:中华书局 1978 年版,第 284 页。
④ (宋)朱熹著,黄坤点校:《四书或问·中庸或问上》,上海:上海古籍出版社 2001 年版,第 45 页。
⑤ 张载佚《礼记说》辑本,收入林乐昌编校:《张子全书》卷十四《补遗一》,西安:西北大学出版社 2015 年版。

历年思想的总结,其中有不少是对《礼记说》等旧著当中相关言论的选用。这无疑证明,《中庸》不仅影响了张载的早中期思想,而且也影响了张载的晚年思想。

《正蒙》受《中庸》影响的各篇,所涉及的理学思想内容包括:论天道,论天德,论鬼神,论心性,论性命,论性气,论德气,论"虚者仁之原",论"圣人之心",论"大心体物",论"诚明所知",论"德性之知"与"见闻之知";论"小德"与"大德",论"博学"与"义精";论"君子之道",论"以心求道",论"致曲不二",论"仁智合一",论"诚明"互动;论"天人合一",论"事天诚身",等等。从这些内容看,《正蒙》受《中庸》的影响几乎涵括了张载理学思想的多个层次和多个方面。

最后,《中庸》对张载理学思想的影响是深远的。张载理学思想的形成,基于他的两项工作:一是张载理学纲领的确立,这是以《中庸》为经典资源的;二是张载理学体系的建构,这是以《中庸》为主要依据的。这两项工作,同时也构成了张载理学的两个重大议题,是《中庸》深远影响张载理学思想的集中表现。关于这两个议题的展开论述,详见本文第二部分和第三部分。

二、《中庸》是张载确立理学纲领的经典资源

在《正蒙·太和篇》中,张载提出了著名的四句话:"由太虚,有天之名;由气化,有道之名;合虚与气,有性之名;合性与知觉,有心之名。"[1]可以把这四句话称为"《太和》四句"。朱熹高度评价张载的"《太和》四句",说"'由太虚,有天之名'至'有心之名',横渠如此议论,极精密"[2]。张载精心构撰的"《太和》四句",具有对"天""道""性""心"四大概念排列有序、界定清晰的特点,既是他对自己理学体系之形而上学部分的概括,也是其理学"纲领"。学者对何为张载理学纲领存在不同的理解。早在上世纪六十年代末,在牟宗三论及《正蒙·太和篇》第一章亦即"太和所谓道"这一章时指出:"此为《太和篇》之首段,大体是根据《易传》重新消化而成者。其所重新消化而成者,是以'太和'为首出,以'太和'规定道。'太和'即至和。太和而能创生宇宙之秩序即谓为'道'。""此是《太和篇》之

---

[1] (宋)张载:《正蒙·太和篇第一》,《张载集》,北京:中华书局1978年版,第9页。
[2] (宋)黎靖德编:《朱子语类》卷六〇,北京:中华书局1986年版,第1432页。

总纲领,亦是《正蒙》著于存在而思参造化之总纲领。"①牟宗三认为,《太和篇》第一章不仅是该篇的"总纲领",而且也是《正蒙》的"总纲领"。这意味着,他认为这一章是张载理学的总纲领。牟宗三所概括的张载理学"总纲领"有两个特点:一是认为,张载以"太和"规定道,把"道"这个单一概念归结为"总纲领";二是认为,"总纲领"是以《易传》作为其经典依据的。牟宗三可能意识到,仅把体现客观性原则的"道"视作张载理学的总纲领,难以反映张载理学的完整内容,尤其难以说明"主客观之真实统一"②。因而,他又引用张载《正蒙·诚明篇》"心能尽性,人能宏道也。性不知检其心,非道宏人也",认为这是"'心能尽性'之总纲"③。这可以视作他对"太和之道"这一"总纲领"的补缀。

一种思想或学说的纲领,是指经过高度概括的框架表述,以概念组合或语句组合的形式,把特定思想体系的不同重要内容联结起来,并能够揭示该思想体系整体内容或局部内容的宗旨。此外,理论纲领或总纲领最好还要有经典资源作为依据。牟宗三所谓"总纲领",仅以"道"这个单一概念为支撑,缺乏必要的框架结构形式;而《太和》四句"则以"天""道""性""心"四大概念为支撑,具备"纲领"的框架结构形式,因而其纲领特征相当突出。纲领性论述远比一般性论述重要,对二者不可等量齐观,应当格外倚重其纲领性论述。

多年前,笔者提出以"《太和》四句"作为张载的理学纲领④,但当时尚缺乏能够支持这一判断的经典依据。随着张载理学新文献的发现和整理,使问题得到了解决。中华书局版《张载集》外佚著《礼记说》辑本⑤,是张载理学新文献之一。依据《礼记说·中庸第三十一》发现,张载"《太和》四句"原来是对《中庸》首章前三句的解说。⑥《中庸》首章"天命之谓性,率性之谓道,修道之谓教"三句,句末的三个概念"性""道""教",除了"教"不相应外,"性""道"与张载"《太和》四

---

① 牟宗三:《心体与性体》第1册,台北:正中书局1968年版,第437页。
② 牟宗三:《心体与性体》第1册,台北:正中书局1968年版,第533页。
③ 牟宗三:《心体与性体》第1册,台北:正中书局1968年版,第532页。
④ 参见拙文《张载两层结构的宇宙论哲学探微》(《中国哲学史》2008年第4期,第86页);《论张载理学对道家思想资源的借鉴和融通——以天道论为中心》(《哲学研究》2013年第2期,第38页)。
⑤ (宋)张载著,林乐昌编校:《张子全书》卷一四《补遗一·礼记说》,西安:西北大学出版社2015年版,第309—405页。
⑥ (宋)张载著,林乐昌编校:《张子全书》卷一四《礼记说·中庸第三十一》,西安:西北大学出版社2015年版,第384页。

句"的第二句和第三句对应,只是排列顺序不同。朱熹解读《中庸》前三句说:"此先明'性''道''教'之所以名,以其本皆出乎'天'。"①由于"性""道""教"这三个概念"以其本皆出乎'天'",因而,应当把《中庸》首章第一句第一个字"天"纳入前三句的概念系列,使之成为"天""性""道""教"四个概念。这四个概念的前三个,与《太和》四句"的概念系列"天""道""性""心"前三个大致是对应的,同样也只是排列顺序不同。

在理学家中,无论诠释儒家经典,还是解读前辈学说,朱熹都表现出很强的纲领意识。他在诠释"四书""五经"时,便首先分述各书、各经之"纲领"②。朱熹认为,《中庸》也有其纲领,其首章前三句就是"《中庸》纲领"③。张载经由对"《中庸》纲领"解说所形成的"《太和》四句",本身也就具有了理学纲领的地位。可见,《中庸》正是张载理学纲领所依据的经典资源。张载理学新文献《礼记说》为张载理学纲领的确证,提供了具有关键意义的思想资料,同时也为重新诠释"《太和》四句"的理学意义打开了空间。

"《太和》四句"作为张载的理学纲领,其每一句解说中都渗透着对"《中庸》纲领"的传承和创新。张载的解说有两个特征:一是注重其整合,二是突显其宗旨。

第一,《太和》四句"的整合诠释。中国古代思维方式以整合为主,以分解为辅。张载的思维方式亦然。"《太和》四句"所界定的"天""道""性""心"四个概念代表了天地间的四种存在,这四种存在之间具有互相感应和联结的关系。因此,不能把这四个概念切割开来,孤立地加以解释。

第一句"由太虚,有天之名"。无论是《中庸》首章前三句,还是张载《太和》四句",都将"天"置于概念序列的首位,作为最高概念。张载以道家"太虚"概念释"天",是要批评秦汉以来儒者"知人而不知天"的"大蔽"④,从而改造儒家"天"观。句中的"由"字,是介词,有"因""以""用"等义,其引申义为依据、凭借。依据句意,笔者以"借用"释"由"字。张载借用道家的"太虚"概念以解说儒家之

---

① (宋)朱熹著,黄坤点校:《四书或问·中庸或问》,上海:上海古籍出版社2001年版,第46页。
② (宋)黎靖德编:《朱子语类》卷十四、十九、六十二、六十五至六十七、七十八、八十、八十三、八十四,北京:中华书局1986年版,第1480页。
③ (宋)黎靖德编:《朱子语类》卷六十二,北京:中华书局1986年版,第1480页。
④ (元)脱脱等:《宋史》卷四百二十七,北京:中华书局1985年版,第12723页。

"天",是因为他认为,秦汉以来儒者把原本形上的超越之"天"有形化、实然化、经验化了;①而道家的"太虚"概念则具有无限性、超验性、非实然性等优点,可借此改造被汉儒实然化和经验化了的"苍苍之天",从而使儒家之"天"重返超越和神圣的本体地位。

第二句"由气化,有道之名"。古今不少学者都把这句话中的"道"归结为气或气化。这里的"由"字,与上一句一样,仍是借用的意思。张载对"道"的界定,借助了阴阳家和道家的气或气化。借助气化的主体是谁? 当然是上一句的"天"。《中庸》第二十章曰:"诚者,天之道",认为"道"是归属于"天"的。《中庸》还把"道"视作宇宙创生的力量。对于这两点,张载都是继承了的。朱熹解释此句说,"道""虽杂气化,而实不离乎太虚"。② 可见,"道"既不可单独归结为"气"或"气化",也不可单独归结为"天"或"太虚",它是"太虚"与"气"的统一体。③ 就张载的"天道"概念看,它具有一本(以太虚或天为本)、两层(宇宙本体论和宇宙生成论两个层次)、三合(天或太虚与阴阳气化三者整合)的特征。在儒学天道论历史上,张载第一次使"道"成为"天"或"太虚"与"气化"整合为一体的具有结构特征的概念。

第三句"合虚与气,有性之名"。此句中的"合"字,是整合的意思。张载说:"性其总,合两也。"④这里的"合两"之"合",同样也是整合的意思。这里所整合的是,本体之"天"或"虚"与现实之"气"。在张载那里,"道"与"性"二者是同构的,都是由"虚"与"气"构成的。这正是张载特别强调"性与天道合一""性即天道"⑤的主要理由。值得注意的是,"太虚即气"这一命题其实说的正是"《太和》四句"中"道""性"这两个基本概念。⑥ "太虚即气",与这里所说"合虚与气",以

---

① 具体论析,参见林乐昌:《论张载理学对道家思想资源的借鉴和融通——以天道论为中心》,《哲学研究》2013年第2期,第38—40页。
② (宋)黎靖德编:《朱子语类》卷六十,北京:中华书局1986年版,第1430页。
③ 张岱年:《中国古典哲学概念范畴要论》,北京:中国社会科学出版社1987年版,第60页。
④ (宋)张载:《正蒙·诚明篇第六》《张载集》,北京:中华书局1978年版,第22页。
⑤ (宋)张载:《正蒙·诚明篇第六》《正蒙·乾称篇第十七》,《张载集》,北京:中华书局1978年版,第20、63页。
⑥ (宋)张载:《正蒙·太和篇第一》第9章于"太虚即气"之下,张载紧接着说:"故圣人语性与天道之极。"可见,"太虚即气"的基本意涵指向的正是"性"与"天道"。

及他处所说"太虚不能无气"①的意涵,都是一致的,都指太虚与气这两种不同的宇宙力量之间的联结与整合。尽管"道"与"性"是同构的,但二者在宇宙生成过程中的作用则各有侧重:"道",主要作为宇宙万物运行的动力,展现宇宙万物的变化过程及其秩序;而"性",则主要作为宇宙万物生成的根源,赋予宇宙万物不同的秉性或本质。

"太虚即气"的"即"字义,可以与张载话语系统中的"感""合"等互证互释。"即"与"感""合",都是说"道""性"内部存在虚、气相互感应、联结与整合的机制。关于"感",是"同异、有无相感"②的"感",意为感应或感通,指特定主体对异质的他者发挥关联与整合作用的机制。关于"合",亦即"合虚与气,有性之名"的"合"。按照张载论"合"的原则,指"合异"与"非有异则无合"③。这意味着,相"合"的二者是异质的,而不是同质的;否则,"合虚与气"便不过是同语反复,毫无学理意义。在张载看来,"感即合也"④。因而,"感"与"合"的意涵又是相通的。

第四句"合性与知觉,有心之名"。由于《中庸》纲领"并未言及"心",因而张载对"心"的界定便具有了观念创新的意义。这里的"合"字,仍是整合的意思。这里的"知觉",主要指人的意识活动及其能力。但张载并非仅以知觉为心,而是认为知觉与性结合在一起才构成心。应当说,张载对心的规定是相当独特的,也正是在这里表现出了与后来朱熹的看法有所不同。朱熹认为:"横渠之言大率有未莹处。有心则自有知觉,又何合性与知觉之有!"⑤张载所谓"心",指主体以"性"为宇宙本体论根据的精神结构及其能力。他对"心"的这种规定,凸显了心的道德根据和方向,使心作为道德主体的地位得以确立,同时也使学者对道德修养工夫的要求更加自觉和紧迫。

总之,无论《中庸》纲领,还是张载理学纲领,都将"天"置于概念序列的首位,视作最高概念,而并未将"气"视作可与"天""道""性"相提并论的基本概念。

---

① (宋)张载:《正蒙·太和篇第一》,《张载集》,北京:中华书局1978年版,第7页。
② (宋)张载:《正蒙·动物篇第五》,《张载集》,北京:中华书局1978年版,第19页。
③ (宋)张载:《正蒙·乾称篇第十七》,《张载集》,北京:中华书局1978年版,第63页。
④ (宋)张载:《正蒙·乾称篇第十七》,《张载集》,北京:中华书局1978年版,第63页。
⑤ (宋)黎靖德编:《朱子语类》卷六十,北京:中华书局1986年版,第1432页。

因此,"气"仅仅是张载有关"天""道""性""心"四大基本概念序列之外的辅助性概念,不宜将其拔高为张载天道论的首要概念。把"气"视作张载哲学体系中的本体概念或最高概念,无法从张载的理学纲领或其他理论学说中获得支持。

需要特别说明的是,在张载的"天""道""性""心"四大概念中,除了"天"作为本体概念是无结构的,其他"道""性""心"三个概念都是有其内在结构的。其中,"道"与"性"都是由太虚与气整合而成的,①因而是同构的。张载将"道""性""心"这三个概念结构化,②这是张载理学概念的突出特征,也是思想史上的理论创新。

第二,"《太和》四句"的宗旨辨析。任何思想或学说都有其宗旨。对于张载理学宗旨的理解和解释,历来争议很大。流行的理解和解释是,把张载理学的宗旨归结为阴阳之"气"。《中庸》第二十章曰:"思知人,不可以不知天。"③在《中庸章句序》中,朱熹以"继天立极"概括理学的"道统",与《中庸》"不可以不知天"的表述是一脉相承的。

"阴阳"之名,起于西周晚期,属后世堪舆地形家之事。至战国时期,形成了"阴阳"的另一套说法,开始讲求天之气,而不再讲求地之形。④ 张载的贡献是,以周、孔、思、孟的"天"观为基础,继承《易传》"一阴一阳之谓道"的传统,并兼取阴阳家—道家的"气"论和"气化"论,将其纳入儒家的"天道"理论,从而把秦汉气化之"术"改造为"学"。⑤ 张载引进气论,加以消化,是他诠释《中庸》纲领的创新;但他绝没有因此就把"气"论作为自己理学的宗旨。在张载的话语系统中,"气"只是用以表述宇宙动能、自然元素、生物禀赋、生命活力等意涵的经验性词

---

① 向世陵和冯禹较早注意到,"太虚与气"的关系,属于"构成形式的内部联系"。他们认为,相比之下,"朱熹的理气截然是二物,不离不过是'明珠在水''人跨马'的外部联系"。(向世陵、冯禹:《儒家的天论》,济南:齐鲁书社1991年版,第191页)这一观察是很准确的。

② 王汎森在研究中国近代思想史时,提出把概念"想象成一个结构"的必要性。(参见王汎森:《中国近代思想与学术的系谱》,上海:上海三联书店2018年版,第566页)与此不同,张载理学的基本概念有其结构则是真实的,而不是"想象"的。

③ 在《正蒙·诚明篇第六》中,张载引用了《中庸》"思知人,不可以不知天"这句话。(《张载集》,第21页)

④ 饶宗颐:《阴阳五行思想有"形""气"二原与"德礼"关联说》,《中国史学上之正统论》"资料二·附录",上海:上海远东出版社1996年版,第285、287页。

⑤ 参见李零:《兰台万卷:读〈汉书·艺文志〉》,北京:生活·读书·新知三联书店2011年版,第9页。

语,只是在"道"的构成要素及其表现形式的意义上才加以使用的;"气"并不具有价值意义,更无法作为宇宙本体。傅斯年曾指出,阴阳之教,五行之论,渊源于战国晚期的齐国,后来这一派在汉代达到极盛。① 余英时也曾指出,"'气'这一概念并非汉代思想家的发明",但"'气'的观念在思想史上扮演特别重要的角色则是在汉代"②。清儒皮锡瑞认为,汉代儒学有"正传",也有"别传"。他强调,孔子"删定六经,以垂世立教,必不以阴阳五行为宗旨"③。从历史脉络看,无论是先秦孔子儒学,还是宋代张载理学,都必不以阴阳五行或阴阳之气为宗旨;其间惟汉儒之学属于例外,并成为后世那些以气为宗旨的学说的理论源头。《中庸》纲领无一言及"气",把诠释《中庸》纲领而形成的张载理学纲领归结为"气",岂不扭转了从子思到张载以来儒学的思想方向?

三、《中庸》是张载建构理学体系的主要依据

在北宋理学家中,张载属于"对儒学真能登堂入室并能发展出一个新系统"的大师。④ 对此,海内外学者是公认的。张载于50岁时曾自述说:"某近来思虑义理,大率亿度屡中可用,既是亿度屡中可用,则可以大受。某唱此绝学亦辄欲成一次第。"⑤在长期"思虑义理"的过程中,创造性地建构一套涵盖天论、道论、性论、心论的理学体系("成一次第"),是张载终生努力的目标,而这一目标在其思想成熟期是终于实现了的。

张载晚年用譬喻的方式,对自己的著作《正蒙》做了生动的说明:有如"枯株,根本枝叶,莫不悉备";"又如晬盘示儿,百物具在"⑥。这启发我们从宏观角度观察《正蒙》所展现的张载理学体系结构,同时从微观角度揭示其中所包含的多方面具体内容。

---

① 傅斯年:《战国子家叙论·史学方法导论·史记研究》,上海:上海古籍出版社2012年版,第67页。
② 余英时:《东汉生死观》,上海:上海古籍出版社2005年版,第81页。
③ (清)皮锡瑞:《经学通论》,北京:中华书局1982年版,第18页。
④ 韦政通:《中国思想史》下册,上海:上海书店出版社2003年版,第749页。
⑤ (宋)张载:《张子语录·语录下》,《张载集》,北京:中华书局1978年版,第329页。
⑥ (宋)苏昞:《正蒙序》,(宋)张载:《张载集》,北京:中华书局1978年版,第3页。

张载理学体系的第一个结构特征,是把自己的理学归结为"天人之学"。张载门人吕大临和张舜民曾分别以"一天人""学际天人"[①]概括乃师的学问。这一概括,也颇得后世学者的认同。朱熹指出,张载"《太和》四句"的前两句,是"总说"天道;后两句"是就人上说"[②]。清儒康有为指出:"程子言天道,不如张子言天人。"[③]这一由天道与人道上下贯通的脉络,清晰地呈现了张载天人之学体系的框架。

张载理学体系的第二个结构特征,是把自己的理学划分为形上和形下两大部分。张载哲学的"天""道""性""心"四大范畴,是自上而下排列、推演的序列。张载理学纲领前两句说的是"太虚""气化"宇宙论哲学,这正是以"天""道"范畴为核心的,故也可以称为"天道论"。张载认为:"运于无形之谓道,形而下者不足以言之。"[④]可见,张载是把天道论归结为形上学的。张载理学纲领后两句所说,属于"心性论"哲学,就其主要内容看,也可以归结为形上学。[⑤] 张载的理学纲领,其实也是其学说中的形上学部分的纲领,其内容包括天道论和心性论两个层次;而其形下部分,则主要指张载面向现世社会,范导个体行为、社群关系和国家政治秩序的的礼学,具体内容为张载的教育哲学和政治哲学。[⑥]

与周敦颐类似,张载也是依据《易传》和《中庸》建构理学体系的。《易传》对张载理学体系的影响,包括源自《易传》的"形而上"与"形而下"的划分原则,源自《易传》的天与人可分与不可分原则,同样源自《易传》的实践"天人合一"的"穷理尽性以至于命"方法。比较张载理学体系所依据的经典资源可以看出,《中庸》所提供的有分量的论述,要多于《易传》。《宋史》张载本传称,张载之学"以《中庸》为体"。这里的"体"字,其涵义与"体制""体系""结构"接近。陈寅恪在为陈垣著《明季滇黔佛教考》所写的序言中,评价陈著所用"识断之精,体制之

[①] (宋)吕大临:《横渠先生行状》,(宋)张载:《张载集·附录》,北京:中华书局1978年版,第383页。(宋)张舜民:《上哲宗乞追赠张载》,(宋)赵汝愚:《宋朝诸臣奏议》下册,上海:上海古籍出版社1999年版,第1031页。

[②] (宋)黎靖德编:《朱子语类》卷六十,北京:中华书局1986年版,第1431页。

[③] (清)康有为著,姜义华等编校:《续讲正蒙及通书》,《康有为全集》第2集,上海:上海古籍出版社1990年版,第489页。

[④] (宋)张载:《正蒙·天道篇第三》,《张载集》,北京:中华书局1978年版,第14页。

[⑤] 心性论中的"见闻之知""气质之性"等内容,则不属于形上学。

[⑥] 林乐昌:《张载礼学论纲》,《哲学研究》2007年第12期,第48—53页。

善"的"体制",说的其实就是"体系"或"结构"。因此,我们认为《中庸》是张载建构理学体系的主要依据。

有学者把《中庸》的学术倾向"内在"化,认为《中庸》完全以人的内在人性心灵为中心,《中庸》纲领是儒家关于心性之学的基本命题。① 这种看法是片面的。《中庸》首章和二十章,恰恰是就天命与人性、天道与人道之间的关系加以论述的。此外,《中庸》二十五章提出"诚"者"性之德也,合内外之道也",无疑表明其学术倾向是主张天道与心性之间是具有"合"的性质的,因而是内在与外在两方面力量相统一的,而不仅仅是强调"内在"化。

与上述张载理学体系结构的两个整体特征相关,其理学体系内部还有如下三个具体特征。这三个具体特征,或表现为张载天人之学体系内部的生成机制,或以命题形式涵盖张载理学的天人框架。

(一)内部生成机制

长期以来,国内学术界不仅多以"气"论作为张载研究的预设,而且还用源于外来哲学的"自然观""认识论""辩证法"等板块剪裁张载理学体系。② 这种研究模式既缺乏文献支持,也疏于理论论证,其"气"论视角与板块组合之间缺乏内在关联,导致研究对象支离破碎,从而限制了对张载理学意义的认知。如本文上一节所论证,张载通过对"《中庸》纲领"(首章前三句)的解读,确立了自己的理学纲领。张载的理学纲领是其天人之学体系的浓缩,而其天人之学体系则是基于其理学纲领的全面展开。可见,"《中庸》纲领"是张载确立自己的理学纲领,进而建构自己的理学体系的最切实的依据。就形成机制看,张载理学体系是由其"理学纲领"孕育、衍生和扩展而成的,具有从其理学体系内部生成的特征。只有以"内生路径"取代"外生路径",才能够对张载理学做出整体性和连贯性的诠释。

(二)"天人合一"命题

在中国哲学史上,张载第一次使用"天人合一"这四个字,将其作为一个思想命题明确地提了出来。"天人合一",是能够对张载天人之学体系结构加以浓

---

① 李泽厚:《荀易庸纪要》,《中国古代思想史论》,北京:人民出版社1985年版,第130—131页;余敦康:《内圣外王的贯通——北宋易学的现代诠释》,上海:学林出版社1997年版,第265页。
② 近十多年来,这种情况有所改进。

缩反映的重要命题,也是其思想体系的终极指向。学术界论述"天人合一",多依据《周易》经传;而张载论"天人合一"的两条关键性表述,却都源自《中庸》。张载论"天人合一"的第一条关键性表述,出自《正蒙·乾称篇》。针对佛教"诚而恶明"的倾向,张载强调指出:"儒者则因明致诚,因诚致明,故天人合一。致学可以成圣,得天而未始遗人。"①张载这里所说"因明致诚,因诚致明",来源于《中庸》二十一章"自诚明""自明诚"的学说。这一界说,着重从提升精神境界的角度为儒者提供实现"天人合一"的方法。张载论"天人合一"的第二条关键性表述,出自《正蒙·诚明篇》。张载说:"天人异用,不足以言诚;天人异知,不足以尽明。"②这是他从另一角度对"天人合一"命题的补充说明。清初理学家冉觐祖注解"天人异知"说:"知人而不知天,是谓'天人异知'。"③如果人能够"知天",便意味着天人不再"异知"。在张载看来,"知天"比"知人"更根本,是复兴儒学的首要课题。广义地看,"知天"也包括"知天道"。张载反对"天人异用",这意味着,人们只有"本天道为用"④,经由不懈的修为和实践,才能够在精神领域、社会领域和自然领域中逐步趋近"天人合一"的理想境界。⑤

(三)"事天诚身"命题

张载依据《中庸》"诚者天之道,诚之者人之道","君子诚之为贵"等思想资源,提出:"天所以长久不已之道,乃所谓诚。仁人孝子所以事天诚身,不过不已于仁孝而已。故君子诚之为贵。"⑥在他看来,"不已于仁孝"是以"天所以长久不已之道"亦即"诚"为宇宙论根据的,这就要求人以"仁孝"作为自己的核心价值规范;"仁人孝子"⑦,是人在宇宙间所应当扮演的角色;而"事天诚身",则是人所应当履行的神圣信仰和伦理责任。无论"仁人孝子",还是"事天诚身",都是《中庸》资源与《西铭》精神结合而形成的观念。《西铭》的主要义理内涵包括:以"乾坤"大父母为表征的宇宙根源论,以"仁孝"为核心的道德价值论,以"仁人孝子"

---

① (宋)张载:《正蒙·乾称篇第十七》,《张载集》,北京:中华书局1978年版,第65页。
② (宋)张载:《正蒙·诚明篇第六》,《张载集》,北京:中华书局1978年版,第20页。
③ 林乐昌:《正蒙合校集释》上册,北京:中华书局2012年版,第287页。
④ (宋)张载:《正蒙·诚明篇第六》,《张载集》,北京:中华书局1978年版,第21页。
⑤ 林乐昌:《张载"天人合一"思想及其特色》,《长安大学学报(社会科学版)》2016年第3期。
⑥ (宋)张载:《正蒙·诚明篇第六》,《张载集》,北京:中华书局1978年版,第21页。
⑦ "仁人孝子"观念,源于《礼记》。《礼记·哀公问》曰:"仁人事亲也如事天,事天也事亲,是故孝子成身。"

"事天诚身"为担当的伦理义务论和伦理责任论。[①] "事天诚身"中的"诚身",是君子效法天道之"诚"的修身实践。此外,张载继承西周"敬天"、孔子"畏天"、孟子"事天"的传统,并对儒家的"事天"资源做了深刻的总结。他在《西铭》中说:"于时保之,子之翼也。""于时保之",引自《诗经·周颂·我将》"我其夙夜,畏天之威,于时保之"。朱熹的门人黄榦在其《西铭说》中解释道:"'于时保之'以下,即言人子尽孝之道,以明人之所以事天之道。"[②] 明儒刘怡解释说:"'于时保之'至末,皆言事天之功,即孝子之事。"[③] 黄榦和刘怡都把"事天"作为"孝子"的伦理义务和伦理责任,畏天和事天属于"尽孝之道"和"孝子之事"。这样,就把日常生活的孝扩大为畏天和事天的宗教行为。[④] 孝之意涵的扩大,意味着神圣性的注入,从而使孝成为宗教信仰的一个重要维度。

[①] 林乐昌:《张载〈西铭〉纲要新诠》,载《中共宁波市委党校学报》2013年第3期,第105—109页;收入林乐昌:《张载理学与文献探研》,北京:人民出版社2016年版,第179—188页。
[②] 林乐昌:《正蒙合校集释》下册,北京:中华书局2012年版,第1000页。
[③] 林乐昌:《正蒙合校集释》下册,北京:中华书局2012年版,第911页。
[④] 陈致:《原孝》,《诗书礼乐中的传统——陈致自选集》,上海:上海人民出版社2012年版,第174页。

关于《荀子》书之蠡测

汪春泓

香港岭南大学中文系

《史记》中，孟子与荀子同传，即所谓《孟子荀卿列传》，此比《史记·老子韩非列传》中，老、韩同传，更少异议，孟、荀各是儒学不同时期的代表人物，所以如此安排似乎显得妥帖。然观一部《荀子》，深感荀卿与《荀子》之间，出入颇大，有许多问题，值得思考。

一、《史记·荀卿列传》与刘向《孙卿书录》叙述二者之关系

关于荀卿（汉人为避宣帝讳"询"，易为"孙卿"），记载其人行状者，大致有《史记》本传，还有就是刘向所撰之《孙卿书录》。察此二者之间，文字颇有重叠者，由于司马迁《史记》在前，因此，一般都认为刘向结撰《孙卿书录》时，显然参照了已经存世的《史记·荀卿列传》，然而，此种看法，实质上颇启人疑窦。

《史记·荀卿列传》曰：

> 荀卿，赵人。年五十始来游学于齐。邹衍之术迂大而闳辩，奭也文具难施；淳于髡久与处，时有得善言。故齐人颂曰："谈天衍，雕龙奭，炙毂过髡。"田骈之属皆已死。齐襄王时，而荀卿最为老师。齐尚修列大夫之缺，而荀卿三为祭酒焉。齐人或谗荀卿，荀卿乃适楚，而春

申君以为兰陵令。春申君死而荀卿废,因家兰陵。李斯尝为弟子,已而相秦。荀卿嫉浊世之政,亡国乱君相属,不遂大道而营于巫祝,信机祥,鄙儒小拘,如庄周等又猾稽乱俗,于是推儒、墨、道德之行事兴坏,序列著数万言而卒。因葬兰陵。①

刘向《孙卿书录》云:

所校雠中孙卿书凡三百二十二篇,以相校,除复重二百九十篇,定著三十二篇,皆以定杀青,简书可缮写。孙卿,赵人,名况,方齐宣王、威王之时,聚天下贤士于稷下,尊宠之。若邹衍、田骈、淳于髡之属甚众,号曰列大夫,皆世所称。咸作书刺世,是时孙卿有秀才,年五十,始来游学。诸子之事,皆以为非先王之法也。孙卿善为《诗》《礼》《易》《春秋》,至齐襄王时,孙卿最为老师。齐向修列大夫之缺,而孙卿三为祭酒焉。齐人或谗孙卿,乃适楚,楚相春申君以为兰陵令。人或谓春申君曰:"汤以七十里,文王以百里。孙卿贤者也,今与之百里地,楚其危乎?"春申君谢之,孙卿去之赵。后客或谓春申君曰:"伊尹去夏入殷,殷王而夏亡;管仲去鲁入齐,鲁弱而齐强。故贤者所在,君尊国安,今孙卿天下贤人,所去之国,其不安乎?"春申君使人聘孙卿,孙卿遗春申君书,刺楚国,因为歌赋以遗春申君,春申君恨,复固谢孙卿,孙卿乃行,复为兰陵令。春申君死而孙卿废,因家兰陵。李斯尝为弟子,已而相秦;及韩非号韩子,又浮丘伯,皆受业为名儒。孙卿之应聘于诸侯,见秦昭王,昭王方喜战伐,而孙卿以三王之法说之;及秦相应侯,皆不能用也。至赵,与孙膑议兵赵孝成王前,孙膑为变诈之兵,孙卿以王兵难之,不能对也。卒不能用。孙卿道守礼义,行应绳墨,安贫贱。孟子者,亦大儒,以人之性善,孙卿后孟子百余年,以为人性恶,故作《性恶》一篇,以非孟子。苏秦、张仪以邪道说诸侯,以大贵显。孙卿退而笑之曰:"夫不以其道进者,必不以其道亡。"至汉兴,江都相董仲舒亦大儒,

---

① (汉)司马迁:《史记》卷七四,北京:中华书局1982年版,第2348页。

作书美孙卿。孙卿卒不用于世,老于兰陵,疾浊世之政,亡国乱君相属,不遂大道,而营乎巫祝,信机祥,鄙儒小拘,如庄周等又猾稽乱俗,于是推儒、墨、道德之行事兴坏,序列著数万言而卒,葬兰陵。而赵亦有公孙龙,为坚白异同之辨,处子之言;魏有李悝,尽地力之教;楚有尸子、长庐子、芉子,皆著书,然非先王之法也。皆不循孔氏之术,唯孟轲、孙卿为能尊仲尼。兰陵多善为学,盖以孙卿也。长老至今称之曰:"兰陵人喜字为卿。"盖以法孙卿也。孟子、孙卿、董先生皆小五伯,以为仲尼之门,五尺童子皆羞称五伯。如人君能用孙卿,庶几于王。然世终莫能用,而六国之君残灭,秦国大乱,卒以亡。观孙卿之书,其陈王道甚易行。疾世莫能用,其言凄怆,甚可痛也!呜呼!使斯人卒终于闾巷,而功业不得见于世,哀哉!可为寶涕!其书比于记传,可以为法,谨第录,臣向昧死上言。①

比较《史记》和刘向《孙卿书录》,显然后者叙述更为翔实,若以为后者是在前者基础上,再作加密、补充的交代,则属皮相之见。

《史记》在前汉之传播,王利器《盐铁论校注》根据时人辩论所引材料,得知宣帝时《太史公书》已颇有流传,②但今本《史记》各篇能否从源头上确保不失真,诚然出自司马迁之手笔,这是一个令人困惑的问题。在《太史公书》内,曾有褚先生之补阙,③《史记·龟策列传》云:"褚先生曰:臣以通经术,受业博士,治《春秋》,以高第为郎,幸得宿卫,出入宫殿中十有余年。窃好《太史公传》。太史公之《传》曰:'三王不同龟,四夷各异卜,然各以决吉凶,略窥其要,故作《龟策列传》。'"此说明藏于朝中的《太史公书》,颇存遭遇增补、篡改的可能性,褚先生仅仅是其中一例。至于向、歆父子奉旨校勘文献,则更有机会对《太史公书》奏刀乎其间。当然萌生此种怀疑,应慎之又慎,不可无限制地放大。

若比较司马迁和刘向二者的学术背景,对儒家之了解,刘向显然更胜于司

---

① (汉)刘向:《孙卿书录》,严可均辑:《全上古三代秦汉三国六朝文》,北京:中华书局1958年版,第332页。
② 王利器:《盐铁论校注》,北京:中华书局2006年版,第237页。
③ 关于褚先生,按《史记·孝武本纪》之《集解》《索隐》,他是颍川人,仕元成间。

马迁,至于对《荀子》或孙卿其人,刘向研究之深透,情感之特殊,前汉盖无出其右者。而太史公虽然也是饱学之士,然而,对于儒家,司马谈和司马迁实际上抱持怀疑的态度,《史记·太史公自序》引述司马谈讥讽儒家"博而寡要,劳而少功",颇显轻蔑,在情感上是排斥的,司马迁亦不可避免地受乃父之影响。

上述两则关于荀卿的材料里,均有"于是推儒、墨、道德之行事兴坏,序列著数万言而卒",其间"儒、墨、道德",应理解为"儒墨"和"道德"两个语词,按《庄子·齐物论》云:"故有儒墨之是非,以是其所非而非其所是。"《荀子·礼论》篇曰:"故人一之于礼义,则两得之矣;一之于情性,则两丧之矣。故儒者将使人两得之者也,墨者将使人两丧之者也,是儒、墨之分也。"可见虽言儒、墨之不同,但是明显以儒、墨相并举;《史记·邹阳列传》,邹阳狱中上书云:"夫以孔、墨之辩,不能自免于谗谀,而二国以危。"孔、墨就是"儒墨";《史记·庄子列传》指庄子:"然善属书离辞,指事类情,用剽剥儒、墨,虽当世宿学不能自解免也。"①稍稍晚于司马迁的《盐铁论》卷第二《晁错》第八曰:"日者,淮南、衡山修文学,招四方游士,山东儒、墨咸聚于江、淮之间,讲议集论,著书数十篇。"②显然,"儒、墨",亦可句读为"儒墨",由于儒和墨当世并称,亦如《韩非子·显学》谓:"世之显学,儒、墨也。"而上述与"儒墨"双峰对峙者,就是"道德",而所谓"道德",《史记·孟子荀卿列传》言及:"慎到,赵人。田骈、接子,齐人。环渊,楚人。皆学黄老道德之术。"因此,此"道德"乃特指稷下之黄老道德之术。《管子》堪称齐学之黄老道德之术集大成之作,《史记·管晏列传》云:"太史公曰:吾读管氏《牧民》《山高》《乘马》《轻重》《九府》,及《晏子春秋》,详哉其言之也。既见其著书,欲观其行事,故次其传。至其书,世多有之,是以不论,论其轶事。"《管》《晏》之书当时流行,亦证明"道德"之类论著足供孙卿借鉴,并做出挑战。《汉书·艺文志》记载小说家有:"《宋子》十八篇。"并且加注曰:"孙卿道宋子,其言黄老意。"③王应麟《汉书艺文志考证》卷七指出:"《荀子》云:'宋子有见于少,无见于多。'注:'宋钘,宋人也,与孟子同时。'又云:'宋子蔽于欲而不知得。'"④《汉志》名家类有"《尹文子》

---

① (汉)司马迁:《史记》卷六三,北京:中华书局1982年版,第2144页。
② 王利器:《盐铁论校注》,北京:中华书局1992年版,第113页。
③ (汉)班固:《汉书》卷三〇,北京:中华书局1962年版,第1744页。
④ (宋)王应麟著,张三夕、杨毅点校:《汉书艺文志考证》,北京:中华书局2011年版,第259页。

一篇",自注:"说齐宣王。先公孙龙。"颜师古注曰:"刘向云与宋钘俱游稷下。"①宋钘也是稷下学者,《荀子》多次提及宋钘,宋钘和宋牼是同一人,《荀子》涉猎齐稷下学派的重要学者,反映孙卿熟悉稷下人物及其黄老道德之术。

上述关涉孙卿的材料,均揭示了孙卿著述之动力源泉,乃激于当时以儒家为主之儒墨和以黄老道德之术占据关注焦点的稷下学派,从而表达其独到的见解,因此儒墨和道德也就成为其论敌。当时学派纷争,他不能不受其波及,可是对于儒家思孟学派,以及齐宣、威王以至襄王时期的稷下先生们,他不叠床架屋,随声附和,而是不同流俗,力排众议,横扫谬见,以发愤著述。

如何看待孙卿其人的学术派别?《史记·太史公自序》云:"自曹参荐盖公言黄老,而贾生、晁错明申、商,公孙弘以儒显,百年之间,天下遗文古事靡不毕集太史公。"②对于贾生、晁错学术之判定,晁错乃"颍川人也,学申商刑名于轵张恢先所"③,即使他曾遵命从济南伏生受《尚书》,可是司马迁将他归类于"申、商",亦无不当;然而,贾谊虽然是李斯再传弟子,而李斯则出自孙卿之门下,体察其言论,颇具儒家色彩,若将此人径划归于申商之流裔,显然大有不妥,这会连带影响对孙卿的评价。司马谈、司马迁父子,尤其司马谈"习道论于黄子"④,他以稷下黄老道德之术视角来看贾谊,此与其《史记·老子韩非列传》认为"申子"和"韩子"亦"皆原于道德之意",可相印证,此反映司马迁根据家学黄子之"道论",因而判断贾谊亦属"申、商"一派,甚至可以推论,在司马迁眼里,孙卿亦更多倾侧于"道德"之一面,而非凸显"儒、墨"之一端,⑤其倚轻倚重,盖与司马迁的学术观相关联。

而刘向则与司马迁不同,班固《汉书·艺文志》之编辑成篇,凭借向、歆父子之《七略》《别录》,体现刘氏父子奉儒家"于道最为高"的倾向,⑥此与当时儒家经学已确立至尊地位相吻合,然与司马迁父子(尤其司马谈)之尊奉道家则迥然不

---

① (汉)班固:《汉书》卷三〇,北京:中华书局1962年版,第1737页。
② (汉)司马迁:《史记》卷一三〇,北京:中华书局1982年版,第3319页。
③ (汉)司马迁:《史记》卷一〇一,北京:中华书局1982年版,第2745页。
④ (汉)司马迁:《史记》卷一三〇,北京:中华书局1982年版,第3288页。
⑤ 参见余明光:《荀子思想与黄老之学》,载陈鼓应主编:《道家文化研究》第六辑,上海:上海古籍出版社1995年版,第160页。
⑥ 《汉书·艺文志》对儒家的评价。

同。观《孙卿书录》,作者刘向对孙卿推崇备至,以至感慨:"如人君能用孙卿,庶几于王。"①察其字里行间,刘向之意向斩截鲜明,此亦攸关乎其家学渊源。《汉书·楚元王传》记述:"楚元王交字游,高祖同父少弟也。好书,多材艺。少时尝与鲁穆生、白生、申公俱受《诗》于浮丘伯。伯者,孙卿门人也。"②而刘向出自楚元王之子刘富一系,刘富子辟彊,辟彊子德,德子向,所以刘向的曾祖父是刘富,而刘富之父刘交则是孙卿的再传弟子,由此可见,作为楚元王之子孙,孙卿之学术,当为其家学的重要组成部分,刘向、刘歆父子也深受其影响,甚或可以说:在文献学领域,向、歆几乎就是西汉之孙卿,其包孕吞吐的学术气象,超越了同宗的淮南王刘安和河间献王刘德。

《汉书·艺文志》"诸子略"之儒家类有"《贾谊》五十八篇",与"《孟子》十一篇、《孙卿子》三十三篇"同列,与上述《孙卿书录》所言"唯孟轲、孙卿为能尊仲尼"③,可相互佐证,实际上已经隐含孟、荀并列同传之意思,此未必承袭《史记·孟子荀卿列传》,以拾太史公之牙慧。若认为此是刘向之思考和独创,亦大有可能。按《史记·太史公自序》云:"猎儒墨之遗文,明礼义之统纪,绝惠王利端,列往世兴衰。作《孟子荀卿列传》第十四。"④其间言不及荀卿,此令人存疑。在司马迁的写作规划中,或许并无与孟子并列的《荀卿列传》。《史记·儒林列传》叙述:"自孔子卒后,七十子之徒散游诸侯,大者为师傅卿相,小者友教士大夫,或隐而不见。故子路居卫,子张居陈,澹台子羽居楚,子夏居西河,子贡终于齐。如田子方、段干木、吴起、禽滑厘之属,皆受业于子夏之伦,为王者师。是时独魏文侯好学。后陵迟以至于始皇,天下并争于战国,儒术既绌焉,然齐鲁之间,学者独不废也。于威、宣之际,孟子、荀卿之列,咸尊夫子之业而润色之,以学显于当世。"⑤此段话前边讲七十子之徒的归宿,大致与《史记·仲尼弟子列传》相符,然而,"后陵迟以至于始皇",再穿插进"于威、宣之际,孟子、荀卿之

---

① (汉)刘向:《孙卿书录》,严可均辑:《全上古三代秦汉三国六朝文》,北京:中华书局1958年版,第664页。
② (汉)班固:《汉书》卷三六,北京:中华书局1962年版,第1921页。
③ (汉)刘向:《孙卿书录》,严可均辑:《全上古三代秦汉三国六朝文》,北京:中华书局1958年版,第664页。
④ (汉)司马迁:《史记》卷一三〇,北京:中华书局1982年版,第3314页。
⑤ (汉)司马迁:《史记》卷一二一,北京:中华书局1982年版,第3116页。

列",则在时间顺序上有误,似乎是增补进篇内,由于不够谨慎,在叙述上出现时间先后颠倒的错讹。故而,这里述及孟、荀,似乎要呼应《史记·孟子荀卿列传》,此反而透露出孟、荀此篇,乃篡改或者撰写《史记·孟子荀卿列传》作者之有意为之,意在以互见法来弥缝全书。

而"《晁错》三十一篇",亦确与《汉书·艺文志》之"诸子略"之法家类的"《申子》六篇、《商君》二十九篇"并置,此纯然属于向、歆之学术观念。相较于司马迁谓贾谊亦"明申、商",向、歆看法显然不同,此乃基于贾谊上继孙卿学术所得出的论断。《梁书·刘之遴列传》记述梁武帝:"诏答之曰:'张苍之传《左氏》,贾谊之袭荀卿,源本分镳,指归殊致,详略纷然,其来旧矣。'"①从贾谊并上溯孙卿,向、歆深刻地发现其人以儒家整合"道德"的思想脉络,此种意见较为公允。

清人汪中《荀卿子通论》胪列儒家经典承传过程中,论述荀卿子承先启后的巨大功绩,其大儒的地位不容抹杀。刘向《孙卿书录》将孙卿与孟子并举,可见在向、歆心目中,孙卿首先具有儒家身份,其次随时代变迁,孙卿自然也有其学术特质。故此,孙卿的学术大致分两部分,一部分是其人承传先儒之学,另一部分则为其独到之见识。至于他如何"推儒、墨、道德之行事兴坏",也就是在儒、墨发展史上来看孙卿,向、歆了然于胸;同时,如何理解孙卿与稷下黄老道德之术的渊源关系,《汉书·楚元王传》还述及:"(刘)德字路叔,修黄老术,有智略。"②因而,刘向对黄老术的把握亦既深且广,这正是刘向刻意在稷下背景下来叙述孙卿的原因之所在。《史记·田敬仲完世家》云:"宣王喜文学游说之士,自如邹衍、淳于髡、田骈、接予、慎到、环渊之徒七十六人,皆赐列第,为上大夫,不治而议论。是以齐稷下学士复盛,且数百千人。"③对应此节文字,《集解》《索隐》和《正义》皆引用了出自刘向的相关资料,二者几乎构成了互文性关系,此至少说明刘向精于稷下学术。④作为文献大家,对于儒墨和道德两端的认识,刘向实事求是,显示出均衡、客观的高度,相形之下,司马迁则限于以道家本位来看各家,便会令贾谊、孙卿亦偏染"道德"之色彩。

---

① (唐)姚思廉:《梁书》卷四〇,北京:中华书局1973年版,第574页。
② (汉)班固:《汉书》卷三六,北京:中华书局1962年版,第1927页。
③ (汉)司马迁:《史记》卷四六,北京:中华书局1982年版,第1895页。
④ 《新序》之《杂事二》亦保存关于齐稷下先生的记述,见(汉)刘向编著,赵仲邑注:《新序详注》,北京:中华书局2017年版,第45页。

而向、歆之所以在一些看法上与司马迁产生歧异,这是前汉时代变迁使然。孙卿持性恶之说,兼法后王,王道与霸道并施,这些基本主张,在刘向时代,几乎成为朝野共识,譬如《汉书·元帝纪》曰:"宣帝作色曰:'汉家自有制度,本以霸、王道杂之,奈何纯任德教,用周政乎!'"①宣帝不高自位置,以崇王道、小五伯,而是霸、王迭用。洪迈《容斋三笔》卷第二《汉宣帝不用儒》,②此比较契合王权政治之现实。面对宣帝此说,从理论和现实两个层面,身为宗室的刘向心有戚戚焉,而其理论之资源,大致就出自孙卿。按《孙卿书录》,刘向肯定"孙卿道守礼义,行应绳墨"③,精妙地揭示了孙卿所谓"礼"其实通向"法"。在《荀子》中,"礼义"一词出现频率颇高,此与孔、孟标榜仁义,形成鲜明的对照。而礼与仁义之关系,《论语·八佾》云:"子曰:'人而不仁,如礼何?人而不仁,如乐何?'"礼乐的核心或根本是人怀有仁心,若人无仁心,礼乐也就失去意义;《论语·八佾》又云:"子夏问曰:'"巧笑倩兮,美目盼兮,素以为绚兮",何谓也?'子曰:'绘事后素。'曰:'礼后乎?'子曰:'起予者商也!始可与言《诗》已矣。'"孔子是以比喻的方式来解释礼的作用,刘勰《文心雕龙·情采》篇云:"夫铅黛所以饰容,而盼倩生于淑姿;文采所以饰言,而辩丽本于情性。故情者文之经。"纪昀评《文心雕龙》此节文字云:"此一篇之大旨。"④此阐释了仁属内在本质,而礼则是外在修饰,内外若无违和,两者就相得益彰,但是,犹如美人所焕发"盼倩"之魅力,主要来自"淑姿",而"铅黛"近似礼的意义,只不过起到用来"饰容"的作用,以令她更美,若离开"淑姿"之底子,"铅黛"也就无所附丽,所以,仁和礼,恰似淑姿之于铅黛,两者是主次关系,仁才是根本。

至于《孟子》四端,均属于自我坚守扩充和养气以培养出君主人格的概念,《孟子·公孙丑上》有云:"恻隐之心,仁之端也。羞恶之心,义之端也。辞让之心,礼之端也。是非之心,智之端也。"四德均发端于心,且以仁义礼智次序排列,其中"辞让之心,礼之端也",戴震《孟子字义疏证》谓:"礼之设所以治天下之情,或裁其过,或勉其不及,俾知天地之中而已矣。"⑤然而,由于私心作祟,在取

---

① (汉)班固:《汉书》卷九,北京:中华书局1962年版,第277页。
② (宋)洪迈:《容斋随笔·三笔》卷二,北京:中华书局2005年版,第439页。
③ 《荀子·礼论》云:"故绳墨诚陈矣,则不可欺以曲直。"
④ (清)纪昀:《纪晓岚评文心雕龙》,扬州:江苏广陵古籍刻印社1997年版,第278页。
⑤ (清)戴震:《〈孟子〉字义疏证》卷下,北京:中华书局1982年版,第49页。

舍进退之间，人难免不被贪婪所支配，要自觉合乎中庸之道，并非易事。故而，体现为辞让之心的礼，在《孟子》中偏于道德自省，但有时对某些人是失效的，甚至，还经常被狡黠者所操弄。因此，《论语·子罕》云："子绝四：毋意，毋必，毋固，毋我。"力戒偏离客观，防遏天理为私欲所淆乱，但是，此种告诫还是自我反省式的，若外力作用告缺，其成效如何？则依然存疑。

《老子》三十八章云："故失道而后德，失德而后仁，失仁而后义，失义而后礼。夫礼者，忠信之薄，而乱之首。"此说自另一个侧面，反映依照道、德、仁、义、礼的逻辑顺序，乃从内在自省的道德仁义，向外在约束、惩戒性质的礼，渐进演变的过程，礼的地位确立，正是退而求其次的过程，它从个体修养凸显为群体共同行为规则，关注社会、人伦秩序之建设，颇有由内向外转变的分水岭意义，《荀子·大略》篇曰："礼之于正国家也，如权衡之于轻重也，如绳墨之于曲直也。"可见孔、孟与《荀子》的"礼"之间存在着分歧。

《春秋左氏传·隐公十一年》记述："君子谓郑庄公'于是乎有礼。礼，经国家，定社稷，序民人，利后嗣者也'。"可见此处对于礼的理解，已经显示出于国家管治之所需，换言之，礼成为政治工具。《史记·管子列传》记载管仲曰："四维不张，国乃灭亡。"《集解》引《管子》曰："四维：一曰礼，二曰义，三曰廉，四曰耻。"[1]其所谓"礼"就隐含"法"的意思；《庄子·人间世》曰："而强以仁义绳墨之言术暴人之前者，是以人恶有其美也，命之曰菑人。"仁义与绳墨并置，就透露儒家之法家化趋向，虽然学界认为庄周比荀卿早出，但是，从另一个方面佐证，《荀子》新儒家之形成，实有必然性。按《荀子·致士》篇曰："程者，物之准也；礼者，节之准也。程以立数，礼以定伦，德以叙位，能以授官。"按此所谓"礼"，不更体现法度之性质吗？

在现实实践中，《汉书·武帝纪》曰："建元元年冬十月，诏丞相、御史、列侯、中二千石、二千石、诸侯相举贤良方正直言极谏之士。丞相绾奏：'所举贤良，或治申、商、韩非、苏秦、张仪之言，乱国政，请皆罢。'奏可。"[2]所谓申、商、韩是法家，在汉初以来，法家颇受鞭挞，若不加掩饰地使用，会招致士人唾弃；而苏、张则属纵横家，其权诈机变，巧言令色，言过其实，邪说惑众，危及社会稳定，所以

---

[1] （汉）司马迁：《史记》卷六二，北京：中华书局1982年版，第2133页。
[2] （汉）班固：《汉书》卷六，北京：中华书局1962年版，第155页。

要罢黜之。这与武帝以来,刘汉大一统政治建设的社会趋势相关,上述《孙卿书录》,刘向亦指苏秦、张仪为邪道,说明他亦以纵横家为动摇统治秩序之异端。至于上述两则材料称孙卿反对"不遂大道而营于巫祝,信机祥",其实折射出作为三晋之地人物,孙卿天人观乃植根于三晋传统。前人考证楚春申君之死上距齐宣王之末,凡八十七年,若孙卿游齐在其五十岁时候,然则至春申君死之年,孙卿已经一百三十七岁,这不合常理。① 而为何上述两则材料都出现如此纰漏,可能作者要凸显孙卿游齐之年已五十,孔子有"五十而知天命"之说,而五十之前,孙卿浸淫于三晋学术,可视作一位成熟的三晋学者,乃三晋学术的代表,因此作者无暇顾及孙卿存活时间过长的问题。孙卿蕴含着三晋学术与齐学之冲突,游齐之前,其人某些三晋学术特质可谓根深蒂固,《荀子·大略》篇谓:"善为《易》者不占。"《荀子·天论》篇直言"故明于天人之分,则可谓至人矣",齐国悠久的天人感应论遭颠覆,亦充分表达于此篇内。向、歆借助天象以抗衡政敌,却并不为阴阳禁忌说所缠绕,其心态亦可与《荀子》相参证。② 庞朴著《帛书五行篇研究》,将《孟子》四端与"四行"勾连,以及在"仁义礼智"之外加上一个"圣"字,构成五德与五行之间的对应关系。③ 此说错会了《史记·荀卿列传》作者之本意,孟、荀之卓荦不凡,正在于他们能够拔出于当时"怪、力、乱、神"之风尚,具备人本主义之思维能力。因此,在顺应和维护集权政治角度,刘向充分肯定孙卿其人其学,而处在政治和学术之间,对于孙卿之学说,刘向几乎全盘接受。

故而,在刘向整理《孙卿书》时,为作《书录》,就显得尤为用心,后人透过《孙卿书录》,深感此篇文字为学术史研究之经典,亦堪称知人论世之范文,其扎实的叙述建立在对文本透彻研究基础之上,且置之于当时语境来看《孙卿书》,则《孙卿书录》具备原创特点。而假如司马迁观孙卿,一则会忽略、藐视其儒、墨的学养,另则若置于儒家系统之内,信奉"与时迁移,应物变化"的司马迁似不会流露孙卿高于孟子的评价,如后世儒家代表人物扬雄、韩愈等对于荀子就多有微词,那是就孙卿在儒家之醇与疵标准下展开评论。

上述《史记·荀卿列传》对《荀子》著述字数统计有"数万言"之说,而刘向

---

① (清)永瑢:《四库全书总目》卷九一,北京:中华书局1965年版,第770页。
② 参见《汉书·五行志》。
③ 参见庞朴:《帛书五行篇研究》,济南:齐鲁书社1980年版。

《孙卿书录》则云:"所校雠中孙卿书凡三百二十二篇,以相校,除复重二百九十篇,定著三十二篇。"①可知当时《孙卿书》规模之宏大,司马迁"数万言"的估计不知如何得出? 然而,真正对于《孙卿书》作文献整理的刘向,他在三百二十二篇的基础上,所删定的三十二篇,此与"数万言"字数大致吻合。此令人质疑所谓《孙卿书》"数万言",一则可能属于臆测,另则也有可能此非出自司马迁之判断。而最大的可能是,先有刘向《孙卿书录》,其严谨连贯,几乎一字难以移易,具有首创性。然后,在某人窜易甚至增补《太史公书》中《荀卿列传》时,与《孙卿书录》相同的一节文字,其实就是《孙卿书录》的节写本,而至于"数万言"字数估测,正是由刘向对《荀子》文本做过文献整理之后,方可得出的结论。一言以蔽之,刘向《孙卿书录》应该早出于《史记·荀卿列传》。

二、根据《韩非子》、贾谊《新书》等以还原荀卿(或孙卿)之学术主旨

孙卿在世及其身后,其人其学声势渐盛。《史记·吕不韦列传》曰:"是时诸侯多辩士,如荀卿之徒,著书布天下。"②据此可以略知荀子在战国后期影响之大,几乎一时无两,而对荀卿之徒的接受,主要来自各国君主,其著作是为政者教科书。按《史记·李斯列传》云:"乃从荀卿学帝王之术。学已成,度楚王不足事,而六国皆弱,无可为建功者,欲西入秦。辞于荀卿曰:'斯闻得时无怠,今万乘方争时,游者主事。今秦王欲吞天下,称帝而治,此布衣驰骛之时而游说者之秋也。处卑贱之位而计不为者,此禽鹿视肉,人面而能强行者耳。故诟莫大于卑贱,而悲莫甚于穷困。久处卑贱之位,困苦之地,非世而恶利,自托于无为,此非士之情也。故斯将西说秦王矣。'"③既然荀卿追随者著述极多,已形成一个学派,荀卿(或孙卿)则几乎湮没于其后学的著述之中。《荀子》虽经刘向的重新删定,却依然属于此一学派集大成之著作,以致《荀子》各篇章句之间有相抵牾

---

① (汉)刘向:《孙卿书录》,严可均辑:《全上古三代秦汉三国六朝文》,北京:中华书局1958年版,第664页。
② (汉)司马迁:《史记》卷八五,北京:中华书局1982年版,第2510页。
③ (汉)司马迁:《史记》卷八七,北京:中华书局1982年版,第2539页。

者,若要厘清《荀子》和荀卿之间关系,亦非易事,然而后世读者仍要诘问:荀卿本人思想和学术究竟为何物?它作为一个凝聚核心,究竟有何特点?

上述《李斯列传》称荀卿之学为"帝王术",此对了解其人其学,颇具提纲挈领的作用。而所谓"帝王术",就是统治术,也就是帝王控制臣民之术,或称"南面之术"。《宋书·谢庄列传》记载谢庄于大明元年,奏改定刑狱:"臣学阇申、韩,才寡治术。"①韩非亦出自荀卿之门下;王利器认为《吕氏春秋》中的"《六论》《十二纪》,吕不韦之帝秦策也"②。虽则均为"帝王术",但是吕不韦《吕氏春秋》却并不迎合秦王嬴政,二者之间存在着矛盾;商君、李斯和韩非一系的法家思想倒成为秦国制胜法宝,所以,作为帝王术,其为学之立场却歧异纷呈,遇或不遇,亦有风云际会之偶然性。王国维指出:"我国春秋以前道德政治上之思想,可分为二派,一帝王派,一非帝王派。"③擅长帝王术的荀卿,属于典型的帝王派,其为学之趋向,亦奠定了中国古代王权政治思想基础。

《汉书·艺文志》之"诸子略"之儒家类有"《孙卿子》三十三篇",并且注明:"名况,赵人,为齐稷下祭酒,有《列传》。"④此处谓孙卿名况,与刘向《孙卿书录》的叙述相吻合;《汉书·艺文志》之"兵权谋家"有"《孙卿子》",反映孙卿文武兼备的治学特征;《汉书·艺文志》之"诗赋略"有"孙卿赋十篇",观《荀子·成相》篇,则有政治箴言的特色。李慈铭《越缦堂读书记·子部》之《儒家类·荀子》云:"其实诸子惟荀最醇,四子书外,所当首屈一指。杨氏注亦多古义。谢侍郎序言《小戴》所传《三年问》全出《礼论篇》,《乐记》'乡饮酒'义所引俱出《乐论》篇,《聘义》子贡问贵玉贱珉亦与《德行》篇大同,《大戴》所传《礼三本篇》亦出《礼论》篇,《劝学》篇即《荀子》首篇,而以《宥坐》篇末见大水一则附之,哀公问五义出《哀公》篇之首,则《荀子》语在二戴《记》者甚多,而本书反鲜读者。"⑤关于《尚书》《诗经》《春秋左氏传》等经典之传承,经学家称颂荀卿厥功甚伟。而荀卿之学作为帝王派帝王术之原创性,透过其三传弟子贾谊之论述,还是可以一窥其宗旨。

---

① (南朝·梁)沈约:《宋书》卷八五,北京:中华书局 1974 年版,第 2173 页。
② 王利器:《吕氏春秋注疏》,成都:巴蜀书社 2002 年版,第 18 页。
③ 王国维:《王国维遗书》第 5 册,上海:上海书店 1983 年版,第 311 页。
④ (汉)班固:《汉书》卷三〇,北京:中华书局 1962 年版,第 1725 页。
⑤ (清)李慈铭:《越缦堂读书记》,上海:上海书店 2000 年版,第 615 页。

贾谊受学于河南守吴公,而关于吴公其人,《汉书·贾谊传》记述:"故与李斯同邑,而尝学事焉。"①吴公是荀卿再传弟子,因此荀卿、李斯、吴公和贾谊,在学术上具有渊源关系,贾谊与荀卿之学一脉相承。《史记·李斯列传》太史公评价李斯云:"斯知六艺之归,不务明政以补主上之缺。"②此揭示了战国后期儒学的弊端,那就是非帝王派向帝王派之屈服,儒学向刑名法家之转移,假儒真法,儒表法里,乃至如代表孟子民本思想的平民派则收窄了置喙空间。

观《汉书·贾谊传》、贾谊《新书》,乃在汉代文帝时期,帝王之术的实施方略,贾谊撰述的旨意,就是要构建大一统的中央集权政治,在此大目标统摄下,各种举措无非贯彻帝王术的具体表现,贾谊必然要在削藩、铸钱、保傅尤其建立等级秩序等议题上,为文帝出谋划策。刘泽华指出:"集权是手段,攫取经济利益才是目的……在分封制下,土地所有权是从属于政治权力的。"他进一步阐释曰:"但是实现兼并的手段却又不是经济的,而是军事的和政治的。"③然则实现目的之最高控制手段应该是思想的、学术的,作为人的特征,主要分两部分,肉体到思想,或者物质与精神,中国集权统治者从来就未曾忽视在思想文化、学术精神上对人民进行最彻底的控制。贾谊《新书·礼》云:"凡人之智,能见已然,不能见将然。夫礼者禁于将然之前,而法者禁于已然之后,是故法之所用易见,而礼之所为生难知也。"④法起到阻吓作用,所针对的是看得见的人事,谁触犯条律,则依法惩处;而礼则在看不见之处,已经塑造或规训了人的思想和行为,限制了人的自由与天性,故而礼与法实际上是同功一体者也。贾谊《新书·礼》又云:"礼者,所以固国家,定社稷,使君无失其民者也。主主臣臣,礼之正也;威德在君,礼之分也;尊卑大小,强弱有位,礼之数也。"⑤可见礼就是内外兼施地控制人民,所谓"使君无失其民者也",就是让人民永远依附于君权,令人在灵魂上,亦步亦趋地追求与大一统集权政体保持一致,绝不敢越雷池半步。而贾谊这种思想,完全秉承《荀子》,二者之间,心心相印者也。

而帝王派之帝王术目标就是操控人民,人民任何自主意识都会被视作异

---

① (汉)司马迁:《史记》卷八七,北京:中华书局1982年版,第2563页。
② (汉)司马迁:《史记》卷八七,北京:中华书局1982年版,第2563页。
③ 刘泽华:《中国传统政治思想反思》,北京:生活·读书·新知三联书店1987年版,第17页。
④ (汉)贾谊撰,阎振益、钟夏校注:《新书校注》"附录",北京:中华书局2000年版,第413页。
⑤ (汉)贾谊撰,阎振益、钟夏校注:《新书校注》卷六,北京:中华书局2000年版,第214页。

端,人民噤若寒蝉,秦"黔首"之称谓就反映了一切,若要高效地达成这一目标,就必须首先在生活物资上树立王权所有制的概念。《论语·阳货》云:"吾岂匏瓜也哉?焉能系而不食?"所谓民以食为天;《孟子·尽心上》云:"孟子曰:'饥者甘食,渴者甘饮,是未得饮食之正也,饥渴害之也。岂惟口腹有饥渴之害,人心亦皆有害。人能无以饥渴之害为心害,则不及人不为忧矣。'"在饥渴状态下,人难免饥不择食,人饥渴之际就难以辨别什么是正味,所以要保持对正味的辨别力,就须处于常态之下。人心也一样,如果迫于饥渴,违心屈从,那么人心自然、健全的思考辨析能力就会丧失,而人心一旦不能守正,则行为必遭扭曲、异化,盲从、轻信就会发生,导致无所不用其极。可见统治人民,饮食饥饱的作用最不可低估。

荀卿以至后学们,提倡"化性起伪"(《荀子·性恶》),就是要在思想上确立正统,驱使天下人心以其所谓正为正,放弃个体的自由意志。由此,建立起一种不归顺者不得食的观点,以令人臣服,个体思想亦无所逃于天地之间。《毛诗·小雅·谷风之什》之《北山》云:"溥天之下,莫非王土。率土之滨,莫非王臣。"关于此诗诠释,引发出土地、人民是否属于王权所有的问题。《春秋左氏传·昭公七年》记载:"无宇辞曰:'天子经略,诸侯正封,古之制也。封略之内,何非君土?食土之毛,谁非君臣?故《诗》曰:"普天之下,莫非王土。率土之滨,莫非王臣。"……'"无宇意指在天子、诸侯领地内,人如果吃土地上生长的粮食,就确立了君臣关系,一旦确立君臣关系,就要服从统一思想,除非绝食,方能摆脱此种君臣关系以及思想束缚,此说实开千古之恶例。

  《论语·学而》云:"子曰:'君子食无求饱,居无求安,敏于事而慎于言,就有道而正焉,可谓好学也已。'"

  《论语·里仁》云:"子曰:'富与贵是人之所欲也,不以其道得之,不处也;贫与贱是人之所恶也,不以其道得之,不去也。君子去仁,恶乎成名?君子无终食之间违仁,造次必于是,颠沛必于是。'"

  《论语·学而》云:"子曰:'士志于道,而耻恶衣恶食者,未足与议也。'"

  《论语·学而》云:"子曰:'饭疏食饮水,曲肱而枕之,乐亦在其中矣。不义而富且贵,于我如浮云。'"

《论语·雍也》云:"子曰:'贤哉,回也! 一箪食,一瓢饮,在陋巷。人不堪其忧,回也不改其乐。贤哉,回也!'"

对于食和居,为何孔子强调君子仅求果腹、容身而已,因为他认识到在任何地方,都难逃"王土""王臣"问题之困扰,为了捍卫自己独立人格,坚持己见,不受王权之左右,士人只能压缩一己之物欲,否则,人心之物欲扩张,势必会与君权发生不可自拔的牵连,就会陷于尘网,甚至媚上求荣,摇尾乞怜,士人就会放弃道和原则。

《庄子》最敏锐地感受到来自大一统观念的压迫感,所以《庄子·大宗师》讥讽:"是役人之役,适人之适,而不自适其适者也。"役人之役,适人之适,乃入国家主义、集权政体之彀中,而自适其适,则藐视群体和威权,尊重个体与自由,因此,"役人之役,适人之适",实乃《荀子》帝王术之大旨,而"自适其适者",相信每人都有依照个性生存的自由,此恰是《庄子》之诉求。《庄子·逍遥游》叙述:"'藐姑射之山,有神人居焉。肌肤若冰雪,淖约若处子;不食五谷,吸风饮露;乘云气,御飞龙,而游乎四海之外。其神凝,使物不疵疠而年谷熟。'吾以是狂而不信也。"关于此节文字,历来解释不清,实质上,应回到"溥天之下,莫非王土。率土之滨,莫非王臣"的语境来理解,鲲鹏展翅,"去以六月息者也",至于列子御风而行,"犹有所待也",人若要追求绝对的自由,也就是逍遥之境,首先得冲决君臣关系牢笼,故而,《逍遥游》幻想有一个居于藐姑射之山的"神人",其高洁超越俗世,其人"不食五谷,吸风饮露",并且行踪飘忽,然则庶几可以避免"王土""王臣"之局囿了吧? 甚至,"其神凝,使物不疵疠而年谷熟",岂止不食,还能利他,如此神人,王权对他无计可施,神人亦获得了绝对的自由,令陷于幻想的"庄子"们也得到精神的慰藉。

而《荀子》则不然,对于想挣脱物质、精神桎梏的异议之士,它认为是危害社会稳定的害群之马,必除之而后快。《荀子·宥座》篇述及:"孔子为鲁摄相,朝七日而诛少正卯,门人进问曰:'夫少正卯,鲁之闻人也,夫子为政而始诛之,得无失乎?'孔子曰:'居! 吾语女其故。人有恶者五,而盗窃不与焉:一曰心达而险,二曰行辟而坚,三曰言伪而辩,四曰记丑而博,五曰顺非而泽。此五者有一于人,则不得免于君子之诛,而少正卯兼有之。故居处足以聚徒成群,言谈足以饰邪营众,强足以反是独立,此小人之桀雄也,不可不诛也。是以汤诛尹谐,文王诛潘止,周公诛管叔,太公诛华仕,管仲诛付里乙,子产诛邓析、史付,此七子者,皆异世同心,不可不诛也。《诗》曰:"忧心悄悄,愠于群小。"小人成群,斯足忧矣。'"孔子敬重郑国政治家子产,《左传·襄公三十一年》叙述了"子产不毁乡校"的事迹,孔子宽容言论表达,当与子产所见略同。在文献中,此处首次见到孔子诛少正卯的记载,大致是不可信的,属于为了佐证自己观点、倾向,《荀子》故意编造之事。《左传·庄公二十年》云:"二十年春……(郑伯)曰:'……夫司寇行戮,君为之不举。'"不管孔子是否担任过鲁摄相,还是担任《史记·孔子世家》所谓的"大司寇行摄相事",总之擅自杀人,绝非小事。而《荀子·宥坐》篇言孔子悍然处死少正卯,并列"七子"以证明杀人的正当性,此种杜撰所依据的理由,就是上述《诗经》之"王土""王臣"之邪说。

此可以在荀卿弟子韩非那里得到求证,《韩非子·外储说右上》云:"太公望东封于齐,齐东海上有居士曰狂矞、华士昆弟二人者立议曰:'吾不臣天子,不友诸侯,耕作而食之,掘井而饮之,吾无求于人也。无上之名,无君之禄,不事仕而事力。'太公望至于营丘,使吏执杀之以为首诛。周公旦从鲁闻之,发急传而问之曰:'夫二子,贤者也。今日飨国而杀贤者,何也?'太公望曰:'是昆弟二人立议曰:"吾不臣天子,不友诸侯,耕作而食之,掘井而饮之,吾无求于人也,无上之名,无君之禄,不事仕而事力。"彼不臣天子者,是望不得而臣也。不友诸侯者,是望不得而使也。耕作而食之,掘井而饮之,无求于人者,是望不得以赏罚以劝禁也。且无上名,虽知,不为望用;不仰君禄,虽贤,不为望功。不仕则不治,不任则不忠。且先王之所以使其臣民者,非爵禄则刑罚也。今四者不足以使之,则望当谁为君乎?不服兵革而显,不亲耕耨而名,又所以教于国也。今有马于此,如骥之状者,天下之至良也。然而驱之不前,却之不止,左之不左,右之不右,则臧获虽贱,不托其足。臧获之所愿托其足于骥者,以骥之可以追利辟害也。今不为人用,臧获虽贱,不托其足焉。已自谓以为世之贤士,而不为主用,行极贤而不用于君,此非明主之所臣也,亦骥之不可左右矣,是以诛之。'"此篇文字凸显狂矞、华士"耕作而食之,掘井而饮之",他们主动隔绝与齐太公望之间的联系,想自食其力,饮食均无求于世,企图自放于现世,做个自了汉,足见昆弟二人抵制周王朝，心怀腹诽，不肯臣服。《韩非子》继承《荀子》师法，《史记·韩非列传》载韩非痛感："今者所养非所用，所用非所养……故作《孤愤》《五蠹》《内外储》《说林》《说难》十余万言。"其所谓养，也是着眼于食与不食，这是《荀子》《韩非子》思考控制人民的关节点、出发点，《荀子·议兵》云："赏重者强，赏轻者弱；刑威者强，刑侮者弱。"《韩非子》尤好以赏罚治国，《韩非子·用人》云："明赏罚则伯夷、盗跖不乱。"对此二位兄弟自绝于新朝，不为所用，会造成集权统治失效之隐患。《韩非子·外储说右上》借太公望之口，指出此昆弟二人不愿合作，孤悬世外，恩威难加。太公望要置之于死地，绝不犹豫、手软，其振振理据就是此二者虽自耕、自掘，然其饮食出自太公望所封之地，仍属"食土之毛"，且如此孤傲，则死有余辜者也。

《孟子·万章上》云："咸丘蒙曰：'舜之不臣尧，则吾既得闻命矣。《诗》云："普天之下，莫非王土；率土之滨，莫非王臣。"而舜既为天子矣，敢问瞽瞍之非臣如何？'曰：'是诗也，非是之谓也。劳于王事，而不得养父母也。曰："此莫非王事，我独贤劳也。"故说诗者，不以文害辞，不以辞害志；以意逆志，是为得之。'"咸丘蒙之所问，极有深意，他想搞清楚在王权管治下，臣民之间是否有漏网之鱼，以呼吸到自由空气，也像瞽瞍之非臣舜一样，不受君臣观之束缚。按《诗》云："普天之下，莫非王土；率土之滨，莫非王臣。"他实际上是质问其正当性何在。孟子的回答直接否定了为王权张目的解释，在帝王、臣民之间，颠覆了上述《春秋左氏传》无宇所论土地和权力之属性，这纯粹是本末倒置。体现《孟子》鲜明的民本意识，惜乎《孟子》声音殊为寂寥。

《庄子·杂篇·让王》载："昔周之兴，有士二人处于孤竹，曰伯夷、叔齐……二子北至于首阳之山，遂饿而死焉。若伯夷、叔齐者，其于富贵也，苟可得已，则必不赖。高节戾行，独乐其志，不事于世，此二士之节也。"当周朝新建，伯夷、叔齐作为殷商遗民，则"义不食周粟"[1]，看来"王土""王臣"之说影响深广，他们亦将食粟与臣事新朝联系在一起，为了坚守节义，遂饿死于首阳山。《庄子·外篇·骈拇》载："伯夷死名于首阳之下，盗跖死利于东陵之上，二人者所死不同，其于残生伤性均也。"《荀子》《韩非子》将士人置于食或不食生死考验

---

[1] （汉）司马迁：《史记》卷六一，北京：中华书局1982年版，第2123页。

面前,让他们不得不低头屈服。上述《史记·李斯列传》有李斯所云:"处卑贱之位而计不为者,此禽鹿视肉,人面而能强行者耳。故诟莫大于卑贱,而悲莫甚于穷困。"从人性角度,荀卿和李斯深知凡人热衷于追逐富贵利禄,并不甘于自居卑贱,而在王权体制中,君王掌控生杀予夺的权柄,就可以剥夺士人生存的权利,也可以剥夺其思想自由的权利,士人不得不向强权妥协,胁肩谄笑,唯唯诺诺,而追求真相、真理的勇气,亦为之折半,甚至泯灭。《史记·伯夷列传》引述贾谊《服鸟赋》云:"贪夫徇财,烈士徇名,夸者死权,众庶冯生。"①现实就是:众庶多于烈士,众庶均贪恋生命,伯夷、叔齐毕竟是极少数。于是,《荀子》《韩非子》等强化"王土""王臣"等概念,就建构起直抵人之心灵和思想意识的大一统集权政治。

刘师培《中国民约精义》云:"案《吕览》之言,最合民约,与《荀子·礼论》篇不同,《荀子·礼论》一篇(即"人生而有欲"数语),由争斗之人群,进而论完全之邦国,其形态、秩序,最合于《墨子·尚同》篇。但《荀子》之意,以立君所以制民,而《吕览》之意,以立君所以利民,此其不同之点耳。"②此论甚确,刘氏透彻地看到了《荀子》"以立君所以制民"的本质,而其制民之"心"的"帝王术"特质,则尚有待深入揭示!

三、集权独裁下《荀子》之仁政说之陷落

《荀子》帝王术之核心,在于君臣关系,而君臣之间,如何相互啮合,一定程度上,决定王权政治之兴衰。清唐晏《两汉三国学案》卷三《尚书》按语曰:"故真经术必归结于君臣父子。"③这是颇有见地之论。《史记·太史公自序》云:"夫儒者以六艺为法……若夫列君臣父子之礼,序夫妇长幼之别,虽百家弗能易也……法家不别亲疏,不殊贵贱,一断于法,则亲亲尊尊之恩绝矣……若尊主卑臣,明分职不得相逾越,虽百家弗能改也。"④儒、法两家即使存在分歧,但是皆

---

① (汉)司马迁:《史记》卷六一,北京:中华书局1982年版,第2128页。
② 刘师培:《中国民约精义》,《刘申叔遗书》,南京:江苏古籍出版社1997年版,第573页。
③ (清)唐晏:《两汉三国学案》卷三,北京:中华书局1986年版,第120页。
④ (汉)司马迁:《史记》卷一三〇,北京:中华书局1982年版,第3290页。

以处理君臣关系为首务,在这点上,两家并无二致,显然扬君抑臣,或尊主卑臣,这是王权政治的基本伦理。

此种关切,似乎渊源于齐稷下学宫的黄老道德之术,关于君臣之相与,稷下学者做出了十分详尽的探讨,《荀子》自然受其影响。《管子》一书,非一人一时之所著,但恰为齐稷下学术之集大成者,内存《君臣》上、下两篇;稷下学士慎到所著《慎子·内篇》,也以君臣关系为主题;列名稷下学士的尹文子所著《尹文子》,按其残篇,也阐释"一曰不变之法,君臣上下是也"之说。荀卿三为齐稷下祭酒,在《荀子》中有《君道》和《臣道》篇。《史记》本传称韩非"喜刑名法术之学,而其归本于黄老",他是荀卿弟子,《韩非子》有《爱臣》《主道》《南面》诸篇,将君主发挥权术、驾驭臣下,诠释得淋漓尽致。耐人寻味者,贾谊《新书》亦有《君道》篇,《新书》卷九《大政上》曰:"人臣之道,思善则献之于上,闻善则献之于上,知善则献之于上。夫民者,唯君者有之,为人臣者助君理之。故夫为人臣者,以富乐民为功,以贫苦民为罪。故君以知贤为明,吏以爱民为忠。"①虽社会思潮变迁,会令论者在君臣立场上有所调整,但是贾谊大致祖述《荀子》君臣观,依然清晰可辨。《汉书·楚元王传》记载:"(刘)德字路叔,修黄老术,有智略。"②其子刘向著《说苑》,开卷便是《君道》和《臣道》两篇。这些文字辗转因袭,或许真伪互见,左右相搏,然充分证明,齐稷下学士及其留裔,所治黄老道德之术者,均究心于君臣之相处,信奉君尊臣卑,或君臣平衡,以巩固王权体制。考察中国古代政治,似乎唯有摆正君臣关系,才谈得上兼顾百姓利益。

《史记·汲黯列传》云:"黯学黄老之言,治官理民,好清静,择丞史而任之。其治,责大指而已,不苛小。黯多病,卧闺阁内不出。岁余,东海大治。称之。上闻,召以为主爵都尉,列于九卿。治务在无为而已,弘大体,不拘文法。"③汲黯的黄老思想主张管治者清静无为,对社会自然生态,尽量不干预,任其自然。而《荀子》一派却与之相左,《荀子·君道》篇云:"至道大形,隆礼至法则国有常,赏贤使能则民知方,赏克罚偷则民不怠,兼听齐明则天下归之。"所有行为的主体都是人,然则礼、法并举,如上述司马迁所谓"一断于法",一切举措背后,都有

---

① (汉)贾谊撰,阎振益、钟夏校注:《新书校注》卷九,北京:中华书局2000年版,第340页。
② (汉)班固:《汉书》卷三六,北京:中华书局1962年版,第1927页。
③ (汉)司马迁:《史记》卷一二〇,北京:中华书局1982年版,第3105页。

君主主导,所以"兼听齐明"就存在疑惑,何者是"听"?何者属"明"?都由君主一人裁断,此种政治机制建立在"明君"前提之下,而君主是人,并非神,此为"帝王术"埋藏下隐患。

《荀子·荣辱》云:"故仁人在上,则农以力尽田,贾以察尽财,百工以巧尽械器,士大夫以上至于公侯,莫不以仁厚知能尽官职,夫是之谓至平。"社会治理井然有序,社会分工各得其所,这不过是"故仁人在上"假设前提下之愿景,犹如《盐铁论·备胡》云:"今明天子在上。"[1]此属无助的祈愿,未必是可期望的现实,而实际情形倒是昏君、暴君屡见不鲜,此在源头上就威胁社会利益平衡和正义伸张。

《荀子》等既然无法阻止或限制君权之滥用,其危害在于阻遏思想场阈的自然生长,譬如何者为"正"?《庄子·齐物论》否定存在放之四海而皆准的"正",而在《荀子》各篇,其所谓"正"的话事权、决定权则从属于政治权力。故而,思想不能成为纯粹的思想,只是权力的衍生物。而作为个体,思想的享受,或独特的思考,一则不能抗衡朝廷官方主流意识,二则几乎失去存在的价值。

《论语·八佾》云:"子曰:'人而不仁,如礼何?人而不仁,如乐何?'"已经揭示礼乐的核心是仁,离开仁,则礼乐不过徒具形式耳。

《孟子·尽心下》云:"孟子曰:'口之于味也,目之于色也,耳之于声也,鼻之于臭也,四肢之于安佚也,性也。有命焉,君子不谓性也。仁之于父子也,义之于君臣也,礼之于宾主也,知之于贤者也,圣人之于天道也,命也。有性焉,君子不谓命也。'"此处分别了君子和小人的区别,小人仅具人生命的本能,而君子"四端"兼备,进而追求仁义礼智圣"五德"精神,凡人皆可以优入圣域,君主并无垄断之特权。

在《论语》中,展现一个个体道德不断完善,以向着仁、智合一近乎圣之境界迈进的悟道者形象——孔子。若衡之以《汉志》所云:"儒家者流,盖出于司徒之官,助人君顺阴阳明教化者也。游文于六经之中,留意于仁义之际,祖述尧、舜,宪章文、武,宗师仲尼,以重其言,于道最为高。"[2]则发现荀卿对于此一标准已经有所游离,譬若《荀子》摒弃了阴阳家束缚,彰显人无所畏惧和自信的力量。

---

[1] 王利器:《盐铁论校注》,北京:中华书局1992年版,第444页。
[2] (汉)班固:《汉书》卷三〇,北京:中华书局1962年版,第1728页。

《荀子·天论》虽云:"所志于阴阳者,已其见知之可以治者矣。"此与阴阳家观念正好相反,不再顾忌天意,否定天意也就是民心对于君主行为的约束作用,其思想的来源则更加狭窄。而对于教化人民,所教者亦与孔子有所歧异。《论语·述而》云:"子曰:'志于道,据于德,依于仁,游于艺。'"庄严之道德,犹如春风化雨,沁人心脾;《论语·为政》云:"子曰:'由!诲女知之乎?知之为知之,不知为不知,是知也。'"《论语·宪问》云:"子曰:'学如不及,犹恐失之。'"承认知识无涯,人之所知其实有限,对于广袤的未知领域,孔子抱持谦逊敬畏的态度。而《荀子》则不然,它主张兼法后王,事功倾向更加明确,而至于"仁义之际",仁,已经被淡化,它用礼义置换了仁义,《荀子·不苟》云:"……然而君子不贵者,非礼义之中也……君子治治,非治乱也,曷为邪?曰:礼义之谓治,非礼义之谓乱也。故君子者,治礼义者也,非治非礼义者也。"义,则尤其重要,《荀子·君道》云:"血气和平,志意广大,行义塞于天地之间,仁知之极也。夫是之谓圣人。"《中庸》有云:"义者宜也。"韩愈《原道》解释"义"曰:"博爱之谓仁,行而宜之之谓义。"①因此,"行义塞于天地之间,仁知之极也",就是制定完善的法规,且行之有效,这正是圣人的境界。《荀子·王霸》云:"国无礼则不正。礼之所以正国也,譬之:犹衡之于轻重也,犹绳墨之于曲直也,犹规矩之于方圆也,既错之而人莫之能诬也。"可见礼与法仅一线之隔,或者就是二而一的关系。

卢文弨《书荀子后》云:"世之讥荀子者,徒以其言性恶耳。然其本意,则欲人之矫不善而之乎善。其教在礼,其功在学。性微而难知,唯孟子为能即其端以溯其本原,此与性道教合一之义无少异矣。然而亦言忍性,则固气质之性也。又曰:'性也有命焉,君子不谓性也。'则在孟子时固有执气质以为性者。荀子不尊信子思、孟子之说,而但习闻夫世俗之言,遂不能为探本穷原之论。然其少异于众人者,众人以气质为性而欲遂之,荀子则以气质为性而欲矫之耳。且即以气质言,亦不可专谓之恶。善人忠信,固质之美者,圣人亦谓其不可不学,学礼不徒为矫伪之具明矣。荀子知乎青与蓝、冰与水之相因也,而不悟乎性与学之相成也,抑何其明于此而暗于彼哉!"②郭店楚简《性自命出》曰:"性自命出,命自天降。"出乎生命本体的"性"或"情",其实有不可更移之特质,否定它,改变它,

---

① (唐)韩愈:《原道》,童第德校注:《韩集校诠》卷一一,北京:中华书局1986年版,第15页。
② (清)卢文弨:《书〈荀子〉后》,《抱经堂文集》卷十,北京:中华书局1990年版,第140页。

会消减生命的意义和价值,令人生感受到痛苦,然而,持性恶论的《荀子》却凭借"礼"和"学",要令天下人改造、变化为其所谓的"善",此乃与天性为敌。康有为《春秋董氏学》之《春秋微言大义第六上》之《性》云:"《荀子》:'性者,本始质朴也',即天质之朴也。'伪者,文理隆盛也',即王教之化也。故刘向谓仲舒'作书美孙卿'也。然无其质则王教不能化,乃孟子之说,则辨名虽殊,而要归则一也。"[①]他看到上智下愚人资质的差异,即使王教之化,仍然有能化与不能化之差别。

《荀子·解蔽》篇:"凡以知,人之性也;可以知,物之理也。以可以知人之性,求可以知物之理,而无所疑止之,则没世穷年不能遍也。其所以贯理焉,虽亿万已,不足以浃万物之变,与愚者若一。学,老身长子,而与愚者若一,犹不知错,夫是之谓妄人。故学也者,固学止之也。恶乎止之?曰:止诸至足。曷谓至足?曰:圣也。圣也者,尽伦者也;王也者,尽制者也;两尽者,足以为天下极矣。"此说限制人对于无穷世界的探索,把人的思想纳入到"圣王"的轨道,目的就是维护社会的稳定。《荀子·非十二子》云:"今夫仁人也,将何务哉?上则法舜、禹之制,下则法仲尼、子弓之义,以务息十二子之说。如是则天下之害除,仁人之事毕,圣王之迹著矣。"似乎除了"舜、禹之制"和"仲尼、子弓之义"之外,尽属异端邪说。《荀子·仲尼》云:"天下之行术,以事君则必通,以为仁则必圣,立隆而勿贰也。然后恭敬以先之,忠信以统之,慎谨以行之,端悫以守之,顿穷则从之,疾力以申重之。君虽不知,无怨疾之心;功虽甚大,无伐德之色;省求多功,爱敬不倦。如是,则常无不顺矣。以事君则必通,以为仁则必圣,夫是之谓天下之行术。"此在臣民一端,顺从和尽忠,就是其人生行事之原则,"为仁"也就被划定在"事君"的范围之内,据此,人才找到人生的意义。

关于《荀子》知行观,亦体现其认识论之浅陋,《荀子·儒效》云:"圣人也者,本仁义,当是非,齐言行,不失毫厘,无他道焉,已乎行之矣。故闻之而不见,虽博必谬;见之而不知,虽识必妄;知之而不行,虽敦必困。不闻不见,则虽当,非仁也。其道百举而百陷也。"闻之而不见、见之而不知,当下之不见、不知,并不意味着将来亦不见、不知,径斥之为谬妄,可谓短视之至,然则如此知行合一,就

---

① (清)康有为:《春秋董氏学》卷六上,北京:中华书局1990年版,第151页。

是唯恐产生新见新知,动摇王权政治的既定思想,肇始革旧鼎新,导致社会利益的再分配。

　　总之,《荀子》虽然也主张部分的仁政,但是寄望于独裁,仁政诉求必然落空,徐复观说:"但荀子决不会认为心的虚壹而静,可以当下自己呈现。若如此,则人即可信赖自己心知的能力而直接得到道;以此,人亦可由知的这一方面而取得其可以信赖的主宰的地位。如前所述,荀子也承认心的自主性。但他并不认为心的这种自主性都是可靠的,亦即认为每个人直接呈现出的心知并不是可靠的,而须要凭借着道做标准的知,才是可靠。他所谓道,是生于圣人或圣王;他之所谓心求道,并不是直凭自己的知去求道,而是要靠外在的师法的力量。所以他说'学莫便乎近其人。学之经,莫速乎好其人。隆礼次之'。'无师,吾安知礼之为是也……不是师法,而好自用,譬之是犹以盲辨色,以聋辨声也'(以上皆卷一《劝学篇》)。"①人并非自己思想的主宰者,在观念世界,《荀子》逼迫世人"请君入瓮",早在荀卿之前,庄周已经窥见人岂止会沦为非理性的王权政体的奴隶,甚至也会被塑造成其观念意识的奴隶,所以《庄子》的《齐物论》《秋水》和《胠箧》等篇,已经提出有的放矢的批驳,可谓预言在先者也!

----

① 徐复观:《中国人性论史》(先秦篇),台北:台湾商务印书馆1969年版,第246页。

董仲舒的历史观与政治哲学

陈福滨

台湾辅仁大学哲学系

一、前言

在先秦的各家派中,儒家承袭于传统的最多,历史意识也最强;因此,自孔、孟、荀以降,就一直对历史作反省,因之而产生了若干历史哲学的概念。孔子宗周,希望周制为万世之制,所以说继周即足以知百世,于是提出三代损益的历史观,其言曰:"殷因于夏礼,所损益可知也;周因于殷礼,所损益可知也。其或继周者,虽百世可知也。"(《论语·为政篇》)"益"是由于每一个时代因环境不同,需要亦异,所以必须创造一些新的文化以代替旧的文化;"损"是指原有的文化,因为不能适应新的处境和满足新的需要,就自然会遭到淘汰;所以说"损益可知也"。孟子对复杂的历史现象提出了一些新的概念,那就是"一治一乱"(《孟子·滕文公篇下》)、"民贵君轻"(《孟子·尽心篇下》)的历史观。荀子则提出了"明分使群""法后王"(《荀子·王制篇》)的历史观。而先秦的法家,管子主张"治国之道,必先富民"(《管子·治国篇》)的历史观;商鞅主张"治世不一道,便国不法古"[①]"三世说"(《商君书·开塞篇》)的历史观;韩非子主张"变古易常"(《韩非子·五蠹篇》)的历史观。阴阳家邹衍提倡"五德终始"的历史观,而此种历史观,因着秦、汉大一统,符合改制的迫切需要,影响自是深远。董仲舒的历

[①] (汉)司马迁:《史记》卷六八,北京:中华书局1959年版,第2229页。

史哲学就是在这个背景下产生,他认为"四法如四时然,终而复始,穷则反本"。①"有三而复者,有四而复者,有五而复者,有九而复者。"②于是提出了"三统""三正"的历史观。

至于论及政治,汉代政治始终兼用儒、法;观《盐铁论》所述汉代儒法之争,不仅思想冲突,且分立门派互有论辩,故预议者互相诋毁对方;然终汉之世不免以儒、法并用立论政治,其著者如"汤决大狱,欲傅古义,乃请博士弟子治《尚书》《春秋》补廷尉史,亭疑法"③。此任法而饰以儒学之例。董仲舒以经义断狱,作《春秋决事比》,④此以儒术应用于刑法之例。董仲舒主张,以仁德为政,阳德阴刑的政治思想,接受儒家之传统观念,以政治生活为道德生活的延长,以理想人格作为理想政治的条件,以仁政爱民、遵行礼乐教化为功。

二、阴阳的历史观

秦用邹衍"五德转移,治各有宜"的立论,为其统治找根据;汉初"五德终始"说仍然流行,但用以解释实际历史时,如:汉所代表的是水德,或土德,或火德,意见甚为纷歧,在当时成为争论的问题。董仲舒根据他的天人哲学思想,用当时盛行的阴阳思想,"三统""三正"的循环论,以及他所提出的"四法"来解释王权的兴替与历史的变化;虽然他以自然律作为历史变化的理论基础,但最终还是归结于有意志的"天命";天命以生养万物为目的,王者受命于天,自当亦须以生养百姓为行政的目的;但在历史上,亦可看到暴虐的君王,因此董氏也提出"革命"的可能性;这是从阴阳消长与五行相生相克两个原理所发展出来的政治理论。但是基本上,他还是以儒家的"仁政"为历史变迁的最高目标,以阴阳二者相协调为历史变化的基础。

---

① (清)苏舆:《春秋繁露义证》卷七,《三代改制质文》,北京:中华书局1992年版,第212页。
② (清)苏舆:《春秋繁露义证》卷七,《三代改制质文》,北京:中华书局1992年版,第201页。
③ (汉)司马迁:《史记》卷一二二,北京:中华书局1959年版,第3139页。
④ 董仲舒曾参任朝廷要职,甚至在退休以后朝廷有案件仍会找他参考。董仲舒等人以《春秋》等儒家经典为指导,组织编辑了《春秋决事比》(又称《春秋决狱》)。此书收录232个以《春秋》决案的典型案例,以作为判案的参考依据。

(一) 阴阳变化与三统、四法

在董仲舒的历史观中,"三统""三正""四法""质文",是王权变化的内容,而"三统""三正""四法""质文"又以阴阳为基础;董子提出了此一种新的说法,以说明历史上的变化。

1. 三正、三统

"三正"是夏、商、周三代以不同的月份为正月;即夏以建寅(现在农历的正月)为岁首,商以建丑(现在农历的十二月)为岁首,周以建子(现在农历的十一月)为岁首;每一个朝代都要重新规定以此三个月中的某月为岁首,这就是所谓的"改正朔"。《尚书·甘誓》云:"有扈氏威侮五行,怠弃三正。"因此,以建寅、建丑、建子,三个月为岁首可能自古以来即如此,是天地自然的运转。

《汉书·律历志》云:"三统者,天施,地化,人事之纪也。"[①]以天、地、人为正,又有以天、地、人为三统及以黑、白、赤为三统者。因此,以此三者相配合,则夏代以建寅、正月为岁首,为黑统,色尚黑;商代以建丑、十二月为岁首,为白统,色尚白;周代以建子、十一月为岁首,为赤统,色尚赤。这就是所谓的"三正"或"三统"。依照董仲舒的说法,三统是循环不息,周而复始的;董仲舒云:

> 三正以黑统初。正日月朔于营室,斗建寅。天统气始通化物,物见萌达,其色黑,故朝正服黑,首服藻黑,正路舆质黑,马黑,大节绥帻尚黑,旗黑,大宝玉黑,郊牲黑,牺牲角卵。冠于阼,昏礼逆于庭,丧礼殡于东阶之上。祭牲黑牡,荐尚肝。乐器黑质。法不刑有怀任新产,是月不杀。听朔废刑发德,具存二王之后也。亲赤统,故日分平明,平明朝正。正白统奈何?曰:正白统者,历正日月朔于虚,斗建丑。天统气始蜕化物,物初芽,其色白,故朝正服白,首服藻白,正路舆质白,马白,大节绥帻尚白,旗白,大宝玉白,郊牲白,牺牲角茧。冠于堂,昏礼逆于堂,丧事殡于楹柱之间。祭牲白牡,荐尚肺。乐器白质。法不刑有身怀任,是月不杀。听朔废刑发德,具存二王之后也。亲黑统,故日分鸣晨,鸣晨朝正。正赤统奈何?曰:正赤统者,历正日月朔于牵牛,

---

① (汉)班固:《汉书》卷二一上,北京:中华书局1962年版,第961页。

斗建子,天统气始施化物,物始动,其色赤,故朝正服赤,首服藻赤,正路舆质赤,马赤,大节绥帻尚赤,旗赤,大宝玉赤,郊牲骍,牺牲角栗。冠于房,昏礼逆于户,丧礼殡于西阶之上。祭牲骍牡,荐尚心。乐器赤质。法不刑有身,重怀藏以养微,是月不杀。听朔废刑发德,具存二王之后也。亲白统,故日分夜半,夜半朝正。"①

夏代"建寅",代表"正黑统";商代"建丑",代表"正白统";周代"建子"代表"正赤统"。其继周之朝代必须"建寅",又为"黑统",王朝如此循环,周而复始。再者,董仲舒认为,每一个"新王受命",建立新朝代以后,必须封其以前二代的后人为王,在其封地之范围内,保留其文化传统,继承二代的"正朔""服色"等。此称客而朝,以明天下非独一家之有。存三统的礼制,在政统的绵延上具有深远的意义。《汉书·刘向传》云:"王者必通三统,明天命所授者博,非独一姓也。"②《白虎通义·三正》云:"王者受命必改朔何?明易姓,示不相袭也。明受之于天,不受之于人,所以变易民心,革其耳目,以助化也。"③由此可知:王者受命于天,不受于人;天命所受者,非独一姓;王者受命必改制,所以变易民心,革其耳目以助化。每一统之所以立皆受命于天,无有不同;天命是至公至正的,天下非一家所能据有,三统实际上是一统,那便是王统,王统是以天意为意的,熊十力先生云:"三统原是一统,一者仁也。《春秋》始于元,元即仁;虽世改制,而皆本仁以为治。《春秋》当新王,即以仁道统天下也。由春秋而上溯周之文武,亦以仁道统天下也。又上推宋之先王为汤,亦以仁道统天下也。故《春秋》以仁垂统,而又推其统之所承,于是而亲周,而故宋。明春秋之统,绍于周先王,周之统又绍于宋先王;依次相承,假说三统。其实,一以仁为统而已。仁道,真常也,不可易也。所以通三世之万变,而皆不失其正者,仁为之本故也。故曰:三统实是一统,一者仁也。"④有三统之概念,表示了"天下为公"与"以仁垂统"的本质,一个新王的受命是以德为准的;而一个"新王"建立新朝代乃遵奉"天命"以统治百

---

① (清)苏舆:《春秋繁露义证》卷七,《三代改制质文》,北京:中华书局1992年版,第191—195页。
② (汉)班固:《汉书》卷三六,北京:中华书局1962年版,第1950页。
③ (清)陈立:《白虎通疏证》卷八,北京:中华书局1994年版,第360页。
④ 熊十力:《读经示要》卷三,台北:广文书局1960年版,第173页。

姓,"改正"所以承"天统"也;董仲舒云:

> 改正之义,奉元而起。古之王者受命而王,改制称号正月,服色定,然后郊告天地及群神,远追祖祢,然后布天下。诸侯庙受,以告社稷宗庙山川,然后感应一其司。三统之变,近夷遁方无有,生煞者独中国。然而三代改正,必以三统天下。曰:三统五端,化四方之本也。天始废始施,地必待中,是故三代必居中国,法天奉本,执端要以统天下,朝诸侯也。是以朝正之义,天子纯统色衣,诸侯统衣缠缘纽,大夫士以冠,参近夷以绥遁方,各衣其服而朝,所以明乎天统之义也。其谓统三正者,曰:正者,正也,统致其气,万物皆应,而正统正,其余皆正,凡岁之要,在正月也。法正之道,正本而末应,正内而外应,动作举错,靡不变化随从,可谓法正也。①

因为,董仲舒认为王者受命于天,改正朔,服制,是应天之施,王者大一统,统正则其余皆得其正。董氏所谓"三统"说,乃代表三种形态的礼文之统。而且,自此三统之礼文中,朝服舆马施宝牲之物,依黑、白、赤三色而不同,以其中冠婚丧祭之礼乐,以及爵禄,郊宫,明堂之方圆的形状制度也不同。依三统而改制,在以白统继黑统,以赤统继白统,以黑统继赤统,而三王之道若循环,以随新朝,而文物制度一新。"改正"所以承"天统",一种"正"承一种"天统"之气,能够"统致其气,万物皆应而正",此乃"天人感应"的又一种表现。

2. 四法、质文

《三代改制质文篇》云:"王者以制,一商一夏,一质一文,商质者主天,夏文者主地,春秋者主人,故三等也。""四法"乃董仲舒特别提出的理论,其内容为商、夏、质、文的礼文传统之转变,再配合阴阳加以解释;董子将"四法"与"天地"配合;言舜(赤)主天,法商而王;禹(黑)主地,法夏而王;汤(白)主天,法质而王;文王(赤)主地,法文而王;其言曰:

---

① (清)苏舆:《春秋繁露义证》卷七,《三代改制质文》,北京:中华书局1992年版,第195—197页。

主天法商而王,其道佚阳,亲亲而多仁朴。故立嗣予子,笃母弟,妾以子贵。昏冠之礼,字子以父。别眇夫妇,对坐而食,丧礼别葬,祭礼先臊,夫妻昭穆别位。①

主地法夏而王,其道进阴,尊尊而多义节。故立嗣与孙,笃世子,妾不以子称贵号。昏冠之礼,字子以母。别眇夫妇,同坐而食,丧礼合葬,祭礼先亨,妇从夫为昭穆。②

主天法质而王,其道佚阳,亲亲而多质爱,故立嗣予子,笃母弟,妾以子贵。昏冠之礼,字子以父。别眇夫妇,对坐而食,丧礼别葬,祭礼先嘉疏,夫妇昭穆别位。③

主地法文而王,其道进阴,尊尊而多礼文,故立嗣予孙,笃世子,妾不以子称贵号。昏冠之礼,字子以母。别眇夫妻,同坐而食,丧礼合葬,祭礼先秬鬯,妇从夫为昭穆。④

"四法"如"四时",终而复始,穷则反本,董仲舒的"四法",是取象于四时的,其基本原理就是阴阳之变。董氏的三统说重政治,而四时所定的各种措施较重修身、居家之行事规范,若将"三统"与"四法"相配合,便是人君修、齐、治、平的基础。董仲舒的历史观并非只有一个固定的循环理论,他认为"有再而复者,有三而复者,有四而复者,有五而复者,有九而复者"⑤;"有再而复者"指"文、质";"有三而复者"指"正朔",建寅、建丑、建子;"有四而复者"是"四法"指"商、夏、质、文",四者之间又有质、文之循环,此商、夏、质、文不仅指称具体之王朝,且指抽象的范畴,即其四者各含有的一定的特性;"有五而复者""有九而复者",只是表示随三统之变而变的意义。

董仲舒认为"三统""四法"的循环,皆有一定的次序;根据历史循环的三统、四法,新王受命而王,当存前二代之后为王,使奉其正朔、服其服、行其礼、称客而朝,明天下非一家所独有,并保存其文化传统,作为新王施政的参考,此种重

---

① (清)苏舆:《春秋繁露义证》卷七,《三代改制质文》,北京:中华书局1992年版,第205—207页。
② (清)苏舆:《春秋繁露义证》卷七,《三代改制质文》,北京:中华书局1992年版,第208—209页。
③ (清)苏舆:《春秋繁露义证》卷七,《三代改制质文》,北京:中华书局1992年版,第210页。
④ (清)苏舆:《春秋繁露义证》卷七,《三代改制质文》,北京:中华书局1992年版,第211页。
⑤ (清)苏舆:《春秋繁露义证》卷七,《三代改制质文》,北京:中华书局1992年版,第200—201页。

视历史文化,天下为公的精神,当是中国文化之优美部分;董仲舒发扬了《春秋》公羊学之王道思想,其历史循环论自具进步之意义。

(二)王权的循环

董仲舒认为具体的历史变化之中心力量是王权;君王受天命而王,改变了朝代,进而促进政治制度与百姓生活的改变;王权的"易姓"变化就是新王权的设立,它的方式有二:一为禅让,一为革命。董仲舒云:

> 天以天下予尧舜,尧舜受命于天而王天下,犹子安敢擅以所重受于天者予他人也,天有不以予尧舜,渐夺之,故明为子道,则尧舜之不私传天下而擅移位也,无所疑也。①

然而,禅让只是儒家传授王位的理想制度而已,自尧舜以后,王位的继承演变成君主世袭的制度,当王位世袭制度化了以后,王朝的更迭只有借革命之以完成了。故又云:

> 天之生民,非为王也,而天立王以为民也。故其德足以安乐民者,天予之;其恶足以贼害民者,天夺之。《诗》云:"殷士肤敏,祼将于京,侯服于周,天命靡常。"言天之无常予,无常夺也。故封泰山之上,禅梁父之下,易姓而王,德如尧舜者七十二人。王者,天之所予也,其所伐皆天之所夺也。今唯以汤武之伐桀纣为不义,则七十二王亦有伐也。推足下之说,将以七十二王为皆不义也!故夏无道而殷伐之,殷无道而周伐之,周无道而秦伐之,秦无道而汉伐之。有道伐无道,此天理也,所从来久矣,宁能至汤武而然耶?②

革命成功,在历史上便产生王朝的变化,形成新的王朝;革命的初期是新旧

---

① (清)苏舆:《春秋繁露义证》卷七,《尧舜不擅移、汤武不专杀》,北京:中华书局1992年版,第219—220页。
② (清)苏舆:《春秋繁露义证》卷七,《尧舜不擅移、汤武不专杀》,北京:中华书局1992年版,第220页。

王朝交替的时期,有如一年之春。春是冬的太阴与新的少阳争夺以后的情况,即太阴开始退化,而少阳代替太阴开始成长。换句话说,旧王朝(太阴)与革命势力(少阳)之间争夺以后,旧王朝退让,而这时新王朝君王与百姓之间产生坚强的共识,百姓对受命于天的新君抱着很大的希望;而受百姓拥戴革命成功的新君,亦认为民心就是天命的表现,所以君王也努力获取民心;因此,百姓与君王之间紧相联系的中心力量就是天命意识,"天命"是强化王权的绝对准则。新王朝成立,政权尚未稳定,"先质而后文"就成了新王为政的目标。

新王朝形成时期,君王与百姓,集中力量共谋王权的巩固与国家的安定,这目标达成以后,君王开始革新政治与各种礼文制度,同时促进文化方面的发展;因此,国家统一,权力巩固,百姓生活安定,王朝亦进入政治文化的兴盛时期,此时有如一年之夏,是属成长中的太阳。而董仲舒身处汉武帝时代,即属于这种时期,所以他特别注重文物制度的革新,他在《春秋繁露·楚庄王篇》言:"制为应天改之,乐为应人作之。彼之所受命者,必民之所同乐也。是故大改制于初,所以明天命也。"①董仲舒提出"三统"依次循环,改朝换代,此时,在历法制度礼节上应有相称的改变,"改正朔、易服色"以"顺天志"。王权经过形成与发展的过程,可完备政治与礼文的制度,当其目标达成时,就停止了再次成长,于是就逐渐地衰退了,这就如同一年之秋,是属少阴;君王逐渐耽溺于奢侈的生活,百姓生活困苦,民心远离君王,王朝开始逐步走向崩溃的途径;《五行相胜篇》云:

> 导主以邪,陷主不义。大为宫室,多为台榭,雕文刻镂,五色成光。赋敛无度,以夺民财;多发繇役,以夺民时,作事无极,以夺民力。百姓愁苦,叛去其国,楚灵王是也。作乾溪之台,三年不成,百姓罢弊而叛,及其身弑。夫土者,君之官也,君大奢侈,过度失礼,民叛矣。②

《五行顺逆篇》云:

> 人君好淫佚,妻妾过度,犯亲戚,侮父兄,欺罔百姓,大为台榭,五

---

① (清)苏舆:《春秋繁露义证》卷一,《楚庄王》,北京:中华书局1992年版,第19页。
② (清)苏舆:《春秋繁露义证》卷一三,《五行相胜》,北京:中华书局1992年版,第369—370页。

色成光,雕文刻镂,则民病心腹宛黄,舌烂痛。咎及于土,则五谷不成;暴虐妄诛,咎及倮虫,倮虫不为,百姓叛去,贤圣放亡。①

当王权腐败而走向崩溃之际,天就降"灾异"以示警,君王见灾异而不知畏恐,则王朝进入灭亡的地步。《汉书·董仲舒传》云:"国家将有失道之败,而天乃先出灾害以谴告之,不知自省,又出怪异以警惧之,尚不知变,而伤败乃至。以此见天心之仁爱人君,而欲止其乱也。"②如此,"新王受命"完全是"天意"的决定,而表现"天意"的"道"是永恒不变的。

三、仁德为政,阳德阴刑的政治哲学

徐复观先生言:"董仲舒之天的哲学,是为支持他的政治思想而建立的。"③他认为天不但是自然和人类社会的创造者,且天给人类社会设立一个最高权力的君王,君王有代天施行赏罚的至上权威;而君王的权威来自天,天是道德化的最高权威者。韦政通先生以为"以政治为终极关怀,在这一点上,仲舒与先秦儒家是一致的,其间的差别是在:先秦儒家的外王是以内圣为前提的,也就是说,王者的措施和王者行为的合理化,是寄望于王者本身的道德修养,于是王者的德性(道德主体的自觉)德行(道德外显于行为)成为政治教化的泉源,治国平天下的关键……仲舒的德治思想,所以不再把重点放在内圣上,而把价值的根源从内在的心性移向超越的天上去……仅凭君王个人的道德修养,根本不能为政治合理化的基础,君王的体制与君王的权威皆源本于天……"④因此,因着"受命之君,天意之所予也"⑤的立论,董仲舒一方面主张君权天授,君权来自上天,同时另一方面也用天之威,对君王的残暴加以制止;其以为《春秋》的一个重要的原则即在于"屈民而伸君,屈君而伸天"⑥;然而如果君王违背天道,天就会降

---

① (清)苏舆:《春秋繁露义证》卷一三,《五行顺逆》,北京:中华书局1992年版,第375页。
② (汉)班固:《汉书》卷二六,北京:中华书局1962年版,第2498页。
③ 徐复观:《两汉思想史》卷二,台北:台湾学生书局1985年版,第413页。
④ 韦政通:《董仲舒》,台北:东大图书公司1986年版,第145—146页。
⑤ (清)苏舆:《春秋繁露义证》卷一○,《深察名号》,北京:中华书局1992年版,第286页。
⑥ (清)苏舆:《春秋繁露义证》卷一,《玉杯》,北京:中华书局1992年版,第32页。

灾异,其必为民所弃;君王承受天意而得天下,必须制礼乐、兴教化"以成民之性",必须"视天如父""事天以孝道"①,以天的意志为意志,以天的好恶为好恶。是以,董仲舒认为王权的起源是"天命",天命有两种意义:一是团结各种部族,形成统一的国家,二是统一国家的基本力量是绝对的"天",而不是君王;因此,他欲以"天命"来抑制"王权"的绝对化。

董仲舒政治思想的基础虽在法天,也因法天而有君权天授之说,然其政治主张仍属儒家的道德政治形态;所不同的只是道德的根源,在孔、孟是建立于作为人主体的心性,在董仲舒则托始于天;而此道德政治形态之内涵则是"法天以治人"、以"仁德②为政,阳德阴刑"的思想。董子认为天是万物之祖,百神之大君,③天之施为是一切行为的准则,君王受命于天,以法治人,其地位甚高,其责任亦大;因此,他主张君王"知天""法天",将君王的行为纳入其所主张所谓与天道相配合的君道之中,董仲舒云:

> 夫王者不可以不知天。知天,诗人之所难也。天意难见也,其道难理。是故明阳阴、入出、实虚之处,所以观天之志。辨五行之本末顺逆、小大广狭,所以观天道也。④

观察天道中阴阳五行之运用,就是"知天"的方法;"知天"就是法天,知天是概括地说,详言之"若四时""若五行""若阴阳"都是法天。其次,天"好仁恶戾,任德远刑,若阴阳。此之谓能配天"⑤。董子将天地阴阳变化注入"德、刑"的观念,天是好德不好刑,近阳而远阴的,君王亦应任德而不任刑;天为仁,君王受命于天,

---

① (清)苏舆:《春秋繁露义证》卷一〇,《深察名号》,北京:中华书局1992年版,第286页。
② 董仲舒提倡仁德,在《汉书·食货志》有言曰:"薄赋敛,省徭役,以宽民力。""限民名田,以澹不足,塞并兼之路。""去奴婢,除专杀之威。"
③ 董仲舒将"天"解释为至高无上的存在,是宇宙的主宰,亦是万物的创造者,他认为:"天者,万物之祖,万物非天不生。"(《顺命篇》)"为生不能为人,为人者,天也。人之人本于天,天亦人之曾祖父也。"(《为人者天篇》)"天者,百神之君也,王者之所最尊也。"(《郊义篇》)"天者,百神之大君也,事天不备,虽百神犹无益也。"(《郊语篇》)
④ (清)苏舆:《春秋繁露义证》卷一七,《天地阴阳》,北京:中华书局1992年版,第467页。
⑤ (清)苏舆:《春秋繁露义证》卷一七,《天地阴阳》,北京:中华书局1992年版,第467—468页。

所以当取仁于天而行仁,"王者承天意以从事","欲有所为,宜求其端于天",①其目的即在实现君王德治的理想,是故《阳尊阴卑篇》云:

> 阳为德,阴为刑。刑反德而顺于德,亦权之类也。虽曰权,皆在权成。是故阳行于顺,阴行于逆。逆行而顺,顺行而逆者,阴也。是故天以阴为权,以阳为经。阳出而南,阴出而北。经用于盛,权用于末。以此见天之显经隐权,前德而后刑也。故曰:阳天之德,阴天之刑也。阳气暖而阴气寒,阳气予而阴气夺,阳气仁而阴气戾,阳气宽而阴气急,阳气爱而阴气恶,阳气生而阴气杀。是故阳常居实位而行于盛,阴常居空位而行于末。天之好仁而近,恶戾之变而远,大德而小刑之意也。先经而后权,贵阳而贱阴也。故阴,夏入居下,不得任岁事,冬出居上,置之空处也。养长之时伏于下,远去之,弗使得为阳也。无事之时起之空处,使之备次陈,守闭塞也。此皆天之近阳而远阴,大德而小刑也。是故人主近天之所近,远天之所远;大天之所大,小天之所小。是故天数右阳而不右阴,务德而不务刑。刑之不可任以成世也,犹阴之不可任以成岁也。为政而任刑,谓之逆天,非王道也。②

董仲舒以阴阳变化会渐及于人,治乱之气亦与之流通,他认为人事亦受阴阳变化之影响,正所谓"阴阳之气,在上天,亦在人。在人者为好恶喜怒,在天者为暖清寒暑"③。"天地之间,有阴阳之气……人常渐是澹澹之中,而以治乱之气,与之流通相殽也"④。阳是德的象征,属于善类,德、善,都是阳的性质,所以阳为天道之常经;阴是刑的象征,属于恶类,刑、恶,都是阴的性质,所以阴只能是天道的权变辅助。"阳为德,阴为刑","天以阴为权,以阳为经"的观念,乃董仲舒欲以阴阳与五行之架构而说明人事政教之价值基础,《阴阳义篇》云:

---

① (汉)班固:《汉书》卷五六,北京:中华书局1962年版,第2502页。
② (清)苏舆:《春秋繁露义证》卷十一,《阳尊阴卑》,北京:中华书局1992年版,第326—328页。
③ (清)苏舆:《春秋繁露义证》卷一七,《如天之为》,北京:中华书局1992年版,第463页。
④ (清)苏舆:《春秋繁露义证》卷一七,《天地阴阳》,北京:中华书局1992年版,第467页。

天地之常，一阴一阳，阳者天之德也，阴者天之刑也。迹阴阳终岁之行，以观天之所亲而任。成天之功，犹谓之空，空者之实也。故清溧之于岁也，若酸咸之于味也，仅有而已矣。圣人之治，亦从而然。天之少阴用于功，太阴用于空。人之少阴用于严，而太阴用于丧。丧亦空，空亦丧也。是故天之道以三时成生，以一时丧死。死之者，谓百物枯落也；丧之者，谓阴气悲哀也。天亦有喜怒之气、哀乐之心，与人相副。以类合之，天人一也。春，喜气也，故生；秋，怒气也，故杀；夏，乐气也，故养；冬，哀气也，故藏。四者，天人同有之。有其理而一用之，与天同者大治，与天异者大乱。故为人主之道，莫明于在身之与天同者而用之，使喜怒必当义而出，如寒暑之必当其时乃发也。使德之厚于刑也，如阳之多于阴也。①

阳为天之德，阴为天之刑；天亦有喜怒哀乐之情绪，春就是天之喜，秋为天之怒，夏为天之乐，而冬则为天之哀；如此，天与人便有其共通之处，而作为人君者，更应效法天道，使自己之喜怒哀乐之情符合天道，天道"阳多于阴"，故人君亦当"德厚于刑"。董仲舒以其阴阳之德刑观念去影响政治之施为，主张天道任德不任刑，君主应取天之"厚其德"而"简其刑"，此为董子对政治之主观要求，将之投射成阴阳二气的性格，并以任德不任刑，作为天志的表现，劝诫君王应当法天、行德政。然而，王权的产生乃由天命，则王权在天之限制下，君王是不能忽视天意的，"法天承天以治人，其权力实以天意为根据而即受其限制"②。然君王当然有违反天意而失政的可能，失政则阴阳不和，天即发威，以灾异示警，若君王暴政仍不改时，则使百姓革命夺其国祚。

四、结语

　　总之，董仲舒的历史观，以"三统""三正""四法""质文"，为王权变化的内容，而"三统""三正""四法""质文"又以阴阳为基础；同时，也认为具体的历史变

---

① （清）苏舆：《春秋繁露义证》卷一二，《阴阳义》，北京：中华书局1992年版，第341—342页。
② 萧公权：《中国政治思想史》，台北："中国文化大学"出版部1980年版，第299页。

化之中心力量是王权;君王受天命而王,改变了朝代,进而促进政治制度与百姓生活的改变。董子提出了此种说法,以说明历史上的变化。董子的政治论,一方面肯定了王权的强大,一方面构想抑制王权的方法。对董子而言,这是响应时代的趋势;同时也是预防可能产生的弊端。他一方面采纳阴阳的思想,一方面承继儒家的德治主义,另一方面也可看出是向权力的适应与对权力的抵抗。究竟如何调整两个互相排斥的因素,这是董仲舒政治理论的重要课题。他提出灾异论以限制王权的过分伸张即是要调整这种冲突。萧公权先生言:"天权对君权之限制有二:一曰予夺国祚,二曰监督政事。前者为革命受命之理论,后者为灾异谴告之理论……董子言天人,其意实重革命而轻受命,详灾异而略祯祥。"[①]这也就是董仲舒灾异论的目的。

---

① 萧公权:《中国政治思想史》,台北:"中国文化大学"出版部1980年版,第300—301页。

经学理学化

——中国宋代学术发展的趋势

蔡方鹿

四川师范大学马克思主义学院

唐宋以降至元明时期,主导中国思想文化发展的经学发生了历史性的变革,由以"五经"训诂考释为主的注疏之学转向以"四书"义理阐释为主的理学。"四书"及"四书"性理之学取代了前代经学以"五经"及"五经"训诂之学为主的地位,完成了理性主义的文化超越。经学的理学化,即理学对经学的改造,在中国学术发展史上具有重要意义,而占有重要的历史地位,并产生了深远影响。探讨经学理学化在学术发展史上的意义,促进了经学的转型和儒学的发展,提高了中国哲学的理论思辨水平,基本适应了中国社会发展的要求,具有一定的历史必然性,确立了以儒为主、融合三教的学术发展模式。

儒家经学是以经孔子整理的儒家经典为研究对象并阐发其涵义的学问。儒家经学的发展演变经历了经学在战国的起源,在西汉被定为一尊,汉学在汉唐时期的流传演变,以及宋学兴起(延续到元明),理学占据宋学发展的主导地位,清代新汉学的形成等发展演变的若干阶段。

以义理之学为主导的宋学作为一代学术思潮,体现了儒学发展的连续性与创新性。所谓义理之学,指与章句训诂注疏之学相对应的讲求儒家经义、探究其道理的学问。"义理"一词,初见于《礼记·礼器》:"义理,礼之文也。"即义理是对礼的合宜得理的解说。汉晋时指经义名理,故后来学者将其作为一门讲求经义,探讨其名理的学问。宋儒治经,着重探究义理,与汉唐儒者专事训诂名物、传注疏释的治经路数不同,而重在阐发儒家经典中的大义和道理。宋学的一般特征是重义理,轻训诂,以此与重训诂注疏、轻义理阐发的汉学相区别。后来将重义理、轻训诂的宋学称为义理之学,而与重章句训诂、传注疏释的汉唐经学相区别。

宋学中包括宋代诸多讲义理的宋学人物和派别,亦包括在宋学的基础上发展而来的理学。到后来理学则成为宋学发展的主要内容和表现,以致有学者把理学作为宋学的代名词。然而宋学与理学之间不应画等号,宋学的内涵大于理学,在时间上宋学早于理学。应该说,宋学包括了理学和非理学的讲义理的诸治儒家经学的流派和代表人物。到后来,宋学的发展则体现为以理学的发展为主,尤其南宋以后,理学成为社会意识形态的指导思想,宋学的发展便体现为理学诸派的演变发展。

回顾中国哲学的发展道路,如果说,中国哲学发展到汉代,随着秦汉之际的社会转型,人们讨论的核心话题是关注"天人之际",侧重解决天人关系理论问题,其依傍的文本主要是儒家经典"五经",而有今、古文经学之争;而隋唐时期佛教盛行,哲学依傍佛典,集中探讨"佛性"并及心、性、情问题,推本"性情之原"最能反映时代精神的话,那么,中国哲学发展到宋代,随着三教的互黜、互补,面临信仰失落、统治者道德沦丧和价值观念的重建等问题,人们讨论的核心话题落入对天理人欲的关注,如何为儒家伦理学寻找哲学本体论的依据问题,其依傍的文本则由"五经"转变为"四书",通过"四书"阐发义理及哲理,而有别于汉唐对"五经"的训诂注疏之学。

天理人欲之辨成为理学家讨论的核心话题,"二程"、朱熹等理学家为了在价值观上纠正统治者尤其是封建帝王过分放纵私欲和争权夺位而导致天下难治的局面,提倡存天理、去人欲的理欲观,目的是为了端正社会风气,对包括皇帝在内的统治者加以伦理纲常的规范和约束,同时对普通民众提出道德自律的要求。亦是在核心价值观上,对先秦儒家义利之辨的传承和在新的社会历史背景下的发展。理学家总结历史经验教训,明于天理、人欲之分,其理论针对性正是唐统治者的"闺门无法,不足以正天下"。体现了在新形势下,新儒学者复兴儒学,重整纲常,纠正前代纲常失序,人无廉耻的价值取向。目的是为了维护社会统治秩序,以维持社会生活的正常运转和长治久安。

宋儒学者面临时代的挑战,把哲学本体论与儒家伦理学统一于天理,以之为纲领,构建理学思想体系,并将其贯彻到对经典的诠释之中,成为新经学的指导原则和经典诠释的标准。儒学经典诠释思想在宋代之演变主要体现在：一是经典诠释所依傍的文本重心由"五经"系统转向"四书"系统，以《大学》《中庸》《论语》《孟子》"四书"阐发义理和天理，这是宋代经学区别于汉唐经学的"五经"系统的一个显著特点，"四书"系统的形成与宋代《孟子》的由"子"入"经"有密切关系；二是经典诠释的思路和方法由重训诂转向重义理；三是经典诠释的理论深度由经学诠释转向经学诠释与哲学诠释相结合，使中国哲学发展到一个新的高度；四是经典诠释中人文与宗教之互动——既排斥又吸取佛、道。

汉儒治经，以传记笺注、名物训诂为要务。唐儒治经，上承汉儒"家法"，依注作疏。唐初孔颖达等奉钦命编定的《五经正义》以"疏不破注"为原则，末流所及，不仅以"疑经"为背道，而且以"破注"为非法，严重桎梏、束缚了学者的思想，使以经学为载体的儒学陷于烦琐和僵化。儒学的生命智慧枯萎，已不能适应社会发展的客观需要。唐代士人就是在汉代和魏晋旧注的基础上来疏释经书和原有的旧注的，普遍采取疏不破注和烦琐训诂释经的方法。这种汉唐经学的传统缺乏生命力，表明旧的儒家经学已经僵化，显然不能与盛行于唐代的佛、道精致的思辨哲学相抗衡。于是宋学学者对笺注经学提出非难。他们发挥经书中的微言大义和义理，全凭己意说经。不仅疑传、舍传，而且疑经、改经，蔚然形成疑经惑传的学术新风。学风的改变，标志着宋学的兴起，义理之学逐步取代汉唐训诂之学，成为儒家经学乃至中国文化发展史上的重大变革。"二程"等理学家又在义理之学的基础上，把经学理学化、哲学化，将宋代义理之学发展为理学，以最具时代特色的"天理论"哲学开辟了宋学发展的主要方向，对历史产生了深远影响。朱熹在"二程"思想的基础上，著《四书章句集注》，以"四书"阐发天理论哲学，并吸取佛教精致的思辨哲学的成果，集"四书"学、理学之大成，体现了宋代学术发展的趋势，占据了中国经学发展的中心地位，并影响后世经学和思想学术数百年之久。

宋儒理学家为了开发儒学新的思想智慧，强调超越汉唐以来对儒家经典文本的种种烦琐复杂的解释，直接从"四书"中阐发义理。因"五经"时代久远，文字古奥，字义艰深，佶屈聱牙，晦涩难读，使初学者却步，尤其难以向民间普及。又历经秦火和战乱，残破不全，汉学学者为了弄懂五经原义，不得不下大功夫从事考据训诂，以致产生流弊，烦琐释经，白头到老，陷于文字训诂之末而失其本。这亦是汉唐儒学未能有效地回应外来宗教文化的挑战而动摇了儒学文化主体地位的重要原因,因而遭到了宋学学者的批评。而"四书"则文字易懂,说理明白,便于阐发义理,向民间普及。于是程朱等宋学学者和理学家推重"四书",把"四书"的重要性和地位置于"五经"之上,不仅从形式上改变了汉唐经学唯"五经"是尊的格局,而且在经典诠释的内容上为发明义理提供了依据,这便于把"四书"之义理推向民间,发挥其传播效果,以深入社会生活的各个领域,产生普遍的社会效应,使以朱子学为代表的新儒学不仅成为学术思想发展的主流,而且广泛流传民间,影响大众,在中国文化史上占有重要地位。并流传海外,在东亚产生了重要影响。

需要指出,就治经学的基础和宗旨而言,程朱是以"四书"为重,通过"四书"阐发义理。但程朱等理学家也并不忽视其他儒家经典,尤其对《周易》等予以关注。虽然朱熹以毕生精力诠释"四书",著《四书章句集注》,后成为中国经学史上流传最广、影响最大的一部经书,从而以"四书"作为宋学学者经典诠释的主要文本。尽管如此,朱熹也遍注群经,对儒家经典《周易》《诗》《书》《礼》《春秋》《孝经》等诸经加以注解、考释,全面总结了传统经学,在此基础上发展了中国经学,成为经学史上宋学的集大成者。

与此相关,程朱虽以义理为重,但也不废弃训诂考据之学,在一定程度上,朱熹等理学家亦重训诂考据,对诸经详加训释,这是他对汉学的吸取,亦是他对宋学流弊的修正。目的是为阐发义理与天理服务。由此朱熹对传统经学做了全面总结,亦强调"本之注疏,以通其训诂"[①]。从而对汉、宋学都加以总结吸取,既以宋学为主,又遍注群经,不废训诂考据之学,超越汉、宋学之对立,由此发展了传统经学,并对后世清代的新汉学产生重要影响。

宋代理学对传统经学加以改造创新,经学的理学化促进了经学的转型和儒学的进一步发展,这在中国学术发展史上具有重要意义,是对传统儒学的继承创新,体现了儒学发展的连续性和创新性。所谓连续性是指以"四书"为主要文本依据而阐发的天理论,其核心内涵仍是孔孟仁义思想,是对儒学价值观的一脉相承;所谓创新性是指经学理学化是对汉唐儒家经学重训诂注疏、轻理论发

---

① (宋)朱熹:《论语训蒙口义序》,郭齐、尹波点校:《朱熹集》卷七五,成都:四川教育出版社1996年版,第3925页。

挥流弊的修正,把经学诠释与哲学诠释相结合,在哲学理论上对传统儒学加以发展,它成功地回应了唐宋之际所面临的包括宗教冲击人文、统治者道德沦丧、社会动荡、儒学发展停滞等各个方面的挑战,而把儒学发展到一个新阶段。这正是中国思想文化发展到宋代的必然趋势。此外,理学家以道德修养而不以宗教信仰为中心来实现其内圣外王的人生理想,达到治国平天下的目的,固然有加强道德自律和伦理约束的一面,但从历史发展的眼光来考察,以宋代理学的伦理约束、道德修养来代替宋以前流行的人身束缚和宗教迷信,这在当时不失为一种进步的趋势。

论汉儒"太平乃制礼作乐"的思想

徐兴无

南京大学文学院

一、经义与汉代政治实践

汉代经学经义纷争,其原因一则出于对师法家法之专守,一则出于以经义论衡汉政的分歧。前者学界多有讨论,而后者则须在汉人说经与汉代政治实践的话语中探寻其关系。如《后汉书·儒林传》载何休"以《春秋》驳汉事六百余条,妙得《公羊》本义",而服虔"又以《左传》驳何休之所驳汉事六十条。"《公羊》《左传》二经传皆传世,而所驳汉事为何,我们已经无法窥见。故治汉代经学史与思想史,当细心寻绎其中的渊源与踪迹。东汉《白虎通》虽通经释义,求同存异,但其中所言经义,不仅是汉代经学的通论,也往往是汉事或汉政的话语,具有深刻的历史语境。王充《论衡·程材》曰:"夫'五经'亦汉家之所立,儒者善政,大义皆出其中。"[1]许冲《上说文表》曰:"深惟'五经'之妙,皆为汉制。"[2]故清儒陈立《白虎通疏证》曰:"当时诸儒皆缘汉制释经。"[3]而儒家政治的根本体现,就是礼乐教化。汉代政治的理想,就是将秦代建立在威权之下的统一郡县制国家转变为一个由文化支撑的国家,制礼作乐就成了汉代政治的重要事业。但

---

[1] (汉)王充著,黄晖校:《论衡》卷十二《程材》,北京:中华书局1990年版,第452页。
[2] (汉)许冲《上书进说文》,严可均辑:《全上古三代秦汉三国六朝文·全后汉文》卷四十九,北京:中华书局1958年版,第1483页。
[3] (清)陈立:《白虎通疏证》卷六,北京:中华书局1994年版,第300页。

是,制礼作乐的必要条件是什么?儒家的原则是什么?如何在汉代的政治实践语境中体现出来,《白虎通》提供了一个进入考察的视角。

《白虎通·礼乐》提出了"太平乃制礼作乐"的定义,其曰:

> 太平乃制礼作乐何?夫礼乐,所以防奢淫。天下人民饥寒,何乐之乎?功成作乐,治定制礼。①

又曰:

> 王者始起,何用正民?以为且用先王之礼乐,天下太平,乃更制作焉。②

礼乐的功能本为节制人的欲望,使之乐而不淫,如果天下饥寒,帝王何乐之有,制礼作乐有何必要?必待天下太平才能变更礼乐。与此相关者,尚有封禅、巡狩等制度与典礼。

《封禅》曰:

> 王者易姓而起,必升封泰山何?报告之义也。始受命之时,改制应天,天下太平,功成封禅以告太平也。③

又曰:

> 天下太平,符瑞所以来至者,以为王者承天统理,调和阴阳,阴阳和,万物序,休气充塞,故符瑞并臻,皆应德而至。德至天,则斗极明,日月光,甘露降。德至地,则嘉禾生,蓂荚起,秬鬯出,太平感。④

---

① (清)陈立:《白虎通疏证》卷三,北京:中华书局1994年版,第97页。
② (清)陈立:《白虎通疏证》卷三,北京:中华书局1994年版,第98页。
③ (清)陈立:《白虎通疏证》卷六,北京:中华书局1994年版,第278页。
④ (清)陈立:《白虎通疏证》卷六,北京:中华书局1994年版,第283页。

太平是德治最高境界,其标志是天人感应,符瑞纷至,天文、气候、生物都会有祥瑞出现。而作为新兴王朝的君主,必报行封禅祭天之礼,向上天报告天下大治的消息。

《巡狩》曰:

> 王者所以太平乃巡狩何？王者始起,日月尚促,德化未宣,狱讼未息,近不治,远不安,故太平巡狩也。何以知太平乃巡狩？以武王不巡狩,至成王乃巡狩也。①

太平在政治空间上,表现为德化大宣,远近皆治,此时才能巡狩天下。

总之,一个王朝唯有先致太平,才能获得制作一代礼乐,举行国家典礼和宣示统一的必要条件;未致太平,只能承袭前代王朝的礼乐来教化民众,而不可能具备本朝的文化典章。这些定义,有着儒家的经典依据,即王者必须凭借其政教成就制礼作乐,《礼记·乐记》曰:"王者功成作乐,治定制礼,其功大者其乐备,其治辩者其礼具。"郑玄注曰:"功成、治定,同时耳。功主于王业,治主于教民。《明堂位》说周公曰:'治天下六年,朝诸侯于明堂,制礼作乐。'"②由此可见,战国秦汉间的儒家认为,周公制礼作乐是这个定义的历史依据。

汉儒"太平乃制礼作乐"思想,治经学史者往往以荒谬视之。刘咸炘《左书·评〈白虎通义〉》认为《白虎通义》有穿凿名义之说,其中一类为"义本直而加说反曲",举例有:

> 又云:"太平乃制礼作乐何？夫礼乐,所以防奢淫。天下人民饥寒,何乐之乎？"本当云奚暇治,而言何乐之,反小礼乐矣。③

此义又有李源澄加以发挥,其《〈白虎通义〉〈五经异义〉辨证》论此曰:

---

① (清)陈立:《白虎通疏证》卷六,北京:中华书局1994年版,第298页。
② 按,《礼记·明堂位》曰:"武王崩,成王幼弱,周公践天子之位,以治天下。六年,朝诸侯于明堂,制礼作乐,颁度量,而天下大服。"
③ 黄曙辉编校:《刘咸炘学术论集·哲学编》(上),桂林:广西师范大学出版社2010年版,第177页。

此白虎诸儒不知礼乐也,其言与鲁两生言"礼乐所由起,积德百年然后可兴也"若合符节①,此乃秦汉以来通行之谬说。《尚书大传》谓:"周公将制作礼乐,优游之三年不能作。将大作,恐天下之不我知;将小作,又恐不扬祖父功德。"周公必待示之以力役之后而作礼乐,乃周公之谦德,君子耻其言之不能行。若天下尚未从服,民不归心,而强之以行礼乐,失礼乐之意。周公大圣,自然以礼乐相示而民服从,惑者不知周公所以太平然后制作礼乐之意,遂谓"必积德百年然后可兴",此中国自汉以来所以礼乐绝熄矣。白虎诸儒习闻"太平乃制礼作乐"之言,而不知其所以然,乃曰:"天下人民饥寒,何乐之乎?"礼乐所以为教也,人民饥寒而不以礼乐导之于正,则必为非义。所谓礼乐,岂君主一人奢淫哉?盖未尝知礼乐也。②

就周公制礼作乐之事而言,可以认为积德百年方可兴礼乐是误解;就教化而言,可以认为礼乐为治天下之具。但此种解释局限于对经义的阐发,而未能知人论世。如果我们从汉儒的经学与政治实践的历史语境中考察,则可知汉儒此言,也是"从百死千难中得来,不得已与人一口说尽"的自得之言。退而言之,即便此为汉儒谬说,则治思想史者亦当探求此谬说形成的原因。

近时学界研究《白虎通》亦多注意从思想史的角度讨论《白虎通》与汉代社会思想的关系,③如向晋卫《〈白虎通义〉思想的历史研究》一书中,有专章讨论两汉"制礼运动"与《白虎通义》中的"制礼作乐",指出:"汉儒在'制礼作乐'上表现出了异乎寻常的热情,'制礼作乐'的呼声终两汉而不绝,成为汉代政治文化和政治实践中的一个重要特色。"④而两汉"制礼"过程中经常出现的"难题":"一

---

① 《史记》载叔孙通为高祖制礼,"使征鲁诸生三十余人。鲁有两生不肯行,曰:'公所事者且十主,皆面谀以得亲贵。今天下初定,死者未葬,伤者未起,又欲起礼乐。礼乐所由起,积德百年而后可兴也。吾不忍为公所为。公所为不合古,吾不行。公往矣,无污我!'叔孙通笑曰:'若真鄙儒也,不知时变。'"(汉)司马迁:《史记》卷九九,北京:中华书局1982年版,第2722—2723页。
② 林庆彰、蒋秋华主编:《李源澄著作集(二)》,台北:"中央研究院"中国文哲研究所2008年版,第900—901页。
③ 参见乔娜娜:《白虎通义研究综述》,《齐齐哈尔大学学报(哲学社会科学版)》2015年第10期,第26—28页。
④ 向晋卫:《白虎通义思想的历史研究》,北京:人民出版社2007年版,第140页。

方面,如叔孙通辈的儒生根据现实的需要主张及时制定'礼乐',尽早发挥'礼乐'的社会功能;另一方面,'礼乐所由起,百年积德而后可兴'的高调原则又成为部分不知时变的'鄙儒'坚持理想、向皇权施压的经典依据,双方的冲突在所难免。"①在这样历史背景判断中,我们还应进一步深入到汉代的历史语境之中,真切地把握其思想脉络。

不难发现,《白虎通》提出的"制礼作乐"的条件是"太平",这个词在汉朝确立的"五经"文本中并没有出现,我们固然可以将"太平"视为儒家经书中所说的"功成治定",但"太平"的语境要比"功成治定"丰富得多,因为在整个汉代的政治实践中,"太平"是一个通行的政治词汇,唯有对其加以探究,才能明了汉儒的创发。

二、儒家太平思想的确立

"太平"一词,实出战国秦汉间的道家与法家。《庄子》外篇《天道》曰:

> 是故古之明大道者,先明天而道德次之,道德已明而仁义次之,仁义已明而分守次之,分守已明而形名次之,形名已明而因任次之,因任已明而原省次之,原省已明而是非次之,是非已明而赏罚次之。赏罚已明而愚知处宜,贵贱履位,仁贤不肖袭情,必分其能,必由其名。以此事上,以此畜下,以此治物,以此修身;知谋不用,必归其天,此之谓大平,治之至也。

此段文字在《天道》第三章,学界一般认为,第三章非庄子学派的文字,而是黄老刑名、韩非、慎到、尹文子、稷下或晚世儒生语,②我们可以据此将"太平"归之于道、法家的政治理想,即明乎大道,分辨政治的原理与方法,才能达到大治。

---

① 向晋卫:《白虎通义思想的历史研究》,北京:人民出版社2007年版,第147页。
② 见陈鼓应:《庄子今注今译》,北京:中华书局1993年版,第343页。按,《尹文子》卷下《大道下》有类似的思想:"仁义礼乐名法刑赏,凡此八者,五帝三王治世之术也……田子读书,曰:尧时太平。宋子曰:圣人之治以致此乎?彭蒙在侧,越次答曰:圣法之治以至此,非圣人之治也。宋子曰:圣人与圣法何以异?彭蒙曰:子之乱名甚矣!圣人者,自己出也;圣法者,自理出也。"

大道与天是根本,道德、仁义、分守、形名、原省、赏罚皆是等而下之的修身治国之术,则是合乎大道和天的人类社会理想。这样的道当然不是儒家之道,而是"智谋不用",无为而治的境界。西汉道家《淮南子》中也有相似的表述,《俶真训》曰:

> 夫道有经纪条贯,得一之道,连千枝万叶。是故贵有以行令,贱有以忘卑,贫有以乐业,困有以处危。……据难履危,利害陈于前,然后圣人之不失道也。是故能戴大员者履大方,镜太清者视大明,立太平者处大堂;能游冥冥者与日月同光。是故以道为竿,以德为纶,礼乐为钩,仁义为饵,投之于江,浮之于海,万物纷纷,孰非其有?

东汉高诱注曰:"太平,天下之平也。大堂,明堂,所以告朔行令也。"[①]执守一道便能治理天人万物,"太平"是道治的体现。《泰族训》又曰:

> 治身,太上养神,其次养形。治国,太上养化,其次正法。神清志平,百节皆宁,养性之本也。肥肌肤,充肠腹,供嗜欲,养生之末也。民交让,争处卑,委利争受寡,力事争就劳,日化上迁善而不知其所以然,此治之本也。利赏而劝善,畏刑而不为非,法令正于上而百姓服于下,此治之末也。上世养本而下世事末,此太平之所以不起也。

道家认为治身与治国的根本道理,不在于利欲的满足和法令的权威,而在于人君精神的养护和无为政治的形成,君主寡欲而无为,民众自然而然地忘利而向善。

"太平乃制礼作乐"的思想也不一定出自儒家,先秦杂家《吕氏春秋》中已有发端。《仲夏纪·大乐》曰:

> 天下太平,万物安宁,皆化其上,乐乃可成。成乐有具,必节嗜欲。

[①] 刘文典:《淮南鸿烈集解》卷二,北京:中华书局1989年版,第51页。

嗜欲不辟,乐乃可务。务乐有术,必由平出。平出于公,公出于道。故惟得道之人,可与言乐乎!①

高诱注曰:"化,犹随也。节,止。辟,开。务,成。公,正。言,说。"俞樾曰:"辟读为僻,谓不邪僻也。高训为开,非是。"②陈奇猷曰:"高训务为成,非。务犹言从事。"③《吕氏春秋》指出天下太平表现为万物得以安宁,秩序确定,因此才能具备作乐的条件,而作乐的方法是教化人性,控制欲望邪念,作乐的道理是公平,而公平又是道的派生物,真正的音乐也是道的体现。《吕氏春秋》是统一郡县制国家形成前的思想集成,其中的道论也是基于道家和法家的,④而这样的道在政治上的理想体现就是道治和法治意义上的公平。《孟春纪·贵公》曰:"昔先王之治天下也,必先公,公则天下平矣。"何谓公平,《贵公》又曰:"天下非一人之天下也,天下之天下也。阴阳之和,不长一类;甘露时雨,不私一物;万民之主,不阿一人……天地大矣,生而弗子,成而弗有,万物皆被其泽,得其利,而莫知其所由始,此三皇、五帝之德也。"1973年长沙马王堆三号汉墓出土的战国秦汉间的黄老和法家帛书中,有《经法》,其《六分》篇曰:"天下太平,匹以明德,参之于天地,而兼复载而无私也,故王天下。"⑤天道无亲,自然无私;法理公平,普及天下。这样的政治理想,其实是战国以来不断实践的法制化郡县制度对宗法氏族化的封建制的否定,正如《说苑·至公》载鲍白令之对秦始皇所言:"天下官,则让贤是也;天下家,则世继是也。故五帝以天下为官,三王以天下为家。"⑥钱穆指出鲍白令之以"官、家对文,官言其公,家言其私"⑦。这样的思想,也影响了战国秦汉之际的儒家,《礼记·礼运》认为"大道之行也,天下为公",而以"大

---

① 陈奇猷:《吕氏春秋校释》卷五,上海:学林出版社1984年版,第255页。
② (秦)吕不韦编,许维遹集释:《吕氏春秋集释》卷五,北京:中华书局2009年版,第109页。
③ 陈奇猷:《吕氏春秋校释》卷五,上海:学林出版社1984年版,第261页。
④ 胡适认为:"杂家是道家的前身,道家是杂家的新名。汉以前的道家可以叫作杂家,秦以后的杂家应叫道家。研究秦汉之间的思想史的人,不可不认清楚这一件重要事实。"胡适:《中国中古思想史长编》,上海:华东师范大学出版社1996年版,第33页。
⑤ 裘锡圭主编,湖南省博物馆、复旦大学出土文献与古文字研究中心编纂:《长沙马王堆汉墓简帛集成》,北京:中华书局2014年版,第134页。
⑥ 向宗鲁:《说苑校证》卷一四,北京:中华书局1987版,第347页。
⑦ 钱穆:《两汉博士家法考》,《两汉经学今古文平议》,北京:商务印书馆2001年版,第181页。

道既隐,天下为家"。尽管后世儒家以大同小康之说"非夫子之言"①,但正说明儒家已经在通论儒家礼乐政治的语境中吸收了道家和法家的思想。②

秦统一中国后,遂将和平、太平等作为法治的政治理想。《史记·秦始皇本纪》载秦始皇"作琅邪台,立刻石,颂秦德",曰:"今皇帝并一海内,以为郡县,天下和平。"刻碣石门,曰:"皇帝奋威,德并诸侯,初一泰平。"会稽刻石曰:"黔首修洁,人乐同则,嘉保太平。"始皇三十一年十二月,"更名腊曰'嘉平'"。"太平"二字已成为秦代的政治话语。

以阴阳家和方仙道为代表的燕齐方士们也有其有关太平的学说和道术。《史记·封禅书》载战国燕齐方士邹衍之徒论终始五德之运,被秦始皇采纳。而燕齐方仙道传说中又有仙人羡门以及海中三神山不死之药的传说,从战国时就吸引齐威王、宣王、燕昭王等君主继踵追求,以祈求长生,因此也为始皇所向往。他遣人入海,而自己又东巡、封禅,至海上,临碣石,皆存访求仙人及奇药的目的。《秦始皇本纪》载秦始皇自云:"悉召文学方术士甚众,欲以兴太平。"甚至听从方士欺骗,自谓"真人"而不称"朕",使博士为《仙真人诗》。

汉承秦制,故太平之说,常见诸汉代思想家和君臣之口。思想家对太平的理解,除了上引《淮南子》道家之说,儒家也开始承袭此说。文帝时,贾谊讨论了太平政治的内涵。《新书·修政语》载黄帝、颛顼、帝喾、帝尧、帝舜、大禹、汤、周文王、武王、成王等五帝三王的治道遗训,其曰:

> 黄帝曰:"道若川谷之水,其出无已,其行无止。"故服人而不为仇,分人而不谭者,惟其道矣……故言之者见谓智,学之者见谓贤,守之者见谓信,乐之者见谓仁,行之者见谓圣人。故惟道不可窃也,不可以为虚也。故黄帝职道义,经天地,纪人伦,序万物,以信与仁为天下先……天下太平,唯躬道而已。

黄帝之后有帝颛顼,他认为:"至道不可过也,至义不可易也","功莫美于去

---

① (元)陈澔:《礼记集说》卷四,北京:中国书店1994年版,第184页。
② 郑玄《礼记目录》云此篇于刘向《别录》属通论。任铭善:《礼记目录后案》,济南:齐鲁书社1982年版,第23页。

恶而为善"，于是"缘黄帝之道而行之"，"弗加弗损，天下亦平也"。颛顼之后有帝喾，他认为"德莫高于博爱人，而政莫高于博利人。故政莫大于信，治莫大于仁"，"上缘黄帝之道而明之，学颛顼之道而行之，而天下亦平矣"①。总之，"黄帝之道"就是"太平之道"。在上述遗训中，道是天地、人伦、万物等宇宙构成的本体；道的规定性是义，智、贤、信、仁、圣人、善善恶恶、博爱、博利等纲纪秩序皆是义的展开，黄帝履践大道，颛顼、帝喾踵迹黄帝，皆能达到太平治世。贾谊的道论仍然沿袭了黄老道家，但是他借古帝王之言行，在太平理想中寄寓了儒家的义理与道德内涵。这样的思想可证之于《新书·道术》，其中以体用本末关系分别道与术："道者所道接物也，其本者谓之虚，其末者谓之术。""术也者，所从制物也。"②所列之术则有仁、义、礼、信、公、法、举贤、使能、英俊在位、羽翼胜任、操德而固、教顺而必、周听、稽验、明好恶、密事端等十六项，而以仁义为先。不仅如此，贾谊认为汉家对社会的治理已臻安宁，具备改制度、兴礼乐的条件，试图在统一郡县制度中实现儒家的文化理想。《史记·屈原贾生列传》曰：

> 贾生以为汉兴至孝文二十余年，天下和洽，而固当改正朔，易服色，法制度，定官名，兴礼乐，乃悉草具其事仪法，色尚黄，数用五，为官名，悉更秦之法。③

可惜贾谊的时代，汉代的政治方针仍处于休养生息的时期，行黄老之术，史载"孝文帝初即位，谦让未遑也"，又曰"绛、灌、东阳侯、冯敬之必尽害之"，"于是天子后亦疏之，不用其议"④。

但贾谊并不是孤独的，文景之际的儒生已经在规划儒家的太平社会景象。燕人韩婴，"推《诗》之意而为内外《传》数万言"⑤。现存《韩诗外传》有曰：

> 《传》曰："太平之时，无瘖聋跛眇，尪蹇侏儒折短。父不哭子，兄不

---

① 钟夏：《新书校正》卷九，北京：中华书局2000年版，第359—360页。
② 钟夏：《新书校正》卷八，北京：中华书局2000年版，第302页。
③ 钟夏：《新书校正》卷八，北京：中华书局2000年版，第318页。
④ （汉）司马迁：《史记》卷八四，北京：中华书局1982年版，第2492页。
⑤ （汉）司马迁：《史记》卷一二一，北京：中华书局1982年版，第3124页。

哭弟。道无襁负之遗育,然各以其序终者,贤医之用也。故安止平正,除疾之道无他焉,用贤而已矣。"①

又曰:

> 夫贤君之治也,温良而和;宽容而爱;刑清而省;善赏则恶罚;移风崇教;生而不杀;布惠施恩;仁不偏与;不夺民力;役不踰时;百姓得耕,家有收聚;民无冻馁;食无腐败;工不造无用;雕文不粥于肆;斧斤以时入山林;国无佚士,皆用于世;黎庶欢乐,衍盈方外。远人归义,重译执贽。故得风雨不烈。《小雅》曰:"有渰凄凄,兴云祈祈。"以是知太平无飘风暴雨,明矣。②

儒家的太平社会,要求政府仁爱用贤,改善风俗,教化人民,重农抑商,使民无饥寒疾病之苦,得以安居乐业,同时保护自然,感召化外远民,天人相和,风调雨顺。太平社会的内涵,已经从道家和法家的道治、法治理想,转至儒家的政治、民生与文教主张。其中要求"仁不偏与""百姓得耕,家有收聚""工不造无用,雕文不粥于肆",表达了儒家对文景时期工商豪强奢靡成风,兼并土地,农民陷入贫困的批判。③ 民生问题是儒家社会政治思想的基本问题之一,富之才能再教之,也是汉儒衡量太平社会的基本尺度。由此,我们才可以理解《白虎通》所云"夫礼乐,所以防奢淫。天下人民饥寒,何乐之乎"的深刻历史内涵。

至武帝独尊儒术,《公羊春秋》学率先为汉代的政治提供了儒家式的政治论述,从根本上转换了太平的义涵。董仲舒《春秋繁露·王道》曰:

> 周衰,天子微弱,诸侯力政,大夫专国,士专邑,不能行度制法文之

---

① 屈守元:《韩诗外传笺疏》卷三,成都:巴蜀书社1996年版,第256页。
② 屈守元:《韩诗外传笺疏》卷三,成都:巴蜀书社1996年版,第720—721页。
③ 钱穆认为:文景时经济复苏过程中不免有连带之敝患,"其最著者,厥为新商人阶级之崛起,而形成资产集中与不均。因此又导成社会奢侈之风习。""如是则重农而农益轻,贵粟而金益贵","凡脱离畎亩未耜而为新生业之经营者,往往得利,而农田百亩之类,则日陷于贫困,至不能给衣食。"钱穆:《秦汉史》,台北:东大图书公司1993年版,第48、53页。

礼。诸侯背叛，莫修贡聘，奉献天子，臣弑其君，子弑其父，孽杀其宗……《春秋》异之。以此见悖乱之征。孔子明得失，差贵贱，反王道之本。讥天王以致太平。刺恶讥微，不遗小大，善无细而不举，恶无细而不去，进善诛恶，绝诸本而已矣。①

董仲舒认为，政治的衰微，礼崩乐坏的根源在于天子微弱，而天子之所以微弱，是他自己不能守正，首先背离了王道。《王道》罗列了一系列《春秋》中讥刺周天子失礼违道之处，如归赗、伐郑、求车等。所以，是否遵从王道，是政治得失最根本的原因，是评判善恶最明确的标准，是能否致太平的必要前提。

什么是儒家提倡的王道？《汉书·董仲舒传》载其《天人三策》，其中阐说王道至为明白。他先论王道之始：

> 臣谨案《春秋》之文，求王道之端，得之于正。正次王，王次春。春者，天之所为；正者，王之所为也。其意曰，上承天之所为，而下以正其所为，正王道之端云尔。②

又论王道之终：

> 臣谨案《春秋》谓一元之意，一者，万物之所从始也，元者辞之所谓大也。谓一为元者，视大始而欲正本也。《春秋》深探其本，而反自贵者始。故为人君者，正心以正朝廷，正朝廷以正百官，正百官以正万民，正万民以正四方。四方正，远近莫敢不壹于正，而亡有邪气奸其间者，是以阴阳调而风雨时，群生和而万民殖，五谷孰而草木茂，天地之间被润泽而大丰美，四海之内闻盛德而皆徕臣，诸福之物，可致之祥，莫不毕至，而王道终矣。③

---

① （清）苏舆：《春秋繁露义证》卷四，北京：中华书局1992年版，第107—109页。
② （汉）班固：《汉书》卷五六，北京：中华书局1962年版，第2501—2502页。
③ （汉）班固：《汉书》卷五六，北京：中华书局1962年版，第2502—2503页。

《春秋繁露·王道》亦曰：

> 《春秋》何贵乎元而言之？元者，始也，言本正也。道，王道也。王者，人之始也。王正则元气和顺、风雨时、景星见、黄龙下。王不正则上变天，贼气并见。五帝三王之治天下，不敢有君民之心。什一而税。教以爱，使以忠，敬长老，亲亲而尊尊，不夺民时……故天为之下甘露，朱草生，醴泉出，风雨时，嘉禾兴，凤凰麒麟游于郊，囹圄空虚，画衣裳而民不犯。四夷传译而朝。民情至朴而不文。郊天祀地，秩山川，以时至，封于泰山，禅于梁父。立明堂，宗祀先帝，以祖配天，天下诸侯各以其职来祭。贡土地所有，先以入宗庙，端冕盛服而后见先。德恩之报，奉先之应也。①

董仲舒的思想，全然从《春秋》首句"元年春王正月"四字展开，儒家经典的文字成了启示性的符号。"一"是万物的开始，这是对先秦道论的承袭。但董仲舒用"元"代替了"一"，确立了儒家话语中的"道"。《春秋繁露·玉英》论及"《春秋》变一为元"曰："故元者为万物之本，而人之元在焉。安在乎，乃在乎天地之前。"②"元"包含了天人之道，因此构成了《春秋》中"王道"的开始与根本——"大始"及其对政治的要求"正本"。春是历法的正月所在，因此"正"是天的运动规则，这个"正"在天表现为和气祥瑞，在人表现为仁政德治，因而"正"其实就是"仁"。《春秋繁露·俞序》曰："《春秋》之道，大得之则以王，小得之则以霸。""霸王之道皆本于仁，仁，天心。"③《王道通三》曰："天，仁也。"④《天地阴阳》曰："天志仁，其道也义。"⑤王者取法于天，因此"正"是人君履践天道的行为。王道的展开过程在于人君是否能效法天的运行，从正心诚意开始，直至正万民四方天地。《王道通三》曰："明王正喜以当春，正怒以当秋，正乐以当夏，正哀以当冬。上下法此，以取天之道。""故四时之行，父子之道也；天地之志，君臣之义也；阴阳之

---

① （清）苏舆：《春秋繁露义证》卷四，北京：中华书局1992年版，第100—104页。
② （清）苏舆：《春秋繁露义证》卷三，北京：中华书局1992年版，第69页。
③ （清）苏舆：《春秋繁露义证》卷六，北京：中华书局1992年版，第161页。
④ （清）苏舆：《春秋繁露义证》卷一七，北京：中华书局1992年版，第467页。
⑤ （清）苏舆：《春秋繁露义证》卷一一，北京：中华书局1992年版，第329页。

理,圣人之法也。"① 董仲舒的创发在于,他为儒家的政治确立了形而上学的根据,天道和王道的最重要的内涵不再是自然无为和公平无私,而是仁,是道德化和价值化的本体。

既以王道为根本,太平自然是王道的体现,儒家的伦理道德、礼乐制度就是实现王道和太平的途径,董仲舒特别强调积善与积贤与致太平的关系。《春秋繁露·考功名》曰:

> 天道积聚众精以为光,圣人积聚众善以为功。故日月之明,非一精之光也;圣人致太平,非一善之功也。②

《通国身》曰:

> 气之清者为精,人之清者为贤。治身者以积精为宝,治国者以积贤为道。……能致精则合明而寿,能致贤则德泽洽而国太平。③

积善为功,积贤治国,都是对王道积极有为的持守与实践,在这样的语境中,董仲舒与道家《淮南子》治身养神、治国养化的致太平方法分道扬镳。

三、"改制作乐"与"制礼作乐"

汉家制礼作乐的文化实践从汉武帝发轫,据《汉书·武帝纪》,他在即位第一年,建元元年(前140)冬十月便诏举贤良方正之士对策。但因所举皆治法家、纵横之术而罢。元光元年(前134)诏贤良"受策察问","于是董仲舒、公孙弘等出焉"。据《董仲舒传》,这次对策,武帝询问"大道之要,至论之极",即治理天下的根本问题,首问即涉及礼乐。武帝所问大意为:"盖闻五帝三王之道,改制作乐而天下洽和,百王同之。"古代的圣王已经不在,他们所作的音乐仍能

---

① (清)苏舆:《春秋繁露义证》卷一一,北京:中华书局1992年版,第329页。
② (清)苏舆:《春秋繁露义证》卷七,北京:中华书局1992年版,第177页。
③ (清)苏舆:《春秋繁露义证》卷七,北京:中华书局1992年版,第182—183页。

流行后世,可是"道"却出现了"微缺",到夏桀商纣之时,"王道大坏矣"。而想要效法先王之法的"守文之君"和"当涂之士"虽然很多,"然犹不能反,日以仆灭,至后王而后止,岂其所持操或悖谬而失其统与?"武帝认为五帝三王皆通过改制作乐治理天下,为何王道仍会缺坏不返?进而质疑王道自身是否正确。

董仲舒的回答指出,王道缺坏,是教化不行,而不是王道悖谬。他分析了两个原因:

其一,并非"改制作乐",而是教化人民,回归王道才是政治的急务:"道者,所繇适于治之路也,仁义礼乐皆其具也。故圣王已没,而子孙长久安宁数百岁,此皆礼乐教化之功也。"①任何新兴的王朝不是急于制礼作乐,而是要沿用上古先王的音乐来教化。假若教化不成,王者就不能作乐;作乐之时,就是人民安乐之际:"王者未作乐之时,乃用先王之乐宜于世者,而以深入教化于民。教化之情不得,雅颂之乐不成,故王者功成作乐,乐其德也。"②为何先用先王之乐?因为音乐根源于永远不变的人情,既能直接感化人民,又能流传深远,先王之道尽管被后世背离而缺微,但先王的音乐仍能不衰:"乐者,所以变民风,化民俗也;其变民也易,其化人也著。故声发于和而本于情,接于肌肤,臧于骨髓。故王道虽微缺,而管弦之声未衰也。"③其二,道之所以衰微大坏,政乱国危,绝不是因为道自身悖谬,而是人君不行:"夫周道衰于幽厉,非道亡也,幽厉不繇也。至于宣王,思昔先王之德,兴滞补弊,明文武之功业,周道粲然复兴"④,"孔子曰:'人能弘道,非道弘人'也。故治乱废兴在于己,非天降命不可得反,其所操持悖谬失其统也。"⑤

董仲舒建议武帝以教化为大务,教民养士:"陛下贵为天子,富有四海","爱民而好士,可谓谊主矣。然而天地未应而美祥莫至者,何也?凡以教化不立而万民不正也。"⑥古之王者"莫不以教化为大务。立太学以教于国,设庠序以化

---

① (汉)班固:《汉书》卷五六,北京:中华书局1962年版,第2499页。
② (汉)班固:《汉书》卷五六,北京:中华书局1962年版,第2499页。
③ (汉)班固:《汉书》卷五六,北京:中华书局1962年版,第2499页。
④ (汉)班固:《汉书》卷五六,北京:中华书局1962年版,第2499页。
⑤ (汉)班固:《汉书》卷五六,北京:中华书局1962年版,第2500页。
⑥ (汉)班固:《汉书》卷五六,北京:中华书局1962年版,第2503页。

于邑,渐民以仁,摩民以谊,节民以礼,故其刑罚甚轻而禁不犯者,教化行而习俗美也。"① 汉继衰周暴秦乱世之后,"常欲善治而至今不可善治者,失之于当更化而不更化"②,"夫仁谊礼智信五常之道,王者所当修饬也;五者修饬,故受天之佑,而享鬼神之灵,德施于方外,延及群生也"③。

董仲舒虽主张"王者功成作乐",但也主张王者受命后立即改制。《对策》曰:"《春秋》受命所先制者,改正朔,易服色,所以应天也。"④但改制只是回应天命,并非改变王道,而是采取变救之术。他说:"改正朔,易服色,以顺天命而已;其余尽循尧道,何更为哉!故王者有改制之名,亡变道之实。然夏上忠,殷上敬,周上文者,所继之救,当用此也。"⑤"夏因于虞,而独不言所损益者,其道如一而所上同也。道之大原出于天,天不变,道亦不变,是以禹继舜,舜继尧,三圣相受而守一道,亡救弊之政也,故不言其所损益也。"⑥

尧舜禹三圣相继,持守一道,无所损益,但夏、商、周三代之间以及周、汉之间都是乱世相继,只能损益救弊,使之复归于王道。董仲舒指出:"今汉继大乱之后,若宜少损周之文致,用夏之忠者。"⑦为何损周之文用夏之忠,《春秋繁露·三代改制质文》中提出夏为黑统、商为白统,周为赤统的三统循环说,依此,"《春秋》作新王之事,变周之制,当正黑统",故汉家当用夏道。

董仲舒不仅从三统循坏的天道秩序规定了汉家政教的性质,还从质文交替的礼文序列规定了汉家政教的性质。《春秋繁露·三代改制质文》认为"王者以制,一商一夏,一质一文,商质者主天,夏文者主地。"质文之说出于礼制二分的序列。《春秋繁露·玉杯》曰:"礼之所重者在其志","志为质,物为文","质文两备,然后其礼成","《春秋》之序道也,先质而后文,右志而左物"⑧。依此推理,汉家当《春秋》新王而继周,其政教性质当属于质家。此还可证之于《白虎通》,《三军》曰:"王者受命,质家先伐,文家先改正朔何?质家言天命已使己诛无道,今

---

① (汉)班固:《汉书》卷五六,北京:中华书局1962年版,第2503—2504页。
② (汉)班固:《汉书》卷五六,北京:中华书局1962年版,第2505页。
③ (汉)班固:《汉书》卷五六,北京:中华书局1962年版,第2505页。
④ (汉)班固:《汉书》卷五六,北京:中华书局1962年版,第2510页。
⑤ (汉)班固:《汉书》卷五六,北京:中华书局1962年版,第2518页。
⑥ (汉)班固:《汉书》卷五六,北京:中华书局1962年版,第2518—2519页。
⑦ (汉)班固:《汉书》卷五六,北京:中华书局1962年版,第2519页。
⑧ (清)苏舆:《春秋繁露义证》卷一,北京:中华书局1992年版,第27页。

诛得为王,故先伐。文家言天命已成为王者,乃得诛伐王者耳。故先改正朔也。"①《三正》曰:"文家先改正,质家先伐何? 改正者文,伐者质。文家先其文,质者先其质。《论语》曰:'予小子履敢用玄牡,敢昭告于皇王后帝。'此汤伐桀告天以夏之牲也。《诗》云:'命此文王,于周于京。'此言文王改号为周,易邑为京也。"②质家指商汤,先受天命伐无道,再受天命有天下改正朔,故先其质。文家指周文王受天命有天下,故先称王,改正朔以应天命,再行诛伐。依此,则汉朝当为质家。

总之,董仲舒认为,新兴的王朝一是要应天,即受命改制以顺天命;一是要教民,即沿用先王之乐,修饬五常之道以教民,立太学庠序以养贤。汉朝的文教方向:一是损周之文而用夏之忠;二是先质后文。二者皆将道德教化和心志的培养放在首位,而将礼文制度的兴作放在次要的地位。所谓"功成作乐,治定制礼"的条件并非政治的成功,而是教化的成功。

《春秋繁露·楚庄王》中,详细讨论了"改制作乐"和"制礼作乐"不同的内涵。

> 今所谓新王必改制者,非改其道,非变其理,受命于天,易姓更王,非继前王而王也,若一因前制,修故业,而无有所改,是与继前王而王者无以别。受命之君,天之所大显也;事父者承意,事君者仪志,事天亦然;今天大显已,物袭所代,而率与同,则不显不明,非天志,故必徙居处,更称号,改正朔,易服色者,无他焉,不敢不顺天志,而明自显也。若夫大纲,人伦道理,政治教化,习俗文义尽如故,亦何改哉! 故王者有改制之名,无易道之实。③

但是,"改制作乐"绝非"制礼作乐",改制只是新兴的王朝改变名号、正朔、服色以应答天命,但是改制不改道,王道的内涵包括伦理、治道、文教、风俗等,都不可以改变。《楚庄王》又曰:

---

① (清)陈立:《白虎通疏证》卷五,北京:中华书局1994年版,第204页。
② (清)陈立:《白虎通疏证》卷八,北京:中华书局1994年版,第361—362页。
③ (清)苏舆:《春秋繁露义证》卷一,北京:中华书局1992年版,第17页。

问者曰:"物改而天授,显矣,其必更作乐,何也?"曰:"乐异乎是,制为应天改之,乐为应人作之,彼之所受命者,必民之所同乐也。是故大改制于初,所以明天命也;更作乐于终,所以见天功也;缘天下之所新乐而为之文曲,且以和政,且以兴德,天下未遍合和,王者不虚作乐。乐者,盈于内而动发于外者也。应其治时,制礼作乐以成之。成者,本末质文皆以具矣。是故作乐者必反天下之所始乐于己以为本……凡乐者,作之于终,而名之以始,重本之义也。由此观之,正朔、服色之改,受命应天;制礼作乐之异,人心之动也。二者离而复合,所为一也。"①

很明显,这段论述是在打消人们的疑惑。既然事物的更改,王朝的兴替是天命所授,应天改制,改正朔,变服色即可,为何还要重新作乐?《繁露》回答说:改制与作乐不同,一是应天,天命已成,故必须"大改制于初"。一是应人,应人之事,须待政和人兴,天下遍合和之时,故"更作乐于终",这也是实现了天命,见到"天功"之时。所谓"更作乐于终"应该包含"制礼作乐",其曰"应其治时,制礼作乐以成","正朔、服色之改,受命应天;制礼作乐之异,人心之动也",皆将制礼作乐合而言之。苏舆《义证》认为:"仁义礼乐,不在改制之中。武帝册'改制作乐',亦是分言。孔子告颜渊,夏时,周冕,殷辂,改制之事;《韶舞》,作乐之事。"②"改正朔,易服色在先,礼乐制作在后,虽不同时,而同归于并垂。故曰离而复合,所为应天顺人之意一也。"③

特别值得注意的是,《繁露》认为:"应其治时,制礼作乐以成之。成者,本末质文皆以具矣。"所谓本末具备,当指"作乐者必反天下之所始乐于己以为本","凡乐者,作之于终,而名之以始,重本之义也",即作乐的时间虽在功成治定之时,但作乐的行为,必须推源到人民感到快乐之时。比如,"汤之时,民乐其救之

---

① (清)苏舆:《春秋繁露义证》卷一,北京:中华书局1992年版,第19页。
② (清)苏舆:《春秋繁露义证》卷一,北京:中华书局1992年版,第19页。
③ (清)苏舆:《春秋繁露义证》卷一,北京:中华书局1992年版,第23页。

于患害也,故頀。'頀'者,救也。文王之时,民乐其兴师征伐也,故武。'武'者,伐也。"①《白虎通·礼乐》中"论帝王礼乐"一段论述尧舜三代音乐也承此意,如"汤曰《大濩》者,言汤承衰,能护民之急也"②。"合曰《大武》者,天下乐周之征伐行武,故诗人歌之曰'王赫斯怒,爰整其旅'。当此之时,乐文王之怒以定天下,故乐其武也"③。而质文具备当指文家有质,质家有文,"质文两备,然后其礼成"。据此,则汉家继乱世之后,只能"质家先伐","质者先其质",有天下受天命之后,"大改制于初"以应天命,但是必待"善治""更化"等文教成功,也就是质文皆具之时才能制礼作乐。这就对现实政治提出了更为严格的要求,由此可见,汉儒的"改制作乐"与"制礼作乐"具有汉代特殊的历史内涵,二者存在着很大的差异,这个差异贯穿于整个两汉制礼作乐的实践当中。

四、汉代的制礼作乐

按照董仲舒的逻辑,新兴的王朝应该先改制,沿用先王礼乐教化人民,待天下太平,天现符瑞,人民安乐,才可以更作。就改制而言,虽非沿袭先王而是更新制度,但主要是"更称号,改正朔,易服色者"三事,而郊祀、封禅等礼乐制度当在太平之时,天降祥瑞之际才可兴作。可是汉武帝对于制礼作乐有独到的目标,并没有照本宣科。他与秦始皇兴太平的目的一样,意在制作祀典宣扬帝王受命之符,宣扬中央集权和郡县一统的权威,还要追求个人的长生不死。因此,他着力构建了属于汉家的郊祀、封禅和巡狩。钱穆《秦汉史》指出,董仲舒的《对策》,其用意在于"求以学术文化领导政治,以政治控制经济,而进企于风化之美,治道之隆"。但是武帝不能用仲舒,独取其罢百家,尊孔子,"以其时言封禅明堂巡狩种种所谓受命之符太平之治,以及德施方外而受天之祜享鬼神之灵者,其言皆附会于《诗》《书》六艺,而托尊于孔子故也"④。武帝不仅用儒术文饰吏事,也用儒术文饰制礼作乐,但决不以儒术为制礼作乐的原则。《史记·礼

---

① (清)苏舆:《春秋繁露义证》卷一,北京:中华书局1992年版,第21页。
② (清)陈立:《白虎通疏证》卷三,北京:中华书局1994年版,第102页。
③ (清)陈立:《白虎通疏证》卷三,北京:中华书局1994年版,第102—103页。
④ 钱穆:《秦汉史》,台北:东大图书公司1993年版,第94—95页。

书》曰：

> 今上即位,招致儒术之士,令共定仪,十余年不就。或言古者太平,万民和喜,瑞应辨至,乃采风俗,定制作。上闻之,制诏御史曰:"盖受命而王,各有所由兴,殊路而同归,谓因民而作,追俗为制也。议者咸称太古,百姓何望?汉亦一家之事,典法不传,谓子孙何?化隆者闳博,治浅者褊狭,可不勉与?"①

郊祀之礼原是古代天子祀天之礼,以始祖配祀,儒家经典中多有记载,如《诗·周颂·思文》:"思文后稷,克配彼天。"《大戴礼·朝事》:"率而祀天于南郊,配以先祖,所以教民报德不忘本也。"秦崛起西方,以西方白帝自居,随着称霸东进,于雍作诸畤,祭祀青、黄、赤、白四帝,秦昭襄王五十二年郊见上帝于雍,秦始皇定为三年一郊,在十月岁首行祀。汉承秦制,高祖于雍增立北畤祀黑帝,文帝始亲往雍畤郊祀五帝。但武帝又采用齐地方士所奏太一神,于甘泉筑泰畤,以五帝之坛环居太一坛下。元鼎五年(前112)始行郊祀,定为三年一郊。自此,汉家常于正月郊泰畤,三月郊雍畤。郊祀太一的意义在于以一个天神统摄五方位神,强调了中央集权的权威。

武帝受到方士入海求神人的影响,向往东巡海上封禅泰山,宣示太平,多次召儒生议封禅礼,但是儒生"拘于《诗》《书》古文而不敢骋",或曰"不与古同"②,皆不能决。于是在御史大夫儿宽的劝进下自制仪式,"采儒术以文之"③,于元封元年(前110)四月行封禅,"纵远方奇兽飞禽及白雉诸物"以为祥瑞,用郊祀太一之礼封泰山;次年又于泰山下的奉高作明堂朝诸侯。此后每五岁一封,直至征和四年(前89)。而同时行巡狩之礼,"自封泰山后,十三岁而周遍于五岳、四渎矣"④。武帝的兴作,皆出方士之说,其实继承了秦始皇帝兴太平之事。除巡狩之事出于《尧典》。太一之祀、封禅之典皆不见诸五经,其说本出于燕齐方

---

① (汉)司马迁:《史记》卷二三,北京:中华书局1982年版,第1161—1162页。
② (汉)司马迁:《史记》卷一二,北京:中华书局1982年版,第473页。
③ (汉)司马迁:《史记》卷一二,北京:中华书局1982年版,第473页。
④ (汉)司马迁:《史记》卷二五下,北京:中华书局1982年版,第1247页。

士,①没有经义的根据。至贾谊《新书·保傅》篇有周成王"封泰山而禅梁父,朝诸侯而一天下"之说,②上引《春秋繁露·王道》有封禅之文,则贾、董之流亦在构建儒学的封禅思想。只是武帝兴郊祀、封禅、巡狩的时间既不符合儒家太平乃制礼作乐的规定,又不符合儒家"改制"的规定。武帝兴作诸事,但迟至太初元年(前104)才改正朔,"以正月为岁首。色上黄,数用五,定官名"③,钱穆指出:"汉武先封禅而后及于改制,此明背改制成功而封禅报告之义。"④

武帝的奢夸兴造,受到汉儒的不断纠正。至成帝时,丞相匡衡等奏言太一等祀与"古制殊",依据经义改为长安南郊,其后虽有反复,但至平帝时终成定制,武帝之后,西汉诸帝除行郊祀巡幸甘泉、雍时或祀后土巡幸河东之外,封泰山、巡狩五岳之事不再举行。东汉光武中兴,沿用平帝时所定郊祀典祀,定洛阳南郊。建武三十年(54)张纯上言封禅,但光武以"即位三十年,百姓怨气满腹"为由,禁止臣下上言封禅之事。三十二年,光武帝受到《河》《洛》谶文中"赤刘九世封禅"等谶言的影响始行封禅,在制定仪式时,既沿袭了汉武帝登封石函的仪式,又刻长文于玉牒之中,再用南郊祀之礼祭天于泰山,用北郊之礼祭地于梁父。可以说是自汉家封禅、郊祀的综合。其中引述了诸多谶纬文字,也是西汉末期以至东汉兴起的一种依托"五经"展开的民间思潮。但光武帝的封禅,一方面强调他的受命根据,但没有求仙的内容,刻石文字中报告了中兴以来的民生与礼乐成就:"黎庶得居尔田,安尔宅。书同文,车同轨,人同伦。舟舆所通,人迹所至,靡不贡职。建明堂、立辟雍,起灵台,设庠序。同律度量衡,修五礼、五玉、三帛、二牲、一死、贽。吏各修职,复于旧典。"⑤尽管是夸大不实之辞,但体现了光武帝对礼乐的理解,更多地符合儒家的思想。

就制礼作乐而言,汉儒专注于以礼乐道德教化民众,移风易俗。《汉书·礼乐志》认为:"王者必因前王之礼,顺时施宜,有所损益,即民之心,稍稍制作,至太平而大备。"⑥"王者未作乐之时,因先王之乐以教化百姓,说乐其俗,然后改

---

① 封禅之事首见于《管子·封禅》,今本《管子》所言同于《史记·封禅书》。
② 又见《大戴礼·保傅》。
③ (汉)班固:《汉书》卷六,北京:中华书局1962年版,第199页。
④ 钱穆:《秦汉史》,台北:东大图书公司1993年版,第108页。
⑤ (南朝·宋)范晔:《后汉书》志第七,北京:中华书局1965年版,第3166页。
⑥ (汉)班固:《汉书》卷二二,北京:中华书局1962年版,第1029页。

作,以章功德。"①《礼乐志》的表述,明确了汉儒制礼与作乐之间的细微区别,即制礼之事是不断地损益先王的礼制,可以稍稍制作,以求大备,但不更作新造。作乐之事则是在教化成功后,必须更新造作汉家的音乐。综观两汉礼乐之事,汉儒始终以儒家经典中的明堂、辟雍、庠序三事作为"制礼"的主要内容,而以汉家郊庙雅乐诸事作为"作乐"的主要内容。所以,这既是汉儒的理论,也是汉代的现实。叔孙通为高祖定朝仪,"采古礼与秦仪杂就之"②,"因秦乐人制宗庙乐"③。

文帝时,贾谊首倡汉家制礼作乐,认为"汉兴至今二十余年,宜定制度,兴礼乐,然后诸侯轨道,百姓素朴,狱讼衰息"④。但因大臣阻挠,其议遂寝。武帝时,汉兴已七十余岁,即位之时,"议立明堂,制礼服,以兴太平。会窦太后好黄老言,不说儒术,其事又废"⑤。此后董仲舒《对策》建议更化,兴太学以养士⑥,但"上方征讨四夷,锐志武功,不暇留意礼文之事"⑦。不过,武帝仍吸收了儒生们的建议,颇有兴文教、移风俗之举。《武帝纪》载元朔元年(前 128)诏举孝廉,广教化,美风俗。五年(前 124)诏令礼官劝学,举遗兴礼;太常为博士置弟子员,崇乡党之化。武帝虽然未兴太学,但举孝谦,为博士置弟子,实际上已在地方和中央推行道德文教制度。武帝的好大喜功,造成国计民生凋弊。昭帝时霍光辅政,无所兴作。昭帝始元六年(前 81),召开盐、铁会议,贤良文学"六十余人,咸聚阙庭,舒六艺之风,论太平之原"。他们指责朝廷兴利废教,要求"崇礼义,退财利,复往古之道,匡当世之失,莫不云太平"⑧。

---

① (汉)班固:《汉书》卷二二,北京:中华书局 1962 年版,第 1038 页。
② (汉)司马迁:《史记》卷九九,北京:中华书局 1982 年版,第 2722 页。
③ (汉)班固:《汉书》卷二二,北京:中华书局 1962 年版,第 1043 页。
④ (汉)班固:《汉书》卷二二,北京:中华书局 1962 年版,第 1030 页。
⑤ 《史记·封禅书》载:"元年,汉兴已六十余岁矣,天下艾安,搢绅之属皆望天子封禅改正度也,而上乡儒术,招贤良,赵绾、王臧等以文学为公卿,欲议古立明堂城南,以朝诸侯。草巡狩封禅改历服色事未就。会窦太后治黄老言,不好儒术,使人微伺得赵绾等奸利事,召案绾、臧,绾、臧自杀,诸所兴为皆废。"钱穆认为:"考《儒林传》及《汉书·武纪》《礼乐志》《儒林传》诸篇,皆言议立明堂,不及封禅……所谓封禅巡狩改历服色诸端,恐是史公连笔及之。其犹专在治明堂朝诸侯,未必已及封禅。"(汉)司马迁:《史记》卷二八,北京:中华书局 1982 年版,第 1384 页。
⑥ 《礼乐志》引董仲舒《对策》言:"古之王者,莫不以教化为大务,立大学以教于国,设庠序以化于邑。"《董仲舒传》所载《对策》中,仅建议武帝"兴太学,置明师,以养天下士"。
⑦ (汉)班固:《汉书》卷二二,北京:中华书局 1962 年版,第 1032 页。
⑧ 王利器:《盐铁论校注》卷五,北京:中华书局 1992 年版,第 323 页。

宣帝好刑名，王吉上疏，批评宣帝务于"期会簿书，断狱听讼而已，此非太平之基也"，认为："今俗吏所以牧民者，非有礼义科指可世世通行者也，独设刑法以守之……奸伪萌生，刑罚亡极，质朴日销，恩爱寖薄。"建议宣帝："王者未制礼之时，引先王礼宜于今者而用之。臣愿陛下承天心，发大业，与公卿大臣延及儒生，述旧礼，明王制，驱一世之民济之仁寿之域，则俗何以不若成汤，寿何以不若高宗？"①但未见采纳。成帝时，刘向建议"兴辟雍，设庠序，陈礼乐，隆雅颂之声，盛揖让之容，以风化天下"②。但尚未实现，成帝已崩。至光武中兴，立明堂、辟雍，史载庆氏礼博士曹充受诏议立七庙、三雍、大射、养老礼仪。至明帝时威仪美盛，但儒臣仍以为光武"德化未流洽者，礼乐未具，群下无所诵说，而庠序尚未设之故也"③。

明帝即位，曹褒上言"五帝不相沿乐，三王不相袭礼。大汉当自制礼，以示百世"。章帝时受命，"次序礼事，依准旧典，杂以《五经》谶记之文，撰次天子至于庶人冠婚吉凶终始制度，以为百五十篇，写以二尺四寸简"。但因众论不一，大臣弹奏曹褒"擅制汉礼，破乱圣术，宜加刑诛"，遂不得行。④章帝拜曹褒为侍中改制汉礼之前，曾诏召玄武司马班固问改定礼制之宜，班固建议"京师诸儒，多能说礼，宜广招集，共议得失"。但章帝答以"会礼之家，名为聚讼，互生疑异，笔不得下。昔尧作《大章》，一夔足矣"⑤。这说明班固也不同意曹褒改制汉礼。《礼乐志》《白虎通义》皆出班固之手，从中可见曹褒制汉礼失败的根源，在于不符合汉儒对于制礼只宜损益不宜更作的定义。

至于作乐之事，汉家有两方面的努力，一是宗庙雅乐。《礼乐志》载乐家有制氏，以雅乐声律世世在大乐官，"但能纪其铿锵鼓舞，而不能言其义"。宗庙之乐"大氐皆因秦旧事"。武帝时，河间献王献"所集雅乐"，武帝下大乐官以备数，而其常御及郊庙皆非雅声。成帝朝，河间献王所进雅乐的传人王禹能说雅乐义理，其弟子宋晔等上书朝廷继绝表微，但公卿大臣们以为事久难明，遂寝其议。二是乐府音乐。高祖好楚声，作《风起诗》，唐山夫人作《房中祠乐》皆楚声。武

---

① （汉）班固：《汉书》卷二二，北京：中华书局1962年版，第1033页。
② （汉）班固：《汉书》卷二二，北京：中华书局1962年版，第1033页。
③ （汉）班固：《汉书》卷二二，北京：中华书局1962年版，第1035页。
④ （南朝·宋）范晔：《后汉书》卷三五，北京：中华书局1965年版，第1203页。
⑤ （南朝·宋）范晔：《后汉书》卷三五，北京：中华书局1965年版，第1203页。

帝定甘泉太一郊祀之礼,立乐府,采赵、代、秦、楚之讴,作《郊祀歌》十九章。皆载在《礼乐志》中。宣帝作乐事不载于《礼乐志》,但《郊祀志》载宣帝"修武帝故事,盛车服,敬斋祠之礼,颇作诗歌"。《汉书·王褒传》载"王褒作《中和》《乐职》《宣布》诗","依《鹿鸣》之声习而歌之"。但是汉儒认为汉家的郊庙诗歌,未有祖宗之事,八音调均又不协于钟律,皆以郑声于朝廷。

总之,汉家的制礼作乐的实践与汉儒的礼乐学说之间永远无法达成共识,《礼乐志》感慨道:"今大汉继周,久旷大仪,未有立礼成乐,此贾谊、仲舒、王吉、刘向之徒所为发愤而增叹也。"[1]但正是理论与现实的差距形成的张力,构成了经义与汉事之间的相互制约,形成了整个汉代制礼作乐的真实历史。

五、余论

战国秦汉间的儒家吸收改造了道家、法家、阴阳家等学说中的"太平"思想,赋予了儒家王道政治理想的内涵,并基于这一理想,为新兴的统一郡县制度设计了"改制作乐"和"制礼作乐"的道德文化方案,将郡县制度纳入传统礼乐文明的价值体系之中。在此过程中,他们一方面要向现实政治对文化的需求做出妥协,另一方面又在不断地以经典代表的传统规训现实政治,同时也根据现实重新解释经典。因此,汉儒采用两种特别的思想表述方式:一是引经据典,针对现实,或谏或讽的奏议;二是根据现实,解释经典,或同或异的经说。《白虎通》其实就是这样一部汉代经说的集成,从"太平乃制礼作乐"说中可以窥得其中面目。

此外,先秦以降道、法、阴阳等学说中的太平思想,经过与汉代儒家思想的融合和汉代社会历史的陶冶,滋生出民间的太平思潮或信仰,这从《老子河上公》等汉代道家著作上可以寻觅;从汉代方士的方仙道中可以窥见;从汉代兴起的太平信仰如成帝时齐人甘忠诈造《包元太平经》、桓帝时琅宫崇受干吉神书《太平经》,直至太平道、五斗米道当中可以感受,这些思想和汉代儒家的太平思想一道,深深地影响着中国的政治和社会。

---

[1] (汉)班固:《汉书》卷二二,北京:中华书局1962年版,第1075页。

论今文经学与其口说传业方式

葛志毅

大连大学中国古代社会与思想文化研究中心

汉代今文经学的一个主要特征是重师法口说,至被诋为"信口说而背传记,是末师而非往古"[①]。但师法口说作为一种讲学传业方式,却有其存在发展的文化历史原因。

一、官守制度与诸子讲学的影响

中国古代,至少在周代,人们仍生活在氏族族团等各种血缘共同体之中,组织较为集中,易于统治管理。与此相应,官府垄断控制了所有的文化知识及农工技艺等,形成所谓学在官府、工商食官的制度。当时有一事必有一官,《左传》昭公二十九年曰:"夫物,物有其官,官修其方,朝夕思之。一日失职,则死及之,失官不食,官宿其业。"按所谓官、方、职、业等,包括当时所有的知识技艺。这些知识技艺作为专门职守,各设官司掌治,并作为生业谋食之道,不得更易。所有的人都据其掌握和从事的知识技艺,被编制在各种组织中,由官府集中统一管理,形成所谓"民各有职"的局面。《商君书·去强》:"农、商、官三者,国之常官也。"《吕氏春秋·上农》:"民自七尺以上,属诸三官,农攻粟,工攻器,贾攻货。"即谓万民皆被官府组织起来各尽其职责。[②] 商周国家实乃社会生产及生活所

[①] (汉)班固:《汉书》卷三六,北京:中华书局1962年版,第1970页。
[②] 通常谓士农工商四职,《周官·大宰》又有所谓"以九职任万民",《大司徒》则有颁布十二职事登万民。

有方面的组织管理者。这种组织管理由于氏族族团等血缘共同体的存在,在某种意义上实较后世严密、集中、深入。此民各有职格局的存在,可为一证。在此官府垄断的社会中,所有知识技艺的传授,基本借助于父子间的口说言传。《国语·齐语》所载士农工商四民制度,乃固定的社会分工制度,它造成各种职业的世袭特征,父子相传,世无变改,即《周官·大司徒》十二教"十曰以世事教能,则民不失职"。由此形成一种特殊的知识技艺传授方式,即在各个封闭的社会职业集团内部,知识技艺的传授,主要依靠父子之间在各业实践中的口说言传。由于当时知识技艺的实用性,在各业实践中的口说言传方式亦切实可行,所谓"其父兄之教,不肃而成;其子弟之学,不劳而能"①。在长期的实践中,各业的口说言传渐成一套章法,即所谓"说",《礼记·少仪》:"工依于法,游于说。"百工各有其说,如《考工记·凫氏》:"薄厚之所震动,清浊之所由出,侈弇之所由兴,有说。"所谓"说"即各业经验的总结积累和规范化,并成为各业知识技艺实践和传授的内容根据。由于百工技艺的强烈实践性,使口说言传与身手实践同时作为切实可行的直接传授方式在劳动者阶层中流行。即使后来随着社会文化的发达,劳动者阶层由于缺少文化教育的素朴本质,仍不习惯于书本文字这种间接的传授方式,始终习惯于口说言传这种直接传授方式。②

与此大的社会文化历史背景相关,在与工商食官制度相近的学在官府制度中,文化知识保存传授亦同样以口说言传的方式进行。《荀子·荣辱》:"循法则度量刑辟图籍,不知其义,谨守其数,慎不敢损益也;父子相传,以持王公,是故三代虽亡,治法犹存,是官人百吏之所以取禄秩也。"即谓各种文化知识包括统治管理知识,皆由官府百吏在父子之间代代以口说言传的方式严守谨传。荀子此言,颇可见春秋以前学在官府时代文化知识的世袭性、职业性及由此而来的封闭保守性。如以之与孔子所言"述而不作,信而好古"相较,俨然可见父子相承、严守谨传之习所转化培养成的保守学风。阮元曾论古代因口耳授受之习,"是必寡其词,协其音,以文其言,使人易于记诵,无能增改",故多韵文之作。③

---

① 徐元诰:《国语集解》,北京:中华书局2002年版,第220页。
② 《庄子·天道》所载工匠轮扁以书本文字乃古人糟粕的观念,实乃身手实践及口说言传式的直接传授方式,发展至极而产生出的经验主义神秘主义对书本文字式间接传授方式的否定。
③ (清)阮元:《揅经室集》下册,北京:中华书局1993年版,第605页。

此论最得古代学术以口说言传相授受的真情。古代的韵文，其初不全出于美感而作，实多为诵习授受的方便计。故韵文在初实为一种具有固定形式、以使内容不易变改、且易于记诵的口诀式文体。

春秋战国时代，虽然世官制破坏，但由于诸子蜂起，各家学说竞相传述，于是在学术文化的传授中又演成重师说口传之习。此因当时无无师之学。某子既创通一说，主要非著之竹帛以行世，而是聚徒讲授之。老师口授其说，弟子耳受其言，复以诵说的方式讲习传述之。故其时主要以口诵师说为传业之法。《孟子·离娄下》载孟子曰："博学而详说之，将以反说约也。"赵岐注："广学悉其微言而说之者，将以约说其要义。"①即谓反复诵说复述，方便记忆讲习的治学传业之法。弟子既耳受师言，乃反复诵说讲习之，要以能上口成诵为成学标志。吕思勉曾谓："抑先秦之学所以异于后世者为专门之学，弟子率皆诵述其师之言，无甚出入。"②所言颇近当日实情。先秦子书中每多雷同相袭之语，即此传诵口说而致相互影响的后果。

此口耳授受、诵说讲习的传业治学之法，与其时简册繁重难得、书籍传本罕见的状况相关。故欲向学，不得不从师口授。往往仅老师一人有简册写本为讲授之资，学生只能凭耳受、口诵、心记传习之。阮元谓："古人简册，在国有之，私家已少，何况民间。是以一师有竹帛而百弟子口传之。"③说极有理。当时简册写本仅限于各家学说本文，至于诠释训解之义则存于口说流传之中，不从师受则无由得之。《商君书·定分》："今先圣人为书而传之后世，必师受之，乃知其所谓之名。不师受之，而人以其心意议之，至死不能知其名与其意。"按"名"指文字。所论即谓欲知书简文字所宣之义，当从师受其解释之言。

儒家之学创于孔子。孔子虽手定六经，但六经之义则存于口说讲授之中。《史记·天官书》："是以孔子论六经，纪异而说不书。"按"说"即口说解释之言。刘师培曰："三代之时……学术授受，多凭口耳之流传。孔子之以六经教授也，大抵仅录经文以为课本，而参考之语，诠释之词，是大抵以口耳相传。"④谓六经

---

① （清）阮元校刻：《十三经注疏》，北京：中华书局2009年版，第5930页。
② 吕思勉：《秦汉史》，上海：上海古籍出版社1983年版，第762页。
③ （清）阮元：《揅经室集》下册，北京：中华书局1993年版，第607页。
④ 马宗霍：《中国经学史》，上海：上海书店1984年版，第19页。

之解皆在口说传授之中,极是。孟子谓《春秋》,"其事则齐桓晋文,其文则史。孔子曰:'其义则丘窃取之矣。'"(《孟子·离娄下》)按"其文"者,《春秋》本经;"其义"者,所谓"微言大义",乃孔子解《春秋》之存于口说者。《汉书·艺文志》谓《春秋》"有所褒讳贬损,不可书见,口授弟子,弟子退而异言……及末世口说流行,故有《公羊》《穀梁》《邹》《夹》之传"①。按谓《春秋》之传存于口说,是;谓"为有所褒讳贬损,不可书见",则不全是。其因则在以口说解经,实当时讲学通例,与所谓"褒讳贬损"无甚直接关系。《论语·八佾》载"或问禘之说",孔子自称不知其说,亦即未闻其相传口说之义。自孔子之后,"说"已成解经之体,《汉书·艺文志》所谓"诸子传说",《景十三王传》所谓"经传说记,七十子之徒所论",皆是。《艺文志》著录诸解《易》《书》《诗》《礼》《论语》《孝经》之书,皆有称"说"②。说又即传,所谓"末世口说流行,故有《公羊》《穀梁》《邹》《夹》之传",可证说即传,乃同实异名③。《艺文志》于《论语》类著录有《燕传说》三卷,是传、说又得同称。《汉书·元后传》载王凤上书有曰"五经传记,师所诵说",即视解经之传、记与师说为同类。儒家之外,墨子有《经说》,韩非子有《内储说》《外储说》,是口说传义本先秦子学诸家传授通例。此外,以"说"名书篇之体,实为口说遗制之仍可考见者。

因口耳授受为先秦讲学传业通例,故其时无无师之学,由此又形成重师法传承之风。此尤为儒家所重。《荀子·劝学》曰:"《礼》《乐》法而不说,《诗》《书》故而不切,《春秋》约而不速。方其人之习君子之说,则尊以遍矣,周于世矣。故曰学莫便乎近其人。"按此言欲真知六经之义,惟得君子其人为师并通习其说方可。是尊师实与其时口耳授受、诵习师说的讲学传业之俗相关。《荀子·致士》论师术有四,其一乃"诵说而不陵不犯,可以为师",按《修身》有所谓"师云而云",即此"诵说而不陵不犯",亦即严守师说而诵习之,不得有所增益变改。按此实下启汉代今文经学严守师法、家法之风,如康有为《万木草堂口说·荀子》

---

① (汉)班固:《汉书》卷三〇,北京:中华书局1962年版,第1715页。
② 说、口说本不著竹帛,至西汉文、景之世,口说渐著于竹帛。《汉书·夏侯胜传》载:"受诏撰《尚书》《论语说》。"是虽袭"说"名,实已著竹帛。但师弟子间传授仍以口说为主。
③ 马宗霍《中国经学史》第六篇《两汉之经学》引长孙无忌曰:"传师所说,则谓之为传。"又引成伯玙曰:"传承师说谓之为传。"

曾谓:"礼学重师法,自荀子出,汉儒家法本此。"①按《荀子·修身》曰:"不是师法而好自用,譬之是犹以盲辨色,以聋辨声也,舍乱妄无为也。"按此实与其时不得师说口传则无从喻理明学相关。《荀子·大略》又曰:"言而不称师谓之畔,教而不称师谓之倍。倍畔之人,明君不内,朝士大夫遇途不与言。"《吕氏春秋·尊师》有类似之论:"君子之学也,说义必称师以论道……说义不称师,命之曰叛。背叛之人,贤主弗内之于朝,君子不与交友。"按此严于尊师之论,亦皆与其时讲学授受系于师说口传相关。因不称师言,则令人无由知其说义所出,亦无以考其渊源所在。因师说口传乃学派渊源所系,所论是非所关,故言必称师为战国诸家所重。汉代今文经学承先秦此讲学传业之习,亦以口耳授受、师说口传为治学之法,遂亦沿此极重师承之风而形成今文经学的严格师法、家法传统。从学术发展阶段及其时所达到的水平看,先秦之世,学问尚未广布,欲从事于学者,非事一师,则无从得之;所谓师者,大抵专主一家之说,而弟子亦以习一师之说为足;治学者因此形成专主一家墨守之风,汉世经谨守家法即承此而来。②故由先秦至两汉重师说家法的学术传统,实乃学术文化尚处于某种原始保守状态的反映。

二、今文口说与师法家法

由先秦以至西汉,口耳授受是其时各家通行的学术传习方式。前儒有古人用耳传多、目传少之论,即谓此。《史记》及《汉书》之《儒林传》详载儒家各经的传授,黄老之学亦有其传授源流可明,③皆此师弟子口耳授受的传承统系。汉初六经之传主要靠口授,康有为论及此事时曾说:"考六经之传,有书本,有口说。博士所职,孔庙藏书,是传本也。然吴祐写书,汗青盈车,其子辄以薏苡之谤为谏,则当时写本甚难,颇赖口说。伏生于《尚书》是其专门,即有百篇,皆所熟诵。当时《春秋》赖口说流传,《诗》则以其讽诵,皆至公羊寿、申公、辕固生、韩

---

① 《荀子》一书言及师法者多见,如《修身》《儒效》《性恶》等篇。但荀子所谓"师法"本指师与法两个概念,法即礼法,见《修身》篇。故与汉儒所言"师法"略异。
② 吕思勉:《先秦学术概论》上编第五章,上海:中国大百科全书出版社1985年版。
③ 载于《史记·乐毅传》之后。

婴乃著竹帛……《诗》不过三百五篇,为文甚简,人人熟诵,诚不赖书本也。"①是六经之传虽有书本与口说两种,但书本多藏于官府,民间得之甚难,加之《诗》《书》等内容不多,又长期为人们熟诵于口,故其传授主要靠口说。如《尚书》一经,确由伏生口授所传。《史记·儒林传》谓伏生壁藏《尚书》,后求之,"亡数十篇,独得二十九篇,即以教于齐鲁之间。"是二十九篇犹存。但孔传《尚书序》则谓"失其本经,口以传授,裁二十余篇",《经典释文》承其说。按《尚书》本经虽可能因秦乱而有若干损失,但不至于全失。当如《史记》所言,伏生壁藏犹存二十九篇,后即据此二十九篇传授。至于伏生口授而非使弟子传抄,则与其时授受之习有关。如前所言,老师虽有简册为传授之资,但仍以口授其文,弟子则耳受、口诵、心记以传习之。至少在汉初伏生授《尚书》时犹如此。故谓《尚书》本经全失,仅以口授之说,实以不明此授受之习所致。卫宏《定古文尚书序》云:"伏生老不能正言,言不可晓也,使其女传言教错。齐人语多与颍川语异,错所不知者凡十二三,略以其意属读而已。"②是伏生口授《尚书》于晁错,由于方音之异,晁错所受多有不确之处。汉初经书的音读训诂,率由口授,直至东汉犹然;而口授往往易于致歧,如《书·君奭》"周田观文王之德",今文博士读为"厥乱劝宁王之德"③,即为一例。④《汉书·晁错传》载晁错从伏生受《尚书》,还"因上书称说",颜注:"称师法而说其义。"按说、师法、义皆即伏生口授之传训解诂之言。当时引经书都附有"说",《汉书·王莽传上》:"《书》曰:'我嗣事子孙,大不克共上下,遏失前人光,在家不知命不易。天应棐谌,乃亡坠命。'说曰:'周公服天子之冕,南面而朝群臣,发号施令,常称王命。召公贤人,不知圣人之意,故不说也。'"按"《书》曰"即《尚书》经文,"说曰"即经师口说训解之言。又《汉书·王吉传》:"《诗》云'匪风发兮,匪车揭兮,顾瞻周道,中心怛兮。'说曰:'是非古之风也,发发者;是非古之车也。揭揭者,盖伤之也。'"是其时各经都附有"说"。《汉书·五行志》所载有"经曰""传曰""说曰",按"说曰"即汉代经师的口说解经

---

① (清)康有为:《新学伪经考·史记经说足证伪经考》,北京:中华书局2012年版,第29页。
② (汉)班固:《汉书》卷八八,北京:中华书局1962年版,第3603页。
③ 见《礼记·缁衣》郑注。按今本《尚书》此句作"割申劝宁王之德",《缁衣》郑注谓乃古文。
④ 曾运乾定为"害申劝文王之德",害,何也;申,重也。见曾运乾:《尚书正读》,北京:中华书局1964年版,第230页。

之言。一般口说都由传问授受而不书见。《汉书·晁错传》载晁错谓太子"所读书多矣,而未深知术数者,不问书说也。夫多诵而不知其说,所谓劳而不为功"①。按"书说"即依附于经书的口说,不书见而存于传问授受。《儒林传》载倪宽"初见武帝,语经学,上曰:'吾始以《尚书》为朴学,弗好。及闻宽说,可观。'乃从宽问一篇"②。亦可证说存于传问授受而不书见。

汉代公私教学授受,率多以口说相传。《汉书·儒林传》载梁丘贺明《易》,"待诏黄门数入说教侍中,以召贺。贺入说,上善之,以贺为郎。……传子临,亦入说,为黄门郎。……郎邪王吉通五经,闻临说,善之"③。是梁丘贺父子俱以口说教授于宫禁,并因此传其说于外。《汉书·翟方进传》载翟方进遣弟子向胡常问"大义疑难,因记其说",其例同。《儒林传》又载唐生、褚生师事王式,"问经数篇,式谢曰:'闻之于师具是矣,自润色之。'不肯复授。唐生、褚生应博士弟子选,诣博士,抠衣登堂,颂礼甚严。试诵说,有法,疑者丘盖不言"④。是当时民间教授亦以口说相传,而所受师说可据以应博士弟子试。此王式师徒之例,又有助于理解汉代的师说家法。按"诵说,有法,疑者丘盖不言",即严守师说家法,不妄加增益变改。王式谓"闻之于师具是矣"而不肯复授,亦是严守师说家法之例,即谨传师说,不加己意,如荀子所谓"师云而云"。《儒林传》谓申公教《诗》,亦"疑者则缺弗传",与此合。王式师徒虽是今文经学重师说家法的最好代表,但所谓"自润色之"却道出师法、家法所由分之故。即弟子如能对所授师说再加增饰繁演,则可由自名一家,出现师法之下复分家法的现象。师法、家法本指师说口传,二者并非绝对对立的概念,亦可互易其名。但一般讲,当先有师法,后有家法,师法为家法所从出。以《汉书·儒林传》为例,"凡言某经有某氏之学者,大抵皆指师法。凡言某家有某氏之学者,大抵皆指家法。如《易》有施、孟、梁丘之学,此为师法。施家有张、彭之学,孟有翟、白之学,梁丘有士孙、邓、衡之学,则家法也。"⑤其他如《书》《诗》《礼》《春秋》各经皆然。是虽同出一师之说,但

---

① (汉)班固:《汉书》卷四九,北京:中华书局1962年版,第2277页。
② (汉)班固:《汉书》卷八八,北京:中华书局1962年版,第3603页。
③ (汉)班固:《汉书》卷八八,北京:中华书局1962年版,第3600页。
④ (汉)班固:《汉书》卷八八,北京:中华书局1962年版,第3610页。
⑤ 见马宗霍《中国经学史》第六篇《两汉之经学》,但其说实本于皮锡瑞《经学历史·经学极盛时代》。

由于"自润色之"的增饰加工结果,又可以自名一家之学,是即家法。《汉书·叙传》载:班伯"少受《诗》于师丹……诵说有法。时上方乡学,郑宽中、张禹朝夕入说《尚书》《论语》于金华殿中,诏伯受焉。既通大义,又讲异同于许商"①。按"诵说有法",指循诵师说,尊守师法。"既通大义,又讲异同"云云,往往是师法之下复分家法所由之途。《尚书》大小夏侯学之分立是最好的例子。《汉书·夏侯建传》载夏侯建"师事胜及欧阳高,左右采获,又从五经诸儒问与《尚书》相出入者,牵引以次章句,具文饰说……建率自专门名经"②。即谓夏侯建多方采获牵引,亦即糅杂异同、增益师说而另立门派,自名一家之学。

汉代今文经学最为古今所称道者,莫过于其严守师法、家法之风。但在汉代今文经学的发展中,却存在着一桩奇怪的矛盾背反现象。即一方面严于师法、家法之传,不得擅自增益变革师说。此合于先秦以来重师说口传的原始质朴学风。故孟喜因"改师法"未被拔擢为博士,公孙禄谓刘歆"毁师法"要王莽诛之,张玄"兼通数家法"被劾为不宜专为颜氏博士。③ 但另一方面,师法之下复分家法,此乃对严守师说口传的违背。据两《汉书》所载,汉儒重"通经名家"④,应即诵习一师之说有成而名学,但又标榜"各自名家"⑤,"亦别名家"⑥,则显系对增益变改师说口传而自树一家之学者,意加推崇。究其原,则在官学禄利之劝诱,致使学者为争立学官博士,纷起驰逐;支离师说,分析口传,竞相穿凿牵引,务期自立新说。朝廷亦以"网罗遗失,兼而存之,是在其中"⑦,加以优容。《通典》卷二十七《职官》:"武帝建元五年,初置五经博士,宣帝、成帝之代,五经家法稍增,置博士一人。"按此"家法稍增"即朝廷以增设博士员,承认五经家法的分立。此经学之士追逐势利荣名的结果,必然要腐蚀破坏原来的质朴学风,重师说口传的传统终将要瓦解。但在今文经学的发展过程中,重师说口传始终是居于主导地位的传统,学者须诵习师说,严守口传,一般不能率以己意加丝毫

---

① (汉)班固:《汉书》卷一〇〇上,北京:中华书局1962年版,第4198页。
② (汉)班固:《汉书》卷七五,北京:中华书局1962年版,第3159页。
③ 分别见《汉书·儒林传》《王莽传下》,以及《后汉书·儒林传》。
④ (南朝·宋)范晔:《后汉书》卷七九上,北京:中华书局1965年版,第2548页。
⑤ (汉)班固:《汉书》卷三〇,北京:中华书局1962年版,第1719页。
⑥ (南朝·宋)范晔:《后汉书》卷三,北京:中华书局1965年版,第137页。
⑦ (汉)班固:《汉书》卷八八,北京:中华书局1962年版,第3621页。

变改。在两《汉书》的记载中,每见"学通师法""究极师法""有师法""守师法""不失师法""对引师法"之例,皆在称誉推奖之列。风尚如此,故欲别自名家,在当时殊非易事。《汉书·儒林传》载宣帝好《穀梁》说,蔡千秋最善,"乃以千秋为郎中户将,选郎十人从受。汝南尹更始翁君本自事千秋,能说矣"①。是弟子从师,以诵习师说为业。"能说矣"即诵习师说有成,已能复述师说。《汉书·哀帝纪》:"上令诵《诗》,通习,能。"②则显以能复述师说为习学有成的标志。当时师徒相授,亦鼓励提倡此严格诵述师说式的讲学习业方式。《论衡·正说》:"前儒不是本末,空生虚说。后儒信前师之言,随旧述故,滑习辞语。"③按所谓"随旧述故,滑习辞语",表明其时所传师说应有一定模式成法可依,以致其语句言词亦已形成便于模拟诵习的固定形式。此前后传述师说,亦须严守谨循而不能丝毫变革。《论衡·定贤》曰:儒者"传先师之业,习口说以教,无胸中之造,思定然否之论。邮人之过书,门者之传教也。封完书不遗,教审令不遗误者,则为善矣。儒者传学,不妄一言,先师古语,到今具存。虽带徒百人以上,位博士、文学,邮人、门者之类也"④。即儒者传先师口说,只能循述谨诵,不能杂以丝毫己意是非于其间;此有如邮人递书、门者传令一般,能原封不动传达即可。因而儒者解说"五经",不贵发明己意,只重传先师口说,所谓"说经者传先师之言,非从己出"⑤。今文经学重师说口传的传统,维系着不贵独立创新、只重因循守旧的保守学风。"儒者传学,不妄一言,先师古语,到今具存",乃是对汉代今文经学传习方式的最好概括与说明。

三、今文口说之弊与古学文献考据之兴

前文已言及口耳授受由于口语、方音等方面的原因,使传授内容易于致讹的问题。按此实为今文经学传授方式上的一大弊端。《经典释文序录》曰:"典籍之文,虽夫子删定,子思读《诗》,师资已别,而况其余乎!郑康成云:'其始书

---

① (汉)班固:《汉书》卷八八,北京:中华书局1962年版,第3618页。
② (汉)班固:《汉书》卷一一,北京:中华书局1962年版,第333页。
③ (汉)王充著,黄晖校释:《论衡校释》卷二八,北京:中华书局1990年版,第1123页。
④ (汉)王充著,黄晖校释:《论衡校释》卷二七,北京:中华书局1990年版,第1114页。
⑤ (南朝·宋)范晔:《后汉书》卷二五,北京:中华书局1965年版,第884页。

之也,仓卒无其字,或以音类比方,假借为之,趣于近之而已。受之者非一邦之人,人用其乡,同言异字,同字异言,于兹遂生矣。'"[1]按,如《序录》所言则自孔子之后,即已存在因口耳授受中的语音等原因,使经书文字产生歧异的问题。《序录》又曰:"然承秦焚书,口相传授,一经之学,数家竞爽,章句既异,踳驳非一。"即谓遭秦焚书之祸,经典多缺,汉代的经学传授则不得不更多地依靠口耳传授的方式,以致歧义互出,舛谬难正。其实荀悦在《申鉴·时事》中论及汉代经学中的歧互纷争时,已有类似见解。他说:"秦之灭学也,书藏于屋壁,义绝于朝野。逮至汉兴……文有磨灭,言有楚夏。"[2]按"言有楚夏"即谓口耳授受中的方音之异。马宗霍在《中国经学史》第六篇《两汉之经学》中曾谓"齐学、鲁学之异,初殆由字音,其后由字音之异衍为异说"。按此可见口耳授受中的方音之异,对经学发展所产生的极大影响。口耳授受之习及由此所致学术之弊,说明今文经学的学术传统及凭口耳授受的传习方式,实待改正。其弊不仅在于由此维系着一种不贵思想发明的因循保守学风,尤其对于文献的保存传播极为不利。皮锡瑞曾论古文经学胜于今文经学之故有二,其一即"文字久而致讹",而"专凭口授"乃此文字致讹的重要原因。后古文经学发展起文献考据之学,不仅使文献研究由此日趋严密,而且打破今文经学重师说口传原始保守学风的思想桎梏,引起古今学术发展史上的重大转变。总之可以说,在两汉的经学发展中,因今古学间的学风差异及由此导致的相互嬗代,实蕴含着古代学术方法的变革因素。

---

[1] 《诗·周颂·维天之命》孔疏:"谱云:'子思论《诗》,於穆不已;仲子曰:於穆不似。'"是即"子思读《诗》,师资已别"。

[2] (汉)荀悦撰,(明)黄省曾注,孙启治校补:《申鉴注校补》,北京:中华书局2012年版,第95页。

文人论经

——袁枚经说抉隐

刘芝庆

湖北经济学院中文系

一、前言

袁枚(1716—1797),字子才,号简斋,别号随园老人,时称随园先生,浙江钱塘县(今浙江杭州)人。年少中进士,中年后辞官,但经营财富有道,经济优渥,在文坛上享有大名,声势高涨,谤亦随之,各种关于文格、人品、私生活、处世应对的批评与流言蜚语,亦复不少。

因袁枚在当时文坛,极具地位与盛名,故研究者多关注袁枚的生平、文学创作、文学思想,日本学者如铃木虎雄、青木正儿、松下忠等,就对袁枚的"性灵说"颇有研究。此外,又有从文学群体、人际交流、人生哲学而论,这方面的研究者,有陈文新、李孝悌、毛文芳、黄仪冠等。上述这些角度,当然是袁枚的重要特色与突出的侧面,值得深入探索。但另一方面,袁枚年少任官,曾任溧水、江浦、沭阳、江宁等地知县,雍正心腹鄂尔泰就对人说:"公等但知渠文学,余决其必任事也。"[1]治效卓著,颇受爱戴,他的行政能力,并非那些纸上谈兵,高论"修身齐家治国平天下"、"为生民请命,为万世开太平",说起来头头是道,做起来却一塌糊涂,为人浅而不识物情的书生可比。其实他深知民瘼,既懂世间疾苦,又知道行政问题,相关言论,在他的《与从弟某论释服作乐书》《上两江制府请停资送流民

---

[1] (清)李调元著,詹杭伦、沈时蓉校:《雨村诗话校正》,成都:巴蜀书社2007年版,第31页。

书》《上陈抚军辨保甲状》《覆两江制府策公问兴革事宜书》《与吴令某论罚锾书》《答门生王礼圻问作令书》等篇,皆能观之。上述文章,捕蝗虫、治河渠、论赏罚、谈保甲、平物价、述为令之道,可见袁枚心中,实有一套治国牧民之道;对于官场拍马、送往迎来、阳奉阴违的弊端,更是冷眼旁观,直指其病。就以捕蝗为例:"今捕蝗之处分太重,督捕之官太多。一虫甫生,众官麻集。车马之所跐藉,兵役之所辒轹,委员武弁之所驿骚,上官过往之所供应,无知之蝗,食禾而已;有知之蝗,先于食官,而终于食民。"①一虫甫生,众官麻集,官员多以捕蝗为名,捞钱为实,供应补给,比蝗虫还过分,此皆可见袁枚的行政熟练与人事阅历。

除仕宦经验之外,袁枚对当时的学术表现,特别是经学,也有自己的深刻见解,本文的主旨,即是聚焦于此。众所皆知,以广泛的概念来讲,乾嘉考证(据)学,又或是清代汉学,是当时学术界的主旋律。②袁枚身处其中,自居文人,不被这些汉学家认同,心有未甘,深觉不公,他提出一系列质疑:考证学的标准是谁定的?何谓考据?考证的功能效用又在哪里?圣人之道,真的只能由考据取得?为何考证学是通往圣域的唯一通道?袁枚年幼便浸淫儒书,执经治学,自信功力不逊于当世汉学家,但他却只能被视为文人,而非考据家,世俗既不以学者视之,当时的学界也不当一回事。因此他不论是跟友人论学,或是向考证学者宣战,都坚持他自己文以道传的主张,并批判汉学。此中所论,自然也有过分、不近情理、缺乏论证之处,但究竟该如何看待袁枚的经学世界,他到底怎么说,怎么想,知其然亦需知其所以然,即是本文要处理的部分。关于袁枚经学的研究,目前学界讨论还不太多,论文寥寥无几,专论仅仅数篇,本文将在以下讨论,依文随注讨论、引用这些研究成果,冀能增进学界对袁枚经论的一些理解与探讨。

---

① (清)袁枚著,周本淳点校:《覆两江制府策公问兴革事宜书》,《小仓山房诗文集》,上海:上海古籍出版社2009年版,第1467页。

② 根据学者的研究,汉学之兴,可由内外缘之因来探究,论者甚多。近代自章太炎、梁启超以来,多从政治等外部因素而论,余英时则提出内在理路之说,美国学者艾尔曼则是从科举制度与学术群体来解释。本文意不在此,不拟详细讨论,相关论述可见葛兆光:《中国思想史(第二卷):七世纪至十九世纪中国的知识、思想与信仰》,上海:复旦大学出版社2013年版,第三编,第三、四节。另外,葛兆光并未提及的,则是张丽珠从"气"的角度论析明清学术的转型,相关论述散见其"清代新义理学三书"。张丽珠:《清代的义理学转型》《清代义理学新貌》,台北:里仁书局1999年版;《清代的新义理学——传统与现代的交会》,台北:里仁书局2003年版。

二、以文为宗,评判汉宋

前已言之,袁枚以文人自居,又或者是说,他根本是以文人自喜的,古人所谓"一为文人,便无足观"之类的话语,袁枚是绝对不会同意的。但是,切莫以为文人是很容易当的,就他看来,要成为文人,比当汉学家还难,书必须读得更多,学问广度要更大,重要的是,还要有才气、灵气,这点若无,此生成为文人的机会,难如登天。

关于文人的定义与能力,下节详论。袁枚之所以提高文人的地位,除当时文人本受社会看重之外,他更要与汉学家争地盘,一决胜负,并从文人在历史上的发展,扭转学术界视文人为小道、不入流的看法。因此他是以文人的立场,以文的角度,来评论考据学,指点汉学家。不只如此,他也论析宋学,认为汉宋学各有其弊,因本身视野的盲点与局限,导致汉宋学遮蔽了圣道,误解圣人之意。

袁枚曾作诗嘲讽汉学家:"东逢一儒谈考据,西逢一儒谈考据,不图此学始东京,一丘之貉于今聚。"[①]就他看来,"一丘之貉于今聚"的原因,恐怕还不是学问上的,而是利益上的,功名利禄,代代相承,层层关照。汉学通经,任官为士,互通声气,结交人际,资源利益,各有所取,彼此索需、彼此供给,共存共生,恐怕才是考据学的真相之一。他指出:

> 而所以取士者,又宽而易售。读四子书,习一经,皆曰士。其四子书与一经,又不必甚通也,稍涉焉,亦皆曰士。既曰士,皆可以为公卿大夫。十室之邑,儒衣冠者数千,在学者亦数百。惟有幸而进者,既进之以为公卿大夫矣,公卿大夫皆任取士之责者也。以彼其才,取彼其类,夫然后幸幸相承,而贤乃愈遗。[②]

自古已然,于今为烈,当今学者以经学自筑城墙,画地自限,建构了一层又一层的权限,不能符合这些规范,不被他们所认可,打不进他们的圈子,仿佛就被学

[①] (清)袁枚:《考据之学莫盛于宋以后,而近今为尤,余厌之,戏仿太白嘲鲁儒一首》,《小仓山房诗文集》,上海:上海古籍出版社2009年版,第848—849页。
[②] (清)袁枚:《原士》,《小仓山房诗文集》,上海:上海古籍出版社2009年版,第1166页。

术界放逐,拒于门外,驱之别院:"嗟呼!今学者略识偏旁,解韵语,便筑坚城而自囿者,比比也。"①因此他讽刺,只要功成名就,学问深厚,足以传世,自然会有这些腐儒来做注,钩沉索隐:"陈迹何妨大略观,雄词必须自己铸。待至大业传千秋,自有腐儒替我注。"②但是,这些城墙、那些标准,是谁决定的?是孔子吗?是古代圣贤吗?恐怕都不是,而是那些登上庠、执教鞭、拥有学术话语权的人。他从自古取士之道,看到了这层道理,天下士人愈多,反而视士愈轻,因为士人品质每况愈下,五谷不分,四体不勤,还妄想当公卿大夫,当上了,久而久之,官大学问大,居之不疑。当不上的,则转生妒忌,朋党诽谤,还自以为怀才不遇,千里马常有,伯乐却少。③

不过,古人推崇经世致用,他是赞同的,但通经是否真的足以致用,他却是怀疑的。他不是否认经,而是从根本上质疑,这些读经的方法是否真的错了,以至于读经愈深,离官位愈近,却离世务愈远。因此真正的通经之通,就是广博,更重要的是掌握经之文。这本是文人所长,可惜文人往往恃逸气,放情任性,汉学家又不能通文,自以为是,以致文道相睽,终究二分:

> 大抵文人恃其逸气,不喜说经。而其说经者又曰:吾以明道云尔,文则吾何屑焉?自是而文与道离矣。不知"六经"以道传,实以文传。④

"六经"以道传,所借之传者,文也。所以相较之下,文人或许可以不说经,但说经不能为文,则千万不可,但我们又岂能说圣人溺于辞章?⑤因此他批评范晔《后汉书》把儒林、文苑分开,强为区分,或有不得已之处,但不该仍旧依循,他推

---

① (清)袁枚:《龚旭开诗序》,《小仓山房诗文集》,上海:上海古籍出版社2009年版,第1391页。
② (清)袁枚:《考据之学莫盛于宋以后,而近今为尤,余厌之,戏仿太白嘲鲁儒一首》,《小仓山房诗文集》,上海:上海古籍出版社2009年版,第848—849页。
③ (清)袁枚:《原士》,《小仓山房诗文集》,上海:上海古籍出版社2009年版,第1166页。
④ (清)袁枚:《虞东先生文集序》,《小仓山房诗文集》,上海:上海古籍出版社2009年版,第1380页。
⑤ 关于道与文的问题,历来争论不休,批评文过甚者,往往指出,当论述对象事物,蓦然兀立于心,受其牵引,不免心神激荡,目眩神迷,过度执着与迷恋在世间的各种物色对象,深陷其间,如入泥淖,不能自拔,更难以见道。程颐批评这些文人"作文害道""作诗害道",也是这个缘故。其中关系,颇为复杂,更具有特殊的时代因素,详可参阅芝庆:《人文化成的文学图像——当"文心"遇上"雕龙"》,收入氏著《从指南山到汤逊湖:中国的知识、思想与宗教研究》,台北:万卷楼图书有限公司2019年版;刘芝庆:《观物之极,游物之表——苏轼的格物之学》,收入氏著《解释世界与改变世界:中国思想史的知识信仰与人间情怀》,武汉:武汉大学出版社2019年版。

崇顾震,说他既能文又通经,儒林、文苑本分,至他而合:

> 先生为海内经师,著《诗解》若干,《三礼札记》若干。余初疑先生之未必屑为文也,乃记、序、论、议、骈体、歌行,靡不典丽可诵,方知先生不以说经自画者,然犹不敢自是……盖实见夫修词之道非止于至善不可,丽泽之义,非朋友讲习不可。观先生之深于文也,愈叹先生之深于经也。①

愈深于文,更见经学功底,"观先生之深于文也,愈叹先生之深于经也。"前述说文人可以不通经,但这显然是谦辞,又或是指一般文人。但真正的文人经师,当然是通经又能为文,"以经师名天下"②的顾震如此,袁枚自己又何尝不是?事实上,他对经学之道,是极为自负的,他在与惠栋的书信中表露无遗:

> 仆龆齿未落,即受诸经。贾、孔注疏,亦俱涉猎。所以不敢如足下之念兹在兹者,以为"六经"之于文章,如山之昆仑、河之星宿也。善游者必因其胚胎滥觞之所以,周巡夫五岳之崔巍,江海之交汇,而后足以尽山水之奇。若矜矜然孤居独处于昆仑、星宿间,而自以为至足,则亦未免为塞外之乡人而已矣。试问今之世,周、孔复生,其将抱"六经"而自足乎?抑不能不将汉后二千年来之前言往行而多闻多见之乎?夫人各有能不能,而性亦有近有不近。孔子不强颜、闵以文学,而足下乃强仆以说经。倘仆不能知己知彼,而亦为以有易无之请,吾子其能舍所学而相从否?③

袁枚虽说人各有能,性各有近,但非指不能论经,只是他更好文而已。因为他自幼以来,龆齿未落,便已开始读经,从时间来看,不会逊于汉学家;再从功力来

---

① (清)袁枚:《虞东先生文集序》,《小仓山房诗文集》,上海:上海古籍出版社2009年版,第1380—1381页。
② (清)袁枚:《虞东先生墓志铭》,《小仓山房诗文集》,上海:上海古籍出版社2009年版,第1255页。
③ (清)袁枚:《答惠定宇书》,《小仓山房诗文集》,上海:上海古籍出版社2009年版,第1530页。

讲,他探究"经"的本义、跟李绂争论"三礼",特别是《周礼》是否为周公所传,使用的方法,以经证经,以经疑经,都是考证学的基础功夫。① 好友门生说他擅经学,明训诂,"著文亦以训诂济"②,杭世骏为书作序,指出袁枚"扫群弊而空之"③。难免有溢美之嫌,但袁枚其实是好此道的,除本论文所引用之外,像《答金震方先生问律例书》《答蒋信夫论丧娶书》《与清河宋观察论继嗣正名书》《与从弟某论释服作乐书》等,皆可见得经学根柢。

正因如此,他更要推崇文,因为文是道之所传,例如他认为骈体是修辞之上者,是"六经"的延续,体现以文明道的宗旨:

> 古圣人以文明道,而不讳修词。骈体者,修词之尤工者也。"六经"滥觞,汉、魏延其绪,六朝畅其流。论者先散行,后骈体,似亦尊乾卑坤之义。然散行可蹈空,而骈文必征典。骈文废,则悦学者少,为文者多,文乃日敝。④

骈文精义如此,只是后来也逐渐衰微,格愈降,调愈卑,仅存其外,虽骈其辞,但无甚内涵,敷衍文章,华丽辞藻而已。但是,这些为文之道,征典、结构、布局、章法、体例,可以是经世之道,是具体的,跟真正的考证学一样,⑤是有用于世的,既可安身,又可致用。他以著书与治兵互通这点来讲:"从来著书之道,与治兵

---

① 参见(清)袁枚:《答李穆堂先生问三礼书》,《小仓山房诗文集》,上海:上海古籍出版社 2009 年版,第 1452—1458 页。
② (清)万应馨:《题辞》,《小仓山房诗文集》,上海:上海古籍出版社 2009 年版,第 1942 页。
③ (清)杭世骏:《序》,《小仓山房诗文集》,上海:上海古籍出版社 2009 年版,第 1147 页。
④ (清)袁枚:《胡稚威骈体文序》,《小仓山房诗文集》,上海:上海古籍出版社 2009 年版,第 1452—1458 页。其实,许多汉学家也讲究文章技艺,更是骈文能手,例如颜建华就指出惠栋的文章,渊雅古朴,丽而不浮,学术与文章兼而擅之,自成一家言。颜建华:《清代乾嘉骈文研究》,北京:光明日报出版社 2011 年版,第 179、185—191 页。
⑤ 郑吉雄早已指出,当今汉学家并非没有"求道"的企盼,也非不讲义理,他们的考证学,不只是追求语源或语义,而是在此基础上更进一步发挥"古训"(经典中的教训)的教义,圣人既在经典中透过文句来说明义理,那么解释文字,才能进而体察作者的意旨。换言之,文献的知识,可以借由考证从文句联系到生命与思想、义理的实践。郑吉雄:《戴东原经典诠释的思想史探索》,台北:台湾大学出版社 2008 年版,第 248—254 页。林启屏也指出,对乾嘉学者的自我认同而言,他们并没有"义理"层面的认同困扰,因为他们虽不喜言"超越面向",却努力追求"具体实践",并以实学的精神,将价值意识具体化。林启屏:《儒家思想中的具体性思维》,台北:台湾学生书局 2004 年版,第 149—161、200 页。

通。治兵者,号令,其发凡也;队伍,其体例也;行止,其章法也;鱼丽鹅鹳,左盂右盂,其目录也。大而至于鸟蛇龙虎之变,细而至于梁丽、渠答、钩梯、井灶之微,分而省之,合而参之,必使部居别白,而后可以克敌取胜。"①

所以穷经是好事,其志可嘉,但问题是过度偏食,就是作茧自缚。他对惠栋说:"来书恳恳以穷经为勖,虑仆好文章,舍本而逐末者。然比来见足下穷经太专,正思有所献替……"②又引用王充、柳冕这些人的话,文儒胜于世儒,君子儒优于小人儒,世儒传经,文儒著作,相较之下,文儒为优,君子儒为上。③所以穷经还不如好文,好文才是正法,才是王道,套句好友蒋士铨的诗,就是:"文章千古学。"④他还讽刺这些汉学家,不能文,就说文不重要,还随波逐流,舍本逐末,以穷经为能事,关在自己的象牙塔,自得其乐,挂一漏万:"男儿堂堂六尺躯,大笔如椽天所付","鲸吞鳌掷杜甫诗,高文典册相如赋。"⑤

袁枚对当时汉学深感不满,对宋学同样也不太满意,他认为宋儒的"道统"之说,过于抽象,自己的话多,圣人的话少。而道乃空虚无形之物,又何来谁传统,谁受统?"道统之名,始于南宋。……而道者乃空虚无形之物,曰某传统,某受统,谁见其荷于肩而担于背欤?尧、舜、禹、皋并时而生,是一时有四统也。统不太密欤?孔、孟后直接程、朱,是千年无一统也。统不太疏欤?甚有绘旁行斜上之谱,以序道统之宗支者。倘有隐居求志之人,遁世不见知而不悔者,何以处之?或曰:以有所著述者为统也。倘有躬行君子,不肯托诸空言者,又何以处之?毋亦废正统之说而后作史之义明,废道统之说而后圣人之教大欤!"⑥正统道统之说,既然都靠不着,自然不需要再深论。对于宋代理学家,如朱熹所说,

---

① (清)袁枚:《萧十洲西征录序》,《小仓山房诗文集》,上海:上海古籍出版社2009年版,第1399页。
② (清)袁枚:《答惠定宇书》,《小仓山房诗文集》,上海:上海古籍出版社2009年版,第1528页。
③ 汉王充曰:"著作者为文儒,传经者为世儒。著作者以业自显,传经者因人以显。是文儒为优。"宋刘彦和曰:"传圣道者莫如经。然郑、马诸儒,宏之已足,就有阐宣,无足行远。"唐柳冕曰:"明《六经》之义,合先王之道,君子之儒也;明《六经》之注,与《六经》之疏,小人之儒也。今先小人之儒,而后君子之儒,以之求才,不亦难乎?"此三君子之言,仆更为足下诵之。(清)袁枚:《答惠定宇书第二书》,《小仓山房诗文集》,上海:上海古籍出版社2009年版,第1531页。
④ (清)蒋士铨著,梅海清校,李梦生笺:《临颍马融读书处》,《忠雅堂集校笺》,上海:上海古籍出版社1993年版,第12页。
⑤ (清)袁枚:《考据之学莫盛于宋以后,而近今为尤,余厌之,戏仿太白嘲鲁儒一首》,《小仓山房诗文集》,上海:上海古籍出版社2009年版,第848—849页。
⑥ (清)袁枚:《策秀才文五道》,《小仓山房诗文集》,上海:上海古籍出版社2009年版,第1664页。

道在三代,汉唐不存,他是不赞同的,①道本在,根本未绝,只要合乎道,人人可得之,反之亦然,若无汉唐经说注疏,又安能有程朱即大成?所以不可抹杀前人贡献,"昔者秦烧《诗》《书》,汉谈黄、老,非有施雠、伏生、申公、瑕丘之徒负经而藏,则经不传;非有郑玄、赵岐、杜子春之属琐琐笺释,则经虽传不甚明。千百年后,虽有程、朱奚能为?程、朱生宋代,赖诸儒说经都有成迹,才能参己见成集解。安得一切抹杀,而谓孔、孟之道直接程、朱也?"②而宋学的特色,见世行佛老之说,圣人之旨未明,于是出入二氏,入室操戈,进虎穴,得虎子,心性之学由此而出。其后元以精义取士,以程朱为式,明祖开国,"又首聘婺之四先生,劝颁朱注以取士,而宋学从此大昌。"③不过,宋学固然是孔门儒家源流,堂堂溪水,却也未必只流过宋朝之河,毕竟汉唐儒学,亦不可略,不要厚此薄彼,将历代儒学划分高下优劣,其实根本不存在判教之分:"尊宋儒可,尊宋儒而薄汉、唐之儒则不可;不尊宋儒可,毁宋儒则不可。又何也?曰:孔子之道若大海然,万壑之所朝宗也。汉、晋、唐、宋诸儒,皆观海赴海者也。其注疏家,海中之舟楫桅篷也;其文章家,海中之云烟草树也;其讲学家,赴海者之邮驿路程也。"④

所以他劝人不要为汉学所骗,也不要被宋学所误,像他自己,年幼读书,虽已受经,但墨守宋学,拘泥过甚,反而闻见愈窄,就是一个最好的教训,希望大家引以为戒:"仆幼时墨守宋学,闻讲义略有异同,辄掩耳而走。及长,读书渐多,入理渐深,方悔为古人所囿。足下亦宜早自省,毋径抱宋儒作狭见谫闻之迂士,并毋若仆闻道太晚,致索解人不得。"⑤宋学固然有弊,汉学当然也有,近人批评宋儒凿空,可是汉儒凿空之处,难道又少了?郑玄臆说,后人早就多有指正。⑥故汉宋之争,各分门户,本身都该自省,他对惠栋说:"闻足下与吴门诸士,厌宋儒空虚,故倡汉学以矫之,意良是也。第不知宋学有弊,汉学更有弊。宋偏于形

---

① 关于朱熹与陈亮论王霸问题,可参见刘芝庆:《陈亮经学发微》,《解释世界与改变世界:中国思想史的知识信仰与人间情怀》,武汉:武汉大学出版社2019年版。
② (清)袁枚:《代潘学士答雷翠庭祭酒书》,《小仓山房诗文集》,上海:上海古籍出版社2009年版,第1517—1518页。
③ (清)袁枚:《宋儒论》,《小仓山房诗文集》,上海:上海古籍出版社2009年版,第1606页。
④ (清)袁枚:《宋儒论》,《小仓山房诗文集》,上海:上海古籍出版社2009年版,第1607页。
⑤ (清)袁枚:《答尹似村书》,《小仓山房诗文集》,上海:上海古籍出版社2009年版,第1560页。
⑥ (清)袁枚:《随园诗话》,南京:凤凰出版社2000年版,第80页。

而上者,故心性之说近玄虚;汉偏于形而下者,故笺注之说多附会。"①宋学心性偏玄虚,但汉儒笺注,附会之说,谶纬妖异,难道又少了?何况虚或实,更不可一概而论,都只是相对性的说法,主要看自己的价值取向与论述立场。一个宗教感很强的人,反而会觉得考证都是虚伪的;反之,考证强调有凭有证,往往会觉得抽象心性都是玄妄的。②

袁枚以文人的立场,以文章之道的观点,来批判汉宋,在当时的汉宋之争的氛围下,他向汉学家的地盘进攻,以彼之道还施彼身;又站在宋儒的立场,反省理学的门户问题。就他看来,"圣人之道大而博,学者各以其学学圣人,要其至焉耳"③,汉宋既不可废,也不可偏,合则两美,分则两伤。因此,他以身为文人为荣,文人的立场与观点,就是他的价值取向。但他这样的文人,就他自己看来,事实上是以继承孔门为己任,以博学为胜的,"吾学无不窥"④。

三、"六经"皆文,绍述孔子

袁枚为蒋坚写传,曾说过,后世子孙生一个显人,还不如生一个文人。原因为何?他认为显人不过当世而止,及身而绝,文人则不同了,名借文传,言之不文,行之不远,千秋万岁后,述世系,扬风烈,只有文人能堪重任,蒋坚之于蒋士铨,便是如此:"今之为公卿者,生赫赫,死则序恩荣,数行便漓然尽。公布衣也,瑰意琦行,纷叠若是。虽公意踔绝,不以仁义让人,而士铨之腹存手集,罗缕毕贯,其才高,其志尤足悲也。"⑤文人之可贵,尚不仅于此,博学,更是文人的必要条件,宗谷芳就说袁枚文章,兼理学、经济、辞章为一体。⑥ 友朋后学称赞,可能为人情所误,未可全信。但其实袁枚自己,诗词歌赋、骈文、小品文,本就擅长,他的《随园诗话》《随园食单》《子不语》《续诗品》等,论人记事,摘文敷藻,采跖征

---

① (清)袁枚:《答惠定宇书》,《小仓山房诗文集》,上海:上海古籍出版社2009年版,第1529页。
② 参见余英时:《论戴震与章学诚——清代中期学术思想史研究》,台北:东大图书公司1996版,第348页。
③ (清)袁枚:《高守村先生传》,《小仓山房诗文集》,上海:上海古籍出版社2009年版,第1304页。
④ 参见(清)袁枚:《陶渊明有饮酒二十首,余天性不饮,故反之作不饮酒二十首》,《小仓山房诗文集》,上海:上海古籍出版社2009年版,第34页。
⑤ (清)袁枚:《赠编修蒋公适园传》,《小仓山房诗文集》,上海:上海古籍出版社2009年版,第1304页。
⑥ 参见(清)袁枚:《后序》,《小仓山房诗文集》,上海:上海古籍出版社2009年版,第1940页。

典,出幽入幻,说掌故、考声韵、谈女人、写交游、述鬼怪、抒性情,亦话亦诗,亦事亦论,炼字度句,勾勒微妙,诗中有话,话中有诗,皆可见博学通达的一面,他也借此勉励友朋:"博学斯能文,多钱裁善贾。上可造圣门,一贯师尼父。"①本文开头也曾提到他对社会问题的研究,对行政制度的理解,对官场习性的透视,亦多中肌理,分析中肯。当然,这样的博学并非袁枚所独有,实乃时代风气使然,例如友人程晋芳就是"君学无所不窥,经、史、子、集、天星、地志、虫鱼、考据,具宣究,而尤长于诗,古文醇洁,有欧、曾遗意"②。另外,根据学者的研究,顾炎武也可视为清初"博学以文"的延续,但是顾炎武博学以文,不愿为文人,袁枚刚好相反,文人,更需博学以文——文人,根本就是他自信自傲、自重自乐的身份。③

所以他谈诗论文,说经疑经,便是从这个角度来分析的。他说古代有史无经,今日所谓的经,如《春秋》《尚书》之类,都是古代之史,所以"六经"皆圣人文章,文章也始于"六经"。④ 这不是"'六经'皆史",而是"'六经'皆文",正如杭世骏所言,"文莫古于经","文莫古于史,而史之考据家非古文也"⑤。故所谓经史,根本都是文,《尚书》《诗经》,皆应如是观:"论者曰:说经人多不能诗。又曰:诗颂圣者难工。不知诗即经也,赓歌喜起,半颂圣也。果能说经,而何有于诗?果能颂圣,而何忧其不工?"⑥掌握了"六经"皆文的道理,自可说经颂圣,皆诗能并工了。⑦

---

① (清)袁枚:《鲍文石四十索诗》,《小仓山房诗文集》,上海:上海古籍出版社2009年版,第739页。
② (清)袁枚:《翰林院编修程君鱼门墓志铭》,《小仓山房诗文集》,上海:上海古籍出版社2009年版,第1714页。
③ 关于顾炎武的观点,可参见陈平原:《能文而不为文人:顾炎武的为人与为文》,《从文人之文到学者之文:明清散文研究》,北京:生活·读书·新知三联书店2004年版。
④ (清)袁枚:《虞东先生文集序》《史学例议序》,《小仓山房诗文集》,上海:上海古籍出版社2009年版,第1380、1382页。
⑤ (清)杭世骏:《序》,《小仓山房诗文集》,第1147页。袁枚其实并未正式提出"'六经'皆文"的主张,这反而是当代学者龚鹏程所建立的学术术语,但以此说来评论袁枚,亦颇适当。关于袁枚疑经的问题,可参见龚鹏程:《六经皆文——经学史/文学史》,台北:台湾学生书局2008年版,第352—362页。袁枚"'六经'皆文"的特点,参见黄爱平:《袁枚经学观及其疑经思想探析》,《清史研究》第3期。
⑥ (清)袁枚:《叶书山庶子日下草序》,《小仓山房诗文集》,上海:上海古籍出版社2009年版,第1304页。
⑦ 袁枚说经论史,也被当时一些学者看重,例如他与钱大昕论官制沿革,洋洋洒洒,甚多精辟之言,钱大昕就称赞他:"先生精研史学,于古今官制异同之故,烛照数计,洞见症结,而犹虚怀若谷,示以所疑,俾马勃牛溲,得备扁和之采,其为荣幸,非敢所望,述其一二,惟先生详察。"(清)钱大昕:《答袁简斋书》,《潜研堂文集》,上海:上海古籍出版社2009年版,第611页。

博学于文,"六经"皆文,因为这些都是儒者所应为,当行本色,袁枚以儒者自诩,任重而道远,"问我归心向何处,三分周孔二分庄"①,"未必两庑坐,果然圣人徒;未必两庑外,都与圣人殊。"②而对于道家,只喜庄子不喜老子:"英雄与文人,往往托佛老","吾学无不窥,惟憎二氏书","大道有周孔,奇兵出庄周。"③世论袁枚者,多讲他的性情,好情重色,以才闻名,交游广泛,小妾众多,以及与女弟子的关系等,往往只把他当成性灵文士,如王英志《文采风流:袁枚传》第四、五、六章,罗以民《子才子:袁枚传》第九、十、十三章,就专讲袁枚文学主张、风流韵事、男女关系等。④ 袁枚当时的社会形象,"一代高才有情者"⑤,固然是有这样的情况,《清史稿》就说他"喜声色,其所作亦颇以滑易获世讥",但也不可忽视他自命儒生的一面。又或者说,具经世之才,文采斐然,其人其文皆足以动人,而情之所钟,议论古今,出经入史,踔厉风发,正在我辈,也是博学以文的特色,儒林文苑不分,儒者文人合一,袁枚就是以此自居。严寿澂称袁枚为"实用型儒家循吏之学"⑥,看到袁枚儒学性格的一面,确为卓见,但也只是就治术行政而言。事实上,本文的论述,即是在说明,儒学本来就是袁枚一种生命形态,儒生可分为多种,他属于文人式的儒生,或是儒生式的文人,而且就他自己看来,这恐怕还是最好的一种。⑦

当然,并非人人都可以合文苑儒林,多数人,依其才性,恐怕只能择一而难以齐备的,但最忌厚此薄彼,分其高下。友人对他说,诗不如文,文又不如著书,此处"著书",是袁枚友人所言,专指考据,在袁枚的定义里,"著书"包括了考据,当然更包括辞章、文法、结构、义理。所以袁枚不以为然,论其大谬,毕竟诗文甘

---

① (清)袁枚:《山居绝句》,《小仓山房诗文集》,上海:上海古籍出版社2009年版,第188页。
② (清)袁枚:《偶然作》,《小仓山房诗文集》,上海:上海古籍出版社2009年版,第285页。
③ (清)袁枚:《陶渊明有饮酒二十首,余天性不饮,故反之作不饮酒二十首》,《小仓山房诗文集》,上海:上海古籍出版社2009年版,第34页。
④ 参见罗以民:《子才子:袁枚传》,杭州:浙江人民出版社2007年版;王英志:《文采风流:袁枚传》,北京:东方出版社2012年版。
⑤ (清)蒋士铨著、梅海清校、李梦生笺:《同高东并文藻夜话因怀陈梅岑熙并柬袁子才先生》,《忠雅堂集校笺》,上海:上海古籍出版社,1993年版,第1081页。
⑥ 严寿澂:《近代实用型儒家循吏之学——袁简斋论治发微》,《近世中国学术思想抉隐》,上海:上海人民出版社2006年版。
⑦ 虽然袁枚也说"而颇自知天性所短",不过专指笺著等体例,并非说他只为文苑,不入儒林。本文屡有提及,袁枚对考证文史的兴趣,其实也是非常浓厚的,许多论述散见他的文章中。(清)袁枚:《答友人某论文书》,《小仓山房诗文集》,上海:上海古籍出版社2009年版,第1545页。

苦,如人饮水,冷暖自知,并不逊于经学,"仆疑足下于诗文之甘苦,尚未深历,故觉与我争名者,在在皆是。而独于考订家琐屑斑驳,以为其传,较可必耶? 又疑诗文之格调气韵,可一望而知,而著书之利病,非搜辑万卷,不能得其症结。故足下渺视乎其所已知者,而震惊乎其所未知者耶?"①所以他劝人,入文苑,进儒林,宜早选择,从一深造,以免两失。

况且,就他看来,当世大儒,特别是善考证者,文章都不行。琐屑斑驳,下笔无文,对文法文章之道,所知甚少,所得甚浅,只能以校勘、训诂、音韵等炫世,误人子弟:"近见海内所推博雅大儒,作为文章,非序事噂沓,即用笔平衍,于剪裁、提挈、烹炼、顿挫诸法,大都懵然。是何故哉? 盖其平素神气沾滞于丛杂琐碎中,翻撷多而思功少。譬如人足不良,终日循墙扶杖以行,一日失所依傍,便怅怅然卧地而蛇趋,亦势之不得不然者也。且胸多卷轴者,往往腹实而心不虚,藐视词章,以为不过尔尔,无能深深而细味之。"②但是当时考证学者又太多,既看不起文人,自然也瞧不上诗文,所以袁枚反过来,偏偏说他们的考据文章,只是劳力,专事依傍,他们的作品,核实而滞,最多只能称为"参考",当然比不上文人著作:

>著作者熔书以就己,书多则杂;参考者劳己以徇书,书少则漏。著作者如大匠造屋,常精思于明堂奥区之结构,而木屑竹头非所计也;考据者如计吏持筹,必取证于质剂契约之纷繁,而圭撮毫厘所必争也。二者皆非易易也。

>然而一主创,一主因;一凭虚而灵,一核实而滞;一耻言蹈袭,一尊事依傍;一类劳心,一类劳力。二者相较,著作胜矣。……而又苦本朝考据之才之太多也,盍以书之备参考者尽散之。③

---

① (清)袁枚:《答友人某论文书》,《小仓山房诗文集》,上海:上海古籍出版社 2009 年版,第 1546 页。
② (清)袁枚:《答程蕺园书》,《小仓山房诗文集》,上海:上海古籍出版社 2009 年版,第 1801 页。
③ (清)袁枚:《散书后记》,《小仓山房诗文集》,上海:上海古籍出版社 2009 年版,第 1777 页。

四、结论

　　本文探究袁枚经说,是目前学界较少讨论的部分,我们发现袁枚并非一般印象中的文人,他在根本上企图为"文人"正名。一方面,他从历史上找寻同道,如王充、刘勰等人,提出文人的正面形象;另一方面,他也向当时考证学挑战,并旁涉宋学诸儒,指出这些学说,理有未达,不能上通文章之道,以致学问有缺,认知有误。

　　值得注意的是,袁枚所谓的汉学,是广义的概念,并非专指,而是泛指。与后来方东树等批判汉学家不同,张丽珠便认为方东树所反对的主要是批评程、朱的汉学家,像戴震、阮元等人,这些人才是他真正的打击对象,至于循训诂形声以求的纯粹汉学家与考据学,"那只是次要的怀璧其罪,一并诛之而已"[①]。再者,正如钱穆与朱维铮所分析,《汉学商兑》是针对江藩《国朝汉学师承记》《国朝经师经义目录》而发。[②] 更要进一步细究的,是前者驳斥的"汉学"与后者赞扬的"汉学",内涵并不完全相同,田富美就分析,江藩所谓的"汉学"是指专主治学的考据功夫,而方东树所称之"汉学"则概括了义理思想与考据功夫,两者范畴不尽相同。[③] 至于袁枚的宋学,若依据现代学界对理学的定义,既包括程、朱,也不排除陆、王,所以他在书信中,劝人不要总是把陆、王视为异端。[④]

　　更进一步来讲,若要论当世真能发现宋儒优点者,又非袁枚莫属:"宋儒之学,首严义利之辨。讲学,义也;决科,利也。宋儒当时早知后世以其学为干禄

[①] 张丽珠:《清代的义理学转型》,台北:里仁书局2003年版,第118—119页。

[②] 参见钱穆:《中国近三百年学术史(下)》,台北:台湾商务印书馆2005年版,第573—576页。朱维铮则另外剖析方东树与阮元、江藩等人的学术人际关系,还有方东树的人格特质。朱维铮:《求索真文明——晚清学术史论》,上海:上海古籍出版社1996年版,第13—37页。

[③] 参见田富美:《方东树反乾嘉汉学之探析》,铭传大学2008年中国文学学理与应用学术研讨会,铭传大学应用中文系主办,2008年,第11—13、24—29页。关于方东树对汉学的批评,学者虽已有论述,但忽略了方东树是从文章的角度出发。方东树批判汉学,固然是其宋学(程、朱)本位所致,可是方东树作为姚鼐弟子、桐城派的大将,说文法,论义理,重经世,对"文章之学"的重视,也是方东树反对汉学家的原因之一。反过来说,汉学家也常批判桐城派的文章,方东树正是以彼之道还施彼身,认为真正不明文章大义者,其实是汉学家自己。详见可见刘芝庆:《"文章要有本领"——方东树论汉宋之争》,收于氏著《经世与安身——中国近世思想史论衡》,台北:万卷楼图书有限公司2017年版。

[④] 参见(清)袁枚:《代潘学士答雷翠庭祭酒书》,《小仓山房诗文集》,上海:上海古籍出版社2009年版,第1518页。

之书,则下笔时必耻为之。……窃以为今之善尊宋儒者,莫仆若耳。"①宋学如此,汉学又何尝不是?他批评汉学家这里不足,那里不够,正是因为他自以为懂得汉学家的为学方法,明其弊,才可以矫正其漏失缺陷。至于该如何拯救,袁枚的说法,就是以文明道。

其实,考证学者也不是只讲考证而已,他们同时也是文人雅士,谈诗论文,皆能为之,葛兆光就认为这些汉学家:

> 他们在书斋中钻研经典中的知识性问题,用"学术话语"赢得生前身后名,在公开场合社交场合以道德修养的说教示人,以"社会话语"与周围的世界彼此协调,当然,他们也少不了私人生活的乐趣,歌楼酒馆,园林画船,在那里,他们以"私人话语"在世俗世界中偷得浮生闲趣。

> 清郑献甫《补学轩文集》卷一《著书说》里打过一个比方,说宋人语录式的话语是"画鬼",无论画得好不好都可以蒙人,清代考据式的话语是"画人",稍有不像就不敢拿出来给人看,而文人写诗词,就好比"画意",无论好不好都敢自夸一通,虽然确认一个人的学问知识要靠可以比较评判的"画人"技术,但清代许多人包括考据家是三种话语都会说的。②

就葛兆光看来,汉学家既有"学术话语"与"社会话语",当然还有私人领域的"私人话语",他们既能以考据为学,也可以舞诗弄词,艺通多方,非沽一味。这种面向,固然有可能正是方东树所批评"文与人分"的情况,却也表现出汉学家并非个个都是老学究,并非人人都只知考证学而不懂其他,他们是擅长多种话语的。袁枚所论,套句柳宗元对韩愈言论的评语:"子诚有激而为是耶?"③虽说时势所激,言之成理之处或有,但过于偏颇,亦复不少。

回到主题,以文明道,"六经"皆为文章,这就是袁枚的立场,以文人自命,以

---

① (清)袁枚:《再答似村书》,《小仓山房诗文集》,上海:上海古籍出版社 2009 年版,第 1562 页。
② 葛兆光:《域外中国学十论》,上海:复旦大学出版社 2002 年版,第 9 页。
③ (唐)柳宗元:《天说》,《柳河东集》,第 286 页。

文人自诩，但文人又非玩物丧志者，而是胸怀天下，在本朝则美政，在乡则美俗。这种文人，用王充的话来讲，就是文儒。而文人之文，既能文采风流，当然也可以化民成俗，改变世界："尝谓功业报国，文章亦报国，而文章之著作为尤难。"①于是写文章，成著作，安顿身心，诗文风流，经世致用，功业报国，舍我其谁？"若夫仆之所自信者，则固有在矣。《周官》三百六十，谓非其人莫任者，今无有也。唐、宋来几家文字，非其人莫任者，诚有之矣。仆幼学徐、庾、韩、柳之文及三唐人诗。每摇笔，觉此境非难到，苦学植少，让古人之我先，腼焉以早达为悔。"②是以达则兼善天下，从事实务，退则著文章，文章亦报国，故曰："仆进有事在，退有事在，未必退闲于进。"③

以上从"文"的角度析论袁枚，切入他对汉宋学的看法，其学其人虽以文为重，铺叙展衍，炫藻逞才，博学多能，但亦不废经，也重义理，他更是上溯孔子，以儒为本。说到底，文章是文人的安身立命处，调适而上遂，在乾嘉考证学的风尚中，袁枚的儒者心声，或许可视为另种形态。本文对袁枚论儒学与考据之相涉、文人与经师之相较、袁枚经说，初为发凡，还请专家同行，不吝指正。

---

① （清）袁枚：《再答陶观察书》，《小仓山房诗文集》，上海：上海古籍出版社2009年版，第1484页。
② （清）袁枚：《再答陶观察书》，《小仓山房诗文集》，上海：上海古籍出版社2009年版，第1485页。
③ （清）袁枚：《再答陶观察书》，《小仓山房诗文集》，上海：上海古籍出版社2009年版，第1484页。

"宋学"在乾嘉汉学话语中的不同意蕴

崔发展　郑　超

西南石油大学马克思主义学院

乾嘉时期,汉学虽然掌控话语权,但宋学却仍有其存在的必要。那么,在汉学家看来,宋学的有效性体现在哪里?换句话说,在汉学话语中,宋学是如何被理解或被界定的呢?

阮元一向被尊为乾嘉汉学的殿军,其言论不时带有总结乾嘉汉学乃至乾嘉之前的清学的意味,如其所谓"《汉书》云:'修学好古,实事求是。'后儒之自循于虚而争是非于不可究诘之境也,岂河间献王竟逆料而知之乎?我朝儒者,束身修行,好古敏求,不立门户,不涉二氏,似有合于实事求是之教"[①]。阮氏一方面批宋儒("后儒"),另一方面却又认为不应有汉宋门户。那么,这里的"宋"究竟指什么就需分辨。

在分析之前,需注意几点:第一,这里的讨论对象以群体性的表现为主,而基本不做全体判断,因为总是存在另类乃至相反的案例。第二,汉学家有无门户,主要取决于其对宋学的态度如何,为此,通过梳理门户问题,就可明白汉学家话语中的宋学究竟何指。换句话说,我们探讨的焦点将主要针对汉学家内部,而不着重考虑汉学家与非汉学家的外部之争。第三,宋学、理学与宋儒之学(即广义的宋明理学)不尽相同,这里主要取汉学家所理解的宋学(理学、宋明理学)之意,或者说汉学家所建构或自造的宋学(理学、宋明理学)之意,且一概以宋学称之,而不再做详细区分。

[①] (清)阮元:《揅经室三集》卷五《惜阴日记序》,北京:中华书局1993年版,第688页。

尽管"汉学""宋学"之名出于何时难以定论,但二者在清初即已作为学术专名成对出现,尤其在乾嘉时期几成流行词汇,且常被做对使用。这种流行做法本已表明汉宋有别,既然有别,就会有争,终使汉宋关系成为乾嘉时期的一个重要问题。由此逆向推导这个问题的缘起,有学者自然就会认为汉宋之争是门户之辨的诱因,而为了避免门户之争,就要反思划分汉宋这一做法本身的问题。不过,总体讲,乾嘉时汉宋分立才是主流,只是这一分立是否一定导致汉宋之争或门户之争,则大有讨论的必要。对此,本文试从如下三个方面进行分析。

一、乾嘉汉学家是否真的"不立门户"?

若如阮元所说清儒皆不立门户或鲜有立门户者,未免不实,那么,若仅指乾嘉汉学家,又当如何?看来也难有定论。如对于阮元本人是否有门户之见,学界尚有较大争议,遑论其他?其实,值得思考的倒是这样一个问题:阮氏为何要将"不立门户"作为"实事求是"的一个重要指标?具体而言,对于乾嘉汉学而言,这是一个学术总结或精神提炼,还是一个期许、规劝、引导?从当时人的引述中,似可得出不同乃至截然相反的结论来。比如,钱大昕的批评之言:"说经必诋郑服,论学先薄程朱,虽一孔之明,非无可取,而其强词以取胜者,特出于门户之私,未可谓之善读书也。"[1]江永的兼采之举:"兼宗汉宋,不立门户。"[2]纪昀的公心之辩:"消融门户之见,而各取所长,则私心去而公理出,公理出而经义明矣。"[3]林昌彝的规劝之言:"学者得其分合之道,则汉学、宋学一以贯之,而何门户之别哉?"[4]凡此种种,似难定论。

对于这个问题,可以尝试从反证的角度来作答。当时人直接或间接论及"门户"的言论如此之多,或者说,当时汉学名流多有批评汉宋之争而主张汉宋持平、汉宋兼采的论调,岂不恰恰说明了门户之见或汉宋之争实则是一种流行的风气或弊病?越是大力倡导汉宋持平、不立门户,或许就越能表明当时人分

---

[1] (清)钱大昕:《娱亲雅言序》,见(清)严元照:《娱亲雅言》卷首,《续修四库全书》第175册,第488页。
[2] 张舜徽:《清人文集别录》卷七"通艺录"条,北京:中华书局1980年,第196页。
[3] (清)纪昀:《四库总目提要》,石家庄:河北人民出版社2000年版,第49页。
[4] (清)林昌彝:《小石渠阁文集》卷一《汉宋学术论》,《续修四库全书》第1530册,第356页。

别汉宋或出入门户的事实。如当时的汉学家吴兰庭曾向友人吐露心迹："弟于经典诂训,笃信汉儒,不喜后来新说,然亦未尝轻议宋儒者,是非久而自明。专尚攻讦,非长厚之道,徒足取骇于俗目,并望同志共守此约。"①此番语重心长之语,却反而印证了时人"专尚攻讦"、辄诋宋学的门户之见,故而吴氏才有"同志共守此约"的殷殷之望。江藩说"近今汉学昌明,遍于寰宇,有一知半解者,无不痛诋宋学"②,若将吴氏此言与江氏这里所观察到的现象相参看,或许更能明了汉宋分立的大局吧。

方东树曾指出汉学家"争为实事求是之学,衍为笃论,万口一舌,牢不可破"③,若从汉学家对"实事求是"的尊奉与践履来看,可以说汉学家的确是有一份"争"心的,但这是否就是所谓的汉宋门户之争？这就要看此"门户"的具体所指是什么。章学诚有"学者不可无宗主,而必不可有门户"④的警世之论,提醒时人必须注意门户与宗主不同。这就意味着,一个人是否宗汉,与其是否抱有汉主宋奴的门户之见,并无必然关系。然在实际上,当时的汉学家乃至今日的诸多争论,似乎多未理清二者之间的不同。其实,仅就一个人宗汉而言,是无法断定他有无门户之见的,因为一般而言,某一汉学家有无门户之见,主要取决于他如何对待宋的问题。不过,进一步讲,即便此人宗汉采宋,他也不一定就毫无门户之见,这是因为,在宗汉之后不仅有是否采宋的问题,更有怎样采宋以及所采的是哪一层面的宋等深层次问题,故不可一概而论。

二、如果某一汉学家的确有汉宋门户，此时的"宋"指的是什么？

这里并不是做假设推论,而是进行事实分析,此即:无论一个汉学家是否采宋,但只要他持有门户之见,那么,他就必然会反对宋学,而我们所要分辨的就是他所反对的是何种意义上的宋学。为此,我们必须选取一些持有门户之见的

---

① （清）吴兰庭：《娱亲雅言序》,见（清）严元照：《娱亲雅言》卷首,《续修四库全书》第175册,第491页。
② （清）江藩：《国朝宋学渊源记》卷上,北京：中华书局1983年版,第154页。
③ （清）方东树：《汉学商兑》卷中上,南京：凤凰出版社2016年版,第61页。
④ （清）章学诚撰,叶瑛校注：《文史通义校注》卷五,北京：中华书局1985年版,第523页。

汉学家为案例，从中揭示处在门户之争中的宋学在具体所指上的变化。

例一：方东树以宋学为宗，据其观察："近世风气但道着一'宋'字，心中先自有不喜，意必欲抑之排之以著其短失而后快于心，乃至宋人并无其事与言，亦必虚构之，以为必当如是云尔，以见宋人之迂固不通，殆若一无所知如此也。"①若如方氏所言，这些人宗汉却又凡宋必反，甚至不惜无中生有地或想当然地指斥宋学，乃是最明显的门户之见者。当然，方氏所言未必尽符实情。不过，既然方氏并非仅指某一个或少数几个人，而是泛指"近世风气"，亦当道出了相当实情。如焦循也提到时人对于宋学讳莫如深的心理，其言曰："且夫唐、宋以后之人，亦述孔子者也。持汉学者，或屏之不使犯诸目，则唐、宋人之述孔子，讵无一足征者乎？学者或知其言之足征而取之，又必深讳其姓名，以其为唐、宋以后之人，一若称其名，遂有碍乎其为汉学者也。学者或知其言之足征而取之，又必深讳其姓名，以其为唐宋以后之人，一若称姓名，遂有碍乎其为汉学者也。"②比照来看，焦氏所谓"深讳其姓名"，大可与方氏"道着一宋字"相互印证，足可见当时人士因执守汉学门户而对宋学所表露出的微妙心理。尤其是焦氏所批评的乃是"持汉学者""学者"，应该也不是针对少数人的批评，因而亦可与方氏所言的"近世风气"相互参照，这至少说明汉学家群体中有相当一部分人摆脱不了门户之见。且不论方氏基于卫护宋学立场的批评，即便是汉学家群体内部，如焦循之外的钱大昕、阮元等人，也不时出来指责这类极端反宋者的门户之见，此类言论甚多，此处不再赘述。

例二：以训诂与义理来区分汉宋，是当时最主流的做法。对于这类情形的描绘或观察非常多，这里仅采用一些旁观者的评论，如焦循有言："说者分别汉学宋学，以义理归之宋。"③戴震亦说："言者辄曰：'有汉儒经学，有宋儒经学，一主于故训，一主于义理。'"④尽管二人对此颇为不满，但参照此番言论中的"说者"与"言者"来看，这种划分法乃是一种时兴做法，否则也不会引起戴震、焦循等学界名流的再三批驳。尤其是当时官方也明确认可这种划分法，如《四库提

---

① （清）方东树：《答友人书》，李震编：《曾巩资料汇编》四，北京：中华书局2009年版，第555—556页。
② （清）焦循：《雕菰集》卷十三《寄朱休承学士书》，上海：商务印书馆1936年版，第105页。
③ （清）焦循：《雕菰集》卷十三《寄朱休承学士书》，上海：商务印书馆1936年版，第203页。
④ （清）戴震：《戴震文集》卷十一《题惠定宇先生授经图》，北京：中华书局1980年版，第168页。

要》有云:"盖考证之学,宋儒不及汉儒;义理之学,汉儒亦不及宋儒。"总撰官纪昀亦认为:"汉儒以训诂专门,宋儒以义理相尚。"[①]有一点需要注意,上述引言中只是说汉学主于训诂、宋学主于义理,即便戴、焦等人反对这种划分法,但从学术有专攻上看似无不可。然而,遗憾的是,这种划分,却进一步衍生出宋学即义理之学的流行观念,进而演化为"汉儒专言训诂,宋儒专言义理"[②]的陋见或潜意识。由"主"而"专",一字之转,然已将义理之学、义理等一切有抽象意味的理论取向径直等同于或贬斥为宋学,认为追求义理就是重蹈宋学之覆辙,如所谓"盖析理至微,其言必至涉于虚而无涯涘"[③],以致不少汉学家严守汉宋大防,谨小慎微,专心于训诂考据而弱化乃至放弃了义理诉求。在这个层面,不少汉学家的门户观念非常明确,汉学训诂与宋学义理判为两途,"沿流而失源,骛末而忘本,党同伐异、入主出奴、护前争胜之习兴,几至以门户祸经术,而横流不知其所纪极"[④]。

例三:孙星衍曾将己著《原性篇》寄与友人江声,江声在回信中直言不讳:"性理之学,纯是蹈空,无从捉摸,宋儒所喜谈,弟所厌闻也。"[⑤]在江氏的一喜一厌之间,门户之见的心迹吐露无疑。但要注意,江氏所厌闻的乃是作为"性理之学"的宋学,而也只有在这个层面上,江氏的宗汉反宋才可说是有门户意识的。乾嘉时期,将宋学理解为或限定在"性理之学"的层面,亦为一大习见。如清高宗就将理学等同于宋儒性理之学,其言曰:"两年来,诸臣条举经史,各就所见为说,而未有将宋儒性理诸书,切实敷陈,与儒先相表里者。盖近来留意词章之学者,尚不乏人,而究心理学者盖鲜。"[⑥]与这种理解相应,这类汉学家的宗汉反(性理之)宋,显然亦可视为门户之见。当然,并非所有汉学家都反对性理之宋,或者说,汉学家并非凡性理之宋皆持反对态度,如阮元所称王昶"治经与惠栋同,深汉儒之学,《诗》《礼》宗毛、郑,《易》学荀、虞,言性道则尊朱子,下及薛河

---

① (清)纪昀:《阅微草堂笔记》卷一《滦阳消夏录一》,上海:上海古籍出版社1980年版,第10页。
② (清)伍崇曜:《伍跋》,见(清)江藩:《国朝宋学渊源记》卷上,北京:中华书局1983年版,第191页。
③ (清)江藩:《国朝宋学渊源记》卷上,北京:中华书局1983年,第153页。
④ (清)胡承珙:《求是堂文集》卷四《四书管窥序》,《续修四库全书》第1500册,第273页。
⑤ (清)孙星衍:《问字堂集》,北京:中华书局1996年版,卷首赠言第6页。
⑥ (清)丁善庆纂辑:《长沙岳麓书院续志》卷首《乾隆五年奉上谕》,长沙:岳麓书社2012年版,第513页。

津、王阳明诸家"①,称朱珪"于经术无所不通,汉儒之传注、气节,宋儒之性道、实践,盖兼而有之"②。不过,据当时汉学家的整体学风而言,多数人对性理之宋学颇有抵触,乃至持有过度警惕的心理,这一点亦可从戴震之《孟子字义疏证》的遭际反映出来,此书"开篇先辨理字",触犯了这些汉学家的大忌,因而受到冷落、误解乃至批驳自在情理之中。

三、若说汉学家没有汉宋门户之见,此时的"宋"指的又是什么?

这里仍是在做事实分析,即当一个汉学家宗汉采宋,那么,他所兼采的是何种意义上的宋学,更进一步讲,即便一个汉学家有门户之见,也不一定就完全排斥宋学,那么,此时他所肯定的又是怎样的宋学。对于这些问题的解答,均需深入事实分析才能辨明。为此,我们依旧采取案例分析。

例一:一些汉学领袖人物直言应该兼采宋学,那么,宋学中被兼采的那部分到底是什么?段玉裁有言:"今日之弊,在不尚品行政事,而尚剿说汉学,亦与河患相同。然则理学不可不讲也。"③照段氏此说,讲不讲理学与品行政事何干?再来看陈寿祺对阮元、段玉裁的相关引述:"顷仪征阮抚部夫子,金坛段明府若膺寓书来,亦兢兢患风俗之弊。段君曰:'今日大病在弃洛、闽、关中之学,谓之庸腐,而立身苟简,气节败,政事芜,天下皆君子而无真君子,故专言汉学不治宋学,乃真人心世道之忧。而况所谓汉学者如同画饼乎。'抚部曰:'近之言汉学者,知宋人虚妄之病,而于圣贤修身立行之大节略而不谈,以遂其不矜细行,乃害于其心其事。'二公皆当世通儒,上绍许、郑,而其言若是。"④观此,所谓"今日之弊""今日大病""世道之忧""风俗之弊""害于其心其事",此类谆谆告诫,就是要警醒世人不可将宋学一概抹杀,而要注意兼采宋学中那些与修身立行、品行

---

① (清)阮元:《揅经室二集》卷三《诰授光禄大夫刑部右侍郎述庵王公神道碑》,北京:中华书局1993年版,第424页。
② (清)阮元:《揅经室二集》卷三《太傅体仁阁大学士大兴朱文正公神道碑》,北京:中华书局1993年版,第424页。
③ 王章涛:《王念孙王引之年谱》,扬州:广陵书社2006年版,第168页。
④ (清)陈寿祺:《左海文集》卷七《孟氏八录跋》,《续修四库全书》第1496册,第297页。

政事相关的部分,那么,这部分究竟是什么?来比照几个正面的典型,如林伯桐"生平好为考据之学,宗主汉儒,而践履朱子,无门户之见"①;再如刘台拱一面是"学问淹通,尤邃于经,解经专主训诂,一本汉学,不杂以宋儒之说",另一面则是"深研程朱之行,以圣贤之道自绳;然与人游处,未尝一字及道学也"②。由此而言,汉学家们主要反对的乃是宋学中的"德性之学""义理之学""性理之学",但与此不同,他们却主张兼采宋学中的"德行之学",即有利于躬行实践的部分。

例二:江藩所著《汉学师承记》,自乾嘉至今常被指责为门户森严之作。对此,梁启超为江氏辩护:"乾嘉以来学者事实上确各树一帜,贱彼而贵我,子屏不过将当时社会心理照样写出,不足为病也。"③不过,通过分析此书择取史料的方法与过程,可以发现江氏对原材料有明显的删改、回避、有意歪曲、存心遗漏等情况,而其目的就是扬汉抑宋。由此,江氏显然不是"照样写出",但江氏本人的门户观念却又是"当时社会心理"的一个写照,如我们同样可以从其所辑录的《经师经义目录》明显看出江氏谨守汉学门户的取向。不过,江氏并不一概反对宋学,江氏同样辑有《宋学渊源记》,亦表现出兼采宋学的一面。只是要注意,江氏所采录的仍是宋学中德行之学的一面,既着重从德行一面来甄选传主,在立传中注意凸显描画入选者立身行事、道德践履的形象,却又有意删减乃至摒弃传主们在性理或义理等层面的探究,因为在江氏看来,宋学虽因"不究礼乐之源,独标性命之旨"而有"考镜不足"的毛病,但毕竟"率履则有余"④。不惟如此,江氏在《汉学师承记》中,亦有意凸显传主们大多至孝、有制行等形下践履,亦间接表现出汉学家兼采德行之学的一面。就此而言,包括江氏在内的汉学家群体,又可说是无门户之见者。

例三:在《九曜斋笔记》"趋庭录"中,惠栋曾记其父惠士奇的话:"先君言宋儒可与谈心性,未可与穷经。栋尝三复斯言,以为不朽","汉有经师,宋无经师。汉儒浅而有本,宋儒深而无本","宋儒谈心性直接孔孟,汉以后皆不能及。若经学则断推两汉"。观此数语,可知宋学在穷经或经学上不受汉学家重视。如程

---

① 佚名:《清史列传》卷六九,北京:中华书局1987年版,第5631页。
② (清)江藩:《国朝汉学师承记》卷七,北京:中华书局1983年版,第116页。
③ (清)梁启超:《中国近三百年学术史》,北京:中华书局2015年版,第297页。
④ (清)江藩:《国朝汉学师承记》卷一,北京:中华书局1983年版,第4页。

晋芳亦有言:"愚所谓程朱不可轻议者,非以其解经论学为无可是正也,其操心也纯,其制行也严,其措诸事也明而有伦,因是以其身为百世师,而人亦以是知二帝三王之道之可贵而可从。"①所谓"解经论学",当包括宋学中的经学、义理之学或性理之学,汉学家在这些层面上多是持反对或抵制态度,门户之见明显,这也是汉学家们远绍汉儒经学的主要原因,但宋学并非无可取之处,其制行之学仍是有实用的。

综上所论,在汉学家话语中,宋学包括经学、德性之学、性理之学、义理之学(义理)、德行之学等不同层面。其中,德性之学、性理之学、义理之学,皆可归为义理之学。因而,简言之,汉学家言下的宋学主要指经学、义理之学、德行之学三个层面。

大体讲,汉学家只要宗汉反宋,无论是反对何种层面上的宋学,皆可谓门户之见。但若细分之,又不尽然。如对于某个汉学家而言,他因反性理之宋而有门户,但他兼采德行之宋而又无门户。也就是说,即便是同一个人,此时有门户,而彼时则无门户,当依具体语境或场景来做针对性的判定。由此,汉宋关系之所以复杂多变,就是因为汉学家话语中的宋学包涵着不同面向。因此,如果说"持久的汉宋之争中一些纠缠不清的东西都是源于所争论的不是一个宋学"②,那么,仅就汉学内部而言,并不是所谓的广义宋学与狭义宋学之争,而应是汉学与宋学的不同层面之争。

比如,乾嘉时的某些人物,究竟应归为汉学家还是宋学家,常有争论。其实,如果考虑到门户与宗主的区别,大致可以这么说,一个人是汉学家还是宋学家,主要取决于其为学之宗主是汉学还是宋学。也就是说,某个汉学家虽然可能尊崇程朱,但这一点与其汉学家的身份之间并无矛盾,换句话说,汉学家们在区分汉宋时并不以是否尊崇程朱为准,③因为真正的标准乃在于一个人为学之所宗。无论一个人是否尊崇程朱,但只要他以汉学为宗,那么,他必然是汉学家。如钱大昕推崇朱子,"卓哉紫阳!百世之师"④,但钱氏并未由此而被称为宋

---

① (清)程晋芳:《勉行堂文集》卷三《与家绵庄书(三)》,《续修四库全书》第1433册,第323页。
② 余英时:《人文与理性的中国》,上海:上海古籍出版社2007年版,第118页。
③ 张循:《清代汉、宋关系研究中若干问题的反思》,《四川大学学报》2007年第4期,第48页。
④ (清)钱大昕:《潜研堂文集》卷十七《朱文公三世像赞》,南京:凤凰出版社2016年版,第264页。

学家,因为钱氏为学以汉学为宗,故而尊宋并不妨害其被尊为汉学名流。但是,必须注意的是,这样的论断切忌泛化,因为汉学家之尊崇程朱与批驳程朱,乃是在不同的层面上展开的。因此,即便可以大体说宋中有汉,汉中有宋,汉宋交织,但必须充分注意辨别其中的宗主与门户问题。

与义理学相比,虽然汉学家总体上对德行之学给予了更多认同,但从上述钱大昕、阮元、段玉裁对汉学群体执着于训诂考证而不讲宋学(德行之学)的批判来看,汉学内部的尊德性与道问学之争十分明显,这可以说是汉宋之争在汉学内部的表现,与外部的汉学与理学之争(如江藩与方东树、清代汉学与宋明理学)有所不同,具体表现为如下几点:

第一,它属于乾嘉汉学的自我反省与自我批判,是汉学家对当时汉学发展状况的自我审视,是汉学内部的汉宋之争,而非汉学外部的汉宋之争。

第二,与宋明理学将尊德性置于主位不同,如龚自珍所言"孔门之道,尊德性,道问学,二大端而已矣。……入我朝,儒术博矣,然其运实为道问学"[①],乾嘉汉学这里已是道问学当令,虽皆有争,但主次显已不同,且道问学、尊德性各自的内涵也有了明显变化。

第三,汉学内部的道问学与尊德性之争,主要表现为"穷经"与"进德"之争。然若细加分别,则"穷经"内部又有训诂与义理之争,亦即训诂要不要求义理、明大道;[②]而"进德"内部既有德行与德性之争,又有道德的智识化(经验论)与性理化(先验论)之争,或者说是新旧道德(道统)之争。当然,这三者彼此关联,因为无论实际情况如何,汉学家均会认同"治经必通训诂,博稽制度,进求义理以达诸躬行"[③]的理念。若此,无论哪一环节出了问题,势必都会引发争论。

鉴于学界对第三种情况中的进德之争论述最少,这里稍做申论。所谓兼采宋学,若只是取德行而不涉及德性,实际上很难把握二者之间的边界,或者说,此时的德行或躬行实践并未获得其自身的独立性与合法性,仍需从德性之学那里寻求形上依据,这或许就是朱珪兼采"宋儒之性道、实践"、阮元"崇宋学之性

---

① (清)龚自珍:《江子屏所著书序》,《龚自珍全集》上册,北京:中华书局1959年版,第193页。
② 参见张循:《汉学的内在紧张:清代思想史上"汉宋之争"的一个新解释》,载于《"中央研究院"近代史研究所集刊》2009年第63期。
③ (清)邵晋涵:《南江文钞》卷八《庚子科广西乡试册问》,《续修四库全书》第1463册,第484页。

道"背后的隐曲。但问题是,如果承认性道之学,那么,汉学对宋学的"反动"就会丧失动力与方向,这自然是多数汉学家不愿接受的,因而必然会在汉学内部引发争论。由此,在尊德性问题上,就发生了如下分裂:一是干脆回避探讨德性或德行问题(并非不要德行或德性,而是不探讨、不理会),以免与宋学有染,这应该是多数人的取向,也是上述钱大昕、阮元、段玉裁等人批判的矛头所向;一是置换德性或德行的理学内涵,重新赋意,为德行之独立性、合法性寻求新的经验论或知识论基础,这就是戴震指责时人"以躬行实践之儒归焉不疑。夫躬行实践,劝善惩恶,释氏之教亦尔"①的主要原因,也是戴震、汪中、凌廷堪、阮元等人尝试阐发新义理或新道德主张的主要原因。在这个意义上,进德、尊德性的问题仍旧在引导着穷经、道问学的问题。但是,无论是哪一种取向,都会引发争论。② 如就戴震本人而言,一方面认为宋儒之躬行只是对意见而非真理的实践,是"不知"的结果,但另一方面,有时却又承认程朱或宋儒的躬行道义,从而陷入自我纠缠之中。③

然而,进德问题上更大的纠缠,乃源于乾嘉汉学家的生活实际。乾嘉时期,与宋学的力量相比,汉学一方无疑有着压倒性优势,如方东树就指出,当时汉学家对于宋学虽有诸多批评、误解乃至诋毁,而"程朱之门,独寂然不闻出一应兵"④。方氏旨在为宋学辩护,故而此论未尝没有强为之说的一面,但与时人对汉学的趋之若鹜以及对宋学的诸多批评相比,程朱之门少有应战者毕竟是不可否认之事实。不过,尽管汉宋双方的力量对比如此悬殊,但汉学并未由此而彻底否定或摆脱宋学的作用与影响,而只是从领域或范围上对宋学划定了某种边界。因为在乾嘉之时,宋学仍然是官方哲学,程朱理学仍是科举取士的准则,而

---

① (清)戴震:《与某书》,《〈孟子〉字义疏证》,北京:中华书局1982年版,第173页。
② 外部之争也能表明时人对这种新道德的态度,如章学诚是传统道德的坚定卫护者,他认为"戴氏笔之于书,惟辟宋儒践履之言谬尔"。(章学诚:《答邵二云书》)方东树亦批评道:"夫躬行君子,孔子所求,今并此黜之,谓不足贵,则天下尚安有白黑也?"方氏也强调重行必先重知,并由此批评汉学家在言行上难以相顾的现象。但关键问题是,他与戴氏虽都讲"知",但二者所谓的"知"在内容上毕竟不同,故他对戴震的批评有些错位。参见(清)方东树:《汉学商兑》卷中之上,南京:凤凰出版社2016年版,第68页。
③ 参看徐道彬:《论戴震对朱熹始终如一的态度》,《河南师范大学学报》2006年第4期,第19页;路新生:《理解戴震》,《华东师范大学学报》2003年第1期,第26页。
④ (清)方东树:《汉学商兑》卷下,南京:凤凰出版社2016年版,第192页。

且汉学家们亦未完全否认宋学存在的合理性或有效性。在进德问题上,虽然少数汉学家对躬行实践之宋学的态度有着由肯定到质疑的巨大转变,体现出时代道德观的嬗变,但总体看,汉学家对于宋学虽多有非议,但他们却仍置身于由宋学所缘构而成的生活世界中,虽然他们在思想观念上对于宋学已有一定程度的"反动"意识与"革命"主张,但其现实的行为却仍被宋学所束缚而表现出言行上的不一致。

对此,可参看梁启超的评论,其言曰:"乾嘉学派……跳出哲学的圈子外,专做他们考证古典的零碎工作。若勉强问他们的人生观怎么样,对于哲学上几个重要问题作何见解,我老实不客气说,他们依然是'程朱中毒'……'一个个都是稀稀薄薄、朦朦胧胧的程、朱游魂,披上一件许、郑的外套。'"①其实,对于汉学家而言,许郑之学并非只是外套,而是亦带有某种安身立命的意味,不过,恰如梁氏所言,汉宋交织成了乾嘉汉学绕不过去的一个解释学处境,却是不争之事实。因此,何止是思想界如此,生活世界亦如此。无论是基于传统的惯性还是惰性,无论是有意还是无意,抑或是被动还是主动,都存在着兼采宋学的倾向。即便是极端的反宋学者,何尝不是生活于宋学的天地里,虽欲罢而不能呢。这或许才是汉宋之争(无论是外部之争,还是内部之争)的大本大源。

上述论述,恰恰体现出钱穆所谓"不知宋学,则亦不能知汉学,更无以评汉宋之是非"②的一面,但这显然已与钱氏视清代汉学乃宋明理学之余绪大为不同,而是意在表明,无论如何,宋学都可谓汉学家的一面镜子、一座警钟、一个对话者,且不论汉宋的外部之争如何,单就汉学家自身的内在紧张来看,汉宋关系都是一个极其重要的坐标系,从中可以找到汉学家自身的位置:一则,知而不行非儒,但行宗宋学则必生纠缠,此一种紧张也;二则,仅考据而不求义理不可,但求义理又难免会蹈宋学之虚,此又一种紧张也。三则,最让汉学家尴尬的乃是在传统儒学所预设的道问学与尊德性合一、知行合一、考据与义理合一的框架内,汉学家所重视或擅长是知、考据,宋学所重视或擅长的是行、义理,而若是

---

① (清)梁启超:《戴东原哲学》,《饮冰室文集》之四十,北京:中华书局2015年版,第59—60页。陈居渊提到,十八世纪的汉学只是一种学问,而从事者大都来自江南一隅的扬州、常州、苏州、徽州等地,就当时全国学界而言,仅占有极少的一部分,且相当一部分对宋学基本持肯定态度。陈氏此说可与梁氏一说相参照。参见陈居渊:《汉学更新运动》,南京:凤凰出版社2013年版,第150页。
② 钱穆:《中国近三百年学术史》上册,北京:商务印书馆1997年版,自序第1页。

知、考据必然要以行、义理为目标,那么,汉学的合法性恰恰取决于它能否导向宋学,如此一来,汉学家自身的纠结就可想而知了。如何应对这一框架?或逃避,或抗击,都反映出汉学自身的内部紧张。尤其是基于当时的生活实情而言,想绕开而终究不可得,抗击又会面临重重阻力,此间紧张程度自不待言。

宋代皇帝书法艺术中的经学篇章抄写研究[*]

宋晓希

西南财经大学人文学院

  宋代历朝皇帝皆喜书法,两宋诸帝间形成了一个翰墨传家的文艺传统。宋代皇帝书法拥有一个专有名称——"御书"。宋代皇帝书写御书时对所写的内容颇为讲究,选择经学中的经典篇章成了贯穿两宋的书写传统。宋代以前,皇帝的书写内容非常丰富,从书法经典名篇到诗词歌赋,从殿阁名称到宗教经书。到了宋代,随着崇儒的文化氛围的加深,历朝皇帝开始偏好抄写儒家经学篇章,可谓扩展了传统书法的书写内容。学界对宋代皇帝手抄经学篇章已做了一些初步的梳理,主要集中在宋太宗和宋高宗的抄经篇章上。[①] 或是从政治功能的角度来探讨皇帝手抄经学篇章的"成教化""助人伦"的政治功能论。[②] 其实,宋代皇帝书写御书时倾向经学篇章是宋代富有连贯性的御书文化形态,目前这一文化形态的形成和发展的脉络尚不清晰。本文试图通过文献的梳理,勾勒出诸位皇帝书法艺术中的经学篇章抄写这一文化形态的动态过程。

---

 [*] 基金项目:教育部人文社会科学研究一般项目"御书阁与宋代皇权政治研究"(19YJC770035)。
 [①] 张典友:《宋代书制略论》,北京:文物出版社2012年版,第61—65页;方爱龙:《南宋书法史》,上海:上海古籍出版社2008年版,第19—23页;杨树坤:《帝王心事:南宋御书石经政治意图举隅》,《史学理论与史学史学刊》2017年第1期,第140—154页;刘东芹:《宋代御书刻石制度与皇权的巩固》,《中国书法》2019年第2期,第192—195页。
 [②] 王登科:《书法与宋代社会生活》,吉林大学博士学位论文,2010年,第108页。

一、垂世立教：宋太宗抄写《孝经》与经史故事

在宋代以前，鲜有皇帝亲自手抄经书，但皇帝让书法大家将经书书丹刻石的情况则较为多见。东汉熹平四年（175），灵帝召诸儒订正五经并刊石立于太学之门，书法大家蔡邕负责隶书书丹。[1] 这是最早的由官方将经书刻石的记载，可谓东汉经学极盛的缩影。后曹魏正始二年（241），齐王曹芳开始刻制《正始石经》，将《尚书》《春秋》和《左传》用古文、小篆和汉隶三体书写刻，[2] 三体书的书手为卫觊、邯郸淳、嵇康等人。[3] 而后唐代文宗时期又将十二经刻石，史称《开成石经》，此经由艾居晦、陈玠等人用楷书书丹刻石，立于国子监内。[4] 后蜀广政七年刊刻的《广政石经》更是"命平泉令张德钊书而刻诸石"。[5] 可以说，宋代以前的这几次由皇帝主持的经书刻石的盛举都有着订正经书的指向和意义，是官方开展的盛大的文化工程。到宋代以后，皇帝推广经学典籍的方式发生了很大的变化，开始亲自抄录某一部具体的经书，这些经书的书法艺术价值也开始受到关注。其中，首开这一先例的就是宋太宗。

宋太宗是宋代第一位在书法上颇有造诣的皇帝，他从太平兴国年间就开始在御书院的翰林侍书的教导下学习书法。[6] 他经常将自己的书法作品赏赐给大臣，"雍熙二年五月癸亥，赐近臣御制五言诗草书扇各一，又草书李白《庐山瀑布》诗，共二十幅，分赐之"。[7] 宋初以来崇文观念深化，太宗用御书诗与大臣们进行艺术的交流颇为惬意。雍熙年间的太宗在创作书法艺术时比较倾向于选抄唐人诗歌。随着太宗书法水平的日益精进和诗歌热情的与日俱增，到淳化年

---

[1] （南朝·宋）范晔撰，（唐）李贤等注：《后汉书》卷六〇下，北京：中华书局1965年版，第1990页。
[2] （唐）房玄龄等：《晋书》卷三六，北京：中华书局1974年版，第1061页。
[3] 对于经石的具体书者，历史上未有定论，（三国·魏）嵇康：《嵇康集校注·附录·谏评》，北京：中华书局2014年版，第639页；（宋）王应麟著，（清）翁元圻辑注：《困学纪闻注》卷八，北京：中华书局2016年版，第122页。
[4] （清）徐松：《登科考记》卷二一《唐文宗元圣昭献皇帝》，北京：中华书局1984年版，第770页。
[5] （宋）袁说友：《成都文类》卷四《石室经》，北京：中华书局2011年版，第74页。
[6] （宋）李焘：《续资治通鉴长编》卷二三，北京：中华书局2008年版，第521—522页。
[7] （宋）王应麟：《玉海》卷三三《雍熙赐近臣诗草书扇》，上海：上海书店出版社；南京：江苏古籍出版社1987年版，第626页。

间,太宗开始进一步地用书法写自作诗,"淳化元年七月,内降御草书诗十首,故实二纸"①。在内容上除了写御草书诗,宋太宗也还喜欢抄录一些经学篇目。康定二年(1041),张方平在秘阁的曝书过程中发现了一轴太宗所抄录的《礼记·曲礼》首篇的御书,其内容为:"敖不可长,欲不可纵,志不可满,乐不可极。"他不禁感叹太宗"移声伎观游之乐于经籍文史之间,下笔习书,意存劝戒",认为太宗平日对书法的用心并不仅仅是追求"笔精墨妙",而是要"以嘉言善训诒为孙谟"②。宋太宗用御书抄录经学警句可谓传达了人君对臣下进行劝谕和规鉴的意图,宋太宗的这种意图在一次与大臣的讨论中流露得最为明显:

> 淳化三年十月,遣中使李怀节以御草书《千字文》一卷付秘阁。李至请于御制《秘阁赞》碑阴模勒上石,帝曰:"《千字文》偶然闲写,因令勒石,李至更欲镌勒,且非垂世立教之文。《孝经》一书,乃百行之本,朕当亲为书写,勒在碑阴可也。"③

淳化三年(992)八月,秘阁刚刚落成,李至请太宗为新殿题了榜额,并为秘阁作了一篇《御制秘阁赞》。太宗又随机赐给秘阁一份自己日常书写的《千字文》,不过,得知李至欲将御书《千字文》摹刻到《御制秘阁赞》的碑阴时,便断然驳回此请求。而是重新写了一篇御书《孝经》,以垂世立教。太宗认为:"《千文》盖梁得钟繇破碑千余字,周兴嗣次韵而成,词理无可取。《孝经》乃百行之本,朕当自为书之。令勒于碑阴。"④在太宗看来,《千字文》不过是学习书法的字学宝典,其儒家教化的义旨不足。相比之下,《孝经》的意义就截然不同。《孝经》作为先秦以来儒家孝道思想的经典著作,其对家庭伦理之孝和君臣伦理之忠都有

---

① (宋)王应麟:《玉海》卷三三《淳化秘阁御书 十二部御书》,上海:上海书店出版社;南京:江苏古籍出版社1987年版,第627页。
② (宋)张方平:《乐全集》卷三四《进四箴状(一)》,文渊阁《四库全书》第1104册,台北:台湾商务印书馆1983年版,第372—373页。
③ (宋)程俱撰,张富祥校证:《麟台故事校证》卷二中《书籍·御制御书附》,北京:中华书局2000年版,第255页。
④ (宋)李焘:《续资治通鉴长编》卷三三,北京:中华书局2008年版,第739—740页。

概括和总结。① 《孝经》在唐代开始受到重视，与《论语》《尔雅》一起被列为儒家经典，与九经合成十二经。昔日唐玄宗亲注解《孝经》，还将孝经序"写之琬琰"，以"庶有补于将来"②。可以说，《孝经》中的"孝"与帝王的"治"有着密切的联系，其有助于合理化帝王的统治权威。③ 因此，《孝经》常常成为帝王们推行的理想读本。

宋太宗抄写儒家经典篇目时倾向选择富有鉴戒意义的故事，这些经籍故事与史学典籍故事一起并称为"经史故事"。至道元年（995），太宗一气呵成地写完"三十纸"富有鉴戒意义的经史故事，并将这些故事都刻石模印几百本用以分赐给秘阁官员。同时，命前往江南购募图书的内侍裴愈将这些御书经史故事颁发给江东各地："令于江东名山福地、道宫佛庙各藏一本。或高逸不仕、敦朴有行，为州里所称者，亦分以赐之。"④ 无论是佛道两家的僧道，还是地方高逸之士，太宗都用这些颇具劝诫意义的故事来引导他们。在太祖时期，朝廷对地方的孝义之士的嘉赏普遍是"下赐粟帛""旌其门闾"，或授之以官之类的方式，从太宗开始便新增了御书赏赐这种新的表彰形式。⑤ 这些御书经史故事主要用来表彰节义孝友之士，胡仲尧、陈旭、洪文抚等人都在其列。胡仲尧在山林中建学堂，"以延四方游学之士"，又"发廪减市直以赈饥民"，太宗以御书赐之；⑥ 陈旭家族有上千余口，"世守家法，孝谨不衰"，至道中，"遣内侍裴愈就赐御书"⑦。而建昌洪文抚的节义孝友的德行就更加符合要求，其家族"六世义居，室无异爨。就所居雷湖北创书舍招来学者"。洪氏家族在当地颇有名望，"至道中，本军以闻，遣内侍裴愈赍御书百轴赐其家"。太宗对洪氏家族颇为器重，后来又"飞白

---

① 段江丽：《从家庭伦理到政治伦理——〈孝经〉在儒家孝道思想史上的意义》，《中国文化研究》2010 年第 3 期，第 80—85 页。
② （宋）王应麟：《玉海》卷三三《唐御书集贤院额》，上海：上海书店出版社；南京：江苏古籍出版社 1987 年版，第 625 页。
③ 张维玲：《经典诠释与权利竞逐：北宋前期"太平"的形塑与解构（960—1063）》，台湾大学 2015 年博士论文，第 141 页。
④ （清）徐松辑，刘琳等点校：《宋会要辑稿·崇儒六之四》，上海：上海古籍出版社 2014 年版，第 5 册，第 2863 页。
⑤ （元）脱脱：《宋史》卷四五六，北京：中华书局 2011 年版，第 13385—13390 页。
⑥ （元）脱脱：《宋史》卷四五六，北京：中华书局 2011 年版，第 13390 页。
⑦ （元）脱脱：《宋史》卷四五六，北京：中华书局 2011 年版，第 13392 页。

书一轴曰'义居人'以赐之",至道三年(997)八月,"又诏表其门闾"①。可以说,宋太宗用御书经史故事来表彰地方上的忠义孝友之士别出心裁,这种表彰方式给世人印象深刻,到南宋时期还屡次被人提及。淳熙六年(1179),朱熹就提到洪氏受到太宗御书赏赐的故事,并让人进一步去访查洪氏子孙是如何崇奉太宗御书的。② 淳熙十三年(1186),韩元吉在《铅山周氏义居记》一文中又认为洪氏之子后来"遂登巍科"正是太宗对洪氏家族的表彰和激励的效果。③ 可以说,太宗将御书经史故事赏赐到地方上,起到了激励士人的作用。

二、循礼、规训与偏离:仁宗、哲宗和徽宗书写的经学篇章

宋太宗以经学和史学典籍篇章为书写内容的传统在其后被传承下来。真宗曾"取经史要切之言为御屏风十卷,置御坐之侧"。④ 之后,宋仁宗在东宫读书之时,也开始秉承用御书书写经史的传统。

> 天禧中,仁宗在东宫赐张士逊十二字,曰:"寅亮天地,弼予一人。"又曰:"日新其德。"(苏轼为颂二篇)又以"忠孝"字赐士逊。⑤

受赐的张士逊(964—1049)时任右谏议大夫、太子右庶子,是真宗专门为当时的太子配备的东宫属官。⑥ 仁宗赏赐的十二字语出《尚书》和《周易》,"寅亮天地,弼余一人"出自《尚书·周官》:"敬信天地之教,以辅我一人之治"⑦;"日新其

---

① (元)脱脱:《宋史》卷四五六,北京:中华书局2011年版,第13392页。
② (宋)朱熹:《晦庵集》卷九九《知南康榜文》,文渊阁《四库全书》第1146册,第378页。
③ (宋)韩元吉:《南涧甲乙稿》卷一六《铅山周氏义居记》,文渊阁《四库全书》第1165册,第244页。
④ (宋)王应麟:《玉海》卷九一,《咸平御览·御屏风》,上海:上海书店出版社;南京:江苏古籍出版社1987年版,第1659页。
⑤ (宋)王应麟:《玉海》卷三四,上海:上海书店出版社;南京:江苏古籍出版社1987年版,第634页。
⑥ (元)脱脱:《宋史》卷三一一,北京:中华书局2011年版,第10217页;又苏轼在《仁宗皇帝御书并叙》中称"士逊为太子谕德",孔凡礼点校:《苏轼文集》卷二〇,北京:中华书局2013年版,第583页。
⑦ (汉)孔安国传,(唐)孔颖达疏,廖名春、陈明整理,吕绍纲审定:《尚书正义》卷第一八《周官》,李学勤主编:《十三经注疏》,北京:北京大学出版社1999年版,第483页。

德"出自《周易·大畜》,是以刚健笃实而日日增新其德之意。① 仁宗当时以皇储的身份书写这样的儒家经典内容赠给东宫属官是非常贴切的,寄望属臣尽心辅佐自己,并时时修缮德行。仁宗又再赐给张士逊"忠孝"二字,用更为直观的儒家义理褒奖大臣。宋代皇子教育中特别注重教授儒家义理,诸皇子在东宫时,主要以学习"六经所载帝王制世俗之大略"②。仁宗信手挥笔作书,可谓理学体会与书法创作的天作之合,既可用艺术陶冶情操,又可用理学陶冶性情,这正是帝王气质的绝佳展现。

在众多经学典籍中,仁宗对《尚书》颇为看重,他不仅自己抄写《尚书》,还曾命大臣抄写。③ 在宋人眼中,《尚书》始终代表着帝王的规范。皇帝学习《尚书》是为了能以圣人的品德和修行规谏自己,而士大夫也以《尚书》中所描述的古贤君主的德性来劝谏和辅佐皇帝,使皇帝成为理想的君王。其中,《尚书·无逸》是宋代特别受重视的篇章,其系统地反映了周王朝的"敬天保民"的政治思想。仁宗曾让王洙将《尚书·无逸》书于迩英阁和延义阁的屏风上。此外,仁宗还让当时的书法大家蔡襄抄录过:

> 先是,范冲轮对,论:"仁宗皇帝建迩英阁,尝命儒臣蔡襄等写《尚书·无逸篇》,并《孝经·天子》《孝治》《圣治》《广要道》四章,为二图,列于左右。"④

宋代的经筵讲殿墙壁上经常会挂一些字画来装饰,仁宗将《尚书·无逸》和《孝经》书于殿壁,同时将经义绘成鉴戒图画,"《尚书》切实地存在于两宋日常的政治生活中,而非如以往经史著作呈现出的面貌"⑤。其后,治平三年(1066)王

---

① (魏)王弼注,(唐)孔颖达疏,李申、卢光明整理,吕绍纲审定:《周易正义》卷第三《大畜》,李学勤主编:《十三经注疏》,北京:北京大学出版社1999年版,第119页。
② (宋)朱熹:《伊洛渊源录》卷十三《胡定文公》,《朱子全书》,上海:上海古籍出版社;合肥:安徽教育出版社2002年版,第12册,第1094页。
③ (宋)王应麟:《玉海》卷九十一,《咸平御览·御屏风》,上海:上海书店出版社;南京:江苏古籍出版社1987年版,第1660页。
④ (清)徐松辑,刘琳等点校:《宋会要辑稿·崇儒六之一五》,上海:上海古籍出版社2014年版,第5册,第2870页。
⑤ 刘力耕:《经学与政治:宋代〈尚书〉学研究的反思》,《原道》2017年第1期,第171页。

广渊为英宗"书《洪范》于屏"①,同样以《尚书》的经典篇章来书写。

皇帝和大臣以《尚书》等经学篇章为内容来进行书法创作,已经成为一种贯穿于日常政治生活的文艺主题。到北宋中后期,理学兴盛,士大夫对皇帝手抄儒经颇为看重。宋哲宗在写书法之时偏好唐诗,经常以御书唐诗赏赐大臣。元祐二年(1087)九月壬戌,"遣中使赐御书唐人诗各一首,凡十又三人,拜赐于庭,捧观,皆惊叹喜忭"②。哲宗偏好抄录唐诗引起一些理学士大夫的不满。范祖禹(1041—1098)就认为写唐诗是"非夫稽古好学,研精储思"③之举,他在受到哲宗的御书诗赏赐后,竟然在《谢赐御书表》中"教训"起皇帝来:

忽颁宸翰,获睹飞毫。乃知陛下闲燕之中,留神笔画,研精储思,欲臻其妙。臣愿陛下笃志学问,亦如好书,益进道德,皆若游艺。则圣神可至,事业可成。④

范祖禹在元祐年间官至翰林侍讲学士,他在撰写这份谢御书表时已经为年幼的哲宗"讲书"多年,当时正是洛学兴起之时,他与"二程"兄弟之间也交谊甚深,其学术也颇受理学影响,学者们指出"范祖禹的学术与洛学有不少相近之处"⑤。范祖禹是一个理学型士大夫,因此他在担任哲宗侍讲期间,表现得非常严厉和方正,面对年幼皇帝,显得颇为强势。据《宋史》记载,他"在迩英守经据正,献纳尤多。尝讲《尚书》至'内作色荒,外作禽荒'六语,拱手再诵,却立云:'愿陛下留听'。帝首肯再三,乃退"⑥。显然,身为哲宗老师,他对哲宗的御书似乎并不感兴趣,他在谢表中没有去称扬哲宗御书的美妙,只用了"飞毫"这一非常中性的词汇,轻描淡写地点了一下题而已。显然,他的理学家气质使他有强烈的重道而不重艺的倾向,自然对书法之类的文艺活动颇不以为然,"臣愿陛下

---

① (宋)王应麟:《玉海》卷九一,上海:上海书店出版社;南京:江苏古籍出版社 1987 年版,第 1660 页。
② (宋)范祖禹:《范太史集》卷三六,文渊阁《四库全书》第 1100 册,第 398 页。
③ (宋)范祖禹:《范太史集》卷三六,文渊阁《四库全书》第 1100 册,第 398 页。
④ (宋)范祖禹:《范太史集》卷四,文渊阁《四库全书》第 1100 册,第 113 页。
⑤ 胡昭曦、刘复生、粟品孝:《宋代蜀学研究》,成都:巴蜀书社 1997 年版,第 61 页。
⑥ (元)脱脱:《宋史》卷三三八,北京:中华书局 2011 年版,第 10783 页。

笃志学问,亦如好书"一语,几乎把谢表写成了对皇帝的训诫书了。显然他并不认为年幼的哲宗应该花过多的心思去从事"艺"事,在他看来,皇帝在年幼之时,还是应该"笃志于学问",增进君主的道德修养,做一个"有道"之君。范祖禹不仅一再为哲宗练习书法限定书写对象,将其囿于儒家经典之中,他还苦心为哲宗寻检《尚书》和《孝经》的图画,挂在迩英阁的东西两壁之上,"元祐初,先臣祖禹为侍讲,乞检寻二图,如仁宗故事。哲宗皇帝从之"①。

宋徽宗曾命北宋的书法大家米芾为其在御屏上写《尚书·周官》:

(米芾)初见徽宗,进所画《楚山清晓图》,大称旨,复命书《周官》篇于御屏。书毕掷笔于地,大言曰:"一洗二王恶体,照耀皇宋万古。"徽宗潜立屏风后,闻之不觉步出,纵观称赏。元章再拜求用端砚,因就赐之。元章喜拜,置之怀中,墨汁淋漓朝服,帝大笑而罢。②

米芾对所书的内容《周官》漠不关心,而徽宗所看重的也是米芾一扫二王旧习的精彩笔墨,君臣二人之间对于御屏的规诫铭箴相当漠视。殿中侍御史陈师锡曾劝诫徽宗多关注屏风上的六经之言,"六经载道,诸子言理,历代史籍,祖宗图画,天人之蕴,性命之妙,治乱安危之机,善恶邪正之迹在焉"③。不过,从徽宗和米芾二人对屏风上的书法艺术大加讨论来看,即便将圣人之言书于屏风,但这些圣人之理没有内化到君臣的意识之中,屏风箴铭完全不能起到警示作用。虽然手抄的是经学中的礼学经典,但君臣却无视礼仪,放纵无度。可见,徽宗完全背离经学篇章抄写的传统,是离经叛道的典型。徽宗曾作御书挂于壁障之上,郑刚中在《西征道里记》中记载,在绍兴九年(1139)经过开封时,重游故宫,"由宣和西趋曲水,出后苑至太清楼下。壁间有御书《千字文》、法帖之类"④。与仁宗和哲宗时期在殿壁悬挂的以《尚书》和《孝经》等儒家经典为内容的书法作

---

① (清)徐松辑,刘琳等点校:《宋会要辑稿·崇儒六之一五》,上海:上海古籍出版社2014年版,第5册,第2870页。
② (元)汤垕:《画鉴》,北京:人民美术出版社1959年版,第48页。
③ (元)脱脱:《宋史》卷三四六,北京:中华书局2011年版,第8756页。
④ (宋)郑刚中:《西征道里记》,顾宏义、李文整理:《宋人日记丛编》,上海:上海书店出版社2013年版,第647页。

品不同,徽宗时期的壁间以书法的经典法帖内容为主。徽宗自觉地选择了文人的身份的认同感,这无疑是对北宋以来的传统御书文化的偏离。

三、手写治道:高宗的御书石经和南宋皇帝手抄经书

南宋初期,宋高宗面临一系列的政治正当性的建构,在御书文化上又重新回归太宗开创的御书文化传统。高宗推崇用御书手抄经史,以弘扬儒家正统政治意识形态。他继承了北宋以来在屏风上作儒经圣言的传统,对徽宗君臣题书屏风显现出来的沉迷艺术的反传统进行了纠正。

> 建炎二年九月己亥(一作戊戌赐,己亥谢),以御书《通鉴》第四册赐宰相黄潜善等。上云:"朕近将《孟子》论治道处手写于绢屏,积久自多。"①

在建炎初年动荡的政治环境里,高宗于行在中亦笔耕不辍。在特殊时期,高宗用益于治道的史书《资治通鉴》和儒家经典《孟子》来彰显自己自励自醒。他不但抄录有裨于政治的内容,还将这些圣言抄在了屏风上面时刻观看。事实上,在屏风上面题写书法是汉代以来的传统,在汉代,皇帝内殿中的屏风这一日用之物就已经开始逐步担当起"箴铭"这一教化君王的载体之一。②汉和帝命人在雕刻繁复的屏风上刻下:"古典农务,雕镂伤民。忠在竭节,义在修身。"③唐太宗也曾将魏征所上的《十渐不克终疏》列在屏风上,以"使万世知君臣之义"④。可见,前代皇帝内殿中的屏风上书写一般是写箴言,供皇帝观看自省的。到宋代,"梁鼎守吉州,太宗记其名于御屏;杨徽之能诗,太宗写其警句十联

---

① (宋)王应麟:《玉海》卷九一,上海:上海书店出版社;南京:江苏古籍出版社1987年版,第1660页。
② 李溪:《内外之间——屏风意义的唐宋转型》,北京:北京大学出版社2014年版,第67页。
③ (汉)赵岐:《三辅决录、三辅故事、三辅旧事》卷二,西安:三秦出版社2006年版,第46—47页。
④ (宋)欧阳修、宋祁:《新唐书》卷九七,北京:中华书局1975年版,第3121页。

御屏上"①。宋太宗也只是在屏风上记录官员的名字和诗歌来警醒自己。相较而言,宋高宗的御书屏风更有经学意味,他将内殿屏风的内容进行了一次升华,用经史内容来进一步地自我规谏。这段时间里,高宗写了大量的儒家经典的屏风:"朕每日温习《孟子》五卷,爱其文词简明知要,所以信手多书于屏。"②可见,高宗将《孟子》书于屏风之上主要是为了自我警醒。正如黄潜善所说:"昔人几杖盘盂,皆铭识之,以自警发。今陛下写《孟子》王道政教之言在屏障间,亦古人自警发之意。"③宋高宗还将御书屏风拿出来展示,鉴戒大臣,在屏风上御书儒家经典也不再是一种皇帝的个人行为。高宗特别嘱咐黄潜善:"它日回銮,亦留屏于此。"④继手抄《孟子》之后,同月二十二日,高宗又亲书御书屏风十扇:

　　内出亲书坐右素屏《旅獒》一篇,《大有》《大畜》二卦与《孟子》之言七(章),凡十扇,遣中使宣示宰执。⑤

　　高宗除了手抄《孟子》,还增加了《尚书》《周易》的篇章。这本是他的翰墨余事和进行自我道德修养的个人行为,他却命人将这种"谨德昭德"的个人行为在宰臣之中进行宣讲,以塑造自己见贤思齐的明君形象。黄潜善也解释道:"屏障之内,圣贤满前,因知心术之接在兹,非以字画之妙为贵。"⑥可见,高宗在屏风上抄写儒家经典,已经不是单纯的追求笔墨情趣,更是不断学习圣人之道的修德行为。汪伯彦也极尽所能地为高宗的这一行为进行诠释:"陛下留神此书,取

---

① (宋)王应麟:《玉海》卷九一,上海:上海书店出版社;南京:江苏古籍出版社 1987 年版,第 1660 页。
② (宋)王应麟:《玉海》卷九一,上海:上海书店出版社;南京:江苏古籍出版社 1987 年版,第 1661 页。
③ (宋)王应麟:《玉海》卷九一,上海:上海书店出版社;南京:江苏古籍出版社 1987 年版,第 1661 页。
④ (宋)王应麟:《玉海》卷九一,上海:上海书店出版社;南京:江苏古籍出版社 1987 年版,第 1661 页。
⑤ (宋)王应麟:《玉海》卷三四,上海:上海书店出版社;南京:江苏古籍出版社 1987 年版,第 642 页。
⑥ (宋)王应麟:《玉海》卷九一,上海:上海书店出版社;南京:江苏古籍出版社 1987 年版,第 1661 页。

其宜于今者力行之,天下幸甚。"①可见,君臣之间讨论到御书时已经将讨论的重点放到治国修德的立场上了。高宗君臣之间谨守着圣训,在讨论御书屏风时对"字画之妙"目不斜视。

高宗在大臣中"宣示"御书对宣扬自己的德行大有益处,从绍兴中期开始,高宗每写完御书经书,就不断地展示:

> (绍兴)十三年二月,内出御书《左氏春秋》及《史记》列传于秘书省宣示馆职,观毕,皆作诗以进。②

高宗在内殿中写完这两幅御书,便迫不及待地将这两幅御书送到秘书省之中令馆职官们观览。③而馆阁大臣观览御书后还要作观御书诗。后绍兴十六年(1146)六月,"又出御书《春秋左传》,皆就本省宣示馆职,观阅毕,并作诗以进"④。

内殿御书主要为皇帝和宰臣观看,展示的场域有限。随着南宋的政局逐步稳定,御书也有了更大的展示空间。

> 绍兴五年四月七日,上亲书《无逸篇》,为图,设于讲殿之壁。⑤

在定都临安之后,宫廷中的各个机构也得以建立起来,定期为皇帝讲经的讲殿已经开始正常运转。因此,又恢复了北宋以来的在讲殿悬挂儒家经典《尚书·无逸》的书法作品的传统。高宗为讲殿手抄御书经典其实也是应臣下的请

---

① (清)徐松辑,刘琳等点校:《宋会要辑稿·崇儒六之一三》,上海:上海古籍出版社2014年版,第5册,第2869页。
② (宋)王应麟:《玉海》卷三四,上海:上海书店出版社;南京:江苏古籍出版社1987年版,第644页。
③ 南宋的馆职主要指秘书省职事官著作郎、著作佐郎、秘书郎、校书郎、正字,其位遇、恩荣已比馆阁之职大为差减。龚延明:《宋代官制辞典》,北京:中华书局1997年版,第146页。
④ (清)徐松辑,刘琳等点校:《宋会要辑稿·崇儒六之一八》,上海:上海古籍出版社2014年版,第5册,第2872页。
⑤ (清)徐松辑,刘琳等点校:《宋会要辑稿·崇儒六之一五》,上海:上海古籍出版社2014年版,第5册,第2870页。

求,"先是,范冲轮对","'愿陛下修祖宗故事,躬写《无逸篇》,为图设于讲殿。'至是,乃书之"①。可见士大夫在重塑北宋御书文化上的苦心。事实上,高宗的这种御书行为一方面是出于重塑皇权威望的内在的需求,另一方面也是士大夫的不断督促和引导的结果。

> 五年策士,首得汪应辰。九月十九日,言者请依雍熙故事,赐新进士《儒行篇》以励士检。有旨添赐《中庸》,送秘府校勘正字张嵲校《中庸》,高闶校《儒行篇》。二十二日,闶奏:"《儒行》虽间与圣人之意合,而其词夸大,类战国纵横之学,盖汉儒杂记,决非圣人格言。望止赐《中庸》,庶几学者知圣学渊源。"奏可。御书《中庸》,以十月四日赐之。②

赐新科进士儒家经典是北宋以来的传统,南宋时期依此惯例,不过此时的经书变成了皇帝亲自手抄的御书。此处,关于御书赏赐的儒家经典的具体内容大臣与高宗做了一番详细讨论。最初朝廷提出依照北宋惯例赏赐《礼记·儒行篇》,高宗却下旨增添了《中庸篇》。可见,《中庸》在南宋初期时的地位已经很高了。高闶又认为《儒行篇》的经义不符合纯儒的义理,建议高宗只赐《中庸》一篇。高宗把书法创作的过程和经学大义的体会结合起来,并推己及人、赏赐士子们御书,就是要把自己的这种艺术生活和政治生活的结合传递给及第的进士们,以营造一种书法"书写"内容的新风尚。

大约在绍兴十二年(1142)宋金和议后,高宗开始大量抄写各种儒学经典,"(高宗)于清闲之燕,自《易》《诗》《书》《春秋》《孝经》《语》《孟》《中庸篇》《左氏传》《周六官》之籍,悉经宸笔,刊诸琬琰,而以墨本普赐学校"③。从绍兴十三年

---

① (清)徐松辑,刘琳等点校:《宋会要辑稿·崇儒六之一五》,上海:上海古籍出版社2014年版,第5册,第2870页。
② (宋)楼钥:《绍兴赐进士中庸篇》,(宋)王应麟:《玉海艺文校正》卷二十一,南京:凤凰出版社2013年版,第1041页。
③ (宋)胡寅:《斐然集》卷二十一《新州州学御书阁记》,文渊阁《四库全书》第1137册,第588页。

(1143)开始,"刊石于国子监,颁其本,遍赐泮宫,诏从之。郡国被赐,自兹始矣。"①在北宋时期,宋真宗在咸平四年(1001)下诏"诸路郡县有学校聚徒讲颂之所,赐'九经'书一部"②。仁宗庆历兴学之际,宋代州县学校进一步发展发达,朝廷也屡赐经书。不过,这些经书都是印刷书本,与高宗的亲笔抄录的御书经书不可同日而语。高宗所颁赐的御书经书虽然是复制的石印本,但也是出自皇帝的御书。高宗御书颁赐州县学,使得皇帝与州县学之间有了直接的联系。此举在宋人看来,"迈汉越唐,蔼如三代之风",正所谓"诏书时下郡国,而云汉之章犹未昭回于万里也"③。高宗用手抄的经学典籍遍赐州县士子,可谓充分运用御书来表达皇权与士子之间的共生关系,也进一步确认了儒家正统意识形态。

高宗之后,南宋诸位皇帝依旧秉持这一御书经学典籍的传统,乾道八年,"四月己未(二十六日),赐进士黄定等御书《益稷篇》"④。又,"淳熙五年四月二十四日,御书《旅獒篇》赐进士姚颖等"⑤。孝宗是宋高宗亲自培养的皇位继承人,在各个方面都积极践行高宗的意志。在书法传统上,孝宗也是秉承了高宗赏赐进士御书经学典籍的传统。孝宗之后的南宋中后期诸皇帝的书法史料相对零散,但仍然能够看到这个御书传统的一些发展脉络。如光宗嘉泰元年,"御书《书》之《说命》《易》之《泰》《诗》之《天保》以赐辅臣"⑥。而到了理宗时期,御书经学的内容则发生了一些变化,理宗在原来的传统经学经典著作的基础上,又进一步将书写对象扩展到宋代理学家阐释经学的著作上:

(淳祐)元年,读仁皇训典终篇,亲御奎章,以《礼记·大学》、张载

---

① (宋)高闶:《州学御书阁记》,《全宋文》卷四一三八,上海:上海辞书出版社;合肥:安徽教育出版社2006年版,第188册,第165页。
② (清)徐松辑,刘琳等点校:《宋会要辑稿·崇儒二之二》,上海:上海古籍出版社2014年版,第5册,第2762页。
③ (宋)李嗣伯:《南漳县学新建御书阁记》,《全宋文》第333册,上海:上海辞书出版社;合肥:安徽教育出版社2006年版,第342页。
④ (宋)王应麟:《玉海》卷三四,上海:上海书店出版社;南京:江苏古籍出版社1987年版,第647页。
⑤ (宋)王应麟:《玉海》卷三四,上海:上海书店出版社;南京:江苏古籍出版社1987年版,第647页。
⑥ (宋)王应麟:《玉海》卷三四,上海:上海书店出版社;南京:江苏古籍出版社1987年版,第650页。

《西铭》、吕大临《克己铭》、程颢《颜乐亭铭》分赐辅臣。《西铭》明理一而分殊,推亲亲之厚,以大无我之公,因事亲之诚,以明事天之道,推人以知天,即近以明远。①

孝宗晚年时期,北宋的理学家在经学史上的地位开始提升。至理宗时期,朝廷直接将理学定为官方哲学。淳祐元年(1241),理宗下诏:"朕惟孔子之道,自孟轲后不得其传,至我朝周惇(敦)颐、张载、程颢、程颐,真见实践,深探圣域,千载绝学,始有指归。"②因此,理宗在日常的书写之中也开始偏向理学家们重视的"四书",以及理学家们阐释经学典籍的撰述。北宋理学家张载"提出的儒家学者的使命与人生理想,代表了儒家学者的终极关怀与志向"③,而这种理想与关怀在《西铭》中表达得最为透彻,"二程"甚至称"孟子以后,未有人及此"④。吕大临和程颢都对《西铭》作过阐释。理宗将《西铭》《克己铭》和《颜乐亭铭》一起抄录,以当代理学家的著作名言进行自我修炼。可见,南宋皇帝抄录的经学典籍又扩展到了当代经学典籍的阐释性著作之中。

四、结语

宋代历朝皇帝手抄经学篇章,使经学典籍的表现空间变得更为立体。可见宋代经学的历史不是从著作到著作的经学史,而是实实在在存在于宋代日常的政治生活中的"活"的历史。宋代皇帝除了正襟危坐地在书本中学习和讨论经学典籍的义理,君臣除了在朝堂之上探讨和辩论儒家经学的义理之外,他们还用另一条路径讨论和体会经学典籍,即手抄经书的形式。宋代皇帝不断抄写经学篇目,以书法艺术为载体,将经学典籍置于各种空间场合之中——从讲殿到屏风,从宫廷秘阁到州县学宫,从大臣私宅到士庶之家,供君臣时刻铭记、时时自醒。同时,以书法为载体的经书除了彰显经学义理,还承载了艺术功能,使观

---

① (宋)王应麟:《玉海》卷三四,上海:上海书店出版社;南京:江苏古籍出版社1987年版,第650页。
② (元)脱脱:《宋史》卷四十二,北京:中华书局2011年版,第821页。
③ 陈来:《宋明理学》,北京:生活·读书·新知三联书店2011年版,第69页。
④ (宋)程颢、程颐:《二程集》,北京:中华书局1981年版,第39页。

者读经的过程中更多了一份审美的享受。可以说,宋代皇帝用御书经学篇章开创了一条新的书法艺术创作的风尚,使经学与艺术这一对看起来相互对立的两端得到了调和统一。传统的儒家文艺观始终认为艺术是小道技艺,正如范祖禹认为哲宗耽于诗歌艺术会妨碍其成为有道之君一样。朱熹更是鄙薄苏轼、黄庭坚的书法艺术,认为"字被苏、黄胡乱写坏了"[①]。事实上,宋代以前的书法作品大多以诗词或佛经等文学和宗教内容为书写对象,经学内容一直以来都不受书法家的青睐。但是在宋代的皇帝手中,却完美地把经学与书法艺术有机结合了起来。虽然这其中不乏政治目的,但却将书法的创作内容大大地拓展开来。经书也一改刻板的印象,变得更加亲切可观。

---

① (宋)黎靖德编:《朱子语类》卷一百四十,北京:中华书局1986年版,第3336页。

文化认同与体系构建:《钦定篆文六经四书》初探

任利荣

四川省社会科学院

清起东北,以少数民族入主中原,面对强大的汉文化,清政府如何迅速有效地实现汉民族对它的文化认同,如何迅速地构建符合清政府统治的文化体系,成为爱新觉罗氏亟需解决的重大问题。清代立国之初已经确立儒学治国的基本方略,"读书明理""崇儒重道"成为其文化政策的核心内容。围绕这一政策,清朝大力推行汉化儒化政策,尊奉先师孔子,祭祀元圣周公,建立完善的科举制度、学校制度、临雍视学典礼制度、职官制度等,为儒学及经学的发展提供了全方位的政策支持和制度保障,同时这也为最终完成清政权的文化认同与体系构建奠定了基础。

文化认同方面,顺治二年(1645),皇帝诏命纂修《明史》。顺治十四年(1657)三月又诏直省学臣购求遗书。从而拉开了以修史、搜求遗书为中心活动的文化认同序幕。康熙朝踵继其续,并成为清代文化兴盛之高峰。康熙四年(1665)八月以修《明史》,诏求天启朝实录,以及明季实事之书。康熙二十五年(1686)三月又谕令礼部、翰林院,经史子集,除去普通版本外,凡藏书秘录,皆要搜罗罔轶,以充秘府。典藏既盛,纂修亦丰。康熙朝御纂钦定系列图籍数量众多,另有官修《康熙字典》《大清会典》《佩文韵府》《渊鉴类函》《朱子全书》《古今图书集成》等,皆属旷世盛举。

经学为历代所重,是清代文化体系构建的根基,也是社会文化与意识形态的基础。其中朱子理学的地位尤为重要,康熙帝多次推崇朱子学说,编撰《朱子全书》,更是在经学丛书刊刻中增加《四书》;从而便于统摄士人思想的"理学",

不仅成为科举取士的方向,亦成为有清一朝的官方意识形态。

一、官刻经学丛书:清代文化体系的基础

清代的文化政策,是以群籍刊刻、颁行为基础的。清代官修御定的各种图籍主要由内府刊印,而经史旧籍,也在刊印之列。清代以政府为主导的校刻群籍,可谓历代之冠。笔者初步统计,清代官刻经学丛书共计15种,时间跨度自康熙朝到光绪朝,其中康雍乾三朝皇帝的御纂钦定系列丛书有8种,地方学政主持刊布的经学丛书有3种,地方官书局及书院刊布的经学丛书有4种:

清代官刻经学丛书简表

	时间	书名	编纂者	版本
御纂钦定系列丛书					
1	康熙朝	钦定篆文六经四书十种六十三卷	安溪李光地等奉敕辑	康熙内府刻本。○光绪九年上海同文书局据康熙内府刻本影印本。○民国十三年上海千顷堂书局石印本。
2		御纂七经七种二百九十四卷	圣祖玄烨敕撰	康熙至乾隆间内府刻本。○同治六年浙江书局刻本。○光绪间湖北崇文书局刻本。○光绪间上海鸿文书局石印本。
3		御案五经四种四十卷	圣祖玄烨案	嘉庆十六年扬州十笏堂刻本。
4	乾隆朝	御定仿宋相台岳氏本五经九十六卷附考证不分卷	高宗弘历敕辑并撰考证	乾隆四十八年武英殿刻本。○光绪二年江南书局重刻本。
5		御制翻译五经五种一百十三卷	高宗弘历敕译	乾隆武英殿刻满汉合璧本。
6		十三经注疏考证不分卷	高宗弘历敕撰辑,华亭张照等奉敕撰	乾隆四年至十二年武英殿刻《十三经注疏》附本。○同治十年广东书局翻刻武英殿刻《十三经注疏》附本。
7		钦定三礼义疏三种一百七十八卷首四卷	荆溪任启运、宜兴吴绂等奉敕撰	稿本(不分卷,五百四十四册)。○乾隆十九年武英殿刻本。○乾隆钞本。
8		五经四子书九种七十七卷	怡亲王弘晓辑	乾隆七年怡府明善堂刻本。

续　表

	时间	书名	编纂者	版本
		地方学政主持刊行		
9	嘉庆以降	十三经注疏校勘记十三种二百四十五卷	仪征阮元撰	嘉庆间仪征阮氏文选楼刻本。○道光九年广东学海堂刻《皇清经解》本。○嘉庆二十年南昌府学刻《重刊宋本十三经注疏》附本(四百十六卷)。
10	嘉庆以降	皇清经解一百八十八种一千四百八卷	仪征阮元辑	道光九年广东学海堂刻本(一百八十二种一千四百卷)。○道光九年广东学海堂刻咸丰十一年补刻本。
11		皇清经解续编二百二十七种一千四百三十卷	长沙王先谦辑	光绪十四年江阴南菁书院刻本。○光绪十五年上海蜚英馆石印本。
		官书局与书院刊行		
12	嘉庆以降	十三经读本十五种一百四十三卷附校刊记十四卷	平远丁宝桢等校并撰校刊记	同治十一年山东书局刻本。
13		经苑二十五种二百五十一卷	嘉兴钱仪吉辑	道光咸丰间大梁书院刻同治七年王儒行等印本。○民国十一年补刻十二年重印本。
14		皇清经解依经分订十六种一千零七十卷	佚名编	光绪十六年湖南船山书局刻本。
15		古经解汇函三十七种二百八十三卷	巴陵钟谦钧等辑	同治十二年粤东书局刻本。○光绪十四年上海蜚英馆石印本。○光绪十五年湖南书局刻本。

　　清代经学文献的主体内容几乎被囊括在这些官刻经学丛书之中。清朝政府改变了由司礼监经管刻书的制度,在宫中武英殿设置修书处,专掌修书、刻书之职。选派翰林院词臣负责管理,并任用博学的词科学士参与编校刻印书籍。这样官刻经学丛书的编纂群体某种程度上可以说是当时文化精英的大汇集。这些官刻经学丛书的编纂、刊布是清朝政府实现文化认同和国家意识形态构建的重要途径。有鉴于此,《钦定篆文六经四书》作为康熙朝较早刊行的经学丛书,其编纂情况、学者群体、传播影响就是一个值得探讨的研究议题。

二、《钦定篆文六经四书》的编纂

目前学界对《钦定篆文六经四书》的关注较少,集中于书体的探讨,而且也多为一般性介绍。如吉林文史出版社2014年的篆楷对照本,就是从字体角度对其进行整理。另有翁连溪《清代内府刻书研究》中提及《篆文六经四书》言:"康熙六十一年刊《篆文六经四书》,以小篆书法手书上版,雕印皆精良,是武英殿刊刻的汉文篆书之白眉。"①

(一)编撰缘起

康熙《钦定篆文六经四书》之前,明朝嘉靖年间有陈凤梧的《古文六经》。②《中国古籍善本书目》著录:"《六经》五十七卷,明嘉靖四年至六年陈凤梧刻篆文本。"③包括《周易》十卷、《尚书》四卷、《毛诗》四卷、《周礼》七卷、《仪礼》二十卷、《春秋》十二卷。国家图书馆藏本首页题"重刻六经古文序",文云:

> 自秦火以后《乐经》失传,至宋王安石后废罢《仪礼》,独存《礼记》之科,弃经诋传,而学者不复知经有六矣。矧石经本科斗文字,与篆体相近,秦汉变而为隶,后世又变而为楷,愈趋愈俗。千载而下,不复见古经之文,岂不重可叹哉!凤梧寡陋,自少有志于六经,及宦游中外倭访求古石经而未得其全。窃尝仰稽周礼孔之圣谟,参之程朱之确论,不忖愚昧,辄以《易》《书》《诗》《周礼》《仪礼》《春秋》定为六经云。《周礼》《仪礼》皆周公之制,而《周礼》大司乐、太师诸官所传,及《仪礼》燕射、乡饮皆存乐歌,亦可以存《乐》之大端矣。其《易》《书》《周礼》,间有舛误残缺者,悉重加考校,以复其旧。顷承乏巡抚江南,行部至姑苏,

---

① 翁连溪:《清代内府刻书研究》,北京:故宫出版社2013年版,第105页。
② 陈凤梧,字文鸣,号静庵。明代庐陵泰和人(今江西泰和县柳溪)。弘治八年(1495)乙卯科举人,弘治九年(1496)丙辰科进士,授刑部主事。正德年间曾任湖广提学佥事,正德六年(1511)辛未,任郴桂道右参政。正德十六年(1521)辛巳夏六月,以河南按察使迁山东左布政使。官山东左布政使期间,于曲阜建钟楼、子贡庐墓堂等。后升任吏部侍郎,巡抚应天十府,罢归卒。卒赠工部尚书。
③ 中国古籍善本书目编辑委员会:《中国古籍善本书目》,上海:上海古籍出版社1989年版,第2页。

以胡守缵宗①好字慕古,且精于篆籀,亟以定本属焉。爰择监生陈淳、庠生许初敬篆六经于存道书院,而请工精刻之。始事于嘉靖乙酉之冬,讫工于又明年丁亥之夏。其费则取诸赎金,而专董其事者郡庠训导陈锡□。每一经毕,凤梧与缵宗躬校雠之,于是六经焕然悉复故如明星辰之丽乎。……时颁之江南郡庠序,以传之海内,使学者诵古文,穷古道而体之身心,以希圣贤于千载之上,是所望也。六经凡九百五十八叶,为板五百有九,藏之书院,恒典守焉。□□□序其端,以□正于有道君子。若夫僭妄之罪,则恶敢辞。

丁亥夏四月甲子后日存庐陵陈凤梧谨序。

钤印:安乐庐藏书记、明善堂珍藏书籍印记,吴郡赵颐光家经籍。

陈凤梧刊刻此书的目的乃是为恢复古经,他认为自春秋以后《乐经》失传,至宋王安石废罢《仪礼》,独存《礼记》,而"学者不复知经有六矣"。另一原因:"石经本科斗文字,与篆体相近,秦汉变而为隶,后世又变而为楷,愈趋愈俗。千载而下,不复见古经之文,岂不重可叹哉!"故而"访求古石经",希望能用石经本科斗文字,"重加考校",恢复古经文字。最终实现"学者诵古文,穷古道而体之身心"的愿望。

康熙朝的《钦定篆文六经四书》在陈凤梧《古文六经》的基础上增加了《四书》。《四书》是朱子学的核心经典,这与康熙皇帝推崇理学直接相关:

> 宋儒朱子,注释群经,阐发道理,凡所著作及编纂之书,皆明白精确,归于大中至正。经今五百余年,学者无敢疵议。朕以为孔孟之后,有裨斯文者,朱子之功,最为弘巨。②

《皇朝文献通考》卷二百十八《经籍八》:

---

① 胡缵宗,字孝思,又字世甫。号可泉,又别号鸟鼠山人。明巩昌府秦州秦安(今甘肃天水秦安)人。正德三年(1508)进士,任翰林院检讨。其后历经嘉定州判官,安庆、苏州知府,山东、河南巡抚,足迹遍及江南、中原。此处即胡氏为苏州知府之时。

② 《清实录》卷二四九《圣祖仁皇帝》,北京:中华书局1985年影印本,第466页。

文化认同与体系构建:《钦定篆文六经四书》初探

> 臣等谨按,是编悉依小篆文体,凡《周易》《尚书》《毛诗》《春秋》《周礼》《仪礼》《学》《庸》《论语》《孟子》,综为十四册。汉人传经多用隶写,至唐开元改写今文,于是诸经悉从楷体。古经旧本久已沿讹,是编仰蒙圣祖仁皇帝鉴定,俾学者奉为圭臬,得以循流溯源,有裨经学,洵非浅鲜也。①

从文字学意义而言,溯源石经原典,改正因袭的讹误,蝌蚪文、篆文无疑是经典书写的正统源头。而蝌蚪文难以企及,小篆便成为"穷古道"的寄托。故而康熙皇帝也认为古经旧本由于书写字体的演变传抄而出现了很多讹误,因此需要恢复古字,以期回归古经,使得经学研究者能够"循流溯源",对经学研究发挥作用。

同时,康熙以帝王的身份御令编刻这一丛书,就使其具有了浓厚的官方意识形态意味。总领其事的是文渊阁大学士兼吏部尚书李光地、文渊阁大学士兼礼部尚书王掞,校阅者为南书房校阅官,有内阁学士兼礼部侍郎张廷玉、内阁学士兼礼部侍郎蒋廷锡、内阁学士兼礼部侍郎励廷仪、翰林院侍读学士陈邦彦、左春坊左庶子掌坊事兼翰林院侍读王图炳、原任翰林院侍读赵熊诏,共六人。这样一个庞大的中央机构编纂群体与陈凤梧本迥然不同。加上精通书法的王澍、张照、薄海,最终刊行颁布的《钦定篆文六经四书》的影响远超陈凤梧本。

(二)编纂时间

笔者所见《钦定篆文六经四书》为哈佛大学汉和图书馆藏本。

该书无序无跋,卷端题:

> 奉旨开列总阅官:文渊阁大学士兼吏部尚书臣李光地,文渊阁大学士兼礼部尚书臣王掞;
>
> 南书房校阅官:内阁学士兼礼部侍郎臣张廷玉,内阁学士兼礼部侍郎臣蒋廷锡,内阁学士兼礼部侍郎臣励廷仪,翰林院侍读学士臣陈

---

① 清高宗敕撰:《清朝文献通考》卷二一八《经籍考》,王云五主编:《万有文库》第二集《十通》合刊本第九种,上海:商务印书馆1936年版,第6803页。

邦彦,左春坊左庶子掌坊事兼翰林院侍读臣王图炳,原任翰林院侍读臣赵熊诏;

校对官:翰林院编修王澍。

《孟子》卷末题:

翰林院检讨加一级臣张照,编修加一级臣薄海奉旨恭校刊。

其书依次为《周易》《尚书》《毛诗》《春秋》《仪礼》《周礼》《大学》《中庸》《论语》《孟子》。

《钦定篆文六经四书》何时开始编撰,何时完成刊刻,也是一个需要梳理的问题。目前在《中国古籍善本书目》著录其为"清康熙内府刊本",《清实录》《清史稿》《清内府刻书档案史料汇编》亦无相关信息。故而只能根据参与这一丛书的编纂群体来进行考证。

首先是该书总阅官文渊阁大学士李光地,在他的年谱中有以下数条记载:

康熙四十四年(1705)"冬十一月召拜文渊阁大学士,疏辞,不许"①。

康熙四十五年(1706)"春正月入阁办事"②。"夏四月充国史馆典训馆方略馆一统志馆总裁,五月承修《朱子全书》"③。

康熙四十八年(1709)"二月充会试正考官,取赵熊诏等三百三人"④。

康熙五十一年(1712):赵熊诏以翰林院修撰充日讲起居注官,王图炳、王澍俱为翰林院庶吉士。康熙五十二年(1713):礼部尚书王掞为文渊阁大学士,赐现任大学士李光地吏部尚书致仕,王图炳、王澍等由庶吉士被授为翰林院检讨。

康熙五十四年(1715)"三月《周易折中》成。秋七月《性礼精义》成"⑤。八月"公顿首谢,随进《篆文五经》一部,乞更赐刊刻以广篆法之传。上即颁付内殿如

---

① (清)李清植:《李文贞公年谱》,道光五年刻本,卷下,第19页
② (清)李清植:《李文贞公年谱》,道光五年刻本,卷下,第22页
③ (清)李清植:《李文贞公年谱》,道光五年刻本,卷下,第22页
④ (清)李清植:《李文贞公年谱》,道光五年刻本,卷下,第41页。
⑤ (清)李清植:《李文贞公年谱》,道光五年刻本,卷下,第62页。

其请"①。康熙五十六年(1717)还朝。

由此可见该书的刊刻最重要的缘起为李光地向康熙皇帝进呈了《篆文五经》一书,李光地进呈的目的是希望康熙皇帝可以将其刊刻,借此来复古字、广篆法。康熙皇帝随即将此书颁赐给内府,令内府刊刻。此处有两点需要考虑:一是李光地进呈的《篆文五经》是否就是陈凤梧旧本;二是李光地进呈的《篆文五经》是否经过他的重新整理和校勘。根本上解决这两个问题只能依靠陈、李二本的校勘,但是此处根据李光地年谱可推知,康熙皇帝拿到进呈的《篆文五经》之后直接交付内府刊行,故而可以看出李光地进呈本很大可能并非陈氏旧本,陈氏本名为《古文六经》,李光地进呈本则只有《五经》,因此可以推知至少李氏进呈本是经过了他的校订整理。但是康熙皇帝下令内府刊行之后,经书数量不仅恢复到了陈氏本的《六经》,还增加了《四书》,以此可知在李氏进呈本基础上,康熙皇帝又组织人力进行了新的整理与编纂,《四书》的增加直接体现了清初理学治国的核心理念。故而《钦定篆文六经四书》编纂刊行时间也随之可以推定不早于康熙五十四年(1715)。据《满汉名臣传·李光地传》:"五十六年(1717)四月,至京,奉命阅大学士王掞等所纂《春秋传说》,及检讨张照等所辑篆字经文。"②可知,到康熙五十六年(1717)四月,李光地还在阅看张照辑的篆字经文。

康熙五十七年(1718)李光地去世。康熙六十年(1721),王掞因请重立胤礽为太子忤旨,应谪戍,以年老由子代行,寻致仕。康熙六十年(1721),赵熊诏因丁父忧,悲伤而卒。由于人员变动极大,王澍因善书由校对官最后被任命为五经篆文馆总裁官。

《己山先生文集》卷八《吏部员外郎族侄虚舟墓志铭》:

> 越壬辰成进士,钦选庶吉士,癸巳授编修充《三朝国史》《治河方略》《御纂春秋》三馆纂修官,胥称职。戊戌教习庶吉士,辛丑考选户科

---

① (清)李清植:《李文贞公年谱》卷下,道光五年刻本,第64页。
② 吴忠匡校订:《满汉名臣传》卷六,哈尔滨:黑龙江人民出版社1991年版,第1566页。

给事中,钦命稽查钱局,又以君雅善书法,特命充五经篆文馆总裁官。①

辛丑即康熙六十年(1721),此时《钦定篆文六经四书》当已经编成,王澍负责最后的刊刻事宜。

综上,可以推断《钦定篆文六经四书》的编纂约始于康熙五十四年(1715),成于康熙六十年(1721),最终刊刻完成约在康熙六十一年(1722)。

(三) 编纂群体

儒臣、翰林与经学家、书法家的编纂群体。《钦定篆文六经四书》的编纂群体,身份具有多重性,这也是官刻经学丛书的一大特色。发起者是当朝最高统治者,总其事者则是中央重要儒臣,具体编纂的则是翰林院翰林,他们往往既是经学家,又是书法家。这样一个编纂群体,其自身具有的政治意义、文化影响力、学术修养是其他丛书编刻所无法企及的。

《钦定篆文六经四书》书影

时李光地为文渊阁大学士兼吏部尚书,王掞为文渊阁大学士兼礼部尚书。

---

① (清)王步青:《己山先生文集》,《四库存目丛书》集部第 273 册,据北京师范大学图书馆藏清乾隆敦复堂刻本影印,济南:齐鲁书社 2002 年版,第 795 页。

李光地(1642—1718),字晋卿,号厚庵,别号榕村,福建泉州人。康熙九年(1670)进士,历任翰林编修、吏部尚书、文渊阁大学士等职。曾协助平定"三藩之乱","统一台湾"。他是康熙年间重要的儒臣,一生专研《周易》,奉敕编纂了《御纂周易折中》《朱子全书》《性理精义》等,这些书皆推尊程朱理学,经康熙帝审定以御纂、御定名义颁行于学宫,对清代理学的发展产生了重要的影响。此外,还撰有《尚书七篇解义》《洪范说》《礼记纂编》《朱子礼纂》《古乐经传》《春秋毁余》《春秋劄记》等。《四库全书总目》对其评价颇高:

> 光地之学,源于朱子,而能心知其意,得所变通,故不拘墟于门户之见。其诂经兼取汉唐之说,其讲学亦酌采陆王之义,而于其是非得失,毫厘千里之介,则辨之甚明,往往一语而决疑似。①

王掞(1645—1728),字藻儒,一作藻如,号颛庵、西田主人,江南太仓人,明代首辅王锡爵曾孙。康熙九年进士,授编修,官至文渊阁大学士。王掞还是废太子的老师,因康熙六十年(1721)请求复废太子之位被贬谪,其子代其被流放。除了《钦定篆文六经四书》外,他还奉敕编纂了《钦定春秋传说汇纂》,自己撰有《四书朱注发明》《西田诗集》等。

李光地、王掞身为总阅官,负责向皇帝请旨、上表进书。内阁是清代中央最高行政机构。清代大学士为文臣最高级别,负有协助皇帝处理政务的职责。二人既是国之重臣,亦是儒臣,他们二人总其事,彰显了康熙皇帝对《篆文六经四书》的高度重视。

校阅官:

张廷玉(1672—1755),字衡臣,号砚斋,安徽桐城人。大学士张英次子。康熙三十九年(1700)进士,改庶吉士,授检讨,入值南书房。清康熙时任刑部左侍郎。康熙末年,整治松弛的吏治,后又完善军机制度。先后任《亲征平定朔北方略》纂修官,《省方盛典》《清圣祖实录》副总裁官,《明史》《四朝国史》《大清会典》《世宗实录》总裁官。张廷玉死后谥号"文和",配享太庙,是整个清朝唯一一

---

① (清)永瑢:《四库全书总目》卷九四,北京:中华书局2008年版,第799页。

个配享太庙的汉臣。

蒋廷锡(1669—1732),字酉君、杨孙,号南沙、西谷,又号青桐居士。江苏常熟人。初以举人供奉内廷。康熙四十二年(1703)赐进士,改庶吉士。康熙四十三年(1704),未散馆即授编修。屡迁转至内阁学士。曾任《明史》总裁及《佩文韵府》《康熙字典》《古今图书集成》等典籍总纂官。著有《尚书地理今释》《破山集》《秋风集》《青铜轩诗集》等。

励廷仪(1669—1732),字令式,一字一园,号南湖,直隶静海人。励廷仪为康熙三十九年(1700)进士,雍正年间曾任刑部尚书、吏部尚书,死后谥"文恭"。励廷仪著有《双清阁诗稿》八卷。他的书法以王羲之的行书为基础,旁涉虞世南、褚遂良。

陈邦彦(1678—1752),字世南,亦作思南,号匏庐,一号春晖,又作春晖老人,又号匏庐,海宁盐官人。康熙四十二年(1703)进士,授翰林院编修,入值南书房,后升侍读学士,乾隆初官至礼部侍郎。

王图炳(1668—1743),字澄川,号麟照、慎悔道人,华亭县人,太常寺博士王顼龄之子。康熙五十一年(1712)御赐进士,选庶吉士,授编修,官至礼部侍郎,降官侍读,加詹事衔。

赵熊诏(1663—1721),字侯赤,一字裘萼,江苏常州武进人,赵申乔之子。康熙四十八年(1709)举进士第一,授编修。官至翰林院侍读,以父忧归,哀毁卒。

以上六位校阅官,三位是内阁学士兼礼部侍郎,三位是翰林院侍读。内阁学士为从二品大员,职责在掌议天下之政,厘治宪典。而清初翰林之职最初属于内三院,顺治之后沿袭明制,设翰林院。但由于清朝统治者为满人,在官制上采取了均衡满汉的方略。设掌院学士二人,满、汉各一人;其下有侍读学士、侍讲学士、侍读、修撰、检讨、编修、典簿、待诏、庶吉士等,都是满汉平均分配。主要职务是修史编书、掌文词翰墨、充当皇子师傅、科举考官等。

校对官:

翰林院编修王澍。王澍(1668—1743),字若林,号虚舟,江南金坛人。康熙五十一年(1712)进士,入翰林官至吏部员外郎。康熙时以善书,特命充五经篆文馆总裁官。编撰此书之初王澍仅为翰林编修,经过近十年后,前面众多领衔大臣或去世,或升迁,或主持其他事宜,王澍则因善书被任命为总裁官,最终将此丛书校勘完成。

校刻官:

张照(1691—1745),字得天,号泾南,亦号天瓶居士,江南娄县人。康熙四十八年(1709)进士,改庶吉士,授检讨,南书房行走。

薄海,生卒年不详,顺天府大兴人,康熙五十一年(1712)进士,选庶吉士,散馆授编修,历官侍讲学士。官至太仆少卿。

值得注意的是蒋廷锡、励廷仪、陈邦彦、王图炳、赵熊诏、张照、薄海还担任了康熙六十一年(1722)刊刻的《分类字锦》的校勘官。

三、《钦定篆文六经四书》的传播影响

正字,历来是各个朝代立国之初都会采取的文化措施。秦始皇统一中国即推行"书同文",统一六国文字,小篆为尊。故而小篆这一字体相较其他字体而言就具有了不同寻常的政治、文化含义。更为重要的是,秦文小篆肇于西周中期,其规范化、均衡化、秩序化正是儒家"一统"理性的典型象征物。不仅在秦代,即便是在隶书通行的两汉时代、楷体盛行的魏晋六朝乃至有唐一代,小篆一直都是最为正式的官方书体;并且越是"一统"秩序强化的时期,小篆作为官方应用便愈为显著。因此,《钦定篆文六经四书》的刊刻是为"一统"秩序的昭示,或言借助对汉文化的"循流溯源"来彰显其合法化的文化认同。

《钦定篆文六经四书》在《皇朝文献通考》中归于经部小学类,但实际上这部书具有双重意义。一方面它是经学丛书,它本身的编纂缘起就是要恢复古经,因此就具有经学古本、正本的价值与意义。对经学研究而言,复古字复古经与其后乾嘉考据学的治学路径和诉求也是一致的。

另一方面从书体角度来看,又是字书,区别于其他专门的字书,带有浓厚经学意义。《钦定篆文六经四书》之前,康熙四十八年(1709)编撰了《康熙字典》,其《序》认为:

> 以其(文字)为万事百物之统纪,而足以助流政教也。……朕每念

经传至博,音义繁赜,据一人之见守一家之说,未必能会通罔缺也。爰命儒臣悉取旧籍次第排纂……然后古今形体之辨,方言声气之殊,部分班列,开卷了然。无一义之不详,一音之不备矣。凡五阅岁而书始成,命曰字典,于以昭同文之治,俾承学稽古者得以备知文字之源流而官府吏民亦有所遵守焉。①

康熙皇帝编刻《康熙字典》"以昭同文之治",同时对于学者而言可以知文字源流,对于官府的吏民则可以让他们遵守。《钦定篆文六经四书》与其相较而言,则更倾向于昭同文之治,恢复古本和经学研究。

此外,对清代书法艺术也有着深远影响。杨明刚《清代书法遗存审美意识研究》中梳理了清代篆书的发展脉络:

> 篆书的复兴是清代"书道中兴"的重要标志之一。中国书法史上,篆书的发展情况与隶书情况相类,经历了兴盛之后的多年沉寂。篆书分大小篆,先秦大篆盛行,秦朝书同文,小篆为尊,以李斯作为代表。自汉隶兴起,篆书式微,讫唐代李阳冰出始稍有复兴,嗣后书坛除元赵孟頫偶一为篆外,再无书家以篆名世,两千年间几成绝响。清代是篆书史上的转折点,二李篆法首先借由专擅金石与书法的王澍、钱坫、洪亮吉、孙星衍等清初学者"玉筯"篆作重新进入书家视域,并随着乾嘉之际的碑学崛起,在邓石如、杨沂孙等书家篆风变革中得以复兴,嗣后又在碑学笼罩的晚清书坛涌现出吴昌硕等大批自觉求新图变的专业篆书艺术家,以大量尽善尽美的篆书创制使得篆书艺术重放异彩,蔚成大国。②

其中,参与校对并最终任五经篆文馆总纂官的王澍就是开清代篆书风气之先者,而且他的篆书着力于对二李篆法的继承,精于古碑刻鉴定,可谓清代篆书

---

① 清高宗敕撰:《清朝文献通考》卷二一八《经籍考》,王云五主编:《万有文库》第二集《十通》合刊本第九种,上海:商务印书馆1936年版,第6803页。
② 杨明刚:《清代书法遗存审美意识研究》,济南:山东人民出版社2015年版,第170—171页。

正统派开山之人。他还是康乾年间著名的金石学家,曾明确标举江南足拓,不如河北断碑的尊碑抑帖观念,积极倡导尊碑学碑,身体力行,有力地推动了清代篆书的复兴。

清初书法界习篆的人不多,但是已经显出篆书复苏的迹象,《清史稿》卷五百三《列传》二百九十《艺术》二言:

> 自明、清之际,工书者,河北以王铎、傅山为冠,继则江左王鸿绪、姜宸英、何焯、汪士铉、张照等,接踵而起,多见他传。大抵渊源出于文徵明、董其昌两家,鸿绪、照为董氏嫡传,焯及澍则于文氏为近。澍论书尤详,一时所宗。①

王澍、张照是《钦定篆文六经四书》的校阅官和校刻官。二人因善书而参与编纂这一篆文丛书,而且是这部篆文经学丛书的实际意义上的校刻编纂者。张照与王澍的风格还不完全相同,张照被认为是董其昌的嫡传,而王澍则更接近文徵明。

《钦定篆文六经四书》中可以确定由王澍书写的是《孟子》。王澍对《四书》研究颇多,除了大量的书法艺术类著作外,还撰有:

《大学困学录》一卷,乾隆二年刻《积书岩六种》本。
《中庸困学录》一卷,雍正七年刻本;乾隆二年刻《积书岩六种》本。
《四书集益》六卷,乾隆五十二年凝翠阁刻本。
《大学中庸本义》一卷,乾隆二年刻《积书岩六种》本。
《禹贡谱》二卷,康熙四十六年积书岩刻本。

王澍告归后益耽书,名播海内,摹古名拓殆遍,四体并工,于唐贤欧、褚两家,致力尤深。王澍传世书迹较多。《清史稿·王澍传》:

---

① 赵尔巽等:《清史稿》卷五〇三,北京:中华书局1977年版,第13888页。

后内阁学士翁方纲持论与异,谓其篆书得古法,行书次之,正书又次之。①

《吏部员外郎族侄虚舟墓志铭》:

初君在翰林,望实雅称,古今文雄深机茂,久传诵士林,而书法尤一时独步,自汪退谷、何义门诸名家率推先之。每退食之暇,挥洒淋漓,优游文谳,若当世事一无所关心。②

张照,书法早年学董其昌,得母舅王鸿绪亲授;后又学米芾,并受赵孟𫖯影响较大。乾隆帝称其"资学明敏,书法精工,为海内所共推"。奉命鉴别宫廷所藏历代书画,编撰《石渠宝笈》。楷书秀媚婉丽,平正圆润,是清代"馆阁体"代表。

另外,王图炳、陈邦彦书亦得董其昌笔意。陈邦彦善书法,尤工小楷,行草宗法二王,字体宽展秀发,深得董其昌笔意,晚年所作几可乱真,即颜、欧、虞、褚及宋四家,无不研究。在侍直内廷时,常奉命校读御制碑版文,并奉敕缮写。史籍称"书法精绝,倾动寰宇",草书酷似董其昌,对颜、欧、虞、褚四家研究尤深,《康熙字典》御制序出自其手笔。

四、余论

有清一代近三百年,单经学丛书就刊刻了180种,而官刻经学丛书虽然只有15种,但是部头巨大,而且几乎涵盖了清代经学的主流研究方向,可以说既是官方主导文化、学术话语权的集中体现,也是其核心地位确立的主要途径。清代对地方经书供给的重视要超过明代,官刻经学丛书成为其向下扩张的主要方式,影响成效显著。同时官刻经学丛书也是科举考试标准本,其经学观点等

---

① 赵尔巽等:《清史稿》卷五〇三,北京:中华书局1977年版,第13888页。
② (清)王步青:《己山先生文集》,《四库全书存目丛书》集部第273册,济南:齐鲁书社2002年版,第795页。

对士子备考产生了重大影响。官刻经学丛书所体现的经学思想,是主流学术精华所在,是当时经学研究、学术流派形成的重要推动力。《钦定篆文六经四书》作为清代官刻经学丛书中较早刊行的一种,其价值和影响还有待进一步深入挖掘。

《汉学商兑刊误补义》发微

——再论方东树《汉学商兑》之立意

虞思徵

华东师范大学中国语言文学系

在嘉道年间汉宋之争的背景下,方东树所撰《汉学商兑》一书,历来被认为是对江藩《汉学师承记》及《宋学渊源记》的回应与反击。二人也理所当然被视作替汉、宋阵营发声之代表人物。江藩师从余萧客,乃惠栋之再传弟子,严守汉学门户,作为汉学先导的顾炎武、黄宗羲二人因"皆深入宋儒之室,多骑墙之见、依违之言"仅忝列《汉学师承记》末卷即是明证。尔后"姚门四杰"之一的方东树撰《汉学商兑》,对汉学大加挞伐,将这场论争推向高潮。但事实也许并非如后人所认为的那样白热化,汉宋之界限亦非泾渭分明,有学者指出,江藩撰写《汉学师承记》最主要目的并非攻讦宋学,而是在阮元主持修纂《国史儒林传》之背景下,构建以祖师惠栋吴派经学为中心的汉学谱系,以著书的方式对《儒林传》的编纂提出建议、施加影响,并为汉学争取儒学正统地位。[1]《师承记》刊行后,江、方二人在阮元幕府共事数年,《汉学商兑》卷下有"江藩尝谓余曰"云云,[2]可见二人在幕中仍有交往,并非势同水火。有学者据此提出新见,认为《汉学商兑》之立意实主于汉宋融合兼采,而非门户之争。[3] 其论据有三:一、据方东树为向幕主阮元呈献《商兑》一书所撰《上阮芸台宫保书》中之文字,方氏撰书之用意主要是为挽汉学之失。二、《商兑》中多有对汉学诸人及成就的肯定与褒扬,

---

[1] 戚学民:《阮元〈儒林传稿〉研究》第六章《〈汉学师承记〉与〈儒林传稿〉》,北京:三联书店 2011 年版。

[2] (清)方东树:《汉学商兑》,上海:商务印书馆 1937 年版,第 146 页。

[3] 尚小明:《门户之争,还是汉宋兼采?——析方东树〈汉学商兑〉之立意》,《思想战线》2001 年第 1 期,第 27 卷,第 139—140 页。

可见并无门户之见。三、方东树自身亦精通考据之学。

然据以上三点遽认为此书意在调和汉宋，未免证据不足。只有通过对文本的详细梳理，方可得到近情近理之解答。

一、成书过程与文本变迁

《汉学商兑》之成书并非一蹴而就，该书从发轫、初稿、增补、刊行至刊误补义，前后绵延近二十年。在此过程中，随着内容的扩充，不但卷数篇幅随之增加，主要商兑对象及前后所持态度亦有微妙转变。大致可分为以下三个阶段：

（一）发轫与稿本

方东树乃安徽桐城人，其先莫不服膺程朱，以诗书传家，是为家学；他自幼师从桐城派巨擘姚鼐，是为师承。① 受此二者影响，方氏之宗宋反汉思想渊源有自，于其书信文章之中皆有体现。如《辨道论》一文提到今时有名曰汉学考证者，辟佛、攻陆王而寇雠程朱，离经叛道过于杨墨佛老，②这与《商兑·序例》"近世有为汉学考证者，著书以辟宋儒、攻朱子为本"及卷下"今汉学家较之杨墨佛老而更陋，拟之洪水猛兽而更凶"语意相似。③ 而嘉庆二十五年（1820）《与罗月川太守书》及道光元年（1821）末《复罗月川太守书》中，方东树两次语及著书立说以辨其妄之打算，并冀望得到一二大人君子在上位者的帮助。④ 究其缘由，盖因嘉庆二十四年（1819）受邀赴粤后身处汉学诸人环伺的境地，兼之作为汉学领袖的幕主阮元尊汉抑宋，使方东树常有居同下客之感，以至"意兴沮败，生意全无"⑤。两相交织之下，促使他立意撰著作为回应，《汉学商兑》当即发轫于

---

① 姚鼐青年时客游京师，结识名震学林的戴震，欲拜其为夫子但遭婉拒。彼时汉学之风日丽中天，故此次挫折并未改变他由辞章转向考据的尝试。但其后十余年中，学风的递变、扬汉抑宋的风气与姚鼐自身学术立场之间的冲突愈演愈烈，终导致他在进入四库馆后的翌年便乞养归里，绝意仕途。观其文集中对汉学及汉学家多有指斥，如在《再复简斋书》中言戴震、毛奇龄等人概因与程朱争名以致"为天所恶，身死嗣绝"云云，其略可知。
② （清）方东树：《考盘集文录》卷一《辨道论》，清光绪二十年刻本，第4b—5a页。
③ （清）方东树：《汉学商兑》，上海：商务印书馆1937年版，第1、161页。
④ （清）方东树：《考盘集文录》卷六《与罗月川太守书》，清光绪二十年刻本，第4a页；方东树：《考盘集文录》卷六《复罗月川太守书》，清光绪二十年刻本，第9b—10a页。
⑤ （清）方东树：《考盘集文录》卷六《答姚石甫书》，第25a页。

此时。

梁启超云《商兑》"成于嘉庆间"①,钱穆斥为"无据",然亦仅云"成书在丙戌(1826)前,刊行则在辛卯(1831)"②。据方东树门人郑福照所纂《方仪卫先生东树年谱》:"道光四年(1824)甲申,先生年五十三岁,授经阮文达幕中,著《汉学商兑》四卷。"③又于本条"时阮文达方辑刻《皇清经解》,以汉学导世,先生以是书上之"下注曰:"按此书刊于辛卯而创稿实在粤东,《文集·上阮宫保书》可证。"④东树从弟方宗诚《柏堂师友言行记》亦有相似记载:"著《汉学商兑》时实在阮文达公粤东幕府,阮公方修《皇清经解》,诸博学老儒皆在焉。先生独著此书以匡其失,虽诸公位望隆重不顾也。"⑤是《商兑》创稿在道光四年方东树再度入阮元幕府时,献书则在修《皇清经解》至阮元调任之前,即道光五年(1825)八月至六年五月间。二人皆亲至方东树门下,记载较为可信。另据其《上阮芸台宫保书》"不揣梼昧,尝著有《汉学商兑》三卷,蓄之笥中,未敢示人"云云,⑥可知至晚到道光六年六月阮元调任云贵总督前,方东树已完成稿本三卷。此处方氏所自言稿本之卷数与《商兑·序例》中"此书本止一卷,首尾脉络相贯,以篇叶较多分为三帙"语相合,⑦则此时书仅三卷,非今日所见卷中离为上下之四卷本明矣。

(二) 增补与刊行

道光六年六月,阮元调任云贵总督,方东树亦旋即归里,其后六年间辗转浙右、安徽各地,主庐州庐阳、亳州泖湖、宿松松兹书院。在此期间,他对稿本尤其是卷中进行增补,篇幅的增加致使卷中不得不离为上下两卷,故今所见之道光十一年刊本,卷中约占全书三分之二。就内容而言,在呈献给阮元的三卷稿本中,提及阮元的条目较少且多赞誉之辞,与《上阮芸台宫保书》主旨较为一致,而

---

① (清)梁启超:《清代学术概论》,朱维铮导读,上海:上海古籍出版社2011年版,第69页。
② 钱穆:《中国近三百年学术史》,北京:商务印书馆1997年版,第573—574页。
③ (清)郑福照:《方仪卫先生东树年谱》,王云五主编:《新编中国名人年谱集成》第四辑,台北:台湾商务印书馆1978年版,第11页。
④ (清)郑福照:《方仪卫先生东树年谱》,王云五主编:《新编中国名人年谱集成》第四辑,台北:台湾商务印书馆1978年版,第14—15页。
⑤ (清)方宗诚:《柏堂师友言行记》卷一,续修四库全书第540册,上海:上海古籍出版社2002年版,第552页。
⑥ (清)方东树:《考盘集文录》卷六《上阮芸台宫保书》,清光绪二十年刻本,第17a页。
⑦ (清)方东树:《汉学商兑·凡例》,上海:商务印书馆1937年版,第4页。

与今见刊本中作为主要商兑对象而大加指斥的状况大相径庭。这无外乎两个原因,一则彼时方东树尚屈居阮元幕府中,碍于幕僚与幕主的关系,虽有诸多不满,只得隐忍不发;二来他献书之主要目的乃是冀望阮元能够听从他的建议,挽汉学之失。故以常理揆之,所呈之书稿势必不似刊本这般言辞激烈。然而阮元并未采纳他的意见,而方东树归里后亦不必再有所顾忌,故在增补的过程中针对阮元颇为自矜的《论语论仁论》《论语一贯说》《大学格物说》诸文中有关义理的阐释进行商兑。卷中之上第十三条所引文字乃方东树抄撮阮元《书东莞陈氏学蔀通辨后》而成,此文为道光八年(1828)春学海堂学人寄《学蔀通辨》来滇请序、序成后阮元所撰。方东树既引用此文,则此条增补于道光八年后无疑,是前三卷稿本所无之明证,而卷中之上末八条皆针对阮元而发,细玩其文理,亦当是后来增补而稿本所无者。

据《年谱》,《汉学商兑》初刻于道光十一年辛卯冬,钱穆亦同意此说。朱维铮据书前《重序》《题辞》及复旦图书馆藏本手迹,认为"至今没有见到《汉学商兑》的道光丙戌(1826)初刻本","辛卯本以前必有一初刻本"[①]。漆永祥引《汉学商兑刊误补义》之序文"往岁辛卯,《汉学商兑》稿成,一二同志劝刊行之"反驳:"《汉学商兑》初刊于道光十一年,至无可疑。"[②]其说可从。以成书过程而言,道光六年之三卷本仅是稿本,并未刊行,后经增补衍为四卷,今仍当以道光十一年本为初刻本。

(三) 补义与合刊

道光十七年(1837),方东树受两广总督邓廷桢之邀再赴粤东,翌年成《汉学商兑刊误补义》及《书林扬觯刊误补义》各一卷,十月序而刊之。其叙自道光十一年《商兑》刊行以来,"其后观书时有所获,有可补入本条相发明者,更有前说误而亟宜改正者,随札记于本书之上下方,朱墨狼藉,积久遂多,取而纂辑之,汇成此卷"云云,[③]是越七年而汇成此卷。《刊误补义》共一百三十一条,约三万字,附于原书以行,并未合刊。太平天国乱后书板全毁,其从弟方宗诚命方东树之

---

① 朱维铮:《汉学师承记(外二种)·导言》,北京:三联书店1998年版,第3、30、31页。
② (清)方东树:《汉学商兑刊误补义》,清刻本,第1a页。参见漆永祥:《方东树〈汉学商兑〉新论》,《文史哲》2013年第2期,第130页。
③ (清)方东树:《汉学商兑刊误补义》,清刻本,第1a页。

孙方涛遵旧制续刻刊误本,增删缮写,又请同里吴延栋校订,复有所删削。其后方宗诚据刊误本删补原书,仍为四卷,同治十年(1871)由四川总督吴棠刊刻于成都,是为望三益斋刻本,此乃两书合刊之始。同光间,方宗诚颇受曾国藩、李鸿章赏识,盛推其从兄遗著,因大行于世。此后二十多个版本或以道光十一年刊本为祖,或以同治十年望三益斋刻本为源。前者较后者篇幅略少,即因望三益斋本经方宗诚等人整理并将《刊误补义》逐条插入道光本并有所删削之故。方宗诚曾评述光绪八年四明华雨楼本"仍粤原本而遗《刊误》,非全书也"[①]。故而将两书合刊的望三益斋本更能完整反映方氏最终的学术思想,而细考《刊误补义》对原书之增补删改,不但可探究方氏在成书第三阶段中态度之微妙变化,亦可考见其撰著《商兑》之用意。

二、《汉学商兑刊误补义》实例举隅

《汉学商兑刊误补义》一卷,共一百三十一条,近三万字,大致可分为增补、改补、删削三种形式。体例为先注明某叶某行某句下,再换行以小字注明刊补类型,下接所刊补之内容。增补即原文本无而增补,标作"补""补大字""补小字""补小注""补大字一条"等,凡一百十一条;改补即改动增减原文,标作"改""改补""刊改"等,计十四条;删削则是原文有而删去之,注明某句削去,仅三条;他若刊补阙字、删除羡文亦有三条。在增补与改补形式的条目中,多为注明出处,或补充引文、史事作为论据并附益按语,以达到驳斥对手或证成己说之目的,此类占《刊误补义》之绝大多数。除去无情感色彩的注释性条目,细考其余条目中涉及学术论争、观点看法之文字乃至骂詈之词,以及删削改动之处,皆可体现方氏自《商兑》刊行后七年间思想之发展,亦照映出他心态上的变化。

例一:《凡例》:"此书仿朱子《杂学辨》例,摘录原文,各为辨正于下。"[②]《刊误补义》于此下补大字一句:

---

① (清)方宗诚:《柏堂集余编》卷三《校勘汉学商兑叙(代)》,《柏堂遗书》第四十三册,清光绪十一年刻本,第11b—12a页。
② (清)方东树:《汉学商兑》,上海:商务印书馆1937年版,第2页。

曾南丰曰:"禁邪说者,固将明其说于天下也。"①

《汉学商兑·凡例》共十则,此为第一则,开宗明义讲明本书乃仿照朱子《杂学辨》。《杂学辨》之体例乃先摘录诸家原文,复各为驳正于其下。朱熹撰《杂学辨》以斥诸儒之杂于佛老者,方氏则从其例以斥汉学之睥睨程朱者。《刊误补义》此处所增补之言,出曾巩《战国策目录序》"君子之禁邪说也,固将明其说于天下,使当世之人皆知其说之不可从",亦有两层用意:一则借人之口道出著作旨意,展现其卫道的决心;次则阐明之所以采用这种体例,是为了昭明"邪说"于天下以为招,其下之驳正方可有的放矢。"邪说"一词全书中凡三十余见,但在卷首即标明宗旨,将所欲与商兑的汉学比作"邪说",亦足见刊补时方氏态度之激烈尤胜往昔。

例二:《刊误补义》卷上之第十五条,方氏先引钱谦益《新刊十三经注疏序》:"宋之学者自谓得不传之学于遗经,扫除章句而归之于身心性命。近代儒者遂以讲学为能事,其讲学愈精,其言知性知天愈渺而穷,究其指归,未必如章句之学有表有坊也。汉儒谓之讲经而今世谓之讲道,离经讲道,贤者高自标目,不肖者汪洋自恣,则亦宋儒扫除章句者导其先路也。修《宋史》者于是分《道学》《儒林》为两传,《儒林》则所谓章句之儒,《道学》则所谓得不传之学者也。《儒林》《道学》分而古人传注笺解义疏之学无复遗种,此亦古今经术升降绝续之大端也"②,复于段后按曰:

树按:钱氏悖畔之徒,人头畜鸣,③焉识是非!即如此论,诬谬蔽昧,无一语中理,实本不足与细辩,但近时攻道学者悉同此旨,奉为笃论,故附录于此,以见邪说之兴,必自邪人倡之也。钱在怀宗时,为张汉儒、温体仁、蔡奕琛所攻,上疏自辨,其言有曰:"皇上全臣之躯命,尤不若全臣之名节。全臣之躯命,臣之得生,在一身在一家;全臣之名节,臣之得生,在天下在后世。"又曰:"若无行义坏名节,圣主不以为

---
① (清)方东树:《汉学商兑刊误补义》,清刻本,第1b页。
② (清)方东树:《汉学商兑刊误补义》,清刻本,第9a—9b页。
③ "人头畜鸣",后在望三益斋本《汉学商兑》中经方宗诚改作"本不知学"。

臣,哲父不以为子,生难戴面为人,死当荐棘毒以入地。臣读圣贤之书,奉父师之训,于'名节'二字,亦既筹之熟矣,而谓臣忍为之哉!"又曰"古未有城破而不死之县令,陷贼而不死之臣子"云云。其言如此,不知其后降李贼时,用章句坊表与？用离经讲道者之身心性命与？然不待至是而后败也。即当上疏时,力辨己非东林、复社之党,已自外于君子矣。此《序》之矫诬,政其根本如是也。①

此处引文乃钱谦益为毛晋汲古阁刻《十三经注疏》所作之序文,钱氏并无经学专著,此文可视同其经学观点之代表作。其中对汉儒治经方法的肯定及对宋儒治经流弊的批评,反映出钱氏扬汉抑宋的学术取向,下文更抨击宋明理学"嗤点六经,訾毁三传"之流害,实启明清之际反理学之先声。方氏按语斥钱谦益为"悖畔之徒,人头畜鸣",又评价此文诬谬蔽昧、不足与辩。随后话锋一转,点出其真正用意:近时攻道学之汉学诸人,皆袭钱氏绪论,邪说之兴必自邪人倡之。下又有小字一段,痛斥钱氏在明末党争及清初迎降时之苍黄翻覆、言行不符,并总结道:"此《序》之矫诬,政其根本如是也。"方氏实际上并未就钱氏《序》文观点进行学术上的响应,而是摆出一副不屑与辩的姿态,着重对钱氏之政治污点进行抨击,从否定其人品进而达到否定其学术观点之目的,未免有以人废言之嫌。钱谦益虽大节有亏,然实为明末清初文坛领袖,无愧"四海宗盟五十年"之誉。但自从乾隆三十四年(1769)降旨毁其人、禁其书始,后又被列入《贰臣传》,对钱氏之贬低遂成政治正确。故方东树在此处巧妙将近世攻道学者与钱《序》之旨建立起联系,并斥为"邪人""邪说",与上例之"邪说"相呼应。而其手法则与《商兑》卷下引乾隆上谕来否定谢济世,进而否定与程朱立异者如出一辙。

例三:卷中之上第四段论汉宋虚实曰:"以愚论之,实事求是莫如程朱,以其理信而足可推行,不误于民之兴行。然则虽虚理而乃实事矣。汉学诸人言言有据,字字有考,只向纸上与古人争训诂形声,传注驳杂,援据群籍,证佐数百千条。反之身己心行,推之民人家国,了无益处,徒使人狂惑失守,不得所用。然则虽实事求是而乃虚之至者也。"②《刊误补义》于其下补大字一段:

---

① （清）方东树:《汉学商兑刊误补义》,清刻本,第9b—10a页。
② （清）方东树:《汉学商兑》,上海:商务印书馆1937年版,第39页。

愚尝谓宋学之虚,如饮参术之汁,汉学之实,如饱乌头附子,鸩酒毒脯,裂肠洞胃,狂吼以死而已。斯言诚若太过,然如余此一书所辨各条,无非鸩毒也。观者幸详之,知余非诬耳。①

例四:卷下列举汉学家所执为宋儒三罪曰:"夫以汉儒未有禅之世,而信其不流于禅,譬如执童子之未知妃色、未见可欲者,而信其与柳下同操也。程朱之言心言理严辨乎禅,坐怀不乱者也;贾、马、服、郑当未有禅之世,又不知有心性之学,而不流于禅,童子之未知妃色者也。"②《刊误补义》于此下补大字及小注一条:

嵇中散曰:"岂可见黄门而称贞哉?"何义门曰:"黄门,不男者也。按:《癸辛杂识》引佛书甚详。"③

例三原文乃辨程朱与汉学家孰虚孰实。方氏以为程朱虽是虚理,但可推之家国天下而不误,乃实事也;汉学家倡实事求是为宗旨,然仅就纸上与古人争训诂形声,无益于身心家国,乃虚之至者。如此正反对比,以大学之道比小学之事,正是扬长避短,切中汉学病痛,辩驳有力。然《刊误补义》于此下所增文字,以人参喻宋学,以乌头附子、鸩酒毒脯譬汉学,人食之必"裂肠洞胃,狂吼以死"。其亦自知"斯言诚若太过",但又坚持己言非诬。例四原文论汉学家罪宋儒者三,其一即空言穷理恐堕狂禅。洪榜言"心性之学,贾马服郑所不详,自王弼、何晏、柳子厚之徒递于宋熙宁以后,此弊日深"。方氏以为古今能严辨儒禅之分者莫如程朱,并以汉儒之世未有禅害反诘,亦可自圆其说。然以柳下惠坐怀不乱喻程朱,以童子未知妃色比汉儒,已不甚恰当,有失论学风度。而《刊误补义》竟又引嵇康《与山巨源绝交书》语及何焯释义,进一步将汉儒拟作阉人宦官,纯属人身攻击,已经远超学术论争的范畴。究其原因,或如朱维铮先生所分析的那

---

① (清)方东树:《汉学商兑刊误补义》,清刻本,第18b—19a页。
② (清)方东树:《汉学商兑》,上海:商务印书馆1937年版,第151页。
③ (清)方东树:《汉学商兑刊误补义》,清刻本,第54b页。

样:随着江藩的去世与阮元的左迁,年过六旬的方氏归乡后已入桐城派活着的耆老之流,而离开阮元幕府后亦无须隐忍不发,故攻击起"近世为汉学者"越发没有顾忌。①

例五:《刊误补义》卷上第五条将原文"按此说蔽昧无知,不识好恶,所谓诋痴符也,不审何所恶于斯名而诋之也"扩充为:

> 此说蔽昧无知,殆由病狂,丧其心之神识而谵语也。夫三代典籍所同谓"条理"者,政此"理"字的解,何得是二五而非十邪?譬如言古今典籍,但曰人身、人心、人手、人足、大人、小人、贵人、贱人、男人、女人、贤人、愚人,何得独以一"人"字做个大布袋,贤愚贵贱男女手足身心尽纳其中,而统名之为人。李氏乃说,何以异是?而戴氏、阮氏诸家之蔑理者,谓程朱以理祸斯民,理必附于礼而行,皆同此谵狂而已。②

此段原仅一句,乃针对上文龙溪李威之言而发,③方氏原本评价此说"蔽昧无知,不识好恶",较为中性,将李威比作自谓清华而实无才思的诋痴符,并反诘以何所恶于理学之名而诋之。经改补后则将"不识好恶,所谓诋痴符也"替为"殆由病狂丧其心之神识而谵语也",语气尤为激烈。针对李威"何独至于宋儒,乃把'理'字做个大布袋,精粗巨细无不纳入其中"的比喻,拟一相似比喻作为回击。末又牵混戴震"程朱以理祸斯民"、阮元"理必附于礼而行"二说,以为与李氏此说同一狂诞,尤可见方氏在刊补的过程中,已将戴震、阮元两人共同视作最主要的商兑对象。

例六:《汉学商兑》卷中之下第十二段末原作:

> 按:以此义求之,近人说经无过高邮王氏《经义述闻》,实足令郑、

---

① 朱维铮:《汉学师承记(外二种)·导言》,北京:三联书店1998年版,第3—4页。
② (清)方东树:《汉学商兑刊误补义》,清刻本,第5b页。
③ 李威云:"理字见于三代典籍者,皆谓条理⋯⋯未有以为至精至完、无所不具、无所不周、为万事万物之祖者也。《论语》,孔门授受之书,不言及理,何独至于宋儒,乃把'理'字做个大布袋,精粗巨细无不纳入其中⋯⋯从此遂标一至美之名曰理学,竟为古昔圣贤未开之门庭,不亦异哉!"见(清)方东树:《汉学商兑》,上海:商务印书馆1937年版,第6页。

朱俯首,自汉唐以来,未有其比也。然王氏所以援据众说,得真得正,确不可易者,不专恃《说文》一书也。故谓说经者不可不治《说文》,此同然之论也。揭《说文》以为帜,攘袂掉臂,以为之宗,则陋甚矣。李仁甫曰"学无小,而古则谓字书之学为小,何哉? 亦志乎学当由此始尔。凡物虽微,必有理存,何况斯文。幼而讲习,磨砻浸灌之久,逮其长也,于穷理乎何有? 不则躐等陵节,君子不贵也。今学者以利禄之路初不假此,遂一切弃捐不省。喜字书者,求其心画端方已绝不可得,但肆笔趁姿媚耳。偏旁横竖且昏不知,矧其文之理邪? 先儒解经,固未始不用此,匪独王安石也。安石初是《说文》,覃思颇有所悟,故其解经,合处亦不为少,独恨求之太凿,所失更多。不幸骤贵,附和者益众而凿愈甚。盖字有六义,而彼乃一之,虽欲不凿,得乎"云云。是则通人之论也已。①

《汉学商兑刊误补义》卷中之下第十条将以上原文(加点部分)削去,改作:

> 故谓说经者不可不治《说文》,此同然之论也。若揭《说文》以为标帜,攘袂掉臂,以为说经之宗,则浅陋卑狭甚矣。昔颜黄门虽信《说文》,然又曰:"其所援引经传与今乖者,未之敢从。"因论《说文》解"秦"是禾名,引《封禅书》"秦一茎六穗于庖牺"为证,以为不达文章之体。②

此上原文乃针对宋鉴《说文解字疏序》"经学不明由于小学不讲、《说文》乃小学之祖"之观点提出十五谬予以驳斥。此段原为总结,方氏盛赞王氏父子《经义述闻》汉唐以来未有其比,足以令郑玄、朱子俯首。随后话锋一转,揭出该书之所以能达到如此高度,正在于不专恃《说文》一书。随后引出自己的观点,复为总论,申说"《说文》固有功于小学,然不可以之为说经之宗"。其下又引李焘语,许为通人之论。经刊改后,盛赞《经义述闻》之文字被全部删除,究其原因,许是方氏自觉"实足令郑、朱俯首,自汉唐以来未有其比也"之评价赞誉太甚。

---

① (清)方东树:《汉学商兑》,台北:广文书局1977年版,第234—235页。
② (清)方东树:《汉学商兑刊误补义》,清刻本,第37b—38a页。

方氏在《商兑》中反复申明朱子极重小学,而"令郑、朱俯首"之语似与其专宗朱子之旨相左,故为削去。其下将"则陋甚矣"衍为"则浅陋卑狭甚矣",语气较前愈加强烈。而将李焘《说文解字五音韵谱》序文替换为《颜氏家训·书证篇》之语,或有二因:第一,李《序》文长而略显散乱,无法精确表达方氏之主旨,对以上十五谬作一明晰的总结;第二,《颜氏家训·书证篇》该段采取主客互答的形式,主人所说"余亦不专以《说文》为是也,其有援引经传与今乖者,未之敢从"①,正是方氏借颜氏之口表达己意。此后主人举《说文》释"藁"为"禾名"之例,②认为"许慎纯儒,不达文章之体"③。这也正是方氏在书中多次批判汉学家的另一点——汉学家不懂文法,因而常常不顾文义,强为之解。④ 其言外之意是汉学家只重考据而不通文法、偏废义理,这恰与其师姚鼐所提倡之"辞章、考据、义理"三者兼重形成反差。

三、余论

方东树为献书阮元所作《上阮芸台宫保书》中有冀望阮元挽汉学之失语,并非其意欲调和汉宋之确据。前此之《与罗月川太守书》《复罗月川太守书》中,方氏求助与己旨趣相近的程含章时,对汉学之弊的指斥则直白露骨得多。以《上阮芸台宫保书》与作于同时之《学海堂铭》齐观,可知对阮元的颂扬之辞一则因彼时阮元乃其幕主,二则阮元确孚众望,学界仰为泰山北斗,而"挽汉学之失"之语当以婉词视之更为恰切。

至于因方氏曾以卢文弨手校《十三经注疏》详校阮元《十三经注疏校勘记》就认为其有汉宋兼采之旨趣,则恐失之。其师姚鼐以辞章见长,然亦深于考据

---

① 王利器:《颜氏家训集解》,北京:中华书局1993年版,第509页。
② 徐广:"藁,瑞禾也。"裴骃:"《汉书音义》曰'谓嘉禾之米,于庖厨以供祭祀。'"郑德云:"藁,择也。"《说文》:"嘉禾一名藁。"《字林》云:"禾一茎六穗谓之藁也。"《说文系传·祛妄篇》引《颜氏家训》"此导作禾"作"导,择禾也",并有说。
③ 王利器:《颜氏家训集解》,北京:中华书局1993年版,第509页。然而颜之推此说未必准确,徐铉在《说文系传·祛妄篇》里就反驳了颜氏的观点。
④ 《卷中之下》"吾谓汉学家只是不顾上下文理也",见(清)方东树:《汉学商兑》,上海:商务印书馆1937年版,第82页;《卷下》"及观其自为及所推崇诸家,类如屠酤记账",见(清)方东树:《汉学商兑》,上海:商务印书馆1937年版,第146页。

之学,撰有《九经说》《春秋三传补注》等经学著作,更提出"辞章、考据、义理"的口号;而阮元虽为汉学领袖,但亦究心于诗文,与桐城、阳湖诸人颇多来往,如在《汉学商兑题辞》《书林扬觯题辞》中皆盛赞方氏的陆继辂、与方氏同称"姚门四杰"的刘开等。可见是否从事或精通考据之事并非衡量该学人学术取向的标准。而另一方面,亦可看出彼时汉宋之间绝非壁垒森严、剑拔弩张之态势,阮元晚年尝致书方东树,赞其经术文章信今传后,而方氏亦赋诗答谢即是明证。

伦明在《续修四库提要·汉学商兑刊误补义》中言方东树"持论视前尤悍"[①],今由上文诸例观之,可谓不诬。方氏在《刊误补义》中一再将汉学及与程朱异见者斥为邪说、邪人,将汉学汉儒喻作鸩酒毒脯及宦官,已远超"商兑"范畴,而将盛赞《经义述闻》之文字删去,更从反面印证伦明的论断。《刊误补义》愈加激烈的言辞一则体现出方氏性格之偏激并未随年老而和缓,二则与其奉程朱为正朔及卫道热忱一以贯之:方氏自谓"余平生观书,不喜异说,惟于朱子之言有独契","故见后人著书,凡与朱子为难者辄恚恨,以为人性何以若是其蔽也"云云。[②] 而对于汉学诸公在经学、小学上取得的成就,方氏虽有诸如"诚为盛业""此自是其胜场"肯定之辞,[③]但另一方面又强调朱子亦未尝废训诂、注疏,汉学亦不过是在前人基础上有所发明而已。[④] 是知《商兑》之发轫至成书再到刊误补义,始终是以维护程朱在儒学中正统地位而非调和汉宋为鹄的的。

---

① 伦明:《汉学商兑刊误补义提要》,《续修四库全书总目提要·经部》,北京:中华书局1993年版,第1378页。
② (清)方东树:《书林扬觯·序纂》,上海:华东师范大学出版社2015年版,第110页。
③ (清)方东树:《汉学商兑》,上海:商务印书馆1937年版,第140、145页。
④ 如"顾、江、戴、段诸公韵学,皆不能出陆法言之范围也"云云。见(清)方东树:《汉学商兑》,上海:商务印书馆1937年版,第145页。

近代儒学研究的反思

——论文化差别性与共同性的研究方法

詹海云

西南交通大学哲学研究所

今人研究文化（文学、历史、思想、政治、社会、信仰）喜欢从大视野与区域文化异同问题的比较入手，同时又将问题锁定在某一时期、某一地区、某一较小的议题上来集中焦点，以求取得扎实创新的成果。这是很好的研究方法。不过，有时连一些成名的学者专家，为了表达一己的特异创见，也难免会过于强调自己的异说，因而在用词上，就有了值得商榷之处。这实在是个见树与见林的问题。

个人以为中国文化的主线应是重视会通殊异，并允许殊异存在；强调大同异的共性，以超越小同异的殊性，并追求永恒性与普遍性的人生与生命境界。就中国儒学的发展言，它包含黄河流域的陕西周文化、洛阳文化、山东邹鲁齐文化、长江中游楚文化、四川巴蜀文化、长江下游金陵文化、江西文化、安徽福建文化、江浙文化、广东文化及海外儒学。儒学在不同地区不同时期虽然各有发展特色，但是儒学的主要精神还是一脉相承，且非停滞不前的。所以，近代著名学者说朱子是儒学的"别子为宗"，或说梁漱溟先生是"中国最后的一位儒家"。我以为用词太重，也不符合中国儒学的发展情形。故以孔孟、程朱、陆王为例，说明他们之间都有相异处，也有前后继承处。同时，儒学的发展也没有最后的问题，他是周虽旧邦，其命维新，也是日新又新的。因此，我们的研究应该要见树又见林，在个人与地区、时代的差异创新上，注意源流发展的一贯性。以下试论述之，并请益大雅方家。

一、孔孟学说的主要内容及其学脉和地位

钱穆先生认为,在中国儒学史上有"周孔""孔孟"的说法,周孔主要指先秦到唐代,它的表现与作用主要在政治。孔孟指宋以后的心性之学,它的表现及主要作用在教育。孔子影响在经学,唐以前人多受孔子影响,宋以后的人无不读四子书,因此,朱子影响宋以后的读书人。在台湾,目前仍有"四书"教育(虽已不如从前)。在大陆,由于国学热的影响,新式教科书也加入了"四书"的章节。故钱穆先生的说法,大致道出孔子与朱子在我国学术上的地位。

(一)孔子的主要学说与历史地位的形成,确立中国文化主流的发展方向

孔子曾说自己是"述而不作,信而好古"(《论语·述而》)。这种"以述为作"的精神,是我国著作的主要传统,发展而为注疏学(由注→疏→正义,还有义疏、章句、集解等)。学术研究本来就是"加砖添瓦","一分自己的创见,九十九分努力吸收前人的文化遗产"。孔子尊重文化著作权,反映他谦卑为学的真实情况。这是孔子在著作观念上的贡献。

孔子以前的主要思想有周公的德政、制礼作乐,子产的"鬼神观念","天道远,人道迩"[①]以及《左传》"三不朽"[②],与《论语》"和同"观念[③],它显示了由原始宗教界到人文界的进化历程。

周公鉴于殷商佞神与好酒,特别劝诫周朝宗室皇子要以殷商亡国为鉴,同时期的《书经》也提出"天视自我民视,天听自我民听"(《尚书·泰誓中》),以民为本、为重的观念。周公于是有"敬德保民"[④]及加强以血缘为关系而建立的"家国天下"体制,及"制礼作乐"的等级次序以联络君臣的感情。由于周公的想

---

① 《左传》昭公十七、十八年记载,郑国星占家裨灶预言郑将发生大火,人们劝子产按照裨灶的话,用玉器禳祭,以避免火灾。子产回答说:"天道远,人道迩,非所及也。何以知之?"

② 人生三不朽之说,见于《左传·襄公二十四年》:"春,穆叔如晋,范宣子逆之,问焉曰:'古人有言曰死而不朽何谓也?'穆叔未对。宣子曰:'昔匄之祖,自虞以上为陶唐氏,在夏为御龙氏,在商为豕韦氏,在周为唐杜氏,晋主夏盟为范氏,其是之谓乎?'穆叔曰:'以豹所闻,此之谓世禄,非不朽也。鲁有先大夫曰臧文仲,既殁,其言立,其是之谓乎。豹闻之,太上有立德,其次有立功,其次有立言,虽久不废,此之谓不朽。若夫保姓受氏,以守宗祊,世不绝祀,无国无之。禄之大者,不可谓不朽。'"

③ 《论语·子路》:"子曰:'君子和而不同,小人同而不和。'"

④ 周公提出的政治纲领:"敬德保民,以德配天。"以德治管理天下,以德保民,这样才配有天命。

法具有民本思想,虽然许多哲学史都认为周公倡"德"(尊人)是对殷商事天祈福的转折,但我认为周公的惠民德政,主要还在保民、保天下。必须到孔子提出不以功利为考虑的"仁",此时才真正做到由"天"到"人"的转变,此是孔子思想绝大贡献。

子产是春秋早期的无神论者,他说:鬼神的灵验,是碰巧偶然,因此,不相信鬼神的神秘微验。他又说:"天道远,人道迩。"所以,只有人生界的人道才是可信的。孔子说"未知生,焉知死。未能事人,焉能事鬼"①,"敬鬼神而远之"。(《论语·雍也》)这都反映孔子对原始宗教、抽象神秘经验的否定与不感兴趣,它影响了儒学,也影响了中国文化的走向。孔子以四科教人,这四科及代表是:德行:颜渊、闵子骞、冉伯牛、仲弓;言语:宰我、子贡;政事:冉有、季路;文学:子游、子夏。(《论语·先进》)闵子骞的"母在一人饥,母去三子寒"的孝顺精神,为我们所熟稔。而颜渊是孔子最得意的学生,他的德行反映在"好学不倦"(《论语·雍也》)的学而不厌,"一箪食,一瓢饮……回也不改其乐"(《论语·公冶长》)的乐学精神,及"不违如愚"(《论语·为政》)"孔步颜趋"与"(夫子之学)瞻之在前,忽焉在后。……虽欲从之,末由也已"(《论语·子罕》)的悟道境界,还有"不贰过"(《论语·雍也》)、"愿无伐善,无施劳"(《论语·公冶长》)的反省、谦卑,不以自己有功德而自满。"德行"是在己,是人人所固有、所可能,且是必然要接触的核心价值问题。言语(即外交)、政事(即政治)、文学(即学问)是讲效果(或功利)、讲聪明与天资,是偏向外的。孔子是春秋鲁国人,对鲁国而言,其东有齐国,其西南又有楚等大小国,国家生存是最重大之事,虽然外交是内政的延长与后盾,但在周天子权力旁落,诸侯力征之时,外交的重要性大于内政。至于学问,那是教育大事,它必须因材施教,编出具有美好理想的而且也能适合当时政治环境的实用的教材。孔子早年周游各国,在他的头脑里,一是维持鲁国国运,二是尊王攘夷,而尊王攘夷比维持鲁国的国运更重要。因为鲁国是周公之后、周室宗亲、周文化守卫者。而周室自周平王东迁,已是诸侯当家,鲁国、晋国又是大夫持政。可是周室四境的其他民族(如东夷、西戎、南蛮、北狄),他们的土地与实力却远比分裂的中原各国都来得强。所以,对抗外敌,维持国家生

---

① 季路问事鬼神,子曰:"未能事人,焉能事鬼?"曰:"敢问死?"曰:"未知生,焉知死?"(《论语·先进》)

存的最大公约数,即周室的血缘关系。因此,孔子要"尊王(天子)为形式上的共主",并以血缘关系的亲情、温情来维系中原诸国,才能"攘夷"。所以,他盛赞有不少缺点的管仲"九合诸侯,一匡天下"是:"微管仲吾其被发左衽矣。"(《论语·宪问》)孔子作《春秋》以鲁国十二王编年纪事,但他一开始就用"王正月"的周天子之号,将鲁国以外各国历史一一编入。所以,我认为孔子心中的理想政治是周公。他说:"久矣,吾不复梦见周公矣。"(《论语·述而》)因周公继周文王、武王,辅佐周成王,并还政于周成王,才把周初因政治权力的矛盾引起的内外动乱,得以化解于无形。又"制礼作乐"巩固王权秩序,造成了"周文化"的灿烂。

由此,我们再回头看看孔门四科排列的意义,并依其次序说明其重要性:一是德行,是人所固有,是人人可能,同时往善的方向走,这是从人的内部加以提升。德行在生活中使人亲切,又可获益,因此,孔子把它放在第一位。言语(外交)在第二位,是针对鲁国生存现况的急务而言。政事在第三位则是鲁国国君已无力控制季孙、仲孙、孟孙三大夫。欲恢复鲁国秩序,必同时将礼崩乐坏的周文化恢复起来。至于文学(即学问)即整理古代先王治国之政绩,以作为目前从政者与学生学习的参考。《诗经》是观天子及各诸侯国治理下的民风。《大雅》《小雅》是反映士大夫阶层对政治时局之感怀及天子诸侯往来慰勉之诗。《商颂》《周颂》是史诗,尤其是开国、治国之史。《书经》是夏商周三代(主要是周代官方文告的政策档案,由此以见治道)。礼,孔子整理的是《仪礼》,他去芜存菁,来说明礼的具体条文细节。乐,孔子特别注意其陶冶心灵与乐声感化民心的作用。《春秋》是孔子代天子而作的私史,孔子的目的是藉春秋"一字之褒,胜于华衮;一字之贬,严于斧钺",来整顿礼乐崩坏的现象,从而使"乱臣贼子"有所惧,故孔子"据事论心",充分发挥"诛心"之论。言语、政事、学问都是很重要的事,但是也必须要"得时、得位",有才能、有智慧的人,才有获得实践机会和发扬才华的可能。所以,我认为孔子的教育理念,是基于"士先志,官先事"[①]的施教理念,同时,兼顾时代之变化与国家和人民之需要,以及由往古、现在至未来文化

---

① 《礼记·学记》的实践。它充分反映了孔子教人从人人可能、人人可行之"我固有之"处着手。"大学始教,皮弁祭菜,示敬道也。宵雅肄三,官其始也。入学鼓箧,孙其业也。夏楚二物,收其威也。未卜禘不视学,游其志也。时观而弗语,存其心也。幼者听而弗问,学不躐等也。此七者,教之大伦也。《记》曰'凡学,官先事,士先志',其此之谓乎。"

精神的一贯性、永恒性与普适性。这是孔子文化成就的第三点。

孔子将宗教性的天的观念转为人生界的"仁"的观念,这不仅是孔子第四点成就,也是他独具的创造性成就。关于"仁"的概念,我大略统计有:(1) 仁者,爱人(《论语·颜渊》);(2) 仁者,人心(人的本质);(3) 仁,是仁心(以仁为心);(4) 仁是人道(以仁为人应遵循之路);(5) 仁,指孝弟(孝弟,其为仁之本与);(6) 仁者,安仁;知者,利仁(《论语·里仁》);(7) 我欲仁,斯仁至矣(《论语·述而》);(8) 求仁而得仁,又何怨(《论语·述而》);(9) 志士仁人,无求生以害仁,有杀身以成仁。

以上说明:(一) 爱人之心,人所固有,人所同有。(二) 人不可能没有父母、兄弟,故对父母兄弟之亲情为人类所共有心情的自然流露。(三) 仁,是人生界之事,又是最自然的流露,更为人心所固有,终其一生也无法离弃之事,故孔子说:"仁远乎哉,我欲仁,斯仁至矣。"(四) 仁是情意,在生命之内。不是利害,在生命之外。在生命之外的利害,不一定人人有份,也不一定人人能得到全部,更不可能作为人人永远的凭据依靠。而在内的情意是可靠的,可能的,也是非如此不可的。所以,孔子教人从"近处"寻找自我的意义,生命的价值。知此近在心处的仁,同时要将它"推广"到人己关系上。因此他说:"己欲立而立人,己欲达而达人。能近取譬,可谓仁之方也已。"(《论语·雍也》)又说:"如有博施于众而能济人,吾必谓之仁(爱人)矣。"

孔子讲仁,也讲命。命由天来,但命有限制。所以,对人而言,命是不必然,也不可必得。孔子说:"不知命,无以为君子。"(《论语·尧曰》)又说:"君子有三畏:畏天命,畏大人,畏圣人之言。"(《论语·季氏》)能知命,方能求仁,所以钱穆说:孔子的知命之学是与求仁之学相配合。命既是有限制(如生命的长短、财富的多少、智慧的高低),因此我们"知命"之后,不应停留在此外在的限制中。而要追求自己内心中可能的、必然的、人人必可得的仁(情谊、关心、关怀)。

仁与礼乐的关系则是本末关系。孔子说:"人而不仁,如礼何;人而不仁,如乐何?"又说:"礼云礼云,玉帛云乎哉;乐云乐云,钟鼓云乎哉?"(《论语·阳货》)礼不只是祀天,乐不仅弹奏击打。要行礼、作乐必须心中有仁。礼的作用是凡事恰到好处。它是得宜,也是调节,其最终目的是和谐。所以,孔子认为礼有四目:"非礼勿视,非礼勿听,非礼勿言,非礼勿动。"(《论语·颜渊》)一切的视听言动均需以礼调节之。所以,向天祈福的功利,神不一定会接受,人也不一定会得到。因此,礼一方面要合理(礼者,理也①),一方面要"与时俱进""与时俱变"(礼者,时为大)。礼不只是人和宗教界天与鬼神之间的宗教仪式,还必须是人生界的秩序、准则,而搭起宗教界到人生界的桥梁,就是仁。所以仁为本,礼为末。

乐是有终始节奏,七音调谐的。音乐的演奏必经历一段较长的时间,在不同音乐的调和中,由人籁达到天籁的和谐,如此,才能使人感受到余音绕梁,孔子提出"仁"与"乐",一方面要人聆听音乐时,以"心"来听,产生共鸣。另一方面要觉察音乐中的和乐精神。在此,孔子深谙音乐美学的原理与生活的情趣。孔子就是这样用仁,一步步将礼乐精神从宗教、功利转到无功利、纯粹性的美感之中,使人生界的道德(行道而有得)越来越纯化,从而不断提升道德的向上境界。

(二)孟子:从性善仁政、王霸义利提出统一乱世之方法,以作为符合民心与政治最高的要求

孔子死了以后,儒门分为八派。孟子、子思是其中一派。相传子思作《中庸》,而《中庸》多言性和天道,这与孔子从人生界言道的路径不接近。而孟子宗旨为"性善论",在先秦诸子或先秦儒学,性善说并非主流。孔子说:"性相近,习相远。"未明言以善恶言性。儒家八派中宓子贱、漆雕开、公孙尼子,言性有善恶(见《论衡·本性》)。世硕言"性各有阴阳,善恶在所养焉"(见《帛书五行》引《养生》一篇)《孟子》书中又有"性可以为善,可以为不善""有性善,有性不善""性无善无不善"(告子说,见《六德》)的三种说法。另外,荀子有"性恶"说。其实,孟母三迁告诉我们现实中确实有性不善的现象。因此,孟子"性善"说应是道德理想主义的说法,虽然孟子有"尽心知性知天",把性推原至天。我以为儒家言存有论和宇宙变化的天,还是以《中庸》为主。孟子应是就现实效果言性。因为性善说使人不能为自己行为之恶寻找推卸责任的先天自利自私的根据,同时,他也十分看重人的主体能动性的自觉、自发的正能量的积极效果。如果,我们再从孔子说"惟上智与下愚不移"(《论语·阳货》)考量,则孔、孟言性,也是有一定

---

① 《乐记》说:"乐统同,礼辨异,礼乐之说,管乎人情矣。"又说:"乐也者,情之不可变也,礼也者,理之不可易者也。"

差异的。

那么孟子学说的精彩处与对孔子学说的继承处何在呢？孔子面对的时代问题是"礼崩乐坏""中原存亡""官学流落民间,私学如何将其保存发扬"等。孟子面对的时代问题是"百家兴起""处士横议""布衣卿相"之局面。由于各诸侯国用人孔亟,"开疆辟土""兼并统一"成为政治主流。民间寒士为了求得政治舞台,施展才华,往往趋向配合时主的主张。孟子则不然,他提出"不嗜杀人者而一之""善战者服上刑""百里可以王天下"来改变当时政治主流。他的"民贵君轻""君臣平等对待"①,以及"与民同乐""不忍人之政""王霸义利之分""年长者有肉可食,颁白者不行于道路"及井田政策,都是"仁政"的主张,亦即"得民心者得天下,失民心者失天下"。《孟子》书中往往对君、民秩序做了一些微幅调整。这较孔子维护现状的主张更前进一步。

在思想上,除了前述儒学内部的"性善恶论"议题,孟子还要回应杨朱"为我、无君",墨子"兼爱、无父"的主张。杨朱重生,故主"为我"为重。又主"重己轻物"(物包括人与事、物)。物之中影响人们生活最大的是政治力量,而掌握政治权力最多的就是君主。人人知养生与为我才是最亲切、最重要也最实际的大事,就不会去成就他人的为我,而损及自己的为我。世上的杀戮与迫害也就减少。但这种主张在孟子看来,社会既然已进入"劳心者治人,劳力者食人"的分工合作阶段。许行的"君民并耕"说不可行,道家的"无君社会"说同样也不合社会发展的实际。

至于墨子的兼爱,视人之父犹己之父。依庞朴先生的说法:孔子讲仁者爱人,只是泛说爱一切人,而爱又有"偏爱、溺爱"之失。墨子之学出自儒者。故其"兼爱"主张是孔子"爱人"的泛化、无边际、无限定化。孟子则因墨子"兼爱"的主张,有违于人之常情,故在"爱"(仁)外提"义"(宜、合宜),加以限定。因此,孟子的爱(仁)必须与"义"结合并观,才能不致泛爱难行及减少流弊,这也是孟子

---

① 孟子说:"民为贵,社稷次之,君为轻。"(《孟子·尽心下》)朱熹解释说:"国以民为本。社稷亦为民而立,而君之尊又系于二者之存亡。"孟子接着说:"是故得乎丘民而为天子,得乎天子为诸侯,得乎诸侯为大夫。"另外,他更提出民心的得失是赢取天下的主要原因:"桀、纣之失天下也,失其民也;失其民者,失其心也。得天下有道:得其民,斯得天下矣;得其民有道,得其心,斯得民矣。"(《孟子·离娄上》)

修正孔子"仁者爱人"的主张。

孟子"道性善,言必称尧舜"①,因为舜有瞽叟及致他于死地而后快的后母及同父异母的弟象。舜虽处在人伦之变的极致的家庭,但却不思对抗与报复,以诚化解了三人的错误行为。所以,孟子说"瞽叟厎豫而天下平"②。孟子又说:"君子有三乐,而王天下者不与焉,父母俱存,兄弟无故,一乐也。"③"王天下"是儒家"外王"的追求,但其中有命、有时、有位,不是人人可有之机会。父母、兄弟无人不有。由于长期相处,中间难免会有摩擦,能对家人宽恕、维持和谐,这是不容易做到的。舜做到了,建立好的典范。孟子除了称赞舜的孝,更说舜是圣人,说他"善与人同,舍己从人",而因"圣人与我同类""凡同类者举相似也",故力主"舜何人也?予何人也,有为者亦若是"。

"善与人同""人皆可为尧舜",这是说明"善"是"我固有之","非由外铄我"也。只要"不自暴、不自弃"④天下无不可为之事。人皆能成圣成贤,这表明了"圣人无异于常人",圣人是人人可能,人人可为。圣人不是天生的,只是他能自觉"良能""良知",既然人人有份,学必至于圣人而后止,这是后来魏晋玄学、宋明理学很重要的一个命题,也是孔子"我欲仁,斯仁至矣"的继承。

总之,孟子思想也多从人生界,从人固有之可能、可行、必然可得之处讲,这是孔孟相通处。但孟子言性善与以义限仁,敬义兼修、四端之说、尽心知性知天之论,则是他自己新开展的学说。

---

① 滕文公为世子,将之楚,过宋而见孟子。孟子道性善,言必称尧舜。世子自楚反,复见孟子。孟子曰:"世子疑吾言乎?夫道一而已矣。成覸谓齐景公曰:'彼,丈夫也;我,丈夫也;吾何畏彼哉。'颜渊曰:'舜,何人也?予,何人也?有为者亦若是。'公明仪曰:'文王,我师也;周公岂欺我哉?'今滕,绝长补短,将五十里也,犹可以为善国。书曰:'若药不瞑眩,厥疾不瘳。'"(《孟子·滕文公》)

② 孟子曰:"天下大悦而将归己,视天下悦而归己,犹草芥也,惟舜为然。不得乎亲,不可以为人;不顺乎亲,不可以为子。舜尽事亲之道而瞽瞍厎豫,瞽瞍厎豫而天下化,瞽瞍厎豫而天下之为父子者定,此之谓大孝。"(《孟子·离娄上》)

③ 孟子曰:"君子有三乐,而王天下不与存焉。父母俱存,兄弟无故,一乐也;仰不愧于天,俯不怍于人,二乐也;得天下英才而教育之,三乐也。君子有三乐,而王天下不与存焉。"(《孟子·尽心上》)

④ 孟子曰:"自暴者,不可与有言也;自弃者,不可与有为也。言非礼义,谓之自暴也;吾身不能居仁由义,谓之自弃也。仁,人之安宅也;义,人之正路也。旷安宅而弗居,舍正路而不由,哀哉!"(《孟子·离娄上》)

二、程朱：以理御气，存心养性，进德致知，中兴儒学

朱子学说初从道南学脉（谢上蔡、罗从彦、李侗）而来，重视静坐涵养未发气象。道南学者虽是洛学嫡传，然其未发之中的涵养与"二程"有些不同，故其后往往向禅学偏移。朱子受到湖湘学派五峰（胡宏）、南轩（张栻）影响，而有《中和旧说》《中和新说》《与湖南诸公》说之"涵养、察识"与"已发未发"说的体悟，最后溯源"二程"，再追及周敦颐、张载，编订《伊洛渊源录》《近思录》，完成宋学中的理学发展脉络。以下在叙述朱子学之成就前，先说说"二程"对朱子学的影响。

（一）"二程"思想：由"学者须先识仁"到"涵养须用敬，进学在致知"

宋代所面对的时代问题，与孔孟不同。中间又可分为南、北宋问题，北宋的问题有三：一是宋仁宗说："儒门淡泊，收拾人心不住。"二是唐帝姓李，崇尚道教。三是贵族又常将自家花园捐赠佛门，一来逃避政府的限地与征税，二来可作为自家的后花园。而佛教传入中国，至武则天时，可谓已占据士大夫文化与民间俗文化。中国式的佛教，华严、天台、禅宗均大盛于唐。宋初承唐末、五代十国之乱，胡瑗读书，还须到佛教藏经楼处，因此，无论思想界、文艺界（如诗佛的王维）和文化图书界均与佛教互动密切。道、佛盛行，加上战乱人们求精神解脱。以及唐代取士，诗赋科胜于经义科。所以，儒学渐趋衰落。欧阳修编撰《新五代史》，感叹士风衰败，才有历仕多朝的冯唐。五代割地于辽，国土几无险可守。藩镇之割据、朝代之轮替，如走马灯。所以，如何恢复《春秋》尊王攘夷、建立一有力量之中央集权及重整道德、恢复儒学，即成为北宋的两大课题。周濂溪倡"志伊尹之所志，好颜回之所学"即是儒学"急民之困"与"教育人才"的继承。张横渠提"变化气质""倡礼化俗"及"四为"之教也同是复兴儒学之意。其后，"二程"从学周子，又受张载影响，提出"识仁""定性""涵养须用敬""进学在致知"，都是在"求变"与"回归儒学"思潮下的产物。

孔子多从人生界立言，孟子亦然。而宋初周敦颐从"无极太极"到"主静立人极"，由宇宙论回归"人生界"。张载从"气化入神"到变化气质，也是从宇宙论趋向"人生论"。直到"二程"，始以人生论为重，具体提出"性""仁""敬""进学"的成就圣学途径。故朱子学问是从"二程"门人入手，再回归"二程"。由编辑整

理"二程"遗书,再找出周、张二子,完成宋代儒学的建立。

"性""仁""敬""学"是孔孟之学极为重视的命题。但朱子早年从道南学派的静坐观,喜怒哀乐未发之谓中入手,这是由《中庸》入手以观心之中节不中节问题。后来,觉得"静时观中似持守得住",又不确定。到得"应物"时,缺少"事上磨炼",心不一定发而皆中节。于是转向湖湘系张栻的在已发中求中。其后觉得道南一脉也好,湖湘一系也好,其源皆出大程,于是反而求之大程,但又觉得"不需穷索,不需防检",不勉而中、自然得中是一难以把握的高妙之境。于是转而向小程"涵养须用敬,进学在致知"的为学途径取经,并综合了伊川"体用一原,显微无间"的一贯之说,除去大程的"豪杰气""不贴地"与"难以捉摸的"的突出语、过高语。故朱子思想的最终完成是回归到小程思想体系之中,因此,后人称为"程朱"。

程颢不喜周子《太极图说》的"无极太极",也不喜张横渠的"气化"说。所以他说:"吾学虽有所受,'天理'二字却是自家拈出来。"①他认为人对宇宙的发展与变化了解有限,故其知容易牵强附会,且这类知识与人不亲近。而人生修养是让人获取幸福与提升境界之途。它既简易便捷,又鞭辟入里。因此,他主张学问首要在"识仁"与"定性(心)"。

"仁就是天理",但是他的"天理"的"天"不是形上学的"天",而是接近于人生界的"自然合理"的意思。因为从人生界讲人生,才会更真切、更真实。识得人心自然中节(即人们自己天生就会有一合理的机制,依此"中"去行,一切自然不会有差错)。如此,明道的"仁"就有"固有的""可能得到的"与"可行的"意思在内,这和孔孟的"人人可能可行可得"接近。不过,孔子用"道"来讲"仁",大程用"理"来说明"仁",还是有些不同。

既然"仁"是人人所有、固有,且"在心"中。因此,要"定性"(心)之法,就要"敬"②。大程说:"某写字时甚敬,非是要字好,即此是学。"③所谓"当心",即"当此心在字上","当"有"放置"之意,"当心"即"一心"。"非是要字好",是说为了成名、得利、学得一技一艺以维生。这些动机(即心念)都已不纯,是"着私",是

---

① (清)黄宗羲撰,全祖望补:《宋元学案》卷二四,北京:中华书局1986年版,第919页。
② 一般以为"敬"是小程提出,与大程关系不大,这是不对的看法。
③ (清)黄宗羲撰,全祖望补:《宋元学案》卷一三,北京:中华书局1986年版,第561页。

有了"私欲"。

"敬"又是"心不可有一事","不可起计度心",因"着心",心就会"把捉不定",不仅会出错,也让心无法"周流无穷,不滞于一隅"。他举了个人生活的体验说:"昔在长安仓中闲坐,后见长廊柱,以意数之,已尚不疑。再数之,不合;不免令人一一声言而数之,乃与初数者无差。则知越着心,把捉越不定。"①所以,他要人放下,使事情回归本然,不着人和一点事情。凡"急迫求之,终是私己,终不足以达道",因此,要敬守此心,不可急迫,当栽培深厚,涵泳于其间,然后可以自得。

"敬"是"必有此事",但要"勿忘勿助长",要"因物付物",事情来了当如何就如何。事情过了,心上不留。所以,他一方面说"尧舜事业亦只如太虚中一点浮云过目(这是将儒者圣功王道的外王事业,视若浮云,不放心上,去求三不朽)",另一方面说大事"要放下"(如百官万物、金革百万之众),小事有时"不得放过"(如目畏尖物,不得放过。因放过,其事还在,心还怕。必须满室置放尖物,以理胜它,始知尖不刺人)。明道如此言"敬",放下而不放过,不仅可以"治怒"(怒因人欲之私,引起怕,而以"怒"的方式表现)。如果我们在"怒"时可以观"理"之是非,就不会被"外诱"了。所以,他说:"学者须先识仁。仁者浑然与物同体。"②明道教人主敬,是在"大本大原"上说。

明道一生只有语录及一二篇文章。他不注解经典,不讲治平大业,不探究宇宙神化的玄妙,只讲自己的生活,谈自己的心,教人做"减法",减尽不必要的一切,就"心中无一事,浑然一片天理,与万物同体"了。他同时也很大胆"信心而行",说出自己"体贴"的心得,如他说"性中只有仁义礼智,何尝有孝弟",又说"恶亦不可不谓之性"。

明道为人随和,令人如沐春风。他一生虽只做了一些小官,但事事处理得当。留给后人很多的赞美。他和王安石、司马光都能谈政治时势。他的《上神宗陈治法十事疏》,后人评为"案其时势,悉中肯綮"。他"志节慷慨",朱子说他是"豪杰人物","非循常蹈故,块人自守","经历事故多,见得事势不可行",真的做到了他自己的"天理"二字是自家体贴出来。

---

① (清)黄宗羲撰,全祖望补:《宋元学案》卷一三,北京:中华书局 1986 年版,第 552 页。
② (清)黄宗羲撰,全祖望补:《宋元学案》卷一三,北京:中华书局 1986 年版,第 540 页。

伊川的"主敬"是从其兄"主敬"而来，但是又有所增加，这是因为伊川对知行、闻见之知、德性之知、喜怒哀乐的看法所致。伊川说知有下列的话："知有深浅，有多少般数"，"未致知，怎生得行？勉强行者，安能持久"，"须是真知，才知得，便泰然行将去"，"莫先致知，能致知则思一日便愈明一日，久而后有觉，学无觉又何益，又奚学为。思曰睿，睿作圣。才思便睿，以至作圣，亦是一个思。故曰：勉强学问，则闻见博而知亦明。"所以，他是主张思愈明，才能真知（真觉悟），能真知，行才会泰然，才会知觉。

对于德性之知与闻见之知，伊川的看法是："思虑久后，睿自然生。若于一事上思未得，且别换一事思之，不可专守着这一事。盖人之知识于这里蔽着，虽强思亦不通也。"[1]"欲知得与不得，于心气上验之。思虑有得，中心悦豫，沛然有裕者，实得也。心气劳耗者，实未得也，强揣度耳。"[2]

所以，伊川认为若只在闻见上求知，就会揣度，不能实得真知，就会物交物，引而愈远，劳耗心气。只有在德性上求知，才能心知得义理即吾性分内事，心中自然悦乐。因此，伊川的格物非"物引物"（以心逐物而不返），乃是"物与身（己身，即己心）接"，"观物理以察己"，所穷仍是"性之理"。所以，伊川不喜欢邵雍，因为那是在穷索四方上下的自然界（即物理世界、数字世界、宇宙论），而不是穷索性理，性理是一种有生命有生气的人生界之理，是人心喜怒哀乐之理，是人之情之理。

对于"喜怒哀乐"，伊川认为喜怒哀之未发谓之中的"中"是指"在中"。因此，只能"涵养"，不能"求"（求索），涵养久，则喜怒哀乐自中节。在"冲漠无朕"上的涵养是不用安排、求索，因那是闻见之知。只能涵养这固有，已存"在中"的德行之知。

就性与喜怒哀乐的关系，伊川以水作比喻。他认为性是水，情是喜怒哀乐。水之性湛然平静，但受外在刺激，就有湍激与汹涌。当"湛然平静如镜者，水之性也。风行其上或沙石地势不平，便有湍激，波涛汹涌，此岂水之性哉"，此处与孟子说的"乃若其情则可以为善也"相同。性中本有情，当情未受刺激，情即性也，所以"喜怒哀乐之未发"是"在中"，不是"求中"。"和"是已发时，勉强裁抑其

---

[1]（宋）程颢、程颐：《程氏遗书》卷二上，上海：华东师范大学出版社2010年版，第32页。
[2]（宋）程颢、程颐：《程氏遗书》卷一八，上海：华东师范大学出版社2010年版，第239页。

中节。发而中节谓之和,其实就是"得中",所以未发的"中",就是已发的"和","中""和"只是"上下一贯"。

总之,伊川与明道都主张"敬"。明道讲求仁,伊川讲"中和""已未发"。伊川在明道的"敬"外,再添上"进学在致知"与"未发之中",就是仍要人在"大本大原处"立本。伊川见人静坐,便叹其善学。因为"静坐"是"无一事着心(即喜怒哀乐之未发)"时的一种"庄敬存养"。

(二) 朱子的新经学、新道统与性及天道、一本万殊说

"二程"一生著述不多。小程有《易程传》,大程无专书。他们的学问,多从生活中自家体贴出来。朱子则不然,他一生注释、整理了很多书。发挥孔子"以述为作"的著作精神。

在注释经书上,有《诗集传》《书集传》《周易本义》《易学启蒙》。朱子受到宋代疑经、改经的影响。因此他的新经学有别于传统注疏学的疏不破注及尊重古经,不增字解经。他认为《诗经》原来就是民歌、情诗。《易经》原来就是卜筮之书,所以,他要还原经书的本来面目。同时,他又认为经书在传播过程中有残篇断简、讹误脱落、页次紊乱。所以,他要重订经书章句、补写经书缺漏、或将经书重要篇章独立成书,同时建立一个新经学的思想架构。在此一理念下,《大学》《中庸》就独立成篇,且有《格物致知补传》。朱子二十四岁从学李延平,其后在江西建白鹿洞书院,建立学规,在湖南建岳麓书院。三十三岁孝宗诏求直言,上封事。三十八岁在湖南,与张栻会面问学,有《中和旧说》。四十岁悟《中和旧说》之误,专主"二程"讲学宗旨。他的著作主要如下:三十岁校定《上蔡语录》,三十四岁成《论语要义》《论语训蒙口义》,此时受谢良佐《论语说》与李侗《论语》影响。三十八岁与张栻会晤后,回头细究《二程语录》。三十九岁编次《二程遗书》成,写《中和新说》。这是朱子由洛学道南学脉—湖湘学—洛学正统的过程。四十三岁成《西铭解义》《资治通鉴纲目》《八朝名臣言行录》。四十四岁成《太极图说解》《通书解序》《尹和靖言行录》,编《程氏外书》,成《伊洛渊源录》。四十六岁鹅湖之会,与吕祖谦、二陆(象山)论学,编成《近思录》,建立理学周张"二程"系统。四十八岁成《周易本义》《诗集传》。五十七岁成《易学启蒙》《孝经刊误》。五十八岁编《小学》。五十九岁始出《太极》《通书》《西铭解》以教学者。六十一岁,在漳州刻四书(《易本义》《诗集传》《书》《春秋》),成四子书(《大学》《论语》

《孟子》《中庸》)。六十三岁成《孟子要略》。六十六岁成《楚辞集注》。六十七岁始修礼书,名曰《仪礼经传通解》。六十八岁成《韩文考异》《参同契考异》。六十九岁集《书传》,口授蔡沈。七十岁,临卒,改《大学诚意章》。所以,四十八岁到六十九岁是朱子新经学写作时期。六十一岁成四子书,六十六岁左右成文学著作《楚辞集注》《韩文考异》及道教著作《参同契考异》。他曾说传世的经书是:"《诗》《书》是隔一两重说,《易》《春秋》是隔三重四重说。《春秋》义例、《易》爻象,虽是圣人立下,今说者用之,各信己见,然于人伦大纲皆通,但未曾得圣人当初本意否?"[1]朱子重著述,兼及史学、宗教、文学,与"二程"不同。却与孔子托著述以言志,办教育以育才同,不过朱子改经书、编四子书与孔子删《诗》《书》,赞《周易》,作《春秋》,亦有异曲同工之处。由于孔子、朱子均有经典,又重教育传播,因此,两人在行事上相符,并在中国思想界、教育界影响巨大。此是朱子继承孔子的木铎精神。

朱子重新诠释经学,不遵汉唐注疏学。在儒学道统论中,他去孔孟以下之扬雄、王通、韩愈之道,而此三人是初期宋学孙复、石介所肯定的道统中人。将周、张、"二程"直接孟子,建立了所谓新道统。而由于他于书无所不读,遂在理学之外,开出黄震、王应麟、顾炎武的文献学。

朱子与孔学之不同主要在性与天道上。

1. 性的看法

孔子曰:"性相近,习相远。"(《论语·阳货》),又说:"惟上智与下愚不移。"(《论语·阳货》)孔子论性,未明言善恶,也未探讨恶从哪里来。孟子则言性善。宋儒为解决性的善恶问题,于是有气质之性、义理之性的说法,朱子认为张、程(伊川)之说大有功于圣门。因此,他说:"此(孔子)所谓性,兼气质而言者也。气质之性,固有美恶之不同矣。然以其初而言,则皆不甚相远也。但习于善则善,习于恶则恶,于是始相远耳。"[2]此处朱子言性实异于孔子,又将名词"习"的"环境",改为动词的"不断浸染",也和孔子最初单纯意义不同。

朱子又引程子的话:"此言气质之性,非言性之本也。若言其本,则性即是

---

[1] (宋)黎靖德编:《朱子语类》卷一〇四,北京:中华书局1986年版,第2614页。
[2] (宋)朱熹:《四书章句集注》,北京:中华书局2015年版,第943—944页。

理。理无不善,孟子之言性善是也。何相近之有哉?"①虽然朱子同意孔子相近之说,却又提出气质之性的解释。这是以宋代始有的"气质之性""义理之性"说,评论孔子,实非孔子原义。

孔子说"上智与下愚皆不可移",程子却说即使下愚也可移。程子说:"人苟以善自治,则无不可移者,虽昏愚之至,皆可渐磨而进也。"②并认为仲尼之所谓下愚,其质非必昏且愚,(乃)自绝于善,谓之下愚。朱注虽在自己的注中不用程子,却将程子之说列为一说,则亦不反对程子之言有可取处。

2. 孝弟及仁的看法

《论语·学而篇》有"孝弟也者,其为仁之本与?"这条在程朱言,牵涉到孝弟与仁,孰为本(体)、孰为末(用)的问题。朱子据程子意"性中只有仁义礼智四者而已,何尝有孝弟来",认为"为仁是以孝弟为本。论性则以仁为根本",因为仁是体,孝弟是行的表现,是用。

郑玄解释"仁"为"相人偶",指人群相处之道,孔子说"仁者爱人"之言,朱子以为爱不一定合理(理无不善,而爱有不善),因此,解释成"仁为心之德,爱之理"。他把心分为人心、道心。因人心中常受人欲之恶的影响,容易有偏差危险的言行,道心则更是隐微难知,不易确知、掌握。而爱只是情的发用,情的发用有中节和不中节。朱子此说确可减少爱与心的流弊,但不一定合于孔子的原意。

3. 天的看法

《论语·八佾》:"获罪于天,无所祷也。"朱子注"天即理也,其尊无对,非奥灶之可比也",其中的"天",是指万事万物之上的至上神。但朱子把它解释为"天即理",并解释此句为"但当顺理,非特不当媚灶,亦不可媚于奥"。如此,天是理的体,理的主宰就是帝,一切事物都必须顺"理",而不能逆理。父子有亲,君臣有义,是理当如此。一切人世的理都是天的道理。此虽说明了"理"(道理,理则、伦常的来源),但并不一定符合《论语》之义,故清儒多攻之。

4. 格物穷理的看法

朱子主张"真知"才能"笃行"。因此,他的《格物致知补传》说:"盖人心之

---

① (宋)朱熹:《四书章句集注》,北京:中华书局2015年版,第944页。
② (宋)朱熹:《四书章句集注》,北京:中华书局2015年版,第1053页。

灵,莫不有知,而天下之物,莫不有理。惟于理有未穷,故其知有不尽也。是以《大学》始教,必使学者即凡天下之物,莫不因其已知之理而益穷之,以求至乎其极。至于用力之久,而一旦豁然贯通焉。则众物之表里精粗无不到,而吾心之全体大用无不明矣。此谓物格,此谓知之至也。"①所以,朱子所穷之理是一切"在物之理",自然包括周子、张载、邵雍的宇宙论、气化论、数学。但那是人与自然、人与社会、人与自我关系之一。所以,朱熹主要用功处还是在读书上穷理,及在心性已发未发处体悟中和。

一般以为程(伊川)朱之致知穷理,必是主张"博物多能""闻见之知"与"考索之功",但伊川认为那种"物理"多在"身外事"研究,是"考索所得(闻见之知),非明睿所照(德性之知)"。朱子的读书及格物方法是:(一)从历史现实的人事现象上明辨是非对错;(二)从念虑变化中体认、观察;(三)研究书本上记载的事情道理;(四)与学者互相讨论不同的心得或意见,因此,他读书的对象是:(一)考试选才制度之优劣;(二)封建行政之历史沿革;(三)历代帝王治绩,心术是否合理,政绩价值如何评断;(四)治乱循环原由何在?(五)今古学术不同争论何在?依此看来仍是人生界之事。他主张读书方法要有切肤之痛:一棒一条痕,一掴一掌血。又须寻源溯流,找出源头活水。下学人事,上达天理,切近而思,一切道理自明,如此才能使心发挥到"心的全体"及"心的大用",到此时心物、性理才能合一,回到"大本大原"处。

故朱子的道问学是手段、过程,尊德性才是目标及最后境界。

三、陆王之学:发挥心善,补充性体,完善理学,接轨当代

朱子提"性即理",又主"在物为理""格物穷理",其对"已发未发"的"中和"省悟与对"人心事物"的难以捉摸的掌握,都使得朱子认为学问必须自平实处下笃行工夫。因此,他主张真知才不会妄行。陆象山认为朱子"信心不足",所以才会主张"在物为理""求理于物",因此,提出"心即理"的"尊心"之论的心学。

(一)陆象山的"先立其大""尧舜以前何书可读"

在未谈及陆象山学说前,我们先谈谈陆象山的人生经历。陆象山生于二百

---

① (宋)朱熹:《四书章句集注》,北京:中华书局2015年版,第769页。

多人的大家庭。父亲陆贺生有六子：九思、九叙、九皋、九韶、九龄、九渊。他将家事分为田畴、租税、出纳、庖爨、宾客、经商、办药，除任命年长者为家长，更令其兄弟都有总管家事经验。治国虽事情繁多，还有君臣上下之分，易于听令行事。而家庭中之辈分、兄弟、妯娌、叔伯等，要没有口舌纠纷，实难上加难。但象山家族却齐心协力、上下和乐，不仅重振家业，敦睦闾里，且赢得帝王赐匾旌门。

此一家庭治事经验，应使得象山认为人心并不复杂，只要心量广大，则可于人无所不容，无所不得。其实，象山小时就在思考天地的界限何在，一日读到宇宙的解释为"上下四方曰宇，古往今来曰宙"。他认为宇宙既是无边无际的，因此生活在宇宙中的我们，对于认识对象也应是无边无际的。因此，所有的事与人都和自己有关。要治众人之事，必知众人所同然之心之理。所以，人虽受形体限制，但"心量"却是广大的，心所起的觉察认知可以遍及古往今来、上下四方的时空诸事。因此，不能把心看小了，它是浩瀚无穷，只要不受障蔽，心就如宇宙般没有边际。

以后，象山治理荆门，特重边防，消除苛捐杂税，设立医院，维护身体健康，兴办学校，倡导文风，改革民俗为民求福，都是从"心与理同"（圣人之心与众人之心同）思考，因此，取得很好的政绩。

朱子认为人性最初是纯粹的"性善"。但天性一旦落到气与形质上，就会受到气的轻浊、厚薄、美恶影响，因而心就不免有义理之性、气质之性，人心（人欲）与道心（天理）之分。此时，"心"就已不是"性"，而是有善有恶的了。因此，他同意张载"心统性情"的说法。心在形上时全属理，在形下为人（即质，身体）就有善有不善。所以，他反对"在心为理"，因心不一定善。他思考已发未发的中和，也思考如何变化气质，如何存天理，去（不中节的）人欲。所以，他主张人要从古往今来的人与事上去读书，思考圣人如何把事做得中理，心如何裁制，调整到最稳妥最适当。

但是象山认为朱子从本源处就看错了心。因为尧舜以前有什么书可念，同理尧舜以前又有什么不成文法（社会共识的礼）。那么，"善"从何来？价值、原则如何判定。有了文字，才有书籍，那已是很后面的事。因此，唯有"心是先天、圆满具足的善"，才可能有"理"的出现。所以"心即理"，"圣人之心不外我心"，不论何地（东海、西海、南海、北海）都有圣人，他们的心（行事动机的善）都是一样的,他们确立的行事准则也都是"我心之所同然"①。

相信心的圆满具足,不待学不待虑,生而即有,非来自外面的学习,不但是掌握了工夫论的"立其大",而且"本心(最初的善心)"即在心中,不假外求,正是《易经》"简易"工夫(易则易知,简则易行)。

象山是一个天资极高、思想极深、眼光极远、又十分有自控力的人。他能一眼就看尽烟雾弥漫的林间路的尽头,②他无论在治家、治荆门都能很快地在三年内即达到成就,并且一点都没有扰民,不仅与民同欲、与民同乐,也与民同理。况且读书是有天资好坏的问题,同时也受时间与财力之限制,并不是人人可能。如果圣人不是人人可能,人人有份,那么讲成圣之学的学问不是落为空谈吗?

不论是孔子、孟子也好,他们都希望融入群众,③都为民请命,都视民如伤、人溺己溺,可是他们也知道"得位行道""王天下"是个难以实现的现实。但"何事非君,何使非民",在家行孝弟,在地方办学,培养人才,居官为民兴利,做多少可以算多少。总之,不论孔子、孟子,还是周敦颐、陆象山、王阳明等儒者都认为内圣之业,只能对自己的品德要求较高,而外王之业的(急民之困)才是儒者所看重且应积极从事的急务。所以,我认为豪杰之气的陆象山所提倡的"心即理"多少是要人单纯信仰"心具足善",只要依他行去,就可以此"正能量"成就"正向光大之事"。

(二) 王阳明:九死一生、悟得心体、由狷到狂,开启现代观念话语

心学是由陆象山"本心""心即理"与"先立其大"奠定基础的,但"心学"的成立则是王阳明始成的。犹如理学先有三先生、北宋四子,但到朱子才正式完成的。因此,我们可以说王阳明是朱子之外的新学说(心学)的代表人,具有一个新时代开始意义的人物。

陆象山与朱子对本体与工夫,一开始取向就不同,故两人论学就形成了"道问学"与"尊德性",仿佛是两条不可能的调和功夫走向。王阳明则不然,一是他老老实实依照朱子格物做了一星期的格竹子功夫,却终觉物理于吾心终为二,

---

① 此心同,此理同。
② 林间路,是采用德国海德格尔的说法,对一般人而言,谁能一眼就看到烟雾弥漫林间路的后头真相呢?
③ 《论语·微子篇》:"吾非斯人之徒与,而谁与?"

并发出"圣人与我无分"的感叹,又跑去学道教了。

二是阳明说我的"致良知"是九死一生得来的。阳明一生遭遇三大灾难,反而启发了他的智能,使得他的学问更有深度性、正确性与光辉性。一次是三十五岁时,因弹劾刘瑾专权误国,设立东厂,陷害忠良,被贬到贵州,阳明到贵州龙场驿时,经历两年的逃避追杀,才艰难抵达。他看到客死的异乡人为他埋葬。生病的仆人为他唱歌服侍汤药。可是,他也不能不为自己的未来悲伤,就准备了石棺,等待生命的最后一刻。一天,他忽然大悟"荣辱都已忘却,为何还萦绕生死之心"。古往圣贤若处此,他们怎样解决这个不平与坎坷呢?于是,他静坐下来,将纷扰的思虑逐一清除。慢慢地,他的心只剩下清明澄澈、光明朗照,一切负能量、负思考都消失了。他终于明白眼前该做的事,未来的正确道路何在,于是他清楚了心是那么广大,它是身(言行观念)的主宰,决定了你的选择是正确还是错误。心为什么会有此正确的主宰力量,因为心即理(理即善),而理是天赋就有的。所以,他开始教人静坐,在静坐中省察克治思虑。四十三岁在滁州时,因见弟子多在静坐用功,而于"应事"时,却不能处事得当,于是又教弟子在事上磨炼,于已发处,使天理精明纯熟,心中自然精专无纷杂之念。这在未发已发处用功,有似朱子。但阳明是在"心即理"上下功夫,这又不同于朱子。四十五至四十七岁时,阳明平定江西、湖南、福建、广东四地匪乱。四十八岁宁王在江西造反,阳明才花了47天时间就平定了宸濠之乱。可是宦官江彬、边将许泰却诬指王阳明和宁王都是叛乱的同党,这个毁谤一直持续两年,直到明武宗去世才止。这次指鹿为马对他所造成的心理伤害,不亚于刘瑾的迫害。于是阳明在五十岁时专提致良知之教,并说"良知知是知非","是你自家的主人,它是便知是,非便知非,一点瞒他不得"。自此,阳明"心中无一事","应物而不付物"。五十二岁时,因阳明弟子愈来愈多,官也愈做愈高,又招来第三次诽谤。理由有三:1.忌妒;2.阳明讲学不同于官方的朱子学;3.弟子太多,造成社会不良影响。王阳明仍不理会这些毁谤,更加相信良知,去做对的事,他不愿做乡愿。

所以,阳明良知学也如明道是自家体贴出来,只是他的"体贴"更"一捆掌,一条痕"。其实,朱子学自绾合北宋诸家,又特重"进学在致知","致知在格物",合已发未发、涵养察识、读书穷理之功夫。由于他学问广博、功夫细密、本源本根处又推得高,后来跟随者无他那般高的见识与深的体会功夫,变成"此亦一述朱,彼亦一述朱",甚至在知行上,由"真知才能安然践行"转成"有知无行";在"心"与"理"上,因"在物为理"而"求物之理",不能善处"物与身"之关系。而更重要的是朱子只认为本体是道体、理体、性体,而没有心体。性体、理体又是高高在上。从存有论讲他是确实存在,而"万事万物也因理而有(存在)",存在变成理念的形式存有。在宇宙变化上,朱子主张偏向"理先气后""理气不杂不离""动中有静,静中有动",对形上的理落在气中的心上时,心如何对意动、气动、情动起方向、主宰、支配作用。没有一个头脑处、定盘针处。这就是牟宗三说朱子的理只是一个纯洁的静体,只存有而不活动。因此阳明提出心不仅是作用,也是心体。良知就是心体,赋予良知以至上的实体义与存有义。阳明更提出"心即理"为"心在物为理""心外无理""心外无事"(没有心的主体认知,花开花落都无意义),又将"格物"解为"正其不正以归于正"①。"诚意"就是良知(诚即良知),来正念(意就是念)。"致良知"之"致"是推致良知在事上,"使事自当其理"。又说"事"是"意之所在即是事","一念发动即是行"。他将"心与理""知与行"视作从本原作用于过程的历程,视为是"合一""并进""事上磨炼""必有事焉而勿助"。阳明继承象山刻意区隔明道与伊川不同,把自己学问看成是孟子—明道—象山—阳明的学术系统,从而完成了心学的系统。

"朱陆异同"是后人对程朱陆王所做的调和,阳明自己也说朱王始异终同。所以,晚明有以朱补王,承认王学心学是可以独立于朱学外,而朱学的读书穷理可以弥补陆王"信心太过""束书不读"。

阳明有《大学古本》说,用恢复《大学》古本的方式否定朱子《格物补传》,此即以书本证义理之是非。并发挥广义理学的"万物一体之仁"(民吾同胞,物吾与也。人类应彼此关心,照顾,合作,不应分尔我,利害与功利)与"拔本塞源"(除去人欲,纯是天理)之说,绘出人类理想世界的蓝图。这些都是儒学一脉相承精神之所在。

---

① 湛甘泉说阳明格物就是正念头。

四、结语

孔子建立儒学，编辑《诗》《书》《易》《礼》，成为文化公共财富，孳养了儒学、诸子学等百家学。又倡内圣外王之教，建立人极。提尊王攘夷之策，保我中华。化原始宗教为人文学，影响儒家八派、齐学鲁学、两汉以下经学、理学、史学、子学、文学，又历经尊孔反孔纷争之检验，仍成为我国固有文化之代表。不仅功在唐前，也在近代，甚至万世。

孟子是儒学八派之一，护卫儒学有功。性善之旨，激励人心向善，王政民本，光辉长存。

"二程"识仁、定性、主敬、致知穷理，合心性本体，于涵养进学开出理学。朱子整理经学、理学典籍，别开生面，自有新解。寻源溯脉，成伊洛渊源，奠定理学。终生疏解《论》《孟》《大》《中》，择精用宏，使先秦儒家伦理学学派皎然自见。其学又绾合经、史、道教、佛教、文学，教人合"尊德性"与"道问学"，体大思密，教法无弊。允为孔子后第一人。

象山本心，简易直捷，鞭辟入里。阳明良知，心与理一，知行合一，可补理学之未备。其重个人主体之自觉、自由与自尊，符合近代思想之潮流，除影响晚明市民意识，也适合在当代搭起中西文化平等、尊重、包容与主体自觉之桥梁。

日本明治维新，我国近代革命对"心力""意志"的重视，以及五四民主、自由、平等、白话文运动之白话文学与俗文化的兴起，都和王学重主体自觉、教化民众、亲爱民众的精神有关。

总之，我国儒学三座高山，孔子始于上古，朱子成于中古，阳明立于近代。三者均是儒学，其学只见开启新时代，却仍未见止于何时何人。因此，近人好以"最后一个儒家"或"别子为宗"讲儒学是其个人之见解，而非客观的事实。

论马克思主义儒学

张茂泽

西北大学中国思想文化研究所

传承和弘扬中华优秀文化,要处理好中华优秀文化与马克思主义的关系。同时,马克思主义中国化,进一步深入中国化,也不能回避和中华优秀文化的关系问题。儒学是中华优秀传统文化的主体,马克思主义是中华优秀现代文化的主导,中华优秀文化持续不断,一脉相承;马克思主义和儒学,不应双峰对峙,二水分流。认为两者无关,甚或以为对立,不符合实际,也不利于双方各自的发展,更不适应广大劳动群众的生产生活需要。为了建设中国社会主义新文化,深刻说明社会主义核心价值、社会主义德治和法治结合等的理论意义,有必要在理论上融会马克思主义和儒学,建立和发展马克思主义儒学。

一、必要性和迫切性

儒学和马克思主义融合,建立和发展马克思主义儒学,是中国思想史发展的历史趋势。中国社会主义由几千年中华文明史发展而来。古代长期占主导地位的意识形态儒学,和现当代占主导地位的意识形态马克思主义前后相继,代表了中国思想史的两大历史阶段。建设社会主义,为实现共产主义做准备,是中国长时段的历史任务。建设社会主义,实现共产主义,是前无古人的伟业;必须充分吸收全人类文明成果,才可能顺利建成。中华文明史上的儒学和马克思主义,当然更是需要比较交流,相互取长补短;在此基础上融会贯通,建立马克思主义儒学,以指导国人在以社会化大生产为基础的社会主义时期的生产生活。

传统儒学和马克思主义学说是马克思主义儒学的深厚渊源。儒学可谓我国古代几千年生产生活智慧的结晶，是小生产条件下发现的人之所以为人的真理；在人之所以为人的真理中，又蕴藏着家之所以为家、国之所以为国、天下之所以为天下的真理，蕴含着社会之所以为社会的真理。以修身为本，在格物、致知、诚意、正心基础上，致力于齐家、治国、平天下，成为理想的个人、家人、国人、天下人，进而实现小康、大同的社会理想。马克思主义则是近代以来马克思为代表的学者发现的人类社会历史发展的规律，其中蕴含着社会化大生产时期人之所以为人的真理。将古代发现的真理，和近现代发现的真理结合起来，将中国人发现的真理，和西方人发现的真理结合起来，建设中国特色社会主义，实现中华民族伟大复兴，实现人民群众对美好生活的向往，推动中国社会向着共产主义理想前进，是必由之路。

理论源于实践，思想交融有实践的共性做基础。中国特色社会主义建设积累了丰富的实践经验，也留下了不少教训，在进一步发展中还存在着不少亟待解决的现实问题。经验需要理论提炼，问题需要理论分析。中国特色社会主义建设实践经验需要总结，广大劳动群众生产生活需要信仰信念安顿，需要价值理想引领，需要道德、法律规范。

儒学原就具有这些社会性能。但古代儒学产生、发展于古代小生产条件下，未免打下当时历史的烙印。《中庸》五达道君臣、父子、夫妇、昆弟、朋友，扼要概括了小生产条件下的五大社会关系，集中在家庭和国家中，反映了当时生产生活中最主要的几种社会关系。因为家庭是农业小生产的基本生产单位，国家是最大的社会政治共同体，行业分工，士农工商为主。社会化大生产条件下，社会生产更加发达，生产分工更加细密，生产单位更为多元，生产环节更加众多，五达道已经发展为百业、千道。比如，联合国登记制造业就有520多种，中国全部能够生产。旧有的五达道难以概括各行各业的情况，不能满足现实劳动群众的急迫需要。现代新儒学多集中于观察中学和西学、旧学和新学之间的关系中，纠结于西学中的各种主义之争，致力于五四提出的民主、科学伟业的理论说明，而尚未来得及观察近现代社会生产方式剧烈变革对于劳动群众人性自觉和实现的深刻影响。如果你不关心劳动群众的生产生活需要，劳动群众为什么要关心你？如果你疏离礼法制度的损益变革,近代化的民族、国家自然要疏离你。结果,现代新儒家推己及人的仁爱教化,竟然困厄于学术圈或个别乡村;现代新儒家大多只能局限于道德理想的理论阐发,中华民族共有精神家园的理性说明和坚守,严重制约了儒学对现代化的生产生活、制度建立和改革、思想文化观念的影响力。

如果儒学要适应社会化大生产的需要,如果它想要满足现当代广大劳动群众的生产生活需要,势必向马克思主义学习。学习马克思主义重视生产劳动对于人成为人的理论意义和历史意义,学习马克思主义对于人的需要或欲望的正面的科学研究和近代机器生产基础上的肯定,学习马克思主义在社会历史的科学观察和认识基础上的人学思维方式。意思是说,儒学思想现代化,必须和马克思主义相结合,接受马克思主义的批评、检验,站在人之所以为人的立场、现实的人成为理想的人的立场,研究马克思主义中符合近现代社会历史特征的思想主题、社会生产观念,汲取和发展自身的辩证思维和历史思维方式,强化劳动群众的社会历史主体地位,增强自身思维方式的科学性能,以发展和完善自身。这些,都需要我们当代的理论工作者在融会马克思主义和儒学上进行创造性工作。

马克思主义是科学真理。它发现了人类社会历史发展的规律,尤其是人学上,研究工人越劳动却越贫困问题,发现了历史上人不成其为人的秘密,即生产不足,发展不够,而又存在着劳动分工,财产私人占有,市场交易等,从而引起了人性异化,如国家作为社会政治共同体职能异化为只是统治阶级的工具等。并以此为基础,寻找到了人类克服人性异化的历史道路,就是不断发展社会生产力,在此基础上不断革命、改革、改进社会制度,大力发展科学文化,向着共产主义理想社会逼近。马克思主义学说中国化,理应走出书斋,走出书本,和劳动群众相结合,和劳动群众的生产生活实践相结合,成为劳动群众的日常价值观念,社会主义的道德规范,文明的风俗习惯。只有这样,马克思主义科学学说才能成为现实社会生产力的一部分。这就有必要学习数千年占主导地位的儒学,和儒学天人合一的仁义道德思想、学习克己结合的修养论、人文化成的教化论等相结合,发挥出匹夫匹妇日用饮食能知能行的性能和效用。

二、内在基础

马克思主义儒学之所以能够成立,除了儒学本身持续不断发展,能够与时俱进外,还因为在根本上,马克思的思想学说中,有许多和儒学同条共贯、相辅相成之处。① 天人合一,以人为重;辩证思维,落实为历史思维;人文的、理性的信念模式;知行结合,实践为重;天下为公理想和公有制主张,禅让、选贤与能和劳动群众当家作主的民主政治。还有许多思想学说互相接近,可以互相引用、支持。如人为万物之灵观念和人民群众是历史主体的观念接近,儒家人性善说和马克思认为我们唯物主义者也承认人性善接近,民心民意即天意的民本传统和人民群众是历史的创造者观念接近;学术思想上经世致用传统,和马克思强调哲学最重要的性能,不仅是认识世界,而且是改造世界;汤武革命、顺天应人说,和马克思主义革命是历史发展的质变说,其实也有相通处,等等。

照过去学界看,儒学中本来就有唯物主义派别,即以《易传》、荀子为代表的现实主义儒学传统。这个儒学派别在天人世界观上重视自然的客观地位和基础作用,强调在天人相分基础上实现天人统一;这和马克思自然人化和人自然化统一、真正的人道主义与真正的自然主义相统一的世界观一致。后来张载、王夫之发展出气学,强调气是世界的根源和基础,天理和良心作为气的产物,必须依附气而存在,其世界观的唯物主义性质更加鲜明。在人性修养论上重视经验认识,强调人性在学习和克己修养的基础上变化气质,日生日成。这个派别在认识上特别发展了经验思维和历史思维方式,在经学上特别发展了符号意义的诠释传统。在教化实践上重视礼法等外在规范约束的教育意义和政治意义。古代儒学中本就有在世界观上接近马克思主义世界观的传统,可以成为马克思主义儒学的重要源泉。

孔孟之道作为人学,和马克思主义的人道主义也有不少共性,可以作为相互交流、融会的思想基础。

第一,在思想宗旨上,做人、成人是儒学的思想主题。它要求人们不要向下

---

① 参见张茂泽:《马克思主义和儒学》,《文化学刊》2011年第5期,第16—22页。

物化,如动物化为禽兽,或器物化为工具,都矮化了人的尊严;它也不要求人们向上成神。它只要求人们做人、成人,这和马克思让劳动群众成为真正的自由全面发展的人的思想主题一致。

第二,在人性论上,天理、良知等仁义道德内涵,被儒学认定为人性的主要内容。欲望、需要,社会关系等,虽然也是人性的内容,但不被有修养的人们当作人的本性;而只是看成应该围绕仁义道德等人的本性而在修养、教化中不断改进、生成的气质之性内容。这和马克思认定自由才是人的本质内容,需要和社会关系只是实现人的自由本性的认识思路一致。

第三,在理想观上,儒学只是要人们做人、成人,理想的人即君子、贤人、圣人;在此基础上建设和达到理想社会。这种人格理想和社会理想主张,和马克思将人们在劳动基础上实现需要、社会关系、自由等真正的人道主义思想一致,和人人自由全面发展的共产主义人学理想一致。只不过,儒学强调的是理想人格特征和理想社会特征,马克思则更为强调实现理想人格的修养过程和达到共产主义理想社会的历史过程。

第四,在实现理想的方式上,儒家和马克思都强调人的社会性。儒家强调做人、成人,要求在社会共同体如家庭、国家、天下中进行,而不能躲在深山老林中静修,或者出家,脱离家庭、国家等社会共同体的束缚而求解脱。在家庭、国家等社会共同体中修养,相应就提出了家人要求、国人要求、天下人要求。即《中庸》所谓五达道:君臣、父子、夫妇、昆弟、朋友。君君臣臣、父父子子、夫夫妇妇、兄兄弟弟等社会分工角色伦理的要求,作为对君不君、臣不臣、夫不夫、妇不妇、兄不兄、弟不弟等社会分工角色伦理失范的批判和矫正,与马克思人学思想在根本上不约而同、殊途同归。马克思提出了关于人人自由全面发展的伟大理想;为了实现这一伟大理想,必须依据和考察在阶级社会里不同历史阶段人们在生产劳动中逐步产生和发展的阶级性,以及依据此阶级性而展开的一定历史的阶级斗争,考察社会革命和社会改革对于社会生产生活的历史意义,考察阶级性和阶级斗争对于人成为真正的人的人学意义,即对劳动分工、财产私人占有导致人性异化的批判和矫正意义。

第五,在精神家园思想上,有信仰或信念,有远大理想,教化劝善,让人守规矩、有底线的宗教性儒学,或者说儒学的宗教性能,有人文的、理性的特色,批判淫祠、谄祷，批判否定迷信，这也和马克思主义提倡的共产主义信念的人文理性特征也十分接近。

共产主义政治是儒家德治的真正实现。共产主义社会无阶级，无国家，无暴力机器，则无强制性法律，法治无从实施，只能实施德治。人人自由全面发展，人性全面自觉和实现，人性修养很高，大家高度自觉，自律，自主，自由，强制规范缺乏人性基础和心理基础，故不再需要。劳动是第一需要，自由人的联合体组织社会生产生活，能让每个人驾驭发达的社会生产力，使其完全变成劳动群众的劳动能力；劳动分工，市场交易，财产私人占有带来的人性异化风险，降到最低，法律的延续，缺乏历史基础。

三、学术渊源

在现代新儒家中，马克思主义资源尚未得到充分发掘和利用，有些学者甚至将儒学和马克思主义对立起来。只要有批判的对象，就说明自己发展还不够充分，还有不足。站在儒学现代化立场，致力于批判某某主义，只能将这看成现代新儒家发展面临困局的表现；站在马克思主义中国化角度，这也可以看成还停留在意识形态表象层次，尚未来得及在学术上深入中国化的表现。

从学术思想渊源和思想方法看，现代新儒家之所以有现代之新，主要表现在引入西学资源上，由此诞生了柏格森式、新实在论式、康德式、黑格尔式等中国现代新儒学派别。马克思主义传入中国并中国化，为什么不可以、不能够有马克思主义儒学派别？马克思主义儒学就是结合我国社会主义现代化实践，汲取马克思主义学说及其方法，创造性诠释传统儒学思想，而建构和发展的中国当代新儒学。

实际上，中国现代学术思想史上是产生了马克思主义儒学的前辈学者的。例如，梁漱溟先生就曾经说，马克思主义和孔子的学说一致。只是由于历史原因，引而未发，没有来得及充分阐述罢了。又如，贺麟先生早年作为现代新儒学的代表人物，后期则归宗马克思主义。他晚年描述自己的思想，叫作"辩证唯物论"。但其具体内容和我们见到的教科书内容并不相同，而是保留了早年"新心学"的若干理想主义内容。

而在马克思主义中国化洪流中,中国革命和中国社会主义建设实践活动中的经验总结之外,人文社会科学界的学者们进行的马克思主义理论中国化的事业,尤其不可忽视。我认为,近现代以来,马克思主义中国化在学术上的最重要成就,是建立起了马克思主义的历史学科。可以肯定,中国真正的马克思主义学者,既要有深厚的马克思主义理论修养,也应有中华优秀传统文化修养,不仅是科学思维的典型,而且也应是中华传统美德的典型,是中华优秀文化和马克思主义学说的有机结合。

实际上,老一辈中西兼修的马克思主义学者,如李大钊、郭沫若、侯外庐等,在建设马克思主义儒学工作上,已经做了不少基础性工作。如在打倒孔家店时代,李大钊辨别真假孔子,无疑有助于廓清笼罩在儒学身上的迷雾。郭沫若对儒学同情理解,认为儒学天下为公和社会主义一致,著《马克思进文庙》,肯定马克思学说和孔子的学说相通,是20世纪马克思主义史学家中对儒学要旨最有洞察力和深切体会的学者。创建马克思主义中国思想史学科的侯外庐,虽然奋力批判儒学,但在为人处世上,却始终有铮铮铁骨,威武不能屈,真可谓传统美德和共产党员党性修养有机结合的典范,[①]实践了儒学重视的仁义道德规范。强调新时代的公民,尤其是共产党员,既要有马克思主义学养,又要有中华传统美德修养,这些学者都有筚路蓝缕、以启山林之功。至于刘少奇同志《论共产党员的修养》,更是在党的思想建设、组织建设等方面,落实了马克思主义和儒学的结合,即科学的历史唯物主义学说,和做人的仁义道德修养的结合。这应是我党和苏联、东欧等共产党在文化上不同的主要表现,甚至可以看成我国避免"苏东事变"的内在原因。

马克思主义者而有儒学修养,认同中华核心思想理念,有中华传统美德,言行活动洋溢着中华人文精神,这些理应看成马克思主义儒学的理想人格。

要融会马克思主义和儒学,还需要辨析两者的不同,澄清两者间的历史误会,消解两者在理论上的对立。

第一,回到马克思,回到孔子,确保我们所理解的马克思主义和儒学是准确

[①] 侯外庐在《韧的追求》中表彰杜国庠,"能真正把中华民族最美好的道德和共产党员的修养结合在一起,自然地融会在个人一切行动之中","完全没有矫揉造作的痕迹"。见《侯外庐著作与思想研究》第1卷,长春:长春出版社2016年版,第151页。

的,实事求是的,有科学性,以确保让马克思主义和儒学以本来面目相会。所谓马克思主义,主要是以《马克思恩格斯全集》为基本文本,以马克思为主、恩格斯为辅的科学学说,而不是人们日常印象中的、口耳相传的,或者说是教材中写的内容,不能以斯大林模式作为马克思主义的代表,更不能以"文革"作为马克思主义的实践案例。所谓儒学,也不是人们印象中、谈论中的儒学,也不是汉唐间人们理解的名教儒学、礼教儒学,还不局限于"祖述尧舜,宪章文武,宗师仲尼"的先贤表象,而是以《论语》《大学》《中庸》《孟子》四书的孔孟之道为主,以《易传》、荀子、张载、王夫之的现实主义线索为辅的儒学思想内容。

第二,人学的视野,即思考和解决人之所以为人、人如何为人、人的理想信念等问题的理论视野,是必须的。朱光潜曾经指出,马克思不但不否定人的因素,而且"以人道主义为最高理想",自然科学、社会科学最终要发展统一成为人学。[①] 我认为这是十分深刻的见解。马克思的人道主义,和儒学的人学性能,在思路上非常接近。儒家既从人性出发,借助人性修养、人性教化的实践,而希望所有的人都成为理想的、真正的人,进而实现大同理想社会。马克思强调从实践出发,但也强调借助劳动群众的社会实践,以认识人性,确证和实现人性,即人人自由全面的发展,以成为理想的人,达成理想的共产主义社会。故儒家所谓道德,不只是伦理道德,而且更主要的指人性内涵,是人性修养的收获,即修道,即成德,也是人性教化的核心,即德育或德教。在儒家看来,人性的本质不仅是善的,而且是真的、美的,还是功利的。儒家主张人性善,并在此基础上提出人性修养、人性教化等主张。马克思也说过,我们唯物主义者也承认人性善;马克思认为需要构成人的本质,一定历史时期的社会关系就是人的本质,自由是人的本质,这些人性内容,都在社会实践基础上汇合为一,构成在实践基础上确证和实现人性的过程。故马克思强调从实践出发,也强调实践和人性辩证统一,认为人性的认识、自觉、确证、实现,是社会实践的基础、依据和理想,人类社会历史实践的理想就是人人自由全面的发展。社会生产力就是人的劳动能力,社会生产活动就是人性的集中表现。在人类社会历史进程中,阶级性是人性在一定历史阶段的具体表现。少数人身上的剥削性能,阶级统治性能,是人

[①] 朱光潜:《答郑树森博士的访问》,《朱光潜全集》第10卷,合肥:安徽教育出版社1993年版,第649页。

性异化的片面、畸形表现,需要在历史发展中加以克服和消除。

四、时代特征和理论特征

马克思主义儒学具有不同于以往儒学的时代特征,即现当代特征,或者更准确地说,即社会主义儒学。[①] 马克思主义儒学是中国社会主义儒学的一部分。现代,社会化大生产,全球化,使人性异化出现新情况。随着社会化大生产的发展,发展不平衡、不充分的情况更为明显。小生产、机器生产、社会化大生产、自动化生产等各种生产方式并存,社会制度不断建立、健全,同时也在不断改革和革命。社会剧烈变化,制度损益频仍。一些"聪明"人依违其间,巧取豪夺,成为所谓"成功人士"。人们容易见到他们积累财富的庞大数字,见到他们掌握权力的显赫威势,但若要追问他们的道德修养、人文精神,就显得贫瘠干涸,囊中羞涩。成功人士们尚不足以给劳动群众提供做人的榜样。

变革时期,道德修养愈益重要,儒学的现代化更为急迫。不止君不君、臣不臣、父不父、子不子等国家、家庭内有人性异化,而且整个社会中,由于社会生产力水平很高,而又不能为广大劳动群众所掌握,导致发达的社会生产力对劳动群众而言成为异化物;在此基础上,新型社会关系、上层建筑也成为劳动群众的异化物甚至对立物。"后现代"的哲学特征就是人性异化,是社会化大生产时期的人性异化的新表现。其主要征象就是因为财产私人占有、私有观念发展,而导致资源垄断、权力垄断、财富垄断、知识垄断、技术垄断、信息垄断,等等。垄断导致缺乏竞争和制约,也缺乏社会监督,难免权力任性,贪腐滋长;最坏的恶果是使各种生产资料、劳动工具、资本和劳动群众相脱离甚至对立,恶化了人性异化的程度。劳动者除了劳动力之外一无所有,具有了新表现。各种社会分工角色都面临异化问题,即人不成其为人。人不人,成为社会全体成员的现代病。社会主义的优越性之一,应该就在于建立起了相应的社会主义制度,保障了劳动者与生产资料、劳动工具、科学技术等的有机统一,保障了劳动者和各种资源、财富、知识等的有机统一;从而在劳动者和生产活动的关系上,在劳动者掌

[①] 参见张茂泽:《论社会主义儒学》,《唐都学刊》2018 第 3 期,第 40—46 页。

握生产资料、劳动工具、科学技术等方面,能够比以前所有阶级社会都处理得更好。

马克思主义儒学的历史任务,发展中国马克思主义的道德学,或者说发展社会主义新儒学,就在于建立和健全社会主义道德。用社会主义道德为社会主义法治奠定基础,为广大劳动者提供内在心性约束,抑制人性异化的恶化,为社会主义时期劳动群众的道德幸福提供理论保障。社会主义道德,理应包含我国古代孝、悌、忠、信、礼、义、廉、耻等中华传统美德在内,也包含我国近代自由、民主、平等等道德在内,同时还要发展出适合新时代的新道德。马克思主义儒学,要阐明这些美德的内容,发掘这些美德的理论基础,探讨社会主义道德和社会主义法治的联系,等等。

在社会化大生产条件下,人何以能成为理想的人的问题的解决,呼唤天人合一的仁义道德世界观的新形态;在修养论上,人如何能成为理想的真正的人,呼唤学习和克己结合的新解释、新方法,呼唤君子、贤人、圣人的新的时代人格;在教化论上,如何帮助他人成为理想的人,从而带动整个社会达成理想的社会,呼唤新时代人文社会科学、自然科学技术的全面发展。这些问题,就成为马克思主义儒学要解决的主要理论问题;在此基础上,在实践中制定和完善新时期的礼法制度、礼仪规范,是又一个历史任务。

新时代的人性修养,还要强调学习。但克己的内容,就必须调整。即不能还将人的欲望、需要看成消极的人性内容,或者甚至从人性中排除出去。克己寡欲,甚至灭人欲,将欲望视为洪水猛兽,和小生产条件下生产不足相应,可以理解。但在新时代社会化大生产条件下,社会生产已经比较发达,社会产品已经比较丰富,人的正当需要或欲望能够得到合理满足。这时,马克思关于需要构成人本质的看法,就比较符合社会现实需要了。儒学现代化,当然应从社会历史的新情况出发,引进马克思的需要理论,以改进自己的人性论。

新时代,人成为理想的人,不仅要君君臣臣、父父子子、夫夫妇妇、兄兄弟弟,而且要求每个行业的每个职业,都尽职尽责。比如,家庭中,还应提倡母母女女、姐姐妹妹。又如学校要提倡师师生生。如果一个学校师不师,生不生,怎么教育改革都不可能将学校搞好。不仅要在生产生活中实现真正的自己,而且要在人际交往中,相互友爱陪伴,共度美好人生。

新时代应研究陪伴道德,做合格的陪伴者。人是群居动物,有社会性,有理性。人的理性认识、实践活动需要相互陪伴才能进行,人的情感需要陪伴酝酿、积淀,在陪伴中充实、抒发,人的欲望需要在陪伴中满足。家有同姓,居有同乡,学习有同窗,工作有同事。有共同理想,是同志,最好的朋友同生共死。陪伴道德的基础是人有共性,人性本善,有同心同德基础。人皆好真善美,恶假恶丑,有同德;人皆有良知良能,有同心,恻隐、羞恶、辞让、是非四心是一点点表现。陪伴应是人作为社群动物最基本的道德,君臣、父子等社会关系只是相互陪伴的分工表现。人们需要陪伴,小人、大人、老人无不如此。成果需要述说,失败需要安慰。无阴则阳无以立,无阳则阴无以成。一人难称家,独君岂为国?民众需要英雄,英雄需要伴随。粉丝需要明星,明星需要喝彩。病人需要陪护、关爱,健康者需要向病人表达爱心。所有人都需要陪伴。理想树立需要先贤支持,理想坚持需要同志砥砺,理想实现需要同伴携手。现实生产生活需要一定的环境条件,人生奋斗,社会建设离不开未来引领,人类伟业,不管完成与否,最终还要寄望于子孙后代,兴灭继绝,传承弘扬。

现实生产生活中,谁也离不开陪伴。有身边的直接陪伴,嘘寒问暖,有不在身边的间接陪伴,感情牵挂。有身体陪伴,亲切交流,有精神陪伴,心理依赖。有的需要陪伴多,有的需要陪伴少。有陪伴胜过无陪伴,精神交往好过身体陪伴,志同道合超越点头之交。他人的陪伴鲜活生动,自然亲切,日久生情,遂成知音,成伴侣,或为同志、同事,但会变化,不稳定。比起来,先贤的陪伴,经典的陪伴,就持久、稳定得多。要陪伴,就读书,与远方英雄对话,和古代圣人为友,其乐无穷。用发展的眼光看,在他人的陪伴中,会逐步发展出自我相伴,让理想人格绽放人性光辉。从人性的自觉和实现看,内在的自我陪伴出于较高阶段,更为重要。提高陪伴修养,要及早学会自我陪伴,让自己和自己对话;古人重视的反省,自己认识自己,就是一种理性的自我陪伴。人们"放失"良心,就是失去了真正自己的陪伴,只剩下现实的自己,孤独在世,当然痛苦不堪。故孟子说:"学问之道无他,求其放心而已矣。"(《孟子·告子上》)因为,唯有那绝对、永恒的道的陪伴,才是绝对的、永恒的。故孔子叹曰:"朝闻道,夕死可矣。"(《论语·里仁》)

新时代人成为理想的人,已经具备古人所不具备的实践条件。古人父父子子、夫夫妇妇，只能借助道德、礼仪规范，自发进行。新时代，我们完全可以借助政府的力量，自觉地、有计划地进行，在科学研究基础上理性地进行夫夫妇妇、父父子子、母母女女等家庭建设工作。比如，我们可以要求新婚夫妇领取结婚证的条件是，参加民政部门举办的免费丈夫、妻子培训班，邀请文明办评选的三好丈夫、五好妻子给小夫妻们上课，介绍夫妇家庭生活经验和教训。培训班结束后，每位学员写一篇心得体会即可。又如，孩子要领准生证。我们也可以借助政府行政力量，为年轻的爸爸、妈妈举办爸爸、妈妈培训班，邀请文明办评选的三好爸爸、五好妈妈来授课，介绍做爸爸、妈妈的经验和教训，帮助年轻父母们父父、母母。考试就是写心得体会。相信经过培训，原来完全不知道如何做夫妇、父母的年轻人，就有家庭自信、家长自信了。

这就要求，马克思主义儒学，不仅是马克思主义和儒学融合的产物，而且是吸收其他诸子百家和西方哲学流派而加以会通的产物。意思是说，在马克思主义儒学中，虽然名字上只有马克思主义和儒学两家，但作为新时期的学术思潮，必定不限于这两家。各家各派都可以是其渊源，其中的合理思想都可以纳入其中，成为马克思主义儒学的一部分。马克思主义儒学是开放的，绝不封闭。

马克思主义儒学也是现代新儒学的新发展。这种发展表现在：在理论上将更加圆融，辩证思维贯彻到底；人民群众主体地位将成为核心命题；社会化大生产的理论地位更为突出等。比如，新时代人成为理想的人，绝不只是士成为理想的人，农工商各业的劳动者，都要成为理想的人。新时代的圣人，绝不只是少数人，而一定是一个相互影响、紧密团结、积极向上、卓有成效的社会劳动者群体。

马克思主义儒学也有其理论特征。马克思主义中国化的产物，可以称为儒家马克思主义。儒家马克思主义和马克思主义儒学，在外延上一致，都指马克思主义和儒学的圆融无碍，只是在内涵上，各有侧重。站在马克思主义立场，可以叫儒家马克思主义；站在儒家立场，可以叫马克思主义儒学而已。马克思主义中国化，一方面要和中国革命和建设实践相结合，更重要的是和中华优秀传统文化相结合，创造性地发展中国马克思主义。中华优秀传统文化中，儒学占主导地位。故利用儒学资源，发展中国马克思主义，是马克思主义中国化应有之义。

下编 礼学研究

荀子王霸理论与《周礼》之关系

林素英

台湾师范大学国文研究所

一、前言

出生在赵国之荀子,其生卒年与入齐之时间固然有争议,[①]然而却可证实活跃在公元前298—前238年之间,即战国中晚期。相应于荀子之活跃期间,曾短暂僭称东、西帝的齐国与秦国,各有不同的发展:齐国在接续齐威王之强盛(前356—前320),又经历宣王、湣王之高原期后,卒因齐湣王灭宋后之嚣张行径,导致公元前284年燕将领乐毅率秦、韩、赵、魏五国联军攻齐,湣王出逃至莒而被名义上协防的淖齿所杀。公元前279年齐襄王虽因田单而复国,然已元气大伤,又无政治远见,故每况愈下,无法抗秦。相对于此,秦国在秦孝公(前361—前338)任命商鞅实施变法,而奠立强国态势后,经历惠文王、悼武王(或作武烈王)、昭襄王(或作昭王)、孝文王、庄襄王(或作庄王)、秦王政,大抵都呈现日渐转强之趋势。公元前260年长平之战,秦将白起坑杀赵国40万大军之

[①] 杨家骆主编:《历代人物年里通谱》(台北:世界书局1993年版,第5页)采取公元前313—前238年之说法。若为公元前313年,则生于周赧王(慎靓王之子)二年,赵武灵王七年。不过,又注记另一说可根据汪中《荀卿子年表》、王先谦《荀子考证》、刘汝霖《周秦诸子考》等资料,而定生年为公元前333年;较接近今人廖名春、梁涛以及林桂榛等之说法,以为大约生于公元前336年。至于其他相关说法,可参见佐藤将之:《荀学与荀子思想研究》(台北:万卷楼图书有限公司2015年版,第61—91页)推测生卒年约为公元前316—前235年。佐藤之说法,较接近公元前313年。然而公元前336—前313年之间,都是战争频仍之时代。至于荀子入齐之时间,由于牵涉到"年十五"或"年五十"之歧异,因此也有威王、宣王、湣王、襄王之不同说法。

后，非仅赵之国势衰颓到无法扭转，秦又因任用张仪行使连横策略以瓦解合纵之势力，以致国势不断增强，乃至于当时之国际间，已无任何诸侯国可以独自与之抗衡。这段时间，由齐、秦发动，或连带牵涉到多国败亡灭国之极多事件，荀子都有可能目睹或听闻。

单以荀子之母国赵国为例，赵武灵王有鉴于长期与匈奴接壤而战斗之经验，于公元前325—前299年推动"胡服骑射"，使赵国从政治舞台上的配角，登上强国之宝座，且还一度成为平衡秦、齐两大势力之重要角色。荀子亲身经历赵国因实施"胡服骑射"之一连串变革，以致国势转强之事实，再加上周遭时有所闻之战争状况，以及入齐之后，接触自齐威王以来大规模整理之兵书，遂塑造出荀子讲求实事求是之精神，注重国际政治局势之性格。面对战国群雄之间层出不穷的攻伐、征战与灭国事件，促使荀子深入思考，思索应如何建立一套合于当世局势的良好治国之道，以解决战争频繁、人民饱受战乱之苦的问题。饱读五经典籍，具有儒家思想背景之荀子，又吸收自《六韬》以下之兵书及《管子》等重要治国典籍，衡量当时国际局势，而建构出以礼义治国之思想体系。

博学多闻的荀子，汲取古代重要经典之精华，劝导学子勤习五经，则可尽知天地间之大事，[1]并融合孔子以仁、义、礼为核心之儒家思想，建立以礼义治国之重要目标。然而其以礼治国之概念，也因长期居齐之缘故，自然吸收齐国自姜尚开国以来，以"尊贤上功"讲求实效治国之最高原则，[2]而与孔子多言道德而少涉及施政规划细节有别。然而治国之道，又不能欠缺具体施政规划之问题，因此以周公始建立国宏模，而主体结构成于战国时期之《周礼》，其施政规划自是荀子补足其治国构想之重要参考数据。

由于兵器制造技术日渐精良，战略技术之运用也更成熟且变化多端，因此战国中晚期战争之型态更大型，战况更惨烈。基于此，以致讨论用兵之问题已成为荀子首要面对的具体问题，遂把握与赵孝成王及临武君议论之机会，再合

---

[1] "《书》者，政事之纪也；《诗》者，中声之所止也；《礼》者，法之大分，类之纲纪也。故学至乎《礼》而止矣。夫是之谓道德之极。《礼》之敬文也，《乐》之中和也，《诗》《书》之博也，《春秋》之微也，在天地之间者毕矣。"（《荀子·劝学》）

[2] 吕太公望封于齐，周公旦封于鲁，二君者甚相善也。相谓曰"何以治国"？太公望曰："尊贤上功。"周公旦曰："亲亲上恩。"太公望曰："鲁自此削矣。"（《吕氏春秋·仲冬纪·长见》）

并与学生之相关问答,以发表其重要之用兵观点,①且有《议兵》之成篇。《荀子兵学理论之齐鲁学基础》一文,即是以荀子之议兵观点为主轴的讨论,也是观察其王霸之道的重要参酌指标。为避免重复太多,本文遂以《王霸》为核心,而兼含《富国》《强国》之内容,必要时再交代《议兵》之重点内容,共同探讨荀子之王霸理论。是故本文在前言之后,即先行论述荀子之王霸理论上承《王制》之情形,再依次分析其王霸理论与《周礼》之对应发展情形,最后,再根据论证所得形成结论。

二、荀子王霸理论继承《王制》与《周礼》之概念而发展

分析荀子王霸理论的构成,可以区分为自身之治国理念与得自《周礼》之启发两部分而来,分述如下:

(一)王霸理论上承《王制》之规划而发展

荀子的治国之道,乃以《王制》为总纲,先从策略之运用而论述何谓"王者之政",具体要求主政者应以礼义治国,详加区别王霸之差异,强调应任用贤能之君子而罢黜无德无能之人,以合理之赏罚制度协助王者之法的执行。总纲之施政蓝图确立后,以下再搭配《富国》《王霸》《君道》《臣道》《致仕》《议兵》《强国》等篇,共同组成较完整之治国施政之系统。其中,《君道》《臣道》《致仕》攸关其以礼义治国,以达到王者治国之一贯常道,将留待另辟专题"荀子以礼治国理论与《周礼》之关系"进行讨论,为避免重复,本文不加深论,而将重点放在其余与其王霸问题高度相关之各篇,且以成就霸道为主轴。至于荀子政治思想与《管子》之关系,亦留待另辟专题讨论。区分王与霸,虽非始自荀子,然而以独立长篇讨论"王霸"之主题者,则不得不溯自荀子,故可见要如何达到王霸之道,实为荀子极其关注之政治议题。在《王霸》之外,《富国》《议兵》《强国》等篇,则与组成王者之国与霸者之国的基本要件息息相关。

《荀子》之《王制》虽然多言"王者之政""王者之事"等与"王者"有关之问题,

---

① 其详参见林素英:《荀子兵学理论之齐鲁学基础》,《政治大学中文学报》第27期,2017年6月,第77—106页。

不过,其所谓"王"之概念,与《周礼》中之"王"乃凌驾于六官之上的"天王",拥有全天下最高权力者,二者差异极大。《王制》虽也有一小部分提及超越众诸侯之上的周天子"天王",然而主要是指各诸侯王,且将诸侯王之类型,分别与其所属之国的类型相对应,因此按照等级区分,即有王、霸、强、安存、危亡五种类型的诸侯国之王。在这五种等级诸侯国之王中,由于当时尚未出现够格的王者之国,因而《王制》中并无具体议论之对象,仅概括指出应从以礼义治国、以赏刑辅政、制等赋养民三方面,共同呈现理想的王者之国,且已塑造出兼集仁、义、威于一身的王者典型。至于王者之国以下,则分别取齐桓公为霸者之国的讨论对象,秦国为强者之国的代表,郑子产为安存之国的代表,而以卫成侯、嗣公为危亡之国的代表。① 其中,荀子最在意、讨论最多的,乃是霸者之国与强者之国,而此一状况正好可与当时战国中晚期群雄争霸之状况相当,且以对齐、秦两国之讨论最多。盖因战国中晚期所有之战争虽非全由齐、秦两国所发动,然而此两国无疑最具有发动战争之能力,相对而言,也最具备转型为王者之国的条件,因而荀子不厌其烦地举例说明,希望能从结构上改变当时之状态。

从《王制》之中,虽已概括王者之样貌,又具体标明齐、秦为霸者与强者之典型,且对此两国已有一些讨论,然而荀子显然对此重要议题仍觉意犹未尽。荀子另辟《王霸》,以"义立而王,信立而霸,权谋立而亡"为治国者之三大抉择方针,特别针对五种等级诸侯国之前两类,再进行更深一步之探究。由于王者之国与霸者之国,同样都以提供人民富足之生活为重要指标,因而在《王霸》之前,先申之以《富国》,说明发展经济乃君主施政之重要内容,必须遵循"节用以礼,裕民以政"之最高指导原则。由于国家要求安存,在政治、经济之稳定发展之外,尚需有足够之武备以应不时之需,则有效讲求用兵之道亦属不可或缺,且最切合当时之国际局势,是故又继之以《议兵》。至于殿后之《强国》,则借此标榜必须明辨"威"之类型,且应善加利用之,以共同建构荀子之政治思想,而完备王者之典型:

仁眇天下,义眇天下,威眇天下。仁眇天下,故天下莫不亲也;义

---

① 其详参见林素英:《〈荀子·王制〉"王"之类型与特质:参照〈周礼〉之讨论》,2017年12月9日,由"国际经典文化协会"、嘉礼堂、中国文化院(香港)、香港中华文化促进中心、"中央研究院"中国文哲所等合办之"单周尧教授七秩华诞国际学术研讨会"宣读论文。

眣天下，故天下莫不贵也；威眣天下，故天下莫敢敌也。以不敌之威，辅服人之道，故不战而胜，不攻而得，甲兵不劳而天下服，是知王道者也。知此三具者，欲王而王，欲霸而霸，欲强而强矣。(《荀子·王制》)

一位理想之王者，必须集仁、义、威于一身，同时具备强者、霸者之优点而无其缺陷，俾便能随顺时代环境之需要，而适时展现王者、霸者与强者三种不同面貌中之任一类型，以为全天下之人民谋取最大之福祉。荀子之王霸理论，即是在《王制》所树立之王者典型大前提下，再举重要历史事例以强化其仁、义、威之实质内涵，形成内容更充实之政治思想。

(二) 王霸理论上承《周礼》之规划而发展

《周礼》之擘画，虽始自周公还政成王前之构想，然而要成为各类职官周备、职务划分详细之状态，则有赖后来之政治思想家继续完善之，其中尤与战国时期百花齐放、百家争鸣，学术思想风起云涌之状态有关。因此钱穆主要根据《礼记·王制》记录之官职，如冢宰、司会、司徒、司市、大胥、小胥、大史、司马、司空等，虽都见于《周礼》，然而职掌之记载却比不上《周礼》所载来得清晰、有系统，故推断《礼记·王制》应写成于《周礼》之前，且《周礼》应成于战国晚期。①

躬逢学术思想飞扬时期之荀子，即使未必已看到《周礼》之完书，然而借由长期居齐之因缘，且在有意重振稷下学宫声势的齐襄王在位期间，不但"最为老师"，且还"三为祭酒"②，则对于自齐威王、齐宣王时期以来，集合众多稷下学士整编兵书以及《管子》之成果自然相当熟悉。既然有关政治之学术思想是稷下学宫讨论之主轴，则有关《周礼》之相关资料，稷下学宫也不可能缺少。结合众多内因外缘，荀子吸收《周礼》施政规划也成为顺理成章之事。此可从《周礼·天官》在"大宰"之职以下，先记录其"掌建邦之六典，以佐王治邦国"，然后条列其所掌之"六典"如下：

---

① 钱穆：《周官著作时代考》，《两汉经学今古文平议》，北京：商务印书馆2001年版，第319—493页。
② 见于（汉）司马迁著：《史记·孟子荀卿列传》，（日）泷川龟太郎考证：《史记会注考证》（台北：洪氏出版社1977年版，第946页）："荀卿，赵人。……田骈之属皆已死齐襄王时，而荀卿最为老师。齐尚修列大夫之缺，而荀卿三为祭酒焉。"有关"最为老师"与"三为祭酒"之情形，其详参见佐藤将之：《荀学与荀子思想研究》，台北：万卷楼图书有限公司2015年版，第74—77页。

> 一曰治典,以经邦国,以治官府,以纪万民。二曰教典,以安邦国,以教官府,以扰万民。三曰礼典,以和邦国,以统百官,以谐万民。四曰政典,以平邦国,以正百官,以均万民。五曰刑典,以诘邦国,以刑百官,以纠万民。六曰事典,以富邦国,以任百官,以生万民。(《周礼·天官·大宰》)

从大宰所职掌以辅佐天王建邦之"六典",可知大宰具有综理、督导六官首长推动其所属行政措施之性质,在天王"惟王建国,辨方正位,体国经野,设官分职,以为民极"之后,六官之首长各负责执行六典中的一典,共同达成平治天下之目的:

> 乃立天官冢宰,使帅其属而掌邦治,以佐王均邦国。
> 乃立地官司徒,使帅其属而掌邦教,以佐王安邦国。
> 乃立春官宗伯,使帅其属而掌邦礼,以佐王和邦国。
> 乃立夏官司马,使帅其属而掌邦政,以佐王平邦国。
> 乃立秋官司寇,使帅其属而掌邦禁,以佐王刑邦国。(《周礼·天官·冢宰》)

由于今本《周礼》之冬官乃以《考工记》补之,因此缺乏与前五官首长之职的相对应叙述,然而从大宰之职所载,已可说明六官之设置,应属原本之规划。即便《尚书·周官》被列入《伪古文尚书》之列,所载与同书之《立政》不尽相同,显示官制因沿革所导致之差异状况。然而综合其内容,已足可说明六官之设置,应是自始即有。《周官》记载如下:

> 冢宰掌邦治,统百官,均四海。司徒掌邦教,敷五典,扰兆民。宗伯掌邦礼,治神人,和上下。司马掌邦政,统六师,平邦国。司寇掌邦禁,诘奸慝,刑暴乱。司空掌邦土,居四民,时地利。六卿分职,各率其属,以倡九牧,阜成兆民。(《尚书·周官》)

由此可见《周礼》在天王之下,所规划的天官、地官、春官、夏官、秋官、冬官之六官,推测其旨在凸显响应天地自然与四时运行原理之重要,且与周代农业社会必须详察天地与四时之变化的生活特色相当。再从《周礼》六官首长之名称与《尚书·周官》所载相同,且两部典籍所载重要职责即使用词有异,然而性质无别,都可说明此六大问题很早即成为治理天下之重点考虑项目,必待六者充分配合,始可共同成就治理天下之大业,因此可能始自周公擘画之初即已粗具规模。

周公是孔子崇拜之偶像,①荀子亦然,此从《儒效》之开篇,可得重要之证明。《儒效》举出周公因为恶天下之背周,故而"履天子之籍,听天下之断",虽迫于情势而杀管叔以平武庚之乱,然皆以成就周之大业为考虑。周公竭尽心力教导成王,使其能谕于道,待天下安定、成王成年之后,周公即还政成王,而北面朝之,则其大公无私之对周朝重要贡献,实乃"非圣人莫之能为"的大儒之效。②从荀子盛赞周公为圣人之事实,可见与周公关系极为密切之《周礼》施政规划,也将成荀子规划《王制》时极为重要之参考数据,同时,周公集仁、义、威于一身之形象,也是荀子塑造王者典型,乃兼具王者、霸者与强者三种面貌于一的重要指标。

三、荀子之政治规划与《周礼》之关系

在荀子之心目中,王者、霸者与强者三者之间,在为政部分都有重要之成果,三者并非彼此完全互斥而不兼容之情形,乃是等级层次高低不同之差异现象而已,同时,最重要的则是三者之间还具有可以流动之性质。此一状况,可与《周礼》的相关规划对应之:

(一)王者必须贯彻礼义以行仁道

由于所谓国者,乃天下之利器,而人主则主掌此天下之利势,必须持守顺天应人之大道以遵行之,始可国运昌隆,人主获得安乐与尊荣。倘若反其道而行,则国家危亡,人主即使求为匹夫而不可得。因此荀子在《王霸》中,明确归纳出

---

① 《论语·述而》:"子曰:'甚矣吾衰也!久矣吾不复梦见周公。'"
② 其详参见《荀子·儒效》。

人主治国有三大类：

"故用国者，义立而王，信立而霸，权谋立而亡。三者明主之所谨择也，仁人之所务白也。"(《荀子·王霸》)配合荀子之核心思想与《王制》所载：王者之佐，乃"饰动以礼义"；王者之制，则"道不过三代，法不贰后王"；王者之衡论人物，又以"无德不贵，无能不官，无功不赏，无罪不罚"为准则，[①]则此所谓"义立而王"之"义"，实为"礼义"之省称。荀子以"义"而兼"礼义"之实，旨在凸显其注重务实之精神，强调内存之礼敬之意，尤须切实外显之，故于《王霸》之中呼吁天下之诸侯应该：

> 诚义乎志意，加义乎法则度量，箸之以政事，案申重之以贵贱杀生，使袭然终始犹一。(《荀子·王霸》)

荀子极注重所有的法则度量必须合乎一定之准则，制度规章之订立也必须是明确而可实施的，使贵贱之等各有其分，以建立良好之社会秩序。如此设想，正好可与《荀子·王制》"义以分则和，和则一，一则多力，多力则强，强则胜物"之说法前后呼应。由于人主能率行礼义，以使臣民各尽其分，故能上下和谐同心而国强，于是荀子列举重要史实以证之：

> 故曰：以国齐义，一日而白，汤武是也。汤以亳，武王以鄗，皆百里之地也，天下为一，诸侯为臣，通达之属，莫不从服，无它故焉，以义济矣。是所谓义立而王也。(《荀子·王制》)

由于荀子主张"道不过三代，法不贰后王"，可见其念兹在兹、时刻引以为榜样者，乃是取法周道，尤以文、武、周公之德业为然。故而《周礼》规划建置之六官，自首长以下各有职掌明确之所属官员各司其职，且配合"官联"之系统，安排跨部会之间的合作管道，实际发挥"和则多力且强"之效果，借此长治久安而尊荣于天下之布局，正好成为荀子建构王者之国的标竿。

[①] 其详参见《荀子·王制》。

具体言之,从《王制》所载冢宰之职在于:

> 本政教,正法则,兼听而时稽之,度其功劳,论其庆赏,以时慎修,使百吏免尽,而众庶不偷。(《荀子·王制》)

正是取法前述《天官》的大宰之职而来。由于大宰具有"掌建邦之六典"之权责,故而从其"一曰治典,以经邦国,以治官府,以纪万民"之职,知其是否尽职,实攸关国家政事之治乱,因此荀子才特别强调,倘若政事乱,则为冢宰之罪。

要使国家政事归于治而不乱,则必须有具体之规划,因此《天官·大宰》继"掌建邦之六典"的大目标下,又有次目标,其下复有细目存焉:

> 以八法治官府：……以八则治都鄙：……以八柄诏王驭群臣：……以八统诏王驭万民：……以九职任万民：……以九赋敛财贿：……以九式均节财用：……以九贡致邦国之用：……以九两系邦国之民：……。正月之吉,始和布治于邦国都鄙。乃县治象之法于象魏,使万民观治象,挟日而敛之。(《周礼·天官·大宰》)

借由《周礼》对大宰职务之逐步明确化,对于诸侯之邦国,只颁布以六典治理之原则,至于治理王畿所在之都鄙,则较为具体,且以祭祀、法则、废置、禄位、赋贡、礼俗、刑赏、田役之八大细目成为治理要点。如此区分王畿与邦国治理原则之规划,将可启发荀子在《王制》序官中之安排,也对冢宰应如何执行"本政教,正法则,兼听而时稽之"的本职,更有具体而微的规划指针。

(二)霸者立"信"行道并善用刑赏

从务实的角度观察当时征战频繁之纷乱局势中,荀子非常理解期盼得一王者以一统天下,乃是可遇而不可求之事,因此特别注重缔造霸者之国的条件。《王霸》中明言:

> 德虽未至也,义虽未济也,然而天下之理略奏矣,刑赏已诺信乎天下矣,臣下晓然皆知其可要也。政令已陈,虽睹利败,不欺其民;约结

已定,虽睹利败,不欺其与。如是,则兵劲城固,敌国畏之;国一綦明,与国信之。虽在僻陋之国,威动天下,五伯是也。非本政教也,非致隆高也,非綦文理也,非服人之心也,乡方略,审劳佚,谨畜积,修战备,齺然上下相信,而天下莫之敢当。故齐桓、晋文、楚庄、吴阖闾、越勾践,是皆僻陋之国也,威动天下,强殆中国,无它故焉,略信也。是所谓信立而霸也。(《荀子·王霸》)

荀子虽以躬行王道为贵,然而盱衡当时世局,企求王者出现乃属不切实际之奢望,因此非仅丝毫不贱霸道,而且还认为其已属难能可贵者。毕竟要成为霸主,仍然必须讲求尊德行义,为政之道仍应固守一定之原则,且还必须能重然诺、信赏罚,只是德义诚信之道德标准尚未臻于十分完善而已。一旦政令布达、盟约已定,即使彼此之利害关系发生变化,亦不会贪图近利而背信毁约,因此不但能取信自己之臣民,还能赢得友邦之信任,且使敌国畏服不已,故而进可攻克强敌,退则可固守城池。苟能如此,则虽地处偏僻之一隅,亦能声名远播,例如齐桓、晋文、楚庄、吴阖闾、越勾践五人,都以其坚信不移之承诺而成就自己之威名,成为称霸一时之霸主。

然而在此同列"信立而霸"的五人中,显然还有高下之分。其中,齐桓、晋文、楚庄三人,其德义之美名即使尚未臻于至善,然而都具有足供史家称道之事迹,跻身春秋五霸之列向来并无疑义。至于吴阖闾与越勾践,固然合于"信立而霸"的条件,不过,阖闾虽信守对伍子胥之承诺而攻楚,然而当其占据郢都,放纵军士随意烧杀、奸淫、掳掠,几乎使郢都化为废墟,因此距离《王制》中所提霸主之主要条件,乃是能"存亡继绝,卫弱禁暴,而无兼并之心",且又能"修友敌之道,以敬接诸侯"者,实在相去极远。越勾践,则自从被吴国打败后,忍辱负重,甘为奴仆服役于吴,返国后,又卧薪尝胆、励精图治,赢得臣民上下一条心,再历经"十年生聚,十年教训"之努力,终于国势强盛,得以灭吴而湔雪前耻。观察此二人在位之时,固然威势可以震动天下,勾践甚至还获得周元王任命为"伯",[①]但是在实际作为上,则欠缺许多"存亡继绝,卫弱禁暴"之德义。

---

① "勾践已平吴,乃以兵北渡淮,与齐、晋诸侯会于徐州,致贡于周。周元王使人赐勾践胙,命为伯。"(汉)司马迁:《史记》卷四一,北京:中华书局1982年版,第1746页。

或许是荀子并列此五人为"信立而霸"之说法,存在一些顾此失彼的不完善之处,因此后来之史家再归纳出另一种说法,以齐桓、宋襄、晋文、秦穆、楚庄五位为春秋五霸。此一说法,明显将在德义上较有争议之阖闾与勾践,代之以宋襄与秦穆二人,揆其原因,最有可能之考虑即是德义之表现较高。因为宋襄公之才能、识见都属平庸之辈,虽有称霸之雄心,可是却无称霸之实力,故极有可能与其坚持举仁义之旗帜迎战楚国之作战方式有关。盖自从孟子特别提出"春秋无义战"之史观,[①]后之史家认为历史有特别表彰仁义之意义,遂取宋襄以代阖闾。至于秦穆公虽然终其一生仅称霸西戎,并未称霸中原,留下一些遗憾,然终其在位期间,前后协助晋惠公、晋文公回国即位,且还曾以德报怨,输送粮食以解决晋惠公时晋国之饥馑,如此写入历史之仁义德行,堪称具有"存亡继绝,卫弱禁暴"之霸主表现,即使未入主中原,然而对晋文公成就霸业,也间接具有大功劳,因而更适合列入五霸之行列。若从春秋五霸人物前后替换之情形观之,更可凸显要荣登霸主之宝座,本非易事,固然其所主国家之威势必须达到一定之条件外,德义之行的高低,仍然是决定其是否可以跻身霸主宝座的重要考虑因素。

四、荀子之经济规划与《周礼》之关系

空谈无法治国,必须有规划细密之措施按一定程度的先后次序切实进行,且首先要执行的,即是与实际民生最直接的经济措施。为政者不仅应在执行前仔细评估各项计划之可行性,且应预估其成果可能达成何种效益。此所谓效益,主要专指可以提升人民生活水平,可以巩固社会秩序,足以推动国家发展之措施,而非短期虽可见功利,然却不利长期发展之措施。荀子之经济规划,近则效法孔子等儒家治国之主张,远则借鉴《周礼》有关经济规划之重要措施。

(一)效法儒家治国者应节用以礼

荀子遵循孔子治国之原则,应以取信于民为基本要件,然后按照先足食、再

---

① 孟子曰:"春秋无义战。彼善于此,则有之矣。征者上伐下也,敌国不相征也。"(《孟子·尽心下》)

足兵之顺序发展,①俾便建立一百姓富足、社会安定、国家强盛之理想国度。因此,荀子并不讳言国家应力求富强,且在《富国》之专篇中,还严词批驳墨子"上功劳苦,与百姓均事业,齐功劳"之作法,以及"节用"与"非乐"之主张,不仅并非良好的治国之道,而是适得其反,适足以成为乱天下、穷天下之罪魁祸首,将导致以下之严重后果:

> 若是则瘠,瘠则不足欲;不足欲则赏不行。……若是则不威;不威则罚不行。赏不行,则贤者不可得而进也;罚不行,则不肖者不可得而退也。贤者不可得而进也,不肖者不可得而退也,则能不能不可得而官也。若是,则万物失宜,事变失应,上失天时,下失地利,中失人和,天下敖然,若烧若焦,墨子虽为之衣褐带索,啜菽饮水,恶能足之乎?既以伐其本,竭其原,而焦天下矣。(《荀子·富国》)

虽然节约、尚俭是美德,君主更应该亲民而不厉民,然而君臣与庶民之职司毕竟各有不同,不应齐一劳务与瘠苦。若然,则违背人生而有欲之基本事实,也无法激发所有人积极上进,力求改善生活之欲望,一旦缺乏努力工作之动机,则无法有丰富之资源可以改善与提升生活之质量,以致陷入更为贫穷之境地。由于百姓贫穷,君主又同样忙于劳务工作,既缺乏行赏臣下之资源,也无执行刑罚之威权,无法任用贤能而去除不肖者,即使有再好之行政构想,也因缺乏适当之人才推动。由于毫无行政绩效,则人民求为箪食瓢饮尚且不可得,更遑论如何达到国治而天下平之地步。因此荀子并不认同以自苦为极的墨家之道,而明确提出"节用裕民,而善臧其余。节用以礼,裕民以政"的"足国之道"。(《荀子·富国》)由于礼之为用,最注重"称情而立文"与"立中制节"之原理,②因此若能遵礼而行,则可谓最合乎人性之需求。

---

① 子贡问政。子曰:"足食。足兵。民信之矣。"子贡曰:"必不得已而去,于斯三者何先?"曰:"去兵。"子贡曰:"必不得已而去,于斯二者何先?"曰:"去食。自古皆有死,民无信不立。"(《论语·颜渊》)
② "故先王焉为之立中制节,壹使足以成文理。"(《礼记·三年问》)"始死,三日不怠,三月不解,期悲哀,三年忧,恩之杀也。圣人因杀以制节,此丧之所以三年。贤者不得过,不肖者不得不及,此丧之中庸也,王者之所常行也。"(《礼记·丧服四制》)

因为人不能离群索居,所以使人皆能"明分使群",达到"群而能分"之状态,即相当重要。倘若无所分,则争乱、穷苦将接踵而来,故而荀子明确主张"有分者,天下之本利也"。至于何人具有使人"明分使群"之能力?无疑是具有善生养人、善班治人、善显设人、善藩饰人之人君。人君借由"以礼分施,均遍而不偏"之方式任用贤能,故能使人亲之、安之、乐之、荣之,足使天下归之而能群。①由于人君能以礼区别贵贱、贤不肖,故使人人皆能各知其轻重与职分,且兢兢业业,努力各尽其职分,期使天下之人皆能达到"德必称位,位必称禄,禄必称用"之境地,而长幼人伦也能各成其差等伦序,使社会充满祥和而安乐之气氛。由于君主位居区分、管辖、考核各类职分之重要枢纽,故而全国上下乐于以雕琢、刻镂、钟鼓、管磬、宫室、台榭回报之,遂形成上下共享祥和的安乐之国。基于此,故荀子以赞美文王能官人之《棫朴》,巧加剪裁,使成"雕琢其章,金玉其相,亹亹我王,纲纪四方"②,以回应其政治理念,应使德义之君主荣登尊贵之位,握有赏善罚恶之能力,庶几可以达到纲纪四方、以安治天下之意义。

(二)借鉴《周礼》裕民以政之规划

荀子之经济思想,主张先富民。因为"不富无以养民情"(《荀子·大略》),一旦民贫,在上者亦无以富之。富民之道的原理原则,主要即依循"等赋、政事、财万物,所以养万民"(《荀子·王制》)之总纲,说明制订合理之税赋制度以藏富于民,而不以苛税剥削达到富国之目的,乃是荀子最关心之首要重点。在合理之税赋制度下,国家拥有足够之财源以推动有利于民的各项政策,将可达到裁成万物,使万物各遂其生、各成其长之欣欣向荣局面。因此,荀子更继续强调:

> 轻田野之赋,平关市之征,省商贾之数,罕兴力役,无夺农时,如是则国富矣。夫是之谓以政裕民。(《荀子·富国》)

所谓裕民政策,在合理之税赋制度外,仍需有配套措施:关市之征税必须公

---

① 其详参见《荀子·君道》。
② 其详参见《荀子·富国》。《诗·大雅·棫朴》后四句原作"追琢其章,金玉其相,勉勉我王,纲纪四方",荀子稍加改变之,以呼应自己对人君借由"雕琢其章,金玉其相"而尊显其位,以达到足以纲纪四方之目的。

平,减少从商之人数,降低货品必须转移时所衍生的额外费用,政府征调人民劳役必须选择农暇时候,以免耽误农事而影响农作收成。若能如此,方可构成荀子"上下俱富"的裕民重要条件。

要达到理想的裕民目标,就应力行开源节流之做法,以实现"国计之极"的财政规划目的。不过,若想开源节流,则其先决条件乃在于懂得区分本末源流。因此荀子指出:

> 田野县鄙者,财之本也;垣窌仓廪者,财之末也。百姓时和,事业得叙者,货之源也;等赋府库者,货之流也。故明主必谨养其和,节其流,开其源,而时斟酌焉。(《荀子·富国》)

由于田原郊野等地,乃农作物生长之地,也是提供人类衣食之最重要本源,因此荀子最注重农业发展之问题。然而农业要顺利开展,又必须仰赖风调雨顺之气候与耕稼不失时序的条件相互配合,始能够成五谷丰登之必要条件。固然阴阳调和与否,有时并非人力可以扭转之问题,不过,君主能否任用适当之人才以洞察天象变化,达到敬授民时而不夺农时,促使农民遵照时序进行耕种,则可因明主之切实掌握本末源流之先后顺序,而增加农作物之生产量。相对于农作物生产之属于本源,仓廪、地窖与筑墙保护藏谷之措施,乃至于畅通其他促进谷物货财之流通渠道等安排,则属于后续发展之末流问题。先掌握本源,再求末流之通贯措施,即有赖明主之掌舵。明主应慎选冢宰妥善规划开源节流的财经政策,并斟酌丰年与荒年之不同状况而适时进行调整,以达年度支出与收入之平衡。

荀子对于经济之本在于农业生产之看法,也可与《礼记》之说法相互呼应:

> 冢宰制国用,必于岁之杪,五谷皆入然后制国用。用地小大,视年之丰耗。以三十年之通制国用,量入以为出,祭用数之仂。……国无九年之蓄曰不足,无六年之蓄曰急,无三年之蓄曰国非其国也。三年耕,必有一年之食;九年耕,必有三年之食。以三十年之通,虽有凶旱水溢,民无菜色,然后天子食,日举以乐。(《礼记·王制》)

冢宰若能谨慎规划国家财政制度,采计30年之生长情形改变状况,则可根据每年之农作收获量订出丰歉之程度,仔细衡量次年国库可支出之情形,将可不虞匮乏。荀子即明确指出,明主若能懂得开源节流与斟酌实际而调整,则即使遭遇如禹之时的十年水涝、商汤之七年苦旱,乃至于饥馑荒年,百姓仍然可以因平时之蓄积,以致面无菜色,可以安然渡过难关。

即使荀子饱读经书、博学多闻,也有长期从政之经验,然而受限于兰陵令一职之行政阅历,毕竟与执掌一国,甚至于是全天下之财政规划,仍有一段极遥远之距离,因此《荀子》中缺乏较具体之经济政策是可以理解的。尽管如此,荀子对于重要原则之掌握则不容忽视:

> 兼足天下之道在明分:掩地表亩,刺草殖谷,多粪肥田,是农夫众庶之事也。守时力民,进事长功,和齐百姓,使人不偷,是将率之事也。高者不旱,下者不水,寒暑和节,而五谷以时孰,是天之事也。若夫兼而覆之,兼而爱之,兼而制之,岁虽凶败水旱,使百姓无冻馁之患,则是圣君贤相之事也。(《荀子·富国》)

要使农业经济发达,兼足天下无论贵贱者之生活条件,最重要的,在于与农事有关之农夫众庶、州长党正之官员,都必须黾勉从事、各尽其职。在恪尽人事之后,还得上天帮忙,以使高处不干旱、低处不淹水,阴阳、风雨、晦明等六气变化皆调和,以使五谷等农作物皆能随其时节而成熟。至于能使天时与地利产生最佳之配合状况,懂得督促相关人事发挥最高工作效能,还能调动资源以解决灾荒、冻馁之忧患者,则为圣君贤相之职责。

荀子如此重要之经济发展原则,其实上承《荀子·王制》"相地而衰政。理道之远近而致贡。通流财物粟米,无有滞留"之纲领而来,而尤以"相地而衰政"最为关键。至于此"相地而衰政"之工作,与《王制》序官中所提及"治田"之事最有关,而"虞师""乡师"之事次之:

> 相高下,视肥硗,序五种,省农功,谨蓄藏,以时顺修,使农夫朴力而寡能,治田之事也。修火宪,养山林薮泽草木、鱼鳖、百索,以时禁

发,使国家足用,而财物不屈,虞师之事也。顺州里,定廛宅,养六畜,闲树艺,劝教化,趋孝弟,以时顺修,使百姓顺命,安乐处乡,乡师之事也。(《礼记·王制》)

勘查地势之高低、土壤之肥瘠,相地之所宜而分别栽种黍、稷、豆、麻、麦之五种不同农作物,随时省察农工之勤惰,配合时序运转而谨慎从事蓄藏之工作,则无论贵贱之衣食皆可无虞,也是制订合理赋税与进行所有政事规划之最重要工作。至于虞师与乡师对于经济成长之贡献,则偏重在开发农家可从事之副业,如山林、川泽、六畜、园艺等之拓展,乡师还兼有进行社会教育,使百姓能乐于处乡、安定居所。

追溯荀子"相地而衰政"之构想,最主要可推源于《周礼·地官》职务归属之启发。《地官·大司徒》之职如下:

> 以土会之法辨五地之物生……以土宜之法辨十有二土之名物,以相民宅而知其利害,以阜人民,以蕃鸟兽,以毓草木,以任土事。辨十有二壤之物而知其种,以教稼穑树艺。以土均之法辨五物九等,制天下之地征,以作民职,以令地贡,以敛财赋,以均齐天下之政。……以荒政十有二聚万民……颁职事十有二于邦国都鄙,使以登万民:一曰稼穑,二曰树艺,三曰作材,四曰阜蕃,五曰饬材,六曰通财,七曰化材,八曰敛材,九曰生材,十曰学艺,十有一曰世事,十有二曰服事。(《周礼·地官·大司徒》)

由于大司徒掌有天下土地之图,故能周知九州地域之状况,进而可辨别山林、川泽、丘陵、坟衍、原隰五种地形所能生产之名物。最主要透过土宜之法与土均之法,区分各种土地所适合居住之人民、鸟兽、草木之类别,使人与各种生物皆能各遂其生、各成其长,分辨各地土壤之肥瘠程度,以制订公平合理之土地贡赋法则,依法征收财税,并治理天下之税政。又因为农业社会难免要遭遇饥馑等灾荒状况,所以也规划荒年救济政策以聚集人民,使人民不至于因灾荒而流离失所、难以维生。同时也将邦国与都鄙人民所从事之职务,区分为稼穑、树艺、作材等诸多类别,以辅导其各尽其职。

在大司徒执掌业务之大范围下,又有小司徒辅助各项业务之执行。由于地官所负责业务之细项最多,因此所属职官之类别也最多,借以达到各尽其职之目标。以《荀子》之"虞师"为例,地官中则有山虞、林衡、川衡、泽虞等职官,各分列更具体之行政职务;地官中之乡师,则还负有四时征令之常务,避免发生误夺农时、影响农事之情形。

根据侯家驹之研究,《周礼》中之赋税可分别为两大类:其一,为九贡、九赋、九功之实物或货币;其二,为徭役或力政。参照《司会》之职掌,可知九贡乃诸侯国对王朝之进贡,九赋主要指各种不同类型之土地税赋课征,九功则指九种职业所纳之产品税。[①] 至于税率方面,九贡与九功无明确规定,而对于九赋,则《载师》载之极详。[②] 大抵而言,距离王畿愈近者,税率愈轻,以弥补人民要负担较多之徭役;漆林类之生产,因获利较丰,故税率最高;一般谷物之税率,则因收成之丰歉状况而调整。倘若遭遇荒年,则无力政,亦无财赋。有关徭役、力政之负担,可从《均人》知其梗概,[③]也可见人民徭役之负担颇重。[④] 由于天子与诸侯职掌范围之广狭不同,因此荀子之经济规划,虽说大致上承《周礼》之建置而来,然其规模已明显缩小、简化许多。由于考虑人民徭役颇重之问题,又有鉴于当世"厚刀布之敛,以夺之财;重田野之赋,以夺之食;苛关市之征,以难其事"(《荀子·富国》),因此荀子时常在文中呼吁明主应以政裕民,以使民富,进而国也富。

五、荀子之军事规划与《周礼》之关系

荀子处在尔虞我诈之战国中晚期,对于群雄纷争、战争频仍、屠城灭国之事

---

① 《周礼·天官·司会》:"以九贡之法致邦国之财用,以九赋之法令田野之财用,以九功之法令民职之财用。"

② 《周礼·地官·载师》:"凡任地,国宅无征,园廛二十而一,近郊十一,远郊二十而三,甸、稍、县、都皆无过十二,唯其漆林之征二十而五。"

③ 《周礼·地官·均人》:"掌均地政,均地守,均地职,均人民、牛马、车辇之力政。凡均力政,以岁上下:丰年则公旬用三日焉,中年则公旬用二日焉,无年则公旬用一日焉。凶札则无力政,无财赋,不收地守、地职,不均地政。三年大比,则大均。"

④ 其详参见侯家驹:《周礼研究》,台北:联经出版事业公司1987年版,第196—205页。

件感受最深,因而其军事规划也会特别对当时之局势而提出一些针砭之道。因此借鉴儒家讲求之道德仁义,且对于国家整体规划最完整之《周礼》,仔细观察、参照之现象即是相当可理解的:

(一) 明辨并善用"威"之不同类型

荀子并不讳言应将国家打造成强国之范型,只是,强国必须有正确之道以成其威,故于《强国》明言:

> 教诲之,调一之,则兵劲城固,敌国不敢婴也。彼国者亦有砥厉礼义节奏是也。故人之命在天,国之命在礼。人君者,隆礼尊贤而王,重法爱民而霸,好利多诈而危,权谋倾覆幽险而亡。(《荀子·强国》)

砥砺磨制成强国范型之关键,不在于徒拥超强的战斗力,而在于礼。君主若能遵循礼义法度而行,且能教诲人民恭行礼义、齐一目标,国家之战斗力方能发挥其作用,而产生兵强城固、敌国不敢来犯之效果。因此荀子再次于《王霸》呼吁,君主谨慎选择立国之道的重要,应力求隆礼尊贤、重法爱民,以成就具有国家威严,不容他国挑衅的王霸之国,避免因专恃功利诈伪、权谋幽险之道,以致沦于危亡之境地而不自觉。

由于注重建立威仪之重要,荀子因此特别将"威"区分为道德之威、暴察之威、狂妄之威的三种类型,各有其特色、等差与成效之不同。

其中,最上者为掌有道德之威,特色是:

> 礼乐则修,分义则明,举错则时,爱利则形。如是,百姓贵之如帝,高之如天,亲之如父母,畏之如神明。故赏不用而民劝,罚不用而威行。(《荀子·强国》)

由于君主能以礼乐自持,能明辨分义之别,也能洞察天道运行之原理,是故所有举措皆能合于时而行,因此所有爱民、利民措施之成效自然极其显著。有感于君主爱利百姓之各项措施,故而百姓自然回报君主以亲之、贵之的行为表现,无须动用赏罚,已敬之、畏之,而主动效法君主之言行,且乐意遵行国家颁布之措施。因为上下一心、齐心遵行礼义,故能缔造一安适而强大之国。

其次者,在礼乐、分义之修饰,举错与爱利人民之措施等,虽未能臻于理想,然而却很能掌握暴察之威以控制臣民,特色是:

> 其禁暴也察,其诛不服也审,其刑罚重而信,其诛杀猛而必,黭然而雷击之,如墙厌之。如是,百姓劫则致畏,嬴则敖上,执拘则冣,得闲则散,敌中则夺,非劫之以形埶,非振之以诛杀,则无以有其下。(《荀子·强国》)

此一等级之君主,虽然在躬行礼义上无法建立良好之表率,不过,却长于订定各项行为之刑赏标准,且辅以严格管理、切实执行之制度,一切依法行事,毫无模棱两可之模糊空间,以致臣民也不得不迫于被诛杀之危险而服从之。然而此类君主与臣民之间的互动关系,乃是建立在君主明察违纪,且又施展高度淫威下之屈从,因此臣民对君主并无亲之、爱之的动力,一旦威势无以为继,则国家之威势即迅速转趋危弱。

最低等之君主,则徒拥狂妄之威,特色是:

> 无爱人之心,无利人之事,而日为乱人之道,百姓欢敖,则从而执缚之,刑灼之,不和人心。如是,下比周贲溃以离上矣,倾覆灭亡,可立而待也。(《荀子·强国》)

此一等级之君主,既无爱民之心,更无利人之政策,其所颁布之措施总是徒增社会之紊乱。然而一旦引发群众之躁动,却又只知道拘执束缚扰乱者,且还动用刑法惩罚之,丝毫不知错乱之政策,乃是制造社会动乱之始作俑者。如此,则人心背离,其分崩离析、自取灭亡乃是指日可待的。

在三种不同之"威"中,从表象观之,虽然狂妄之威最能在瞬间造成强大的气势,然而却是最无法持久的,且其反作用力也最强劲、最全面。一旦发生反作用力,国家即将沦于完全倾覆灭亡之境,毫无转圜余地。推测荀子如此注重国家应树立正确的道德之威,除却与战国兵戎时起的社会环境有关,也有可能借鉴于《周礼》之相关规划而来。

《周礼》之中，规划夏官司马，以大司马为首长，率领其部属以掌理天下之政典，辅佐王平治天下，因此最需讲求掌握最正确之"威"，且应最擅于使用"威"，以达到辅佐王平治天下之既定目的。此从大司马之职，先以礼义立其本以树立道德之威，然后始能以有道讨伐无道，借以成就威势之实，即可以知具有道德之威乃是王道之根本。以下先叙其本：

> 掌建邦国之九法，以佐王平邦国：制畿封国，以正邦国；设仪辨位，以等邦国；进贤兴功，以作邦国；建牧立监，以维邦国；制军诘禁，以纠邦国；施贡分职，以任邦国；简稽乡民，以用邦国；均守平则，以安邦国；比小事大，以和邦国。（《周礼·夏官·大司马》）

大司马以九种主要职务，协助天王以礼平治天下：首先，制定王畿与大小封建诸侯国之间，彼此均应以礼义相待之关系，奠定立国之本；其二，设立君臣之间应有之礼仪，辨别彼此上朝时之位列部居，建立彼此之大小尊卑顺序，建立邦国秩序；其三，各国均应选拔任用贤能之人，并向王朝举荐有功之臣，借表彰贤德以振奋民心，亦可达到罢黜阿谀幸进者之警戒作用；其四，建立州牧与国君之间的联系管道，以维护邦国政策之有效推行；其五，建立军队，严格执行各种禁令，以纠正诸侯国可能发生之错误；其六，协助合理分配各种税贡之负担，使各国能按国之等级以承担税贡；其七，检核各国乡民之人数，俾便一旦有事时之动员人力；其八，均平用地守国之法则，以达到安定邦国发展之原则；其九，建立大国亲爱小国、小国敬奉大国之亲和关系，使王朝与诸侯国，乃至各诸侯国之间都能相互和谐之天下平局面。

一旦能从根本确立以礼义为治国之本，所有政策均以利天下之民、爱天下之民为出发点，使各诸侯国皆能安定发展为目标，达到国际间友善和谐之局面，则能使上下一心而民力乐于所用。倘若诸侯间不幸而发生违礼背义之事，则大司马亦秉持维护礼义之原则而进行征伐之道，征调民力进行讨伐：

> 以九伐之法正邦国：冯弱犯寡，则眚之；贼贤害民，则伐之；暴内陵

外,则坛之;野荒民散,则削之;负固不服,则侵之;贼杀其亲,则正之;放弑其君,则残之;犯令陵政,则杜之;外内乱,鸟兽行,则灭之。(《周礼·夏官·大司马》)

大司马以九大重要出兵原则,协助天王规正或讨伐无道之诸侯国以平治天下:若有诸侯倚强凌弱或以大侵小者,则削减其封地;若有擅杀贤良或残害人民者,则出兵讨伐之;若有内行暴政或侵凌他国者,则罢黜其君而幽囚之于野;若有任其田野荒芜或人民逃散者,则削除其封地;若有自恃险固而不服节制者,则派兵进入其国境;若有无故贼杀亲族而破坏人伦者,则拘执之以正治其罪;若有放逐、杀害其君而破坏臣道者,则诛杀乱臣以正邦国;若有违犯命令、藐视法政者,则杜绝其与邻国交流之管道;若有悖乱外内人伦、行为等同于鸟兽者,则诛灭之以维护纲纪。综观此九大出兵之前提,清楚可见大司马乃秉持周天子道德之威,以正义维护者之角色,协助各诸侯国以礼义治国,注重农业经济,亲民、爱民以促进人伦发展,且积极推动诸侯间之和平发展,促使天下太平。

由于《周礼》之中的夏官司马乃是正义之师的化身,也是促成天下太平之最佳保障,此即孔子"礼乐征伐自天子出"的天下有道状态,[①]故而成为荀子塑造王者典型之取法对象,说明王者非仅必须兼拥仁、义、威三者于一身,且还能随时势需要而展现不同的风貌。即便未能臻于此最高理想状态,退而求其次的霸主,其拥有的强大军事力量,也要建立在合乎礼义之大原则下,方能成就"信立而霸"之事实,且为伸张正义之最终依据。

(二)专恃权谋治国适足以身毁国亡

荀子主张君主应让以礼义自持、以礼乐施教之有德者居于高位,由于能明辨分义,因而拥有道德之威,也有禁暴胜悍之强力以行赏罚威,使臣民衷心信服。由于君主承担国治、天下平之重责大任,因此君主也相对拥有安享富贵尊荣之权利,借以鼓励臣民努力行道。荀子当然理解君主必须谋而后动,深明权衡轻重、明辨利弊得失之道理。然而明主之谋,乃是慎谋能断之谋,而非专用权

---

① 《论语·季氏》:"天下有道,则礼乐征伐自天子出;天下无道,则礼乐征伐自诸侯出。自诸侯出,盖十世希不失矣;自大夫出,五世希不失矣;陪臣执国命,三世希不失矣。天下有道,则政不在大夫。天下有道,则庶人不议。"

谋巧诈以牟取大利之伎俩，因此特别举专恃权谋治国者，如齐愍（闵）、薛公者，适足以身毁国亡，难有长治久安之功。

荀子将齐愍（闵）、薛公（孟尝君田文，继承其父封于薛之爵位，故称薛公）归在"权谋立而亡"之列，认为齐愍在其国势力到达巅峰之时，竟然国势急转直下，而不免于身死，且几乎灭国，与孟尝君不无关系。《王霸》之中虽未明载齐愍、薛公被列入"权谋立而亡"之确切原因，然而综合《战国策》与《史记》所载，则可知其梗概。根据记载，田文因聪敏能辩而受其父薛公重视，更因善待宾客而使名声闻于诸侯，终赖诸侯之推荐，而以贱妾子之身份继承薛公之爵位。秦昭襄王闻孟尝君贤，欲得之，故以泾阳君入质于齐，借此以求见孟尝君，齐愍王乃派孟尝君入秦。秦昭襄王喜命孟尝君为秦相，后因听到"孟尝君将不利于秦"之谗言，遂转而扣押孟尝君。孟尝君幸赖鸡鸣狗盗之徒帮助而逃回齐国，齐愍王亦悔派孟尝君入秦，遂命孟尝君为齐相。孟尝君由于怨秦，故而欲借联合韩、魏攻楚之时，实际上联合韩、魏以攻秦，以报复一己之私怨。此后，因愍王听信谗言而疑孟尝君将为乱，孟尝君乃出奔魏。稍后，为乱之疑虽得平反，而被召回，却辞病而归老于薛。其后，因秦之亡将吕礼相齐，孟尝君为排挤吕礼，竟联络秦相穰侯魏冉劝秦王伐齐。① 由此已可见孟尝君挟其慧黠能辩之特质，处处行使权谋以遂己私，又明显不忠于君，甚至不惜借刀杀人以去除政敌，而置齐国于兵灾之中。仅凭以上事实，已可满足荀子以"上不忠乎君，下善取誉乎民，不恤公道通义，朋党比周，以环主图私为务"（《荀子·臣道》），批评孟尝君为篡臣之重要条件。

其尤甚者，乃是愍王灭宋之后，益骄，竟然欲去孟尝君；而孟尝君之反应，更是不折不扣的篡乱之臣。《史记》载：

> 孟尝君恐，乃如魏。魏昭王以为相，西合于秦、赵，与燕共伐破齐。齐愍王亡在莒，遂死焉。齐襄王立，而孟尝君中立于诸侯，无所属。齐襄王新立，畏孟尝君，与连和，复亲薛公。文卒，谥为孟尝君。诸子争立，而齐魏共灭薛。孟尝绝嗣、无后也。②

---

① 其详参见《战国策·齐策》及《史记·孟尝君列传》有关孟尝君事迹之记载。
② （汉）司马迁：《史记》卷七五，北京：中华书局1982年版，第2358页。

孟尝君因忌妒吕礼之得宠,借他国之兵而攻打齐国,已属不忠之极。其后,更因愍王将不利于己,索性奔魏,还以魏相之名义鼓动联合多国之军力再度攻齐,造成齐愍客死他乡,齐国几乎亡国,即使后来襄王复国,齐之国势也难以回天之惨况。孟尝君两次借他国之兵而攻齐之举动,正是经由权谋之精心设计,而达到挟怨报复之结果,本非光明磊落之君子。孟尝君虽得列"战国四公子"之一,名闻天下,乃因门下食客三千人之口耳相传,然而亦仅仅止于"闻",而非达人君子。[①] 荀子径以篡臣称呼孟尝君,实为名副其实。虽然秦、赵、魏、韩与燕,五国联军以共伐破齐的济西之战,乃以燕之乐毅为盟军统帅,然而从盟军中亦包含秦国在内,更可见此时身为魏相之孟尝君,其专尚权谋之伎俩,一切都是唯利是图,此时联合秦之次要敌人,以攻击头号敌人齐国,亦只是权谋之展现而已。如此专尚权谋以为政,一旦算计不够精准,即使幸而灾祸不及其身,然而祸延子孙则时有所闻。孟尝君自身虽然得以终老于薛,然而薛地由于长期缺乏以礼义作为齐家、治国、平天下之基础,以致孟尝君一死,诸子遂争立而引爆内乱,旋即引来齐、魏两国共同举兵以灭薛。吊诡的是齐、魏两国,都是孟尝君曾经任职为相之国家,更可见当时国际之间专尚权谋之普遍,难怪荀子要特别强调"权谋立而亡"!齐、魏联合灭薛,也造成孟尝君不但绝嗣且无后的惨况,故成为荀子深深引为后世之戒的标准类型,诚可悲,亦可叹!

检视《强国》中一长段"荀卿子说齐相曰"之记载,虽无法确知"齐相"所指何人,且卢文弨曰:"此七字符刻无,从宋本补。"(《荀子·强国》)然而观其长篇大论之内容,与荀子《王霸》"义立而王,信立而霸,权谋立而亡"之根本论调完全符合,实可视为荀子对其王霸理论之后续补充,也可见荀子对君主应以礼义治国之强烈企盼,更对专恃权谋适足以亡国表达深刻叹息之意。其要点如下:

> 夫主相者,胜人以埶也,是为是,非为非,能为能,不能为不能,并己之私欲,必以道,夫公道通义之可以相兼容者,是胜人之道也。……相国舍是而不为,案直为是世俗之所以为,则……今巨楚县吾前,大燕

[①] 子张问:"士何如斯可谓之达矣?"子曰:"何哉,尔所谓达者?"子张对曰:"在邦必闻,在家必闻。"子曰:"是闻也,非达也。夫达也者,质直而好义,察言而观色,虑以下人。在邦必达,在家必达。夫闻也者,色取仁而行违,居之不疑。在邦必闻,在家必闻。"(《论语·颜渊》)

鰌吾后，劲魏钩吾右，西壤之不绝若绳，楚人则乃有襄贲、开阳以临吾左，是一国作谋，则三国必起而乘我。如是，则齐必断而为四、三，国若假城然耳，必为天下大笑。……人莫贵乎生，莫乐乎安；所以养生安乐者，莫大乎礼义。人知贵生乐安而弃礼义，辟之，是犹欲寿而殇颈也，愚莫大焉。故君人者，爱民而安，好士而荣，两者亡一焉而亡。(《荀子·强国》)

对照荀子以"不恤公道通义，朋党比周"批评孟尝君，而齐国正是在愍王时从极盛期转而跌入谷底之时候，则荀子对当时齐相缘木求鱼之治国策略，自然要不厌其烦而殷殷致意。盖从时间推算，齐愍王初次任用孟尝君为相，当在执政后期。然而《史记》未记载孟尝君为齐国缔造之丰功伟绩，却明载其去职之后，两次联合他国以攻齐之具体史实，其中尤以第二次攻齐，还导致齐愍王身死国危，则司马迁评论孟尝君对齐国之过相当明显。① 固然让齐国两次遭遇兵灾之祸的主要过失在孟尝君，然而让孟尝君任齐相，继而又冷落、欲去之者，则为齐愍王。故而推本溯源，齐愍王无法任用贤德之人，又昧于权谋算计之大利，遂导致身死而几乎亡国之下场，理应负起君主识人不清之重大责任，故而荀子取之为"权谋立而亡"的实例，期盼当时国君能以史为鉴。

回顾齐愍王初即位时，齐国正处于继威、宣两王不断壮大国势之后，再加上有以仁义自饰之宿瘤女时加进谏，故而执政前期之国势仍然强盛。此从《列女传》记载齐愍王有感于宿瘤女仁义自饰之言，遂立之以为后的改变可以得知：

出令卑宫室，填池泽，损膳减乐，后宫不得重采。期月之间，化行邻国，诸侯朝之，侵三晋，惧秦、楚，立帝号。闵王至于此也，宿瘤女有力焉。及女死之后，燕遂屠齐，闵王逃亡，而弑死于外。君子谓宿瘤女

---

① 搜寻孟尝君对齐国之功，或许可以由孟尝君倡导，齐愍王主盟，齐、魏、韩三国联合攻秦，而联军胜之战役为代表。然而其功不敌过，实相当明显。《史记·孟尝君列传》从"太史公曰"以下特别记录："吾尝过薛，其俗闾里率多暴桀子弟，与邹、鲁殊。"且又补上一句："孟尝君招致天下任侠奸人入薛中，盖六万余家矣！"亦可见太史公对孟尝君评价之高低。

· 288 ·

通而有礼。①

荀子在《王霸》所称,齐之势力,"南足以破楚,西足以诎秦,北足以败燕,中足以举宋",应是《列女传》此处所载,齐愍王及诸夫人受到宿瘤女感动,举国上下、无论朝廷内外皆齐心于仁义之结果。可惜终因内有孟尝君一类之篡臣,外又有秦国所派张仪之蛊惑,在利欲熏心、唯利是图之诱惑下,既不惮内诈其民以取小利,亦不惮外诈其与国而牟大利,故上下相析,而不免于"敌国轻之,与国疑之,权谋日行,而国不免危削,綦之而亡"之结局。《荀子·王霸》齐愍王前后判若两人之行径,不免让荀子为之叹息,遂引以为后人戒,也正好可以坐实宿瘤女对齐愍王之言:尧、舜自饰以仁义,至今数千岁,而天下归善焉。桀、纣不自饰以仁义,而身死国亡,终为天下笑。

六、结论

综上所述,荀子之王霸理论,一方面受到《周礼》对王朝统治全天下之整体规划启发,另一方面,则有鉴于战国中晚期诸侯之间尔虞我诈之状况,遂特别注意王道与霸道之问题。昔日可与西秦并称东、西帝之齐愍王,竟然在公元前284年败于燕国乐毅统领之五国联军,愍王身死而齐国几乎灭亡,且自此与强盛绝缘。尤其是公元前260年长平之战,秦将白起坑杀赵国40万大军之后,非仅赵之国势衰颓已无法扭转,秦之势力已不断扩大,乃至于国际间根本没有任何诸侯国可以独自与之抗衡。公元前256年又发生秦昭襄王灭西周之事,更让荀子努力思考何谓王者之政的重要问题。面对周赧王虽在位最久(前314—前256),却毫无天子之威权,非仅必须长期依赖小诸侯西周公之接济,甚至在西周公抗秦失败后,竟以天子之尊而投降秦昭襄王(公),丧尽天子之尊严,荀子自然感受良深,而霸者之道又该如何,更是荀子最积极关心之重要议题。

针对当世层出不穷的攻伐、征战与灭国事件,在《议兵》与《强国》之外,荀子

---

① (汉)刘向:《古列女传·辩通·齐宿瘤女》卷六,《四部丛刊正编》第14册,台北:台湾商务印书馆1979年版,第84页。

更深入思考如何建立更完整的治国之道,于是汲取古代《诗》《书》等重要经典之精华,并融合以孔子为主之儒家思想,再加上在齐国所吸收,自《六韬》以下之兵书,及《管子》等重要典籍,建构成以礼义治国之思想体系。为具体改善战国晚期专恃权谋以治国之现象日趋普遍,荀子更积极投注心力于霸亦应有道之理论建立,主要借鉴《天官》以礼义治国之观念,以为自己规划《王制》治国总纲、奠定建国宏模之蓝本;借鉴《夏官》大司马九伐之原则,率行道德之威以讨伐无道诸侯之仁义行,奠定敌国不敢来犯之军事力量;借鉴《地官》大司徒以下地政人员深入民间,透过土会、土宜之法以任土事,再以土均之法制订土地税赋课征法,规划以农业为本之稳定经济政策,达到裕民以政之目的。荀子借由政治、经济、军事三管齐下之方式,先以成就霸道为务实考虑,再企求王道可以重现天下。

《周礼》郑注"马上鼓"及相关问题研究*

朱红林

吉林大学考古学院、古籍研究所

《周礼·夏官·大司马》：

> 中春，教振旅，司马以旗致民，平列陈，如战之陈。辨鼓铎镯铙之用，王执路鼓，诸侯执贲鼓，军将执晋鼓，师帅执提，旅帅执鼙，卒长执铙，两司马执铎，公司马执镯。以教坐作进退疾徐疏数之节，遂以蒐田，有司表貉，誓民，鼓，遂围禁，火弊，献禽以祭社。

这段材料说的是周代军事训练时的制度规定。其中"师帅执提"之"提"，郑司农注："提读如摄提之提，谓马上鼓，有曲木提持鼓立马髦上者，故谓之提。"[1]郑司农认为这是一种带有曲柄的鼓，击鼓者骑在马上，手执曲柄，置鼓身于马髦之上。贾公彦曰："云'提谓马上鼓'者，此先郑盖据当时已有单骑，举以况周。其实周时皆乘车，无轻骑法也。"[2]贾公彦把《周礼》制度理解为西周春秋时期的制度，他认为那个时期无单骑之制，不存在马上鼓，因此郑司农用汉制马上鼓来比拟《周礼》提鼓的做法是不恰当的。王应麟则认为《周礼》提鼓之制为周末制度，[3]这时期单骑已经逐渐普遍，各国都出现了骑兵部队，因此郑司农以汉制比

---

* 本文为国家社科基金冷门"绝学"和国别史等研究专项"《周礼》郑注的考古学研究"（19VJX070）阶段性成果。

[1] （清）阮元校刻：《十三经注疏》，北京：中华书局2009年版，第1805页。
[2] （清）阮元校刻：《十三经注疏》，北京：中华书局2009年版，第1805页。
[3] （宋）王应麟：《汉制考 汉艺文志考证》，上海：上海古籍出版社2011版，第44页。

喻《周礼》并无不妥。

本文的重点不在于讨论《周礼》制度的年代,而在于探讨郑司农所用以比拟的汉代马上鼓本身的情况,探讨它的种类、特点、运用及其对后世的影响,同时也借以研究郑注以汉制比况《周礼》解经特点。不当之处,请学界专家批评指正。

一

《周礼》中的"提",顾名思义,当是有柄可提的鼓。"王执路鼓,诸侯执贲鼓,军将执晋鼓",路鼓、贲鼓、晋鼓,都是大鼓,通过支架安装在战车上,由王、诸侯、军将这些高级指挥官指挥专职鼓手,也就是《周礼》所谓的"鼓人",来击鼓发号施令。"师帅执提,旅帅执鼙",提、鼙都是小鼓,由师帅、旅帅这些低级指挥官拿在手中敲击,传递指挥信息。对此,孙诒让有一段专门的解释,有必要摘录如下:

> 窃疑此经"师帅执提"以下,其鼓较小,皆是亲执。其军将以上职位较崇,所用三鼓广长之度绝侈,将车所不易建,当别以车载之,则三鼓不必亲执,经以与下提鼙等牵连并举,故通言执耳。《吴语》"将军建鼓",文例亦同。实则王侯军将所亲执者仍是鼙,与大阅礼中军用鼙同也。其大师王在军临战之时,王车亦止载鼙以令鼓,而鼓人别乘副车,载路鼓以从之,如大阅"中军以鼙令鼓",而后鼓人三鼓。彼鼓人即地官之属,所鼓者盖即路、贲、晋诸鼓别载以从者也。诸侯军将以下,当亦如是。①

这就是说,"王执路鼓,诸侯执贲鼓,军将执晋鼓",并非王、诸侯和军将亲自执鼓,而是通过击鼙鼓来指挥鼓人击鼓,而且路鼓、贲鼓、晋鼓都是大鼓,并非真的用手"执",而是建在车上,只是与"提""鼙"这两种手执的小鼓统称"执"而已。

---

① (清)孙诒让:《周礼正义》卷五五,北京:中华书局2015年版,第7分册,第2773页。

这是需要说明的。而"提"和"鼙"这两种鼓都是小鼓,可以手执。因此郑司农以汉代的马上鼓作比喻,也是从"手提"这一特点出发的。至于是不是放在马背上或战车上,在此都无关紧要。① 汉代的小鼓有多种,有用于军事指挥的,也有用于演奏音乐的,有带柄的,也有不带柄的,携带方便,马上马下都可以使用。郑司农此处所谓的曲柄马上鼓,只是汉代马上鼓中的一种。

宋代、明代、清代《周礼》学著作,有不少都绘制了《周礼·大司马》中"提"鼓的推测图。王应电《周礼图说》,就绘制了一幅《周礼》中"鼓"的图像(图1),鼓柄为直柄,穿过长筒形鼓身。他说:"鼓常时所击,但有大小不同。"② 也就是说,他认为《周礼》此处所提到的击中鼓的基本形制都是如此,只不过有大有小罢了。这种观点虽不是特别精确,但也有一定道理。这样的鼓,大者建于车上,小者指挥员自持,从解释《周礼》制度而言,也是说得通的。只不过与郑司农所举汉代的曲柄马上鼓不同罢了。陈祥道《礼书》及鄂尔泰主编的《钦定周官义疏》,则根据郑司农注"曲柄提持"的说法,分别绘了曲柄的"提鼓"图(图2,图3)。

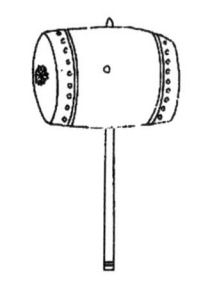

图1 王应电所绘"鼓"　图2 《礼书》所绘"提鼓"③　图3 《钦定周官义疏》所绘"提鼓"④

曲柄提鼓的优点是鼓手手持提鼓,可将鼓身置于马髦之上,不至于遮挡住视线。就郑司农所谓汉制马上鼓而言,击鼓者不仅仅是鼓手,同时还是骑手,如果手持直柄鼓,放在胸前敲击时,很容易遮挡视线。但从《周礼》本文来看,《周礼图说》《礼书》及《钦定周官义疏》所绘"提鼓"都具备手持的特点,这点则是一致的。

---

① (清)孙诒让:《周礼正义》卷五五,中华书局2015年版,第7分册,第2775页。
② (明)王应电:《周礼图说》卷下,文渊阁《四库全书》第96册,第322页。
③ (宋)陈祥道:《礼书》,文渊阁《四库全书》第130分册,第137页。
④ (清)鄂尔泰主编:《钦定周官义疏》,文渊阁《四库全书》第99册,第594页。

二

提鼓作为一类手提式小鼓,很明显,不论是马上、车上还是步行手持都可以使用。我们已经说过,郑司农用汉制"马上鼓"解释《周礼》"提鼓",重点在于强调《周礼》师帅所执之提鼓,可以"手提"这一特点,至于是不是在马上使用,并不是他所考虑的。因此,考古资料中发现的有柄或无柄的小鼓,都有可能被用作"提鼓"。

春秋战国时期的墓葬中,就发现了直柄小鼓。

1978年河南固始县城关镇砖瓦窑厂发掘了一座春秋晚期大型陪葬坑,其中出土了一件直柄小鼓。据描述,此鼓"为扁体圆形。有柄,木质已裂缩,鼓壁中间外弧。面直径19.0厘米、外弧最大径为20.8厘米、高8.4厘米。两面张皮革,皮革虽朽,但大部尚存。另外鼓壁上凿有两个对应的方孔,木柄的一端插入方孔后,又通过鼓腔插入另一侧鼓壁的方孔内,组合严密,安装牢固。鼓柄呈八棱形,残长18厘米"(图4)。研究者认为,"它没有耳锤,不能自击","其奏法应是以一手持鼓,另一手执鼓杖击之"[①]。这件鼓柄穿过鼓腔的直柄鼓,倒是与王应电所绘鼓有相似之处。1973年湖北江陵藤店1号战国中晚期楚墓中发现了木鼓2件,一大一小,均已破损。经复原之后,大鼓周边附铺首衔环3个,用于吊挂。小鼓带有短而粗的直柄,便于手持(图5)[②]。

图4 河南固始侯1号墓有柄木鼓 春秋   图5 江陵藤店1号楚墓出土带柄小鼓

---

① 赵世纲主编:《中国音乐文物大系·河南卷》,郑州:大象出版社1999年版,第33页。
② 王子初主编:《中国音乐文物大系·湖北卷》,郑州:大象出版社1999年版,第118页。

  藤店小鼓从其形制大小来看,当为手持无疑。整理者未描述鼓柄是否穿过鼓腔,其形制扁圆而非长筒。这种轻便小巧的鼓便于携带,击鼓者不论是骑马、乘车还是立持、坐持均可。同墓还出土鼓槌一对,或与小鼓配套使用。藤店与固始县出土的这两个春秋战国时期直柄小鼓携带方便,都可以被骑手骑在马上使用。

  汉代的考古发掘中,到目前为止,笔者尚未发现郑司农所说曲柄提持的马上鼓。不过,1993 年甘肃酒泉西沟村的魏晋墓葬彩绘砖中出现了一幅马上击鼓图(图 6),①与先郑注所说的马上鼓较为相似。魏晋去汉未远,这或许也可以旁证汉代马上曲柄鼓的存在。

图 6　酒泉西沟魏晋墓　鼓史

  这块彩绘砖中人物 2 人,前面一人正纵马飞驰,挺枪向下疾刺。题名"鼓史"者纵马紧随其后,右手持曲柄鼓,鼓身置于胸前马鬃之上,击鼓面左向,左手举鼓槌,作欲击状。这样紧张激烈的军训或狩猎场面,真有一种"渔阳鼙鼓动地来"的气势。发掘整理者认为鼓史左手所持为鼗鼓,②也就是后世所谓的拨浪鼓。从形状看,有一定道理。但从马鬃置鼓及左手方位看,我们推测更可能是鼓槌。因为鼓史右手持曲柄小鼓,只能用左手敲击。这块画像砖所在的同一层画像砖,所表现的都是军事主题的活动,这与《周礼》"师帅执提"的军训场合倒是属于同一类别。魏晋去东汉不远,郑司农所说马上鼓或许正是这种鼓。

---

① 马建华主编:《甘肃酒泉西沟魏晋墓彩绘砖》,重庆:重庆出版社 2000 年版,第 17 页。
② 马建华、赵吴成:《甘肃酒泉西沟村魏晋墓发掘报告》,《文物》1996 年第 7 期,第 4—38 页。

三

便携式小鼓,理论上都可以在马上使用,不论是有柄的还是无柄的。汉代乐俑中常见一种无柄扁圆小鼓,乐人直接拿在手中,或捧在怀中,或置于地下。有学者称之为鼙鼓。① 这种可以手持的鼙鼓,当然也可骑在马上敲击,因此也属于马上鼓,也可以归入"提鼓"的范围。《周礼》"旅帅执鼙",孙诒让认为即《吴语》所谓"嬖大夫提鼓"②,韦昭注:"提,挈也。"③

考古发现的汉代鼙鼓,多见于说唱俑(图 7—20),一般都一手持鼙鼓(或臂夹),一手持鼓槌,手舞足蹈,生动活泼。鼙鼓在汉代陶俑中尚未见使用于马上者。

图 7　东汉说唱俑
四川成都天回山④

图 8　东汉坐式说唱俑
四川成都天回山⑤

---

① 金家翔编绘:《中国古代乐器百图》,合肥:安徽美术出版社 1995 年版,第 15 页。
② (清)孙诒让:《周礼正义》卷一,北京:中华书局 2015 年版,第 7 分册,第 2774 页。
③ 徐元诰:《国语集解》,北京:中华书局 2002 年版,第 549 页。
④ 朱伯谦主编:《中国陶瓷全集 3·秦汉卷》,上海:上海人民美术出版社 2000 年版,图版第 178 页,图版说明第 280 页。严福昌、肖宗弟主编:《中国音乐文物大系·四川卷》,郑州:大象出版社 1996 年版,第 206 页。
⑤ 林通雁主编:《中国陵墓雕塑全集 3·东汉三国卷》,西安:陕西人民美术出版社 2009 年版,图版第 118 页,图版说明第 53 页。

图9　说书俑　东汉
四川成都天回山①

图10　东汉说唱俑
四川成都马家山②

图11　东汉说唱俑
四川郫县宋家林③

图12　东汉说唱俑
四川成都羊子山④

---

　　① 朱伯谦主编:《中国陶瓷全集3·秦汉卷》,上海:上海人民美术出版社2000年版,图版第208页,图版说明第292页。
　　② 林通雁主编:《中国陵墓雕塑全集3·东汉三国卷》,西安:陕西人民美术出版社2009年版,图版第119页,图版说明第53页。
　　③ 朱伯谦主编:《中国陶瓷全集3·秦汉卷》,上海:上海人民美术出版社2000年版,图版第182页,图版说明第280页。林通雁主编:《中国陵墓雕塑全集3·东汉三国》,西安:陕西人民美术出版社2009年版,图版第120页,图版说明第54页。严福昌、肖宗弟主编:《中国音乐文物大系·四川卷》,郑州:大象出版社1996年版,第208页。
　　④ 林通雁主编:《中国陵墓雕塑全集3·东汉三国卷》,西安:陕西人民美术出版社2009年版,图版第191页,图版说明第83页。严福昌、肖宗弟主编:《中国音乐文物大系·四川卷》,郑州:大象出版社1996年版,第216页。

图 13　东汉说唱俑　成都①

图 14　东汉说唱俑　德阳观音崖②

图 15　东汉坐式说唱俑　广汉③

图 16　东汉跪坐击鼓俑　绵阳④

---

① 林通雁主编:《中国陵墓雕塑全集 3·东汉三国卷》,西安:陕西人民美术出版社 2009 年版,图版第 127 页,图版说明第 56 页。
② 林通雁主编:《中国陵墓雕塑全集 3·东汉三国卷》,西安:陕西人民美术出版社 2009 年版,图版第 141 页,图版说明第 62 页。
③ 林通雁主编:《中国陵墓雕塑全集 3·东汉三国卷》,西安:陕西人民美术出版社 2009 年版,图版第 143 页,图版说明第 64 页。
④ 林通雁主编:《中国陵墓雕塑全集 3·东汉三国卷》,西安:陕西人民美术出版社 2009 年版,图版第 153 页,图版说明第 68 页。

图17 东汉说唱俑 绵阳① 　　　　图18 东汉坐式说唱俑 资阳②

图19 东汉双流黄家坪击鼓俑③ 　　图20 东汉重庆鹅岭击鼓俑④

北魏时期的乐俑中则出现了多例马上击鼓俑(图21—25)。这些击鼓俑一般都是一手环抱鼙鼓于胸前,另一手持鼓槌作敲击状。这些乐俑多为静态展

---

① 林通雁主编:《中国陵墓雕塑全集3·东汉三国卷》,西安:陕西人民美术出版社2009年版,图版第165页,图版说明第73页。
② 林通雁主编:《中国陵墓雕塑全集3·东汉三国卷》,西安:陕西人民美术出版社2009年版,图版第192页,图版说明第83页。
③ 严福昌、肖宗弟主编:《中国音乐文物大系·四川卷》,郑州:大象出版社1996年版,第238页。
④ 严福昌、肖宗弟主编:《中国音乐文物大系·四川卷》,郑州:大象出版社1996年版,第238页。

图 21　北魏马上击鼓俑
陕西西安草场坡①

图 22　北魏马上击鼓俑
陕西西安草场坡②

图 23　北魏马上鞶鼓俑
故宫博物院藏③

图 24　北魏骑马击鼓俑
故宫博物院藏④

---

① 《中国音乐文物大系》总编辑部：《中国音乐文物大系·陕西卷、天津卷》，郑州：大象出版社1999年版，第151页。
② 袁荃猷主编：《中国音乐文物大系·北京卷》，郑州：大象出版社1999年版，第193页。原文说明中"左手""右手"颠倒误写，今改正。
③ 袁荃猷主编：《中国音乐文物大系·北京卷》，郑州：大象出版社1999年版，第194页。
④ 袁荃猷主编：《中国音乐文物大系·北京卷》，郑州：大象出版社1999年版，第194页。

现,而非如酒泉壁画墓中的那样纵马飞驰。很明显,一手臂环抱扁鼓,一手敲击,一般人很难操控奔驰中的骏马。所见唐代马上鼓乐俑手中的扁鼓,从厚度到圆周,似乎明显小了许多,尚不能判定是个案,还是普遍风尚。甘肃天水唐墓出土的马上击鼓女乐俑,"左手高举手鼓,右手持小槌敲击",显得极为轻松自然,与前述北魏马上无柄鼓的使用大不相同(图26)。

图 25　北魏马上击鼓俑　河南洛阳①

图 26　唐骑马击鼓俑　甘肃天水②

马上无柄鼓的使用不便,当时的人们无疑也意识到了。因此,制作者在一部分鼓框周边设环,系以丝绦,这样可以挎在身上,也就解决了无柄鼓手持不便的问题。这种带有背带的小鼓在汉代陶俑中也已经被发现了,不过只是立式陶俑,而非马上陶俑。1991年江油市河西乡古柏村东汉墓出土一立式击鼓俑,"头上着帻,身着右衽紧袖半长衣,卷袖,裤、脚露于衣下,腰间束带,并挂有环柄小刀。鼓系于腰,与体平行,俑站立,双手执槌正击于鼓面"(图27)。重庆博物馆收藏的另一件立式击鼓俑,"头戴三角巾帻,两腿、脚并立,鼓置腰腹之间,双手作击鼓状"。系鼓丝绦亦当是系于腰间或挂于脖颈(图28)。

---

① 张道一、李明星编著:《中国陵墓雕塑全集4·两晋南北朝》,西安:陕西人民美术出版社2007年版,图版第191页,图版说明第96页。

② 郑汝中、董玉祥主编:《中国音乐文物大系·甘肃卷》,郑州:大象出版社1998年版,第275页。

图 27　东汉击鼓俑
四川江油市①

图 28　东汉击鼓俑
重庆市博物馆藏②

图 29　北魏-东魏击鼓俑　河间邢氏墓③

---

① 严福昌、肖宗弟主编：《中国音乐文物大系·四川卷》，郑州：大象出版社1996年版，第238页。
② 严福昌、肖宗弟主编：《中国音乐文物大系·四川卷》，郑州：大象出版社1996年版，第239页。
③ 吴东方、苗建华主编：《中国音乐文物大系·河北卷》，郑州：大象出版社1998年版，第150页。

图30 明立式击鼓俑
江西南城①

图31 明立式击鼓俑
上海②

图32 明立式击鼓俑
四川成都③

　　背带鼓既然可以挂在身上,当然也就可以由骑手骑在马上敲击,比有柄提鼓更方便。背带鼓在马上的使用,目前发现的陶俑,也始于南北朝时期。山西太原南郊北齐娄叡墓出土的击鼓骑俑,鼓斜系于腰间,鼓身在马鬃左侧悬空,骑手双手"握拳执物作击鼓状"。不过此鼓不但有带子系在骑手身上,鼓身似乎还装有扁粗而短的手柄,甚是奇特。不过,也不排除手柄状的东西是一双鼓槌置于鼓面,而骑手双手握成空拳,其中所握的是马缰绳(图33)。

　　陕西咸阳平陵乡出土的十六国时期的马上击鼓俑也很有特点,此俑胸前置一小型圆扁鼓,当是以丝绦从颈上斜跨而下,也有可能是平系于腰部略上方,鼓面略斜向右,骑俑右手执一鼓槌作敲击状,左手则持一小鼗鼓(图34)。这一造型,不仅使我们联想到上文提到的酒泉西沟魏晋墓壁画砖上的"鼓史"造型,或许正如报告整理者所说,鼓史左手所持确是鼗鼓,而右手所持貌似曲柄状的部件,不是曲柄,却是鼓槌,骑俑右手执槌正在敲击系于腰间的扁鼓。只不过画风过于粗犷,由于鼓面朝向左,为了表示击鼓的效果,竟然把鼓槌画作弯曲状击在

---

① 严福昌、肖宗弟主编:《中国音乐文物大系·四川卷》,郑州:大象出版社1996年版,第102页。
② 马承源、王子初主编:《中国音乐文物大系·上海、江苏卷》,郑州:大象出版社1996年版,第147页。
③ 严福昌、肖宗弟主编:《中国音乐文物大系·四川卷》,郑州:大象出版社1996年版,第232页。

鼓面上。当然,目前尚未见到明确的文献记载,或更有说服力的图像展示,故只能是推测。

陕西西安初唐李贞墓出土的五件唐三彩骑马乐俑中也有一件马上击鼓俑。骑俑右腿膝盖上方置一件小巧的扁圆鼓(图35),有的学者描述为"马右侧颈部所挂",未必恰当。从画面来看,也许描述为鼓上丝绦系于骑俑腰间更为合适。这个小扁鼓与甘肃天水出土的唐骑俑手持鼓一样,也保持了小巧的风格。同墓出土的另外一件骑马击鼓俑(图36),此俑双手中没有鼓槌,从图35骑马击鼓俑的姿势推测,此俑手中鼓槌应该是破损掉了。胸腹前的小圆扁鼓平放于马髦之上,此鼓同样也应该是固定在身前的,因此系它的丝绦不是系在腰间,就是挂在脖子上。图37骑马击鼓俑双手中也没有鼓槌,描述者描述为"双手握拳平举,作击鼓状",握拳中是否有截断的鼓槌未知,不过,马上小鼓似乎通过鼓环丝绦固定在马鞍桥之上。

图33　击鼓骑俑　　　　　图34　骑马奏乐仪仗俑
北齐　山西太原[①]　　　十六国　陕西咸阳平陵乡[②]

[①] 张道一、李明星编著:《中国陵墓雕塑全集4·两晋南北朝》,西安:陕西人民美术出版社2007年版,图版第241页,图版说明第118页。

[②] 张道一、李明星编著:《中国陵墓雕塑全集4·两晋南北朝》,西安:陕西人民美术出版社2007年版,图版第152页,图版说明第77页。

明代江西南城益庄王墓出土的马上击鼓俑,非常突出地表现了用丝绦系住鼓身左右的两个鼓环,挂在脖颈之上,鼓身则平置于骑俑胸腹前与马颈之间的位置上,也就是郑司农所谓的"马髦之上"(图38)。

图35　唐骑马击鼓俑　西安①

图36　唐骑马乐俑　西安②

图37　洛阳三彩骑马击鼓俑③

图38　明骑马击鼓俑　江西南城④

图39　西安豁口唐墓骑马击鼓俑⑤

① 袁荃猷主编:《中国音乐文物大系·北京卷》,郑州:大象出版社1999年版,第201页。
② 李辉炳主编:《中国陶瓷全集6·隋唐五代》,上海:上海人民美术出版社2000年版,图版第84页,图版说明第228页。
③ 李辉柄主编:《中国陶瓷全集6·唐五代》,上海:上海人民美术出版社1999年版,图版第101页,第234页。
④ 彭适凡、王子初主编:《中国音乐文物大系·江西卷 续河南卷》,郑州:大象出版社2009年版,第100页。
⑤ 方建军主编:《中国音乐文物大系·陕西天津卷》,郑州:大象出版社2000年版,第158页。

四

汉代马上鼓中,还有一种马上建鼓。这种鼓是通过支架,固定在马背之上,其位置也基本在马背前部马髦的位置,鼓手骑在马背上,建鼓置其前,双手击鼓。这种马上建鼓,一般都出现在大型马上乐队当中(图40、41、42)。与马上建鼓相类似,东汉画像砖中还出现了一种"驼背建鼓"(图44、45),"画面上骆驼昂首张口,缓步前行。驼背配鞍,两峰之间竖一建鼓,鼓上饰羽葆。前峰跪坐一人,曳长袖击鼓(图之左面击鼓人残损,同墓出土的残砖上,可知有一击鼓人与之对称)。当为官吏出行时的仪仗鼓吹乐队之一"[1]。金家翔把这种马上建鼓归之为小型建鼓。[2] 不过,他把包括马上乐人手持的无座小鼓也归之于"小型建鼓"的范畴,恐怕是不合适的。

图40 汉马上建鼓画像砖 四川大邑[3]

图41 东汉马上鼓吹画像砖 四川青杠坡[4]

---

[1] 魏学峰主编:《中国画像砖全集·四川汉画像砖》,成都:四川美术出版社2006年版,图版说明第23页。
[2] 金家翔绘:《中国古代乐器百图》,合肥:安徽美术出版社1995年版,第14页。
[3] 高文主编:《中国巴蜀新发现汉代画像砖》,成都:四川美术出版社2016年版,第59页。
[4] 严福昌、肖宗弟主编:《中国音乐文物大系·四川卷》,郑州:大象出版社1996年版,第174页。

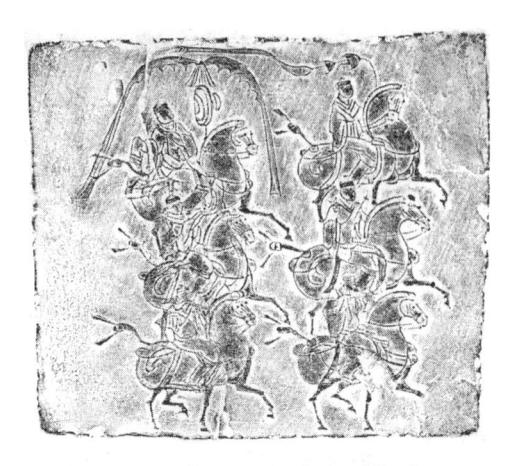

图 42　东汉马上鼓吹画像砖
四川成都羊子山①

图 43　金家翔绘
两汉仪仗建鼓

图 44　东汉驼背建鼓画像砖
四川成都②

图 45　东汉驼背建鼓画像砖（拓片）
四川成都③

马上建鼓应该说是一种较为古老的做法，它实际上是从车上建鼓继承而来的。唐三彩骑马击鼓俑中，有一部分乐俑马上的鼓，似乎就是系在马鞍桥之上。这种做法似乎又是沿袭了汉代马上建鼓的做法。

---

①　魏学峰主编：《中国画像砖全集·四川汉画像砖》，成都：四川美术出版社 2006 年版，图版第 32 页。严福昌、肖宗弟主编：《中国音乐文物大系·四川卷》，郑州：大象出版社 1996 年版，第 175 页。
②　信立祥主编：《中国美术全集·画像石画像砖》（三），合肥：黄山书社 2010 年版，第 642 页。
③　魏学峰主编：《中国画像砖全集·四川汉画像砖》，成都：四川美术出版社 2006 年版，图版第 43 页。

综上所述,汉代的马上鼓可能存在多种形式,郑司农用以比拟的曲柄可提持的马上鼓只是其中之一。从《周礼》上下文义来看,郑司农的比喻重在说明"提鼓"的可提持特点,并不关注是否在马上使用。黄以周在总结郑注《周礼》的两个特点时说:

> 郑注举汉官以况周官有二例:其直况之于《序官》者,如大府之为司农、司会之为尚书,是拟之以其官也;其注《序官》不以况,而况之于职内所掌之下者,如《大司徒》"掌建邦土地之图"曰"若今司空郡国舆地图",《里宰》"以岁时合耦于锄"曰"若今街弹之室",皆拟之以其事也。①

郑司农以马上鼓解释说明提鼓,就属于"拟之以其事"。

---

① (清)孙诒让:《周礼正义》卷五,北京:中华书局2015年版,第1册,第194—195页。

宋代《周礼》学史论略

夏 微

西南财经大学人文学院

《周礼》是宋人议论最盛、研究最多的儒家经典之一,《周礼》学是宋代经学之显学,研究价值重要。《周礼》学史上,宋代是具有转折意义的重要时期,宋代《周礼》学不循蹈两汉以后、特别是唐代经学统一后形成的研究《周礼》的方法,建立了新的《周礼》研究方法,这一新方法被元、明《周礼》学直接承袭,对清代《周礼》学也有沾溉,可谓影响深远。目前学界尚缺乏对宋代《周礼》学阶段性发展变化的研究,这不利于对宋代《周礼》学整体面貌的认识。笔者以为,若对宋代《周礼》学没有清楚的认识,则于宋代经学特点、《周礼》学史发展脉络难有全面的把握。本文从学术与社会互动的角度,划分了四个时段考察宋代《周礼》学的流变轨迹,总结宋代不同时段的《周礼》研究呈现的特点,并分析产生这些特点的原因。

一、第一阶段

宋太祖建隆至仁宗康定年间(960—1041)的《周礼》学,就研究方法言,仍旧循蹈两汉以后、特别是唐代经学统一后形成的研究《周礼》的方法。因此,我将此时期划定为宋代《周礼》学发展的第一阶段,以示《周礼》研究在此后发生了变化。

为说明此时期《周礼》学的特点,我先概论由汉迄唐的《周礼》学。《周礼》发现于西汉,因为是儒家经典中发现最晚的一部,所以自发现之初真伪争论就随之而起。两汉学界对《周礼》真伪的认识主要有两种观点：一是西汉刘歆(？—23)、东汉郑玄(127—200)主张尊《周礼》为经；二是与刘歆同时的西汉众儒、东汉林孝存和何休(129—182)疑《周礼》非经。两汉学界对《周礼》作者的认识主要有三种观点：一是郑玄主张周公作《周礼》；二是郑众(？—83)主张周成王作《周礼》；三是何休主张战国人作《周礼》。由曹魏迄隋，郑玄《周礼注》一直被官方奉为经典，郑玄尊《周礼》为经、主张周公作《周礼》的观点遂成为这四百年间学界对《周礼》真伪、作者认识的主要观点；郑玄解释《周礼》的主要方法，训诂名物和考证制度，也成为这四百年间学界解释《周礼》的主要方法。唐代官方为统一儒家经典的文字，数次整理群经文字，文宗开成二年(837)刻成"开成石经"，《周礼》经文用郑玄《周礼注》本经文。唐代官方还统一儒家经典的义疏，高宗永徽四年(653)颁《五经正义》于天下，因《五经正义》不包括《周礼》，后贾公彦撰《周礼疏》，本"疏不破注"的原则解释郑玄《周礼注》。唐代的科举考试明经科，规定《周礼》是中经，以郑玄《周礼注》为依据，这进一步巩固了郑玄在《周礼》学上的权威。唐代经学统一后，学界对《周礼》真伪、作者的认识唯郑玄是从，仅中唐时的赵匡和陆淳怀疑《周礼》是后人附益的伪书，[①]但影响有限。整体而言，两汉以后、特别是唐代经学统一后，学界对《周礼》真伪、作者的认识具有单一化的特点；解释《周礼》的方法，以训诂名物和考证制度为主，其特点是侧重对《周礼》文本意思的解读。

宋太祖建隆至仁宗康定年间的《周礼》学，从学术观点到解经方法，仍旧循蹈两汉以后、特别是唐代经学统一后形成的研究《周礼》的方法。如石介(1005—1045)尊《周礼》为经，赞同周公作《周礼》，他对《周礼》经邦济世的功用大加推崇，因《周礼》不能用世而深感遗憾。[②] 又如聂崇义的《三礼图注》虽以图注解《三礼》，但书中礼图和所附文字主要是说明《三礼》中的名物制度是什么，重视对《周礼》文本意思的解读。从唐代经学统一到北宋前期，三百多年一直循蹈两汉以后、特别是唐代经学统一后形成的研究《周礼》的方法，缺乏改变、创新，这使《周礼》研究陷入呆板而固化的氛围中，《周礼》在唐代已是少有人研究的儒家经典，几乎陷入不绝如缕的境地。如何打破长久循蹈造成的沉滞，发掘

---

① (唐)陆淳：《春秋集传纂例》卷四，文渊阁《四库全书》第146册，第432页。
② (宋)石介：《徂徕集》卷七，文渊阁《四库全书》第1090册，第225—226页。

《周礼》经邦济世的制度资源和思想资源,成为摆在宋人面前的时代课题。

二、第二阶段

仁宗庆历年间(1041—1048),是北宋尝试政治变革的转折期,也是学风转变的重要时期。庆历以后,对儒家经典的辨疑全面展开,传统的《周礼》学观点受到质疑,郑玄《周礼注》受到攻驳,这些为《周礼》研究注入了新鲜活力,仁宗庆历至英宗治平年间(1041—1067)成为宋代《周礼》学开新之始。

此时期重要的《周礼》学著作有刘敞(1019—1068)《公是七经小传·周礼》和李觏(1009—1059)《周礼致太平论》,我以为二书之于宋代《周礼》学的贡献主要体现在解经方法的开新上。刘敞以其博识自信,在《公是七经小传·周礼》中多处驳斥郑玄《周礼注》,且有些观点颇具价值,被后学采纳,这冲击了学界长期形成的对郑玄《周礼注》的迷信。李觏《周礼致太平论》采用"别立标题,借经抒议"的新体例,摆脱了经文的束缚,自由地抒发治国义理,开以议论解《周礼》之先河,这跳脱了两汉以后形成的以训诂考证为主的解经方法,可谓另辟蹊径。刘敞驳斥郑玄《周礼注》的做法,李觏以议论解《周礼》的方法,都被后来的宋人采纳吸收,为宋代建立新的解《周礼》的方法奠定了基础。

此时期《周礼》学的特点是以开新为主,兼有守旧气象。开新体现在两方面:一方面,在《周礼》真伪认识上,传统的尊《周礼》为经的观点受到质疑,认识开始趋向多元化,形成了三种观点:一是尊《周礼》为经,如李觏;[1]二是尊《周礼》为经的前提下怀疑,如欧阳修(1007—1072)怀疑《周礼》官制冗滥、田制不合实用,[2]刘敞怀疑经文存在讹误;[3]三是怀疑《周礼》非经,如蔡襄(1012—1067)从"奔者不禁"有碍人伦教化入手,怀疑《周礼》不堪为经。[4] 另一方面,在解释《周礼》的方法上,对郑玄《周礼注》的怀疑、攻驳,挑战了郑玄在《周礼》解释上的权

---

[1] (宋)李觏:《旴江集》卷七《周礼致太平论·国用第十》、卷一一《周礼致太平论·官人第三》,文渊阁《四库全书》第 1095 册,第 79 页、第 94 页。
[2] (宋)欧阳修:《文忠集》卷四八《问进士策三首》《南省试进士策问三首》,文渊阁《四库全书》第 1102 册,第 366 页、第 368—369 页。
[3] (宋)刘敞:《公是七经小传》卷中,文渊阁《四库全书》第 183 册,第 16 页。
[4] (宋)蔡襄:《端明集》卷三三,文渊阁《四库全书》第 1090 册,第 620—621 页。

威,以议论解《周礼》则是宋人在《周礼》解释方法上的重要创造,是用议论的方式开掘《周礼》蕴涵的制度资源和思想资源,借此表达对时政的建议,这标志着《周礼》解释的中心开始转向《周礼》文本蕴涵的思想,而不再是《周礼》文本的意思。

此时期《周礼》学的守旧气象主要表现在学界对周公作《周礼》说的盲从上。周公作《周礼》,是两汉以后学界对《周礼》作者的主要认识,李觏[①]、刘敞[②]和司马光[③]都接受这一观点。我认为,李觏等人对周公作《周礼》说的承袭是盲目的,区别于神宗熙宁(1068—1077)以后的《周礼》学,熙宁以后,无论北宋,还是南宋,都存在对传统的《周礼》学观点的继承,但继承者会就其承袭原因进行论证说明,所以,虽然都是承袭传统的《周礼》学观点,但此时期的承袭偏向惰性地盲目接受,熙宁以后更倾向于研究后的理性选择。

三、第三阶段

宋神宗熙宁年间,王安石主持变法,为驳斥反对派对新法的攻击,他亲撰《周官新义》,以经典缘饰新法,由此引发政界、学界对《周礼》空前的关注,伴随研究者增多,宋代《周礼》学突破两汉以后、特别是唐代经学统一后形成的研究《周礼》的方法,建立了新的研究《周礼》的方法。因此,我将神宗熙宁至钦宗靖康年间(1068—1127)划定为宋代《周礼》学的第三阶段。

王安石《周官新义》是此时期最重要的《周礼》学著作,此书之于宋代《周礼》学的贡献主要体现在解经方法的创新上,即以义理解《周礼》,这是对以训诂考证解《周礼》方法的根本性突破,其学术开创意义在以议论解《周礼》之上。以郑玄《周礼注》为代表的汉唐《周礼》学著作,主要采用训诂考证的方法,解释《周礼》涉及的名物制度是什么,因为郑玄是纯粹的学者,他更关注对《周礼》文本意思的正确解读。王安石既是学者,又是政治家,这使他的治学具有更深的社会责任感,在《周官新义》中王安石花费了更多力气解释《周礼》经文为什么要如是

---

① (宋)李觏:《旴江集》卷五《周礼致太平论序》,文渊阁《四库全书》第1095册,第66页。
② (宋)刘敞:《公是七经小传》卷上,文渊阁《四库全书》第183册,第5页。
③ (宋)司马光:《传家集》卷六六,文渊阁《四库全书》第1094册,第614页。

安排,甚至会探究《周礼》作者如是安排的用意,他关注的不是《周礼》文本意思的正确解读,而是能否结合时代需要、更有的放矢地解读《周礼》文本的意义和作者的创作意图,这就是以义理解《周礼》。伴随《周官新义》颁于学官,学子们为了科考,要熟读《周官新义》,学习从义理的角度解释《周礼》,这直接导致解释《周礼》的方法在熙宁以后发生了转变,即从训诂考证转移到义理阐发,如撰著于此时期的王昭禹《周礼详解》,就采用了阐发义理的方法解释《周礼》。

此时期周公作《周礼》的观点受到质疑,学界对《周礼》作者的认识也开始趋向多元化,形成了五种观点:一是周公作《周礼》,王昭禹持此论;[1]二是《周礼》非周公作,但同周公关系密切,张载[2]、程颢和程颐[3]持此论;三是战国人作《周礼》,苏轼持此论;[4]四是秦或汉初人作《周礼》,苏辙持此论;[5]五是汉代人作《周礼》,晁说之持此论。[6]

此时期学界对《周礼》真伪的认识有四种观点:一是尊《周礼》为经,如黄裳[7]、王昭禹[8];二是尊《周礼》为经的前提下怀疑,如张载怀疑盟诅之事不合周公制礼作乐本旨,[9]王安石怀疑复仇之事会造成社会混乱,[10]"二程"怀疑《周礼》有讹缺,[11]王开祖怀疑经文有不合"圣人之心"处,[12]杨时怀疑盟诅非盛世事;[13]三是怀疑《周礼》非经,如苏轼认为"《周礼》非圣人之全书",其间有"战国所增之

---

[1] (宋)王昭禹:《周礼详解》卷首《周礼互注总括》,文渊阁《四库全书》第91册,第201页。
[2] (宋)张载:《张载集》,北京:中华书局1978年版,第248页、第262页。
[3] (宋)程颢、程颐:《河南程氏遗书》卷一八、《河南程氏外书》卷一〇,《二程集》,北京:中华书局1981年版,第230页、第404页。
[4] (宋)苏轼:《东坡全集》卷四八《天子六军之制》,文渊阁《四库全书》第1107册,第678页。
[5] (宋)苏辙:《栾城后集》卷七《周公》,文渊阁《四库全书》第1112册,第642页。
[6] (宋)晁说之:《景迂生集》卷一《元符三年应诏封事》,文渊阁《四库全书》第1118册,第21页。
[7] (宋)黄裳:《演山集》卷二二《讲周礼序》,文渊阁《四库全书》第1120册,第158页。
[8] (宋)王昭禹:《周礼详解》卷首《周礼详解序》,文渊阁《四库全书》第91册,第199页。
[9] (宋)张载:《张载集》,北京:中华书局1978年版,第248页。
[10] (宋)王安石:《临川文集》卷七〇《复仇解》,文渊阁《四库全书》第1105册,第578页。
[11] (宋)程颢、程颐:《河南程氏遗书》卷一八、《河南程氏外书》卷一〇,《二程集(一)(二)》,北京:中华书局1981年版,第230页、第404页。
[12] (宋)王开祖:《儒志编》,文渊阁《四库全书》第696册,第786—787页。
[13] (宋)杨时:《龟山集》卷一六《寄明道先生其一》、卷二〇《答胡康侯其三》,文渊阁《四库全书》第1125册,第265页、第302页。

文"①,苏辙认为《周礼》"秦汉诸儒以意损益之者众矣,非周公之完书也"②,他们怀疑的焦点都在制度;四是诋《周礼》为伪书,如晁说之评价《周礼》"诞迂不切事",不过是"适莽之嗜"的"残伪之物"③。整体而言,此时期学界对《周礼》真伪的认识延续了庆历至治平年间趋向多元化的特点,且怀疑开始压倒尊崇,占据上风。

综上,此时期学界对《周礼》真伪、作者的认识均突破两汉以后、特别是唐代经学统一后形成的单一化的认识,形成了多元化的认识;在《周礼》解释方法上,突破两汉以来以训诂名物和考证制度为主的解经方法,以义理解《周礼》,以议论解《周礼》,将《周礼》解释的中心从文本意思的解读转移到文本思想和作者创作意图的解读上,新的《周礼》研究方法建立起来了。

四、第四阶段

宋高宗建炎至宋亡(1127—1279)的一百多年间,《周礼》研究继承了神宗熙宁至钦宗靖康年间建立的新的研究方法,并在多方面进行完善,最终缔造了有别于汉唐、独具特色的宋代《周礼》学。因此,我将高宗建炎至宋亡划定为宋代《周礼》学发展的第四阶段。

南宋的《周礼》学著作从数量上远超北宋,但缺乏王安石《周官新义》那样卓有影响的代表作。在解经方法上,南宋的《周礼》学著作以义理解《周礼》为主,以议论解《周礼》为辅,也有以训诂考证解《周礼》的,如黄度《周礼说》、易祓《周官总义》、魏了翁《周礼折衷》和王与之《周礼订义》是以义理解《周礼》之作;叶时《礼经会元》和郑伯谦《太平经国书》是以议论解《周礼》之作;朱申《周礼句解》是以训诂考证解《周礼》之作。由于宋代学者解释《周礼》大多有鲜明的"致用"目的,所以他们重视阐发《周礼》蕴涵的制度和思想精华,不大重视对《周礼》文本意思的解释。但"通经",即对《周礼》文本意思的解释,是"致用"的基础和手段,

---

① (宋)苏轼:《东坡全集》卷四八《天子六军之制》,文渊阁《四库全书》第1107册,第678页。
② (宋)苏辙:《栾城后集》卷七《周公》,文渊阁《四库全书》第1112册,第642—643页。
③ (宋)晁说之:《景迂生集》卷一《元符三年应诏封事》、卷一四《辨诬》,文渊阁《四库全书》第1118册,第21页、第263页。

不重视"通经",片面强调"致用",便出现了不契合《周礼》经文意思的随意、甚至是胡乱地义理阐发和托古议今。这一问题在南宋中后期表现得愈发突出,于是南宋后期的《周礼》学著作出现了有意识地对郑玄《周礼注》说的采纳,如魏了翁《周礼折衷》、朱申《周礼句解》和林希逸《考工记解》无不如此,尤其是王与之《周礼订义》,此书以采撷宋人《周礼》学说广博著称,但书中征引郑玄《周礼注》达2166条,是全书征引诸家著述第二多者。① 这表明南宋后期学界在有意识地纠正以义理、议论解《周礼》的偏颇,意图将义理、议论建立在扎实的训诂考证基础上,从而完善宋代新建立的解释《周礼》的方法,这远启了清代考据义理并重的解释《周礼》的方法。

在《周礼》真伪认识上,南宋基本继承了北宋提出的四种观点,但受政治影响,争论比北宋要激烈得多,尤其是胡宏提出的《周礼》是刘歆伪造之书一说,虽是两宋关于《周礼》真伪问题最惹人注目的观点,却绝非南宋对《周礼》真伪认识的主流意见。南宋前期,秦桧等投降派奸臣效仿蔡京,有意抬高王安石新学,借此打击政敌,由此引发政界与学界对王安石变法的批评,不少士大夫甚至将北宋灭亡归咎于王安石变法,他们批判王安石新学,批判《周官新义》,最后牵累《周礼》,所以怀疑、甚至否定《周礼》是南宋前期学界对《周礼》真伪认识的主流。如范浚(1102—1150)怀疑《周礼》"不尽为古书",其间缺乏周公应有的仁民爱物之心,②胡宏(1105—1161)主张《周礼》是刘歆迎合王莽嗜欲伪造的,是"乱臣贼子伪妄之书",不配称经。③ 南宋中期,胡宏的这一观点引发了学界对《周礼》有意识地维护尊崇,不少学者立场鲜明地尊《周礼》为经,如郑伯熊(1124—1181)④、张栻(1133—1180)⑤、薛季宣(1134—1173)⑥、吕祖谦(1137—1181)⑦、

---

① 夏微:《周礼订义研究》,长春:吉林人民出版社2011年版,第94—95页。
② (宋)范浚:《香溪集》卷五《读周礼》,文渊阁《四库全书》第1140册,第39—40页。
③ (宋)胡宏:《五峰集》卷二《与彪德美》、卷四《极论周礼》,文渊阁《四库全书》第1137册,第141页、第207—210页。
④ (宋)王与之:《周礼订义》卷二一、二三,文渊阁《四库全书》第93册,第351—352页、第387页。
⑤ (宋)张栻:《南轩集》卷一三《思终堂记》、卷四四《省墓祭文》,文渊阁《四库全书》第1167册,第533页、第777页。
⑥ (宋)王与之:《周礼订义》卷五七,文渊阁《四库全书》第94册,第183页。
⑦ (宋)吕乔年:《丽泽论说集录》卷四《门人集录周礼说》,文渊阁《四库全书》第703册,第359—360页。

楼钥(1137—1213)①、陈亮(1143—1194)②、郑锷③、陈淳(1159—1223)④、易祓⑤、叶时⑥、郑伯谦⑦、《周礼详说》作者。⑧ 还有不少学者虽对《周礼》有所怀疑,但仍持尊《周礼》为经的立场,如朱熹(1130—1200)⑨、王炎(1137—1218)⑩、陈傅良(1137—1203)⑪、陆九渊(1139—1193)⑫、叶适(1150—1223)⑬、俞庭椿⑭。只有少数学者怀疑《周礼》非经,如洪迈(1123—1202)⑮,却没有学者跟随胡宏,主张《周礼》是伪书。我以为,南宋中期学界之所以对《周礼》特加尊崇,是因为宋人疑经不是要打倒经典权威,而是要维护经典的神圣性,拂去混杂在经典中的"非圣"内容,⑯疑经是为了尊经,是为了重新确立经的权威,⑰胡宏说《周礼》是刘歆伪造之书的观点背离了疑经当以尊经为基础的思想,触及了宋人疑经的底线,所以才招致了学界的集体反对。南宋后期,学界对《周礼》真伪的认识虽仍以尊崇为主,但怀疑明显上升,有四种观点。一是尊《周礼》为经,如真德秀(1178—

---

① (宋)楼钥:《攻媿集》卷三一《荐黄肤卿林椅劄子》,文渊阁《四库全书》第1152册,第584页。
② (宋)陈亮:《龙川集》卷一〇《经书发题》、卷二〇《丙午复朱元晦秘书书》,文渊阁《四库全书》第1171册,第579页、第709页。
③ (宋)王与之:《周礼订义》卷一〇,文渊阁《四库全书》第93册,第165—166页;卷六三,文渊阁《四库全书》第94册,第256—257页。
④ (宋)陈淳:《北溪大全集》卷二七《答陈伯澡五》,文渊阁《四库全书》第1168册,第714—715页。
⑤ (宋)易祓:《周官总义》卷五、卷二三,文渊阁《四库全书》第92册,第327页、第569页。
⑥ (宋)叶时:《礼经会元》卷一上《礼经》、卷四下《诅盟》,文渊阁《四库全书》第92册,第3页、第177页。
⑦ (宋)郑伯谦:《太平经国书》卷首《序》、卷一《宰相》、卷六《内外下》、卷一〇《理财》和《内帑》,文渊阁《四库全书》第92册,第187页、第200页、第226页、第249页和第252页。
⑧ (宋)王与之:《周礼订义》卷一二,文渊阁《四库全书》第93册,第194页。
⑨ (宋)黎靖德编,王星贤点校:《朱子语类》卷八六,北京:中华书局1994年版,第2204页。
⑩ (宋)王炎:《双溪类稿》卷二六《周礼论》,文渊阁《四库全书》第1155册,第734—735页。
⑪ (宋)黄震:《黄氏日抄》卷三〇,文渊阁《四库全书》第707册,第835页。
⑫ (宋)陆九渊:《象山语录》卷一,文渊阁《四库全书》第1156册,第546—547页。
⑬ (宋)叶适:《习学记言》卷七,文渊阁《四库全书》第849册,第379页。
⑭ (宋)俞庭椿:《周礼复古编》,文渊阁《四库全书》第91册,第609页。
⑮ (宋)洪迈:《容斋续笔》卷一六《周礼非周公书》,文渊阁《四库全书》第851册,第531—532页。
⑯ 杨世文:《走出汉学——宋代经典辨疑思潮研究》,成都:四川大学出版社2008年版,第109页。
⑰ 杨新勋:《宋代疑经研究》,北京:中华书局2007年版,第285页。

1235)①、章如愚②、阳枋(1187—1267)③、赵汝腾(？—1261)④、陈汲⑤、李叔宝⑥、王与之⑦;二是尊《周礼》为经的前提下怀疑,如魏了翁(1178—1237)怀疑《周礼》部分经文不合圣人之心,⑧《礼库》作者怀疑《周礼》部分经文不合情理,⑨方大琮(1183—1247)怀疑《周礼》制度不合古制,⑩陈振孙怀疑《周礼》内容"繁碎驳杂"⑪,王应麟(1223—1296))怀疑《周礼》"恐非周公之典"⑫,陈藻⑬和黄仲元(1231—1312)怀疑《周礼》的传承过程;⑭三是怀疑《周礼》非经,如黄震(1213—1280)怀疑《周礼》在西汉前的传承过程,怀疑《周礼》官制冗滥、"五官之属皆差互不伦"、官制有不合理处、设官之义不可解等,主张《周礼》不具备经典的资格,勉强可视为《尚书·周官》之注疏,⑮可谓集两宋怀疑《周礼》之大成;四是诋《周礼》为伪书,如包恢(1182—1268)断定《周礼》是刘歆伪造的书。⑯

在《周礼》作者认识上,南宋在继承北宋提出的五种观点的基础上,又提出了两种新的观点。南宋前期,范浚⑰和胡宏主张西汉人作《周礼》,胡宏更明确指出《周礼》的作者就是刘歆,⑱这在北宋晁说之认为汉代人作《周礼》的基础上

---

① （宋）王与之:《周礼订义》卷首《周礼订义序》,文渊阁《四库全书》第93册,第5—6页。
② （宋）章如愚:《群书考索》卷四,文渊阁《四库全书》第936册,第45页。
③ （宋）阳枋:《字溪集》卷三《与袁泰之书》、卷七《说经》,文渊阁《四库全书》第1183册,第291—292页、第341—342页。
④ （宋）王与之:《周礼订义》卷八〇《周礼订义后序》,文渊阁《四库全书》第94册,第569—570页。
⑤ （宋）王与之:《周礼订义》卷首《论官职多寡》、卷五,文渊阁《四库全书》第93册,第12—13页、第89页。
⑥ （宋）王与之:《周礼订义》卷首《论周礼纲目》《论官职多寡》,文渊阁《四库全书》第93册,第10页、第13页。
⑦ （宋）王与之:《周礼订义》卷首《论周礼纲目》,文渊阁《四库全书》第93册,第10页。
⑧ （宋）魏了翁:《鹤山集》卷一〇五、卷一〇七《周礼折衷》,文渊阁《四库全书》第1173册,第519页、第557页。
⑨ （宋）王与之:《周礼订义》卷一二,文渊阁《四库全书》第93册,第194页。
⑩ （宋）方大琮:《铁菴集》卷二六《周礼疑》,文渊阁《四库全书》第1178册,第282—283页。
⑪ （宋）陈振孙:《直斋书录解题》卷二,上海:上海古籍出版社1987年版,第43页。
⑫ （宋）王应麟:《困学纪闻》卷四,上海:上海古籍出版社2015年版,第132页。
⑬ （宋）陈藻:《乐轩集》卷六《周礼》,文渊阁《四库全书》第1152册,第86页。
⑭ （宋）黄仲元:《四如讲稿》卷四,文渊阁《四库全书》第183册,第781—782页。
⑮ （宋）黄震:《黄氏日抄》卷六八《周礼》,文渊阁《四库全书》第708册,第655页。
⑯ （清）朱彝尊:《经义考》卷一二四,北京:中华书局1998年版,第660页。
⑰ （宋）范浚:《香溪集》卷五《读周礼》,文渊阁《四库全书》第1140册,第39—40页。
⑱ （宋）胡宏:《五峰集》卷二《与彪德美》、卷四《极论周礼》,文渊阁《四库全书》第1137册,第141页、第207—210页。

更进一步,是南宋提出的有关《周礼》作者的新观点。除此之外,南宋前期学界受政治影响,贬损《周礼》,所以无人再主张周公作《周礼》了。到了南宋中期,周公作《周礼》说回归,王炎[1]、薛季宣[2]、易祓[3]、叶时[4]、郑伯谦[5]、郑锷[6]、《周礼详说》作者[7]皆主张周公作《周礼》,朱熹[8]和叶适[9]认为《周礼》非周公作,但与周公关系密切,只有洪迈主张刘歆作《周礼》。[10] 南宋后期,学界对《周礼》作者的认识有六种观点:一是周公作《周礼》,度正(1166—1235)[11]、真德秀[12]、朱申[13]、赵汝腾持此论;[14]二是《周礼》非周公所作,但与周公关系密切,蔡沈(1167—1230)持此论;[15]三是战国人作《周礼》,林希逸持此论;[16]四是秦或汉初人作《周礼》,魏了翁持此论;[17]五是西汉人作《周礼》,黄震持此论;[18]六是由周迄汉的学者编纂前代书中的典章法度汇集成《周礼》,成书可能非一时,作者也可能非一人,陈汲[19]、黄仲元持此论。[20] 其中,最后一种观点也是南宋提出的有关《周礼》作者的新观点,我以为这一观点代表了两宋对《周礼》作者认识的最高水平。

南宋前期,胡宏首倡《冬官》不亡说,主张"刘歆颠迷,妄以《冬官》事属之《地

---

[1] (宋)王炎:《双溪类稿》卷二六《周礼论》,文渊阁《四库全书》第1155册,第732—733页。
[2] (宋)薛季宣:《浪语集》卷三〇《遁甲龙图序》,文渊阁《四库全书》第1159册,第472页。
[3] (宋)易祓:《周官总义》卷一、卷四、卷一〇,文渊阁《四库全书》第92册,第278页、第313—314页、第385页。
[4] (宋)叶时:《礼经会元》卷一上《礼经》,文渊阁《四库全书》第92册,第2页。
[5] (宋)郑伯谦:《太平经国书》卷二《官民》,文渊阁《四库全书》第92册,第200—201页。
[6] (宋)王与之:《周礼订义》卷首《序周礼兴废》,文渊阁《四库全书》第93册,第8页。
[7] (宋)王与之:《周礼订义》卷一二,文渊阁《四库全书》第93册,第194页。
[8] (宋)黎靖德编,王星贤点校:《朱子语类》卷八六,北京:中华书局1994年版,第2203—2204页。
[9] (宋)叶适:《习学记言》卷七,文渊阁《四库全书》第849册,第378—379页。
[10] (宋)洪迈:《容斋续笔》卷一六《周礼非周公书》,文渊阁《四库全书》第851册,第531页。
[11] (宋)度正:《性善堂稿》卷七《通刘侍郎书》、卷一四《书易学启蒙后》,文渊阁《四库全书》第1170册,第206页、第264页。
[12] (宋)王与之:《周礼订义》卷首《周礼订义序》,文渊阁《四库全书》第93册,第5—6页。
[13] (宋)朱申:《周礼句解》卷一,文渊阁《四库全书》第95册,第107页。
[14] (宋)王与之:《周礼订义》卷八〇《周礼订义后序》,文渊阁《四库全书》第94册,第569—570页。
[15] (宋)蔡沈:《书经集传》卷六,文渊阁《四库全书》第58册,第120页。
[16] (宋)林希逸:《考工记解》卷上,文渊阁《四库全书》第95册,第26—27页。
[17] (宋)魏了翁:《鹤山集》卷一〇八《师友雅言上》,文渊阁《四库全书》第1173册,第570页。
[18] (宋)黄震:《黄氏日抄》卷五七、卷六三,文渊阁《四库全书》第708册,第457页、第568页。
[19] (宋)王与之:《周礼订义》卷首《论周礼纲目》,文渊阁《四库全书》第93册,第10页。
[20] (宋)黄仲元:《四如讲稿》卷四,文渊阁《四库全书》第183册,第782—783页。

官》"①。南宋中期,程大昌②和俞庭椿③赞同胡宏的《冬官》不亡说,俞庭椿作《周礼复古编》,提出《周礼》学史上第一个《冬官》补亡方案,引发学界关注。南宋后期,《冬官》不亡说流行,王与之《周官补遗》和胡一桂《古周礼补正》分别阐发《冬官》补亡方案,《周礼》学史上的《冬官》不亡派出现了。④ 随着《冬官》不亡说的流行,衍生出《考工记》补亡《冬官》合理性的问题,学界对此问题进行探讨,林希逸提出《考工记》是独立古书,而非《周礼》附庸的观点,⑤促成了南宋后期《考工记》专门研究的兴起。此外,黄震质疑补亡《冬官》之举,认为《冬官》错脱,正是因为《周礼》晚出,作者为"示其古",刻意为之的,⑥这一说法对明代反对《冬官》不亡说的学者有启发。

五、余论

《周礼》学史上,宋代《周礼》学独树一帜,建立了新的《周礼》研究方法,直接影响了元、明的《周礼》研究,对清代的《周礼》研究亦有启示。宋代《周礼》学对后世《周礼》研究的影响主要体现在五方面:一是以义理、议论解《周礼》的方法,为元、明、清学者继承,与训诂考证并立,成为解释《周礼》的重要方法;二是打破对郑玄《周礼注》的迷信,为元、明、清学者批评、补正郑玄《周礼注》提供先导、启示方法;三是《冬官》不亡说辗转蔓延,《冬官》不亡派扩大,成为元、明《周礼》研究的重要特点;四是《考工记》研究在元、明、清不断扩展,愈益专精,成为独立的学问;五是掀起了《周礼》辨疑之风,元、明、清学者对《周礼》真伪、作者的认识,都不再主张一种观点,保持了多元化认识的趋势。

---

① (宋)胡宏:《五峰集》卷四《极论周礼》,文渊阁《四库全书》第1137册,第209页。
② (宋)王应麟:《困学纪闻》卷四,上海:上海古籍出版社2015年版,第121页。
③ (宋)俞庭椿:《周礼复古编》,文渊阁《四库全书》第91册,第609页。
④ 《冬官》不亡派一说,见于《四库全书总目》卷一九《周礼复古编》提要。清人提出的《冬官》不亡派是指在《周礼》研究上赞同《冬官》不亡说,且著书立说,进行补亡实践的所有学者。我赞同此观点,也袭用《冬官》不亡派这一说法。我认为,《冬官》不亡派出现于南宋,经历元、明,不断壮大,清代逐渐销声匿迹。
⑤ (宋)林希逸:《考工记解》卷下,文渊阁《四库全书》第95册,第49页、第76页。
⑥ (宋)黄震:《黄氏日抄》卷三〇《读周礼》,文渊阁《四库全书》第707册,第849页。

《周礼》"大史""内史"关系析论

任慧峰

武汉大学国学院

《周礼》原名《周官》,是战国时期以官制表现政治理想的一部经典。[①] 官制可以表现政治理想,按徐复观先生的说法,有两个系统:一是着眼由官制的合理分工,以提高政治效率,达成政治任务;二是由官制与天道相合而达到政治与天道相合的系统。[②] 但在表现政治理想时,由于受到时代的限制,官制的设立未必在学理与逻辑上能达到完整恰当,如果要落到实际的政治操作,必须做出相当的调整。

《周礼》在西汉被发现后,曾被王莽、北周武帝、唐玄宗、王安石等君臣作为改革或制作的根据。[③] 至晚清时国事日蹙,孙诒让也曾试图通过注解此经来求得古政教之可行于当时之"明效大验",所谓"夫舍政教而议富强,是犹泛绝潢断港而蕲至于海也。然则处今日而论治,宜莫若求其道于此经"[④]。在古代的经典注释中,经书文献所表达的原意是章句训诂考证之学的对象,但经学之所以能成为中国古代学术的大宗,很大的原因便在其对于不同时代的读者有着不同的启示,并进而对现实产生影响。这些做法从诠释学的角度来说,都着眼于文

[①] 《周礼》的成书年代聚讼纷纭,笔者倾向于战国早期说,相关讨论可参考刘丰:《百年来〈周礼〉研究的回顾》,《湖南科技学院学报》2006年第2期,第10—15页。

[②] 徐复观:《周官成立之时代及其思想性格》,《徐复观论经学史二种》,上海:上海书店出版社2005年版,第188页。

[③] (清)孙诒让撰,王文锦、陈玉霞点校:《周礼正义序》,《周礼正义》卷首,北京:中华书局1987年版,第3页。

[④] (清)孙诒让撰,王文锦、陈玉霞点校:《周礼正义序》,《周礼正义》卷首,北京:中华书局1987年版,第5页。

献与外在事物的关系。这些"外在事物",不论是人,还是时代、典籍,都会在与原典的互动中生发出新的意义。

因为《周礼》产生于战国时期,不可避免地带有时代色彩。这反映在对史职的设计,特别是在如何安排大史和内史的官属、爵位、职能等问题上,就与其他典籍存在不少矛盾,显示出调和的痕迹。关于史官在先秦两汉时期的变化已有不少研究,本文所侧重的是围绕《周礼》大史、内史设置的矛盾而产生的经学解释,以及由此反省古代礼学考证的特征及不足。

一、《周礼·春官》中史职设计之矛盾

清代以前,儒者多相信《周礼》为周公致太平所作。上世纪20年代之后,受疑古风潮的影响,学者通过与出土文献的对比研究,逐渐倾向《周礼》所载职官系统并非西周之制。后来随着对疑古思潮的批评,学者们又开始认为《周礼》官制与西周铭文所反映的西周官制或春秋官制颇有相合之处。[1] 但不论《周礼》中的官名与西周或春秋时有多少相合,《周礼》并非对某一时代官制的如实记录,而带有许多理想色彩和有意建构的性质,反映了时代的变化,有过渡的痕迹,这在其对史职的设置上可以明显看出。

首先是大史在职官归属上的问题。战国儒家典籍对于大史的性质界定有两大系统,一为《周礼》,一为《曲礼》。前者将大史归为"掌邦礼"的春官;而后者则将大史归为"六大"之天官。《礼记·曲礼》:"天子建天官,先六大,曰大宰、大宗、大史、大祝、大士、大卜,典司六典。天子之五官,曰司徒、司马、司空、司士、司寇,典司五众。"此种官制设计与《周礼》不同,对此郑玄是以殷周异制来解释的:"此盖殷时制也。周则大宰为天官,大宗曰宗伯,宗伯为春官,大史以下属焉","周则司士属司马,大宰、司徒、宗伯、司马、司寇、司空为六官。"孔颖达云:"向立六官,以法天之六气;此又置五官,以象地之五行也。"[2]对于《周礼》设置六

---

[1] 参见张亚初、刘雨:《西周金文官制研究》,北京:中华书局1986年版;沈长云、李晶:《春秋官制与〈周礼〉比较研究》,《历史研究》2004年第6期,第3—26页。
[2] (汉)郑玄注,(唐)孔颖达疏,吕友仁点校:《礼记正义》卷六,上海:上海古籍出版社2008年版,第170、171、173页。

官与《曲礼》五官之间的差异,孔疏的解释是:

> 周立六卿,放天地四时,而殷六卿所法则有异也。殷以大宰为一卿,以象天时,司徒以下五卿,法于地事。故《郑志》崇精问焦氏云:"郑云三王同六卿。殷应六卿,此云五官何也?"焦氏答曰:"殷立天官与五行,其取象异耳。是司徒以下法五行,并此大宰即为六官也。"但大宰既尊,故先列大宰,并显大宰之下隶属大宰之官,既法于天,故同受"大名"。①

孔疏根据《郑志》焦氏答语,推论郑玄之意乃以大宰在殷商时即为天官,加司徒以下五官为六官,即所谓三代同为六卿。但这种解释显为调和之论,《曲礼》与《周礼》的职官设计不同,立意亦有异,不可混为一谈。《曲礼》之天官,杨宽先生解为"神职",最合文意。从这点来说,《曲礼》所记天官"六大",还保留了较多的殷周制度之意。而《周礼》天官,郑玄《三礼目录》云:"象天所立之官。……天者统理万物,天子立冢宰使长邦治,亦所以总御众官,使不失职。"可见郑玄认为《周礼》"天官"之命名取义天统理万物,为众官之长,这从《周礼》大宰职"掌建邦之六典"也可以看出。但从大宰的具体属官可知,所谓天官,主要还是因为其职掌多与周天王之王宫事物有关。

其次是大史地位的问题。《周礼》中,大史的爵位为下大夫,但郑玄注《大史职》"掌建邦之六典"云:"大史,日官也。《春秋传》曰:'天子有日官,诸侯有日御,日官居卿以厎日,礼也。日御不失日,以授百官于朝。'居犹处也。言建六典以处六卿之职。"贾公彦疏云:

> 服氏注云:"日官、日御,典历数者也。""日官居卿以厎日,礼也。日御不失日,以授百官于朝。"服注云:"是居卿者,使卿居其官以主之,重历数也。"案:郑注"居犹处也。言建六典以处六卿之职",与服不同。服君之意,大史虽下大夫,使卿来居之,治大史之职,与《尧典》云"乃命

---

① (汉)郑玄注,(唐)孔颖达疏,吕友仁点校:《礼记正义》卷六,上海:上海古籍出版社2008年版,第173页。

羲和,钦若昊天历象日月星辰",是卿掌历数,明周掌历数亦是日官。郑意以五帝殊时,三王异世,文质不等,故设官不同。五帝之时使卿掌历数,至周使下大夫为之,故云"建六典处六卿之职"以解之。①

郑玄以《左传》中的日官来解大史,认为其职掌神圣,需以卿位处之。但《左传·桓公十七年》"日官居卿以厎日",杜注云:"日官,天子掌历者,不在六卿之数,而位从卿,故言居卿也。"杜预认为日官在六卿之次,与郑注不同。对此,孙诒让云:"谛绎郑意,盖谓大史爵秩不过下大夫,而掌六典、八法、八则等大典令之籍,与大宰卿职掌略同,《左传》居卿之言,即谓其爵卑职尊,非以卿居史职,其说自较服为优。但以《左氏》文义审之,似究以杜注'位从卿'之说为允。盖日官司天,朝位特尊异之,在六卿之次。"②从郑、杜二家的注释中,可以发现在《左传》与《周礼》间,对大史地位的界定也存在着矛盾。

最后是大史与内史的关系问题。此一问题与前两问题相连,而更显重要。在《周礼·春官》中,大史为诸史官之长,但奇怪的是,大史为下大夫,而内史则为中大夫,这引起了学者的疑惑。郑玄注《春官叙官》"大史"云:"大史,史官之长。"贾疏:"谓与下内史、外史、御史等为长。若然,内史中大夫,大史下大夫,大史得与内史为长者,以大史知天道,虽下大夫得与内史中大夫为长,是以称大也。"③清人孙诒让对此解释不满意,认为太史与内史不相隶属:"大史与小史、冯相氏、保章氏为长。若内史,则爵尊于大史一等,盖与大史相左右。外史、御史则内史之属官,皆不属大史也。"④内史为大宰的副贰:"内史官府盖在内,故以为称。大宰职尊而居宫外,此官职卑而居宫中,互相副贰以诏王治也。"⑤依

---

① (汉)郑玄注,(唐)贾公彦疏,彭林整理:《周礼注疏》卷三〇,上海:上海古籍出版社2010年版,第998页。
② (清)孙诒让撰,王文锦、陈玉霞点校:《周礼正义》卷五一,北京:中华书局1987年版,第2080页。
③ (汉)郑玄注,(唐)贾公彦撰,彭林整理:《周礼注疏》卷一八,上海:上海古籍出版社2010年版,第641页。
④ (清)孙诒让撰,王文锦、陈玉霞点校:《周礼正义》卷三二,北京:中华书局1987年版,第1287页。
⑤ (清)孙诒让撰,王文锦、陈玉霞点校:《周礼正义》卷五二,北京:中华书局1987年版,第2129页。

孙氏的理解,从内史的职掌来看,其与天官大宰更为接近。这就出现了《周礼》职官设计上的矛盾。

徐复观先生曾归纳先秦时"史"之职责为六点:在祭神时与祝向神祷告,主管筮之事,主管天文星历,解说灾异,锡命、策命,掌管氏族谱系。从"史"所记录的对象来看,两周时期有由宗教进而到政治人事的过程,[①]反映在《周礼》官制的设置上,便是《春官》所叙大史地位的下降与内史地位的上升。对此过程,后世儒家并未多加解释,而是着眼于弥缝《周礼》与其他典籍之间的不同,进而探求先王制作之意。

二、经学家对大史内史关系的建构

经学家对礼书中所载官制的问题,其研治态度可以清儒胡匡衷为代表。他在《仪礼释官·例言》中说:

> 《周礼》以官为纪,《仪礼》以事为纪,而官因事见;节目较《周礼》更密,称名较《周礼》更繁。……若此类纠纷错出,不为疏通而证明之,则于尊卑繁杀之际,必多窒碍,而不能展卷了然,以达于制作之意,亦足为读是经者之病,故官制之释非可已也。[②]

胡氏以为要治《仪礼》,了然"制作之意",就必须对《仪礼》与《周礼》所载官制之纠纷异同"疏通证明之",使其能反映尊卑繁杀之实。在大史内史的关系问题上,历代的经学家也正是针对典籍中不同的记载而不断进行解释,并最终在大史内史、左史右史、记言记动、《春秋》《尚书》之间建构起了一个完整的体系。

在大史与内史的职官设置上,首先要解决内史之爵位高于大史的问题。前引贾公彦疏,以为"大史知天道,虽下大夫得与内史中大夫为长,是以称大也",

---

[①] 参见徐复观:《原史——由宗教通向人文的史学的成立》,《两汉思想史》第3卷,上海:华东师范大学出版社2001年版,第136—140页。
[②] (清)胡匡衷撰,邓声国点校:《仪礼释官·例言》,见《仪礼释官》卷首,南昌:江西人民出版社2019年版,第8页。

孙诒让则说内史"爵尊于大史一等,盖与大史相左右",但内史既然与大史相左右,为何爵位却尊于大史,依然没有得到很好的解释。作为清代三礼学之集大成者,黄以周提出了他的解决方案:"《盛德篇》曰:'内史、大史,左右手也。'序云'内史中大夫一人,下大夫二人',则'大史'下当脱'中大夫一人'五字。"①黄氏的根据是《大戴礼记·盛德篇》"内史、大史,左右手也"的记载,他还根据《左传》"日官居卿以厎日",结合举《国语·周语上》所记徇农之礼,②认为"日官已居卿职,而大史帅之,下文叙徇农之礼,大史八亦在大师七、宗伯九之间,则大史为中大夫可知矣。诸侯当以下大夫为之"。③可见黄氏增字解经的根据是《盛德篇》指出了内史与大史是"左右手也",《左传》中日官居卿位,《国语》中大史在大师与宗伯之间,那么由这些证据可以推断内史与大史的爵位相同。但黄氏的这一推断也有漏洞:在《周礼·春官·叙官》中,大师、大卜、大祝均为下大夫二人,如果按黄氏所说大史为中大夫,《叙官》"大史"下当脱"中大夫一人"五字,那么大师、大卜、大祝也当为中大夫。这样就需要做出大量的改动,在逻辑上虽然讲得通,却于文本无据,故孙诒让在注《周礼》时不取。

其次,仅仅说明大史与内史地位相同是不够的,还需要将其与其他典籍中左史右史、记言记动的相关记载相协调。《大戴礼记·盛德篇》云:"德法者御民之衔也,吏者辔也,刑者策也,天子御者,内史大史左右手也。"卢辩注云:"太史内史,皆宗伯之属。太史下大夫二人,内史中大夫一人,俱亲王之官也。书曰太史内史,云内史太史左右手,则太史为左史,内史为右史焉。"④卢氏首先将《周礼》大史内史与《大戴礼记》"左右手"相联系,提出了太史为左史,内史为右史的论断。接着,熊安生在解《礼记·玉藻》"动则左史书之,言则右史书之"时对卢

---

① (清)黄以周撰,王文锦点校:《礼书通故》,北京:中华书局2007年版,第1479页。
② 《国语·周语上》记虢文公谏周宣王徇农之语云:"乃命其旅曰:'徇。'农师一之,农正再之,后稷三之,司空四之,司徒五之,太保六之,大师七之,大史八之,宗伯九之,王则大徇。"徐元诰撰,王树民、沈长云点校:《国语集解·周语上第一》,北京:中华书局2002年版,第20页。
③ (清)黄以周撰,王文锦点校:《礼书通故》,北京:中华书局2007年版,第1479—1480页。
④ (清)王聘珍撰,王文锦点校:《大戴礼记解诂》卷八,北京:中华书局1983年版,第145页。《孔子家语·执辔》也有类似的记载:"子骞问古之为政,孔子曰:'古者天子以内史为左右手,以德法为衔勒,以百官为辔,以刑罚为策,以万民为马,故御天下数百年而不失。'"(三国·魏)王肃撰,张绵周标点:《孔子家语》下册,郑州:中州古籍出版社1991年版,第4页。今按:从行文来看,《孔子家语》当袭自《大戴礼记》。

辩的观点进行了详细的阐发：

> 案《周礼·大史》之职云："大史抱天时，与大师同车。"又襄二十五年《传》曰："大史书曰：崔杼弑其君。"是大史记动作之事。在君左厢记事，则大史为左史也。案《周礼·内史》掌王之八枋，其职云："凡命诸侯及孤卿大夫，则策命之。"僖二十八年《左传》曰："王命内史叔兴父策命晋侯为侯伯。"是皆言诰之事，是内史所掌，在君之右，故为右史。是以《酒诰》云："矧大史友，内史友。"郑注："大史、内史，掌记言记行。"是内史记言，大史记行也。此论正法。若其有阙，则得交相摄代。故《洛诰》史逸命周公伯禽，服虔注文十五年《传》云"史佚，周成王大史"，襄三十年"郑使大史命伯石为卿"，皆大史主爵命，以内史阙故也。以此言之，若大史有阙，则内史亦摄之。案《觐礼》"赐诸公奉箧服，大史是右"者，彼亦宣行王命，故居右也。此论正法。若春秋之时，则特置左右史官。故襄十四年"左史谓魏庄子"，昭十二年"楚左史倚相"。《艺文志》及《六艺论》云："右史纪事，左史记言。"与此正反，于传记不合，其义非也。①

熊安生在卢辩太史为左史、内史为右史之说的基础上，又根据群经中所记大史内史之语进一步推论：西周时大史在君左厢记行，内史在君之右记言，若有阙，则大史内史可以互相替换；春秋时，则据之特置左右史官。到唐代孔颖达，则将左右史与《春秋》《尚书》结合起来：

> 经云"动则左史书之"，《春秋》是动作之事，故以《春秋》当左史所书。左，阳，阳主动，故记动。经云"言则右史书之"，《尚书》记言诰之事，故以《尚书》当右史所书。右是阴，阴主静故也。《春秋》虽有言，因

---

① （汉）郑玄注，（唐）孔颖达等撰，吕友仁整理：《礼记正义》卷三九，上海：上海古籍出版社2008年版，第1181—1182页。

动而言,其言少也。《尚书》虽有动,因言而称动,亦动为少也。①

《玉藻》"动则左史书之,言则右史书之"郑注只说"其书,《春秋》《尚书》其存者",孔颖达则精密化为《春秋》主记事,为左史所书,因为左为阳,阳主动;《尚书》主记言,为右史所书,因为右为阴,阴主静。

但大史为左史记动,内史为右史记言的论断并不能令后人满意,黄以周又依据其他理由将这一模式改为大史为右史记动,内史为左史记言:

> 《盛德篇》"内史大史左右手也",谓内史居左,大史居右,《觐礼》曰"大史是右",是其证也。古官尊左,内史中大夫,尊,故内史左,大史右。《玉藻篇》"动则左史书之,言则右史书之","左""右"字今互讹。《汉·艺文志》、郑《六艺论》并云"左史记言,右史记事",《北堂书钞》五十五引《礼记》"动则右史书之,言则左史书之",尤其明证。熊氏谓大史左史,内史右史,非也。其申《酒诰》郑注"大史内史掌记言记行"谓大史记行,内史记言,是已。郑注《玉藻》云"其书《春秋》《尚书》具存",谓右史书动为《春秋》,左史书言为《尚书》也。②

黄氏新说的一个重要根据是"古官尊左,内史中大夫,尊,故内史左,大史右",认为《玉藻》中的"左""右"二字互讹,并以此申郑注而反驳熊安生,进而也反驳孔颖达之说。③

最后还要解决诸侯是否有内史的问题。杜预《春秋左氏传序》"诸侯亦各有国史",孔疏云:

> 盖天子则内史主之,外史佐之,诸侯盖亦不异。但春秋之时不能

---

① (汉)郑玄注,(唐)孔颖达等撰,吕友仁整理:《礼记正义》卷三九,上海:上海古籍出版社2008年版,第1181页。
② (清)黄以周撰,王文锦点校:《礼书通故》,北京:中华书局2007年版,第1481页。
③ 黄以周说:"《觐礼》:'诸公奉箧服,加命书于其上,大史是右,述命。'《玉藻》孔疏引此经以为大史代内史宣行王命,故居右,非也。大史本属右,其职曰'大会同朝觐,以书协礼事',是读命书亦其职。"(清)黄以周撰,王文锦点校:《礼书通故》,北京:中华书局2007年版,第1482页。

依礼,诸侯史官多有废阙,或不置内史,其策命之事,多是大史,则大史主之,小史佐之。刘炫以为《尚书》周公封康叔,戒之《酒诰》,其经曰"大史友内史友"。如彼言之,似诸侯有大史、内史矣。但遍检记传,诸侯无内史之文。何则?《周礼·内史职》曰:"凡命诸侯及孤卿大夫,则策命之。"僖二十八年《传》说襄王使"内史叔兴父策命晋侯为侯伯",是天子命臣,内史掌之。襄三十年《传》称郑"使大史命伯石为卿",是诸侯命臣,大史掌之。诸侯大史当天子内史之职,以诸侯兼官无内史故也。……襄二十三年《传》称"季孙召外史掌恶臣",言外史则似有内史矣。必言诸侯无内史者,闵二年《传》称史华龙滑与礼孔曰"我,大史也",文十八年《传》称鲁有"大史克",哀十四年《传》称齐有"大史子余",诸国皆言大史,安得有内史也?季孙召外史者,盖史官身居在外,季孙从内召之,故曰外史。①

孔颖达"遍检记传,诸侯无内史之文",因而推论策命之事,天子则内史主之,外史佐之,诸侯则大史掌之,小史佐之,"诸侯大史当天子内史之职,以诸侯兼官无内史故也",并认为《左传》所记鲁国季孙所招"外史"并非官名。而清儒胡匡衷则认为对于无可考证之诸侯官爵,要依照礼制加以推导,即"诸侯之官降天子一等"。在此思想指导下,他对《周礼》《仪礼》中的大史、内史二官做了整齐化的解释:"《周礼》'大史,下大夫二人'……诸侯大史当上士……大史亦曰左史。"②又云:"《周礼》'内史,中大夫一人'……诸侯内史,当下大夫。……内史亦曰右史。"③对此,黄以周赞成胡说而反驳孔疏云:"左氏襄二十三年《传》'召外史掌恶臣',孔疏引《周官·外史》职文,谓鲁亦立此官,而疏杜序不以外史为官名,固谬。襄三十年《传》'使大史命伯石为卿'。疏又谓诸侯兼官,无内史,更谬。"④

综上,围绕《周礼·春官》中内史爵位高于大史的问题,历代经学家提出了多种解释,终于在黄以周的《礼书通故》中建构起了大史内史的整齐系统:天子

---

① (清)阮元校刻:《十三经注疏》,北京:中华书局1980年版,第1704页。
② (清)胡匡衷撰,邓声国点校:《仪礼释官》卷三,南昌:江西人民出版社2019年版,第71页。
③ (清)胡匡衷撰,邓声国点校:《仪礼释官》卷四,南昌:江西人民出版社2019年版,第84页。
④ (清)黄以周撰,王文锦点校:《礼书通故》,北京:中华书局2007年版,第1482页。

诸侯均有大史与内史;二官均为中大夫;大史为右史记动,内史为左史记言,动为《春秋》,言为《尚书》。但这种建构只是经学家对先秦典籍"贯通群经"的结果,并非历史事实,而且也忽视了《周礼》本身的时代性。

三、史职演变与经典调适

明了历代经学家对大史内史的解释与建构,还需从史职变迁的历史发展角度对其进行评价,以见经典对现实的反映与作用。

太史一职早在商代后期就已出现(太史寮亦是)。西周铭文中,太史之名凡七见,其地位尊崇,为太史寮之长官,其职责为协助周王册命、赏赐,记录国之大事,保存典章制度。春秋战国史料中,不见周王之太史,只有诸侯之太史,从中可看出诸侯僭越,王室兴衰。[1] 杨宽先生也指出太史在周初有着很高的地位:"太史寮的官长是太史,掌管册命、制禄、图籍,记录历史、祭祀、占卜、礼制、时令、天文、历法、耕作,等等。太史寮可以说是周王的秘书处和文化部,太史可以说是周王的秘书长,同时又是历史学家、天文学家、宗教家。既是文职官员的领袖,又是神职官员的领袖。其地位仅次于主管卿事寮的太师或太保。"[2]但从西周中期开始,大史一职的重要性开始下降,其行政职能开始被内史所替代。[3]

到汉代,太史公成为太史令一职的尊称,是九卿之一的太常的属官,秩六百石,掌天文历法。对于此时太史地位的尊卑,各家说法不同。《后汉书·百官志》本注云:"掌天时、星历。凡岁将终,奏新年历。凡国祭祀、丧、娶之事,掌奏良日及时节禁忌。凡国有瑞应、灾异,掌记之。"《汉官》载:"太史待诏三十七人,其六人治历,三人龟卜,三人庐宅,四人日时,三人《易》筮,二人典禳,九人籍氏、许氏、典昌氏,各三人,嘉法、请雨、解事各二人,医一人。"[4]其地位较低。《汉书·司马迁传》:"仆之先人非有剖符丹书之功,文史星历近乎卜祝之间,固主上

---

[1] 参见张亚初、刘雨:《西周金文官制研究》,北京:中华书局1986年版,第26—27页。
[2] 杨宽:《西周史》,上海:上海人民出版社2003年版,第325页。
[3] 黄以周说:"大史之职同于内史。"今按:大史之职绝不同于内史,但从历时的角度看,大史原本的一些职能被内史所替代,如果"通贯群经",就会得出大史之职同于内史的印象。见(清)黄以周撰,王文锦点校:《礼书通故》,北京:中华书局2007年版,第1482页。
[4] (清)孙星衍等辑,周天游点校:《汉官六种》,北京:中华书局1990年版,第1页。

所戏弄,倡优畜之,流俗之所轻也。"①而卫宏的《汉旧仪》则说:"太史公,武帝置,位在丞相上。天下书记先上太史公,副上丞相,序事如古《春秋》。司马迁死后,宣帝以其官为令,行太史公文书而已。"②相较而言,前说比较符合事实。③ 太史在汉代只是太常的属官,掌历法,早已没有了春秋前崇高的地位。太史在《周礼》中仅为下大夫,这与其在汉代职官中的地位是相符的。

相较于太史,内史出现较晚,其职责多偏向行政。据张亚初先生统计,西周铭文中,有关内史的材料有二十六条,"除了裘卫鼎之内史是诸侯的史官外,其他都是指王室的史官","内史未见于殷周卜辞……从现有材料的认识讲,内史是西周新增设的官职,而且是西周昭王以后才出现的。从西周中期以后,内史成为了一种较为常见的职官。据铭文材料看,西周中期有十八条材料,西周晚期有七条材料。"④张先生认为《尚书·酒诰》中的"内史友"很可能经过了昭王以后历代文人的加工。《周礼》中内史掌王之八柄,爵、禄、废、置、生、杀、予、夺,"执国法及国令之贰,以考政事",类似唐代之中书。⑤ 至战国时,内史则侧重于财务与考核。⑥ 汉景帝二年(前155)时分左、右内史。太初元年(前104),改右内史分为京兆尹、右扶风,左内史为左冯翊,则成为三辅行政首脑。对于内史职能与地位的转变,徐复观先生有精辟的观察:"周初的太史地位,在内史之上。但由《左氏传》看,则春秋时代,甚至可推及西周中期以后之金文,内史的地位又似在太史之上。殆以内史近王近君,因与权力中心接触之远近而决定实际之地位。秦以内史掌治京师,乃是继承此一倾向,遂脱离了原有史的职掌。"⑦从内

---

① (汉)班固:《汉书》卷六二,北京:中华书局1962年版,第2732页。
② (汉)卫宏撰,(清)孙星衍辑:《汉旧仪补遗》卷上。
③ 《汉旧仪》之说有两个错误,一是误将太史公当作官职,二是将司马迁后期所任之中书令与太史令两职相混淆。中书令为武帝所设,纯为皇权集中之反映,当时以宦官充任,司马迁以此为生平之大辱。
④ 张亚初、刘雨:《西周金文官职研究》,北京:中华书局1986年版,第29页。
⑤ (唐)杜佑撰,王文锦等点校:《通典》卷二一,北京:中华书局1988年版,第560页。
⑥ 杨宽:"内史这个官职,战国时代赵、秦已有(《史记·赵世家》《秦始皇本纪》《战国策·秦策三》),内史的职务是'节财俭用,察度功德'(《史记·赵世家》),和秦汉时代的治粟内史性质是相同的。"见杨宽:《战国史》,上海:上海人民出版社2003年版,第226页。
⑦ 徐复观:《原史——由宗教通向人文的史学的成立》,《两汉思想史》第3卷,上海:华东师范大学出版社2001年版,第140—141页。许倬云先生也指出:"内史之为内史,即因其居王的左右,内史取得了代宣王命的权力,也象征王权渐由左右代行,是另一阶段的制度化。"见许倬云:《西周史》,北京:生活·读书·新知三联书店2012年版,第234页。

史大史地位的升降,可以看出古代史职由宗教向人文的转变。

理清太史内史从先秦到汉代的发展演变后,再反观《周礼》中对此二官的相关记载,可见经典与现实的互动。内史地位高于大史,正是春秋战国时期,史官职能由宗教向人文转变的反映。在人文化占据上风的时代,侧重神职的太史,地位不如侧重行政的内史,就成了题中应有之意。如果抛开"大史""内史"的字眼,专从其职能着眼,清人黄本骥《历代职官表》中的归纳颇具启发性:[①]

	钦天监	翰林院掌院学士
三代	夏羲氏和氏太史令 殷太史令	周内史中大夫
秦	太史令	
汉	太史令	
后汉	太史令	
三国	蜀汉太史令 魏太史令	蜀东观令 魏崇文观祭酒 吴东观令
晋	太史令	大著作
宋齐梁陈	太史令	东观祭酒 大著作
北魏	太史令	领著作
北齐	太史令	大著作 判文林馆事
后周	春官太史中大夫	内史中大夫
隋	太史令 太史监	
唐	司天台监	翰林学士承旨 翰林学士
五季	司天台监	翰林学士承旨 翰林学士奉旨 翰林学士
宋	太史令	翰林学士承旨 翰林学士

---

① (清)黄本骥编:《历代职官表》卷三,上海:上海古籍出版社1980年版,第116、162页。

续 表

	钦天监	翰林院掌院学士
辽	太史令	北面都林牙 北面林牙承旨 翰林学士承旨 翰林学士 翰林都林牙
金	司天台提点 司天台监	翰林学士承旨 翰林学士
元	太史令 太史院使 司天监提点	翰林国史院承旨 翰林国史院学士
明	钦天监监正	翰林院学士

(摘自黄本骥《历代职官表》)

在此表中,黄本骥将太史令与后世之钦天监相比,从赞王宣命的角度将内史与后世的翰林学士相比。而清朝列钦天监监正为正五品,列翰林院掌院学士为从二品,其品级相差之大,已经超过了《周礼》中的大史内史。此一变化,更可见明清时期皇权的强大与神职的低落。

余 论

《周礼》在职官设置方面的矛盾,除大史内史之外还有不少,后世解释之分歧亦触目可见。面对庞大的经学注释传统,作为现代学者,需要对这份遗产不断地进行学习与反省。

经学家在注释一经或探讨一问题时,引用其他典籍以为佐证,本治经之常法。但到清代,随着考证学的发展,此一方法被运用到了极致,典型的代表为戴震。他在《与是仲明论学书》中自述治学之法云:

> 经之至者道也,所以明道者其词也,所以成词者字也。由字以通其词,由词以通其道,必有渐。求所谓字,考诸篆书,得许氏《说文解字》,三年知其节目,渐睹古圣人制作本始。又疑许氏于故训未能尽,

从友人假《十三经注疏》读之,则知一字之义,当贯群经,本六书,然后为定。①

所谓"一字之义,当贯群经,本六书,然后为定",在乾嘉礼学大兴之后,演化为通过折衷礼家聚讼之难题,而探求先王制礼之原意。俞樾在为黄以周《礼书通故》作序时说:

> 惟秦氏之书(指秦蕙田《五礼通考》——引者按),按而不断,无所折衷,可谓礼学之渊薮,而未足为治礼者之艺极。求其博学详说,去非求是,得以窥见先王制作之潭奥者,其在定海黄氏之书乎。……惟礼家聚讼,自古难之。君为此书,不墨守一家之学,综贯群经,博采众论,实事求是,惟善是从。②

要解决历代礼学之难题,而不专守一家之学,则势必要在诸经之间及各种经说间做出解释、判断,这期间会在方法上有不少的漏洞。陈寅恪先生早已指出:"中国古代史之材料,如儒家及诸子等经典,皆非一时代一作者之产物。昔人笼统认为一人一时之作,其误固不俟论。"③若要在不同典籍记载中,寻求一完整和谐无矛盾的先王制礼的体系,则难免主观构拟的掺入。所谓"实事求是",只是一种态度,一涉及争论,就需要"综贯群经""惟善是从",最后形成的其实反而是"一家之学"。

此种一家之学,是一个内部自洽的经学解释体系,但在逻辑上也造成了经学发展的困境:既然治经需"训诂明则义理明",那么黄以周的礼学考证就达到了这一理论的顶点。通过他的考证,"三代度制大定"④,那么先圣制作之意也

---

① (清)戴震著,赵玉新点校:《戴震文集》卷九,北京:中华书局1980年版,第140页。
② (清)俞樾:《礼书通故序》,(清)黄以周撰,王文锦点校:《礼书通故》卷首,北京:中华书局2007年版,第1—2页。
③ 陈寅恪:《冯友兰〈中国哲学史〉上册审查报告》,《金明馆丛稿二编》,北京:生活·读书·新知三联书店2001年版,第280页。
④ 20世纪初,章太炎在《清儒》一文中将黄以周视作"浙东之学"的集大成者:"定海黄式三传浙东学,始与皖南交通。其子以周作《礼书通故》,三代度制大定。唯浙江上下诸学说,亦至是完集云。"章炳麟著,徐复注:《訄书详注》,上海:上海古籍出版社2000年版,第149页。

可从而窥见,礼学的任务也就完成了。正如黄氏弟子胡玉缙在为其师《礼说》作跋时所说:

> 今则实事求是,一一寻绎经旨,会其通而折其中,在惠士奇、凌廷堪、金鹗等礼说上。……通观全书,竟无一可议。……礼学至斯为盛,盛极必衰,无惑乎近世学者罕言三礼矣。①

"通观全书,竟无一可议"的情形,是礼学考证在经学研究上的终点,但这种方法的缺点也很明显,"搴首而截尾,割乙而取丁,千腋之裘,百衲之衣,组织虽工,究非元质。此在后人酌古定制则可,若谓古制本自如此,其谁信之"②。礼学该如何重新获得生命力,就是之后学者必须要面对的问题了。

---

① 胡玉缙:《礼说跋》,《许庼学林》,北京:中华书局1958年版,第425页。
② 高步瀛:《三礼学制郑义述》,耿素丽、胡月平选编:《三礼研究》第3册,北京:国家图书馆出版社2009年版,第1724页。

试论贾公彦的《丧服》诠释[*]

邓声国

井冈山大学人文学院

作为儒家文化的重要思想内核之一,"礼"往往扮演着对人类自身的约束性因素,具有引导人性走向道德理性的重要功能,因而倡导与弘扬儒家礼制文化建设,成为唐朝统治者选择"以文德绥海内"的必经之路,也是和当时主流的思想文化背景相适应的一条治国之路。正因为如此,历代的唐朝皇帝即位后,大多十分重视当下社会的礼仪文化的建设,礼制活动的整顿,这也必然会促使唐朝的儒生们加强对"三礼"文本的再次诠释,辅助现实社会的制礼与议礼实践。而以《仪礼·丧服》篇为代表的丧服制度的诠释与履践,在其中扮演着尤为重要的角色。事实上,考察历代《丧服》诠释发展史,隋唐时期是我国《丧服》学发展的一个特殊阶段,也是经学发展史上的一个承上启下时期。如果说南北朝时期是《丧服》诠释的深入发展阶段,那么隋唐时期便是《丧服》诠释的集成式发展阶段,呈现出超越前代、重构新局的宏大气概。在唐初众多儒家经师鸿儒当中,贾公彦作为一名精通礼学的儒学大家,曾经参与过孔颖达主持编撰的《礼记正义》,同时还撰修过《仪礼注疏》这一鸿篇巨著,享誉当时学界。无论是对《仪礼·丧服》篇经传、郑注的诠释,还是对《礼记》中与丧服制度相关的《丧服小记》《问丧》《服问》《间传》《三年问》《丧服四制》等众多篇文的诠释,都需要对先秦的丧服制度有着高度的全方位认知。可见,贾公彦对于《丧服》之学无疑有着精深的认知与研究。有鉴于此,本文拟对贾公彦现存有关《丧服》礼文的诠释材料作

---

[*] 本文系国家社科基金"历代《丧服》诠释研究"(18XZX011)的阶段性成果。

一番剖析,针对其间反映出来的贾氏礼文弘旨观,疏通申解《丧服》经文及其郑注之诠释焦点、诠释方法与诠释特色,借以发覆总结和观照贾氏在《丧服》学诠释方面的突出贡献。

一、贾公彦生平与著述概说

贾公彦,生卒年不详,洺州永年(今河北邯郸市永年区)人。生有贾玄赞、贾大隐二子。贾氏曾受业于瀛洲乐寿(今河北献县)人氏张士衡:"士衡既礼学为优,当时受其业擅名于时者,唯贾公彦为最焉。"①唐高宗永徽年间,曾官至太学博士。公彦的弟子当中,明确见载于史籍的仅有李玄植一人,"受《三礼》于公彦,撰《三礼音义》行于代。"②

贾公彦尽管不在唐初"十八学士"之列,但也是当时学问成就斐然的儒学大师,根据《旧唐书·经籍志》和《新唐书·艺文志》的记载,对《周礼》《仪礼》《礼记》《论语》《孝经》诸经,皆有"义疏"类诠释之作,包括《周礼疏》五十卷、《仪礼疏》五十卷、《礼记疏》八十卷、《孝经疏》五卷、《论语疏》十五卷,皆属于"疏注体"著作,其中后三种著述早已佚失不传,目前传世的仅有《周礼疏》与《仪礼疏》两种。另外,贾公彦在担任国子助教期间,也曾参与孔颖达主持的《礼记正义》一书的编撰工作,该书与孔氏《正义》有多大程度的关联,亦不得而知。

由于"贾公彦《序》称'《周礼》注者则有多门,《仪礼》所注,后郑而已',则唐初(王)肃书已佚也"③,因而贾公彦所著的《仪礼疏》一书,乃是他根据郑玄所注《仪礼》作疏,是他对自汉至唐《仪礼》研究成果的首次总结整理,堪称《仪礼》自郑《注》之后的一部集大成之作。据贾公彦《仪礼疏序》言:"《仪礼》所注,后郑而已。其为章疏,则有二家:信都黄庆者,齐之盛德;李孟悊,隋日硕儒。庆则举大略小,经注疏漏,犹登山远望而近不知;悊则举小略大,经注稍周,似入室近观而远不察。二家之疏,互有修短,时之所尚,李则为先。……今以先儒失路,后宜

---

① (后晋)刘昫等著:《旧唐书》卷一百八十九上,北京:中华书局1975年版,第4949页。
② (后晋)刘昫等著:《旧唐书》卷一百八十九上,北京:中华书局1975年版,第4950页。
③ (清)永瑢等:《钦定四库全书总目》,北京:中华书局1997年整理本,第249页。

易途,故悉鄙情,聊裁此疏,未敢专欲,以诸家为本,择善而从,兼增己义。"①事实上,隋朝及其南北朝时期的礼经"疏注体"著作极其宏富,并不仅仅只有南朝齐黄庆、隋李孟悊两种"章疏"著作,只不过到唐朝初年贾公彦著述《仪礼疏》时,都已亡佚不存,因而《隋书·经籍志》虽有著录,却并未传世,故南宋学者陈振孙《直斋书录解题》说:"《古礼疏》五十卷,唐弘文馆学士临洛贾公彦等撰。初有齐黄庆、隋李孟悊二家行于世,公彦据以为本而增损之。"②四库馆臣也称:"为之义疏者,有沈重,见于《北史》;又有无名氏二家,见于《隋志》,然皆不传。故贾公彦仅据齐黄庆、隋李孟悊二家之疏,定为今本。"③

关于贾公彦《仪礼疏》的撰写时间,按照清人顾炎武的说法,"永徽中,贾公彦始撰《周礼》《仪礼》义疏"④。今人陈启智也大体持这一观点:"《周礼》《仪礼》《公羊》《穀梁》四部传疏,是由高宗诏命贾公彦等分别撰定完成的,合称为'唐人九经疏'。时在永徽四年《五经正义》颁定后,受命补撰。"⑤按照这一说法,贾公彦撰写《仪礼疏》和《周礼疏》,乃是在《五经正义》完成之后,永徽四年以后奉旨而作,具有弥补《五经正义》不足的功用。

二、贾公彦关于《丧服》篇礼文弘旨之认知

在贾公彦的《仪礼注疏》50卷当中,其中卷二十八至卷三十四属于贾氏对《丧服》篇礼文及其郑《注》的疏解。《疏》文中,有不少篇幅反映了贾公彦关于《丧服》篇礼文相关问题之认知,兹逐一介绍其观点如下:

其一,关于《丧服》篇《传》文撰者之认知。贾公彦言:"传曰者,不知是谁人所作,人皆云孔子弟子卜商字子夏所为。案,《公羊传》是公羊高所为,公羊高是子夏弟子,今案《公羊传》有云'者何''何以''曷为''孰谓'之等,今此《传》亦云'者何''何以''孰谓''曷为'等之问。师徒相习,语势相遵,以弟子却本前师,此

---

① (清)阮元校刻:《十三经注疏》,北京:中华书局1980年版,第945页。
② (宋)陈振孙:《直斋书录解题》卷二,文渊阁《四库全书》第674册,上海古籍出版社2003年版,第553页。
③ (清)永瑢等:《钦定四库全书总目》,北京:中华书局1997年整理本,第249—250页。
④ (清)顾炎武撰,(清)黄汝成集释:《日知录集释》,上海:上海古籍出版社2014年版,第799页。
⑤ 陈启智:《中国儒学史(隋唐卷)》,北京:北京大学出版社2011年版,第354—356页。

传得为子夏所作,是以师师相传,盖不虚也。其传内更云传者,是子夏引他旧传以证己义。《仪礼》见在一十七篇,余不为传,独为《丧服》作《传》者,但《丧服》一篇总包天子已下,五服差降、六术精粗、变除之数既繁,出入正殇交互,恐读者不能悉解其义,是以特为传解。"①根据这一番话可见,贾氏主张《丧服传》文系子夏所作,之所以仅仅《丧服》篇作《传》,是因为"《丧服》一篇总包天子已下,五服差降,六术精粗,变除之数既繁,出入正殇交互,恐读者不能悉解其义"的缘故。

不仅如此,贾公彦还指出,在子夏作《丧服传》之前,应该还有一个"《传》",也就是所谓的"旧《传》"。例如,《丧服》篇"齐衰期"服"出妻之子为母"条下,《传》文说:"出妻之子为母期,则为外祖父母无服。传曰:'绝族无施服,亲者属。'出妻之子为父后者,则为出母无服。传曰:'与尊者为一体,不敢服其私亲也。'"贾氏疏解说:"又云'传曰'者,子夏引他旧传,证成己义。"②据此,这就令人明了了"《传》下有《传》"的问题,不至于引起误解。

其二,关于《丧服》篇《记》文撰者之认知。一方面,贾氏指出:"《仪礼》诸篇有'记'者,皆是记经不备者也。"③一方面,贾氏又说:"案《丧服》记子夏为之作《传》,不应自造,还自解之。《记》当在子夏之前,孔子之时,未知定谁所录。"④由此可见,贾公彦对于《丧服》篇《记》文撰者之认知,和其对于《丧服》篇《传》文撰者之认知是一样的,都是持古文经学家的认知立场。

其三,关于《丧服》篇与《士丧礼》序次之认知。贾公彦说:"案《礼器》云:'经礼三百,曲礼三千。'郑云:'经礼谓《周礼》也。曲犹事也,事礼谓今礼也。礼篇今亡,本数未闻,其中事仪三千。'若然,未亡之时,有天子、诸侯、卿大夫、士之丧服,其篇各别,今皆亡,唯士丧礼在。若然,据《丧服》一篇总包天子以下服制之事,故郑《目录》云'天子以下相丧衣服亲疏之礼'。丧服之制,成服之后,宜在《士丧》始死之下,今在《士丧》之上者,以《丧服》总包尊卑上下,不专据士,故在《士丧》之上。是以《丧服》为第十一。"⑤

其四,诠释《丧服》篇礼文需要遵循的要旨:"《丧服》所陈,其理深大,今之所

---

① (清)阮元校刻:《十三经注疏》,北京:中华书局1980年版,第1096页。
② (清)阮元校刻:《十三经注疏》,北京:中华书局1980年版,第1104页。
③ (清)阮元校刻:《十三经注疏》,北京:中华书局1980年版,第1120页。
④ (清)阮元校刻:《十三经注疏》,北京:中华书局1980年版,第958页。
⑤ (清)阮元校刻:《十三经注疏》,北京:中华书局1980年版,第1096页。

释,且以七章明之。第一,明黄帝之时朴略尚质,行心丧之礼终身不变。第二,明唐虞之日,淳朴渐亏,虽行心丧,更以三年为限。第三,明三王以降,浇为渐起,故制丧服以表哀情。第四,明既有《丧服》,须明"丧服"二字。第五,明《丧服》章次,以精粗为序。第六,明作《传》之人,并为《传》之意。第七,明郑玄之注,经传两解之。"[①]这一番话语,实际上是对《丧服》篇诠释要旨的高度概括与总结,其中大致包括几个层面的含义:

(一)前四条对《丧服》篇所反映出来的丧服制度之礼义内容的总结,包括心丧之礼之深义、为至亲父母服丧三年之深义、制丧服以表哀情之深义、丧服言"丧"不言"死"之深义等。

(二)第五条对《丧服》篇十一章升数异同的深度总结与解读,诚如他所疏解总结的那样,"异者,斩有二义不同:为父以三升为正,为君以三升半为义,其冠同六升,三年。齐衰惟有正之四升,冠七升。继母、慈母虽是义以配父,故与因母同,是以略为节,有正而已。杖期,齐衰有正而已,父在为母,与为妻同正服,齐衰五升,冠八升,不杖。齐衰期章有正、有义二等:正则五升,冠八升;义则六升,冠九升。齐衰三月章皆义服,齐衰六升,冠九升,曾祖父母计是正服。但正服合以小功,以尊其祖。不服小功而服齐衰,非本服,故同义服也。殇大功有降、有义:为夫之昆弟之长子殇,是义,其余皆降服也。降服衰七升,冠十升;义服衰九升,冠十一升。大功章有降、有正、有义:姑姊妹出适之等是降,妇人为夫之族类为义,自余皆正。衰冠如上释也。繐衰唯有义服,四升半,皆冠七升而已。以诸侯大夫为天子,故同义服也。殇小功有降、有义:妇人为夫之族类是义,自余皆降服。降则衰、冠同十升,义则衰、冠同十二升。小功亦有降,亦有正、有义,如前释。缌麻亦有降、有正、有义,皆如上陈。但衰冠同十五升,抽去半而已,自斩以下至缌麻,皆以升数。升数少者在前,升数多者在后,要不得以此升数为叙者,一则正、义及降、升数不得同在一章,又繐衰四升半,在大功之下,小功之上。"[②]

(三)对《丧服传》作者及其创作意旨的关注。参见本框题之下的"其一"说明。

---

① (清)阮元校刻:《十三经注疏》,北京:中华书局1980年版,第1096页。
② (清)阮元校刻:《十三经注疏》,北京:中华书局1980年版,第1096页。

(四) 对《丧服》篇郑玄注释体例的关注与解读。"云'注'者,注义于经传之下,辨其义意。若传不释经者,则注在传上以释经,若传义难明者,则在传下以释传。又在传下注,皆须题云'玄谓'以别传,若在传上注者,不须题玄义可知。或云注,或云传,出注述者意耳。"①

三、贾公彦疏解《丧服》经文之诠释焦点

详审贾公彦《仪礼疏》,其《丧服》篇诠释工作包括两大块,一块是对《丧服》篇经文与《传》文进行诠释,另一块是对《丧服》篇经文的郑《注》进行疏通证明。这两大块既有共性之处,又各有各的特色。这里先就贾公彦疏解《丧服》经文之诠释焦点情况,略加介绍说明如下:

其一,重视对《丧服》篇经传从内容角度进行段落划分与段意总结。和《仪礼疏》其他篇章的诠释一样,贾公彦也强调对《丧服》篇经传进行内容上的段落划分,这也是彰显贾氏对礼经经文的一种全局性理解与把握。例如,《丧服》篇"斩衰期"章"妻为夫。《传》曰:'夫至尊也。'"条下,贾氏疏解说:"自此已下,论妇人服也。"②同章"女子子在室为父"一文下,贾氏疏解说:"自此尽'为父三年',论女子子为父出及在室之事。"③又如,"齐衰期"章"叔父之长殇、中殇,姑姊妹之长殇、中殇,昆弟之长殇、中殇……"一文下,贾氏疏解说:"自此尽'大夫庶子为適昆弟之长殇中殇',皆是成人齐衰期。"④凡此种种,对于《丧服》篇经文的理解,极具裨益。

其二,重视对《丧服》篇经传丧服规制次第的说明。以《丧服》篇"斩衰"章数个服丧对象的诠释为例,贾氏疏解依次云:"先陈父者,此章恩义并设,忠臣出孝子之门,义由恩出,故先言父也","此文在父下君上者,以下文君中虽言天子,兼有诸侯及大夫,此天子不兼余君,君中最尊上,故特著文于上也","臣为之服。此君内兼有诸侯及大夫,故文在天子下。郑注《曲礼》云:'臣无君犹无天。'则君

---

① (清)阮元校刻:《十三经注疏》,北京:中华书局1980年版,第1096页。
② (清)阮元校刻:《十三经注疏》,北京:中华书局1980年版,第1101页。
③ (清)阮元校刻:《十三经注疏》,北京:中华书局1980年版,第1101页。
④ (清)阮元校刻:《十三经注疏》,北京:中华书局1980年版,第1112页。

者,臣之天。故亦同之于父为至尊,但义故,还著义服也","君、父尊外,次长子之重,故其文在此","此出后大宗,其情本疏,故设文次在长子之下也"①,等等。通过贾氏的诠释,我们很快便把握了《丧服》篇经之所以按照"父,诸侯为天子,君,父为长子,为人后者……"这一序次,逐一罗列"斩衰"丧服规制的原因。正是有赖于贾氏的此类疏解,经文的序次才不至于陷入紊乱无条理的地步。

其三,重视对《丧服》篇经传行文表述方式的诠释。例如,《丧服》篇"齐衰期"章"妻。《传》曰:'为妻何以期也? 妻至亲也。'"条下,贾氏疏解说:"《传》曰'何以期也'者,《传》意以妻拟母,母是血属得期,怪妻义合亦期,故发此之《传》也。此问异于常例,上问母直云'何以期',今云'为妻',乃云'何以期也'者,雷氏云:'妻卑,以拟同于母,故问深于常也'"②这一则训释例,贾氏将此条规制和上一条规制"父在为母。《传》曰:'何以期也? 屈也。至尊在,不敢伸其私尊也。父必三年然后娶,达子之志也'"进行比对,发现其中前者仅曰"何以期也",后者则曰"为妻何以期也",同样是《传》文的申解发问,却又有同有异,故贾氏对此加以诠释说明,同时也是对前一条训释的有益补充。

其四,重视对《丧服》篇经传关联性极强的丧服规制条文的考辨。例如,《丧服》篇"齐衰不杖期"章"大夫之適子为妻"条下,贾氏疏解说:"云'大夫之適子为妻',在此'不杖'章,则上'杖'章'为妻'者是庶子为妻,父没后適子亦为妻杖,亦在彼章也。"③同样是为妻服丧服,但因男子在家族当中的位置差异而导致的服制不同,一为齐衰不杖期,一为齐衰杖期,故贾公彦诠释《丧服》篇服制时,对此进行对比性解读。

其五,重视对《丧服》篇经传丧服规制之礼意与礼义的诠释剖析。例如,《丧服》篇"齐衰不杖期"章"祖父母"条下,贾氏疏解说:"孙为之服丧服条例,皆亲而尊者在先,故'斩'章先父三年,齐衰先母,此不杖期先祖,亦是其次。若然,此章有降、有正、有义服之本制,若为父期,祖合大功,为父母加隆至三年,祖亦加隆至期,是以祖在于首章,得其宜也。"④此类训释更多集中在对《丧服传》文的诠

---

① (清)阮元校刻:《十三经注疏》,北京:中华书局1980年版,第1101页。
② (清)阮元校刻:《十三经注疏》,北京:中华书局1980年版,第1104页。
③ (清)阮元校刻:《十三经注疏》,北京:中华书局1980年版,第1105页。
④ (清)阮元校刻:《十三经注疏》,北京:中华书局1980年版,第1104页。

释,而且如同此例一样,多从"尊尊""亲亲"的角度作出解读诠释。

其六,重视对《丧服》篇服制条文"五服"义例之说明。《仪礼疏》卷二十八有一段概述性的说明:"为父以三升为正,为君以三升半为义,其冠同六升,三年。齐衰惟有正之四升,冠七升。继母、慈母虽是义以配父,故与因母同,是以略为节,有正而已。杖期,齐衰有正而已,父在为母,与为妻同正服,齐衰五升,冠八升,不杖。'齐衰期'章有正、有义二等:正则五升,冠八升;义则六升,冠九升。'齐衰三月'章皆义服,齐衰六升,冠九升,曾祖父母计是正服。但正服合以小功,以尊其祖。不服小功而服齐衰,非本服,故同义服也。殇大功有降、有义:为夫之昆弟之长子殇,是义,其余皆降服也。降服衰七升,冠十升;义服衰九升,冠十一升。'大功'章有降、有正、有义:姑姊妹出适之等是降,妇人为夫之族类为义,自余皆正。衰冠如上释也。繐衰唯有义服,四升半,皆冠七升而已。以诸侯大夫为天子,故同义服也。殇小功有降、有义:妇人为夫之族类是义,自余皆降服。降则衰、冠同十升,义则衰、冠同十二升。小功亦有降,亦有正、有义,如前释。缌麻亦有降、有正、有义,皆如上陈。"①这一段话当中,对《丧服》篇经文诸丧服条文涉及的正服、降服、义服等"五服"义例情况,交代得颇为详细。

此外,对于"从服"和"报服",仅仅是在具体服制条文的训释当中,说明是从为之服,还是为之服报的情况,例如,《丧服》篇"齐衰杖期"章"父卒,继母嫁,从,为之服,报"条下,贾氏疏解说:"'报'者,《丧服》上下并《记》云'报'者十有二,无降杀之差。感恩者皆称'报'。若此子念继母恩,终从而为服,母以子恩,不可降杀,即生报文,余皆放此。"②又如,《丧服》篇"齐衰期"章"为君之父母、妻、长子、祖父母"一条下,贾公彦疏解说:"此亦从服轻,于夫之君及姑姊妹女子子无主,故次之。"③以上二例,贾氏说明这是分别属于"母以子恩,不可降杀,即生报文"和"从服轻"而衍生出来的丧服服制之例,但并未明言属于"报服"和"从服",据此可见,贾氏似乎并未将其作为专门的"五服"义例。

其七,重视对《丧服》篇经传中不易明晰深意之语词的诠释。例如,《丧服》篇卷首"斩衰裳,苴绖、杖、绞带,冠绳缨,菅屦者"一文下,贾公彦疏解说:"言'斩

---

① (清)阮元校刻:《十三经注疏》,北京:中华书局1980年版,第1096页。
② (清)阮元校刻:《十三经注疏》,北京:中华书局1980年版,第1104页。
③ (清)阮元校刻:《十三经注疏》,北京:中华书局1980年版,第1109页。

衰裳'者,谓斩三升布以为衰裳。不言裁割而言'斩'者,取痛甚之意。知者,案《三年问》云:'创钜者,其日久;痛甚者,其愈迟。'《杂记》:'县子云:三年之丧如斩,期之丧如剡。'谓哀有深浅,是斩者痛深之义,故云斩也。"①按:关于"斩"字,在贾氏看来,经文虽取其常义,但又蕴含"痛甚"之意在内,故为之补充诠释说明。又如,"齐衰不杖期"章"姑、姊妹、女子子适人无主者,姑、姊妹报。《传》曰:'无主者,谓其无祭主者也。何以期也?为其无祭主故也。'"条下,贾氏疏解《传》文"无主"一词说:"无主有二:谓丧主、祭主。《传》不言丧主者,丧有无后,无无主者,若当家无丧主,或取五服之内亲,又无五服亲,则取东西家,若无则里尹主之。今无主者,谓无祭主也,故可哀怜而不降也。"②按:依贾氏之见,"无主"一词往往有二义,须为之诠释方能明了此文中之义,故专门行文解释。凡此之类语词训释,贾氏不仅仅局限于诠释语词自身之义,更主要是透过语词的训释,帮助读者把握经文的深层意蕴。

四、贾公彦疏解《丧服》郑注之诠释特色

贾公彦《仪礼疏》除了疏解《丧服》篇经传之意外,同时也强调对郑玄训释《丧服》篇经传之《注》文的疏通申解,而且是其《疏》文比例最大的一部分。由于这一部分着眼于透过疏解郑《注》来诠释《丧服》经传,因而也最能彰显贾公彦《丧服》诠释的特色和亮点。兹略加分析说明如下:

其一,一如《五经正义》,遵循唐人"疏不破注"的著述风气。众所周知,唐初孔颖达等人撰写《五经正义》之时,遵循的一个重要原则,便是"疏不破注"。贾公彦作《仪礼疏》疏解《丧服》郑注时,同样遵循了这一原则,力求疏通郑《注》训释的义例,使其训释能够上下通畅。"郑注常发经文辞例,而偶或迂曲晦涩,贾疏必欲通其义例,详为探讨。此实可谓贾疏之宗旨。"③作为一部"宗守郑《注》"的诠释之作,贾氏《仪礼疏》对郑《注》的疏解,或阐述,或引申,或补充,例如,《丧服》篇"大功九月"章:"庶孙。"郑《注》:"男女皆是。下'殇小功'章曰为侄庶孙,

---

① (清)阮元校刻:《十三经注疏》,北京:中华书局1980年版,第1097页。
② (清)阮元校刻:《十三经注疏》,北京:中华书局1980年版,第1109页。
③ 乔秀岩:《义疏学衰亡史论》,台北:万卷楼图书有限公司2013年版,第175页。

丈夫妇人同。"贾氏《疏》："云'男女皆是'者,女孙在室,与男孙同,其义然也。引殇小功者,欲见彼殇既男女同,证此成人同,不异也。"①又如,《丧服》篇"大功九月"章:"大夫为世父母、叔父母、子、昆弟、昆弟之子为士者。"郑《注》:"子,谓庶子。"贾氏《疏》:"云'子,谓庶子'者,若长子在'斩'章,故谓庶子也。"②贾氏通过这一类疏解,不仅诠释说明了郑玄《注》文之义,更是同样也达到了解说经文的诠释效果。

其二,强调通过征引各类先秦两汉文献材料来达成诠释疏通郑《注》的目的。如前所述,贾公彦对《周礼》《仪礼》《礼记》《论语》《孝经》诸经皆著有"义疏"类诠释之作,因此,贾公彦在诠释包括《丧服》篇在内的《仪礼》之时,必然会旁征博引地证成己见。"贾公彦在作《疏》时,旁征博引,取材异常繁富,其引书除《仪礼》本经各篇外,引《周礼》《礼记》《春秋》《诗经》《尔雅》《论语》《孝经》《国语》《山海经》、纬书等,引书数目多,种类杂"③。就《丧服》篇各卷《疏》文的情况而言,亦是如此。例如,《丧服》篇"小功五月"章:"为人后者为其姊妹适人者。"郑《注》:"不言姑者,举其亲者,而恩轻者降可知。"贾氏《疏》:"案《诗》云:'问我诸姑,遂及伯姊。'注云:'先姑后姊,尊姑也。'是姑尊而不亲,姊妹亲而不尊,故云'不言姑,举姊妹亲者'也。"④这是援引《诗经·邶风·泉水》文及其郑玄《笺》的训释材料来证成郑《注》的诠释结论。再如,《丧服》篇"小功五月"章:"父之姑。"郑《注》:"归孙为祖父之姊妹。"贾氏《疏》:"案《尔雅》云:'女子谓昆弟之子为侄,谓侄之子为归孙。'是以郑据而言焉。"⑤这是援引《尔雅·释亲》的训释材料,诠释说明郑《注》训语之义。当然,从《丧服》篇各卷《疏》的行文来看,贾公彦引据的文献材料出处最多的,应是《礼记》一书各篇的语料,涉及的篇目大多属于与《丧服》制度相关的《曾子问》《丧服小记》《杂记》《丧大记》《问丧》《服问》《间传》《三年问》《丧服四制》等篇目。

其三,充分关注和反映前贤学者如马融、王肃、雷次宗等人的诠释成果。诚如有学者所言,"《丧服》一文,引雷次宗语有 11 次,也有马融、王肃等人的解释,

---

① (清)阮元校刻:《十三经注疏》,北京:中华书局 1980 年版,第 1112 页。
② (清)阮元校刻:《十三经注疏》,北京:中华书局 1980 年版,第 1114 页。
③ 宋金华:《〈仪礼疏〉的体例及其特点研究》,南京师范大学硕士学位论文,2011 年,第 25 页。
④ (清)阮元校刻:《十三经注疏》,北京:中华书局 1980 年版,第 1118 页。
⑤ (清)阮元校刻:《十三经注疏》,北京:中华书局 1980 年版,第 1120 页。

但情况并不一样,其中有解经与郑玄不同,贾氏取郑玄说而以他论为非的"①。这种关注和吸收前贤成果,有的是进一步补足申明郑《注》之义,例如,《丧服》篇"齐衰不杖期"章"世父母、叔父母"条《传》文下,郑《注》云:"宗者,世父为小宗典宗事者。资,取也。为姑姊妹在室,亦如之。"贾氏《疏》:"云'为姑姊妹在室亦如之'者,《大功章》云'为姑嫁大功',明未嫁在此《期章》。若然,不见姑者,雷云:'不见姑者,欲见时早出之义。'"②这是援引他人诠释之例,与郑玄的训释并无矛盾之处,实际上也是疏通申解郑《注》的一种独特方式。

有的是说明郑氏与前贤训释之异,例如,《丧服》篇"大功九月"章:"公之庶昆弟、大夫之庶子为母、妻、昆弟。《传》曰:'何以大功也?先君余尊之所厌,不得过大功也。大夫之庶子,则从乎大夫而降也。父之所不降,子亦不敢降也。'"郑《注》:"昆弟,庶昆弟也。旧读'昆弟'在下,其于厌降之义,宜蒙此《传》也,是以上而同之。"贾氏《疏》:"言'旧读',谓郑君以前马融之等,以'昆弟'二字抽之在《传》下,今皆易之在上。郑检经义,昆弟乃是公之庶昆弟,大夫之庶子所为者,父以尊降庶子,则庶子亦厌而为昆弟大功。是知宜蒙此《传》,则'昆弟'二字当在《传》上,与母妻宜蒙此《传》,同为厌降之文,不得如旧读也。"③按照贾氏之言,郑《注》之前马融等人"读'昆弟'在下",而郑氏则第一次做出了句读之调整。贾氏取从郑氏的句读调整,并对郑氏调整句读原因也做出了"与母妻宜蒙此《传》,同为厌降之文"的解读。

简言之,贾氏对马融、王肃、雷次宗等人的诠释成说,或是"详为辨证,别是非,明折衷也",或是"近儒所说,虽异郑旨,义可旁通,附而存之,广异闻,佚专己也"④,彰显出贾氏治学广综博收的诠释旨趣。

其四,立足于郑玄《注》文的全体而诠释疏通某一局部《注》文之义。从贾公彦疏解《丧服》经文及其疏解郑《注》的《疏》文可以发现,贾公彦诠释的一个最大特点,是将《丧服》篇看作一个整体,而不是一个个孤立的服制条文;同样地,他

---

① 宋金华:《〈仪礼疏〉的体例及其特点研究》,南京师范大学硕士学位论文,2011年,第24页。
② (清)阮元校刻:《十三经注疏》,北京:中华书局1980年版,第1105页。
③ (清)阮元校刻:《十三经注疏》,北京:中华书局1980年版,第1115页。
④ (清)罗椒生:《仪礼正义序》,载(清)胡培翚:《仪礼正义》卷首,江苏古籍出版社1993年版,第1页。

在疏解郑玄的《注》文时,立足于郑玄的所有注文之相互关联,而不是简单地就事论事。例如,《丧服》篇"齐衰三年"章:"疏衰裳齐、牡麻绖、冠布缨、削杖、布带、疏屦三年者。"郑《注》:"疏,犹粗也。"贾氏《疏》:"'疏屦'者,疏取用草之义,即《尔雅》云'疏不熟'之'疏'。若然,《注》云'疏犹粗'者,直释经'疏衰'而已,不释'疏屦'之'疏'。若然,'斩衰'章言'菅屦',见草体者,以其重,故见草体,举其恶貌。此言'疏',以其稍轻,故举草之总称。自此以下,各举差降之宜,故'不杖'章言'麻屦','齐衰三月'与'大功'同'绳屦','小功'缌麻轻,又没其屦号。"① 这一段《疏》文,解释的不仅仅是行文中的"疏屦",同时还将其放置在整个经文丧服制度当中,和"斩衰"章的"菅屦""齐衰不杖"章的"麻屦",以及"齐衰三月""大功"中的"绳屦","小功"中的无屦号等情况结合起来,进行综合考察。这样一来,整个《丧服》篇的"屦"制就鲜明地立起来了。可见,贾《疏》这种诠释的根本要旨,就在于为郑玄的注解,构筑了一个隐性的丧服制度话语体系。

其五,强调透过郑《注》释语关键字词的诠释把握郑《注》训义。例如,《丧服》篇"斩衰三年"章:"公士、大夫之众臣,为其君布带、绳屦。《传》曰:'公卿大夫室老、士,贵臣,其余皆众臣也。君,谓有地者也。众臣杖,不以即位。近臣,君服斯服矣。绳屦者,绳菲也。'"郑《注》:"绳菲,今时不借也。"贾氏《疏》:"云绳菲今时不借也者,周时人谓之屦,子夏时人谓之菲,汉时谓之不借者,此凶荼屦,不得从人借,亦不得借人,皆是异时而别名也。"② 按:郑《注》云"今时不借","不借"一词,到唐时便已不知其意,更何况今天之人,有赖于贾氏的解释,方得知其然且知其所以然。又如,《丧服》篇"斩衰三年"章:"出妻之子为母。《传》曰:'出妻之子为母期,则为外祖父母无服。传曰:绝族无施服,亲者属。'"郑《注》:"在旁而及曰施,亲者属,母子至亲,无绝道。"贾氏《疏》:"云'亲者属,母子至亲,无绝道'者,属犹续也,《孝经》云'父母生之,续莫大焉',故谓母子为属,对父与母义合有绝道,故云'母子至亲,无绝道'。"③ 按:按照贾氏的说法,郑《注》云"亲者属",时人已不知"属"字何意,故公彦为之加以诠释说明,然后郑氏之意方得大明。

---

① (清)阮元校刻:《十三经注疏》,北京:中华书局1980年版,第1103页。
② (清)阮元校刻:《十三经注疏》,北京:中华书局1980年版,第1102页。
③ (清)阮元校刻:《十三经注疏》,北京:中华书局1980年版,第1104页。

其六，重视对郑《注》释语引文出处及其征引目的的分析。例如，《丧服》篇"大功九月"章："妻。《传》曰：'为妻何以期也？妻至亲也。'"郑《注》："適子父在则为妻不杖，以父为之主也。《服问》曰：'君所主，夫人、妻、大子適妇。'父在，子为妻以杖即位，谓庶子。"贾氏《疏》："云'適子父在则为妻不杖，以父为之主也'者，'不杖'章之文也。又引《服问》者，郑彼《注》云：'言妻见大夫已下，亦为此三人为丧主也。'若士卑，为此三人为丧主可知。若然，至此经为妻，非直是庶子为妻，欲见兼有適子父没为妻在其中。云'父在，子为妻以杖即位，谓庶子'者，案《丧服小记》云'父在，子为妻以杖即位可'是也。引之者，证经云是天子以下至士庶人，父皆不为庶子之妻为丧主，故夫皆为妻杖，得伸也。"①根据贾氏的《疏》文可知，郑《注》的这一段话当中涉及三段引文，第一段引文出自本《丧服》篇"齐衰不杖期"章，后两段引文分别出自《礼记》一书的《服问》与《丧服小记》，其中一、三两段属于暗引；至于引文的目的，则是"证经云是天子以下至士庶人，父皆不为庶子之妻为丧主，故夫皆为妻杖，得伸也"。可以说，这类训释对于疏解郑《注》、把握郑《注》诠释要义，是颇具裨益的。

五、贾公彦疏解《丧服》经文及郑注之诠释方法

作为一名礼学大家，贾公彦研治礼经时，一方面从《丧服》篇行文及其郑《注》自身当中寻找诠释素材与诠释依据，一方面又充分吸纳和继承了汉代以来学者的各类诠释方法，尽力疏通《丧服》篇经传与郑《注》的训释，使其各自的服制体系更趋于精致与完善。从《丧服》篇《疏》文来看，其中颇值得注意的诠释方法，主要有如下几种：

其一，据《丧服》篇经传上下文推论礼经丧服规制。在贾公彦看来，《丧服》篇有自身独特的行文话语体系，上下互相关联兼顾，因此，可以根据上下文行文文例来推论相关服制条文的要旨。例如，《丧服》篇"齐衰三年"章："继母如母。"贾氏《疏》："谓己母早卒，或被出之后，继续己母，丧之如亲母，故云'如母'。但父卒之后如母，明父在如母可知。下'期'章不言者，举父没后，明父在如母，可

---

① （清）阮元校刻：《十三经注疏》，北京：中华书局1980年版，第1104页。

知慈母之义亦然,皆省文也,故皆举后以明前也。"①此条服制条文位在"父卒则为母"之后,故贾氏诠释说"丧之如亲母",同时又联系之后"齐衰期"章说明"父在如母"的服制情况,并且根据《丧服》篇服制条文"举后以明前"的叙事原则,指出为"慈母"服制情况亦然。

其二,审察《丧服》篇行文文辞推论礼经丧服规制之深意。例如,《丧服》篇"斩衰三年"章"父为长子",郑《注》:"不言適子,通上下也。"贾氏《疏》:"言长子通上下,则適子之号,唯据大夫士,不通天子诸侯。若言大子,亦不通上下。案《服问》云:'君所主夫人妻、大子、適妇。'郑《注》云:'言妻,见大夫已下,亦为此三人为丧主也。'则大子下及大夫之子不通士,若言世子,亦不通上下,唯据天子诸侯之子。是以郑云'不言適子,通上下',非直长子得通上下,冢子亦通上下。故《内则》云'冢子则大牢',《注》云:'冢子犹言长子,通于下也。'是冢子亦通上下也。"②贾氏通过考察《丧服》篇经文及《礼记·服问》篇用辞情况,推论指出经文之所以言"父为长子"而不言"父为適子",是因为后者主于"唯据大夫士,不通天子诸侯",而前者则可以"通上下"。据此,不仅可以帮助读者把握服制条文的适用范围,更有助于读者理解郑《注》的训释意义。

其三,把握"尊尊""亲亲"的制服原则,据情义理推论经文隐含的要旨,发覆郑《注》训释之理据。例如,《丧服》篇"大功九月"章:"为昆弟之为父后者何以亦期也?妇人虽在外,必有归宗,曰小宗,故服期也。"郑《注》:"归宗者,父虽卒,犹自归宗,其为父后持重者,不自绝于其族类也。"贾氏《疏》:"归宗者父虽卒犹自归宗,知义然者,若父母在,嫁女自当归宁父母,何须归宗子。《传》言'妇人虽在外必归宗',明是据父母卒者,故郑据父母卒而言。"③在贾氏看来,为昆弟之为父后者服制,当有"父母在""父卒"之别,故从情义理的阐述视角,指出"若父母在,嫁女自当归宁父母",不应言"归宗",对深层次理解郑《注》之义极具裨益。

其四,强调审察礼经行文与郑氏注经文例来诠释《丧服》经文及其郑《注》之义。兹以《丧服》篇子夏《传》文诠释为例,《传》中多有"何以三年也""何以斩衰也""何以期也"之类行文,因而贾公彦诠释《传》文时,往往对此进行文例的考察

---

① (清)阮元校刻:《十三经注疏》,北京:中华书局1980年版,第1103页。
② (清)阮元校刻:《十三经注疏》,北京:中华书局1980年版,第1101页。
③ (清)阮元校刻:《十三经注疏》,北京:中华书局1980年版,第1107页。

剖析，例如，贾氏《疏》有言曰："言何以者，问比例，以父母恩爱等，母则在齐衰，父则入于斩，比并不例，故问何以斩，不齐衰"①，"云'何以'者，亦是问比例，以其俱是子，'不杖'章父为众子期，此章长子则为之三年，故发何以之《传》也"②，"云'何以三年'者，以生己父母三年，彼不生己亦为之三年，故发问，比例之《传》也"③，"云'何以三年'者，此亦问比例，父母为众子期等是子，此何以独三年"④，"怪所以期，发比例而问者。大夫众子为妻皆大功，今令適子为妻期，故发问也"⑤，等等。《疏》文中所言"问比例""比并不例""发比例""比例之《传》"之类，皆是针对《丧服传》发问的文例而言，极有针对性。

至于疏通郑《注》发凡《丧服》篇经文的情况，诚如清人陈澧在提及郑《注》、贾《疏》的文例发凡情况时，有如是一段话语："郑《注》发凡者凡数十条，有郑《注》发凡，而贾《疏》辨其异同者；有郑《注》不云凡，而与发凡无异，贾《疏》申明为凡例者；有郑《注》不发凡，而贾《疏》发凡者；有经是变例，郑《注》发凡，而《疏》申明之者；有贾《疏》不云凡，而无异发凡者。"⑥虽然是就《仪礼疏》而言，不是专门就《丧服》篇《疏》而言，但亦可见其诠释疏通郑《注》训释状况之一斑。例如，《丧服》篇："疏衰裳齐、牡麻绖、冠布缨、削杖、布带、疏屦期者。"郑《注》："今文无冠布缨。"贾《疏》："云'今文无冠布缨'者，郑注《仪礼》从经今文者，注内叠出古文，不从古文。若从经古文者，注内叠出今文，不从今文。此注既叠出今文，明不从今文，从经古文，有'冠布缨'为正也。"⑦按：贾《疏》的这一番诠释，不仅指出了郑《注》校勘《仪礼》经文的常例情况，为之发凡立例，同时又指出此例属于变例的情况。凡此之类，此不逐一赘举。

综上各部分所述可见，贾公彦《仪礼疏》在承继此前南北朝学者旧疏诠释范式的基础上，遵循了"疏不破注"的诠释原则，对《仪礼·丧服》篇经传及其郑《注》的诠释，做了一次集大成式的梳理和总结。后人借助贾氏《疏》文的疏解，

---

① （清）阮元校刻：《十三经注疏》，北京：中华书局1980年版，第1100页。
② （清）阮元校刻：《十三经注疏》，北京：中华书局1980年版，第1101页。
③ （清）阮元校刻：《十三经注疏》，北京：中华书局1980年版，第1101页。
④ （清）阮元校刻：《十三经注疏》，北京：中华书局1980年版，第1104页。
⑤ （清）阮元校刻：《十三经注疏》，北京：中华书局1980年版，第1105页。
⑥ （清）陈澧著，杨志刚点校：《东塾读书记（外一种）》，北京：生活·读书·新知三联书店1998年版，第143页。
⑦ （清）阮元校刻：《十三经注疏》，北京：中华书局1980年版，第1104页。

不仅可以深入理解和发覆礼经丧服规制背后的深层奥旨,同时也有助于推阐和构建郑玄注释《仪礼·丧服》篇经传的丧服体系,使之达到"纲举目张"的诠释效果。诚如清人顾广圻所言:"夫治经者,期晓乎经之意而已,经之意不易晓,晓之必由注;经注之意不易晓,晓之必由《疏》,此读《疏》之所以为治经先务欤?"[①]正是有鉴于此,宋、元、明、清诸朝学者研治《丧服》篇之丧服制度,大都受到了贾公彦《仪礼疏》的诠释影响。尽管清初朝廷开"三礼馆"纂修了《钦定仪礼义疏》,汇纂了历代学者的众多诠释成说,但也未能从根本上取代贾氏《仪礼疏》的地位;乾嘉时期学者们著书立说,也大多依据贾公彦的《仪礼疏》开展礼经诠释。据此亦可以发现《仪礼疏》在礼经学史上的重要地位。

---

① (清)顾广圻:《重刻宋本〈仪礼疏〉后序》,载(汉)郑玄注,(唐)贾公彦疏,王辉整理:《仪礼注疏》下册卷末,上海:上海古籍出版社2008年版,第1599页。

读余仁仲本《礼记注》札记[*]

王 锷

南京师范大学文学院

余曾从事《礼记郑注汇校》,基本搞清了《礼记》的版本源流。[①] 就《礼记》经注本而言,余仁仲本《礼记注》无疑是现存最好的版本之一,绍熙本、岳本、嘉靖本《礼记注》和宋十行本、元十行本、闽本、监本、毛本、武英殿本、《四库》本、和珅本、阮刻本《礼记注疏》的经文、注文和释文皆源于余仁仲本。拙文《南宋余仁仲本〈礼记注〉研究》讨论了国家图书馆珍藏的余仁仲本《礼记注》的版本特征、刊刻流传及其学术价值,[②]前贤称赞余仁仲本"一字千金""宝中之宝",所言不虚。但是,余仁仲本《礼记注》,尚存在讹脱衍倒等现象。今以国家图书馆影印《国学基本典籍丛刊》第三辑所收余仁仲本为底本,[③]参考前人研究成果,检出《曲礼》《檀弓》《王制》《月令》四篇部分文字错误者,分为余仁仲本讹文、脱文、衍文、倒文、误排等类别,条理札记二十五条,请教同道,幸垂教焉。

---

[*] 本文为2017年国家社科基金重点项目"明清时期《礼记》校勘整理与主要刻本研究"(17AZW008)的阶段性成果。

[①] 王锷:《〈礼记〉版本述略》,赵逵夫主编:《先秦文学与文化》第5辑,上海:上海古籍出版社2016年版,第64—73页。

[②] 王锷:《南宋余仁仲本〈礼记注〉研究》,杜泽逊主编:《国学季刊》2016年第1期,济南:山东人民出版社2016年2月,第31—65页。

[③] (汉)郑玄注,(唐)陆德明释文:《宋本礼记》,《国学基本典籍丛刊》第3辑,北京:国家图书馆出版社2017年版。

一、余仁仲本讹文

1.《曲礼》上曰:"共饭不泽手。"郑《注》曰:"为污手不絜也。泽,谓捼莎也。礼,饭以手。泽,或为'择'。"陆德明《释文》曰:"汗,下半反,本或作'污'。捼,乃禾反,沈耳佳反。莎,息禾反,沈又息随反。"①

锷案:"污手",嘉靖本、丛刊本同,王大隆来青阁本跋文认同;和本、十行本、闽本、监本、毛本、殿本、阮刻本作"汗手";抚州本、婺州本、岳本、八行本作"汗生",是。

岳本《考证》曰:"诸本俱作'汗手不絜'。案《正义》云:'絜,净也。'若泽手,手必汗生,则不絜净。原本'汗生'解'泽手',于理为长。一本作'汗生不圭',圭,絜也,义同。"②阮元《校勘记》曰:"为汗手不洁也:闽、监、毛本同,惠栋校宋本'手'作'生',是也,宋监本同。岳本作'为汗生不洁也',卫氏《集说》作'谓汗不洁也'。案疏言'汗生',知此处当作'生'。古书'洁'多作'絜',嘉靖本作'为污手不洁也'。○按《正义》云:'一本"污生不圭",圭,洁也。'"③

孔颖达《正义》曰:"'共饭不泽手'者,亦是共器盛饭也。泽,谓光泽也。古之礼,饭不用箸,但用手。既与人共饭,手宜絜净,不得临食始捼莎手乃食,恐为人秽也。""絜,净也。若泽手,手必汗生,则不絜净。一本'汗生不圭',圭,絜也。言手泽污饭也。"④泽者,捼莎也,即搓手。搓手汗必生,则不絜净。《释文》谓"汗",一本作"污";《正义》谓"汗生不絜",一本作"汗生不圭"者,汗生则有污渍,圭者,絜也,义同。

2.《曲礼》上曰:"凡为君使者,已受命,君言不宿于家。"郑《注》曰:"急君使也。言,谓有故所问也。《聘礼》曰:'君有言,则以束帛如飨礼。'"⑤

---

① (汉)郑玄注,(唐)陆德明释文:《宋本礼记》,《国学基本典籍丛刊》第3辑,北京:国家图书馆出版社2017年版,第1册第24页。
② 拙著《礼记郑注汇校》。此类校语皆依据拙著,下不再出注。
③ (清)阮元校刻:《十三经注疏》,北京:中华书局1983年版,上册第1247页。
④ (汉)郑玄注,(唐)孔颖达正义,吕友仁整理:《礼记正义》,上海:上海古籍出版社2008年版,上册第76—77页。
⑤ (汉)郑玄注,(唐)陆德明释文:《宋本礼记》,《国学基本典籍丛刊》第3辑,北京:国家图书馆出版社2017年版,第1册第29页。

锷按："君有言"，抚州本、婺州本、岳本、嘉靖本、八行本、和本、十行本、闽本、监本、毛本、殿本、阮刻本同；《聘礼》、足利本作"若"，是。

顾广圻《考异》曰："'君'当作'若'，此抚本之误，各本误与此同，惟山井鼎所据宋板不误，今未见也。"①山井鼎所据宋板，即足利本《礼记正义》，"君"作"若"。②

"则以束帛如飨礼"，岳本、嘉靖本、和本、十行本、闽本、监本、毛本、殿本、阮刻本同，抚州本、婺州本、足利本、八行本作"享"，是。

《考异》曰："各本'享'作'飨'，误。山井鼎所据不误，与此同。"③享者，进献也，凡献物于上曰享。享有束帛加璧和虎豹皮等庭实，觐礼、聘礼皆行享礼，觐礼三享，三享即三献，聘礼一享。享又通"飨"，即烹大牢以享宾之礼。聘礼待宾，有飨、食、燕三礼。《聘礼》"若有言，则以束帛如享礼"，谓使者向主君和夫人进献礼物之礼仪，非待宾宴飨之礼，故"飨"乃"享"字之误。

3.《檀弓》上曰："读赗。曾子曰：'非古也，是再告也。'"郑《注》曰："曾子言非。礼，袒而读赗。宾致命，将行，主人之吏又读赗，所以存录之。"④

锷按："袒而读赗"，岳本、嘉靖本、和本、闽本、监本、毛本、殿本同，抚州本、婺州本、八行本、阮刻本"袒"作"袒"，是。

"将行主人之吏又读赗"，抚州本、婺州本、嘉靖本、八行本、和本、阮刻本同；岳本、十行本、闽本、监本、毛本、殿本'吏'作'史'，是。《考异》曰："'吏'当作'史'，此抚本之误，嘉靖本、岳本亦然，十行本改为'史'，是矣，在《既夕礼》有明文。又，《杂记》注不误也。"⑤

赗，指用车马束帛助人送葬，皆由主人之史登记在册。读赗，谓当众宣读助

---

① （清）张敦仁著，（清）顾广圻校：《抚本礼记郑注考异》，（清）阮元、王先谦编：《清经解 清经解续编》，南京：凤凰出版社2005年版，第6册第8204页。
② （汉）郑玄注，（唐）孔颖达正义：《影印南宋越刊八行本礼记正义》，北京：北京大学出版社2014年版，上册第70页。
③ （清）张敦仁著，（清）顾广圻校：《抚本礼记郑注考异》，（清）阮元、王先谦编：《清经解 清经解续编》，南京：凤凰出版社2005年版，第6册第8204页。
④ （汉）郑玄注，（唐）陆德明释文：《宋本礼记》，《国学基本典籍丛刊》第3辑，北京：国家图书馆出版社2017年版，第1册第95页。
⑤ （清）张敦仁著，（清）顾广圻校：《抚本礼记郑注考异》，（清）阮元、王先谦编：《清经解 清经解续编》，南京：凤凰出版社2005年版，第6册第8205页。

葬人姓名、车马束帛与数量。丧礼之仪，将葬前，从殡中迁出棺柩，迁移至祖庙前，行祖奠礼，此时主人之史读赗。曾子认为登记在册是首次，宣读是第二次，故曰"再告"。郑玄认为曾子所言不对，按照礼制，登记在册不算"读赗"，读赗在祖奠之时。助葬者即宾客赠送礼物时，已经告于死者；祖奠后将去安葬，主人之史读赗，故曾子曰"再告"。《仪礼·既夕礼》"主人之史请读赗"，《礼记·杂记》郑《注》征引同，"史"是士私臣，掌管文书。故"祖"当作"祖"，"吏"当作"史"。

4.《檀弓》上曰："鲁哀公诔孔丘曰：'天不遗耆老，莫相予位焉。呜呼！哀哉，尼父！'"郑《注》曰："诔其行以为谥也。莫，无也。相，佐也。言孔子死，无佐助我处位者。尼父，因其字以为之谥。"①

锷按："其字"，绍熙本、嘉靖本、和本、十行本、闽本、监本、毛本、殿本、阮刻本同；抚州本、岳本作"且字"，是。

阮元《校勘记》曰："尼父因其字以为之谥：闽、监、毛本同，嘉靖本同，卫氏《集说》同。惠栋校宋本'其'作'且一'。岳本亦作'且'，无'一'字，宋监本同，《考文》引古本与宋本同，足利本与岳本同。段玉裁云：'"且"字见《仪礼》者四，见《礼记》者三，见《公羊传》者三，疏家多不得其解。今案《说文》："且，荐也。"凡承藉于下曰且。凡冠而字，只有一字耳，必五十而后以伯仲，故下一字，所以承藉伯仲也，言伯某、仲某，是称其字；单言某甫，是称其且字。若《韩非子》于孔子单言"尼"，盖五十以前事也。此注家"尼"字之说也，其说甚详，不可备录。'又云：'《檀弓》注"且字"，俗本讹作"其字"，今本《左传》哀十六年疏引讹作"目字"，宋本《礼记注疏》讹作"且一字"三字，惟南宋《礼记》监本及庆元本《左传》哀十六年疏作"且字"，不误。'"②瞿镛《铁琴铜剑楼藏书目录》卷四曰："'且一'者，孔子字仲尼，因承藉一父字，以为之谥，是'一'字当有者。"段说是，瞿说非也。

5.《檀弓》下曰："我丧也，斯沾。尔专之。宾为宾焉，主为主焉，妇人从男子，皆西乡。"郑《注》曰："斯，尽也。沾，读曰觇。觇，视也。国昭子自谓齐之大家，有事人尽视之，欲人观之，法其所为。专，犹司也。"③

---

① （汉）郑玄注，（唐）陆德明释文：《宋本礼记》，《国学基本典籍丛刊》第3辑，北京：国家图书馆出版社2017年版，第1册第100页。
② （清）阮元校刻：《十三经注疏》，北京：中华书局1983年版，上册第1297—1298页。
③ （汉）郑玄注，（唐）陆德明释文：《宋本礼记》，《国学基本典籍丛刊》第3辑，北京：国家图书馆出版社2017年版，第1册第112页。

锷按：“犹司也”，绍熙本、嘉靖本、和本、十行本、阮刻本同；抚州本、婺州本、岳本、八行本、闽本、监本、毛本、殿本作"同"，是。

阮元《校勘记》曰："专犹司也：惠栋校宋本同，嘉靖本同，卫氏《集说》同，闽、监、毛本'司'误'同'，岳本同。浦镗云：'"司"误"同"，疏内亦误"同"，从《六经正误》校。'"①故训汇纂》《郑玄辞典》亦作"司"。②

《考异》曰："毛居正曰：'"司"作"同"，误。建本作"司"。'案：此说最误。《正义》云：'专，犹同也。尔当同此妇人与男子一处。若妇女之宾为宾位焉，与男子之宾同处；妇女之主为主位焉，与男子之主同处'云云。《正义》三言'同处'，以释注之'同'字，其不作'司'，的然无疑。建本有特为讹错，谊父依之，非矣。嘉靖本、十行本作'司'，其出于建本与。"③顾说甚是。

6.《月令》曰："是月也，大饮烝。"郑《注》曰："十月农功毕，天子、诸侯与其群臣饮酒于大学，以正齿位，谓之大饮，别之于他。其礼亡。今天子以燕礼、郡国以乡饮酒礼代之。燕，谓有牲体为俎也。"④

锷按："燕"，抚州本、婺州本、绍熙本、岳本、嘉靖本、八行本、和本、十行本、闽本、监本、毛本、殿本同；阮刻本作"烝"，是。

阮元《校勘记》曰："烝谓有牲体为俎也：惠栋校宋本作'烝'，《考文》引古本同，此本'烝'误'燕'，闽、监、毛本同，岳本同，嘉靖本同，卫氏《集说》同。○按《正义》亦作'烝'。"⑤

八行本、潘本作"燕"，阮元谓"惠栋校宋本作'烝'"，非。《月令》经文作"大饮烝"。《正义》曰："大饮烝，言于是月之时，天子、诸侯与群臣大行饮酒为飨礼，以正齿位。蒸，升也，升此牲体于俎之上，故云'大饮蒸'。"⑥《月令》孟夏郑《注》

---

① （清）阮元校刻：《十三经注疏》，北京：中华书局1983年版，上册第1308页。
② 宗福邦、陈世铙、萧海波主编：《故训汇纂》，北京：商务印书馆2004年版，第601页。唐文编：《郑玄辞典》，北京：语文出版社2004年版，第146页。
③ （清）张敦仁著，（清）顾广圻校：《抚本礼记郑注考异》，（清）阮元、王先谦编：《清经解 清经解续编》，南京：凤凰出版社2005年版，第6册第8205页。
④ （汉）郑玄注，（唐）陆德明释文：《宋本礼记》，《国学基本典籍丛刊》第3辑，北京：国家图书馆出版社2017年版，第2册第42页。
⑤ （清）阮元校刻：《十三经注疏》，北京：中华书局1983年版，下册第1386页。
⑥ （汉）郑玄注，（唐）孔颖达正义，吕友仁整理：《礼记正义》，上海：上海古籍出版社2008年版，上册第726页。

曰"孟冬云'大饮蒸'"。《杂记》下:"百日之蜡,一日之泽,非尔所知也。"郑《注》曰:"蜡之祭,主先啬也。大饮烝,劳农以休息之,言民皆勤稼穑,有百日之劳,喻久也。今一日使之饮酒燕乐,是君之恩泽。非女所知,言其义大。"①"燕",当作"烝",又作"蒸",谓升载牲肉于俎,以便燕饮时食用。

7.《月令》曰:"君子齐戒,处必掩身,身欲宁,去声色,禁耆欲,安形性,事欲静,以待阴阳之所定。"郑《注》曰:"宁安居不作乐也。"②

锷按:"宁安居不作乐也",抚州本、婺州本、绍熙本、岳本、嘉靖本、八行本、和本、十行本、闽本、监本、毛本、殿本、阮刻本作"宁安也,声谓乐也",是。

杨氏《札记》曰:"'也声谓乐'此四字原书破缺,装订时劣工妄垫作'安居不作乐也',四字错了三字,余改正。"③"宁,安也。声,谓乐也。"乃郑《注》解经之文,杨氏说是。

二、余仁仲本脱文

8.《檀弓》上曰:"仲子亦犹行古之道也。昔者文王舍伯邑考而立武王,微子舍其孙腯而立衍也。夫仲子亦犹行古之道也。"郑《注》曰:"伯子为亲者隐耳。立子非也,文之立武王,权也;微子適子死,立其弟衍,殷礼也。"④

锷按:"文之立武王",绍熙本、十行本、闽本、监本、毛本、殿本、阮刻本同;抚州本、婺州本、岳本、嘉靖本、八行本、和本"文"下有"王"字,是。

9.《檀弓》上曰:"子夏既除丧而见,予之琴,和之不和,弹之而不成声。"⑤

锷按:"和之不和",绍熙本、十行本同,唐石经、抚州本、婺州本、岳本、嘉靖本、八行本、和本、闽本、监本、毛本、殿本、阮刻本"不"上有"而"字,是。下经文

---

① (汉)郑玄注,(唐)孔颖达正义,吕友仁整理:《礼记正义》,上海:上海古籍出版社2008年版,中册第1675页。
② (汉)郑玄注,(唐)陆德明释文:《宋本礼记》,《国学基本典籍丛刊》第3辑,北京:国家图书馆出版社2017年版,第2册第45—46页。
③ (汉)郑玄注,(唐)陆德明释文:《礼记郑注》,台北:学海出版社1979年版,第236页。
④ (汉)郑玄注,(唐)陆德明释文:《宋本礼记》,《国学基本典籍丛刊》第3辑,北京:国家图书馆出版社2017年版,第1册第59—60页。
⑤ (汉)郑玄注,(唐)陆德明释文:《宋本礼记》,《国学基本典籍丛刊》第3辑,北京:国家图书馆出版社2017年版,第1册第83页。

有"子张既除丧而见,予之琴,和之而和,弹之而成声"可证。

10.《檀弓》下曰:"既葬而封,广轮掩坎,其高可隐也。"郑《注》曰:"轮,从也。隐,据也。封可手据,谓高四尺。"①

锷按:"谓高四尺",绍熙本、嘉靖本、八行本、十行本、阮刻本同;抚州本、婺州本、岳本、足利本、和本、闽本、监本、毛本、殿本"尺"下有"所"字,是。阮元《校勘记》曰:"谓高四尺所:闽、监、毛本有'所'字,岳本同,卫氏《集说》同,此本'所'字脱,嘉靖本同。"②阮说是。

11.《王制》曰:"自西河至于流沙,千里而遥。"郑《注》曰:"雍州域。"《释文》曰:"于用反。"③

锷按:"于用反",十行本同,汇校卷第十一、抚释一、绍熙本、岳本、和本、闽本、监本、毛本、殿本、阮刻本"于用反"上有"雍"字,是。

12.《月令》曰:"合诸侯制,百县为来岁受朔日,与诸侯所税于民轻重之法、贡职之数,以远近土地所宜为度,以给郊庙之事,无有所私。"郑《注》曰:"贡职,所入天子。"④

锷按:"所入天子",绍熙本、嘉靖本、和本、十行本、闽本、监本、毛本、殿本、阮刻本同;抚州本、婺州本、岳本、八行本"所"上有"谓"字,是。

阮元《校勘记》曰:"贡职谓所入天子:惠栋校宋本有'谓'字,宋监本同,岳本同,《考文》引古本、足利本同。此本'谓'字脱,闽、监、毛本同,嘉靖本同,卫氏《集说》同,《续通解》亦有'谓'字。"⑤阮说是。

三、余仁仲本衍文

13.《曲礼》上曰:"为人子者,居不主奥,坐不中席,行不中道,立不中门。食

---

① (汉)郑玄注,(唐)陆德明释文:《宋本礼记》,《国学基本典籍丛刊》第3辑,北京:国家图书馆出版社2017年版,第1册第130页。
② (清)阮元校刻:《十三经注疏》,北京:中华书局1983年版,上册第1319页。
③ (汉)郑玄注,(唐)陆德明释文:《宋本礼记》,《国学基本典籍丛刊》第3辑,北京:国家图书馆出版社2017年版,第1册第172页。
④ (汉)郑玄注,(唐)陆德明释文:《宋本礼记》,《国学基本典籍丛刊》第3辑,北京:国家图书馆出版社2017年版,第1册第36页。
⑤ (清)阮元校刻:《十三经注疏》,北京:中华书局1983年版,上册第1385页。

飨不为概,祭祀不为尸。"郑《注》曰:"尊者之处,为其失子之道。"①

锷按:"为其失子之道",岳本、八行本、和本、十行本、闽本、监本、毛本、殿本、阮刻本同;抚州本、婺州本、嘉靖本、足利本无"之"字。《考异》曰:"嘉靖本同,此岳本、十行以来本'子'下皆衍'之'字。"②顾说是。

《曲礼》上曰:"年长以倍,则父事之。"郑《注》曰:"谓年二十于四十者。人年二十弱冠。成人,有为人父之端,今四十于二十者,有子道。"③《丧服小记》曰:"父为士,子为天子、诸侯,则祭以天子、诸侯,其尸服以士服。"郑《注》曰:"祭以天子、诸侯,养以子道也。"④《大传》曰:"其夫属乎父道者,妻皆母道也,其夫属乎子道者,妻皆妇道也。"⑤《礼记》多言"君子之道",未见"子之道"。

14.《曲礼》上曰:"堂上接武。"郑《注》曰:"武,迹也。迹相接,谓每移足,半蹑之。中人之迹,尺二寸。""堂下布武。"郑《注》曰:"武,谓每移足各自成迹,不相蹑。"⑥

锷按:"武,谓每移足各自成迹",抚州本、绍熙本、婺州本、嘉靖本、八行本、和本、十行本、闽本、监本、毛本、阮刻本同,诸本皆衍"武"字。

《考异》曰:"毛居正《六经正误》云:'注"武"字,当作"布",盖上句注已云"武,迹也",此注释"布"字义,不当又云"武"。'今案:其说非也,此注总解'布武',亦不容单举'布'字,乃衍'武'字耳,不复出经文,注例前后如此者多矣,岳本于'武'上增'布'字,亦未是。"⑦

---

① (汉)郑玄注,(唐)陆德明释文:《国学基本典籍丛刊》第3辑,北京:国家图书馆出版社2017年版,《宋本礼记》,第1册第12页。
② (清)张敦仁著,(清)顾广圻校:《抚本礼记郑注考异》,(清)阮元、王先谦编:《清经解 清经解续编》,南京:凤凰出版社2005年版,第6册第8204页。
③ (汉)郑玄注,(唐)陆德明释文:《宋本礼记》,《国学基本典籍丛刊》第3辑,北京:国家图书馆出版社2017年版,第1册第11页。
④ (汉)郑玄注,(唐)陆德明释文:《宋本礼记》,《国学基本典籍丛刊》第3辑,北京:国家图书馆出版社2017年版,第3册第4页。
⑤ (汉)郑玄注,(唐)陆德明释文:《宋本礼记》,《国学基本典籍丛刊》第3辑,北京:国家图书馆出版社2017年版,第3册第17—18页。
⑥ (汉)郑玄注,(唐)陆德明释文:《宋本礼记》,《国学基本典籍丛刊》第3辑,北京:国家图书馆出版社2017年版,第3册第16页。
⑦ (清)张敦仁著,(清)顾广圻校:《抚本礼记郑注考异》,(清)阮元、王先谦编:《清经解 清经解续编》,南京:凤凰出版社2005年版,第6册第8204页。

阮元《校勘记》曰:"'武'上脱'布'字,当从岳本。卫氏《集说》亦作'布武'。"①顾说是,阮说非。

15.《檀弓》下曰:"仁夫公子重耳!夫稽颡而不拜,则未为后也,故不不成拜。"②

锷按:"故不不成拜",唐石经、抚州本、婺州本、绍熙本、岳本、嘉靖本、八行本、和本、十行本、闽本、监本、毛本、殿本、阮刻本皆不重"不"字,是。

16.《月令》曰:"仲丁,又命乐正入学习乐。"郑《注》曰:"为季春将习合乐也。习乐者,习歌与八音。"③

锷按:"将习合乐也",绍熙本、嘉靖本、和本、十行本、闽本、监本、毛本、殿本、阮刻本同;抚州本、婺州本、岳本、八行本无"习"字,是。

《月令》"上丁,命乐正习舞"。郑《注》曰:"乐正,乐官之长也。命习舞者,顺万物始出地鼓舞也。"仲丁命"入学习乐",郑《注》"将合乐也",乃解释"习乐"④。《正义》曰:"此习者,为季春合乐,预习之,故郑云然。"⑤亦无"习"字,可证"习"为衍文。

四、余仁仲本倒文

17.《曲礼》上曰:"凡为人子之礼,冬温而夏清,昏定而晨省。"郑《注》曰:"安定其床衽也。"⑥

锷按:"安定",抚州本、八行本、和本、闽本、监本、毛本、殿本、阮刻本同,婺州本、岳本、嘉靖本、足利本作"定安",是。

---

① (清)阮元校刻:《十三经注疏》,北京:中华书局1983年版,上册第1245页。
② (汉)郑玄注,(唐)陆德明释文:《宋本礼记》,《国学基本典籍丛刊》第3辑,北京:国家图书馆出版社2017年版,第1册第105页。
③ (汉)郑玄注,(唐)陆德明释文:《宋本礼记》,《国学基本典籍丛刊》第3辑,北京:国家图书馆出版社2017年版,第2册第10页。
④ (汉)郑玄注,(唐)孔颖达正义,吕友仁整理:《礼记正义》,上海:上海古籍出版社2008年版,上册第634页。
⑤ (汉)郑玄注,(唐)孔颖达正义,吕友仁整理:《礼记正义》,上海:上海古籍出版社2008年版,上册第638页。
⑥ (汉)郑玄注,(唐)陆德明释文:《宋本礼记》,《国学基本典籍丛刊》第3辑,北京:国家图书馆出版社2017年版,第1册第10页。

《考异》曰："读'定'字逗，'安'字下属。"①

阮元《校勘记》曰："安定其床衽也：岳本'安定'作'定安'，嘉靖本同，《考文》引宋板同，《通典》六十八同。案：以'安其床衽'训'定'字，与'以问其安否何如'训'省'字，文法同。岳本为是。《正义》亦云'定安也'。"郑玄解释"定"者，"安其床衽也。"②孔颖达《正义》曰："定，安也。晨，旦也。应卧，当齐整床衽，使亲体安定之后退。至明旦，既隔夜，早来视亲之安否何如。先昏后晨，兼示经宿之礼。"③顾、阮说是，《正义》可证。

18.《曲礼》上曰："夫为人子者，三赐不及车马。故州闾乡党称其孝也，兄弟亲戚称其慈也，僚友称其弟也，执友称其仁也，交游称其信也。"郑《注》曰："不敢重受赐者心也，如此而五者备有焉。"④

锷按："重受"，八行本、和本、十行本、闽本、监本、毛本、殿本、阮刻本同，抚州本、婺州本、岳本、嘉靖本、足利本作"受重"，是。

阮元《校勘记》曰："不敢重受赐者心也如此：闽、监、毛本亦误'重受'。《考文》引宋板、古本、足利本作'受重'，岳本、嘉靖本同。案：'受重'与疏合。"⑤"三赐"即"三命"，所谓"凡仕者，一命而受爵，再命而受衣服，三命而受车马。车马而身所以尊者备矣"。郑玄认为，"三赐"是重赐，故不受。孔颖达《正义》曰："故郑《注》下文'不敢受重赐者，心也'。"⑥

19.《王制》曰："次国之上卿，位当大国之中，中当其下，下当其上大夫。小国之上卿，位当大国之下卿，中当其上大夫，下当其下大夫。"郑《注》曰："此诸侯使卿大夫眺聘并会之序也。其爵位同小国在下，爵异固在上耳。"⑦

---

① （清）张敦仁著，（清）顾广圻校：《抚本礼记郑注考异》，（清）阮元、王先谦编：《清经解 清经解续编》，南京：凤凰出版社2005年版，第6册第8204页。
② （清）阮元校刻：《十三经注疏》，北京：中华书局1983年版，上册第1236页。
③ （汉）郑玄注，（唐）孔颖达正义，吕友仁整理：《礼记正义》，上海：上海古籍出版社2008年版，上册第29页。
④ （汉）郑玄注，（唐）陆德明释文：《宋本礼记》，《国学基本典籍丛刊》第3辑，北京：国家图书馆出版社2017年版，第1册第11页。
⑤ （清）阮元校刻：《十三经注疏》，北京：中华书局1983年版，上册第1237页。
⑥ （汉）郑玄注，（唐）孔颖达正义，吕友仁整理：《礼记正义》，上海：上海古籍出版社2008年版，上册第32页。
⑦ （汉）郑玄注，（唐）陆德明释文：《宋本礼记》，《国学基本典籍丛刊》第3辑，北京：国家图书馆出版社2017年版，第1册第143页。

锷按:"其爵位同小国在下",绍熙本、嘉靖本、和本、十行本、闽本、监本、毛本、殿本、阮刻本同,抚州本、婺州本、岳本、八行本作"位爵",是。

阮元《校勘记》曰:"其爵位同:闽、监、毛本同,嘉靖本同,卫氏《集说》同,惠栋校宋本'爵位'作'位爵',宋监本、岳本同,《考文》引古本同。"[1]《考异》曰:"其位爵同:岳本同此。嘉靖本、十行本以来本,'爵'字在'位'上,误。案此读当以'其位'断句,'爵'字下属,'爵同'与下句'爵异'相对,《正义》可证也。"[2]顾说是。

20.《月令》曰:"是月也,日夜分,雷始收声,蛰虫坏户,杀气侵盛,阳气日衰,水始涸。"郑玄《注》曰:"又记时候也。雷始收声在地中,动内物也。坏,益也。蛰虫益户,谓稍小之也。涸,竭也。此甫八月中,气雨未止,而云水竭,非也。"[3]

锷按:"气雨未止",绍熙本、嘉靖本、毛本同;抚州本、婺州本、岳本、八行本、和本、十行本、闽本、监本、殿本、阮刻本作"雨气",是。《正义》"雨气未止""雨气尽也"可证。

21.《月令》曰:"物勒工名,以考其诚。"郑《注》曰:"勒,刻也。刻工姓名于其器,以察其信,知其不功致。"[4]

锷按:"知其不功致",抚州本、婺州本、绍熙本、岳本、嘉靖本、八行本、和本、十行本、闽本、监本、毛本、殿本、阮刻本同,诸本皆非。

《考异》曰:"案《正义》云'于后以考其诚信与不'云云,是其本作'知其功致不'明甚。'不'者,否也。各本皆误倒。"[5]顾说是,"知其不功致"当作"知其功致不"。

五、余仁仲本误排

22.《曲礼》上曰:"此孝子之行也。○夫为人子者,出必告,反必面。○告、

---

[1] (清)阮元校刻:《十三经注疏》,北京:中华书局1983年版,上册第1330页。
[2] (清)张敦仁著,(清)顾广圻校:《抚本礼记郑注考异》,(清)阮元、王先谦编:《清经解 清经解续编》,南京:凤凰出版社2005年版,第6册第8205页。
[3] (汉)郑玄注,(唐)陆德明释文:《宋本礼记》,《国学基本典籍丛刊》第3辑,北京:国家图书馆出版社2017年版,第2册第33—34页。
[4] (汉)郑玄注,(唐)陆德明释文:《宋本礼记》,《国学基本典籍丛刊》第3辑,北京:国家图书馆出版社2017年版,第2册第42页。
[5] (汉)张敦仁著,(清)顾广圻校:《抚本礼记郑注考异》,(清)阮元、王先谦编:《清经解 清经解续编》,南京:凤凰出版社2005年版,第6册第8206页。

面同耳。反言面者,从外来,宜知亲之颜色安否。○行,下孟反。告,古毒反。"①

锷按:"行下孟反"四字释文,十行本、阮刻本同,岳本、和本、闽本、监本、毛本、殿本此四字在经文"此孝子之行也"下,是。余仁仲本"夫为人子者"前有"○",乃标明一段之开始,"行下孟反"置于郑玄注文"宜知亲之颜色安否"之后,成为无的放矢,故岳本等移置经文"此孝子之行也"下,甚是。

23.《檀弓》下曰:"夫子曰:'何为不去也?'曰:'无苛政。'夫子曰:'小子识之,苛政猛于虎也。'○鲁人有周丰也者,哀公执挚请见之。○苛,音何,本亦作'荷'。识,申志反,又如字。"②

锷按:"苛音何本亦作荷识申志反又如字"十四字释文,闽本、监本、毛本、阮刻本在经文"苛政猛于虎也"下,是。《檀弓》下曰:"夫子曰:'何为不去也?'曰:'无苛政。'夫子曰:'小子识之,苛政猛于虎也。'""苛音何本亦作荷识申志反又如字"十四字,是对此段经文"苛""识"之注音,当移置于此。

24.《檀弓》下曰:"不至者,废其祀,刎其人。○齐大饥,黔敖为食于路,以待饿者而食之。有饿者蒙袂辑屦,贸贸然来。○刎,勿粉反,徐,亡粉反。饥,居宜反,《字林》九衣反,本又作'饥',同。"

锷按:"刎勿粉反徐亡粉反"八字释文,绍熙本、十行本同,闽本、监本、毛本、殿本、阮刻本移至经文"刎其人"下,是。"刎勿粉反徐亡粉反"是对"刎其人"之"刎"的注音,当置于"刎其人"下。

25.《王制》曰:"名山大泽不以封,其余以为附庸、间田……归之间田。○诸侯之下士禄食九人,中士食十八人,上士食三十六人……其禄取之于方伯之地。○方伯为朝天子,皆有汤沐之邑于天子之县内,视元士。○间田,音闲,下同。禄食,音嗣,又如字,下皆同。"③

锷按:"间田音闲下同"六字释文,绍熙本、岳本、和本、十行本、阮刻本同;闽本、监本、毛本、殿本将此六字置于上经文"归之间田"下,甚确。"禄食音嗣又如

---

① (汉)郑玄注,(唐)陆德明释文:《宋本礼记》,《国学基本典籍丛刊》第3辑,北京:国家图书馆出版社2017年版,第1册第11页。
② (汉)郑玄注,(唐)陆德明释文:《宋本礼记》,《国学基本典籍丛刊》第3辑,北京:国家图书馆出版社2017年版,第1册第129页。
③ (汉)郑玄注,(唐)陆德明释文:《宋本礼记》,《国学基本典籍丛刊》第3辑,北京:国家图书馆出版社2017年版,第1册第174—175页。

字下皆同"十字释文,亦当移置于经文"其禄取之于方伯之地"之下。

结　语

余仁仲本《礼记注》是《礼记》版本中的善本,但也存在一些讹脱衍倒和误排的文字。就以上《曲礼》《檀弓》《王制》《月令》四篇中之二十五条来看,这些错讹对后来版本,均有影响。绍熙本、岳本、嘉靖本《礼记注》和元十行本、闽本、监本、毛本、武英殿本、《四库》本、阮刻本《礼记注疏》经文、注文与释文之部分错讹,即来源于余仁仲本。阮元校刻《礼记注疏》时,限于条件,未能参校余仁仲本,甚为遗憾！今天整理《礼记注疏》,应该吸收余仁仲本之优胜处,改正其讹脱衍倒和误排的文字。

金榜《礼笺》的思想诠释

徐道彬

安徽大学徽学研究中心

清代学者金榜(1735—1801),字蕊中,辅之,号檠斋、柘田,清代徽州歙县岩寺人。出身于徽商兼官宦之家,是乾隆壬辰(1772)状元,又是乾嘉学派的重要代表人物。"少负伟志,思博学深造为通儒而不屑溺没聪明于科举之学。受经学于江慎修暨戴东原,学诗古文辞于刘海峰。年三十一,高宗南巡,召试举人,擢内阁中书,在军机处行走。乾隆壬辰,以一甲第一名及第,授翰林院修撰。仅一度为山西副考官。丁外艰归,遂不出。徜徉林下,著书自娱。卒年六十七"[①]。金氏生平事迹可见于吴定《翰林院修撰金先生榜墓志铭》、江藩《汉学师承记》、张惠言《祭金先生文》、阮元《儒林传稿》及《清史列传》本传等。[②] 金氏之所以能够名垂青史,并非因其姓名特殊而又确实"金榜第一",而在其"以才华为天下望",李慈铭称:"阅金辅之《礼笺》,古义湛深,研究不尽。国朝状元通经学者,以辅之为巨擘。"[③]

金榜一生仅此一部《礼笺》之作,临终之前还在修改润色,而后诸弟子为之刊刻,得以问世。该书的撰述用意,首先在于时代学风的影响。清初学者激于世变,群趋于儒家经典中寻求出路,"以经学济理学之穷",而"礼学"又是与"理学"相抗衡的关键所在,故礼学研究之风大兴。在乾嘉时期考据学思潮的风起

[①] 支伟成:《清代朴学大师列传》,长沙:岳麓书社1998年版,第78页。关于金榜生平及家世等,可参见拙作《徽州学者金榜三论》(《安徽史学》2014年第5期)和《金榜著述与佚文辑考》(《周口师院学报》2017年第3期)。

[②] (清)江藩:《国朝汉学师承记》,北京:中华书局1983年版,第78页。

[③] (清)李慈铭:《越缦堂读书记》,上海:上海书店2000年版,第65页。

云涌中,特别是在戴震"义理存乎典章制度"思想的影响下,金氏及其同道们希望借助于文献训诂和文本考证之学,整理和恢复儒家经典的本来面目,反对心学化的"礼也者,志吾心之条理节文者也",剔除潜藏其中的异端思想因素,进而恢复和构建儒家的伦理体系,一如其好友凌廷堪所言:"圣人之道,本乎礼而言者也,实有所见也;异端之道,外乎礼而言者也,空无所依也。"金氏《礼笺》虽然以考证见长,以典制研究为主体内容,但其标举要旨及其哲理思想的发挥,则与戴氏、凌氏相一致。他从文献考据入手,力图揭去笼罩在经典文献中的世俗悖谬成分,坚守儒家的正统地位,构建自己的学术体系和伦理观念。在世界观和人性论上,他坚持以"气化流行,生生不息"为根本,强调由玄转实,由悟转修,依靠纯粹的儒家礼教来规范社会秩序和个人言行,"服古训而继前徽",知物以察伦,明道以救世。

其次,金氏作为儒家代表人物、衣锦还乡的士绅,自觉对世俗礼仪的纠谬补正负有一定的职责。因为徽州是朱熹新安理学的发源地,在世世恪守朱子《家礼》的氛围中,人们对冠昏丧祭规范的遵守无疑是最为神圣而谨严的。但是,明代中期以后,在遵照《家礼》办理丧葬事宜时,民间使用僧人和道士超度亡灵的礼俗及拘泥阴阳风水、铺张浪费的悖礼现象却普遍存在,"丧礼衣冠犹存古制,而俗尚七七延僧诵经,却相沿已久"。有感于浮屠超度和奢靡之风的盛行,徽州官员如廖腾煃、吴甸华、刘汝骥等本着"惟礼可以已乱"的信仰,一直坚持不懈地寻求革除"习""俗""欲"弊病的良方,以求教化纲纪,移风易俗。作为学者和乡绅的金榜,则尽其所能地从考证礼学的角度,"以古礼证今俗",对于宗族尊卑之颓败、四民秩序之混乱、身份逾制之不伦,都予以深切著明的批判,规切实弊,以礼抗俗,将世俗行为努力纳之于合乎孔孟之道的"出处、去就、辞受、取与"之中。经过金榜等一批坚持不懈的礼学家的躬行践履,于是有徽俗不尚佛、老之教,"求其崇宏壮丽所谓浮屠老子之宫,绝无有焉。于以见文公道学之邦,有不为歧途惑者,其教泽入人深哉"。"官司典制,秩祀仪文,郡邑悉遵会典,而壹乡一族,日用之常则各沿其俗。丧祭大都守文公《家礼》,小有异同"[①]。居乡之士的以身作则和道德文章,在徽州封建宗法制度的乡村社会里具有较大的指示和引导作

---

① 许承尧:《歙事闲谭》,合肥:黄山书社2001年版,第607页。

用。因此,可以说《礼笺》是一部汲古以更新、自振于流俗的应时之作,既是乾嘉考据学的重要成果,也是金榜居家治学并引领地域学风和风俗转变的具体体现。

一、撰著《礼笺》 弘扬礼学

《礼笺》三卷凡50篇,计卷一论《周礼》15篇:(1)九赋九式、(2)内命妇之服、(3)周官军赋、(4)都鄙公邑异同、(5)以国服为之息、(6)缫藉采就、(7)周易占法、(8)九旗、(9)冕旒、(10)三江、(11)汉水源、(12)任正者衡任者、(13)戈戟、(14)桃氏为剑、(15)凫氏为钟。卷二论《礼经》17篇:(1)金奏肆夏、(2)射侯鹄正质、(3)妇人不杖、(4)降其小宗、(5)唯子不报、(6)继父同居、(7)女子子嫁者未嫁者为世父母叔父母姑姊妹、(8)大功之殇中从上、(9)君子子为庶母慈己者、(10)缌衰锡衰、(11)吊服、(12)冠衰升数、(13)士虞礼祝辞、(14)祥禫、(15)练而迁庙、(16)特牲馈食礼祭服、(17)阴厌阳厌。卷三论《戴记》16篇:(1)旬之外远曰某日旬之内曰近某日、(2)稽颡、(3)国君七个大夫五个、(4)昭穆庙制、(5)明堂、(6)毋失经纪以初为常、(7)大学、(8)禘、(9)庙祧坛墠、(10)燔燎羶芗睸以萧光、(11)中衣裼衣、(12)裘、(13)加爵、(14)祔于其妻、(15)奔丧绞带、(16)反三年之练葛。另有附论2篇:《汉地理志分置郡国考》和《论秦正答汪孝廉钢》,外有附图4幅。关于《礼笺》的成书经过与卷帙问题,金榜弟子方起泰有记云:"金檠斋先生所著《礼笺》,凡十卷,其书未写定,秘不以示人。癸丑冬,以髀痛卧床褥间,因刺取其荦荦大者数十事,录寄大兴朱大中丞。大中丞既为之叙。泰等窃见远近承学之士,愿睹先生书者众矣,辄不揆梼昧,将此帙依经叙录,厘为三卷校刊之,资省览焉。"①金榜以此孤篇《礼笺》而为一代学术大师,因该书"词精而义核","大而天文、地域、田赋、学校、郊庙、明堂,以及车旗、服器之细,贯串群言,折衷一是"②,

---

① 参见《礼笺》目录下金榜弟子方起泰(方希原子)、胡国辅的识语,末署"乾隆甲寅(即乾隆五十九年,1794年)嘉平月同邑后学方起泰、胡国辅谨识"。金榜《礼笺》,游文斋藏版,乾隆五十九年刊本(今《续修四库全书》第109册经部礼类所载《礼笺》即以此为底本)。今有人论辨《礼笺》为三卷或为十卷者,见此即可了然矣。
② 佚名:《清史列传》卷六八,北京:中华书局1987年版,第5533页。

成为清代礼学研究重要的标志性成果。

金榜自述《礼笺》的学术内容和治学方法云:"榜幼承义方,治《礼》宗郑氏学,长而受学于先师江慎修先生,遂窥礼堂论赞之绪。其间采获旧闻,或撷秘逸要,于郑氏治经家法不敢诬也。昔郑氏笺《诗》云:'注《诗》宗毛为主。毛义若隐略,则更表明。如有不同,即下己意,使可辨识也。'《礼笺》之名,盖首其义。"①金榜"幼与戴东原从事于江布衣慎修之门,得其说礼之旨,著《礼笺》三卷,徽之士翕然从之"②。《礼笺》一书既承续了郑玄笺《诗》注《礼》之"家法",崇汉学,"宗郑氏",也继承了江永"综形名,任裁断"的方略,故宗尚考核,"长于比勘",鄙弃玄言义解,"上溯古义,而断以己之律令。"③故金榜笺《礼》也以文字训诂为基础,而钩稽经史,贯通古今。如卷一"九赋九式"之"关市之赋以待王之膳服"条下云:"待,犹给也,此九赋之财给九式者。膳服,即羞服也。稍秣,即刍秣也,谓之稍,稍用之物也。丧纪,即丧荒也。赐予,即好用也。郑司农云:'币余,使者有余来还也。'此与《大宰》注不同,当以彼注为正。玄谓币余,占卖国中之斥币。"《周礼·天官·大宰》有"以九赋敛财贿:一曰邦中之赋,二曰四郊之赋,三曰邦甸之赋,四曰家削之赋,五曰邦县之赋,六曰邦都之赋,七曰关市之赋,八曰山泽之赋,九曰币余之赋",郑注以为关市山泽谓占会百物,币余谓占卖国中之斥币,皆未作当增赋者。金氏承其说而更为证实,以为前六赋皆以远近为别,以征土地产物。关市山泽币余之赋征诸商旅矿渔林业之税赋。

金氏的《九赋》《九式》之解,也颇为孙诒让《周礼正义》认可,多取江永、金榜之说以为证据。如《九式》"丧荒",金氏谓当从《大府》作"丧纪",认为凶荒事出非常,不可预为节度,为孙氏《正义》所引用。《周礼正义》曰:"金榜云:九式者,冢宰以岁之上下制之,其式凡九。"又,"金榜云:丧荒,《大府》作'丧纪',凶荒事出非常,不可预为节度。遗人、县都之委积,以待凶荒。仓人辨九谷之物,有余则藏之,以待凶而颁之。故耕三余九,耕九余三,以三十年之通,虽有凶旱水溢,民无菜色,此治凶荒之道也。"④孙氏摘取金榜所引用《周官》《墨子》和《国语》的

---

① (清)金榜:《礼笺序》,《皇清经解三礼类汇编》第1册,台北:艺文印书馆1986年版,第221页。
② (清)李斗:《扬州画舫录》,北京:中华书局1960年版,第244页。
③ (清)章太炎:《检论·清儒》,《章太炎学术史论集》,北京:中国社会科学出版社1997年版,第328页。
④ (清)孙诒让:《周礼正义》卷三,北京:中华书局1987年版,第100—101页。

文献为例证,以证明天子之田九垓,以食兆民,王取经入焉,以食万官。《周官》以九赋待九式之用,禄食宜在九式中。《墨子》有岁馑则仕者大夫以下皆损禄五分之一,凶则损五分之三,饥则尽无禄,以为上古之遗法。

又如卷一《周官军赋》,金榜除了利用《周官》本文外,还旁征博引了《左传》《司马法》和《刑法志》等史料加以说明。认为《小司徒职》"九夫为井,四井为邑,四邑为邱,四邱为甸,四甸为县,四县为都,以任地事而令贡赋,凡税敛之事","是《小司徒》实与《遂人》联事通职,不以乡遂都鄙异制审矣。"金氏之说,认为凡令赋以地与民制之,其言用民之数与《小司徒》上中下地,可任人数本相出入。即《左传》子产曰:孔张有禄于国,有赋于军。则有禄田即有军赋,此亦其可证者。因此论摭拾经史,勾稽今古,颇为胡培翚、黄以周、孙诒让、曹元弼等礼学名家所采摘,也为今人研究礼学者所尊奉。

《仪礼》有关于父母之丧,由初死至练的冠衰升数之变,以明练后服制之等差。金氏《礼笺》卷二"冠衰升数"即探讨了这一古丧服典制疑难问题。金氏胪列《仪礼》中的《丧服》经文,认为斩衰二章、齐衰四章、大功二章、小功二章、缌麻一章,咸未著其冠衰升数。后儒因齐衰、大功、小功各具三等,遂分降服、正服、义服当之。金榜案:《丧服经》大功布衰裳,三月,受以小功衰。传曰大功布九升,小功布十一升。此大功章具有降服、正服、义服,同服衰九升,冠十一升,则五服冠衰升数,不以降服、正服、义服为差审矣。又案:传者于斩衰菅履下,但言衰三升,足明君父至尊,衰同升数,则三升有半为布带绳履者言之,是为斩衰二等。黄以周《礼书通故》云:"金榜云:传于'斩衰菅屦'下,但言衰三升,足明君父至尊衰同升数,则三升有半为布带绳屦者言也。江筠云:三升有半之服,专以公士大夫之臣言。益其衰之升数为三升有半,以异于三升之凡为君者,正别嫌明微之意。又《经》不缀于臣为君之后,而独著之末条,则等杀亦从可知矣。以周案:金、江说亦备一义。"①围绕着《仪礼》丧服问题,历来争议莫衷一是。明清学者多从礼贵变通的角度对实践礼学的权与变,予以了充分的肯定。王夫之曾言:"夫礼,经也;因事变之不齐而斟酌以中节者,权也。"②"经"即礼仪制度的原则与根本,"权"则是在不同境况中所体现出的具体意蕴及多种抉择。金榜论

---

① (清)黄以周:《礼书通故》,北京:中华书局2007年版,第404页。
② (清)王夫之:《船山全书》第4册,长沙:岳麓书社1991年版,第131页。

"布带绳屦"之数与江永、戴震的说法相一致,既能体现出对于原始经典的坚守,强调"勿轻议礼"的复古心态,也能遵循"礼时为大"的基本社会趋势,因此在固守大经大法的前提下,从容践履礼仪过程中的经与权,这在一定程度上既能摆脱礼教纲纪的教条桎梏,也使得古礼在现实生活中落到实处,且具备一定的自身活力。

《礼记·曾子问》有关于"阴厌阳厌"(即设奠于奥,迎尸之前谓之阴厌;尸谡之后,改于西北隅谓之阳厌)的问题,历来也争议不息。金榜《礼笺》对此专列一条加以辨证,认为郑玄之《注》以祭于奥名阴厌,祭于西北隅得户明者名阳厌。又因曾子"殇不备祭,何谓阴厌、阳厌"之言,明成人得备祭者,当有阴厌、阳厌。故于《特牲》尸谡之后,撤荐俎,敦设于西北隅,《注》云:"此所谓当室之白,阳厌也。则尸未入之前,为阴厌矣。"金榜案:"《记》云'是谓阴厌''是谓阳厌',明阴厌、阳厌为祭殇与无后者之定名,不得通于成丧之祭。《杂记》有父母之丧,尚功衰,而附兄弟之殇,则练冠附于殇,称阳童某甫……(案:《祭统》云尸亦馂鬼神之余也。明祝于主者为正祭)尸谡之后,祝徹荐俎,敦设于西北隅,谓之厌祭。上经'摄主不厌祭'是也。《曾子问》'祭必有尸乎？若厌祭亦可乎'本承上'摄主不厌祭'设问者。厌祭在尸谡后,则与阴厌、阳厌绝不相涉,不辨自明。"[1]金榜之论,取之经史,推于情理,虽不能定论,但后之凌廷堪《礼经释例》、胡培翚《仪礼正义》、凌曙《礼论略钞》、曹元弼《礼经学》等皆有补充论证。曹氏以胡氏说为据,并断以己意曰:"金氏《礼笺》据《杂记》'有父母之丧尚功衰,而附兄弟之殇,则练冠附于殇,称阳童某甫',注云:'阳童,谓庶殇也。宗子则曰阴童。'谓阴厌、阳厌以阴童、阳童得名,不系于所祭之地。案阴童之称,唯于《注》。阴厌阳厌之称,自古有之,是阴童、阳童正由祭以阴厌、阳厌得名也。否则,童何分于阴阳乎？且《曾子问》云'当室之白,是谓阳厌',明是据所祭之地名之,金说未确。"[2]经过以上礼学家的不断争议和逐步推进,如阴厌阳厌之类的古代礼仪细节问题逐渐得以考证清楚,然后服务于现实社会生活。如此通过对礼学的复兴来整顿和条理社会秩序,借以张扬礼的社会治理功能。在清代社会,学者大多能从社

---

[1] (清)金榜:《礼笺》卷二,《皇清经解三礼类汇编》第1册,台北:艺文印书馆1986年版,第258页。

[2] (清)曹元弼:《礼经学》,北京:北京大学出版社2012年版,第385页。

会秩序和人生修养的角度呼吁对于礼的重视与践履。颜元曰："治平之道,莫先于礼。惟自牌头教十家,保长教百家,乡长教千家,举行冠、婚、丧、祭、朔望、令节礼,天下可平也。"① 又："孔门习行礼、乐、射、御之学,健人筋骨,和人血气,调人情性,长人仁义。一时学行,受一时之福;一日习行,受一日之福;一人体之,锡福一人;一家体之,锡福一家;一国、天下皆然。小之却一身之疾,大之措民物之安。"② 清儒"以礼经世"做法,赋予了古礼在下层民间的推行和致用,逐步成为民众生活的准则与信仰。同时,民间礼仪践行的复杂与混乱,又促使了朝廷的稽古右文,崇尚经术,以及学者努力考证古礼,以求圣贤本来面目。正如曾国藩所言:"顾亭林氏著书,以扶植礼教为己任;江慎修氏纂《礼书纲目》,洪纤毕举;而秦树洼氏遂修《五礼通考》,自天文地理、军政官制都萃其中,旁综九流,细破无内,国藩私独宗之。"③ 曾氏事功,本于学问,深明礼学,故可"大本内植,伟绩外充",善于汲取乾嘉礼学的滋养,是其取得政治功业的根本原因所在。

二、考证典章制度　传承"皖派"学术

《礼书纲目》是江永礼学研究的重要著述,它以朱子《仪礼经传通解》为主增订而成,在编撰旨趣上宗法朱子,以《仪礼》为主进行编撰,对朱子礼书进行增订和补充,完成了朱子未竟之绪。但在编撰体例上式法黄氏,通过对《通解》的增删隐括,改变了朱子礼书"内圣外王"的固有体系,回归《周官》吉凶军宾嘉的五礼系统,萌发着汉学考据的雏形,奠定了江永在礼学研究史上的卓越地位。作为受业弟子,金榜解经释礼也是秉承江氏学术之路,就古音以求古义,引伸触类,不限形体。在经文经义的解读上"博稽而精,慎而能断",所遵循的正是"皖派"学术"由小学以通经学"路径。尤其是在篇中经常直接引用江永之说,以为己证。如卷一"冕旒"篇云:"榜闻之师曰:前旒义取蔽明,则无后旒可知。《记》言十二旒,未尝谓前后皆有也。《玉藻》所云前后邃延者,谓延之前后出于武者

---

① (清)钟錂:《颜习斋先生言行录》卷下,《颜元集》,北京:中华书局1987年版,第669页。
② (清)钟錂:《颜习斋先生言行录》卷下,《颜元集》,北京:中华书局1987年版,第693页。
③ (清)曾国藩:《孙芝房侍讲刍论序》,《曾国藩全集》第14册,长沙:岳麓书社2012年版,第206页。

皆深邃耳。前后据延言,不据延之垂者言。斯言可正诸儒相传之误。古冕旒之制,当从大小夏侯氏说。"[1]金氏对于古礼制的考证,是基于先"存礼"再"求仁"的治学路径,即先掇拾遗经,再承续圣贤,由汉学而至宋学,"一尊汉儒,不废宋学",仁与礼兼得,颇为清末曾国藩信服和推崇。曾氏曰:"修身齐家治国平天下,则一秉乎礼。自内焉者言之,舍礼无所谓道德;自外焉者言之,舍礼无所谓政事。""盖古之学者,无所谓经世之术也,学礼焉而已。"[2]金榜早年也曾供职于军机处,学问与事功兼得。作为一代中兴大臣,曾国藩"以礼为归"的学问宗旨和治世之方,即来自于清儒的"圣人之道,一礼而已矣"。曾氏在经世实践中深知推行以礼"纲维万事"的驭世之术,是鉴于清儒所批判的"舍多学而识,以求一贯之方,置四海之困穷不言,而终日讲危微精一之说"。因此,他能够迫切感觉到礼在"经世宰物"的实践中所产生的社会需求与政治保障,真正反映了儒家"不学礼,无以立"的经世致用意愿和纲维伦理的效用。在一定程度上,也是承平之世的清儒"事功"之学,在战乱年代得以切实施行的具体体现和展示。

实际上,在金榜的时代,考据学已经成为主流学术,学者研治礼学也一改前朝盛行的以《书仪》和《家礼》之类的"私家仪注"的治礼方式,趋向以经典为法式、以包罗百科为内容的治礼之途,一如凌廷堪所言:"是故礼也者,不独大经大法,悉本夫天命民彝而出之,即一器数之微,一仪节之细,莫不各有精义弥纶于其间,所谓物有本末、事有始终是也。"[3]如此以经文为主,以百家子史、六书九数等为辅,核其制明其道之旨,多方面地渗透到了对礼学的研究之中,追溯礼仪之本,彰显礼仪之义,将礼学研究推向了深入。金榜生于此时此境,深知必先习其器数仪节,然后知礼之原于性,所谓致知也。知其原于性,然后行之出于诚,若舍礼而言诚意,则正心不当在诚意之后。如其《礼笺》卷二"金奏肆夏"篇云:"天子诸侯燕群臣及聘问之宾,皆歌《鹿鸣》,合乡乐。榜闻之师曰:乐有金奏,有升歌,《仪礼》及《仲尼燕居》《郊特牲》《左传》《国语》所载甚分明。金奏主器声,升歌主人声,《诗谱》以升歌与金奏混合为一,误也。《仲尼燕居》云入门而金作,

---

[1] (清)金榜:《礼笺》卷一,《皇清经解三礼类汇编》第1册,台北:艺文印书馆1986年版,第236页。
[2] (清)曾国藩:《孙芝房侍讲刍论序》,《曾国藩全集》第14册,长沙:岳麓书社2012年版,第206页。
[3] (清)凌廷堪:《复礼》中,《校礼堂文集》,北京:中华书局1998年版,第30页。

此奏《肆夏》也；升歌则用《清庙》，何尝歌《肆夏》乎？榜案：升歌职于大师、小师、瞽矇，金奏职于钟师、镈师。既殊事异职，《大射礼》主人献大夫后，乃纳工升歌。先时献宾献公奏《肆夏》，工尚未入，明金奏不得有工歌。"①金氏旁稽经典文献，引用乃师之论，对金奏肆夏的分工与效用详细考辨，其结论为："天子诸侯燕群臣及聘问之宾，升歌《小雅》，合乡乐，其用金奏也；唯天子享元侯备《三夏》，余皆奏《肆夏》而已，是其尊卑用乐之差。"②如此观点也颇为黄以周、孙诒让、皮锡瑞及钱玄《三礼通论》所认同和引用。又如古礼仪中较为复杂的"肆献祼馈食礼"问题，《礼笺》卷三"加爵"篇在征引礼经郑注及崔灵恩、熊安生的观点后指出："贾（公彦）疏谓《祭统》据侯伯礼，宗庙七献，二祼为奠不饮，朝践已后有尸饮五献卿。天子与上公同九献，二祼为奠不饮，是尸饮七，可以献诸臣。若然子男五献者，二祼为奠不饮，是尸饮三，可以献卿，其差数与郑义合。江先生曰：如（孔）冲远说，则宾未献尸，而君先献宾，失其序矣。此破的之论也。"金氏于江永著述最为熟悉，对前辈学者的精见卓识，加以引证发明，"详稽制度，卓然可补江戴之缺而尾随之，必传于后无疑也"③。可以说金氏礼学的精深与成就，既促进了"皖派"学术风格特色的形成，又促进了清代礼学向纵深方向的同步发展。

金榜师事江永，与戴震在师友之间，故《礼笺》的撰述也受到东原的启发与帮助。如卷一"周官军赋"篇小序云："岁丁亥，与戴东原同居京师。东原以《司马法》赋出车、徒二法难通。余举《小司徒》正卒、羡卒释之，东原曰：此有益于为《周官》之学者。遂著录焉。"④据《史记》所载，《司马法》系齐威王使大夫追论古兵法而撰成，并附司马穰苴于其中，以之与今本《周礼》所载司马诸职相比勘，已缺略甚多，不得其详矣。金氏排比史籍，翔实考核，推算军赋之数而得其大法为"十人而赋其一"。对于周末以后，因战乱频仍而与时俱进的兵役制度，也能从情与理两方面推明本末，得其大略。曰：

---

① （清）金榜：《礼笺》卷二，《皇清经解三礼类汇编》第1册，台北：艺文印书馆1986年版，第246页。
② （清）金榜：《礼笺》卷二，《皇清经解三礼类汇编》第1册，台北：艺文印书馆1986年版，第246页。
③ （清）吴定：《翰林院修撰金先生榜墓志铭》，《紫石泉山房文集》卷十，光绪十三年李氏刊本。
④ （清）金榜：《礼笺》卷一，《皇清经解三礼类汇编》第1册，台北：艺文印书馆1986年版，第228页。

榜谓《大司徒》之职"凡造都鄙,制其地域而沟封之,以其室数制之。不易之地家百亩,一易之地家二百亩,再易之地家三百亩"。《周官》造都鄙之法具于是。至于《匠人》为沟洫,《司险》设国之五沟五涂,皆掌其事于官。其用民力也,则《均人》均其力征,丰年公旬用三日,中年公旬用二日,无年公旬用一日。谓缘边一里治洫,十里治浍,非古制也。如郑君说,一同百里,仅四千九十六井出田税,又与《司马法》邱乘之制不合。《小司徒》有九夫为井之法,《遂人》有十夫有沟之法。地之险夷异形,广狭异数,因地势而制其宜。凡不可井者,济以《遂人》法,而地无旷土。孟子请野九一而助,国中什一使自赋,国中城郭宫室差多,涂巷又广,于《遂人》法为宜。是《小司徒》实与《遂人》联事通职,不以乡遂都鄙异制审矣。[1]

金氏司马田赋之说与江永、戴震之言有同有异,而为江藩、黄以周、孙诒让等所认同。江藩《汉学师承记》中之《金榜传》卷首即全引金氏"十人取一,为正羡卒"之说,颇为欣赏,以为释古准确无疑。焦循也称颂金榜曰:"殿撰金君,学长于礼。十人取一,为正羡卒。古司马法,岂穰苴说。"[2]金氏崇奉汉学,寻求儒学要义,由考证经典文献入手以展示儒家伦理思想。他与戴震同出于江永门下,故其礼学研究无论在内容与范围、思想与成就方面皆有相通之处。戴震早年即撰著《考工记图》,对《考工记》中的宫室车舆、兵器礼乐、文物制度等皆分别列图考论说明,再对东汉郑众、郑玄的注加以文字考证,颇为一时学界同仁所激赏,纪昀当即为之刊刻成书。金榜《礼笺》首卷就多次引用戴说以为证。如"繶藉采就"篇云:"戴东原谓繶形制如其玉,上玄下纁,《聘礼》记'皆玄纁',是也。"此说出自戴震《学礼篇》。又"戈戟"篇云:"戴震曰:《说文》既引《周礼》'重三锊',当云'北方以二十两为三锊'。是以郑注引《说文》,证三锊为一斤四两。今本盖脱去'三'字。"此说出自戴氏《辨尚书考工记锾锊二字》一文。又"桃氏为剑"篇取戴说云:"戴震云:设其后,犹曰设其旋,设其羽尔。"此说出自《考工记图》。又如卷二"凫氏为钟"篇小序云:"郑氏凫氏钟制,往往滋后儒之疑。休宁

---

[1] (清)金榜:《礼笺》卷一,《皇清经解三礼类汇编》第1册,台北:艺文印书馆1986年版,第230页。
[2] (清)徐世昌等:《清儒学案》卷一二〇,北京:中华书局2008年版,第4759页。

戴震释舞为钟上覆,其说足补郑注所未逮。"可见金氏《礼笺》多依戴说为据,借以纠正前人的疏失和误解。由此也证明清代徽州学者精研礼学,前后相继,蔚然一派朴实学风。时人赞之曰:"我朝经学昌明,说经之儒辈出。昆山顾氏为之倡,徐健庵、秦树峰为之继。近时若江慎修、金辅之诸君,皆能恪守古训,博而有要,虽论难时有抵牾,而综核无伤本始,诚不朽之盛业也。"[①]

在传统儒家社会,仁义礼智的深层理念蕴涵在圣贤经典里,"教天下习礼博文";而人们外在的礼仪活动及秩序维系,则讲究"齐其度量,同其文字,别其尊卑",这就需要用礼器和礼仪来标识和表达之。阮元曰:"器者,所以藏礼,故孔子曰:唯器与名,不可以假人。先王之制器也,齐其度量,同其文字,别其尊卑。用之于朝觐燕飨,则见天子之尊,锡命之宠,虽有强国,不敢问鼎之轻重焉。用之于祭祀饮射,则见德功之美,勋赏之名,孝子孝孙,永享其祖考而宝用之焉。且天子诸侯卿大夫非有德位,保其富贵,则不能制其器;非有问学,通其文词,则不能铭其器。然则器者,先王所以驸天下尊王敬祖之心,教天下习礼博文之学。"[②]金榜出身"东南邹鲁"的"礼仪之邦",深知社会风俗的改观需要"明礼义以化之",故其治学尤重礼器与礼制的研究,即"义理存乎典章制度"也。在《礼笺》卷二"特牲馈食礼祭服"篇和卷三"明堂"篇中,金榜会通诸经,经史互证,并参以东原《毛郑诗考正》和《考工记图》之说,比勘类推,左右逢源,冰释千古疑惑,津逮后学良多。如所释明堂,征引《礼记·月令》曰:"汉以来言明堂者,人各异说,由未辨于其地,以王居听政之明堂,与合诸侯之明堂,溷而一之也。所谓王居听政之明堂即路寝,路寝者大寝也……王宫大寝之制,其言左祖,则谓世室为宗庙者非也;其言国中,则谓明堂为在国之阳者非也。据大室言之曰世室,据南堂言之曰明堂,盖异名同实。昔儒所以致误者,《月令》《考工》言明堂详矣,不知其即路寝。因近郊及四岳明堂之名最著,遂以室庙个之制加之,而《周官》《仪礼》为宫为坛之为明堂,其名转不可考。于是路寝明堂异名同实,王朝之明堂与近郊之明堂,同名殊制,均失其传矣。"金氏所论,于情于理颇为平正,也与戴震所释较为近似。戴东原曰:"王者而后有明堂,其制盖起于古远。夏曰世室,殷曰重屋,周曰明堂。三代相因,异名同实欤? 世室重屋义未闻。明堂在国之阳,祀五

---

① (清)曾燠:《礼论略钞序》,凌曙《礼论略钞》卷首,清维扬汪耀南重刊本。
② (清)阮元:《商周铜器说》上,《揅经室集》三集卷三,北京:中华书局1993年版,第632页。

帝,听朔会,同诸侯,大政在焉。夏曰世室,世世弗坏,或以意命之也。殷曰重屋,阿阁四注,或以其制命之也。周人取天时方位以命之,东青阳,南明堂,西总章,北玄堂,而通曰明堂,举南以该其三也。四正之堂,皆曰大庙;四正之室,共一大室,故曰大庙大室,明大室处四正之堂中央尔。世之言明堂者,有室无堂,不分个夹,失其传久矣。"①

明堂之制因时代悠远,又"失其传久矣",今无实物相对照,故而聚讼纷纭。戴震与金榜的论述皆植根于上古经籍,以古证古,颇为近实。凌廷堪称之曰:"国朝多通儒,吾郡尤粹深。江戴既云逝,存者程与金。修撰究郑、贾,他学旁不侵。"②近代王国维则以较为科学的方法,对古代明堂的发展史给予充分的考证,云:"明堂之制本有四屋、四堂相背外,其左右各有个,故亦可谓之十二堂。堂后四室相对于内,中央有太室,是为五室。太室之上,为圆屋以覆之,而出于四屋之上,是为重屋。其中除太室为明堂宗庙特制外,余皆与寻常宫室无异,其五室、四堂、四旁、两夹、四阿重屋,皆出于其制度之自然。"③其意即为明堂之制即古宗庙之制;路寝和燕寝之制与前两者稍有差异。作为一种渊源甚深的古典建筑,明堂是儒家心目中"王者之治"的象征。它蕴含着深刻的伦理政治意味,也承载着儒家的社会理想。从古至清,历代几乎皆建有明堂或者类似明堂的建筑,用以诫示后人举措有度,以彰王道。④

《礼笺》不仅在学术领域和治学内容上秉承江、戴之学,而且在治学方法上也是继承"皖派"大师"士生千载之后,求道于典章制度","不以人蔽己,不以己自蔽"的求是精神,即"戴派之言训诂名物,虽常博引汉人之说,然并不墨守之"⑤。故金榜即使明言"于郑氏治经家法不敢诬也",但"于郑义所未衷,纠举之至数四",切实体现了"皖派"学术去非成是、空所依傍的治学风貌。如《礼笺》卷一"都鄙公邑异同"篇云:"郑君注云:百里、五十里、二十五里,似臆说。""注以

---

① （清）戴震:《明堂考》,《戴震文集》卷二,北京:中华书局1982年版,第24—25页。
② （清）凌廷堪:《题程易田先生让堂话别图》,《凌廷堪全集》第4册,合肥:黄山书社2009年版,第132页。
③ 王国维:《明堂庙寝通考》,《观堂集林》第1册,北京:中华书局1959年版,第127页。
④ 参见陈徽:《明堂考》,载《儒学与古典学评论》,上海:上海人民出版社2013年版,第235—252页。近来学术界有关明堂制度的考论,还有张一兵《明堂制度研究》(中华书局2005年版)一书可参阅。
⑤ （清）梁启超:《清代学术概论》,上海:上海古籍出版社1998年版,第43—47页。

《稍人》'主为县师,令都、鄙、邱、甸之政',非也。"卷二"妇人不杖"篇云:"郑君谓妇人成人者皆杖,于《丧服传》妇人不杖,《小记》女子子一人杖,通释为童子,皆违失经意。"① 又同卷"君子子为庶母慈己者"篇云:"郑君援《内则》慈母食母以与此庶母慈己相比附,皆失经意。"② 此等评判皆为是其所是,非其所非;于郑注之失章疑别微,而于其治经家法则不敢有丝毫怠慢。如《礼笺》卷三"禘"篇云:"后郑合昊天上帝为一,误。"③ 但同时指出:"惟郑君识古,能述其义……故《郑志·答赵商》云'悉信亦非,不信亦非'。斯言也,敢援以为治经之大法。"④ 金氏崇尚郑注,又不墨守成规,"俾治礼服者可取正焉",书中此类意见犹为多见,如卷二"女子子嫁者未嫁者为世父母叔父母姑姊妹"篇云:"今据郑注是正传文,复为是经疏通其义,俾后之为朱异者不得撼此逆降之文,为郑学口实也。"⑤ 又卷二"祥禫"篇云:"两汉经师更相传授者,无异说也。自子雍好为野言,浮辨蜂起,虽郑学之徒申明之征验显著如是,学者犹或依违其间。甚矣!礼学之难明异晦也。故具录其说,俾治礼服者可取正焉。"⑥ 可见金榜治学深得江、戴之精髓,正是"皖派"学风不佞古、不墨守的具体体现。梁启超称之为"所见不合,则相辩诘,虽弟子驳难本师,亦所不随,受之者从不认为忤"。《礼笺》确乎能够做到"心知其意"而"空所依傍",这也正是此书之所以能够超越前人、以孤篇而跻身于清儒之林的关键所在。尤其是书中的论学精言,继前人治学方略,成一时至理名言,如:"不遍考全经,辄为异说,此学者之大患"(《周易占法》篇)"苟不明制度,而执一说以求之,鲜有不失其义者"(《任正者衡任者》篇)等,更是对乾嘉汉学精神和学术宗尚的精辟概括和理论总结。王念孙简约其意云:"经之有说,触类旁通。

---

① (清)金榜:《礼笺》卷二,《皇清经解三礼类汇编》第1册,台北:艺文印书馆1986年版,第248页。

② (清)金榜:《礼笺》卷二,《皇清经解三礼类汇编》第1册,台北:艺文印书馆1986年版,第251页。

③ (清)金榜:《礼笺》卷三,《皇清经解三礼类汇编》第1册,台北:艺文印书馆1986年版,第267页。

④ (清)金榜:《礼笺》卷三,《皇清经解三礼类汇编》第1册,台北:艺文印书馆1986年版,第270页。

⑤ (清)金榜:《礼笺》卷二,《皇清经解三礼类汇编》第1册,台北:艺文印书馆1986年版,第250页。

⑥ (清)金榜:《礼笺》卷二,《皇清经解三礼类汇编》第1册,台北:艺文印书馆1986年版,第255页。

不通全书,不能说一句;不通诸经,亦不能说一经。"①乾嘉时期学术论著之所以如雨后春笋,既得益于时代经学的昌明,更得益于"皖派"学风的滋养。仅就《礼笺》一书而言,段玉裁《说文解字注》、王念孙《广雅疏证》、焦循《孟子正义》、刘宝楠《论语正义》、朱彬《礼记训纂》、胡培翚《仪礼正义》、凌廷堪《礼经释例》、黄以周《礼书通故》、孙希旦《礼记集解》、孙诒让《周礼正义》等都多加引用,无不受其经史考证的佐助及其方法论的沾溉。刘师培云:"张惠言《仪礼图》颇精,然张氏之学,亦受金榜之传,仍徽州学派也。"②金氏学术秉承江、戴"淹博精审识断"的治学理念,在《礼笺》的字里行间蕴含着深切的历史意识、哲学思考和人文关怀,而于礼制礼仪之深层内涵中汲取人生之意义,进而探讨物我关系以及整个社会的政治秩序。

三、考量经史典制　补救世道人心

《礼笺》一书既是清代考据学的经典著述,也是"皖派"汉学的代表之作,在当时就颇为学界所推崇。朱珪为之序言曰:"新安殿撰金君,枕葄六经,尤邃于礼。以郑氏书为言礼者之舌人,而病贾孔二疏不能补其漏疏,宣其奥密,非善译郑氏者。乃自著论数十篇,大而天文地域、田赋学校、郊庙明堂,以及车旗器服之细,罔弗贯串群言,折衷一是,不自胗饰其文,第祖郑《诗》笺毛之义,名曰《礼笺》,以为译郑云尔。录以寄余,余读之叹其词精而义核。不必训诂全经,而以之宣译圣典,不失三代制作明备之所在。岂独以礼家聚讼,姑以是为调人也哉!余经学疏陋,而于"三礼"尤甚。服官中外逾四十年,未遑矻矻卒经生之业。今老矣,读殿撰此书,其言《司马法》有正卒、羡卒之分,三江汉为北、岷为中、浙为南;秦正月用亥;禘兼天地人,皆于予夙所见合。君以名殿元养疴林泉多暇日,读书实事求是,所诣益深,当更取诸经之疑义而译之,为承学者矩矱。余虽耄,尚思遍读以资秉烛之明焉。"③该书"正卒羡卒""三江""太学"之论的博通与精审,历来为学者所称道,引用也极为频繁。如上古时代的官学一体,使得后世对

---

① (清)王念孙:《中州试牍序》,《高邮王氏遗书》,南京:江苏古籍出版社1984年版,第203页。
② (清)刘师培:《南北考证学不同论》,《刘申叔先生遗书》,民国宁武南氏刊印本。
③ (清)朱珪:《礼笺序》,《皇清经解三礼类汇编》第1册,台北:艺文印书馆1986年版,第223页。

于"太学"的解释莫衷一是。《礼记·王制》有"大学在郊,天子曰辟雍,诸侯曰泮宫"之说,但辟雍和泮宫又皆非纯然之大学,而与明堂布政、燕饮祭祀之事密切相关。金榜对此颇有深思,《礼笺》卷三《大学》一篇,捃拾经籍,抽绎文意,认为理解太学一事不可拘泥。西周立三代之学,夏后氏之东序在东郊,殷之瞽宗、有虞氏之上庠在西郊,皆大学也。大学之教,乐正崇四术,立四教,顺先王,诗书礼乐以造士。成均,五帝之乐,其法即五帝之遗法,诗书礼乐四术是也。故曰乐正司业,其由来远矣。《文王世子》有"春夏学干戈,秋冬学羽籥,皆于东序。小乐正学干,大胥赞之。籥师学戈,籥师丞赞之。胥鼓南。春诵夏弦,大师诏之。瞽宗秋学礼,执礼者诏之。冬读书,典书者诏之。礼在瞽宗,书在上庠。"而诗书礼乐造士之四术,备具于东序、瞽宗、上庠,周之大学,实因此三学修而兼用之者也。榜案:"《乐记》武王克商,散军而郊射,左射《貍首》,右射《驺虞》,而贯革之射息也。注云左东学、右西学,明左学、右学皆在郊,则辟雍、泮宫皆在郊也。故郑君驳《异义》云,《王制》大学在郊,辟雍即大学也。《大雅·灵台》一篇之诗,有灵台,有灵囿,有灵沼,有辟雍,则辟雍及三灵,皆同处在郊。辟雍者,大学之统名,周立三代之学,通名曰辟雍,犹五帝之学通名成均矣。《礼器》曰:鲁人将有事于上帝,必先有事于泮宫。注云先有事于泮宫,告后稷也。告之者,将以配天。泮宫,郊之学也。"[1]金榜之说也颇为阮元所赞同,皆认为明堂、大学或辟雍都起源于上古初始建立宫室之时,"自汉以来,儒者惟蔡邕、卢植,实知异名同地之制,尚昧上古、中古之分。后之儒者,执其一端,以蔽众说,分合无定,制度鲜通,盖未能融洽经传,参验古今,二千年来,遂成绝学"[2]。实际情况应该是古时物资匮乏,宫室无多,故祭天祭祖、军礼学礼、行政月令、朝诸侯、望星象,皆在乎是。故大学泮宫、明堂太庙、灵台辟雍皆同一地,就事殊名而已。三代以后制度大备,王居在城内而别建明堂于郊外,以存古制。金榜、阮元之说得到黄以周、皮锡瑞、张锡恭及今人吕思勉、杨宽等学者的认可。

与太学同称的还有国子学的问题,金榜此文也一并考证,从《三礼》之郑注入手,认为郑注以公卿大夫之子弟谓之国子,不下及于士。他说:"《大传》公子

---

[1] (清)金榜:《礼笺》卷三,《皇清经解三礼类汇编》第1册,台北:艺文印书馆1986年版,第265—266页。
[2] (清)阮元:《明堂论》,《揅经室集》一集卷三,北京:中华书局1993年版,第58页。

有宗道,公子之公,为其士大夫之庶者,宗其士大夫之適者。此公族有大夫,复有士之说也。然《丧服》经齐衰以下,大夫以尊降,公之昆弟以旁尊降。凡于为大夫者,则得服其亲服。《穀梁春秋》曰公子之重视大夫。然则在王族者,不更别以大夫士审矣。故郑注或云公卿大夫之子弟,或兼举士之子,义得两通。惟《王制》《尚书大传》言王太子、王子、群后之太子、卿大夫、元士之適子皆造焉。下及元士,又专举適子,与周制不合,乃周、秦间记人异说也。其乡人子弟,不得学于王宫小学,父师少师教之门塾之基(见《尚书大传》),所谓家有塾也。国子由小学入大学,乡人子弟由家塾入乡学,其俊选之士乃得入于大学,是其贵贱之差。"①

虽然"国子学"的名称为汉代以后出现,且于学制上的称谓亦时有演化,但追根溯源仍与"嫡子""庶子"及"国子"有关。金榜对此从《周礼》职官的标识和《仪礼》酬酢的仪式方面多方引证,其言可备一说:公卿大夫之子弟当学者,谓之国子,其职宿卫者,则谓之庶子。《周官经》言士庶子者甚众。《宫伯》:"掌王宫之士庶子,凡在版者。"《酒正》:"凡飨士庶子,皆共其酒。"《外饔》:"飨士庶子,掌其割亨之事。"《大司马》:"王吊劳,士庶子则相。大会同,则帅士庶子而掌其政令。"《都司马》:"掌都之士庶子之戒令。"《掌固》:"颁其士庶子,及其众庶之守。"郑君《宫伯注》云:"王宫之士,谓王宫中诸吏之適子。庶子,其支庶也。"窃以群经考之,《秋官·象胥》:"凡作事,王之大事诸侯,次事卿,次事大夫,次事上士,下事庶子。"《掌客》:"王巡守殷国,从者三公视上公之礼,卿视侯伯之礼,大夫视子男之礼,士视诸侯之卿礼,庶子一视其大夫之礼。"周人凡宾客之事,《射人》作卿大夫从,《司士》作士从,《诸子》作群子从,凡庶子于士相差一等。故《燕礼》《大射礼》于献大夫、献士后,并云主人洗,升自西阶,献庶子于阼阶上,如献士之礼。《燕义》席,小卿次上卿,大夫次小卿,士庶子以次就位于下。献君,君举旅行酬,而后献卿。卿举旅行酬,而后献大夫。大夫举旅行酬,而后献士。士举旅行酬,而后献庶子。此其先后受献之差。王宫之士庶子,在版者未闻其数,而朝大夫,每国庶子八人,都则庶子四人。《司士》掌群臣之版,周知卿大夫士庶子之数。是庶子虽未受爵王朝,而其数已列于群臣之版如是。盖已命者谓之士,《司

---

① (清)金榜:《礼笺》卷三,《皇清经解三礼类汇编》第1册,台北:艺文印书馆1986年版,第266页。

士》所云"王族故士在路门之右"是也。未命者谓之庶子，《大仆》所云"闻鼓声则速逆御仆与御庶子"是也。此公卿大夫之子弟宿卫王宫，而或曰士，或曰庶子，所由名位不同，要不以適庶殊也。以上金榜所案之语，在林昌彝《三礼通释》、黄以周《礼书通故》、孙诒让《周礼正义》、张锡恭《丧服郑氏学》及沈文倬《宗周礼乐文明考论》中多能见其翔实征引（文繁不录），由此可见金氏礼学研究之成就和影响。近人支伟成称赞金榜曰："先生邃于经学，尤擅长《三礼》，一依高密为宗。尝因《司马法》赋出车徒二法难通，乃举《小司徒》正卒、羡卒以释之，累千余言。东原读之叹曰：此有益于为《周官》之学者矣……大而天文地域、田赋学校、郊庙明堂，下逮车旗、器服之细，罔弗贯串群言，折衷一是。词综而义核，不必训诂全经，举足以宣译圣典，无失三代制作明备之意，岂独以礼家聚讼，姑取是为调人也。宜朱文正序之于前，阮文达收之于后，与江、戴巍然并峙。经学之盛在新安，良有以夫。"①

金榜以《礼笺》树立于清代学术之林，虽然所言未必全是，但可因此而追溯论题，以便后学者进一步的探究和提升。如卷二《降其小宗》论及《仪礼·丧服·记》"为人后者于兄弟降一等，报；于所为后之兄弟之子，若子"，金氏本着"夫礼，承天之道以治人之情"，"缘情制礼"的丧服思想，注重个人之情与家族之谊，由经籍文献考证发掘上古宗法秩序，以新的情理观与宋明理学相抗衡，而对人之情欲的张扬与引导，也日渐成为近代礼教批判的巨大动力。金氏论曰："所为后之子谓为人后者，自所后之兄弟目之为所为后之子，其服之如子。今本作'于所为后之兄弟之子若子'，《记》言小功以下为兄弟，是兄弟为小功以下通称，不得更称兄弟之子。唐石经误与今本同。兹据贺循为后服议校正。斯无疑于小功以下为兄弟之义矣。"民国学者曹元弼与吴廷燮都深信此说，曰："为人后之礼，言人人殊，惟金氏此说与经传吻合，确不可易。"②吴氏又从石经校勘的角度，补充和丰富经文的内涵，曰："若所释《仪礼》'为人后者于兄弟争一等'一节，据贺循'为后服'议，作'于所为后之子兄弟若子'，遂改经文。胡氏《正义》谓戴氏校《仪礼集释》，程氏《丧服足征记》因之，说虽不同，皆以石经为误。卢氏《详校》、阮氏《校勘记》亦用金说。胡氏力引凌氏说辟是书改经之非，谓《通典》刻易

---

① 支伟成：《清代朴学大师列传》，长沙：岳麓书社1998年版，第78页。
② （清）曹元弼：《"降其小宗"解》，《礼经学》，北京：北京大学出版社2012年版，第347页。

淆,未可据以改经,则是书亦有可议者,尚不止此。"①君子秉礼以修己,先王制礼以治人。古人如此汲汲于古礼字句的探研,看似与国家兴亡无关,实则可以窥见学者胸中志向时刻记挂着天下万世,揖让进退之节中寄寓着继绝学、开太平的深沉之思。又如《礼笺》卷二"君子子为庶母慈己者"篇认为:何有命为母子为之三年乎?故知主谓大夫士之妾与妾子也。云"其使养之,不命为母子,则亦服庶母慈己之服可也"者,《小功》章云"君子子为庶母之慈己者",注云:"君子子者,大夫及公子之適妻子。"彼谓適妻,子备三母:有师母、慈母、保母。慈居中,服之则师母、保母服,可知是庶母为慈母服,《小功》下云其不慈己则缌可也,是大夫之適妻子不命,为母子慈己加服小功。若妾子为父之妾,慈己加服小功可知。若不慈己,则缌麻矣。金氏分别师母、慈母、保母三种不同情形,将复杂的事情条分缕析,各得其所。即《丧服·小功》章中,君子为庶母慈己者,郑注引此《内则》三母,独言慈母,举中以见上下,是知大夫有三母也。为之服小功,若诸侯之子,三母则不服也。又此虽在三月之前,其实三月之后,养子亦当然也。注士妻食乳之而已,《正义》曰:既有了师、慈母、保母各为其事,故知士妻但食乳之而已。金榜治《礼》宗主郑玄,而病贾孔两疏不能补其漏疏以申郑义,开徽派治《礼》之先声。其后胡培翚、朱彬以及黄以周、孙诒让等闻风继起。虽然后出转精,然金榜筚路蓝缕,自当刮目以视也。胡氏《正义》取金榜该书"嫡子妾子同"之说,而不取其君子专指士之说。曰:"今案此庶母慈己之服本为嫡妻子而制,故此注主嫡妻子言。但妾子养于他妾亦为慈己,故《齐衰三年》章注又兼妾子言。昭十一年《左传》'其僚无子,使字敬叔',此妾子养于他妾者也。金氏谓嫡子妾子同,是矣。至君子之名,各书多以称士,不必定指大夫。此注言大夫子而不及士子,与金氏专指士子言,皆偏也。《丧服》'慈母如母'及'庶母慈己'二条,盖皆大夫士之礼,诸侯以上无之。《曾子问》'子游问慈母,孔子曰:古者男子外有傅,内有慈母,君命所使教子也,何服之有?'郑注:言无服也。此指谓国君之子也,大夫士之子为庶母慈己者服小功。孔疏引熊氏云:士之嫡子无母,乃命妾慈己,亦为之小功。知者,以士为庶母缌,明士子亦缌,以慈己加小功,故此连言

---

① 中国科学院图书馆整理:《续修四库全书总目提要》,北京:中华书局1993年版,第554页。

大夫士也。是郑亦兼士言之矣。"①胡培翚乃凌廷堪高足弟子，于学术辈分上可谓金榜之再传，不仅在学问上传承"皖派"之脉络，更在学术上秉承前贤"不以人蔽己，不以己自蔽"的思想风范，敢于对"所持论相抵牾""尚不敢附"，充分体现了乾嘉汉学实事求是、空所依傍的精神。

金氏《礼笺》一书，虽间有辟宋学之绪，但无过激之蔽，每一篇每一说皆足以承前启后，而乾嘉礼学之精诣亦汇聚于此，故其影响后学也在在可见。凌曙在《礼论略钞》中较多地选取了礼学家如徐乾学、金榜、程瑶田诸儒的论文，在三十余篇中金氏竟占有三篇："小功章君子子为庶母慈己者""阴厌阳厌""丧服小记附于其妻"。民国张锡恭《丧服郑氏学》直接引用金榜之说达二十余处，多见"金氏此说至为精确"，间或也有"误说，不可从"之语。可见乾嘉时期考据学者以《礼》学研究的卓越成就为世所称道，金榜之功可谓"前可以继古人，俯可以待后世，于是书足以信之"。金氏之后礼学家凌廷堪、胡培翚、张惠言以及朱彬、黄以周、孙诒让等对金榜之说尤为推崇，促使清代三礼学研究蔚为大观。至于金氏礼学成就如何，今以姚鼐之言作为归纳当是恰如其分。姚氏曰："歙金蕊中修撰自少笃学不倦，老始成书。其于《礼经》，博稽而精思，慎求而能断。修撰所最奉者康成，然于郑义所未衷，纠举之至数四。夫其所服膺者，真见其善而后信也；其所疑者，必核之以尽其真也。岂非通人之用心，烈士之明志也哉！鼐取其书读之，有窃幸于愚陋夙所持论差相合者；有生平所未闻，得此而俯首悦怿，以为不可易者；亦有尚不敢附者。要之，修撰为今儒之魁俊，治经之善轨，前可以继古人，俯可以待后世，于是书足以信之矣。"②《礼笺》一书不仅有承续汉学学统之意，更有形而上的义理贯通其中，虽其详于器数，略于义理，但最终目的是把礼的道德实践落实在人们的规范和行为上。金氏一生研礼，重视经文器物的考证，"由器明道"，更有"以礼经世"的思想寄寓其中。他努力维护儒学的纯正性，阻挡释道异端的浸入，意在重整儒家典范礼秩，展现礼学躬行践履的社会实践品格，发挥圣贤礼义的社会教化功能。

---

① （清）胡培翚：《仪礼正义》，北京大学出版社2016年版，第1143页。关于"庶母慈己"条的辩证，张锡恭《丧服郑氏学》与金榜之说有异义，可参见吴飞点校本，上海书店2017年版。

② 参见《礼笺》卷首姚鼐序。

四、结语

　　清初朝廷确立了"崇儒重道"的文化政策,至乾隆朝三礼馆的诏开,以及《三礼义疏》和《大清通礼》的编订成功,都带动了朝野学者对经术礼制的极大关注。在清代诸多注疏礼学的学者之中,金榜的《礼笺》风格堪谓复古,也颇合时尚。个中原因,除了时代学术思潮的覆盖和影响之外,作为一个长期生活在徽州世俗社会的传统儒者,金氏对日益增多的佛道耶"三教合一"的地方性日常习俗的境况颇为反感,希望回归儒风独茂的"东南邹鲁"时代。故其晚年居家之时,集中精力为儒家经典和正统文化"循名责实",对抗流俗,弘扬正气。

　　金榜出身于徽商家庭,自有功名利禄后,退隐居乡,从事于枯燥艰深的礼学研究,将研治礼学作为完善自身、治理社会的重要手段,以此影响家族及周遭民众趋向"文质彬彬"的礼仪社会。顾炎武云:"礼者,本于人心之节文,以为自治治人之具。是以孔子之圣,犹问礼于老聃。而其与弟子答问之言,虽节目之微,无不备悉。语其子伯鱼,曰不学礼无以立。《乡党》一篇,皆动容周旋中礼之效。然则周公之所以为治、孔子之所以为教,舍礼其何以焉?"[1]金氏以顾氏"理学即经学"的思想,及戴震"士生千载之后,求道于典章制度"的治学路径,"克己复礼",躬行践履,引领乡民"移风易俗",故有"徽州独无教门,亦缘族居之故,非惟乡村中难以错处,即城市诸大姓,亦各分段落。所谓天主之堂、礼拜之寺,无从建焉。故教门人间有贸易来徽者,无萃聚之所,遂难久停焉"[2]。金榜作为乡居的绅衿,因有来自儒家文化传统所形成的威权,有修齐治平的理念,故其特重民间的教化职能,在其周围便形成一个具有自治性质的士绅社会。如此现象,王汎森曾指出,士阶层靠着儒家的礼与僧、道区别开来,他们为了与僧、道在思想及生活礼仪方面竞争,在猛烈地批判佛、道及深受佛道浸染的思想及生活文化的同时,致力于建立"真正的"先秦儒家传统。但是因为魏晋以来佛、道之说已渐渐渗入儒家,为了与它们作更深刻的区分,他们发掘甚至创造更为纯粹的传统,以确立自己的独特性。"士"阶层这种追求纯粹的、好古的、强调儒家独特性

---

[1] (清)顾炎武:《仪礼郑注句读序》,《顾亭林诗文集》,北京:中华书局1983年版,第32页。
[2] 许承尧:《歙事闲谭》,合肥:黄山书社2001年版,第607页。

的倾向亦日益趋古,行为方面则要求回到古代儒家礼仪,他们以严谨的文字训诂、文献考证来建立一个更忠于原始本义的儒家传统及生命礼仪,以之与佛、道或流俗思想文化与生命礼仪相竞争,甚至企图取代之。[①] 金榜晚年居家,一方面为维护宗族而努力恢复"宗法制",另一方面利用朝野人脉关系,维护着金氏经营商业的诸多往来应酬,更为重要的是管理金氏后裔的教育和科举,并聘请张惠言前来督课,同时传授其典章制度之学,张氏著名的《仪礼图》即是在歙县岩镇完成的。金氏回乡"悠然林下",依照其理想建立儒家宗祠、设置祭田、考定祭礼、制作祠规。他认为徽州一府六县即已俗尚不同,要之而轨于礼,尊祖敬宗收族,乃礼之大事,越礼违礼,总谓之失中。居家养疴无事,日取所见昏丧宴会诸事略加辨正,意在移风易俗,依古《礼经》而准以众人所能行,知理而循礼,于己为心安,于人心世道也有小补焉。

[①] 王汎森:《权力的毛细管作用——清代的思想、学术与心态》,北京:北京大学出版社2015年版,第57页。

《五礼通考》中的天神祭祀系统

霞绍晖

四川大学古籍整理研究所

清人秦蕙田所编《五礼通考》共计262卷,是在接受朱熹《仪礼经传通解》编纂思想的基础上,仿照清代徐乾学《读礼通考》的体例,按照吉、凶、军、宾、嘉顺序编排,裁剪《通典》《通志》《通考》《十三经注疏》及二十四史等各种文献资料,条分缕析,按类排比,后附识以案语,成一代巨典,具有很高的学术价值。它是清代重要礼书文献,也是汇纂历代礼制的集大成之作,在我国礼制史和学术史上有着重要地位。

秦蕙田(1702—1764)字树峰,号味经,江南金匮(今属江苏无锡)人。他出生在一个学术氛围很浓的封建贵族家庭,祖父秦松龄,是顺治十二年(1655)进士,官至左春坊左谕德。左春坊是清王朝负责培养帝师的教育机构,雍正后不设太子,便充任文武殿试掌卷官,主要担任纂修、记注、廷试阅卷等事务。乾隆元年,秦蕙田以第三人登第,即被授翰林院编修,领命入直南书房。后教读上书房,旋迁侍讲,转右春坊右庶子,再改通政使司右通政,擢内阁学士,迁礼部右侍郎。丁忧服阕,补礼部左侍郎,调刑部右侍郎,转左侍郎,兼理国子监算学,充经筵讲官,擢工部尚书,兼理乐部,调刑部尚书,加太子太保,累阶至光禄大夫致仕,仕途可谓风光无限。其之所以备受乾隆重视,是因为其为官恪勤不阿,为子奉事敬孝,为人刚介自守,提携后进,皆自有风范。在其过世之后,乾隆巡视江南,幸驾其别业寄畅园,有"养疴旋里人何在,抚景愀然是此间"之句,其追念感怀如此。

秦蕙田少承家学,笃行经术。长入学塾,习经不辍。尤喜谈论《易》学,以为先儒对《易》的义理研究很多，而对象术的讨论却很少，于是标记每日所得，汇为一编，名之为《周易象义日笺》若干卷。又以为《诗》三百篇，古人都配有管弦之声，可以咏唱。汉魏之后，方始失其传，然而天籁之音，现在读起来都觉得绝妙之致，故与有相同看法的学友讲求讨论，用时曲来唱《诗》，这样才是诗乐合一。又兼采顾炎武、江声之说，考定《四声表》，欲通古韵于等韵，然因抱病，此书未成。而其他之学，诸如律吕、算数以及医方、堪舆、星命家言，皆溯流穷源，得其要领，即使那些专门研修的名家之人，亦感叹以为莫及。而其学虽可谓通，然其最大经学成就，莫过于礼。

《五礼通考》所采之事，吉礼为最。从其《凡例》可知，秦氏于此部分用力尤甚。细究其因，盖有三端：一是"礼有五经，莫重于祭"；二是"两郊七庙，遗文缺微"；三是"谶纬繁兴"，"辨难滋起"[①]。这些问题都有损五礼的践行和传承。从其体例看，秦氏参考了前人诸如唐杜佑《通典》、宋朱熹《仪礼经传通解》、元马端临《文献通考》、清徐乾学《读礼通考》等。他认为，马端临以郊、社、庙统之，但先农先蚕入郊、社不大相伦，六宗四类，又不能确指何神，笼统含混。朱子《仪礼经传通解》又增列百神一类，独立于祭天、祭地之外，尤显冗赘，还是《周礼·大宗伯》划分合理科学，所以他采用了《大宗伯》的划分，"未敢强分名目"，其严谨如此。秦氏的分类如下：

圜丘祀天：祭天、祈谷、大雩、明堂、祭五帝（附祭寒暑）、祭日月、祭星辰（附祭风雨雷神）等。

方丘祭地：祭地祇、社稷（附城隍）、祭四望山川（附封禅）、五祭（祀户、祀灶、祀中溜、祀门、祀行）、禋六宗、祭四方四类、高禖、蜡腊、傩祭、酺祭、盟诅、衅祭等。

宗庙制度：宗庙祭祀（附律吕、五声、七音、八音）、宗庙时享、禘祫、荐新、后妃庙、私亲庙、太子庙、诸侯庙祭、大夫士庙祭、祀先代帝王、祭先圣先享先卜、享先医、祭厉等二十一项。

祭祀作为一项宗教性的礼仪活动，有着其仪式化特征。秦氏于《吉礼》"以义类相从"，是从《吉礼》的义类来分类的，这并未反映祭祀的系统特征。故我们

---

① （清）秦蕙田：《五礼通考·凡例》，文渊阁《四库全书》第135册，第63页。

以祭祀对象——天——为核心来梳理其祭祀系统,以便呈现传统祭祀的具体面貌。

中国古代的祭祀,天神是最重要的祭祀对象。秦蕙田在《五礼通考》卷一《圜丘祀天》开篇按语中引孔子的话说:"郊所以明天道也。"天道在古人的观念中,是万事万物的来源和根据,是人们认识观念的本源。天道的表现是"象",圣人则之,形成人事的各种法则。所以《礼记·郊特牲》云:"天垂象,圣人则之。郊所以明天道也。"天道来源于天,天在古人心中有最高位置,故以天神为天之主,祭祀天神,就是表达对天的敬畏,表达一种"报本反始"的感恩报德的观念。

《周礼·春官》:"大宗伯之职,掌建邦之天神、地祇、人鬼之礼。"王朝要专门设置一个重要机构来负责打理祭祀活动,可见其在政治生活中的重要性。又《礼记·曲礼》:"天子祭天地。"祭天的祭祀主体是天子,天子祭天,不能随意进行,必须有特定的时间和地点。《周礼·大司乐》:"冬日至,于地上之圜丘奏之。"又《礼记·礼运》:"祭帝于郊,所以定天位也。"又《礼记·郊特牲》:"兆于南郊,就阳位也。"从这几句话,我们可以考见,在冬至日,天子祭天于南郊的圜丘,这种祭祀又被称之为"郊祀"。郊祀分为南郊和北郊,南郊祭天,北郊祭地,其祭祀典礼场面十分盛大,故秦蕙田云:"冬至取阳生南郊,取阳位;圜丘取象天,燔柴取达气,其玉币、牲牢、尊俎、乐舞、车旗之属,各以象类。"[①]

天神是一个复杂的系统,不是单一的独立的存在。《礼记·礼运》:"礼行于郊而百神受职焉。"注云:"百神,列宿也。"又疏云:"百神,天之群神也。"[②]通过考察,我们会发现,天神是一个系统存在,是有层次性的,我们大约分其为主祭、附祭和配祭三种情况。

主祀之神:昊天上帝。

先民对于天的认识,有一个从现象到理义的发展过程。他们最先看到的天象是太阳、月亮、星辰、风雨雷电等,故在认识水平相对低下之际,神化这些现象便成为必然。我们可以想见,初始对天的祭祀,一定是以太阳作为祭祀具象来代表天的。"昊"的字形从日从天,可见太阳在天的意义中,是最重要的。昊天上帝是天神之君,《周礼·春官·大宗伯》:"以禋祀祀昊天上帝。"宋王氏昭禹

---

① (清)秦蕙田:《五礼通考》卷一,文渊阁《四库全书》第135册,第131页。
② (清)阮元校刻:《十三经注疏》,北京:中华书局2009年版,第3087页。

曰："昊天之有上帝，犹国之有君。五精之君，则犹四方之诸侯，诸侯有君道，故皆谓之君；五精之君，有帝之道，故皆谓之帝。"①又曰："五帝则五精之君，昊天之佐也。凡在天者皆神也，故昊天为大神。"②可见，昊天上帝是天神的君主，其有辅君"五精"。③ 之所以称其为君，尊之也。

附祀之神：日月、星辰、风雨等天象。

日月、星辰、风雨等天象，是人们能直观认识的呈现在天空的具体事物，故在神化天象的过程中，这些现象也自然要神化。同理，祭天之际，也不能不祭其余。然而祭祀是有主次的，主祭之神是昊天上帝，其余天神则附祭之。但我们需要明白的是，古人对天象的认识是一个发展的过程，随着认识的深入，认识的星辰数目的增加，天神系统也随之变化，这也就是天之百神出现的原因，故郑玄注《周礼》，以日月星辰附之。

《周礼·春官·大宗伯》："以实柴祀日月星辰，以槱燎祀司中、司命、风师雨师。"疏云："此祀天神之三礼，以尊卑先后为此，谓歆神始也。"④则祭天有三礼，按尊卑之序，先祭昊天上帝，这是主祭，附祭日月星辰与司中、司命、风师、雨师。⑤ 据注疏之意，司中、司命、风师、雨师都是列宿，与前日月星辰并无区别。之所以分为三等，以三礼祭之，大概从直观感觉上看，日月星辰等天象是静态的、遥远的，风、雨、雷、电等天象是动态的、邻近的。风雨雷电盖有其发生的根据，那就是与日月星辰差不多的星宿，而这些星宿，显然没有日月星辰那么重要，故列为第三等。这实际上反映了先民认为风雨雷电这类自然现象的发生力来自不同星辰的观念。

配祀之神：祖先神。

所谓配祀，是指祭祀主体在祭祀天、地、人鬼之神时，以与之有特殊关系的

---

① （宋）王昭禹：《杂说》，《全宋文》卷二二六一，第103册，上海：上海辞书出版社；合肥：安徽教育出版社2006年版，第279页。
② （清）秦蕙田：《五礼通考》卷一，文渊阁《四库全书》第135册，第138页。
③ "五精"之名，有的说是五帝，有的说是四方帝，见秦蕙田相关考证。
④ （清）阮元校刻：《十三经注疏》，北京：中华书局2009年版，第1633页。
⑤ 按《礼记·祭义》："郊之祭，大报天，而主日，配以月。"此经文与《周官·大宗伯》相抵牾。宋人周谞曰："大报天，当以昊天为主，此言主日，误矣。"（见宋卫湜《礼记集说》卷六五）此论确矣，日月皆附祀之神，非昊天上帝之本然。秦蕙田按语云："上帝为祭主，日月为从祀，于义无伤。"（见《五礼通考》卷二）

人鬼陪祭。有的文献称其为配食,有的又称之为祔祀,有的又称之为合祭。配享之制,始于何时,今尚无确论。然其见于经者,多所能考。《易·豫卦》象曰:"雷出地奋,豫。先王以作乐崇德。殷荐之上帝,以配祖考。"又《诗·周颂·思文》云:"思文后稷,克配彼天。"有人以为以祖配天始于周公,然《礼记·祭法》明确记载了虞夏商周祭天所配之祖,盖其来悠久有制。

从笔者有限的考查来看,学界对于配享的学理研究,还相对薄弱,部分只涉及配享的制度现象,而未历史地、动态地、立体地加以研究。本文因只对配享之鬼进行描述性归纳,故不涉及其学理层面。

以祖先神配祀天神,不是初有之事。从经文看,以祖宗神配祭天,有虞氏就开始了。何以祖先神配祀呢?《孔子家语》:"定公问曰:'古之帝王必郊祀其祖以配天,何也?'孔子对曰:'万物本乎天,人本乎祖,郊之祭也大,报本返始也,故以配上帝。'"又《大戴礼·朝事篇》:"祀天于南郊,配以先祖,所以教民报德,不忘本也。"

各个时代配祭的祖先神是不同的,《礼记·祭法》云:"有虞氏禘黄帝而郊喾,祖颛顼而宗尧;夏后亦禘黄帝而郊鲧,祖颛顼而宗禹;殷人禘喾而郊冥,祖契而宗汤;周人禘喾而郊稷,祖文王而宗武王。"郑注:"禘、郊、祖、宗,谓祭祀以配食也。"疏云:"此一经论有虞氏以下四代禘、郊、祖、宗所配之人。有虞氏禘黄帝者,谓虞氏冬至祭昊天上帝于圜丘,大禘之时,以黄帝配祭。而郊喾者,谓夏正建寅之月,祭感生之帝于南郊,以喾配也。……"①则其祭天以祖宗配,是不同的。有虞氏祭天以喾配祭,夏后氏祭天以鲧配祭,殷人祭天以冥配祭,周人祭天以后稷配祭。可见,西周祖先神配祭与前代不同。周以前礼质,强调亲亲,以报其生养之功,故郊其近而祖其远。周之礼文,强调尊尊,以报其修德之业,故郊其远而祖其近。祭天之时以祖配祭,其意义已经超出了原始宗教尊自然神的范畴,转而伦理化了。而周代又郊远祖近,实际上又是把远祖神格化,可视其为国家宗教性的进一步淡化,转而行之以道德和制度。

祭祀主体:天子。

祭祀是国家的重大典礼活动,祭天尤其重要。《涣》卦《象传》云:"风行水

---

① (清)阮元校刻:《十三经注疏》,北京:中华书局2009年版,第3444页。

上。涣,先王以享于帝立庙。"疏:"先王以涣然无难之时,享于上帝以告太平。"故祭天几乎成为天子宣扬主权的重要手段。《礼记·曲礼》云:"天子祭天地。"又《汉书·郊祀志》云:"丞相衡、御史大夫谭奏言:帝王承天之序,莫重于郊祀,故圣王尽心极虑以建其制。"①又《礼记外传》云:"王者冬至之日祭昊天上帝于圜丘,诸侯不祭天。"②这无疑都反映天子是祭天主体的理性阐述。

天子祭天有着特定的时间和地点。一方面是把祭祀活动神圣化的需要,另一方面是凸显君权神授的重要手段。这体现了王者神道设教、借神治国的政治实际。

《礼记·礼运》云:"祭帝于郊,所以定天位也。"《郊特牲》:"兆于南郊,就阳位也。"又《大司乐》云:"冬日至于地上之圜丘奏之。"疏云:"言圜丘者,案《尔雅》'土之高者曰丘',取自然之丘。圜者,象天圜,既取丘之自然。"③可见,祭天的地点是很讲究的。首先,祭祀必须选在市井之外较为僻静的城郊,以示其尊。《礼记·礼器》云:"因吉土以飨帝于郊。"《礼记·郊特牲》云:"祭天扫地而祭焉,于其质而已矣。"其次,天属阳,故兆于南郊。在古人看来,阳气始生于南方,阴气始生于北方,这和我国所处的地理位置有关。我国绝大部分土地,都在北回归线以北,太阳照射强度自然从南到北渐渐减弱。这体现了古人"仰观俯察"后的经验总结。再次,祭天的地方称之为圜丘。《广雅》云:"圜丘、太坛,祭天也。"④《通典》云:"其坛名泰坛,《祭法》曰:'燔柴于泰坛。'在国南五十里。"⑤《司马法》云:"百里为远郊,近郊五十里。"⑥我们需要注意的是,最初祭天,在圜丘之上。圜丘是因地而选的自然土丘,经过简单打扫,非人力所建,即经云"于其质而已",这是天子冬至日祭祀昊天上帝的地方。最后,祭祀是有特定时间的。从经典中我们可以知道,其时间大致以自然年为周期。

《尔雅·释天》云:"春祭曰祠,夏祭曰礿,秋祭曰尝,冬祭曰烝。"可见这是以季节不同而祭的。

---

① (汉)班固:《汉书》卷二五下,北京:中华书局1962年版,第1253—1254页。
② (唐)成伯玙:《礼记外传》卷一,(清)马国翰《玉函山房辑佚书》,台北:文海出版社1974年影印同治十年济南皇华馆书局补刻,第2册,第1054页。
③ (清)阮元校刻:《十三经注疏》,北京:中华书局2009年版,第1706页。
④ (魏)张揖:《广雅》卷九,文渊阁《四库全书》第221册,第461页。
⑤ (唐)杜佑:《通典》卷四二,北京:中华书局1988年版,第1163页。
⑥ 转引自(唐)杜佑:《通典》卷四二,北京:中华书局1988年版,第1163页。

程颐云:"古者一年之间祭天甚多,春则因民播种而祈谷,夏则恐旱暵而大雩,以至秋则明堂,冬则圜丘,皆人君为民之心也。"①又秦蕙田云:"古者天子一岁祭天有四,而冬至为正祭。……故统观诸儒之说,自当以冬至、元日、孟夏、季秋四祭为祀天之正。"②由此则一年有四次主要祭祀,分别是冬至日郊祀上帝于圜丘、孟春元日祈谷于上帝、仲夏大雩、季秋大飨。这些祭祀,天子都必须亲自出场,背后却体现人君为民祈祷,为民谋福祉的帝王观念。

祭天是一个盛大而严肃庄重的典礼仪式,除了上面讲的祭祀对象、祭祀主体、祭祀场所、祭祀时间外,在祭祀程序、祭祀用品、参与祭祀人员、祭车祭服、祭祀音乐等方面都有着严格的规定,并且形成了一个庞大的中央办公机构处理各项事务,以充分表达对天的礼敬。

从经典所出现的祭名③看,祭天分常祭和告祭,所谓常祭,是指每年都在固定时间、固定地点进行的祭祀。所谓告祭,是指特殊情况下进行的祭祀,如自然灾害的发生、战争爆发、特殊天象出现,等等。

附表:祀天系统

	昊天上帝(主神)	日月星辰(附神)	风雨雷电(附神)
祭祀主体	天子	天子	天子
祭祀时间	冬至	春分祭日、秋分祭月	经无载
祭祀地点	圜丘	礼日南门王宫坛、礼月北门夜明坛	幽禜
配祀	始祖	经无载	经无载
陪祀人员	朝臣	部分朝臣	部分朝臣
祭祀音乐	奏黄钟,歌《大吕》,舞《云门》	经无载	经无载
祭祀器物	苍璧四	经无载	经无载
祭祀牺牲	苍犊	经无载	经无载

---

① (宋)程颢、程颐:《二程遗书》卷二二上,《二程集》,北京:中华书局2004年版,第286—287页。
② (清)秦蕙田:《五礼通考》卷一,文渊阁《四库全书》,第135册,第144—145页。
③ 按:祭名是一个很复杂的问题,对祭名的研究,甲骨学领域研究较多,诸如罗振玉、王国维、陈梦家、日本岛邦男等有相关著作。然而这些研究,还在祭名的考释层面。上世纪八十年代至今,展开了更为深层的讨论,然而仍然存在诸多不足,可参考中国社科院博士生李立新博士论文《甲骨文中所见祭名研究》。因这个问题太复杂,是另一个研究问题,不做具体的讨论。

从上表可知，祭祀天神等，礼仪也有等差之别，此所以"明尊卑"也。天神众多，各自有序，故在礼仪上面，都是有所体现的。如祭祀时间，冬至日是一阳来复的时间，祭祀只能是昊天上帝，即天神中位最高最尊者。春朝祭日，秋暮祭月，日月有尊卑，风雨雷电诸神，祭祀时间都是不固定的了。祭祀昊天上帝，时间、地点、祭祀主体、陪祀人员、歌舞、器物、牺牲全部都固定不变，形成制度。正如《易·乾卦·文言》所云："大哉乾元，万物资始，乃统天。"天神系统是祭祀的最高信仰神，故秦蕙田说："天为百神之君，天子为百姓之主，故惟天子岁一祭天。"①（卷一案语）天神——昊天上帝——为百神之君，是所有神的最高统治者，故应在人事，便是最终根据。天神系统中，日月星辰、风雨雷电之类，各有神位，各有管辖，互不干涉，故人事各种关系，也如天神系统一样，各有所归。这种系统的建立，显然是基于人们观象于天而形成的。唐李翱《杂说》云："日月星辰经乎天，天之文也。"②所谓天象，就是日月星辰、风雨雷电等自然现象。因当时认识能力不逮，故以之为神。

据陈梦家《殷墟卜辞综述》，甲骨文中，殷人不称天为"天"，而称作"上帝"或"帝"，天却表示"大"的意思。据常玉芝总结，甲骨文中所见帝的权能有"令雨""令雷""令雹""令风"等，由此可知，帝是能控制各种气象的，具有支配风、雨、雷、电等自然气候的权力。上帝不但可以支配自然气候，可以支配年成，还能左右城邑安危和战事胜负，还能左右商王祸福。可见，帝的职能非常强大，上管天，下管地，中间还管人。由此可推，上帝在商人心目中，是主宰神，有着至上的权能。不但如此，商人还认为天界与人间一样，有朝廷，有君有臣，俨然是人伦化的世界。③

郭静云认为，中国上古信仰脉络大致是：信仰—哲学—新信仰。④ 从祭祀天神的系统认识上来看，其说法是有一定道理的。在夏商之际，其所信仰的对象，已经不是原始的形象了，而是经过人们意志观念作用而形成的新形象，天就

---

① （清）秦蕙田：《五礼通考》卷一，文渊阁《四库全书》第135册，第131页。
② （唐）李翱：《杂说上》，（清）董诰等编：《全唐文》卷六三七，北京：中华书局1983年版，第6427页。
③ 参见常玉芝：《商代宗教祭祀》第二章，北京：中国社会科学出版社2010年版。
④ 郭静云：《天神与天地之道——巫觋信仰与传统思想渊源》，上海：上海古籍出版社2016年版，第597页。

是这种新形象，既有神性的一面，也有人性的一面。神的一面，表现出来就是天命，而人的一面表现出来就是仁义。《礼记》说的"郊所以明天道"，天道的核心就是仁义。

在先民观念中，天不是孤立的，天神也不是孤单的，天神是一个群体化的称呼，经文中的昊天上帝，就是天神系统中的君主，君主神与其他神之间，有着指使与被指使的关系，这种指使关系，不是随意的，是有条件和制约机制的，那就是道。《礼记·郊特牲》云："天垂象，圣人则之，郊所以明天道也。"天道作用于世间，生成天命，天命是人事与天相感的结果。所以《周易·系辞》说："《易》之为书也，广大悉备，有天道焉，有人道焉，有地道焉。兼三才而两之，故六，六者非他也，三才之道也。"

信仰天道，是因为"畏天命"。先民认为，天命是人类无法掌控的，是冥冥之中的天帝暗中操纵，故《尚书·多士》云："天命靡常，惟德是辅。""德"的根据就是对天道的尊敬与遵从，不能违背天的意志，否则天将降命，制造灾难，违背天的意志的人，就会受到相应的惩罚。可见，天道是天命发生的根据，天命是天道感应于人事的表现。所以说，祭天就是感恩天之大德，同时也教化人们要遵守天命，以防受罚。

射礼礼典与嵌错刻纹铜器图案辨误

徐 渊

同济大学中文系

一、嵌错刻纹铜器与射礼图案

春秋后期开始,青铜器嵌错及线刻工艺逐步恢复和发展了起来(与商代青铜器镶嵌工艺相对应)。[①] 这种工艺除表现花草、走兽、鸟禽等主题之外,还有一类引人注目的主题,即表现当时贵族宴会、礼射、采桑、田猎、水陆作战的礼仪和史事场面。这些画面由于主题突出,不同器物纹饰的图案之间往往存在着局部或者整体上的雷同,故很早就引起了研究者的注意。

在这些刻纹中除了某些仅表现战争现场的图案外,还有一类专门表现射礼场面的图案,这是研究春秋战国时代射礼不可多得的第一手材料。对其深入分析有助于加深对射礼的认识,同时也有助于对器物本身的研究。在这些器物中,以嵌错法制成的图案代表作品有:故宫博物院收藏的采桑燕乐射猎攻战铜纹壶[②]、上海博物馆收藏的采桑燕乐射猎攻战铜纹壶[③]、1965年成都百花潭中学十号墓出土的采桑燕饮乐舞射猎攻战铜纹壶[④]等。以线刻法制成图案的代表

[①] 马承源:《漫谈战国青铜器上的画像》,《文物》1961年第10期,第26—30页。

[②] 杨宗荣编:《战国绘画资料》,北京:中国古典艺术出版社1957年版,第20页;上海博物馆青铜器研究组:《商周青铜器纹饰》,北京:文物出版社1985年版,第351页,图1001。以下铜器定名沿用旧说,并不等于作者同意其定名。为了方便读者查找图录,在行文中尽量不改旧说。

[③] 本图尚未正式发表,由上海博物馆青铜部葛亮先生提供电子本,特致谢忱。

[④] 上海博物馆青铜器研究组:《商周青铜器纹饰》,北京:文物出版社1985年版,第354页,图1006。又,《文物》1976年第3期。

作品有：上海博物馆藏燕乐射侯铜椭杯①、1957~1958年河南陕县后川2041号墓出土的燕乐射侯纹铜匜、1958年湖南长沙黄泥坑5号墓出土的燕乐射侯纹铜匜、1960年山东平度岳村M16号出土的燕饮射侯纹铜匜残片，1973年山东长岛王沟2号墓出土的燕乐狩猎射侯纹鎏金铜鉴残片、1978年江苏淮阴高庄M1号墓出土的燕乐射侯纹铜盘残片、1995年山西定襄县中霍村M1号墓出土燕乐射侯纹铜匜、1998年河南洛阳市文物交流中心征集的燕乐狩猎射侯纹铜匜等。这些与射礼相关的铜器图案的共同标志是图案上有射侯，没有设置射侯的燕乐场面一方面可以理解为田猎场面，一方面也可以理解为采集宴乐食物的场面，或者二者本来在先秦礼制中就没有太大区别。由于礼书中对这些场面没有详细的记载，故对这类广义的田猎射钓，本文不做讨论。

以上两类不同手法所刻绘的图案，表达的主题往往是比较近似的，皆是对射礼礼典的描绘。由于以嵌错法刻绘图案的战国铜壶的保存状况相对完好，线刻法工艺所表现出来的图案又远不如嵌错法所表现图案来得清晰，故在后面的讨论中，将以嵌错法绘制图案的几个战国铜壶作为主要考察的对象。

李学勤在《试论百花潭嵌错图象铜壶》中提出"图左张设著侯。……按周代奴隶主阶级的礼制，有所谓'礼射'"，并对铜壶上的图案属性做了分层分析，指出了图中与射礼相关的"唱获者""释获者"等人物。② 其后刘雨在《西周金文中的射礼》附录《射礼图像》中列举了上海博物馆藏宴乐射侯铜椭杯、成都百花潭中学十号墓铜壶、故宫博物院藏燕射画像壶三个铜器的图案作为射礼的图像说明，并简单对图案做了射礼的解释。③ 刘建国在《春秋刻纹铜器初论》中，对刻纹铜器图案中的礼射建筑、鼎、饮具、侯等器物以及人物的冠饰、发式做了属性的说明。④ 武红丽在2008年发表的硕士论文《东周画像铜器研究》中对有刻画图案的铜器做了详细的收集，并对图案做了简要的说明。其中对有射侯图案的铜器也详尽收录，不过文章对关于有射礼的图案都没有做相关的图释。⑤ 袁俊

---

① 马承源：《漫谈战国青铜器上的画像》，《文物》1961年第10期，第26—30页。
② 李学勤（笔名：杜恒）：《试论百花潭嵌错图像铜壶》，《文物》1976年第3期，第51页。
③ 刘雨：《西周金文中的射礼》，《考古》1986年12期，第1112—1121页。
④ 刘建国：《春秋刻纹铜器初论》，《东南文化》1988年第5期，第83—90页。
⑤ 武红丽：《东周画像铜器研究》，中央美术学院硕士学位论文，2008年6月。

杰在2010年发表的博士论文《两周射礼研究》对所有涉及射礼图案的铜器做了详细的器物说明,并对图案中与射礼有关的人物角色及器物内涵做了检讨,将与礼书有关的内容做了专门的标识,是至今为止对铜器刻画图案中关涉射礼内容最深入的讨论。①

相较于刘雨的初步说明,袁俊杰对射礼相关嵌错刻纹铜器图案的讨论更为深入,深化了我们对这些图案礼制内涵的理解,并且为进一步讨论这些图案的礼典属性提供了良好的基础。不过,袁文对这些图案礼典属性的分析,存在着一些根本性的误判。为了纠正这些错误,必须对袁文中没能正确认识的人物关系和器物属性重新加以讨论。

二、嵌错刻纹铜器射礼场景方位辨析

故宫藏铜壶、上博藏铜壶以及成都百花潭铜壶画面基本构图非常接近,除了壶盖以外,壶身的图案都分为三层,第一层是射侯及"采集图"(实为制弓图),第二层是饮乐及狩猎图,第三层为水陆攻战图。

关于以上这些图案的相互关系,以及图中所表现的具体事物,一直以来讨论众多。由于图案第三层的水陆攻战图描绘的是攻城的景象,历来没有什么异说,对于认定图案中第一、二层的射礼属性不能提供特别的信息,故在此不做深入探讨。需要关注的是,故宫藏铜壶、上博藏铜壶以及成都百花潭铜壶的水陆攻战画面的构图非常相似,所描画的陆路攻城角度都是从城墙一角展开,水路作战的模式也颇为相近。由此提示我们,这三幅图案可能都是在一种固定模式的绘画基础上形成的,另外两层所表现的射礼属性也应该是一致的。由于摹本的细节略有差异,讨论其中任何一个画面得出的结论,都可以在其他两个壶的画面中适用。

第一层、第二层图案中,建筑物是居于核心位置的。刘雨认为上博藏铜椭杯的建筑为一组阁楼,成都百花潭铜壶的建筑为"射卢",故宫藏铜壶的建筑也为"射卢"。袁俊杰认为成都百花潭铜壶、故宫藏铜壶、上博藏铜椭杯行射的建

---

① 袁俊杰:《两周射礼研究》,河南大学博士学位论文,2010年4月。其博士论文于2013年11月以相同名称《两周射礼研究》在科学出版社出版。

筑皆为"射卢",亦称"射宫"。通过图像对比可知,故宫藏铜壶、上博藏铜壶、成都百花潭铜壶、上博藏铜椭杯的四种建筑为同一种建筑,其建筑结构颇为相似,区分行偶射的区域和等候行射的区域的上下分割线均为长方形格条。所不同的是,唯有上博藏铜椭杯表现出了台阶,故宫藏铜壶、上博藏铜壶以及成都百花潭铜壶都没有特别表现台阶。这应该是做了省略处理的缘故。这些铜壶纹饰上的格条与其他刻纹铜器上用以区分上下两层的屋檐明显不同,这种同构性说明了故宫藏铜壶、上博藏铜壶、成都百花潭铜壶与上博藏铜椭杯的建筑一样,不是一幢二层阁楼建筑。

袁俊杰认为这种建筑是一种高台建筑,有台阶可供上下,无墙壁和门窗。并举《尔雅·释宫》"无室曰榭"。郭璞注:"云无室,曰榭者,但有大殿,无室内,名曰榭。"进而将图上该建筑认定为"宣榭",亦即"射卢"[1]。刘健国也将这类建筑认定为"两层重屋式",但他已经认识到"底层结构还有两种情形",一种情形"即若两侧附设台阶通向上层,则底层顶侧不见有短檐飞出,室内一般无人",另一种情形"如果两侧不设台阶,底层顶侧有短檐飞出,室内有人物活动"[2]。故宫藏铜壶、上博藏铜壶以及成都百花潭铜壶都是属于刘文所列的第一种情况。从《仪礼》来看,所有行礼的场所只有堂上、堂下之分,上堂、下堂都是通过上下"阶"完成的,因此将这些图案中的建筑认定为二层建筑或者高台建筑的"射卢"都没有坚实的根据。

袁文将故宫藏铜壶、成都百花潭铜壶画面认定为"乡射礼",是因为图案的第一层、第二层在"射卢"之外有所谓"采桑图"和"田猎图"。根据后文的分析,将这两个画面认定为表现春秋二季不妥当,故以此说明上述二器的图案属于"乡射礼"的性质也不能成立,图中建筑也就不可能是"射卢"了。根据《周礼·地官·州长》云"春秋,以礼会民而射于州序",历代注家均认为乡射礼的举办地点在"序"之中。依据《乡射礼》的记载,即使乡射礼在"序"中举行,"序"的形制也应与《仪礼》中最常见的"宫""庙"性质大体相当,并无二致。将图中的二层建筑定名为"射卢""宣榭",实无意义。铜壶所表现的建筑样式就是《仪礼》中常见的宫室、宗庙布局,并不能从图上看出更多的特征信息。

---

[1] 袁俊杰:《两周射礼研究》,北京:科学出版社2013年版,第296—297页。
[2] 刘建国:《春秋刻纹铜器初论》,《东南文化》1988年第5期,第83—90页。

由于袁文将主体建筑外的"采桑""狩猎"图作为其认定第一层、第二层图案属性的关键证据,因此有必要对主体建筑之外的这两个部分先做一说明。李学勤在《试论百花潭嵌错图像铜壶》一文中对第一层图案外的"采桑"图做过精确的分析。他指出"类似图像过去多名之为'采桑'……甚或与所谓后妃躬桑联系起来,似乎是难于解释的"。李文给出了两个重要的理由,一是"画面中居主要位置的是男子,不是携筐采叶的妇女",二是"地上陈放着猎获的禽兽",第三"画面中的男子,有的以手中的弓示于树上的妇女,有的用手或口扯弦,他们可能是在选取弓材",并认为图像中的树可能是一种专门用来造弓的"柘"树[①]。细审画面,李学勤所说的三个理由都很有道理。不过李文没有把这些问题完全联系起来,故为"采桑"说留有了余地。

《考工记·弓人》对先秦时代治弓的基本材料做了较为详细的记载。首先,取弓干时"取干之道七:柘为上,檍次之,檿桑次之,橘次之,木瓜次之,荆次之,竹为下"。其中"柘"的特征,李文描述为"其树一般比桑树矮,叶多为全缘,不裂,与桑叶边缘有锯齿……图中的树叶全缘无裂"。因此李文将图中的树认识为"柘",男女工人在图中攀援在树上就是为了选定弓材,有的持弓,有的持箭。上博藏铜壶中所谓"男女授受"者,二人所持正是一根箭杆,其中男子手指树梢,或许就是告诉女子该选取何种木材。这对男女形象在三幅图案中皆有,并处于"采集图"的中央,正为了说明这幅图案的属性。

故宫藏铜壶、上博藏铜壶的"采集"图中地下有飞鸟和野兽,《左传·隐公五年》:"鸟兽之肉不登于俎,皮革、齿牙、骨角、毛羽不登于器,则公不射,古之制也。"可见,走兽和飞鸟是不用来食用的,而其皮革、齿牙、骨角、毛羽正是用来制器的。《考工记·弓人》有"筋也者,以为深也",又"凡相筋,欲小简而长,大结而泽。小简而长,大结而泽,则其为兽必剽","凡居角,长者以次需。恒角而短,是谓逆桡"。《考工记·矢人》有"三分其长而杀其一,五分其长而羽其一,以其笴厚为之羽深"。可见图案中地上陈设的鸟兽也是制作弓矢的重要原料。与其说它们陈放在地上是表示猎获,不如说它们是作为制作良弓利矢的天然美材。正因为该画面描述的是制弓选材的主题,故画面的主角自然不是妇女,而是《考工

[①] 李学勤(笔名:杜恒):《试论百花潭嵌错图像铜壶》,《文物》1976年第3期,第51页。

记》中所述的"弓人""矢人",或者为"弓人""矢人"提供原材料的下级仆隶。因此,这部分的画面应该被称为"制弓矢图"更为恰当。成都百花潭铜壶的"制弓矢图"虽然没有鸟兽,但是以人物操作表示为弓矢选材则与另两幅图完全一样,因此其画面属性也是相同的。

将以上的分析作为一个定点,袁文认为该图表现的是春季采桑就无法成立了,因而与其对举的第二层主体建筑之外的秋季狩猎图也不能成立。其根据《周礼·地官·州长》认为这组图像表现的是春秋两季乡射礼就无从谈起了。

第二层主体建筑之外的画面表现的是渔猎场面并没有异议。图中对先秦时代捕鸟的主要方式"弋射"[①]以及捕鱼的主要方式"渔射"进行了生动的描绘。在画面中还有一排站在岸边的水鸟,这些水鸟应该也是用来捕鱼的,以水鸟来捕鱼是先秦渔猎中的一种主要手段。成都百花潭铜壶图案中虽然只有"弋射",没有"渔射",也没有捕鱼的水鸟,其表现的内涵应该仍与故宫藏铜壶、上博藏铜壶图案相一致。

"弋射"与"渔射"在图案中表现的是一种独立的礼典还是为某种礼典而备物,并不十分确定。本文倾向于其表达的内涵与"制弓矢图"一致,是整个射礼礼典的组成部分。"弋射"的主要对象是"雁",《左传·哀公七年》有"曹鄙人公孙强好弋,获白雁,献之,且言田弋之说"的记载,可见"弋射"主要就是为了捕雁。由于《仪礼·乡饮酒礼》以及《乡射礼》中并没有提及"鱼""雁"的内容,而在《仪礼·聘礼》中有"卿、大夫劳宾,宾不见。大夫奠雁再拜,上介受",又有"有司入陈。……牛、羊、豕、鱼、腊、肠、胃同鼎,肤、鲜鱼、鲜腊,设扃鼎",说明在聘礼中使会用"鲜鱼"及"雁"。《仪礼·聘礼》:"大夫奠雁再拜,上介受。"贾公彦疏云:

> 《周礼·秋官·掌客》云:"凡诸侯之礼,上公五积",卿皆见以羔;"侯伯四积",卿皆见以羔。是主国之卿见朝君皆执羔。引之证主国卿见聘,客不得执羔,与大夫同用雁,不见朝君故也。

[①] 关于"弋射"的内容,可参看丛文俊:《弋射考》,《青果集——吉林大学考古专业成立二十周年考古论文集》,北京:知识出版社1993年版。又,丛文俊:《古代弋射与士人修身》,《中国典籍与文化》1995年第4期,第35—39页。

"雁"是卿大夫相见时使用的"挚",用"雁"是大夫以上贵族身份的标志。由此,铜壶图案中的"雁"和"鱼",可能都是诸侯间朝聘礼中常用的备物。从铜壶所表现的宏大场面以及铜壶用户的规格来看,主体画面表示朝聘礼中燕射的可能性更大一些,即朝聘礼之后主国的国君燕飨他国大夫后进行的射礼。这些图案也可能描绘的就是《仪礼》中燕礼后的射礼,即《燕礼》"若射,则大射正为司射,如乡射之礼"。二礼的参与者身份相似,都是大夫以上的贵族,所不同者仅为燕礼的主体是本国国君还是他国国君。

在分析了第一、第二层主体建筑之外的图案内容之后,下面重点揭示主体建筑内所表达的礼典内涵。前文已经说明,该建筑并不是二层结构,也不是所谓高台,其建筑的上层下层表现的就是"堂上"与"堂下"的关系。由于燕射在国君寝宫举行,其形制与《乡射礼》所述之"序"当无大的区别,所以在后面的讨论中不再具体指出行礼的具体场合,皆以《仪礼·乡射礼》所论的建筑布局为准。

《仪礼·乡射礼》中"上""中""下"耦中的某一耦在耦射时,其他两耦都等于堂下不升阶。《仪礼·乡射礼》有:

> 上耦揖进,上射在左,并行;当阶,北面揖;及阶,揖。上射先升三等,下射从之,中等。上射升堂,少左;下射升,上射揖,并行。

这对于图案中第一层人物分别处于堂上、堂下的位置关系是很好的说明。袁俊杰已经指出:"(堂上)第一人为释获者,堂上两人为一耦,堂下四人正为两耦。"[1]《仪礼·大射礼》"遂比三耦",贾公彦疏:"则天子、诸侯例同三耦,一侯而已,以其燕私,屈也。若卿大夫士例同一侯三耦,略言之数,备《礼记·射义》也。"照贾公彦的说法,燕射无论什么级别,都是三耦一侯,正与本图相对应。

二层图像中台阶下的人物皆为钟磬笙鼓,这些人物所在的位置《仪礼·乡射礼》中有详细的记载:

> 席工于西阶上,少东。乐正先升,北面立于其西。工四人,二瑟,

---

[1] 袁俊杰:《两周射礼研究》,北京:科学出版社2013年版,第300页。

瑟先，相者皆左何瑟，面鼓，执越，内弦。右手相，入，升自西阶，北面东上。工坐。相者坐授瑟，乃降。笙入，立于县中，西面。

根据以上的描述可知，在乡射礼奏乐之时，只有瑟工在堂上弹奏瑟，钟磬笙鼓皆在堂下。《仪礼·大射》对这些乐器的排布有更清晰的描述：

乐人宿县于阼阶东，笙磬西面，其南笙钟，其南镈，皆南陈。建鼓在阼阶西，南鼓，应鼙在其东，南鼓。西阶之西，颂磬东面，其南钟，其南镈，皆陈。一建鼓在其南，东鼓，朔鼙在其北。一建鼓在西阶之东，南面。簜在建鼓之闲，鼗倚于颂磬西纮。

……

乃席工于西阶上，少东。小臣纳工，工六人，四瑟。仆人正徒相大师，仆人师相少师，仆人士相上工。

可见，虽然大射的乐器比乡射复杂得多，但是其基本格局仍是堂上为瑟、堂下为钟磬笙鼓，这与乡射礼并无太大区别。在第二层图案中，所用的乐器有钟、磬、笙、鼓，对除了弹瑟的瑟工和乐正以外的乐工都做了描绘。[①]

三、"中""不胜者饮"与射礼礼典

袁俊杰将故宫藏铜壶第一层画面主体建筑与第二层画面主体建筑所描绘的礼典内涵，理解为"三耦射侯"的场面以及"三耦射毕胜者饮不胜者罚爵"的场面。这样的理解无疑是正确的，即第一层所描述的场面与第二层所描述的场面是同一射礼礼典中的两个仪节。[②]

成都百花潭铜壶图案是在故宫藏铜壶及上博藏铜壶经典图案的基础上有

[①] 这说明，无论根据图像第二层中乐工的位置关系，还是根据图像第一层中射耦的位置关系，都可以明确地说，第一、第二层画面中的主体建筑所描绘的上下两层结构所表示的都是"堂上""堂下"的关系。

[②] 袁文写作时尚没有关注到上博藏铜壶的纹饰图案，故只以故宫藏铜壶作为分析对象，由于上博藏铜壶与故宫藏铜壶在构图上的相似性，袁文对故宫藏铜壶的分析同样对上博藏铜壶适用。

所损益得来的,即增加了第二层的"三耦竞射"图案而省去了"鱼射"图案,并且"制弓矢图"中没有鸟兽形象。由于铜壶的壶身是圆形的,故制图者为了填满整个带状壶壁,调整了组成图案的纹样组合。

因此,三个铜壶图案中只有两种不同的主体建筑构成的礼典场面,这两个图案正好描绘了射礼的两个重要仪节。

图一 汲县山彪镇一号墓出土的青铜鉴图案

在上博藏铜壶和故宫藏铜壶的第二层图案主体建筑上部的人物中间,有一豆形器,此器上有数条横线。以往论者皆以为这个图案表达的是一个普通的豆形器。在上博藏铜壶中,在这个器旁边一个小一点的豆形器中似盛有物体,摹本以小点表示。(故宫藏铜壶图案摹本没有显示)这两个一大一小的豆中的物品的差别应该不是摹本有误造成的。在汲县(今河南卫辉市)山彪镇一号墓出土的青铜鉴上有如上一幅图案。①

该图案的中间一格,也有几个觚形器上划有横线,这些觚形器旁边有一个豆形器里面置有三个白点。根据这幅图所描绘的图像可以推测,在上博藏铜壶、故宫藏铜壶中的大小豆形器所对应的就是这幅图上的两种器物。因此,较小豆形器及上面所加的小点,无疑表示的就是豆中盛放着"脯醢"等食物。

确定了表达盛"脯醢"的豆的图形,则可以进一步得出,上置横线的豆形器并不是豆。此器应该是《仪礼·乡射礼》及《仪礼·大射》中所记述的"中"。"中"是射礼中为记录胜负而放置筹的核心器物,以此来表示"胜负已决"最合适

---

① 郭宝钧:《山彪镇与琉璃阁》,北京:科学出版社1959年版,图版19、20。

不过。"中"之中放置的"筭"以横线来表达也十分恰当。《仪礼·乡射礼》有：

> 释获者命小史，小史命获者。司射遂进由堂下，北面视上射，命曰："不贯不释！"上射揖。司射退，反位。释获者坐取中之八筭，改实八筭，兴，执而俟。乃射。若中，则释获者每一个释一筭，上射于右，下射于左。若有余筭，则反委之。又取中之八筭，改实八筭于中。兴，执而俟。三耦卒射。

又有：

> 司射适阶西，释弓，去扑，袭；进由中东，立于中南，北面视筭。释获者东面于中西坐，先数右获。二筭为纯，一纯以取，实于左手。十纯则缩而委之，每委异之。有余纯，则横诸下。一筭为奇，奇则又缩诸纯下。兴，自前适左，东面坐，坐，兼敛筭，实于左手，一纯以委，十则异之，其余如右获。司射复位。释获者遂进取贤获，执之，由阼阶下，北面告于公。若右胜，则曰右贤于左。若左胜，则曰左贤于右。以纯数告；若有奇者，亦曰奇。若左右钧，则左右各执一筭以告，曰左右钧。还复位，坐，兼敛筭，实八筭于中，委其余于中西，兴，共而俟。

虽然在礼书中并没有说明在"三耦射毕胜者饮不胜者罚爵"时"中"置于何处（"中"本置于庭之西北），但在"不胜者罚爵"时，将"中"置于礼制建筑的中央，以此"表示'中'中'筭'之多寡决定了胜负"，应该是十分贴切的。如果以上分析成立的话，"中"之两边所立之人自然表示的就是胜者三人与负者三人了。

袁俊杰在说明胜负者站立位置的时候将胜者和负者完全颠倒了。他认为"左边右向的三人是不胜者"，"右边左向的第一、第三、第四人是胜者"。其实，"左边右向的三人"才是胜者，"右边左向的第一、第三、第四人"是负者。《仪礼·乡射礼》有：

> 三耦及众射者皆与其耦进立于射位，北上。司射作升饮者，如作

403

射。一耦进,揖如升射,及阶,胜者先升,升堂,少右。不胜者进,北面坐取丰上之觯;兴,少退,立卒觯。

可见胜者并不献酒于负者,罚酒的整个过程是负者自饮,并且饮的时候是站起来喝完酒的。这正与铜壶图画中所要表现的内容是完全一致的。

四、补充说明及结论

最后补充说明一下汲县山彪镇一号墓出土的青铜鉴中的"豆"与"中"。在该图中间的方格中,左侧两个站立的人均作献酒状,右侧的人则跪跽于地,面前奠放的应该是一只酒爵。左侧第一个人手中所执的觚爵上有两条横线,可能是刻工或者摹本之误。在豆旁边的三个觚形器上方都有横线,考虑到上博藏铜壶、故宫藏铜壶上有横线器物的器形都是豆形器,这里改为了觚形器,也说明了刻工对器形有误刻的可能性。

由于不清楚汲县山彪镇一号墓出土的青铜鉴上图案所表达的为何种礼典,仅从水陆攻战图案的主题来说,采用若干个"中"来计算"贤获"是很不合理的。其所表现的是何种礼典还有待于进一步探索。

根据以上分析,故宫藏铜壶、上博藏铜壶、成都百花潭铜壶以及上海博物馆藏燕乐射侯铜椭杯所述礼典应该是同一燕射礼典,袁俊杰将这些礼典分属"乡射礼"及"宾射礼"缺乏可靠根据。三个铜壶第一、第二层的画面完全围绕射礼礼典的仪节展开,与《仪礼》所述若符合节,加深了射礼研究者对礼书中射礼的认识。

追　记

本文曾在《历史文献研究》第 42 期(2019 年 4 月)发表,原文图版将故宫博物院收藏的采桑燕乐射猎攻战铜纹壶、上海博物馆收藏的采桑燕乐射猎攻战铜纹壶、上海博物馆藏燕乐射侯铜椭杯三者倒错,本次发表做了更正。

原文在第四节论述汲县山彪镇一号墓出土青铜鉴时,将图一所示的图像作为射礼礼典的"不胜者罚爵"仪节同性质的图像加以讨论,是不妥当的。本文在措辞上做了修改,将其重新置于水陆攻战图像中加以理解,图像中带有横线的觚形器的性质仍难论定。

由于受到对汲县山彪镇一号墓青铜鉴图案性质重新考虑的影响,本文结论中关于"中"的认定结论有所削弱(但仍有不小的成立可能性),其他结论均属可信。

在本文初次发表之后,作者根据礼书中新发现的线索重新考虑了嵌错纹铜壶的总体构图,认为嵌错纹铜壶图案的各个部分是一系列以时间为序的仪节,加强了本文的主要判断。相关论述由于篇幅较大,牵扯问题较多,拟另文发表。

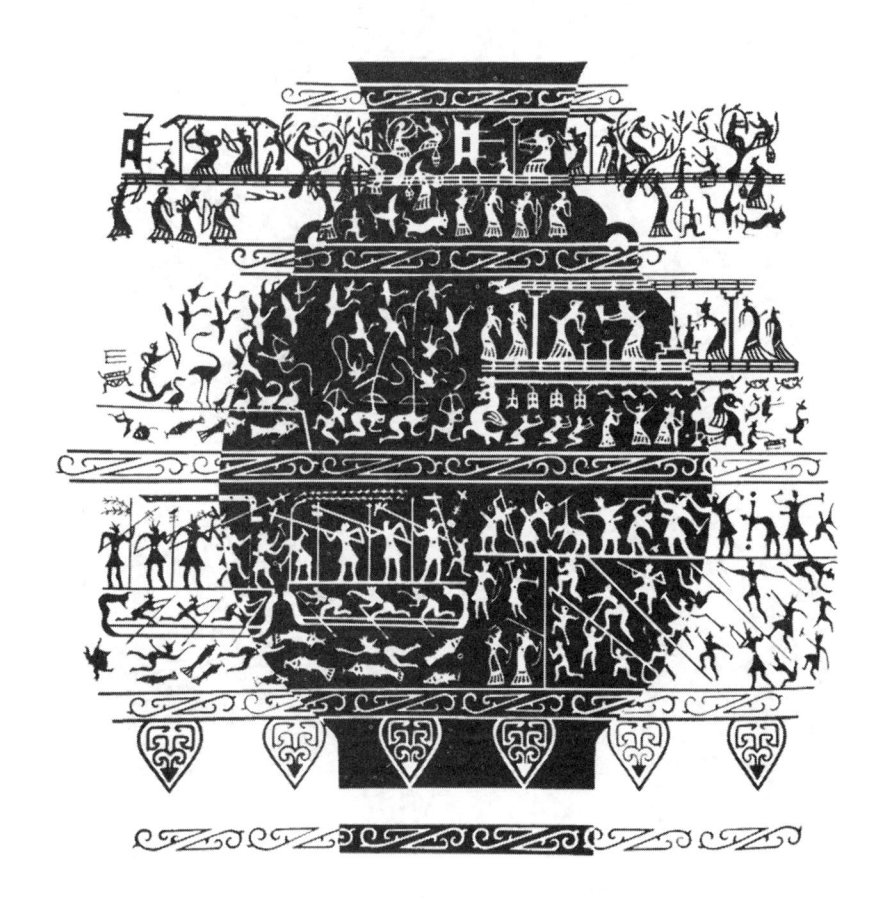

图二　故宫博物院收藏的采桑燕乐射猎攻战铜纹壶图案

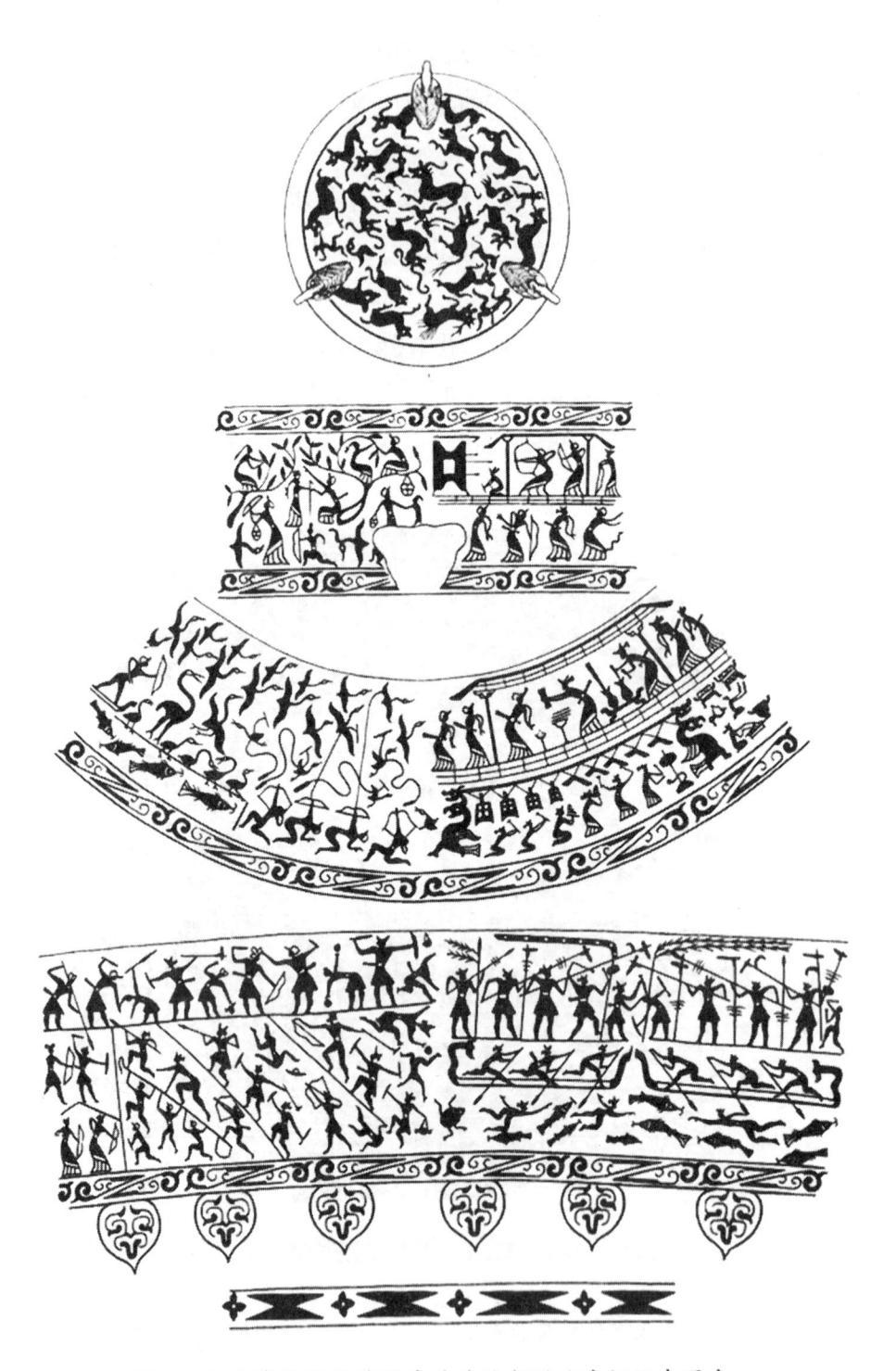

图三　上海博物馆收藏的采桑燕乐射猎攻战铜纹壶图案

图四 成都百花潭中学十号墓出土的采桑燕饮乐舞射猎攻战纹铜壶图案

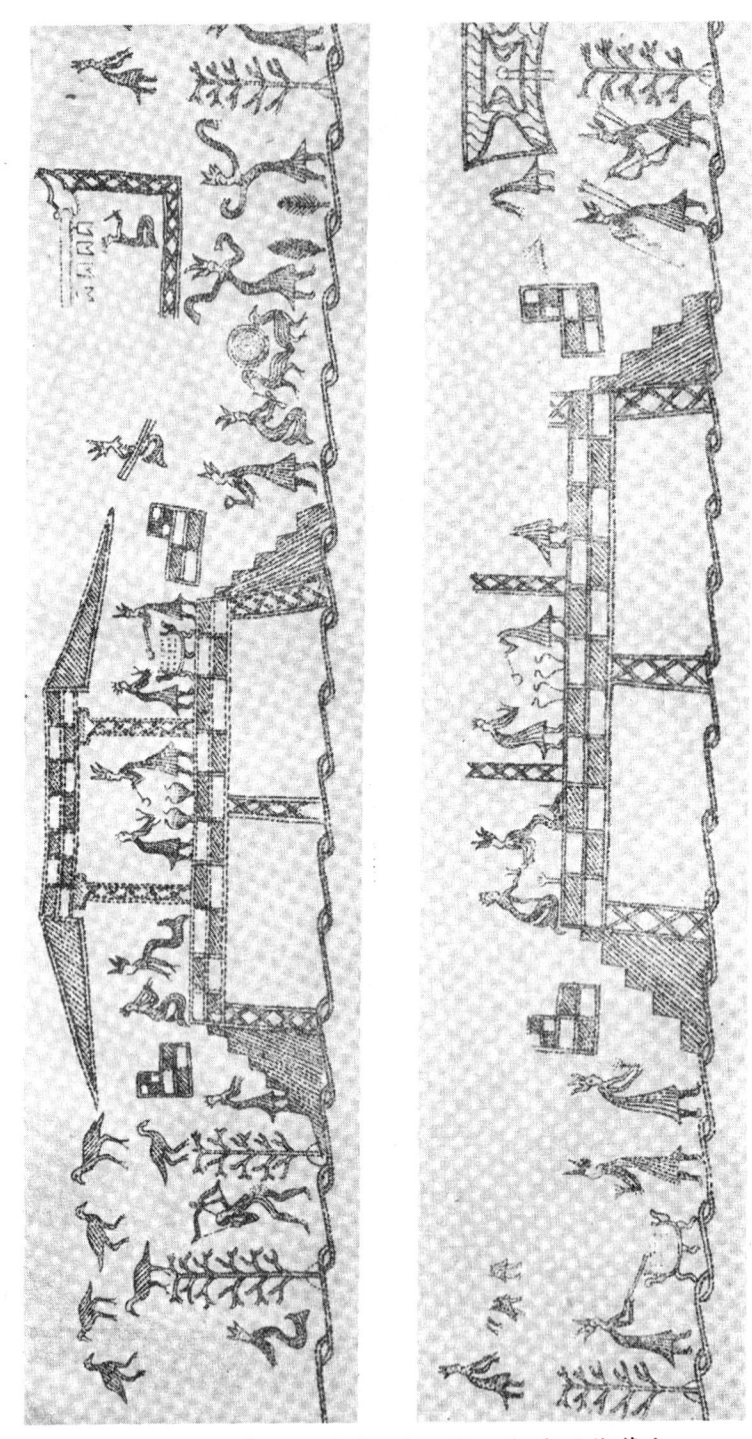

图五　上海博物馆藏燕乐射侯铜椭杯内画像摹本

《周易》的礼仪属性及其孝道观念

陈居渊

复旦大学哲学学院

"孝"是中国古代的道德规范之一,也是儒家伦理生活的基础。有关孝的观念,在西周时期已经相当流行。根据先秦史籍《逸周书》的记载,当时就有"孝子畏哉,乃不乱谋""父子之间,观其孝慈"等语句与内容。同时,在《诗经》《论语》《孟子》《荀子》等儒家经典中,也有不少有关"孝"的记录。也正因此,人们每每将孝道观念的形成,追溯到先秦时期孔子、孟子与荀子等人的相关论述。但是我们若再进一步追问,孔子、孟子、荀子所提出的孝道观念来自何处?他们的论述是否元孝道观念?笔者认为,中国孝道观念并不完全来自孔、孟、荀等儒家学者对孝的诠释,而是渊源于《周易》所记载的礼仪场景与活动,以及它所开示的孝道示范性意义。

一、《周易》的礼仪属性述略

所谓礼仪,是人们对人,对己,对鬼神,对大自然,表示尊重、敬畏和祈求等的思想意识和行为规范,包括礼节和仪式。譬如奠基仪式、下水仪式、迎宾仪式、结婚仪式、祭孔大典,等等。人类最早的礼仪是祭祀活动,它主要是表达对天地鬼神的敬畏和祈求。古时祭祀活动,不是随意地进行的,它是严格地按照一定的程序,一定的方式进行的。《周易》虽然被认为是卜筮之书,但是书中却记录有大量的古代礼仪活动,当时甚至被视为周礼之一。《左传》昭公二年,韩宣子观书于鲁,见《易象》曰:"周礼尽在鲁矣。"又《礼记·礼运》云:"夫礼,本必于太一,转而为阳,阳变而为四时。"清代学者惠栋、张惠言都据此以证明《周易》为礼象。根据东汉许慎的《说文解字》对"礼"字的解释是这样的:"履也,所以事神致福也;从示从豊,豊亦声。"①意思是实践约定的事情,用来给神灵看,以求得赐福。"礼"字是会意字,"示"指神,表示神祇,从中可以分析出"礼"字与古代祭祀神灵的仪式有关。从《周易》的诠释史上看,汉代郑玄、虞翻是较早认识到《周易》一书具备"五礼"的属性,并有意识地以礼仪来解读《周易》的学者。此后历代也都有积极主张"以礼释易"的学者。如唐代李鼎祚,宋代司马光与朱熹,清代王夫之、张惠言等都传承"以礼释易"的传统。特别是近现代学者刘师培不仅认为《周易》与《周礼》相通,而且还认为《周易》保存有婚姻、祭祀、立嗣、后妃等各种礼仪。他根据清人张惠言编写的《虞氏易礼》,结合自己体悟,对《周易》一书的礼仪作了如下的归纳:

1. 郊祀之礼,见于《益》。《益》曰:王用享于帝,吉。见于《豫》。《豫》曰:先王以作乐崇德,殷荐之上帝,以配祖考。张惠言订为南郊祭感生帝之礼。见于《鼎》。《鼎》曰:圣人烹,以享上帝。张惠言认为是祀天之礼。

2. 封禅之礼,见于《随》。《随》曰:王用享于西山。见于《升》。《升》曰:王用享于岐山。惠栋认为此即《礼器》因名山升中于天之义,张惠言指出是巡狩封禅之礼。

3. 宗庙之礼,见于《观》。《观》曰:盥而不荐,有孚颙若。虞翻以禘祭释之。张惠言认为是明宗庙之祭。

4. 时祭之礼,见于《萃》。《萃》曰:孚乃利用禴。见于《升》。《升》曰:孚乃利用禴。见于《既济》。《既济》曰:东邻杀牛,不如西邻之禴祭,实受其福。

5. 馈食之礼,见于《损》。《损》曰:二簋可用享。又曰:祀事遄往。见于《困》。"九二""九四"二爻咸言"利用祭祀"。张惠言认为是同姓之祭礼,而"九二""九四"分别为天子、大夫之祭礼,或为诸侯之祭礼。

6. 省方之礼,见于《观》。《观》曰:先王以省方观民设教。

7. 田狩之礼,见于《屯》。《屯》曰:即鹿无虞,惟入于林中。见于《师》。《师》曰:田有禽。见于《比》。《比》曰:王用三驱失前禽。见于《大畜》,《大畜》曰:日

---

① (汉)许慎著,王平、李建廷整理:《说文解字》,上海:上海书店出版社2016年版,第2页。

闲舆卫。见于《解》,《解》曰:田获三狐。见于《巽》,《巽》曰:田获三品。郑玄认为是以殷禽为搜狩习兵之典,张惠言认为即《王制》所言之三田。

8. 婚礼,见于《泰》。《泰》曰:帝乙归妹。见于《归妹》。《归妹》曰:归妹愆期,迟归有时。《归妹》为九月卦,周代以春季、夏初行婚礼,故以九月为愆。又曰:女承筐。见于《咸》。《咸》曰:取女吉。即妇女祭宗庙之礼。见于《渐》。《渐》曰:女归吉,利贞。张惠言认为此即请期之礼。

9. 宾王之礼,见于《观》。《观》曰:观国之光,利用宾于王。张惠言认为即《周礼》所载以宾礼亲邦国。

10. 时会之礼,见于《萃》。《萃》曰:王假有庙,利见大人,享,利贞,用大牲吉。郑玄以为嘉会之事,虞翻以为孝享之事,张惠言认为即《周礼》所谓时会以发四方之禁。

11. 酬庸之礼,见于《大有》。《大有》曰:公用享于天子。

12. 朝觐之礼,见于《丰》。《丰》曰:遇其配主,虽旬无咎,往有尚。郑玄认为初修礼上朝,四四以匹敌,恩厚待之,虽留十日不为咎。张惠言认为王者受命,诸侯修礼来朝,恩厚待之。即聘礼之稍礼。

13. 聘礼,见于《旅》。《旅》曰:旅琐琐,斯其所,取灾。

14. 王臣出会之礼,见于《坎》。《坎》曰:尊酒簋,贰用缶,内约自牖。

15. 丧礼,见于《大过》。《系辞》谓"古之葬者,厚衣之以薪,葬之中野,不封不树,丧期无数,后世圣人易以棺椁,盖取诸《大过》"。见于《益》。《益》曰:益之用凶事无咎,有孚。中行告公用圭。惠栋认为此凶事用圭之礼。见于《萃》。《萃》曰:赍咨涕洟。见于《涣》。《涣》曰:王假有庙。见于《小过》。《小过》曰:过其祖,遇其妣。此凶礼也。

以上所举,共为15类古代礼典,具体内容涉及25卦,包揽了古代所谓的吉、凶、军、宾、嘉五礼。清人邵懿辰《礼经通论》说:"冠、婚、丧、祭、射、乡、朝、聘八者,礼之经也。冠以明成人,昏以合男女,丧以仁父子,祭以严鬼神,乡饮以合乡里,燕射以成宾主,聘食以睦邦交,朝觐以辨上下。天下之人尽于此矣,天下之事亦尽于此矣。"[①]据现代学者研究,《周易》卦爻辞中与古代典礼有关的内

[①] (清)邵懿辰:《礼经通论》,《续经解三礼类汇编》第1册,台北:艺文印书馆1986年版,第590页。

容,共计有近百条之多。如《礼记·郊特牲》:"男女有别,然后父子亲,父子亲,然后义生,义生,然后礼作。"这显然深化了《易传》"有夫妇然后有父子,有父子然后有君臣上下"的认识。

《周易》六十四卦中,确实存有古代"礼"与"礼仪"的因子,而中国先人的孝道观念往往是在礼仪的实践当中逐渐形成的。"礼"的意义是一种信仰的主要呈现,而"礼仪"则是这种信仰的进一步外化。《周易》的意义是通过其"象"来做出合乎常规之理的判断,即所谓的"观象系辞",因此是一种粗线条的逻辑推演,而不是精神层面的诉求,但是它却成为先秦时期孝道观念赖以形成的渊源所在。如《左传》文公二年:"孝,礼之始也。"由此可知,先秦时期孝道观念的形成,与《周易》的礼仪属性有着密切的联系。

二、《周易》的礼仪属性与孝道观念

《周易》一书中的古代礼仪,已如上述。那么这些礼仪与孝道观念有着怎样密切的联系呢?据笔者粗浅的考察,限于篇幅,现略举数例如下:

1. 祭祀礼仪与天子之孝。宗庙祭祀是先秦礼典的重要部分,也是儒家礼仪中的主要部分,礼有五经,莫重于祭,是以事神致福,即为敬神、求神和祭拜祖先并求保佑。《萃》卦卦辞说:"萃。亨。王假有庙。利见大人,亨。利贞。用大牲吉,利有攸往。"《彖传》说:"王假有庙,致孝亨也。"《萃》卦卦形是坤下兑上,像庙堂。坤象牛、兑象羊,牛羊皆为古代祭祀所必备的大牲。根据汉代郑玄的解释:萃,聚也。坤为顺,兑为说。臣下以顺道承事其君,说德居上待之,上下相应,有事而和通,故曰"萃,亨"也。假,至也。互有艮巽,巽为木,艮为阙,木在阙上,宫室之象也。四本震爻,震为长子。五本坎爻,坎为隐伏,居尊而隐伏,鬼神之象。长子入阙升堂,祭祖祢之礼也,故曰"王假有庙"。二本离爻也,离为目,居正应五,故"利见大人"矣。大牲,牛也。言大人有嘉会时可干事,必杀牛而盟,既盟则可以往,故曰"利往"。按照《彖传》的解释,《萃》卦意为"聚"。《萃》下体为坤,上体为兑,坤有顺从的意思,兑有说(悦)的意思;萃的五爻为阳,居上中的位置,为"刚",二爻为阴,居下中,与九五应,从而得到"聚"的含义。在举行享祭的时候,王来到宗庙,与大人相聚,中正而不私邪。用"大牲"祭天,是顺从天命的表示。虞翻《周易注》认为这是王公至祖庙祭祖向先人表达孝心的一种祭祀仪式，所以朱熹《周易本义》说："公假于太庙是也。庙所以聚祖考之精神。"①意思是说祭祖的目的是为了承续祖考的精神和事业，祭祀活动便是祭祀者一种内心情感的显露，反映了祭祀者对祖考的尊敬之情，这种以下对上的尊敬之情就是孝的具体体现，也惟有具备孝心，才能真正继承先辈的精神和事业，朱熹说的"人必能聚己之精神，则可以至于庙而承祖考"就是表达就这层意思。此外如《损》卦卦辞"二簋可用亨"，郑玄以为宗庙祭祀之礼，荀爽认为"二簋谓上体二阴也。上为宗庙，簋者，宗庙之器，故可亨献也"②。再如《观》卦"盥而不荐，有孚颙若"。马融说："盥者，进爵灌地以降神也。此是祭祀盛时。及神降荐牲，其礼简略，不足观也。国之大事，唯祀与戎。王道可观，在于祭祀。祭祀之盛，莫过初盥降神。故孔子曰'禘自既灌而往者，吾不欲观之矣'。此言及荐简略，则不足观也。以下观上，见其至盛之礼，万民信敬，故云有孚颙若。孚，信。颙，敬也。"③盥是指行礼前洗手，灌是斟酒浇地降神，两者都是祭典中的礼仪，也都含有孝敬祖宗的意思。又如《益》卦的"王用享于帝"、《豫》卦的"殷荐之上帝，以配祖考"，《鼎象》"圣人亨以享上帝"等祭祀上帝的礼仪活动。这种尊祖敬宗的礼仪，在青铜器中也时有记载。如《曼龚父簋》"用享孝宗室"、《兮熬壶》"用享孝于大宗"等即是明证。《礼记·少仪》"祭祀主敬"，《左传》文公十五年"敬慎祭祀"，这里的"敬"当作"孝"解。《国语·鲁语上》："夫祀，昭孝也。名致齐敬于其皇祖，昭孝之至也。"这也正是《孝经·感应章》中所说的"宗庙致敬，不忘亲也"，《孝经·天子章》所说的"爱亲者不敢恶于人，敬亲者不敢慢于人。爱敬尽于事亲，而德孝加于百姓，刑于四海，盖天子之孝也"。元人李简对此也解释说："天下萃聚之时，万物盛多，足以备礼，而又得万国之欢心，四海之内，各以其职来祭，然后可以谓之有庙而致孝享，《孝经》所谓天子之孝，正谓此耳。"④也正因此，《萃》卦卦辞的宗庙祭祀礼仪也就包含了天子之孝的礼仪了。

2. 朝聘礼仪与敬让之孝。所谓朝聘，在古代有多层意思。诸侯见天子称为

---

① （宋）朱熹：《周易本义》卷二，北京：中华书局2009年版，第166页。
② （唐）李鼎祚：《周易集解》卷八，北京：中华书局2016年版，第251页。
③ （唐）李鼎祚：《周易集解》卷五，北京：中华书局2016年版，第139页。
④ （清）欧阳厚均：《易鉴》卷二三，北京：中华书局2013年版，第559页。

朝,诸侯之间相见也称朝,臣子见国君也称朝。在春秋时期,诸侯朝觐天子的礼仪,常常被诸侯之间的相见所取代。《礼记·曲礼》:"诸侯使大夫问于诸侯曰聘。"朝聘便成为诸侯之间相互敦睦的一种常用礼仪。如《旅》,初六爻辞曰:"旅琐琐,斯其所取灾。"郑玄解释说:"琐琐,犹小小也。爻互体艮,艮,小石,小小之象。三为聘客,初与二,其介也。介当以笃实之人为之,而用小人琐琐然。客主人为言,不能辞曰非礼,不能对曰非礼。每者不能以礼行之,则其所以得罪。"①郑玄认为此爻乃指古代聘礼中的"介",郑玄却解释说:"聘礼,上公七介,侯伯五介,子男三介。"②"介"是辅助宾客行礼之人,诸侯朝聘天子,卿为使者,大夫为介。所以郑玄认为如果用小人为介,辞对非礼,破坏了聘礼的意义,会影响到朝聘双方的关系。其实,爻辞本身与聘礼之"介"几乎没有关系,"琐琐"仅仅指人因离其所居而谨小慎微,并无贬损之义,郑玄转义解释为不懂礼仪之小人,与笃实之人相对,不仅强调了聘礼本身的郑重,更暗指由于聘礼中有笃实明礼的人参与,使礼仪文质彬彬,而非虚行仪轨,于是《旅》的初六爻辞也就具有聘礼的含义了。据《仪礼·聘礼》所载,聘礼是由迎接、郊劳、贿赠、君主燕享等礼节组成,体现了以礼仪相尊,表现出聘礼过程中具体环节上的敬与让,即"敬让也者,君子之所以相接也。故诸侯相接以敬让,则不相侵陵。介绍而传命,君子于其所尊弗敢质,敬之至也"。敬是礼仪的基本原则。《论语·宪问》云:"修己以敬。"《礼记·曲礼》云:"毋不敬。"范祖禹说:"经礼三百,曲礼三千,一言以蔽之曰毋不敬。"③意思是说行礼者的一切行为都是以对行礼对象的诚敬为前提。敬作为人的一种内在的情感,始终存在于人与人的关系之中,并通过人的礼仪行为体现出来。明人吕维祺在所著《孝经大全》中说:"《诗》三百,一言以蔽之,《孝经》说可一言以蔽之乎?曰敬而已。敬者,帝王圣贤传孝之心法也。"而"敬"同样也是一种礼仪,因此《旅》卦所体现的诸侯朝聘礼仪,自然也成为表示孝敬的礼仪。

3. 丧葬礼仪与事亲之孝。丧葬是对生命归宿的最后安排,应该说它也是生命礼仪的重要组成部分。生,事之以礼;死,葬之以礼,这是儒家传统中孝道观

---

① (宋)王应麟:《周易郑康成注》,北京:中华书局2012年版,第52页。
② (清)阮元校刻:《十三经注疏》,北京:中华书局2009年版,第3675页。
③ (清)孙希旦:《礼记集解》卷一,北京:中华书局1989年版,第4页。

念的核心。《大戴礼记·盛德》:"丧祭之礼明,则民孝矣。故有不孝之狱,则饰丧祭之礼也。"《礼记·祭统》:"祭者,所以追养继孝也。"并且认为"孝子之事亲也,有三道焉。生则养,没则丧,丧毕则祭,尽此三道,孝子之行也"。丧葬礼仪在《周易》中有比较多的记载。但《周易》也不是纯粹意义上的礼仪之书,因此对丧葬礼仪的记载并不系统,但是它终究透示出人类孝道观念的同一性。如《系辞》:"古之葬者,厚衣之以薪,藏之中野,不封不树,后世圣人易之以棺椁,盖取诸《大过》。"意思是说上古时期,人死后的安葬非常简单,用柴草作为死者的寿衣,将其埋葬在荒野上,既没有坟堆,也不种树以标记,到了后世,圣人从《大过》卦中得到了启迪,才开始用棺材安葬死者。对此,虞翻解释说:"中孚,上下象易也。本无乾象,故不言上古。大过乾在中,故但言古者。巽为薪,艮为厚,乾为衣、为野,乾象在中,故'厚衣之以薪,葬之中野'。穿土称封,'封',古'窆'字也。聚土为树。中孚无坤坎象,故不封不树。坤为丧期,谓从斩缞至缌麻日月之期数。无坎离日月坤象,故丧期无数。巽为木、为入处;兑为口;乾为人;木而有口,乾人入处,棺敛之象。中孚艮为山丘,巽木在里,棺藏山陵,椁之象也。故'取诸大过'。"[1]《大过》是《周易》的第28卦。本卦为异卦相叠(巽下兑上)。上卦为兑,兑为泽;下卦为巽,巽为风为木。上兑下巽,有泽水淹没木舟之象。兑、巽相迭,中间四爻为阳爻,初、上为阴爻,阳盛而阴柔,中壮而端弱,也兆示着拆毁之象。喻人君人臣,行事大错,则将有栋拆梁摧之险,所以卦名曰大过。

又如《小过》六二爻辞:"过其祖,遇其妣。"《象传》解释说:"山上有雷,小过。君子以行过乎恭,丧过乎哀,用过乎俭。"虞翻解释说:"晋坤为丧,离为目,艮为鼻,坎为涕洟,震为出。涕洟出鼻目,体大过遭死,丧过乎哀也。"[2]再如《益》六三爻辞:"益之用凶事,无咎。有孚中行,告公用圭。"清代惠栋说:"坤为事,三多凶,上来益三得正,故益用凶事。……礼含者执璧将命,赗者执圭将命。皆西面坐,委之牢,举璧与圭。此凶事用圭之礼。"[3]这种对丧葬礼仪的描述,事实上也是一种孝道观念的反映。《礼记·问丧》:"此孝子之志也,人情之实也,礼仪之经也,非从天降也,人情而已矣。"《孝经·丧亲章》子曰:"孝子之丧亲也,哭不

---

[1] (唐)李鼎祚:《周易集解》卷一五,北京:中华书局2016年版,第458页。
[2] (唐)李鼎祚:《周易集解》卷一二,北京:中华书局2016年版,第375页。
[3] (清)惠栋:《周易述》卷六,北京:中华书局2007年版,第117—118页。

哀,礼无容,言不文,服美不安,闻乐不乐,食旨不甘,此哀戚之情也。三日而食,教民无以死伤生。毁不灭性,此圣人之政也。丧不过三年,示民有终也。为之棺椁衣衾而举之,陈其簠簋而哀戚之;擗踊哭泣,哀以送之;卜其宅兆,而安措之;为之宗庙,以鬼享之;春秋祭祀,以时思之。生事爱敬,死事哀戚,生民之本尽矣,死生之义备矣,孝子之事亲终矣。"就中国传统丧葬文化而言,虽然起源于人们对于灵魂不灭的信仰,但是经过儒家文化的渲染与重新诠释,丧葬礼仪也趋于具备伦理与教化色彩,即《大戴礼记·盛德》所谓的"丧葬之礼,所以教仁爱也。丧祭之礼明,则民孝矣"。如此,《周易》中的《大过》卦辞与《小过》六二爻辞所体现的丧葬礼仪,演化成为孝道中的事亲礼仪了。

从上述三例的分析而言,《周易》所包含的礼仪,显然为先秦时期孝道观念的产生提供了土壤。如果说《周易》的内涵是一部穷理尽性之书,那么也就意味着它是一部先秦人们对道德风尚的诠释之书,其中主题思想便是教人改过、修德向善,六十四卦每卦都渗透着浓厚的道德义蕴,因此礼仪与孝道观念往往表现为普遍联系、直接联系与多样联系等层面。而这种联系,都是双向的,因此它具有使各种具体礼仪之间与孝道观念不同指向之间的相互阐发、相互定义的特点。如《孝经·感应章》子曰:"昔者明王,事父孝,故事天明;事母孝,故事地察。长幼顺,故上下治。天地明察,神明彰矣。"历来研究《孝经》的学者,都认为这是天人感通。如明代的吕维祺据《易·说卦传》"乾为天,为父",认为对父孝,故能事天,是事父之孝通于天;"坤为地,为母",事母孝,故能事地,是事母之孝通于地。《易·咸·彖》云:"天地感而万物化生,圣人感人心而天下和平。观其所感,而天地万物之情可见矣。"这样,孝道观念的感应理论融通了《周易》感通之说,从而作了《易》学的诠释。

三、《周易》的孝道思维与《孝经》的孝道观念

孝道观念不仅丰富与深化了《周易》的礼仪属性,而且其阐扬的孝道观念也影响了《周易》孝道思维的发展。我们知道,汉代象数派的易学大师马融、郑玄、荀爽,三国时期的王肃、虞翻不仅亲自注释《周易》,而且也都亲自注释《孝经》。如马融注释古文《孝经》,郑玄注释今文《孝经》,王肃的《孝经注》,被誉为当时学

习《孝经》的范本。这就不可避免地将《孝经》的孝观念熔铸于《周易》的孝道思维。如《易·家人·象》"家人嗃嗃,未失也。妇子嘻嘻,失家节也",京房《周易章句》解释说:"治家之道,于此备矣。"陆绩所著《周易述》,在解释《家人·彖》"正家而天下定矣"一句说:"圣人教先从家始,家正则天下化之,修己以安百姓者也。"[1]刘炫在《孝经述义》声称陆绩在解释《家人》卦时,曾经引用古文《孝经》"闺门之内具礼矣乎"一句,这显然深化了《周易》所蕴含的孝道思维。邢昺《孝经注疏》认为《周易》与《孝经》可以互相比照,《孝经·圣治章》"宗庙致敬,鬼神著矣",邢昺认为孝为百行之本,言人之为行,莫先于孝,就是《易·文言》所说的"利物足以和义"。晚清学者曹元弼曾认为"伏羲正夫妇以定父子为教孝之本,而爱敬之政推行无穷,《孝经》之义,本自伏羲以来《易》说发之矣"。(《孝经学》)这显然是不能以偶然的现象所可以解释清楚的。

事实上,《周易》孝道思维的发展深受《孝经》的孝道观念的影响。如《离》卦九四爻辞"突如其来如,焚如,死如,弃如"。《象传》说:"突如其来如,无所容也。"郑玄认为:震为长子,爻失正,又互体兑。兑为附,决子居明法之家,而无正,何以自断其君父,不志。突如,震之失正,不知其所如。又为巽,巽为进退,不知所从。这就是《孝经·圣治章》"不孝之罪,五刑莫大焉,得用议贵之辟刑事之,若如所犯之罪。焚如,杀其亲之刑。死如,杀人之刑。弃如,流宥之刑"。李道平《周易集解纂疏》在解释该句时也同样引《孝经》曰:"五刑之属,而罪莫大于不孝。"指出"焚如""死如""弃如"谓不孝子也,不畜于父母,不容于朋友,故焚杀弃之。《豫·象传》:"先王以作乐崇德,殷荐之上帝,以配祖考。"郑玄云:"祀天地以配祖考者,使与天同飨其功也。故《孝经》云:'郊祀后稷以配天,宗祀文王于明堂以配上帝'也。"[2]邢昺认为《乾》卦九三《文言传》称"君子进德修业",即《孝经·天子章》之"爱敬尽于事亲,德教加于百姓"。《蛊》卦六五爻辞"干父之蛊,用誉",唐人史徵认为干事得至尊位,是能干办父事,承先之德,故有美誉。宋人胡瑗在解释《家人》六四爻辞"富家大吉"、《象传》"富家大吉,顺在位也"时认为,六四,家道已成之后,当大臣之位,近于君,是顺在其位,以治家之道移于国也,故《孝经》曰居家理,故治可移于国。明人陈祖念在解释《蛊》卦时认为自

---

[1] (唐)李鼎祚:《周易集解》卷八,北京:中华书局2016年版,第230页。
[2] (唐)李鼎祚:《周易集解》卷四,北京:中华书局2016年版,第123页。

己于《蛊》而得《孝经》。黄道周在解释《孝经·卿大夫章》"是故非法不言,非道不行,口无择言,身无择行,言满天下无口过,行满天下无怨恶,三者备矣,然后能守其宗庙。盖卿大夫之孝也",说:"孝子终日言,不在尤之中,终日行,亦不在悔之中也。……《易》曰:'风火家人,君子以言有物,而行有恒。'此之谓也。"①清人魏荔彤在解释《系辞传》"鬼无方而易无体"时认为"何不闻有鬼神"可以《孝经》明之。又在解释《谦》卦九三爻辞时认为《孝经》云"高而不危,以常守贵也"皆与《易》通。冉觐祖在解释《系辞传》"崇高莫大乎富"一句时,认为这就是《孝经·诸侯章》所说的"富贵不离其身,然后能保其社稷"。又如《孝经·开宗明义章》"先王有至德要道,以顺天下",所谓"至德",就是指具有极高德性的人。所谓要道,是指自然之道,顺天下就是适应这种自然之道。《系辞传》说"广大配天地,变通配四时,阴阳之义配日月,易简之善配至德",孔颖达《周易正义》说:"广大配天地者,此《经》申明《易》之德,以《易》道广大,配合天地,大以配天,广以配地。变通配四时者,四时变通,《易》理亦能变通,故云变通配四时也。阴阳之义配日月,易简之善配至德者,案初章论乾坤易简,可久可大,配至极微妙之德也。然《易》初章'易'为贤人之德,'简'为贤人之业,今总云'至德'者,对则德业别,散则业由德而来,俱为德也。"②这显然与《孝经·开宗明义章》互为表里。这在一定程度上,都表明《孝经》的孝道观念也影响了《周易》孝道思维的发展。

再如《说卦传》说:"立天之道曰阴与阳,立地之道曰柔与刚,立人之道曰仁与义,兼三才而两之,故易六画而成卦。"《系辞传下》也说:"《易》之为书也,广大悉备,有天道焉,有人道焉,有地道焉,兼三才而两之,故六。六者非它也,三才之道也。"这是中国古代早最明确最系统最深刻地提出"天、地、人三才之道"的学说,体现了古人与天人合一、与自然和谐的精神,对天地与自然持有极其虔诚的敬爱之心。无独有偶,《孝经·三才章》对此作了进一步的细化:"曾子曰:'甚哉,孝之大也!'子曰:'夫孝,天之经也,地之义也,民之行也。天地之经,而民是则之。则天之明,因地之利,以顺天下。是以其教不肃而成,其政不严而治。先王见教之可以化民也,是故先之以博爱,而民莫遗其亲,陈之德义,而民兴行。先之以敬让,而民不争;导之以礼乐,而民和睦;示之以好恶,而民知禁。《诗》

---

① 魏源全集编辑委员会编:《古微堂四书·孝经集传》,长沙:岳麓书社2004年版,第524页。
② (清)阮元校刻:《十三经注疏》,北京:中华书局2009年版,第163页。

云：'赫赫师尹，民具尔瞻。'"这种认为"孝"即包含天地人三才，人与天地和谐相处，协调人与天地即自然环境的平衡和谐发展的关系，以及人与社会、人心与人身的平衡和谐发展的关系。可见《周易》中所象征的这种宇宙论模式，也每每被《孝经》接纳。

总之，重视《周易》与古代典礼的研究，深入探讨《周易》的礼仪属性与孝道观念的内在联系，应该是当前《周易》研究中值得注意的一个面向。

摄礼归心与孟子对礼的内在化改造

高国良

西南石油大学马克思主义学院

按照儒学史的一般叙述,孔子的思想是一个仁礼合一的体系,孟荀则各执一偏地发展了孔子的思想,具体地说就是:孟子重仁,发展了孔子的仁学;荀子重礼,发展了孔子的礼学。如果从仁礼关系这条线索入手深入考察孟子关于礼的思想,我们就会发现孟子通过对礼的心性根源的追溯,继承和深化了孔子关于礼的精神的思考。理解孟子关于礼的思想,对于准确把握孔孟思想之间的异同关系是很有必要的。

一、摄礼归仁——孔子思想中仁与礼的关系

孔子一生颠沛流离、席不暇暖,切切于以复周礼为职志,慨叹"郁郁乎文哉!吾从周"(《论语·八佾》)。以周礼为代表的典章制度承载了孔子对人伦有序的理想社会的向往,但复周礼并非简单仪式化地复古,而是复兴周礼内在的伦理精神和道德原则。凭借"仁"这一核心观念,孔子扩展与重构了周礼的内在精神和原则。但孔子复周礼的这一番苦心并不总是能被人理解,比如弟子宰我就在三年之丧这一礼制问题上不能理解孔子:

宰我问:"三年之丧,期已久矣。君子三年不为礼,礼必坏;三年不为乐,乐必崩。旧谷既没,新谷既升,钻燧改火,期可已矣。"子曰:"食夫稻,衣夫锦,于汝安乎?"曰:"安。""汝安则为之!夫君子之居丧,食

旨不甘,闻乐不乐,居处不安,故不为也。今汝安,则为之!"宰我出。子曰:"予之不仁也!子生三年,然后免于父母之怀。夫三年之丧,天下之通丧也。予也有三年之爱于其父母乎?"(《论语·阳货》)

宰我忧虑的是三年之丧所造成的负面的社会效应,孔子忧虑的则是对于父母的亲爱之情的缺失。宰我主张缩短守丧时间的理由,主要基于功利性的考虑,他以保存礼乐制度为名而要求短丧;孔子坚持三年之丧的理由,则基于孝子对于父母深切的哀戚之情。孔子要求宰我反求诸心以体会三年之丧这一礼制的内在理据。宰我不能明察。孔子意谓,三年之丧乃植根于君子对于父母割舍不断的深情厚爱,本乎此而制作的居丧之礼是对此一深刻情感的合理表达,其他功利性的考虑应该让位于、服从于此一真实的思慕之情。此一对礼的态度同样表现在祭礼中,"祭如在,祭神如神在"(《论语·八佾》),孔子认为如果缺乏了对神的敬畏,祭礼的意义将遭受严重缺损。完美的礼既要求礼的践行者对于仪节的熟练掌握,更重要的是还必须具备诚敬之心。正如郑开先生所说:"孔子一方面指明了道德意识的内向性,突显了仁智勇忠信孝弟观念中的伦理意义;另一方面还强调了道德意识的实践性,就是说,道德观念、伦理规范仍不能游离于'礼'的制度结构。"[1]与制度化的外在仪节相比,诚敬之心对于礼的建构具有更加优先性的价值。

还有另外一段对话表明了孔子对于礼的内在根据的思考:

林放问礼之本。子曰:"大哉问!礼,与其奢也,宁俭;丧,与其易也,宁戚。"(《论语·八佾》)

钱穆先生曾说:"礼有内心,有外物,有文有质。内心为质为本,外物为文为末。林放殆鉴于世之为礼者,竞务虚文,灭实质,故问礼之本。然礼贵得中,本末兼尽。若孔子径以何者为礼之本答之,又恐林放执本贱末,其敝将如后世之

---

[1] 郑开:《德礼之间——前诸子时期的思想史》,北京:生活·读书·新知三联书店2009年版,第345页。

庄老。故孔子仍举两端以告,与彼宁此,则本之何在自见,而中之可贵亦见。"①礼之本指向践礼者内心的某种真情实感,其实也就是仁所指称的东西,这才是礼的实践应该回溯和遵循的理据。仁是礼的实质与根据,明乎此,则孔子思想体系中的"仁礼合一"就应该被理解为以仁来统摄礼,而非仁与礼的单纯并置,礼不过是对真实无妄的情感的合理表达。"礼云礼云,玉帛云乎哉?乐云乐云,钟鼓云乎哉?"(《论语·阳货》),"人而不仁,如礼何?人而不仁,如乐何?"(《论语·八佾》),都表达了孔子对礼之本缺失的深切忧虑。礼之末、礼之文可以顺应于时代和形势的变化而加以因革损益,但作为礼之本的仁则需要一以贯之,否则礼之意义与价值将受到严重威胁,且有崩塌的危险。因此,我们可以将孔子思想中仁与礼的关系归结为"摄礼归仁"。

二、摄礼归心——孟子对礼的内在化改造

依照孔子思想中仁与礼的关系所启示的方向来审视孟子关于礼的探讨,就可以明晰孔孟在仁礼问题上的内在关联。孟子与先秦诸子所面临的时代课题都是如何重建当时的社会政治秩序,其不同在于对秩序混乱的归因与重建秩序的方案。在孟子的时代,以传统宗法秩序、社会习俗、生活习惯的形式所存在的礼乐制度,逐渐不能以其自发的力量维持旧的统治秩序,对礼的僭越和颠覆从偶发现象转变为了普遍现象。面对如此乱世,孟子提出以仁政一统天下的救世方案。所谓仁政,就是仁义之政,即以仁义为原则来塑造和引导社会政治秩序,使其走上良善的轨道。在对此一救世方案的论证中,孟子必须回答作为传统秩序象征的道德规范和价值原则的根据问题。

在礼崩乐坏的社会背景下,人们不禁会问:为什么人必须按照礼的要求来行动,对于违反礼的行为进行道德谴责乃至惩罚的依据在哪里?孟子之时,即便是在诸侯这一阶层中,三年之丧这一礼制的必要性也遭到普遍的质疑:滕文公的父亲滕定公去世了,文公派然友去邹国咨询孟子关于丧礼的事宜,孟子告之曰"亲丧,固所自尽也",坚持认为三年之丧乃天下通行之礼,然友归国复命之

---

① 钱穆:《论语新解》,北京:生活·读书·新知三联书店2002年版,第55—56页。

后,孟子的这一提议竟然遭到了滕国百官族人的一致反对,文公又命然友去询问孟子如何处置,孟子则答曰:

> "然,不可以他求者也。孔子曰:'君薨,听于冢宰,啜粥,面深墨,即位而哭,百官有司莫敢不哀,先之也。'上有好者,下必有甚焉者矣。君子之德,风也;小人之德,草也。草尚之风,必偃。是在世子。"(《孟子·滕文公上》)

随着周礼所奠定的统治秩序的动摇,在人们眼中,礼之为礼越来越退化为只是用来规范和约束人们行为的外部要求,上至诸侯、下至大夫,甚至视其为急欲摆脱的生硬束缚。在齐国,三年之丧同样遭遇了挑战:

> 齐宣王欲短丧。公孙丑曰:"为期之丧,犹愈于已乎?"孟子曰:"是犹或紾其兄之臂,子谓之姑徐徐云尔。亦教之孝悌而已矣。"王者有其母死者,其傅为之请数月之丧。公孙丑曰:"若此者何如也?"(孟子)曰:"是欲终之而不可得也。虽加一日愈于已,谓夫莫之禁而弗为者也。"(《孟子·尽心上》)

孟子弟子公孙丑对于三年之丧这一礼制的理解,并没有超出孔子弟子宰我很多。由此可见礼制的松弛早已变成了普遍的社会现象。孟子迫切需要重新为礼奠定规范性的基础,"四端之心"概念即是对此一问题的解答,兹引两段论述如下:

> 恻隐之心,仁之端也;羞恶之心,义之端也;辞让之心,礼之端也;是非之心,智之端也。人之有是四端也,犹其有四体也。有是四端而自谓不能者,自贼者也;谓其君不能者,贼其君者也。凡有四端于我者,知皆扩而充之矣,若火之始燃,泉之始达。苟能充之,足以保四海;苟不充之,不足以事父母。(《孟子·公孙丑上》)
>
> 恻隐之心,人皆有之;羞恶之心,人皆有之;恭敬之心,人皆有之;是非之心,人皆有之。恻隐之心,仁也;羞恶之心,义也;恭敬之心,礼

也;是非之心,智也。仁义礼智,非由外铄我也,我固有之也,弗思耳矣。(《孟子·告子上》)

端是始端、始点的意思,四端之心乃为人所必有者,其中,辞让之心是礼的起点。作为德性的礼既不是从外部添加给人的,也并非现成存在于人心中,而是道德修养的结果,德性的养成基于人所内蕴的心性起点及其扩充行为。后一段关于四端之心的论述与前一段表述存在差异:"辞让之心"被"恭敬之心"替代,且四端之心直接等同于四德。

先说前一处差异。《尔雅·释诂》:"恭,敬也。"《说文》释"恭"为"肃"。《礼记·曲礼上》:"是以君子恭敬、尊节、退让以明礼。"总的来说,"恭"主要包括两层意思,一是指容貌端庄严肃,二是指行为的谦顺。"恭"主要指外在的容貌和行为。"敬"的意思则指向内心与精神维度。辞让通过退与让的态度,也表达了谦恭、谦顺、尊敬的意思,因此,辞让之心与恭敬之心的意义其实是可以相通的。

再说另一处差异。朱子是这样解释的:"前篇言是四者为仁、义、礼、智之端,而此不言端者,彼欲其扩而充之,此直因用以著其本体,故言有不同耳。"[①]李明辉先生认为朱子的这种诠释完全是从其理气二分/心性情三分的义理间架出发对孟子的解释,不合于孟子思想本身。此处牵涉的问题甚为复杂,限于篇幅无法展开论述,仅依主流诠释将四端理解为情。[②]

通过"辞让之心,礼之端也"这一论断,孟子就把礼的根据重新置于人内在的心性情感的地基上了。[③] 礼不过是对此种内生情感的要求的呼应与满足。

---

① (宋)朱熹:《四书章句集注》,北京:中华书局2015年版,第1103页。
② 关于四端诠释的深入讨论,请参看李明辉:《四端与七情:关于道德情感的比较哲学探讨》,上海:华东师范大学出版社2008年版,第73—91页。
③ 其实,不独孟子,荀子也是沿着这一路径来论证三年之丧的合理性的。《荀子·礼论》:三年之丧,何也? 曰:称情而立文,因以饰群,别亲疏贵贱之节,而不可损益也。故曰:无适不易之术也。创巨者其日久,痛甚者其愈迟;三年之丧,称情而立文,所以为至痛极也。齐衰,苴杖,居庐,食粥,席薪,枕块,所以为至痛饰也。三年之丧,二十五月而毕,哀痛未尽,思慕未忘,然而礼以是断之者,岂不以送死有已,复生有节也哉! 凡生乎天地之间者,有血气之属必有知,有知之属莫不爱其类。今夫大鸟兽则失亡其群匹,越月踰时,则必反铅;过故乡,则必徘徊焉,鸣号焉,踯躅焉,踟蹰焉,然后能去之也。小者是燕爵犹有啁噍之顷焉,然后能去之也。故有血气之属莫知于人;故人之于其亲也,至死无穷。将由夫愚陋淫邪之人与? 则彼朝死而夕忘之;然而纵之,则是曾鸟兽之不若也,彼安能相与群居而无乱乎? 将由夫修饰之君子与? 则三年之丧,二十五月而毕,若驷之过隙,然而遂之,则是无穷也。故先王圣人安为之立中制节,一始足以成文理,则舍之矣。

正如恻隐之心要求我们去解救处于危难或痛苦中的人一样,辞让之心也要求我们去礼让或礼遇那些与我们照面之人。因此,仁义礼智就不是从外部向我们提出的约束性要求,而是我们由内而外生发出来的自觉要求,而且此一要求是植根于遍在而为人所皆具的四端的,并非某一阶层或某一类人的专属。

四端之心固然是在某种情境中自动呈现出来的,但此种情境却只是其呈现的"机缘",而非"原因"。①"仁义礼智,非由外铄我也,我固有之也,弗思耳矣",指明了道德主体的"思"在价值实现过程中不可或缺的重要性。不思就是道德主体的自觉意识的丧失,思就是道德主体的自觉意识的挺立。仁义礼智并非作为现成的、已然完备的德性存在于我们心中,这四种德性同样需要我们付出努力、有所作为才能成就出来。在孟子那里,推恩与扩充承担着由四端之心向完整德性过渡的重任。

我们就此可以发现,孟子"仁义内在"说的基本精神与孔子的"为仁由己"其实是一致的,没有道德主体的内在自觉是无法言说道德责任的,仁义礼智亦然。诚如劳思光先生所言:"心溺于物,则意志即以形躯之欲为方向,遂不能如理,亦不能实现价值;心不溺于物,则如理畅行,即以本有之价值自觉为方向。意志选择何种方向,乃由自觉心自觉者。"②德性的养成全在于道德主体自觉意识的发扬,此即是"固有"之意。尽管我们并不总是及时地对四端之心的要求进行了反馈和回应,但这并不能证明我们本身缺乏进行反馈和回应的能力。在经验世界中未能发挥出此种价值实现的能力,并不意味着我们本身不具备这种能力。孟子曰:"君子所以异于人者,以其存心也。君子以仁存心,以礼存心。"(《孟子·离娄下》)德性成就的差异取决于道德意识的自觉与否,就每个人先天的内在禀赋而言并没有差别。凭借四端说和仁义内在说,孟子实现了对礼的内在化改造。

其实,孟子对于礼的内在化改造,也并不完全是一种全新创造,而是孔子后学尤其是子思学派思想发展逐渐积淀的结果。早在竹帛《五行》篇中,就出现了

---

① "机缘"与"原因"一对概念出自李明辉,"反之,四端之'感'是自发的,是'思则得之,不思则不得'。在此,外在对象(如君、父、兄、孺子)仅是其'感'的机缘(occasion),而非其原因(cause)。"参见李明辉:《四端与七情:关于道德情感的比较哲学探讨》,上海:华东师范大学出版社2008年版,第236页。

② 劳思光:《新编中国哲学史》一卷,桂林:广西师范大学出版社2005年版,第124页。

"德之行"与"行"的区分:

> 仁形于内谓之德之行,不形于内谓之行;义形于内谓之德之行,不形于内谓之行;礼形于内谓之德之行,不形于内谓之行;智形于内谓之德之行,不形于内谓之行;圣形于内谓之德之行,不形于内谓之(德之)行。①

郑玄有言:"在心为德,施之为行。"依据陈来先生的解释,此处的"形"作动词解,"形于内"即动于内而至于外,"不形于内"即无动于内而仅显于外,前者可以称之为"德之行",后者可以称之为一般的"行"。② 我们还可以借用康德道德哲学的术语来说,前者"出于道德",后者"合于道德",二者在道德评价序列中的地位不同。《五行》篇的作者做出如此区分,显然也是认为前者的道德价值要高于后者。一个人有可能做了一件合乎仁的行为,但并不一定意味着他真正具备了仁的德性,正如一个人遵从了礼的规范,并不意味着他对于礼有发自内心的尊重。

竹简《五行》篇第 14 章还有如下论述:"不远不敬,不敬不严,不严不尊,不尊不恭,不恭无礼。"作者用否定式假设的表达对于礼的心理起源作了阐述。第 21 章还对第 14 章的说法进行了解释:"以其外心与人交,远也。远而庄之,敬也。敬而不懈,严也。严而畏之,尊也。尊而不骄,恭也。恭而博交,礼也。"由此可见,《五行》篇作者同样认为礼起源于远、敬、严、尊、恭之情,是此类情感由内向外的表现。这种表达与孟子的"恭敬之心,礼也"(《孟子·告子上》)已经很接近了。可以说,子思学派对《五行》的解释已经为孟子将传统德目凝练和收缩为仁义礼智,及其对礼的内在化阐释做了铺垫。

孔子试图通过"以仁释礼"的方式重建礼制,孟子礼学则同样走了一条内在化的道路,可以称之为"摄礼归心"。李泽厚先生也曾说:"孔、孟在很多思想方

---

① 竹简本中《五行》的论述次序和帛书本不同,本文的引文遵照了竹简本,且最后一句,帛书本为"圣形于内谓之德之行,不形于内谓之行",竹简本为"圣形于内谓之德之行,不形于内谓之德之行"。
② 参见陈来:《竹帛〈五行〉与简帛研究》,北京:生活·读书·新知三联书店 2009 年版,第 120—121 页。

面并不相同;但孔子以'仁'释'礼',将外在社会规范化为内在自觉意识这一主题,却确乎由孟子发扬而推至极端。所以孔、孟相连,如不从整体历史而纯从思想史的角度来看,又有一定道理。"[①]李泽厚先生特别指出,孔孟思想的一致性主要是从思想史的视角,也即思想内部的逻辑发展的角度,而不是从思想的客观历史作用视角加以考察的结果。

三、孟子对君臣之礼和丧葬之礼的具体讨论

孟子对礼的内在化解释还渗透在他一系列关于具体礼制的论述中,现列举如下几条:

> 食而弗爱,豕交之也;爱而不敬,兽畜之也。恭敬者,币之未将者也。恭敬而无实,君子不可虚拘。(《孟子·尽心上》)
> 恭者不侮人,俭者不夺人。侮夺人之君,惟恐不顺焉,恶得为恭俭?恭俭岂可以声音笑貌为哉?(《孟子·离娄上》)
> 非礼之礼,非义之义,大人弗为。(《孟子·离娄下》)

在君臣关系中,孟子认为君主如果并非基于恭敬之心来对待士臣,而是像饲养宠物或畜养牲畜那样对待士臣,君臣之礼就沦为了"恭敬而无实"的虚文仪节,君子切不可陶醉于此种徒有其表的尊奉之中。孟子曰:"古之贤王好善而忘势,古之贤士何独不然?乐其道而忘人之势,故王公不致敬尽礼,则不得亟见之。见且由不得亟,而况得而臣之乎?"(《孟子·尽心上》)孟子坚定地认为道尊于势,如果君王没有表现出对贤士的真诚的尊重,士人又何必屈尊臣之,甚至相信这样的君王能践行道呢?士的使命在于行道,士之所以应该受到尊敬,也是因为其所承负的道,而不是士人乐于享受妄自尊大的快感,如果君王念念于自身的权势而不愿礼贤士人,又怎么会乐道而行道呢?孟子以德抗位的主要目的不是为了表达一种倨傲姿态,而是为了凸显道的尊贵,君主诚心求道、礼贤下士

---

① 李泽厚:《中国古代思想史论》,北京:生活·读书·新知三联书店2008年版,第36—37页。

不过是士人行道的必要前提而已,孟子执着于君臣之礼主要还是为了道之施行。

与社会政治领域的君臣之礼相比,丧葬之礼在儒家礼制中同样占据重要地位。孟子曾虚构了一个关于葬亲之礼的起源的故事:

> 盖上世尝有不葬其亲者,其亲死,则举而委之于壑。他日过之,狐狸食之,蝇蚋姑嘬之。其颡有泚,睨而不视。夫泚也,非为人泚也,中心达于面目,盖归反虆梩而掩之。掩之诚是也,则孝子仁人之掩其亲,亦必有道矣。(《孟子·滕文公上》)

故事内容尽管是虚构的,但由此所反映出来的对礼的根源的思考却不能忽视,孟子批评墨家的"爱无差等"和薄葬,不仅由于墨家的做法悖逆人伦,还在于其泯灭人情。儒家对于礼的珍视,目的在于守护由礼所表达出来的人伦秩序以及人与人之间的珍贵情感,这种情感起于血缘亲情,却不止于血缘亲情。墨家彻底荡平人间情感厚薄的做法不仅不可行,而且有害。

还有一则故事是这样的。孟子的母亲逝世后,孟子曾派弟子充虞监理棺椁的制造,充虞认为孟母的棺椁似乎太过华美了,似乎超出了礼制的规定。大概当时鲁国很多人都在私下议论此事,充虞内心疑惑不解而求问于孟子,孟子回答曰:

> 古者棺椁无度,中古棺七寸,椁称之,自天子达于庶人。非直为观美也,然后尽于人心。不得,不可以为悦;无财,不可以为悦;得之为有财,古之人皆用之,吾何为独不然?且比化者无使土亲肤,于人心独无恔乎?吾闻之也,君子不以天下俭其亲。(《孟子·公孙丑下》)

朱子释"不得"为"法制所不当得"[①],意为不被礼法所允许。鲁人对于孟子主要有两层误解,一方面是后丧逾前丧,葬母时的棺椁衣衾华美程度超过了葬

---

① (宋)朱熹:《孟子集注·卷四》,《四书章句集注》,北京:中华书局1983年版,第245页。

父,鲁平公正是听了宠臣臧仓对此事的非议而未去拜访孟子;①另一方面是棺椁的华美超出了礼制所允许的范围。孟子认为根据自己的地位,母亲所享受的棺椁并没有不合礼制之处,如此置办也在自己财力可以承受的范围之内,在自己父母的身上节省用度恰恰压抑了自己的孝亲之心——此之谓"君子不以天下俭其亲"。总之,厚葬母亲完全出于为人子者的孝爱之心,也没有违反礼义。单纯的俭并不值得称赞,正如一味追求奢华一样,皆不得礼之中。作为道德实践的礼的最高价值源于本心的自然发用:

> 尧舜,性者也;汤武,反之也。动容周旋中礼者,盛德之至也。哭死而哀,非为生者也。经德不回,非以干禄也。言语必信,非以正行也。君子行法以俟命而已矣。(《孟子·尽心下》)

尧舜能够自然而然地实现其本性所要求的东西,汤武则需要通过修身来回复到其本性。动作容貌无不合于礼的要求,乃是最高的美德了;为逝者痛哭哀伤,不是表演给生者看的;依据道德而行,也不是为了谋取官位;言语务必信实,也不是为了让别人知道我行为端正;君子依法度而行,结果如何,只能等待命运罢了。在孟子眼中,道德的最高境界其实就是一个人的内在情感、外在行为与礼义法度的完美融合,这也是圣王所体现出来的境界,与其说礼是对人的容貌、言辞、动作、行为的约束和引导,不如说礼就是人最真实的情感的恰如其分的自然表达。

四、礼的权变

既然孟子如此倾心于由周礼所奠定的政教秩序,那么他是否认为礼制是绝对不可以加以更改,我们只需要一板一眼地加以执行就可以了?且看孟子与淳于髡的这段对话:

---

① 参见《孟子·梁惠王下》,孟子的弟子乐正子向鲁平公解释了造成后丧与前丧差别的原因在于孟子葬母和葬父时的贫富不同,孟子对其父母的孝亲之心并无厚薄,因此并不构成对礼制的违反。

淳于髡曰："男女授受不亲，礼与？"孟子曰："礼也。"曰："嫂溺则援之以手乎？"曰："嫂溺不援，是豺狼也。男女授受不亲，礼也；嫂溺援之以手者，权也。"（《孟子·离娄上》）

淳于髡假设了一种极端情形——"嫂溺"，此时嫂子的生命已然受到了威胁，为了拯救嫂子的生命而施以援手，于是突破了礼的规范，这一违礼之举是在不如此就不能挽救嫂子的生命的情形下发生的。面对淳于髡精心设计的刁难，孟子以"权"来处置此一表面冲突，既成功维护了礼的正当性，又可以避免人伦悲剧的发生。那么，权的合理性来自于何处？在什么样的情境下可以行权？对礼的权变之所以能够被允许，其实是有限定条件的，只有出于保存一个比礼更高的价值或者避免比违礼更坏的事情发生，在这种情形下才能行权。行权当然突破了礼，但其结果并不构成对礼的实质性破坏。行权的目的不是为了给自己放纵私欲找一个借口或理由，而是保护了一个鲜活生命，相比于男女授受不亲这一礼制来说，前者的价值显然更高。此外，嫂溺不援，于心不忍，能忍此事，悖理悖情。嫂溺而死是比偶尔突破礼制更为糟糕的事情。因此，嫂溺不援就是以守礼的名义作出了对礼最大的伤害，因为这完全遗忘了礼之所以被规定出来的目的，那就是对伦理秩序和本真情感的维护。因此"嫂溺援之以手"与"男女授受不亲"的伦理目的是一致的。"饱食暖衣，逸居而无教，则近于禽兽"，教化的目的正在于使人能够敬敷五教，区别于禽兽，过一种真正属于人的生活，而不在于把礼当作僵死的教条而窒息人的生命，礼的正当性乃出于人性，返于人情。

《孟子》中关于礼的争议的最明显案例就是舜不告而娶的例子：

不孝有三，无后为大。舜不告而娶，为无后也，君子以为犹告也。（《孟子·离娄上》）

万章问曰："《诗》云：'娶妻如之何？必告父母。'信斯言也，宜莫如舜。舜之不告而娶，何也？"孟子曰："告则不得娶。男女居室，人之大伦也；如告，则废人之大伦，以怼父母，是以不告也。"万章曰："舜之不告而娶，则吾既得闻命矣；帝之妻舜而不告，何也？"（孟子）曰："帝亦知告焉则不得妻也。"（《孟子·万章上》）

朱子曰:"舜告焉则不得娶,而终于无后矣。告者礼也,不告者权也。犹告,言与告同也。盖权而得中,则不离于正矣"。朱子引范氏曰:"天下之道,有正有权。正者万事之常,权者一时之用。常道人皆可守,权非体道者不能用也。盖权出于不得已者也,若父非瞽瞍,子非大舜,而欲不告而娶,则天下之罪人也。"[1]告而后方能娶,这是礼,舜不告而娶从表面来看违背了礼,但舜如此做的原因在于其父瞽瞍的蛮横无理与不近人情,舜如果坚持先告再娶,最终结果肯定是在瞽瞍的阻挠下不得而娶,竟至于无后。出于维护孝这一更高的伦理价值的目的,出于对父母的孝爱之情,不告而娶这一权变之举是能够被允许的,因为它与告而娶的目的是一致的。

由此可见,孟子对礼的态度根本不是死板教条的,总是立足于生命的人道和生活的温情,他对那些"举一废百"的教条者充满厌恶:

杨子取为我,拔一毛而利天下,不为也。墨子兼爱,摩顶放踵利天下,为之。子莫执中。执中为近之。执中无权,犹执一也。所恶执一者,为其贼道也,举一而废百也。(《孟子·尽心上》)

杨子和墨子都属于"执一",子莫"执中无权,犹执一也",三者之错误的根源都是一样的,那就是看不到正道的丰富性,缺乏对道在不同情境下的不同要求的敏感,只知顽固地坚持某种抽象的原则。三者不仅背离了道,而且是对道的贼害,孟子给予了十分严厉的批判。因为对道最大的危害就来自于貌似近道而实则非道者,这一点从孔子和孟子对于乡愿的猛烈抨击就可以看出来。孟子坚持行权对于守道、行道的必要性。上述几个例子,能够充分说明孟子对于礼并非持食古不化的顽固立场,而是完全赞同因应于形势和情境的变化,对礼的规范和要求作出变通性的处理,这也是儒家"时中"智慧的内在要求。

那么,对于礼的权变需要遵循什么样的原则?究竟什么人在什么情况下可以行权?《论语·子罕》篇记载孔子之言:"可与共学,未可与适道;可与适道,未可与立;可与立,未可与权。"可见,权是一种很高的智慧,不是一般人可以达到

---

[1] (宋)朱熹:《四书章句集注》,北京:中华书局1983年版,第287页。

的。孔子的"无适也,无莫也,义之与比",已然给出了行权的价值标准——义,孟子对义的推举甚至高过了孔子,对权变这一价值准则显然也是赞同的。

五、结语

由于礼在秩序重建中极为重要的意义,儒家致力于寻求礼的内在根据,试图为礼奠定一个坚实的基础。孔子摄礼归仁的思想启其端,孟子摄礼归心的发展继其后,孟子关于礼的思考作为孔子后学以及思孟学派思想发展积淀的结果,其致思方向是与孔子对礼的基本精神的理解一致的。孟子对礼的内在化改造构成其心性论思想的必要环节,孟子仁义内在说表明道德主体的自觉意识才是道德实践的真正根源,也是一个人德性发展的始端。孟子对于礼的内在化改造所反映出来的对于道德主体自觉意识的推崇,一直支配着后世儒家对于礼的意义理解,也为礼制的重建和复兴指出了明确的方向。

礼之本

——礼乐的价值基础和内在精神

韩 星

中国人民大学国学院

近代以来礼崩乐坏,史无前例,不但内容遭误解批判,连形式也废弃了。当今礼乐文化复兴,不仅仅是礼乐理论、制度的历史研究,更要注重礼乐实践。但目前在中国礼乐复兴实践中则出现了诸多问题,其中有一种趋向:只注重礼乐形式化的复古、崇古、遵古,忽视礼乐的价值基础和内在精神。因此,阐明礼乐的价值基础和内在精神,是礼乐复兴的关键。

一、礼乐的价值基础

周公制礼作乐,集上古以来礼乐文化之大成,西周礼制的价值基础是道德。王国维指出:"周之制度典礼,乃道德之器械,而尊尊、亲亲、贤贤、男女有别四者之结体也,此之谓民彝。"[1]这就是说,西周的礼制是以道德为价值基础的,而具体则由尊尊、亲亲、贤贤、男女有别四者构成,这就是"民彝"(人伦)。而尊尊、亲亲、贤贤、男女有别四者就是礼制的基本原则。《礼记·大传》云:"亲亲也,尊尊也,长长也,男女有别,此其不可得与民变革者也。"《丧服小记》亦云:"亲亲、尊尊、长长、男女之有别,人道之大者也。"基本原则也就是"天不变道亦不变"的人伦道德准则,是人道当中最重要的。《尚书·康诰》:"天惟与我民彝大泯乱。"伪孔传:"天与我民五常,使父义、母慈、兄友、弟恭、子孝,而废弃不行,是大灭乱

---

[1] 王国维:《殷周制度论》,《观堂集林》卷十,北京:中华书局1999年版,第477页。

天道。"

西周礼乐到了春秋礼崩乐坏,其道德基础不断被侵蚀,孔子深感忧患,发出了"天下无道"的感叹。他说:"天下无道,则礼乐征伐自诸侯出。自诸侯出,盖十世希不失矣;自大夫出,五世希不失矣;陪臣执国命,三世希不失矣。"(《论语·季氏》)这也是当时很多人的认识,《论语·八佾》有个仪封人也说:"天下之无道也久矣。"在这种情况下,孔子一方面"志于学"(《论语·为政》),学什么?刘宝楠《论语正义》解释说:"学不外道与礼也。"[①]就是说这里的"志于学"就是志于学"道"和"礼"。另一方面,"志于道"(《论语·述而》),他要探求礼乐背后"一以贯之"的"道"。这成为他终生奋斗追求的目标,"朝闻道,夕死可矣"(《里仁》)。孔子以西周礼乐文化的继承者自居,他声称:"文王既没,文不在兹乎?天之将丧斯文也,后死者不得与于斯文也;天之未丧斯文也,匡人其如予何?"(《论语·子罕》)对于"文",朱熹《论语集注·子罕》说:"道之显者谓之文,盖礼乐制度之谓也,不曰道而曰文,亦谦辞也。"[②]他要传承、复兴西周礼乐——文,更重视礼乐背后的"道"。孔子苦心孤诣要找回的"道",就是指古代先王之道,即尧、舜、禹、汤、文、武、周公一脉相承的道统,它代表着儒家文化的价值理想和最高典范。孔子对礼乐的文化自觉也即对儒家"道统"的自觉。

儒家礼学还强调"射以观德",通过射礼来体现人的内在心性和道德修养。《论语·八佾》:"君子无所争,必也射乎。揖让而升,下而饮,其争也君子。"射礼不是非要争个胜负,关键是要体现礼让精神。《孟子·公孙丑上》:"仁者如射。射者正己而后发,发而不中,不怨胜己者,反求诸己而已矣。"射者要是个仁者,要自身正,即使射不中,也不怨胜过自己的人,要学会反求诸己。仁即是射礼的内在精神,是仁者才能自身端正,能够反求诸己。《礼记·射义》:"射者,所以观盛德也。""射者进退周还必中礼,内志正,外体直,然后持弓矢,审固;持弓矢,审固,然后可以言中。此可以观德行矣。"观射礼,不只是看射中多少,还看射者的心态、仪表、动作的规范与节奏,以及决胜之后的风格。通过射礼过程中的进退周还,内正外直,就能体现出一个人的道德修养如何,这就是所谓"射以观德"。《礼记·射义》还讲了一个"孔子射于矍相之圃,盖观者如堵墙"的故事。说的是

[①] (清)刘宝楠:《论语正义》卷二,北京:中华书局1990年版,第44页。
[②] (宋)朱熹:《四书章句集注》,北京:中华书局1983年版,第110页。

在一次矍相之圃的射礼上,射手们到齐后,孔子令子路宣布:战败、亡国、冲锋落后的,不得入场。于是只剩下一半人了。又令公罔求宣布:从小就孝顺,到老还好礼,勇于为国捐躯的,留下来。于是又退掉一半。接着,又令序点宣布:好学不倦,好礼不变,能终身守道不乱的,留下。结果,剩下的射手只有几个人。这个故事未必真实,但从中可以看到孔门儒家对射礼意义的深刻认识与对射礼参与者的严格要求:以射选士,不只是选他的气力,更要选他的德行,看他的道德修养和综合素质。

王阳明《观德亭记》对射礼的心性修养和道德精神有精辟的发挥:"君子之于射也,内志正,外体直,持弓矢审固,而后可以言中。故古者射以观德。德也者,得之于其心也。君子之学,求以得之于其心,故君子之于射以存其心也。是故慄于其心者其动妄,荡于其心者其视浮,歉于其心者其气馁,忽于其心者其貌惰,傲于其心者其色矜。五者,心之不存也。不存也者,不学也。君子之学于射,以存其心也。是故心端则体正;心敬则容肃;心平则气舒;心专则视审;心通故时而理;心纯故让而恪;心宏故胜而不张,负而不弛。七者备而君子之德成。君子无所不用其学也,于射见之矣。故曰:为人君者以为君鹄,为人臣者以为臣鹄,为人父者以为父鹄,为人子者以为子鹄,射也者,射己之鹄也;鹄也者,心也;各射己之心也,各得其心而已。故曰:可以观德矣。"[1]

荀子重礼,《荀子》全书半数以上的篇幅是讨论礼(礼仪、礼义、礼治等)。在仁与礼的关系上他以仁为基础,内容上则更多地侧重于礼。荀子以道、理为构建起礼义体系的价值基础。"道也者,何也?礼义、辞让、忠信是也"(《荀子·强国》),荀子把礼义提高到了"道"的高度,可以说礼义即道,亦即人道,实现了礼义与人(道)的合一。礼还是人道的极则,"故绳者,直之至也;衡者,平之至也;规矩者,方员之至也;礼者,人道之极也"(《荀子·礼论》)。这样,荀子就使礼义成为人实现道德价值的切实可行的途径,也成为社会治理的根本法则。《荀子·乐论》:"礼也者,理之不可易者也。""礼"体现了天地万物不可改变的道理,将礼的价值之源根植于理。《荀子·礼论》:"礼之理诚深矣,'坚白''同异'之察,入焉而溺;其理诚大矣,擅作典制辟陋之说,入焉而丧;其理诚高矣,暴慢

---

[1] (明)王守仁:《王文成公全书》卷七《文录四》,北京:中华书局2015年版,第298页。

恣孳轻俗以为高之属,入焉而队。故绳墨诚陈矣,则不可欺以曲直;衡诚县矣,则不可欺以轻重;规矩诚设矣,则不可欺以方圆;君子审于礼,则不可欺以诈伪。""理"是"礼"的内在根据,"礼"是"理"的外在表现。而道、理实质上就是仁、义。《荀子·大略》主张:"人主仁心设焉,知其役也,礼其尽也。故王者先仁而后礼,天施然也。"杨倞注:"人主根本所施设在仁,其役用则在智,尽善则在礼。天施,天道之所施设也。此明为国当以仁为先也。"①强调君主是否有仁心是治道的根本,而智和礼则在其次。因此,王者先仁而后礼,为国当以仁为先。显然,"仁"在荀子思想体系中是优先于"礼"的。《荀子·儒效》说:"先王之道,仁之隆也。比中而行之。曷谓中?曰:礼义是也。"《荀子·大略》云:"君子处仁以义,然后仁也;行义以礼,然后义也;制礼反本成末,然后礼也。三者皆通,然后道也。""仁""义""礼"由内而外,依次推演,其中"仁"最核心,"义"其次,"礼"在最外层,仁义为本,制礼为末,本末内外,完全贯通,乃是儒家之道。

《礼记》也有类似的看法。《仲尼燕居》篇说:"礼也者,理也。"《乐记》篇说:"礼也者,理之不可易者也。"《礼记正义》孔颖达疏:"理谓道理。言礼者,使万事合于道理也。"②"理"也有条理或分理的意思,是对混乱无序的东西加以分理使之条理有序。

宋明理学家也以理为礼的内在核心价值观。程颐把"礼"上升到"天理"同等的高度,为具体的礼仪规范进行本体论的证明,他说:"视听言动,非理不为,即是礼,礼即是理也。"③"上下之分,尊卑之义,理之当也,礼之本也。"④人世一切行为规范,社会人伦关系应该合乎礼,而礼则是理的体现,理就是礼之本。朱熹继承发挥张载、"二程""理一分殊"的思想,在他那里"理"是无所不包的哲学本体,并通过"气"与具体的礼仪规范相沟通,礼、理二者之间是"理一分殊"的关系。他说:"礼者,天理之节文,人事之仪则也。"⑤朱子在这里将"礼"与"天理"联系起来,以理训礼,把"礼"安顿到"天理"上,就给"礼"找到了形上依据,既从形

---

① (清)王先谦:《荀子集解》卷十九,北京:中华书局1988年版,第488页。
② (清)阮元校刻:《十三经注疏》,北京:中华书局2009年版,第3504页。
③ (宋)程颢、程颐:《入关语录》,《二程集·遗书》卷一五,北京:中华书局2004年版,第144页。
④ (宋)程颐:《周易程氏传》卷一,北京:中华书局2011年版,第58页。
⑤ (宋)朱熹:《四书章句集注》,北京:中华书局1983年版,第51页。

上赋予了礼的根基,又强调了礼的外在方面的礼之文的重要意义。正因为如此,朱子对礼所做的这一界定对后世影响很大,很多学者将其视为不易之论,奉为圭臬。

二、礼乐的内在精神

春秋时期,礼崩乐坏,礼乐成为虚文是当时的普遍现象。礼乐虚文指的是贵族对礼乐文化的日常践履越来越应付了事,许多严肃的礼仪成为虚设的形式。《礼记·仲尼燕居》说"薄于德,于礼虚",正是这种实际情形的反映。欧阳修曾说:"由三代而上,治出于一,而礼乐达于天下。由三代而下,治出于二,而礼乐为虚名。"[①]据《左传·昭公四年》记载,公元前537年,鲁昭公朝晋,自郊劳至于赠贿等揖让周旋之事都循规蹈矩,完成得很好。晋平公赞扬鲁昭公善于礼,然而女叔齐则认为鲁昭公不知礼。晋侯就很奇怪,鲁侯在每个细节上都很讲究,还不算知礼吗?女叔齐就说:"是仪也,不可谓礼。"并不是所有的仪式做得恰到好处,为人处世有礼貌,就算懂礼了。类似的例子还见于郑国的游吉。《左传·昭公二十五年》记载,公元前517年黄父之会时,赵简子曾向游吉请教"揖让、周旋之礼",游吉谓"是仪也,非礼也"。孔子就是在这个意义上说:"礼云礼云,玉帛云乎哉!乐云乐云,钟鼓云乎哉!"(《论语·阳货》)礼、乐不是那些玉帛、钟鼓外在形式,而是有内在的精神实质的。对礼乐虚文的情况,侯外庐先生有精辟的分析:

> 西周的文化典章,在春秋的反动内战(族战)与外战(族战)之下,已经不是有血有肉的思想文物,而仅仅作为形式的具文,背诵古训教条罢了。所谓《诗》《书》、礼、乐的思想,在这时成为好像礼拜的仪式。例如"礼"在西周为"惇宗将礼"的维新制度,氏族君子所赖治国的优先权(君子勤礼,小人尽力),《诗》在西周为社会思想的血脉,然而到了春秋,公子与富子争夺,富子大夫取得政权,礼固失其基础,《诗》亦不容

[①] (宋)欧阳修:《新唐书》卷十一,北京:中华书局1975年版,第307页。

于作批判的活动。礼不是成了贵族的交际礼貌仪式,即成了冠婚丧祭的典节;《诗》则流于各种各样的形式,如贵族交际场合的门面词令,朝宴外宾的乐章唱和,使于外国的教条酬酢,等等。这样地,把西周的活文化,变成了死规矩。①

也就是说,礼逐渐丧失了其规范功能、实质和精神,蜕变为一种纯形式性点缀,即成为精致、繁缛、复杂,乃至奢侈生活的点缀及其内心虚伪的遮掩。西周礼乐之为虚文,归根结底还是一部分贵族自身的腐败、堕落,不能承担这套文化体系的实践发展,使礼乐逐渐挂空,成了形式、空文、虚文,②所以墨家、道家就只把礼乐看成虚文要否定掉,孔子则努力给这套虚文充实内置精神以使其焕发新的生命力。孔子认为,礼乐之所以成为虚文,是因为礼乐丧失了内在精神。

礼乐的内在精神主要是指仁、孝、义、情、恭、敬、让、中、和等。

在孔子看来,"仁"是礼乐文化的实质内容,是人之为人的必然要求。离开了"仁",礼乐就成了没有任何意义的并异化于人的具文。孔子仁礼并重,二者有机地结合统一在他的思想学说中,显示出完整的人道观。例如,他一方面强调"人而不仁,如礼何",视仁为礼的灵魂;另一方面又要求"克己复礼为仁,一日克己复礼,天下归仁焉"(《论语·渊颜》),以礼为仁的条件。"仁"与"礼"的结合便相互影响:从礼这方面说,由于"仁"作为"礼"的内容或内在的道德依据,国家的典章制度受"仁"的制约,而体现了"仁者爱人"的道德原则。建立在这种道德原则基础上的"礼",便成为人们自觉的道德实践。从仁这方面说,由于以"礼"作为其外在的形式,"仁"亦受"礼"的制约。"礼"虽以"仁"为内容,但作为国家典章制度和调节诸关系的规范,又以"亲亲"为原则,这便渗透到"仁"的义理蕴涵中来。③ 总之,必须是仁礼结合,才能造成有道的社会,造就有道的人。

孔子对他的学生宰我不能行三年之孝的批评,也典型地反映了仁是礼的根本精神。《论语·阳货》载宰我问:"三年之丧,期已久矣!君子三年不为礼,礼

---

① 侯外庐:《中国古代思想学说史》,沈阳:辽宁教育出版社1998年版,第69页。
② 牟宗三:《中国哲学十九讲·中国哲学之重点及先秦诸子之起源问题》,上海:上海古籍出版社1997年版,第58—59页。
③ 张立文:《中国哲学逻辑结构论》,北京:中国社会科学出版社1989年版,第82页。

必坏,三年不为乐,乐必崩,旧谷既没,新谷既升,钻燧改火,期可已矣。"子曰:"食夫稻,衣夫锦,于女安乎?"曰:"安。""女安则为之!夫君子之居丧,食旨不甘,闻乐不乐,居处不安,故不为也。今女安,则为之!"宰我出。子曰:"予之不仁也!子生三年,然后免于父母之怀。夫三年之丧,天下之通丧也。予也有三年之爱于其父母乎?""三年之丧"是体现通行的丧葬之礼,根据人情制定的,在《礼记·杂记下》中有详细的介绍。守丧期间,因为丧父母之痛太深,所以,君子不忍心食稻米饭,穿锦绣的衣服,即使听到音乐,不仅不会感到快乐,反而会更增悲痛之情,这本是出于人之常情。孔子答宰我关于三年之丧的问题,没有直接回答可与不可,只问能否心安。为什么?因为在孔子看来,丧礼并不是一种外在的束缚,而是子女对父母养育之恩的回报,是子女发自于内的仁爱之心的体现。假如父母去世,子女却无动于衷,心安理得地去享乐,他就是缺乏仁爱之心的人。孔子之所以对此做出严厉地批评,原因在于宰我忘却了生下来长到三岁,然后才离开父母怀抱所蕴含的父母对子女的亲情之爱,缺失了子女对过世父母应该视死如视生的孝道,就是"不仁"。为何孔子不说他是不孝,而说他是不仁呢,因为在孔子看来,对父母不孝,就是缺乏仁德。"仁"是孔门最高的价值,而亲情之爱的孝道是"仁之本"。

孝为"仁之本"见于《论语·学而》,有若说:"孝弟也者,其为仁之本与!"儒家的仁爱精神,是从对父母的孝开始,延伸到对兄弟的悌,对朋友的信,对天下人广泛的爱,同时要亲近那些有仁德的人,乃至对万物的珍爱。而孝的内容是"无违",即敬顺父母。孝不仅仅是生前,死后也要孝。"生事之以礼,死葬之以礼,祭之以礼。"(《论语·为政》)以礼事亲,以礼治丧,以礼祭祖,便是孝。这就是说,生前死后都能以礼待之,便是孝道的要求。"祭者,所以追养继孝也。"(《礼记·祭统》)"修宗庙,敬祀事,教民追孝也。"(《礼记·坊记》)丧葬、祭祀之礼要体现孝道精神,对人们进行道德教化。

孟子也说:"仁之实,事亲是也;义之实,从兄是也;智之实,知斯二者弗去是也;礼之实,节文斯二者是也;乐之实,乐斯二者,乐则生矣;生则恶可已也,恶可已,则不知足之蹈之手之舞之。"(《孟子·离娄上》)礼的实质是以仁、义为内容的文饰,乐的实质是喜好仁、义,进而产生快乐,推动自己不断追求仁、义。

《礼记·问丧》认为丧礼是要表达"思慕之心,孝子之志也,人情之实也"。

《礼记·檀弓下》载子路曰："伤哉！贫也。生无以养，死无以为礼也。"孔子曰："啜菽饮水，尽其欢，斯之谓孝。敛手足形，还葬而无椁，称其财，斯之谓礼。"丧礼通达人情，孝主要是生前使父母尽欢，死后的丧礼尽力而为，与其奢也宁俭，这也是符合礼的精神的。

林放问礼之本，子曰："大哉问！礼，与其奢也，宁俭；丧，与其易也，宁戚。"（《论语·八佾》）朱熹分析这一章的语境时说："（林放）见世之为礼者，专事繁文，而疑其本之不在是也，故以为问。……孔子以时方逐末，而放独有志于本，故大其问。盖得其本，则礼之全体无不在其中矣。"[1]林放见当时有些人把礼乐形式搞得很繁琐豪奢，疑虑礼的根本不在这里，于是向孔子请教，孔子也认为当时人们在礼仪上舍本逐末，只有林放有志于探寻礼的根本，所以很高兴，称赞他是"大哉问"。为什么要探寻礼之本？朱熹认为把握了礼之本，礼的全体大用无不在其中了。这就是说，礼节仪式是表达礼的外在形式，而礼的根本在内心而不在形式。因而，要从内心和感情上体悟礼的内在精神。类似的话亦见于《礼记·檀弓》篇，该篇记子路引孔子的话说："丧礼，与其哀不足而礼有余也，不若礼不足而哀有余也。祭礼，与其敬不足而礼有余也，不若礼不足而敬有余也。"这说明了孔子对于丧祭之礼特别注重其情感与道德的本质。朱熹《论语集注》注释说："凡物之理，必先有质而后有文，则质乃礼之本也。"[2]还引范祖禹曰："夫祭与其敬不足而礼有余也，不若礼不足而敬有余也。丧与其哀不足而礼有余也，不若礼不足而哀有余也。礼失之奢，丧失之易，皆不能反本而随其末故也。礼奢而备，不若俭而不备之愈也；丧易而文，不若戚而不文之愈也。俭者物之质，戚者心之诚，故为礼之本。"[3]以文质关系说明礼之文与礼之本的关系。朱熹在《朱子语类》卷二十五还说："初间只有个俭戚，未有那文。俭戚是根，有这根然后枝叶自发出来"[4]，认为俭戚是本根，而文——礼仪形式都由此生发。说明俭戚内涵是根本，礼仪形式是枝叶。王国维对此有精辟的论释："礼之本质为情，形式为文，此本质与形式相合而为礼。恭敬辞逊之心之所动者，情也；动容

---

[1] （宋）朱熹：《四书章句集注》，北京：中华书局1983年版，第62页。
[2] （宋）朱熹：《四书章句集注》，北京：中华书局1983年版，第62页。
[3] （宋）朱熹：《四书章句集注》，北京：中华书局1983年版，第62页。
[4] （宋）黎靖德编：《朱子语类》卷二五，北京：中华书局1986年版，第609页。

礼之本

周旋之现于外形者,文也。弃本质而尚形式,是为虚礼;弃形式而守本质,是为素朴。"①

《论语·八佾》载子曰:"居上不宽,为礼不敬,临丧不哀,吾何以观之哉?""宽"即宽容精神,"敬"即参加礼仪活动时要内心虔敬,态度恭敬,"哀"是一种情感,是参加丧葬之礼应有的哀戚之情。三者都是礼的内在精神。邢昺《论语注疏》:"此章总言礼意。居上位者,宽则得众,不宽则失于苛刻。凡为礼事在于庄敬,不敬则失于傲惰。亲临死丧当致其哀,不哀则失于和易。凡此三失,皆非礼意。人或若此,不足可观,故曰吾何以观之哉。"②朱熹《论语集注》:"居上主于爱人,故以宽为本。为礼以敬为本。临丧以哀为本。既无其本,则以何者而观其所行之得失哉?"③本章所言三失就是礼的精神的丧失,对为政做人来说乃是大本之失。大本一失,为政做人的结果可想而知。

儒家认为,礼生于情,所以要"称情立文"。郭店楚简《语丛二》:"情生于性,礼生于情。"《性自命出》:"礼作于情,或兴之也","苟以其情,虽过不恶;不以其情,虽难不贵。苟有其情,虽未之为,斯人信之矣。"《语丛一》:"礼因人之情而为之。"《汉书·礼乐志》:"夫乐本情性,浃肌肤而臧骨髓,虽经乎千载,其遗风余烈尚犹不绝。"④《荀子·礼论》云:"三年之丧,称情而立文,所以为至痛极也。齐衰、苴杖、居庐、食粥、席薪、枕块,所以为至痛饰也。"丧礼一方面要让人们的哀痛之情得以宣泄,另一方面又要通过礼仪使情感的宣泄不至于过度,过度伤生则背离了人道。圣人的职责就是通过礼仪引导人们调节情感,所以《礼记·礼运》说:"夫礼,先王以承天之道,以治人之情。……故圣王修义之柄,礼之序,以治人情。故人情者,圣王之田也,修礼以耕之。"古代圣王制礼作乐是以天道为本,治理人情的。人情就像田地一样,需要通过礼仪修养耕耘,生长庄稼,结出果实。《礼记·三年问》:"三年之丧,何也?曰:称情而立文,因以饰群,别亲疏贵贱之节,而弗可损益也。"郑玄注:"称情而立文,称人之情轻重,而制其礼也。"⑤说明

---

① 王国维:《王国维文集》第3卷,北京:中国文史出版社1997年版,第132页。
② (清)阮元校刻:《十三经注疏》,北京:中华书局2009年版,第5362页。
③ (宋)朱熹:《四书章句集注》,北京:中华书局2015年版,第834页。
④ (汉)班固:《汉书》卷二二,北京:中华书局1962年版,第1039页。
⑤ (清)阮元校刻:《十三经注疏》,北京:中华书局2009年版,第3609页。

制定丧礼的规定是按照生者与死者的感情深浅来确立的,而感情的深浅是由彼此关系的亲疏远近决定的。《礼记·坊记》指出礼乐之义,要在其"因人之情而为之节文",故能作为与人伦日用密合无间的生活样式而化民于无迹。《史记·礼书》"缘人情而制礼,依人性而作仪"①,是说礼仪是按照人情人性制作的。上元元年十二月二十七日,武则天上表称:"夫礼缘人情而立制,因时事而为范。"②礼的关键在于以礼节制、以乐调和人的情感,不使人因为过分放纵情欲而堕入动物界,这就是《毛诗大序》所说的"发乎情,止乎礼义",《中庸》所说的"喜怒哀乐……发而皆中节"。梁漱溟说:"在孔子便不是以干燥之教训给人的;他根本导人以一种生活,而借礼乐去条理情意。"③"大兴礼乐教化,从人的性情根本处入手,陶养涵育一片天机活泼而和乐恬谧的心理。"④

对于祭祀礼仪,孔子强调必须虔敬地参加祭祀:"祭如在,祭神如神在。子曰:'吾不与祭,如不祭。'"(《论语·八佾》)这里强调的是对祭祀对象的尊崇以及自身的崇敬之心,至于被祭祀之鬼神是否存在倒是次要的。祭祀不只是一套礼仪形式,而是致诚敬于鬼神以通死生之界限,使幽明不隔,古今同在。孔子对于鬼神问题采取存而不论、敬而远之的态度。但鬼神之情,则感而遂通;诚则相感,思则相通。临祭之时,致诚敬以感格神灵,则神灵下降,宛如活现于我之前。通过祭祀礼仪教人要有所敬畏,有所敬畏则不敢胡作非为。

孔子在社会政治生活中严守礼仪,最能体现以礼而行的恭敬精神,《论语·乡党》集中记载了孔子的容色言动、衣食住行,颂扬孔子是个一举一动都符合于礼、体现礼乐精神的正人君子。如第一章"孔子于乡党,恂恂如也,似不能言者"。孔子回到本乡地方上,教化乡党时显得很温和恭敬,像是不会说话的样子。第四章"入公门,鞠躬如也,如不容。立不中门,行不履阈。过位,色勃如也,足躩如也,其言似不足者。摄齐升堂,鞠躬如也,屏气似不息者。出,降一等,逞颜色,怡怡如也。没阶,趋进,翼如也。复其位,踧踖如也"。在朝廷之上,孔子也是非常庄重谨严,一举一动,丝毫都不马虎,不草率,时时刻刻保持恭敬

---

① (汉)司马迁:《史记》卷二三,北京:中华书局1982年版,第1157页。
② (清)董诰等编:《全唐文》卷九七,北京:中华书局1983年版,第1000页。
③ 梁漱溟:《东西人的教育之不同》,马秋帆编:《梁漱溟教育论著选著》,北京:人民教育出版社1994年版,第11—12页。
④ 梁漱溟:《人心与人生》,《梁漱溟全集》第3卷,济南:山东人民出版社2005年版,第596页。

而谨慎的态度。

有若说:"恭近于礼,远耻辱也。"(《论语·学而》)在任何时候,只要对人恭敬以待,别人就不会平白无故地羞辱你。

子夏说:"君子敬而无失,与人恭而有礼。四海之内,皆兄弟也。"(《论语·颜渊》)我们常常引用"四海之内,皆兄弟也"一句表示人与之间的友谊和不同国别、不同民族之间的友好,很少考虑要达到这些要做到办事谨敬而无差错,恭敬而有礼貌。只有这样,天下的人才能成为你的同胞兄弟。

孟子对礼的恭敬精神有诸多发挥:"恭敬之心,礼也。"(《孟子·告子上》:"君子以仁存心,以礼存心。仁者爱人,有礼者敬人。爱人者,人恒爱之,敬人者,人恒敬之。"(《孟子·离娄下》)孟子十分注重礼的内在心理情感动因,即恭敬之心,并以其为处理人际关系的基本前提,即有了这样的心性修养,礼仪才能够"诚于中,形于外"(《中庸》),真诚而不虚伪。

《孝经·广要道》说:"礼者,敬而已矣。"因此,礼敬地处理好人伦关系,是和睦家庭、和谐社会的普世之道。

《曲礼》曰:"毋不敬。"《礼记正义》引郑玄"礼主于敬",孔颖达《正义》解释"毋不敬"云:"人君行礼无有不敬,行五礼皆须敬也。""在貌为恭,在心为敬。"[①]所以礼主于敬,君王行礼要时时处处体现出敬,所有的礼节都要体现出敬。如何体现?是由内而外,由敬而恭。

《家礼序》中说:"凡礼有本、有文,自其施于家者言之,则名分之守、爱敬之实,其本也。冠婚丧祭,仪章度数者,其文也。其本者,有家日用之常,礼固不可以一日而不修;其文,尤皆所以纪纲人道之始终,虽其行之有时,施之有所,然非讲之素明,习之素熟,则其临事之际,亦无以合宜而应节,是亦不可以一日而不讲且习焉者也。"[②]

"让"也是礼的重要精神之一。《左传·襄公十三年》:"让者,礼之主也。"《论语·里仁》子曰:"能以礼让为国乎,何有?不能以礼让为国,如礼何?"朱子曰:"让者,礼之实也。……有礼之实以为国,则何难之有,不然,则其礼文虽具,

---

[①] (清)阮元校刻:《十三经注疏》,北京:中华书局2009年版,第2664页。
[②] (宋)朱熹:《家礼序》,曾枣庄、刘琳主编:《全宋文》第250册,上海:上海辞书出版社;合肥:安徽教育出版社2006年版,第302页。

亦且无如之何矣,而况于为国乎?"①刘宝楠《论语正义》曰:"让者,礼之实;礼者,让之文。先王虑民之有争也,故制为礼以治之。"②可见,让是礼的精神实质。孔子有感于当时诸侯争霸,天下大乱,故欲树立礼让之本,以明治国之道。《孟子·公孙丑上》:"辞让之心,礼之端也。"《礼记·曲礼上》:"是以君子……退让以明礼。"孔颖达疏:"应进而迁曰退,应受而推曰让。"③君子应进而迁,应受而推以修明礼仪。

"中""和"也是礼乐的基本精神,儒家形成了"礼以制中""乐以致和"的观念。《周礼·地官·大司徒》云:"以五礼防民之伪而教之中,以六乐防民之情而教之和。"郑玄注:"礼所以节止民之侈伪,使其行得中;乐所以荡正民之情思,使其心应和也。"贾公彦《疏》引《礼记·乐记》为证:"案《礼记·乐记》云:'礼者,著诚去伪',故以五礼防民之伪而教之使得中正也;'大乐与天地同和',故以乐防民之情而教之使应和也。"④《周礼·春官·大宗伯》又云:"以天产作阴德,以中礼防之;以地产作阳德,以和乐防之。以礼乐合天地之化,百物之产,以事鬼神,以谐万民,以致百物。"贾公彦《疏》云:"礼言中者,凡人奢则僭上,俭则逼下,礼所以制中,使不奢不逼,故以礼为中也。……乐为阳,故制和乐以节之。""中礼和乐,是礼乐教世法,故此经以礼乐并行以教,使之得所,万物感化,则能合天地之化,谓能生非类也。"⑤所以,柳诒徵认为:"《周官》为政书之渊源,而以礼为中枢,揭橥大义,最重中和。"⑥《尚书·尧典》曾有"八音克谐,无相夺伦、神人以和",这是说,丝竹匏革金石土木八音和谐协调、不相冲突,保持音乐之"中",就能招致神与人"和"的极其重要的社会功能。《礼记·仲尼燕居》:仲尼燕居,子张子贡子游侍,纵言至于礼。子曰:"居!女三人者,吾语女礼,使女以礼周流,无不遍也。"子贡越席而对曰:"敢问何如?"子曰:"敬而不中礼,谓之野;恭而不中礼,谓之给;勇而不中礼,谓之逆。"子曰:"给夺慈仁。"子曰:"师,尔过;而商也,不及。子产犹众人之母也,能食之不能教也。"子贡越席而对曰:"敢问将何

---

① (宋)朱熹:《四书章句集注》,北京:中华书局2015年版,第837页。
② (清)刘宝楠:《论语正义》卷五,北京:中华书局1990年版,第149页。
③ (清)阮元校刻:《十三经注疏》,北京:中华书局2009年版,第2664页。
④ (清)阮元校刻:《十三经注疏》,北京:中华书局2009年版,第1524页。
⑤ (清)阮元校刻:《十三经注疏》,北京:中华书局2009年版,第1646页。
⑥ 柳诒徵:《中国礼俗史发凡》,《学原》第1卷第1期,1974年,第19页。

以为此中者也?"子曰:"礼乎礼! 夫礼所以制中也。""制中"犹言"执中",是恪守中正之道,无过与不及的意思。这些都集中地体现了"礼以制中""乐以致和"的观念。叶适《习学记言序目》卷七云:"礼乐兼防而中和兼得,则性正而身安,此古人之微言笃论也。若后世之师者,教人抑情以徇伪,礼不能中,乐不能和,则性枉而身病矣。"①这样,中、和观念就通过礼乐深入到各种人际关系以及日常生活之中了。

"中"是礼乐实践的根本依据与原则,如荀子说:"曷谓中? 曰:礼义是也。"(《荀子·儒效》)《礼记·丧服四制》道:"圣人因杀以制节,此丧之所以三年,贤者不得过,不肖者不得不及。此丧之中庸也,王者之所常行也。""三年之丧"的规定"不过亦不及",便是礼乐之"中"。所以,朱熹《论语集注》注释"林放问礼之本"章时明确地说:"礼贵得中,奢易则过于文,俭戚则不及而质,二者皆未合礼。"②是否"得中"是衡量是否合礼的现实尺度。

"和"是礼乐实践的最高境界和目标。《论语·学而》载"有子曰:'礼之用,和为贵。先王之道,斯为美,小大由之。有所不行,知和而和,不以礼节之,亦不可行也。'"尽管这段话出自有子之口,但它实际上反映出孔子思想的精神。这就是说,礼在应用的时候以实现和谐为最高境界,礼的目标是实现社会在等差条件下的和谐。当然,如果一味地为和而和,一团和气,不以礼来进行约束,也是不行的。所以,这里的"和"就是"和而不同"的"和",而不是没有任何差别的同和,不是毫无原则的苟合。在孔子看来,君臣父子,各有严格的等级身份,若能各安其位,各得其宜,做到"君君、臣臣、父父、子子",这就是"和"。所以朱熹说:"如天之生物,物物有个分别。如'君君臣臣父父子子'。至君得其所以为君,臣得其所以为臣,父得其所以为父,子得其所以为子,各得其利,便是和。"③又说:"君尊于上,臣恭于下,尊卑大小,截然不可犯,似若不和之甚。然能使之各得其宜,则其和也孰大于是!"④朱熹《论语集注》还引范氏曰:"凡礼之体主于敬,而其用则以和为贵。敬者,礼之所以立也;和者,乐之所由生也。"⑤

---

① (宋)叶适:《习学记言序目》卷七,北京:中华书局1977年版,第88页。
② (宋)朱熹:《四书章句集注》,北京:中华书局1983年版,第62页。
③ (宋)黎靖德编:《朱子语类》卷六八,北京:中华书局1986年版,第1707页。
④ (宋)黎靖德编:《朱子语类》卷六八,北京:中华书局1986年版,第1708页。
⑤ (宋)朱熹:《四书章句集注》,北京:中华书局1983年版,第52页。

孔子非常重视乐的中和精神。《孔子家语·辨乐》载:"子路鼓琴,孔子闻之,谓冉有曰:'甚矣,由之不才也!夫先王之制音也,奏中声以为节,流入于南,不归于北。夫南者生育之乡,北者杀伐之域。故君子之音,温柔居中,以养生育之气。……小人之音则不然,亢丽微末,以象杀伐之气。'"①在这段比较中,孔子痛心地指责子路不去弹奏先王制作的、风格近于南方的,用中正平和的声音来节制欲念、修身养性的"君子之音",却去弹奏声音高亢挺拔,渲染征讨杀伐气氛具有北方风格的"小人之音",从中可以看到孔子选择琴曲的标准就是中和之道。《汉书·地理志》说:"凡民函五常之性,而其刚柔缓急,音声不同,系水土之风气,故谓之风。好恶取舍,动静亡常,随君上之情欲,故谓之俗。孔子曰:'移风易俗,莫善于乐。'言圣王在上,统理人伦,必移其本而易其末。此混同天下一之乎中和,然后王教成也。"②孔子之所以特别重视音乐,其中一个重要的原因,就是音乐有"致中和"的效应,可以用来进行社会教化,移风易俗,改变社会风气。

三、礼乐与道德人格

有价值基础,内在精神与完美形式的礼乐,其目标是培养高尚的道德,提升人格境界。通过礼仪、礼节、仪式进行教化,使之成为一种日常的行为习惯,从而在不知不觉中促进道德的形成。《礼记·乐记》说:"是故先王之制礼乐也,非以极口腹耳目之欲也,将以教民平好恶而反人道之正也。"古代圣王制礼作乐是为了让人们节制欲望,平正好恶,返归人生正道。《礼记·曲礼》:"道德仁义,非礼不成。"孔颖达疏曰:"'道德仁义,非礼不成'者,道者通物之名,德者得理之称,仁是施恩及物,义是裁断合宜。言人欲行四事,不用礼无由得成,故云'非礼不成'也。道德为万事之本,仁义为群行之大,故举此四者为用礼之主,则余行须礼可知也。……今谓道德,大而言之则包罗万事,小而言之则人之才艺善行。无问大小,皆须礼以行之,是礼为道德之具,故云'非礼不成'。"③这说明道德仁义为礼之本,但不通过礼则没有办法落实完成。《礼记·经解》:"礼之教化也

---

① (清)陈士珂辑,崔涛点校:《孔子家语疏证》卷六,南京:凤凰出版社2017年版,第227页。
② (汉)班固:《汉书》卷二八下,北京:中华书局1962年版,第1640页。
③ (清)阮元校刻:《十三经注疏》,北京:中华书局2009年版,第2664页。

微,其止邪也于未形,使人日徙善远罪而不自知也。"礼的教化具有防微杜渐、徙善远罪的功能,能够促进人的道德修养。《孔子家语·五刑解》引孔子说:"明丧祭之礼,所以教仁爱也。能教仁爱,则服丧思慕,祭祀不解,人子馈养之道。丧祭之礼明,则民孝矣。……朝聘之礼者,所以明义也。义必明则民不犯,故虽有弑上之狱,而无陷刑之民。斗变者生于相陵,相陵者生于长幼无序而遗敬让。乡饮酒之礼者,所以明长幼之序而崇敬让也。长幼必序,民怀敬让,故虽有斗变之狱,而无陷刑之民。淫乱者生于男女无别,男女无别则夫妇失义。婚礼聘享者,所以别男女、明夫妇之义也。男女既别,夫妇既明,故虽有淫乱之狱,而无陷刑之民。"①通过不同的礼仪形式,可以教化人们懂得仁爱、孝敬、道义、敬让,处理好各种人伦关系。

通过礼仪的教养以培养文质彬彬的君子:"质胜文则野,文胜质则史。文质彬彬,然后君子。"(《论语·雍也》)内质与外文兼备就是君子人格。就是说,君子既要有文,又要有质,而且二者要相互结合,不能偏胜。所以当棘子成言"君子质而已矣,何以文为"时,子贡批评他是信口开河,"文犹质也,质犹文也,虎豹之鞟犹犬羊之鞟矣"(《论语·颜渊》),通过比喻给予文质关系以形象的说明。

《论语·雍也》篇又载子曰:"君子博学于文,约之以礼,亦可以弗畔矣夫!"这里的"畔"字一般解作"叛",指离经叛道。韩李《论语笔解》:"畔当读如偏畔之畔。弗偏则得中道。"②所以"弗畔"即不偏,合乎中道。孔子告诉人们博学诗书礼乐以这些书籍文献资料还不够,还要在实践中以礼约束自己,这样才能成为一个君子。

《学而》篇载子曰:"君子不重则不威。"重,庄重、稳重。君主不庄重,自然就没有威严。庄重威严是在礼乐活动体现出来的,是君子应有的修养。

孔子很重视礼教和乐教,认为一个人通过礼乐的学习,应该"立于礼,成于乐"(《论语·泰伯》)。即一个人凭借礼才可以立足于社会,而乐可以成就人格的圆满。因此通晓礼乐,以礼践行是一个人立足于社会的根本,"不学礼,无以立"(《论语·季氏》)。孔子提出了"成人"。当子路问孔子什么是"成人"时,孔子没有正面回答,而是说:"若臧武仲之知,公绰之不欲,卞庄子之勇,冉求之艺,

---

① (清)陈士珂辑,崔涛点校:《孔子家语疏证》卷六,南京:凤凰出版社2017年版,第183页。
② (清)程树德:《论语集释》卷一二,北京:中华书局1990版,第417页。

文之以礼乐,亦可以为成人矣。"孔子的意思是,像臧仲武那样有智谋,像孟公绰那样清心寡欲,像卞庄子那样勇敢无畏,像冉求那样多才多艺,再用礼乐来成就他们的文采,就可以说是"成人"了。朱熹曰:"成人,犹言全人。……言兼此四子之长,则知足以穷理,廉足以养心,勇足以力行,艺足以泛应,而又节之以礼,和之以乐,使德成于内,而文见乎外。则材全德备,浑然不见以善成名之迹;中正和乐,粹然无复偏倚驳杂之蔽,而其为人也成矣。"[①]可见,在智谋、心性、勇敢、才艺的基础上再通晓礼乐,成为一个德才兼备,内外兼修,中正和乐的人就是"成人"。《说苑·辨物》载:"颜渊问于仲尼曰:'成人之行如何?'子曰:'成人之行,达乎情性之理,通乎物类之变,知名幽之故,睹游气之源,若此而可谓成人。既知天道,行躬以仁义,饰躬以礼乐。夫礼乐仁义,成人之行也。'"[②]可见,那些通达天道,躬行仁义,文以礼乐的人就是"成人",简言之,成人之行就是礼乐仁义。所以,《礼记·礼器》说:"礼也者,犹体也,体不备,君子谓之不成人。"

君子通过礼乐内外交修,可以修己治人。《礼记·乐记》:"君子曰:礼乐不可斯须去身。致乐以治心,则易、直、子、谅之心油然生矣。易、直、子、谅之心生则乐,乐则安,安则久,久则天,天则神。天则不言而信,神则不怒而威。致乐以治心者也。致礼以治躬则庄敬,庄敬则严威。心中斯须不和不乐,而鄙诈之心入之矣;外貌斯须不庄不敬,而易慢之心入之矣。故乐也者,动于内者也;礼也者,动于外者也。乐极和,礼极顺。内和而外顺,则民瞻其颜色而弗与争也,望其容貌而民不生易慢焉。故德辉动于内,而民莫不承听;理发诸外,而民莫不承顺。故曰:致礼乐之道,举而错之天下,无难矣。"君子以礼乐修养自我,乐修内心,心平气和,礼修身体,庄敬威严,从内心到外表都光明磊落,有所规范,言行一致,知行合一,这样就能对一般人起到表率作用,赢得人们的信任和尊重。

四、结　语

当今中国文化全面复兴,礼乐复兴已经成为一道靓丽的风景线,但很多时候人们感到一些礼乐活动有形式而无内容或者形式大于内容,这样必然影响到

---

① (宋)朱熹:《四书章句集注》,北京:中华书局1983年版,第151页。
② (汉)刘向:《说苑》卷十八,北京:中华书局1987年版,第442页。

礼乐活动的实际效果。多年前张岂之先生就指出过清明节陕西黄陵黄帝祭祀礼仪"形祭"大于"心祭",甚至"形祭"代替了一切,缺少在祭祀中令人感动的"心祭"。其结果,自然也对祭祀礼仪的实际效果产生了一定影响。[①]

这几年甚至在民间有些还出现了清明节代客扫墓服务,包括敬香、鞠躬、朗读祭奠词等,有 999 元、1500 元和 2600 元几种价位。在"增值服务"里,祭拜一分钟 150 元,代客哭坟一人一分钟 300 元,5 人以上哭坟需提前预约(2015 年 4 月 2 日《河南商报》),这种做法显然违背了孔子《论语·八佾》"祭如在,祭神如神在。子曰:'吾不与祭,如不祭。'"的内涵。有的扫墓公司打出了"他乡游子尽孝心,我来帮你还心愿。烧香叩头加诚心,平安吉祥永安心"的广告词。这到底是在帮助游子尽孝心还是在亵渎孝道?

孔子时代的礼崩乐坏,但历史的惯性使礼乐"虚文"化,今日经过学绝道丧的文化复兴,却在热闹、盛大的仪式中仍然吊诡地呈现出"虚文"现象,这确实值得我们研究和反思。如果重视礼仪而忽视礼之本,礼乐复兴就有可能舍本逐末,给反对传统文化复兴的人找到借口,说你们这些礼乐活动很"虚伪",而这正是应该注意和戒备的。

《礼记·经解》阐发了礼乐的精义,同时也表达了可能流于偏失,认为"恭俭庄敬"礼教的精义,但容易失于繁琐,所以"恭俭庄敬而不烦,则深于礼者也";"广博易良"是乐教的精义,但容易失于奢侈,所以"广博易良而不奢,则深于乐者也"。孔颖达疏云:"'广博易良,乐教也'者,乐以和通为体,无所不用,是广博简易良善,使人从化,是易良。……'恭俭庄敬,礼教也'者,礼以恭逊、节俭、齐庄敬慎为本,若人能恭敬节俭,是礼之教也。……'乐之失奢'者,乐主广博和易,若不节制,则失在于奢。……'礼之失烦'者,礼主文物,恭俭庄敬,若不能节制,则失在于烦苛。"[②]这就告诉我们,礼乐的复兴要把握礼乐的精义,防止流于形式的繁复和奢侈而丧失其精义,这样才能真正发挥礼乐的效能,提升人们的道德修养,培养高尚的人格。

---

① 张岂之:《心祭重于形祭》,公祭轩辕帝网,http://www.huangdi.gov.cn/content/2015-01/21/content_12075755.htm

② (清)阮元校刻:《十三经注疏》,北京:中华书局 2009 年版,第 3493 页。

荀子"礼"的正义论意涵

黄玉顺

山东大学儒学高等研究院

正义论的基本课题是怎样进行社会规范建构及其制度安排的问题;用中国话语讲,就是怎样"制礼"的问题,因为在中国话语中,社会规范及其制度统谓之"礼"。本文围绕荀子关于"礼"即制度规范问题的思想展开,讨论三大问题:其一,"礼"的含义,即为什么说荀子所说的"礼"乃是泛指所有社会规范及其制度的概念;其二,礼的"损益",即为什么说荀子主张"礼"即社会规范及其制度不是一成不变的,而是历史地变动的,以及它是怎样变动的,由此引出"义"即正义原则问题;其三,"制礼"与"正名"的关系,即荀子所认定的社会规范及其制度与名言之间的关系,特别注意阐明这种"名实"关系是怎样由"俗成"而"约定"的。

一、荀子"礼"概念的规范性

荀子尤其重"礼"。他说:

> 礼者,法之大分,类之纲纪也,故学至乎礼而止矣,夫是之谓道德之极。

所以,汉代刘向叙录《孙卿新书》说:"孙卿道守礼义,行应绳墨。"[①]王先谦

---

① (清)王先谦:《荀子集解》附录《孙卿新书三十二篇》,北京:中华书局1988年版,第555页。

《荀子集解序》指出:"荀子论学论治,皆以礼为宗,反复推详,务明其指趣,为千古修道立教所莫能外。"王氏"以礼为宗"这四个字的概括最为确当。

我们已讨论过,汉字"礼"繁体"禮",古字作"豊",原指宗庙祭祖祭天的祭礼,如许慎《说文》讲的:"豊,行礼之器也。从豆,象形"[①];但随其语义之演变,"礼"发展为一个泛指所有社会规范及其制度的概念,如《周礼》所载的"周礼"即是一整套社会规范及其制度的设计。

那么,荀子所谓"礼"究竟是什么含义呢?荀子所说的"礼",有不同的用法,但大体来说包括以下含义:

(一) 社会伦理的规范化

在荀子的话语中,狭义的"礼"指宗庙祭祀、郊社祭祀、婚、丧等活动中的祭礼,乃至仅指这种活动中的礼仪(详见下一小节);但是,在荀子的话语中,广义的"礼"乃是指我们这里所要讨论的所有一切社会规范及制度。此乃是荀子正义论的基本课题。

社会群体的生存需要社会规范,诸如道德规范、政治规范、经济规范、法律规范、行业规范、家庭规范,等等;没有这些规范,这个群体就不成其为一个社会,而只是实行"丛林原则"的某种"乌合之众"。

这些社会规范,就是所谓"伦"或"人伦",即今所谓"伦理"(ethic)。故荀子说:

> 斩而齐,枉而顺,不同而一,夫是之谓人伦。(《荀子·荣辱》)
>
> 礼者,人主之所以为群臣寸尺寻丈检式也,人伦尽矣。(《荀子·儒效》)
>
> 贵贵、尊尊、贤贤、老老、长长,义之伦也。(《荀子·大略》)
>
> 程者,物之准也;礼者,节之准也。程以立数,礼以定伦。(《荀子·致仕》)
>
> 礼义以为文,伦类以为理……而一可以为法则。(《荀子·臣道》)

[①] (汉)许慎著,王平、李建廷标点:《说文解字》,上海:上海书店出版社2016年版,第492页。

上面最后一例表明,这些伦理规范又叫"法则"。故荀子说:

> 礼之敬文也……君子之学也……一可以为法则。(《荀子·劝学》)
> 君子……度己以绳,故足以为天下法则矣。(《荀子·非相》)
> 案然修仁义,伉隆高,正法则,选贤良,养百姓,为是之日,而名声剸天下之美矣。(《荀子·王制》)
> 法则度量正乎官,忠信爱利形乎下。(《荀子·儒效》)
> 诚义乎志意,加义乎法则度量,著之以政事……(《荀子·王霸》)
> 循法则、度量、刑辟、图籍,不知其义,谨守其数,慎不敢损益也,父子相传,以持王公,是故三代虽亡,治法犹存,是官人百吏之所以取禄秩也。(《荀子·荣辱》)

总之,荀子所谓"礼",就是指的社会规范;这些社会规范实际上是将社会伦理加以规范化的结果,所以也可以称之为伦理规范。

(二)社会规范的制度化

一般来说,在社会规范中,有一些是柔性的,不能制度化,例如道德规范不可能有"道德制度"的建立;有一些是刚性的,可以制度化,例如在政治规范基础上可以建立政治制度。

有学者说,荀子的正义思想是"朴素的制度正义思想"[1]。这固然是对的,却是不够全面的。荀子的正义理论之所谓"礼",包括了非制度化的社会规范和制度化的社会规范。荀子论"制度"说:

> ……不知法后王而一制度……是俗儒者也;法后王,一制度……其言行已有大法矣,然而明不能齐法教之所不及,闻见之所未至,则知不能类也……是雅儒者也;法先王,统礼义,一制度……苟仁义之类也……则举统类而应之……张法而度之……是大儒者也。(《荀子·儒效》)

---

[1] 冯兵:《论荀子的政治伦理思想》,《华南农业大学学报》2008年第4期,第94—98页。

这就是说,唯有大儒,才能"举统类"(按指"仁义之类")、"统礼义"(统一于礼之义)而"一制度"(建立统一的制度)。荀子还说:

> 政令制度,所以接下之人百姓。(《荀子·王霸》)
> 百官则将齐其制度,重其官秩,若是,则百吏莫不畏法而遵绳矣。(《荀子·王霸》)
> 制度以陈,政令以挟,官人失要则死,公侯失礼则幽,四方之国有侈离之德则必灭……是又人情之所同欲也,而王者兼而有是者也。(《荀子·王霸》)
> 使衣服有制,宫室有度,人徒有数,丧祭械用皆有等宜,以是用挟于万物,尺寸寻丈莫得不循乎制度数量然后行。(《荀子·王霸》)
> 使群臣百姓皆以制度行,则财物积,国家案自富矣。(《荀子·王制》)

这些制度即所谓"礼",所以又叫"礼制"(详下),也叫"法度":

> 古者圣王以人之性恶,以为偏险而不正,悖乱而不治,是以为之起礼义、制法度,以矫饰人之情性而正之,以扰化人之情性而导之也。(《荀子·性恶》)
> 圣人积思虑、习伪故,以生礼义而起法度,然则礼义法度者,是生于圣人之伪,非故生于人之性也。(《荀子·性恶》)
> 上莫不致爱其下而制之以礼……是百王之所以同也,而礼法之枢要也。(《荀子·王霸》)
> 天子三公,诸侯一相,大夫擅官,士保职,莫不法度而公,是所以班治之也。(《荀子·君道》)
> 贵师而重傅则法度存……贱师而轻傅则人有快,人有快则法度坏。(《荀子·大略》)

按照荀子上述说法,"起礼义、制法度""生礼义而起法度",这就是说,"义"

("礼义")、"礼"是比"法度"先行的东西;那么,如果说"法度"是指的社会规范的制度化、亦即制度,则"礼"就是指的制度化之前的社会规范本身。但荀子有一处所说的"法度",容易引起异议:

> 三王既已定法度,制礼乐而传之,有不用而改自作,何以异于变易牙之和,更师旷之律?无三王之法,天下不待亡,国不待死。(《荀子·大略》)

在这段论述中,"法度"似乎是比"礼乐"更先行、更根本的东西。我们认为,这是荀子"法度"这个词语的用法的一个特例,实际上他在这里所谈的是"法",而不是法度(制度),所以,他以"三王之法"与"三王既已定法度"相对应。

荀子认为,这些社会规范及制度,即"礼",犹如规矩绳墨,乃是社会秩序的"经纬""群居和一之道":

> 将原先王,本仁义,则礼正其经纬蹊径也。若挈裘领,诎五指而顿之,顺者不可胜数也。(《荀子·劝学》)
>
> 先王案为之制礼义以分之,使有贵贱之等,长幼之差,知愚、能不能之分,皆使人载其事而各得其宜,然后使悫禄多少厚薄之称,是夫群居和一之道也。(《荀子·荣辱》)
>
> 国无礼则不正。礼之所以正国也,譬之犹衡之于轻重也,犹绳墨之于曲直也,犹规矩之于方圆也,既错(措)之而人莫之能诬也。(《荀子·王霸》)

综上所述可知,在荀子这里,广义的"礼"所指的确实是所有社会规范(亦即广义的伦理)及其制度。

二、荀子"礼"观念的层级性

上述作为社会规范及其制度的"礼",严格来说仅仅指"礼制"。实际上,

"礼"这个观念涉及三个层面：以上所分析的是"礼制"；此外还有最外在的"礼仪"、最内在的"礼义"。其决定关系为（箭头表示决定关系）：

礼义→礼制→礼仪

这里，最基本的内容是"礼制"；"礼仪"只是礼制的外在表现形式；而"礼义"则是指的礼之义，即荀子所说的"义"或"正义"，亦即正义原则。

（一）礼制

由于"礼"主要是指的社会规范及其制度，所以荀子有"礼制"的说法，并明确其意为"制度"：

> 重色而衣之，重味而食之，重财物而制之，合天下而君之，饮食甚厚，声乐甚大，台榭甚高，园囿甚广，臣使诸侯，一天下，是又人情之所同欲也，而天子之礼制如是者也。制度以陈，政令以挟，官人失要则死，公侯失礼则幽，四方之国有侈离之德则必灭，名声若日月，功绩如天地，天下之人应之如景响，是又人情之所同欲也，而王者兼而有是者也。（《荀子·王霸》）

这段议论是在讲"天子之礼制"——"王者"的"制度"。这个制度，从总体上来说是要"重财物而制之，合天下而君之""臣使诸侯，一天下""天下之人应之如景（影）响"；具体涉及两个层面：一个层面是仪容的层面："重色而衣之，重味而食之""饮食甚厚，声乐甚大，台榭甚高，园囿甚广"；而另一个层面就是制度的层面："制度以陈，政令以挟，官人失要则死，公侯失礼则幽，四方之国有侈离之德则必灭。"

显然，撇开具体的历史内容，就"礼制"这个词语的用法而论，它是说的"制度"——社会规范及制度。

（二）礼仪

制度或"礼制"在仪轨、仪式、仪容、仪节等形式上的表现，叫做"礼仪"。关于宗庙祭祀、郊社祭祀、婚礼、丧礼等活动中的礼仪，荀子曾说：

> 食饮、衣服、居处、动静，由礼则和节，不由礼则触陷生疾；容貌、态

度、进退、趋行,由礼则雅,不由礼则夷固僻违、庸众而野。……《诗》曰:"礼仪卒度,笑语卒获。"此之谓也。(《荀子·修身》)

荀子在这里谈论"食饮、衣服、居处、动静""容貌、态度、进退、趋行"等,并引《诗》谓之"礼仪"。他在另外一处再次引此诗句,同样是谈礼仪:

礼有三本:天地者,生之本也;先祖者,类之本也;君师者,治之本也。……故礼,上事天,下事地,尊先祖而隆君师。是礼之三本也。故王者天太祖,诸侯不敢坏;大夫士有常宗,所以别贵始。贵始,得之本也。郊止乎天子,而社至于诸侯,道及士大夫……故有天下者事十[七]世,有一国者事五世,有五乘之地者事三世,有三乘之地者事二世,持手而食者不得立宗庙。

大飨,尚玄尊,俎生鱼,先大羹,贵食饮之本也。飨,尚玄尊而用酒醴,先黍稷而饭稻粱;祭,齐大羹而饱庶羞:贵本而亲用也。……故尊之尚玄酒也,俎之尚生鱼也,俎之先大羹也,一也。利爵之不醮也,成事之俎不尝也,三臭之不食也,一也。大昏之未发齐也,大庙之未入尸也,始卒之未小敛也,一也。大路之素未集也,郊之麻絻也,丧服之先散麻也,一也。三年之丧,哭之不文也,《清庙》之歌,一唱而三叹也,县一钟,尚拊之膈,朱絃而通越也,一也。……《诗》曰:"礼仪卒度,笑语卒获。"此之谓也。(《荀子·礼论》)

荀子在这里所谓"礼有三本"是按社会地位来谈的三类礼仪:

(1) 祭天的郊祭:"郊止乎天子,诸侯不敢坏";其礼仪规定"有天下者事七世"。

(2) 祭地的社祭:"社止于诸侯,道及士大夫";其礼仪规定"有一国者事五世(诸侯),有五乘之地者事三世(大夫),有三乘之地者事二世(士)"。

(3) 祭祖的宗庙之祭:"王者天太祖",天与太祖合一,有相应的礼仪;诸侯、大夫、士祭祖并不祭天,亦有相应的礼仪;"持手而食者不得立宗庙",无礼仪。

接下来荀子又从另外的角度谈了五类礼仪:

(1) 大飨:"尚玄尊,俎生鱼,先大羹,贵食饮之本也。"
(2) 飨礼:"尚玄尊而用酒醴,先黍稷而饭稻粱。"
(3) 祭礼:"齐大羹而饱庶羞。"
(4) 婚礼:"大昏之未发齐也。"
(5) 丧礼:"大庙之未入尸也,始卒之未小敛也""丧服之先散麻也""三年之丧,哭之不文也"。

这些"礼仪",实际上是"礼制"的外在表现形式。古往今来,任何社会群体或共同体都必须有自己的一套社会规范及制度,谓之"礼制";这些社会规范及制度也必须表现为一系列仪轨、仪式、仪容、仪节等,广泛体现在生老病死、衣食住行、吃喝拉撒、言谈举止、举手投足各种活动形式中,谓之"礼仪"。礼制是礼的实质层面,礼仪是礼的形式层面。

(三) 礼义

除"礼制""礼仪"外,礼还涉及"礼义"层面。在《荀子》书中,"礼义"这个词语出现得非常频繁。大致来说,《荀子》"礼义"的用法,有两种语法结构:一是并列结构,是说的"礼与义";二是偏正结构,是说的"礼之义"。我们这里所要讨论的关于"礼的层级性"问题的"礼义",指后一用法,即"礼之义",意指礼制背后的、作为礼制的支持根据的"义",亦即荀子所说的"正义"——正义原则。例如:

> 先王之道,仁之隆也,比中而行之。曷谓中?曰:礼义是也。道者,非天之道,非地之道,人之所以道也,君子之所道也。君子……有所正矣。……若夫谪德而定次,量能而授官,使贤不肖皆得其位,能不能皆得其官,万物得其宜,事变得其应……言必当理,事必当务,是然后君子之所长也。(《荀子·儒效》)

荀子在此所说的"礼义",显然是说的"礼之义"、亦即"义":他用"中""正""当""宜"等来加以说明,这些也正是"义"的基本内涵。荀子又说:

> 法先王,统礼义,一制度;以浅持博,以古持今,以一持万;苟仁义之类也,虽在鸟兽之中,若别白黑;倚物怪变,所未尝闻也,所未尝见

也,卒然起一方,则举统类而应之,无所儗㤰;张法而度之,则晻然若合符节:是大儒者也。(《荀子·儒效》)

这段话其实是讲的"仁→义→礼":(1)"举统类"是讲的"仁",即他明言的"仁义之类";(2)"统礼义"是讲的"义",即以"仁"统"义",也就是"仁→义"的结构(这样才能够进一步以"义"统"礼");(3)"一制度"是讲的"礼",即以"义"统"礼",也就是"义→礼"的结构,这样才能够"张法而度之""若合符节"。荀子还说:

圣人积思虑、习伪故,以生礼义而起法度,然则礼义法度者,是生于圣人之伪,非故生于人之性也。(《荀子·性恶》)

古者圣王以人之性恶,以为偏险而不正,悖乱而不治,是以为之起礼义、制法度,以矫饰人之情性而正之,以扰化人之情性而导之也。(《荀子·性恶》)

这里所说的"礼义法度",就是"生礼义而起法度"或"起礼义、制法度"的结果,这里,先有"礼义",然后才有"法度"。显然,如果所谓"法度"属于"礼"的范畴(上文已有详尽分析),那么,此前的所谓"礼义"就是"义"的范畴。由此可见,所谓"礼义"也就是"义"的意思。

三、"礼法"概念:"礼"与"法"的关系

有学者说:"郑玄等以礼并法,自此有'礼法'之称,并开后来制度之学。"[1]这个说法是不确切的。制度之学乃是儒家向来的主题;《荀子》书中就已经常谈到"礼法"了。

大致来说,关于"礼""法"与"礼法"的关系,荀子这里可以分为以下几种情况:

---

[1] 胡秋原:《古代中国文化与中国知识分子》,台北:学术出版社1988年版,第463—464页。

(一)"礼""法"异义分用

在荀子那里,当"礼"与"法"同时对举、分别使用时,两者的含义是有区别的。例如:

> 其百吏好法,其朝廷隆礼。(《荀子·富国》)
>
> 礼节修乎朝,法则度量正乎官。(《荀子·儒效》)
>
> 朝廷必将隆礼义而审贵贱,若是,则士大夫莫不敬节死制者矣;百官则将齐其制度,重其官秩,若是,则百吏莫不畏法而遵绳矣。(《荀子·王霸》)

这里的区别在于场合的不同:礼用于朝,法用于官。

荀子还有另外一种区分,其实与上述用法之间是存在着联系的:

> 礼者,贵贱有等,长幼有差,贫富轻重皆有称者也。……由士以上则必以礼乐节之,众庶百姓则必以法数制之。……故自天子通于庶人,事无大小多少,由是推之。(《荀子·王霸》)
>
> 人君者,隆礼尊贤而王,重法爱民而霸。(《荀子·强国》)

这里,礼与"尊贤"相联系,适用于"士以上"之人;法与"爱民"相联系,适用于士以下之人。礼用于朝,意在治官;法用于官,意在治民。

然而不论如何区分,它们本质上是一致的,就是:"审贵贱""齐制度",亦即建构社会规范及制度;并且使人"畏法遵绳",亦即遵守这些规范及制度。唯其一致,故有"礼法"合称的用法。

(二)"礼法"同义合用

当"礼法"合用时,往往意味着其中的"法"与礼是同义的,即是泛指的社会规范及制度。笔者曾撰文谈到过这个问题:最广义的"礼"是涵盖了"法"的。[①]

[①] 黄玉顺:《"刑"与"直":礼法与情感——孔子究竟如何看待"证父攘羊"》,《哲学动态》2007年第11期,第12—18页。

所以才有"礼法"的说法。荀子所谓"礼法",就是社会的"法则"[①],也叫"礼制"[②]"法度"[③]"制度"[④],亦即我们所说的制度规范。

荀子下面这段话是极为典型的:

> 好法而行,士也;笃志而体,君子也;齐明而不竭,圣人也。人无法,则伥伥然;有法而无志其义,则渠渠然;依乎法而又深其类,然后温温然。礼者,所以正身也;师者,所以正礼也。无礼,何以正身?无师,吾安知礼之为是也?礼然而然,则是情安礼也;师云而云,则是知若师也。情安礼,知若师,则是圣人也。故非礼,是无法也;非师,是无师也。不是师法,而好自用,譬之是犹以盲辨色,以聋辨声也,舍乱妄无为也。故学也者,礼法也。(《荀子·修身》)

这里所讨论的是"士→君子→圣人"的境界,其依据是"类→义→法"的递进关系,这种关系所对应的实为"仁→义→礼"的递进关系,仁义以"正礼"(制度正义问题),礼法以"正身"(行为正义问题)。显然,这里的"法"意谓"礼"。故荀子说"非礼是无法也",故合称为"礼法"。

关于三种境界的区分,类似的说法还有:

> 行法至坚,不以私欲乱所闻,如是,则可谓劲士矣。行法至坚,好修正其所闻,以桥饰其情性,其言多当矣,而未谕也;其行多当矣,而未安也;其知虑多当矣,而未周密也。上则能大其所隆,下则能开道不己若者,如是,则可谓笃厚君子矣。修百王之法若辨白黑,应当时之变若数一二,行礼要节而安之若生四枝,要时立功之巧若诏四时,平正和民之善、亿万之众而博若一人,如是,则可谓圣人矣。(《荀子·儒效》)

---

① 见《荀子》之《劝学》《荣辱》《非相》《儒效》《王制》《王霸》《臣道》。
② 见《荀子·王霸》。
③ 见《荀子》之《君道》《性恶》《大略》。
④ 见《荀子》之《儒效》《王制》《王霸》《君道》。

这里所论的还是"士→君子→圣人"的境界,其所依据的也还是"仁→义→礼"的递进关系。其中,"行法"下文明确谓之"行礼"。荀子的意思:士只能"行法"亦即行礼;君子则不仅能"行法"行礼,还能进一步"多当"(义之正当、适当)、"大其所隆"(隆礼);而圣人又不仅能"应当时之变"而"要时立功"(义之时宜)、由此"行法",而且还能更进一步"和民之善",亦即仁爱。

不仅如此,荀子有时甚至在单用"法"时,也是指的这种广义的"礼"。例如他说:

节用以礼……上以法取焉,而下以礼节用之。(《荀子·富国》)(按:后一"用"字疑衍,"以礼节用之"似当作"以礼节之"。)

公输不能加于绳墨,圣人不能加于礼。礼者,众人法而不知,圣人法而知之。(《荀子·法行》)

隆礼,虽未明,法士也。(《荀子·劝学》)

荀子这里所说的"法士"亦即孟子所说的"法家拂士"(《孟子·告子下》),赵岐注云:"法度大臣之家、辅弼之士。"这里,"法"指"法度",也就是制度化的礼制。

(三)"法"不止于刑罚

荀子所说的"法",绝不等同于韩非那种以刑为主的"法"。法家之所谓"法",当其特指刑法时,在荀子那里明确称之为"刑罚",而不单称为"法"。他说:

王者之论:无德不贵,无能不官,无功不赏,无罪不罚;朝无幸位,民无幸生;尚贤使能而等位不遗,析愿禁悍而刑罚不过;百姓晓然皆知夫为善于家而取赏于朝也,为不善于幽而蒙刑于显也。夫是之谓定论,是王者之论也。(《荀子·王制》)

勉之以庆赏,惩之以刑罚。(《荀子·王制》)

渐庆赏以先之,严刑罚以纠之。(《荀子·王制》)

众人徒,备官职,渐庆赏,严刑罚,以戒其心。使天下生民之属,皆

知己之所愿欲之举在是于也,故其赏行;皆知己之所畏恐之举在是于也,故其罚威。(《荀子·富国》)

刑法有等,莫不称罪。(《荀子·礼论》)

须注意的是,在荀子这里,"刑罚"与"刑法"是有所区别的。例如:

为之立君上之势以临之,明礼义以化之,起法正以治之,重刑罚以禁之,使天下皆出于治、合于善也。(《荀子·性恶》)

此例将"重刑罚以禁之"与"明礼义以化之"分开来说,意味着"刑罚"与"礼义"是对立的。而"刑法"则不然:

之所与为之者之人,则举义士也;之所以为布陈于国家刑法者,则举义法也;主之所极然帅群臣而首乡之者,则举义志也。(《荀子·王霸》)

斗者,忘其身者也,忘其亲者也,忘其君者也。行其少顷之怒,而丧终身之躯,然且为之,是忘其身也;室家立残,亲戚不免乎刑戮,然且为之,是忘其亲也;君上之所恶也,刑法之所大禁也,然且为之,是忘其君也。忧忘其身,内忘其亲,上忘其君,是刑法之所不舍也,圣王之所不畜也。(《荀子·荣辱》)

这里意指"刑法"的所谓"义法",意味着"法"是与"义"一致的,当然也就是与"礼"一致的。而斗者"忘其君",触犯"刑法之所大禁",就是不义而非礼的。

不仅如此,正如上文所已谈过的,"法"与"礼"有时就是同义词。这甚至在"法"字单用的时候也是如此,例如《成相》篇的"法"概念就显然涵盖了礼、法、刑、禁:

君法明,论有常,表仪既设民知方。进退有律,莫得贵贱孰私王?
君法仪,禁不为,莫不说教名不移。修之者荣,离之者辱孰它师?

刑称陈,守其银,下不得用轻私门。罪祸有律,莫得轻重威不分。

总之,荀子所说的"礼"与"法"之间的关系是复杂的,不能一概而论;但合称为"礼法"的时候,就是指的最广义的"礼",亦即社会规范及制度。

(四) 礼法之"枢要"与"大分"

关于"礼法",还有一个问题值得讨论:荀子区分了"礼法之枢要"与"礼法之大分"。所谓"礼法之大分"如下:

> 《传》曰:"农分田而耕,贾分货而贩,百工分事而劝,士大夫分职而听,建国诸侯之君分土而守,三公总方而议,则天子共己而已矣。"出若入若,天下莫不平均,莫不治辨,是百王之所同也,而礼法之大分也。(《荀子·王霸》)

> 礼者,法之大分,类之纲纪也。故学至乎礼而止矣。(《荀子·劝学》)

这两处议论,一处说"礼法之大分",一处说"法之大分",显然,这里的"礼法"与"法"同义。

所谓"礼法之大分",是对礼法之运用对象的一种区分,这种区分所根据的显然是社会职业的分工:农、贾、工、士大夫、诸侯、天子。而所谓"礼法之枢要"则如下:

> 上莫不致爱其下而制之以礼,上之于下,如保赤子;政令制度,所以接下之人百姓,有不理者如豪末,则虽孤独鳏寡必不加焉;故下之亲上,欢如父母,可杀而不可使不顺;君臣上下,贵贱长幼,至于庶人,莫不以是为隆正;然后皆内自省,以谨于分:是百王之所以同也,而礼法之枢要也。(《荀子·王霸》)

> 农分田而耕,贾分货而贩,百工分事而劝,士大夫分职而听,建国诸侯之君分土而守,三公总方而议,则天子共己而止矣。出若入若,天下莫不平均,莫不治辨:是百王之所同也,而礼法之大分也。(《荀子·王霸》)

这就是说,尽管礼法的运用对象是有区分的,然而礼法的"枢要"、关键、精神实质则是一致的,也就是"仁→义→礼"的结构:首先是仁爱,即"致爱其下";其次是正义,即在"制之以礼"时所依据的"理""义";最后是礼法,即"制之以礼"且"隆礼重法"("莫不以是为隆正")、"以谨于分"。

四、礼的"损益"

我们知道,孔子认为礼并不是一成不变的,而是随时"损益"的。(《论语·为政》)有学者已指出:"中国古代知识分子所恃的'道'是人间的性格,他们所面临的问题是政治社会秩序的重建。"[①]"儒家的'礼'是社会的公共生活规范与秩序,随时空条件不同而有不同的变化。"[②]所谓"损益",就是社会规范及制度的重建。

荀子三次谈到"损益",有两层意义:"礼"(社会规范及制度)是可以损益的;然而"义"(正义原则)是不可损益的。这是与孔子的思想一致的。

(一) 义不可损益

荀子在《礼论》中谈到:

> 立隆以为极,而天下莫之能损益也。本末相顺,终始相应,至文以有别,至察以有说。天下从之者治,不从者乱;从之者安,不从者危;从之者存,不从者亡。小人不能测也。礼之理,诚深矣!(《荀子·礼论》)

这里所谓"礼之理",其实是说的"礼之义",亦即并不是说的"礼",而是在说"义",亦即"义者循理"(《荀子·议兵》)、"诚心行义则理"(《荀子·不苟》)。因此,荀子的意思是说:义(正义原则)是不可损益的。

例如荀子谈到"三年之丧"的礼制:

---

① 余英时:《士与中国文化》,上海:上海人民出版社2003年版,第120页。
② 郭齐勇:《先秦儒学关于社会正义的诉求》,《解放日报》2009年1月11日理论版。

> 三年之丧,何也?曰:称情而立文,因以饰群,别亲疏贵贱之节,而不可益损也。……创巨者其日久,痛甚者其愈迟,三年之丧,称情而立文,所以为至痛极也。(《荀子·礼论》)

荀子所说的"不可益损"的,并不是说三年之丧的礼制本身,而是说"称情而立文"的原则。所谓"称情而立文",就是"因情而制礼"的意思,也就是"仁(情)→义→礼(文)"的原理,亦即"礼义文理之所以养情也"(《荀子·礼论》)。这与孔子关于三年之丧的思想是完全一致的,孔子也是从"情"出发来论证三年丧礼的。(《论语·阳货》)

(二) 礼可以损益

义是不可损益的,而礼则是可以损益的,这是中国正义论的基本思想,荀子亦然。

例如,荀子将人的仁智分为六等:"天子之所以取天下""诸侯之所以取国家""士大夫之所以取田邑""官人百吏之所以取禄秩""庶人之所以取暖衣饱食""奸人之所以取危辱死刑"。其中"不敢损益"的仅仅被列为第四等:

> 荣辱之大分,安危利害之常体:先义而后利者荣,先利而后义者辱。……循法则、度量、刑辟、图籍,不知其义,谨守其数,慎不敢损益也,父子相传,以持王公,是故三代虽亡,治法犹存,是官人百吏之所以取禄秩也。(《荀子·荣辱》)

这里所说的"数"指"法则""度量",即社会规范及制度,也就是"礼"或"礼法"。荀子认为,这种档次的人的仁智,不足以损益——进行制度规范的建构,是因为他们"谨守其数"(礼法)而"不知其义"(正义原则)。

相应地,荀子指出:

> 圣王有百,吾孰法焉?故曰:文久而灭,节族久而绝;守法数之有司,极礼而褫。(《荀子·非相》)

上文所言"谨守其数"的"官人百吏",也就是这里的"守法数之有司"。所谓"极礼而褫"是说:他们将礼推到极端,结果会被削夺(褫)。这里所谓"文久而灭,节族久而绝"意为:礼制久而灭绝。荀子的意思是:不存在永恒的社会规范、社会制度;任何制度规范体系,都有"灭""绝"的时候。

(三)"等级制度"与"通义"的关系

自古以来,人们试图寻找一种普遍永恒的制度规范,称之为"通义"。荀子也是如此。他说:

> 少事长,贱事贵,不肖事贤,是天下之通义也。(《荀子·仲尼》)

这种"通义"既称为"义",似乎是说的正义原则层面的问题;而其具体内容"少事长,贱事贵,不肖事贤",却又涉及社会规范、社会制度层面的问题,即属于"礼"的范畴。"通义"与"礼"的这种关系,类似于罗尔斯正义论中"初始契约"(正义原则)与后起"契约"(制度)之间的关系。

然而这种"通义"的基本特征,似乎是差别原则基础上的"等级制度"。这确实是荀子的一种思想观念。不仅荀子,孟子也论述过这种"通义",即人类社会所普遍通行的级别划分:"夫物之不齐,物之情也:或相倍蓰,或相什百,或相千万。子比而同之,是乱天下也。"(《孟子·滕文公上》)而荀子则写道:

> 分均则不偏,势齐则不壹,众齐则不使。有天有地而上下有差,明王始立而处国有制。夫两贵之不能相事,两贱之不能相使,是天数也。势位齐而欲恶同,物不能澹则必争,争则必乱,乱则穷矣。先王恶其乱也,故制礼义以分之,使有贫富贵贱之等,足以相兼临者,是养天下之本也。《书》曰:"维齐非齐。"此之谓也。(《荀子·王制》)

有学者称此为"'维齐非齐'的正义观"[①],这是颇有见地的。又有学者说:"荀子所借用《尚书》里'维齐非齐'的话,可以说是他的公平观念的准确的表达,

---

[①] 孔祥生:《论荀子礼法正义思想及其现代意义》,《中共长春市委党校学报》2006年第1期,第88页。

即为了公平而采取不平等的措施。"①这里"不平等"这个措辞是不妥当的。现代以来，人们用"平等"（equality）观念来批评儒家的"等级"（hierarchy or caste）观念，其实是完全不相应的。"平等"并不意味着没有"等级"（ranks），等级不过就是级别（levels）划分，这是人类群体之有序化，从而成其为一个社会共同体的一个基本条件。即便在现代"平等"社会中，总统与首相也不是一个级别，更何况他们与平民百姓了。这里有三点是需要严格区分的：

第一，人类社会总有级别的划分和这种级别划分的具体方式是历史地变动的，这是两个不同的问题。《左传·昭公七年》里说："天有十日，人有十等，下所以事上，上所以共神也。故王臣公，公臣大夫，大夫臣士，士臣皂，皂臣舆，舆臣隶，隶臣僚，僚臣仆，仆臣台。"但这并不意味着我们今天也这样来划分社会级别。今天有另一些级别划分方式，如从总统到普通市民、从董事长到普通员工（公司等级制度 corporate ladder）等。

第二，社会级别的存在和这种级别是世袭的还是开放的，也是两个不同的问题。其实，世袭制度的废除，中国比西方早得多，乃至于弗朗西斯·福山（Francis Fukuyama）认为中国早在两千年前就创立了现代性制度，他说："从秦朝开始，中国人就建立了世界上第一个符合马克斯·韦伯定义的现代国家。"②（这当然也未免言过其实了）例如科举制度，就是政府官僚等级向社会各阶层开放的一个人类文明创举，打破了"士之子恒为士""工之子恒为工""商之子恒为商""农之子恒为农"（《国语·齐语》）的世袭制度。荀子早已打破了传统的世袭制度，提出了一种新型的选拔制度：

> 虽王公士大夫之子孙也，不能属于礼义，则归之庶人；虽庶人之子孙也，积文学，正身行，能属于礼义，则归之卿相士大夫。（《荀子·王制》）

第三，所谓儒家的"等级"观念，有时是说的特定社会历史时代的特殊性的

---

① 李大华：《论先秦中国社会的公平观念》，见"爱思想"网：www.aisixiang.com。
② （美）弗朗西斯·福山：《国家、法治与负责制政府》，凤凰网（www.ifeng.com）。

级别划分（hierarchy or caste），例如上引《左传》所说的"人有十等"，按照儒家的正义思想，这其实恰恰属于具体的、可以损益的"礼"的范畴；而有时是说人类社会的普遍性的级别划分（ranks or levels），这才是所谓"通义"的意谓。这种"通义"是与"公道"（正义）相联系的，实质上是正当性原则当中的公正性准则的体现，谓之"公道通义""公义"：

> 得胜人之势者，其不如胜人之道远矣！……是为是，非为非，能为能，不能为不能，并己之私欲，必以道，夫公道通义之可以相兼容者，是胜人之道也。（《荀子·强国》）
> 不恤公道通义，朋党比周，以环主图私为务，是篡臣者也。（《荀子·臣道》）
> 公道达而私门塞矣，公义明而私事息矣。（《荀子·君道》）

这里涉及的乃是"公私"问题。尽管公私划分的具体内容与形式是历史地变动的，但是，对于任何社会共同体来说，公私的区分却是永恒的；唯其如此，它才会是不可损益的正义原则的一项基本内涵。

（四）礼的建构

荀子既然关注"礼制"及其"损益"问题，必然关注礼制是怎么被确立起来的问题，亦即礼制建构的根据何在的问题。这个根据，就是"礼义"即礼之义，也就是比礼制更先行的、为礼制奠基的正义原则，即"义"或曰"正义"。这里所呈现的是中国正义论的最核心的理论结构"义→礼"结构。

1. 关于"义→礼"的两点澄清

（1）"义"或"正义"的两种意谓

通常所谓"正义"，实有两种不同的意谓：

一种是"行为正义"概念，指的是行为符合既有的制度规范、因而行为正当。这里，"礼"先于"义"。如荀子说："义者循礼；循礼，故恶人之乱之也。"（《荀子·议兵》）孔子所说的"克己复礼"也是这种意谓。（《论语·颜渊》）这不属于我们这里讨论的作为制度伦理学的正义论范畴。

另一种意谓则是"制度正义"概念，指的是制度规范符合某种更为普遍的正义原则,这里,"义"先于"礼",亦即"义→礼"结构。孔子所说的"礼有损益"就是这种意谓。(《论语·为政》)《左传》已有"义以出礼""礼以行义"的观念。冯友兰曾指出:"礼之'义'即礼之普通原理。"①所谓"普通原理",就是普遍原则。有学者说:"仁是本,礼是末,义则连通两者。……义在仁和礼之间就起到了一种内外勾连的作用。"②这是很有见地的。这才是正义论的课题。

(2) 所谓"程序正义"的实质

西方当代正义理论对"实质正义"(substantive justice)和"程序正义"(procedural justice)的对立区分,③固然有其意义;但其对程序正义的过分强调,则在学理上存在着问题。正如有学者所指出的:"英美学者有关程序正义的理论以及英美人长期以来形成的程序正义观念似乎把程序正义强调得过于绝对化了,因为程序正义被视为一种可以完全决定裁判结果的绝对因素。"④这个批评是正确的,然而还不够透彻。所谓"程序正义",既然已经是一种"程序",那就已经是一种规范或者制度;换句话说,它已经不再是正义原则的范畴了。这是因为:当我们判定一种程序是否正义时,需要以某种正义原则为根据,这就意味着这里被判定的程序并不是正义原则。

2. 关于"义→礼"结构的初步说明

关于"义→礼"结构,即如何根据正义原则来进行社会规范建构、制度安排,我们这里进行一点初步的讨论。

这就正如麦金太尔所说:"在这些情形下,现存的法律不能提供任何清楚的答案,或者也许根本就没有任何答案。在这些境况中,法官也缺少规则,也必须运用理智,如同立法者当初一样……就只能以某种方式超出已有的规则……这不仅是为了正义,也是为了把各种美德充分的具体实例化。"⑤

荀子指出:

---

① 冯友兰:《中国哲学史》,北京:中华书局1961年版,第414页。
② 石永之:《从"义"字看儒家正义思想的形成》,中国儒学网:www.confuchina.com。
③ (美)罗尔斯著,何怀宏等译:《正义论》,北京:中国社会科学出版社1988年版,第80—83页。
④ 陈瑞华:《程序正义论》,《中外法学》1997年第2期。
⑤ (美)麦金太尔著,万俊人等译:《谁之正义?何种合理性?》,北京:当代中国出版社1996年版,第170页。

> 不知法之义而正法之数者,虽博,临事必乱。(《荀子·君道》)

上文已讨论过,这里的"法"意谓"礼",亦即社会规范及其制度。"法之数"是说的礼制;"法之义"亦即"礼义"或"礼之义",是说正义原则。"正法之数"就是上文曾讨论过的"正礼",亦即损益、建构社会规范及制度。荀子的意思是:当面临事情的"变数"时,如果不知道正义原则,而只知道既有的礼制,那么,无论知道得再多,也不足以应变,只会"临事必乱"。

荀子更进一步指出:

> 人无法,则伥伥然;有法而不志其义,则渠渠然;依乎法而又深其类,然后温温然。(《荀子·修身》)

所谓"深其类",上文也已讨论过,是说的深得仁爱情感。荀子的意思是:没有礼法,固然不行;但有礼法而无正义原则,也是不够的;唯其不仅有正义、有礼法,而且深得仁爱情感,才是完备的。

显然,荀子在这里的讨论,已扩展到"仁→义→礼"的结构。这正是中国正义论的核心理论结构。

五、"名实"问题:"制礼"与"正名"的关系

上文所谈的根据正义原则来建构社会规范及其制度的问题,也就是所谓"制礼"的问题。说到"礼制",必然涉及"正名"问题。这不仅是因为,在当时的社会转型过程中,"礼坏乐崩"(原有的社会规范及其制度失效)乃表现为"名实淆乱"("名"指礼制的名义规定,"实"指社会的实际情况,"名实淆乱"指名不副实或实不副名等情况),因此,"正名"的实质就是"制礼"——重建社会规范及制度;而且因为,任何社会规范及制度的体系,都表现为一套"名物"体系,因此,社会规范及其制度的重建总是首先体现在一套新的名物制度的设计之中。

所以,"正名"本质上并非语言学、逻辑学问题,而是一个伦理学及政治哲学问题,同时是一个正义论问题。这也正如孔子所说:"必也正名乎";"名不正则

言不顺,言不顺则事不成,事不成则礼乐不兴,礼乐不兴则刑罚不中,刑罚不中则民无所错手足"。(《论语·子路》)

荀子为此特撰了《正名》一篇,集中讨论"正名"问题。

(一) 礼制的"约定":主体性的行为

关于"正名",荀子谈到了两层意义,即"约定"与"俗成"。他说:

> 名无固宜,约之以命,约定俗成谓之宜,异于约则谓之不宜;名无固实,约之以命,约定俗成谓之实名。①(《荀子·正名》)

这就是说,不论"名"(关于社会规范及其制度的名物系统设计)还是"实"(实际建构的社会规范及其制度),都是"约定俗成"的结果。

那么,何谓"约定俗成"？人们往往把"约定"和"俗成"看成一回事,而不加区分;其实不然,"约定"和"俗成"是不同的,前者是有意识的,而后者则是无意识。

"约定"(agreement)显然是一种有意识的、即主体性的行为。荀子之所谓"伪",即是指的这种"人为"约定。荀子在《性恶》篇中对约定的这种"人为"性质有充分的讨论:

> 不可学、不可事而在人者,谓之性;可学而能、可事而成之在人者,谓之伪:是性、伪之分也。
>
> 人之性恶,其善者伪也。
>
> 凡礼义者,是生于圣人之伪,非故生于人之性也。……圣人积思虑、习伪故,以生礼义而起法度,然则礼义法度者,是生于圣人之伪,非故生于人之性也。
>
> 凡所贵尧、禹、君子者,能化性,能起伪,伪起而生礼义。

在这个问题上,荀子更多地诉诸"圣人",由"圣人"提出一套社会规范、社会

---

① 后一"约之以命"原文作"约之以命实",据《荀子集解》改。

制度,并且与"俗人"达成一种约定。这在前现代的、非平民政治的时代里,确实是一种历史事实。

这种"约定"实际上也就是一种类似契约(consent)的行为。至于这种契约的具体的缔结者及其具体的缔结方式,那是另外一个问题。西方现代契约论之所谓"社会契约"(social contract),其实只是一般契约(consent)的一种特定体现形式。所谓"实在法"(positive law)本质上就是一种约定。一般来说,当一个政府建立了一种制度、而人们普遍地认可接受了这种制度,这就意味着双方达成了一种契约,这种制度也就是"宜"的,亦即正义的。

(二) 礼制的"俗成":本源性的生活感悟

与"约定"不同,"俗成"乃是无意识的(convention or custom)。对于所谓"俗成",可能有两种不同的理解:

一种理解类似于所谓"集体无意识"(collective unconsciousness),是说人们在生活的习俗中自然而然地形成了一种制度规范。所谓"自然法"(natural law)其实也就是这样理解的"俗成"。但是,这样理解的"俗成",就不再是"人为"之"伪"了,这就完全与"约定"相脱离了。这恐怕不符合荀子的想法。

另一种理解可能更恰当。实际上,荀子所说的"俗成"是对"约定"的更深一层揭示:主体性的有意识的人为"约定",其实是源于前主体性的"无意识"的生活感悟、亦即"俗成"的。人们将在特定生活方式下的生活情境之中所获得的生活感悟,如正义感(a sense of justice),加以理性化、原则化(这通常也是由圣贤或社会精英来表达),由此形成正义原则(义、正义或礼义);并在此原则基础上建构社会规范及制度(礼制)及其外在表现形式(礼仪)。

因此,显而易见,"俗成"是比"约定"更为本源的事情:一般来说,合乎俗成的约定往往是适宜的,因而正义的;而不合乎俗成的约定则往往是不适应,因而不正义的。

不过,关于"约定俗成"何以可能的问题,荀子再次诉诸其人性论:

> 凡同类同情者,其天官之意物也同,故比方之疑似而通,是所以共其约名以相期也。(《荀子·正名》)

这是荀子一贯的思路：认知意义上的人性是一切的根源，或关于利害关系的判断能力是一切的根据。然而这样一来，荀子恐怕也就偏离了生活-存在的思想视域。

论荀子人性论以"道德之极"为"礼"之意义

黄秋韵

台湾育达科技大学通识教育中心

笔者在多年前曾撰文对孟荀之异提出看法,指出孟荀两人的对立,是属于不同观念层次间的问题,而非仅属两人对"性"看法的冲突;孟子之"性"是儒家重尽心知天的形上道德层次的人性论,而荀子则是重视国家制度,以社会功能理想所成之论,两者分属不同层次。[①] 过去对荀子的批评主要是以其"性"欠缺道德基础,如朱熹所言只论及气质之性而忽略天地之性,[②]此种宋明理学批评荀子的传统,清代起即有所翻转,较重视荀子的"心"而非"性",透过"心"概念的新诠释重新展开对荀学的新局。清代的荀学复兴运动提高了荀子的地位,[③]此运动在当代大陆学者的研究中持续,近年亦有相当数量的论文,其研究可谓方兴未艾。[④] 这一方面受到荀子重视客观知识,[⑤]其学问与当代科学价值保持一致性有关;另一方面,亦与荀学强调化性起伪,重视后天学习,与一般人深信透

---

① 黄秋韵:《从形上观点析论孟荀人性论之不对等关系》,《育达学院学报》第17期,2008年12月。
② 朱熹云:"荀子只见得不好人底性,便说做恶……荀扬皆不及,只是过接处少一个'气'字。"参见(宋)黎靖德编:《朱子语类》卷五九,北京:中华书局1986年版,第1389页。
③ 参见余亚斐:《道不同,何以相谋——荀学的历史使命及其批判》,《淮南师范学院学报》2017年第3期,第13—16页。吴之声、周炽成:《从〈明史〉和〈清史稿〉看荀学的历史演变》,《临沂大学学报》2015年第6期,第24—29页。宋立卿:《试论荀学的历史命运——中国文化史上一桩千古未决的悬案》,《河北大学学报(哲学社会科学版)》1990年第4期,第146—152页。此种荀学复兴运动亦引发诸多疑虑,诸如变化气质可能性、化性起伪的基础何在都有许多探讨,请参考田富美:《化性起伪与变化气质——清儒论荀子心性论之商榷》,《邯郸学院学报》2016年第3期,第22—31页。
④ 根据CNKI中国知识网于2018年初的检索资料,有关荀学的研究量高达5800篇以上,其数量明显高于港台新儒家研究荀学的数量。
⑤ 参见余英时:《从宋明儒学的发展论清代思想史——宋明儒学中智识主义的传统》,《历史与思想》,台北:联经出版事业公司1976年版,第87页。

过教育可改善社会的普世价值之目标相同。然而,此种肯定荀学潮流却与过去数十年港台儒家重视孔孟心性论的观点有极大的差异,这种差异的观点与其说是物质与精神的二分,不如说是儒家人文理想存在与否的差异。

过去儒家人文理想一直是强调精神性,甚至是宗教性,更以儒教为中国文化之动力。[①] 然而,人文理想并非仅属纯精神而排斥物质或科学,而乃物质、精神须各安其位,方能从下学而上达,完成孔子原初仁学理想。笔者认为孟、荀各有其理想,学说中各有其共法与不共法,[②]荀学受批判是事实,但在细微处仍有其价值与时代意义。本文的探讨将区分为下列步骤:首先是港台儒家对荀子的看法,指出当代学者对其所忧之处;其次,针对荀子的道德动机加以解析,检视《荀子》全书中"道德"的定义,以及他提出以"礼"为"道德之极"的论述背景、荀学的内在逻辑;最后,再分析其对治之道,检视其"礼"的内涵,并反思其以"道德之极"为"礼"的意义。

一、港台儒家对荀子的看法

港台儒家重视孔孟心性论,其要点在道德主体心的彰显,例如牟宗三先生言:"顺孔孟传统言,人人皆可以为尧舜,是就人皆有仁义之心言,而不必真能为尧舜,则才有大小,气质有限度。……是则荀子不辨矣。而其所言之'皆有知仁义法正之具',此中之质与具亦不指仁义之心言,而指才能言,如是,遂有'可知可能而不必真能知真能行'之涵义,此则真为大过矣。然则荀子隆礼义而反性善,其归也必至不能隆也。而'天生人成'亦无根而不可能矣。"[③]牟先生重视的

[①] 如牟宗三先生曾说:"一个文化不能没有它的最基本的内在心灵,这是创造文化的动力……我们可以说文化生命之基本动力当在宗教。……了解中国文化也是同样,即要通过中国文化之动力之儒教来了解。"参见牟宗三:《中国哲学的特质》,台北:台湾学生书局1990年版,第97页。

[②] 如陈德和的研究指出孟荀两者间的共法与不共法,披露了两人间的契和与出入,一方面指出孟学系统重道德自觉主体的最终诉求,另一方面指出荀子固守《诗》《书》论性的老传统而显其务实的性格,其情性非属道德范畴,而近于告子"性无善无不善"的立场。参见陈德和:《孟荀性情说的共法与不共法》,陈器文主编:《通俗文学与雅正文学——文学与经学第六届全国学术研讨会论文集》,台北:新文丰出版股份有限公司2006年版,第3—28页。此种务实之说有别于牟先生道德形上学基础对荀子的批判,而考虑了现实中后天教化的力量。

[③] 牟宗三:《名家与荀子》,台北:台湾学生书局2006年版,第228页。

是仁义之心与践仁知天,但荀子却以《天论》的客观天取而代之;此外,牟先生强调的是仁心,即孟子的四端或阳明的良知,不可舍弃。笔者同意牟先生看法,认同即使面对人行为之恶,即使考虑现实,仁心仍存于隐微处;即面对现实,人行为的善恶表象,阳明的"精金喻圣"[①]仍属较合宜之说。即人皆可成圣,人虽有材质之别,人心亦可受蔽,圣凡实不在精金之分两,唯在精金之成色十足,在于人是否能彰显仁心,此点荀学实难对应。劳思光先生亦有类似牟先生的评述,他说:"荀子不能见心性之真,故立说终失败,而被迫归于权威主义。"[②]又指荀子之缺失在于:"其一,心仅能观照(认知)不能生理,理在心外;其二,礼义只有工具价值而成为一种功用,人依循礼义是在权威的规范之内。因此,荀子学在功利主义与权威主义两面,不但背儒近墨,并且下开法家。"[③]最终评荀子不能见心性之真,故为失败之儒,走向权威。[④] 劳先生主要的忧心在于,如果道德的基础安置于外在的威权(一如圣王礼制),则可能有理在心外、心不能生理之困境。

二、本文之问题意识与结构

港台儒家多数力持批判荀学的观点,主张心性一体,以心性之善方属道德之极,方为实践孔子仁学的根本。其次,孔子重视"礼",荀子亦重视"礼",但两者的重大差距应加以区分:"礼"本属"理之节文",但为何荀子会遭受"理在心外,心不能生理之评",亦应加以反思。其三,在今日重视科学客观价值时代,我们该如何重新了解主张客观天的荀子,以及其"礼",特别是其践"礼"的道德动机之源,这些都须提出探讨。

本文的研究思路,将先考察荀子的"性""心"两传统儒家重视的概念,依此,

[①] 先生曰:"圣人之所以为圣,只是其心纯乎天理,而无人欲之杂。……人到纯乎天理方是圣。金到足色方是精。然圣人之才力,亦有大小不同。犹金之分两有轻重。尧舜犹万镒。文王孔子犹九千镒……故虽凡人而肯为学,使此心纯乎天理,则亦可为圣人。"(明)王守仁:《王文成全书》卷一,北京:中华书局2015年版,第34页。
[②] 参见劳思光:《中国哲学史》(一),台北:三民书局2005年版,第329页。
[③] 参见劳思光:《中国哲学史》(一),台北:三民书局2005年版,第326页。
[④] 参见劳思光:《中国哲学史》(一),台北:三民书局2005年版,第329页。

探讨荀学心性论中向上之路的基础是否通畅,接着再反思其以"道德之极"为"礼"的意义——此观点在传统儒学系统内相当特殊,在历代批评荀子之余,近人亦有为之发声的荀学复兴运动。本文并不采取荀学复兴运动的立场,以荀子的"心"与"知"的功能可为道德之源或人性向善之根本;亦不采取全面否定荀学价值的观点,[①]而在分析与检视荀子的"道德"是否即是传统心性论的"道德"。如果答案是否定,其道德并非当代学者批评的道德,则我们对荀学的价值是否可有新的思考?

重新检视荀学的必要,在于今日高科技环绕、社群网络遍布、客观数据影响重大决策(以上现象皆代表客观性、中性的价值观,较接近荀子思想属性)、古典高理念的形上道德(其代表即传统心性论)遭受后现代思潮否定、物质文明泛滥等重大挑战之际,荀学描述人性之情欲的状态与当代现象具有相当一致性,值得我们再次检视其客观的天、承认物欲的思想,以及其解决人之性恶的"对治系统"(礼)是否有新的价值。此外,荀学的对治系统中最特殊的问题意识即在于:如果荀子人性论以"道德之极"为"礼"——对传统心性论而言此说仅属无根的"中间一段"的"道德",那么,此"中间一段"在当代的意义究竟如何?它可能全无价值吗?依此,本文将重新检视其以"道德之极"为"礼"的主张。

在此目标下,根据其原始文本,本文将论证三项议题:第一,《荀子》全书的"道德"一词有哪些类型,其中最具代表性者究竟为何。第二,荀子如何看待"性"与"心"概念,深入分析此两者是否能作为起始项、是否能开展出道德动机。进一步,再评估是否因为他否定此两者可开展出"道德动机"方提出"礼"之概念,并以礼为道德之极。第三,"师"与"礼"在荀子中的价值何在?两者是否属于相同理论位阶的概念,其关联性是什么?为何荀学中"圣王"或"先王"(此两者乃荀学中"师"之最重要者)可被视为"礼"的内在标准与代称?此观点的影响性是什么?以下即针对上述思考进行申论与分析。

---

① 采取全面否定荀学价值的观点可参考方尔加:《荀子:孔孟儒家的千古罪人》,《管子学刊》1994年第4期,第20—24页。

三、"道德"之定义:《荀子》全书的"道德"一词类型分析

《荀子》全书共有十处论及道德,其内涵多与"君王"或"礼"相关,为便于分析,先条列如下:

(1) 故学至乎礼而止矣,夫是之谓道德之极。(《荀子·劝学》)

(2) 言道德之求,不二后王。(《荀子·儒效》)

(3) 天子者,势位至尊,无敌于天下,夫有谁与让矣?道德纯备,智惠甚明,南面而听天下,生民之属莫不震动从服以化顺之。(《荀子·正论》)

(4) 全道德,致隆高,綦文理,一天下,振毫末,使天下莫不顺比从服,天王之事也。(《荀子·王制》)

(5) 将以为利邪?则大刑加焉,身苟不狂惑鳖陋,谁睹是而不改也哉!然后百姓晓然皆知循上之法,像上之志,而安乐之。于是有能化善、修身、正行、积礼义、尊道德,百姓莫不贵敬,莫不亲誉,然后赏于是起矣。(《荀子·议兵》)

(6) 威有三:有道德之威者,有暴察之威者,有狂妄之威者——此三威者,不可不孰察也。礼义则修,分义则明,举错则时,爱利则形。……故赏不用而民劝,罚不用而威行,夫是之谓道德之威。(《荀子·强国》)

(7) 是故百姓贵之如帝,亲之如父母,为之出死断亡而不愉者,无它故焉,道德诚明,利泽诚厚也。(《荀子·王霸》)

(8) 美善相乐。故曰:乐者,乐也。君子乐得其道,小人乐得其欲;以道制欲,则乐而不乱;以欲忘道,则惑而不乐。故乐者,所以道乐也,金石丝竹,所以道德也。(《荀子·乐论》)

(9) 天下不治,请陈《佹诗》:天地易位,四时易乡。列星殒坠,旦暮晦盲。……道德纯备,谗口将将。仁人绌约,敖暴擅强。(《荀子·赋篇》)

(10)伯禽将归于鲁,周公谓伯禽之傅曰:"汝将行,盍志而子美德乎?"对曰:"其为人宽,好自用以慎。此三者,其美德也。"周公曰:"呜呼!以人恶为美德乎?君子好以道德,故其民归道。彼其宽也,出无辨矣,女又美之!"(《荀子·尧问》)

以上引文的内涵多与"君王"或"礼"相关,其中第一条颇具代表性,以"礼"为最高学习目标,并以"道德之极"称之。第二条至第六条中的道德皆与君王或天子相关,皆以道德为教化之事,但强调"后王"在教化中的重要性,[①]此即使得荀学系统中出现"道德、君王、礼"三者其有相同位阶的理论预设。其中更以"道德之威"与"大刑",强化其国君权威,形成以"礼法"论"道德",有别于孔子以"礼乐"论"道德"的礼学系统。[②] 又,第七至第九条所论道德,较接近孔孟心性论的道德,但此种道德的意思又与第一条《劝学篇》以"礼"为道德的内涵较不一致;同时,此种与"诚明"相合用的"道德",其强度亦不如其第三条"天子者,无敌于天下"与第五条"循上之法"等,以国家权力为基础而论述的"道德",此种用法颇有虚用之词之意。最后一条所引述周公之语所提及的道德,代表周公之意,亦无法代表荀子的道德。

整体而言,《荀子》全书论及道德的内涵多与"君王"或"礼"相关,一方面可以说其"道德之极"是透过"礼"来诠释,"礼"观念位居建构其道德基础的重要高度,形成以"法"为基础之"礼";另一方面,他又将此高度与政权同一化,使其"道德、君王、礼"三者密不可分,在其体系内三者形成一种具有相同的理论位阶的论述型态。

四、对道德动机之检视——解析荀子以"礼"为"道德之极"的背景

如果在《性恶篇》的"道德之极"以"礼"为代表,那么,传统的"心""性"两概

[①] 杨倞注:"道德,教化也。人以教化来求,则言当时之切所宜施行之事。不二后王,师古而不以远古也。舍后王而言远古,是二也。"(清)王先谦:《荀子集解》卷四,北京:中华书局1988年版,第146页。
[②] 参见黄信二:《论儒家之"礼"从"乐中礼"向"法中礼"转变之意义》,《哲学与文化》第35卷第10期,2008年10月,第65—85页。

念在荀子又是如何定义？这方面除了前述牟先生与劳先生持批评看法外，唐先生与陈大齐先生则力图指出荀学的价值，反转对荀学常见的负评，以下即本于此两位先生看法，评析荀子之"心"与"性"、此一理论系统之"内在逻辑"，以及本文对此观点之反思。

（一）荀子明统心所可能开出之新局

在唐先生的研究中，荀子的明统心是可能开出道德实践新局的，他反对将"性"视为荀学核心观念，认为以"恶"为"性"的内容不可能开展出整个政治文化思想，而主张以"心"为关键，[1]视其为可"上体道而使之下贯于性，以矫性化性者"[2]，主张透过"心"概念，荀学可成为一种重视圣王与礼治传统的曲通之道。他认为荀子"一方面重心之虚静，另一方面则重心之'能一'；而其能一，则见于其能'不以夫一害此一'……故吾人能本此大理为仁义之统，以节制吾人之情欲也。"[3]此中能一、能为仁义之统的明统心最为重要，他同时也评价了荀子的特性，他说：

> 荀子言心之知，不只是一知类心，而兼是一明统心。荀子言心，亦不只为一理智心及有实行理智所知者之志之心……本身能持统类秩序，以建立社会之统类秩序，以成文理之心。……自此而言，则荀子之言心，正是一方有类于前三家之说（墨子、庄子、孟子），则又有所增益。其论心之所以为心，与修养此心之工夫，皆有较三家为加密处。唯其裂心与性情为二，贵心而贱性情，未能其认识孟子之性情心，遂不能直由心之善处，以指证性善，则荀子之大缺点所在耳。[4]

唐先生指出荀子的缺失在二分心与性情，但认为此种（能为仁义）的"明统心"既

---

[1] 唐先生言："谓荀子之思想中心在性恶，最为悖理。……荀子之思想体系之核心，正确在其言心。"唐君毅：《中国哲学原论·导论篇》，台北：台湾学生书局1991年版，第131—132页。

[2] 唐君毅："荀子之心，即只在第一步为一理智心，而次一步则为一意志行为之心。此意志行为之心，乃能上体道而使之下贯于性，以矫性化性者。"参见唐君毅：《中国哲学原论·导论篇》，台北：台湾学生书局1991年版，第120页。

[3] 唐君毅：《中国哲学原论·导论篇》，台北：台湾学生书局1991年版，第135—136页。

[4] 唐君毅：《中国哲学原论·导论篇》，台北：台湾学生书局1991年版，第133页。

有"能一"的统合功能,自然能结合既有的圣王礼制,改善吾人对性与情之疑虑,并"转化现实生命之状态",此点就现实而言实较孟子为深切。① 唐先生对荀子的认同并非忽略孟子较重视道德动机的问题,而是有所区隔,点出两人理论层次、工夫进路之别,以致诚工夫为例,他说道:

> 荀子虽未尝明言心善,然循荀子所谓心能自作主宰,自清其天君,以知道体道而行道上说,则仍不得不承认荀子之所谓心有向上之可能……此意志行为之心,乃能上体道而使之下贯于性,以矫性化性者……于是荀子养心之道……亦不似孟子之重在直继天道之诚而思诚,以为人道之反身而诚。而要在由知道而守道行道,以措之于矫性化性之行。而此诚之工夫,则为致诚固诚笃之工夫。由诚固诚笃之工夫之彰著,而人之精神即下化自然之性,而心之知道之知,亦下贯而条理此自然之性,此知之明,亦澈于此自然之性。故孟子之思诚,乃直明此诚;荀子之致诚,乃由致诚而明。②

唐氏的重点在指出荀学的"心"具有"由知道而守道行道""致诚固诚笃之",进而能"下化自然之性"的功能,此乃荀子的"致诚由致诚而明",有别于孟子的"思诚乃直明此诚"。

唐先生此观点虽合理,透过"心"的"向上之可能"推论出"由致诚而明"的工夫之路,然而笔者以为,此种工夫仍仅属"中间一截",其与孔孟心性传统仍有区别。表面上是"思诚"与"致诚"二者各有其理,平分秋色,但"思诚"可直明此"诚",而"致诚"却内含"为何、如何能致诚"的疑虑,道德实践的前一段动机未能加以明确说明。又,此思诚之"思",必定涉及"心"是否内含"知"的问题,后文将再举其他学者对"心"的看法,此处先以完备唐氏对荀子的观察为主。

(二)荀子"自然之性"的内涵

如暂且对前述疑问存而不论,唐先生的主张确实指出多数人皆认知透过教育可扭转人性的后天学习之路。依此,唐君毅先生认为孟荀两人之同,在同样

---

① 唐君毅:《中国哲学原论·原性篇》,台北:台湾学生书局1989年版,第70页。
② 唐君毅:《中国哲学原论·导论篇》,台北:台湾学生书局1991年版,第120—121页。

尊"心",两人之异,则在"孟子即心言性,而荀子分心与性为二……荀子以生之所以然者谓之性,与告子言生之谓性,庄子言性者生之质也,又相似。"①此思想脉络中,唐先生对荀子"性"的定位即近《告子》型态,此看法同于诸多学者的考证。一如傅斯年即指出《荀子》的《性恶》《正名》诸篇中之"性"字原本即为"生"字。②徐复观先生的研究则认为"性之原义,应指人生而即有之欲望、能力,有如今日所说之本能……人自觉有此作用,非由后起,于是即称此生而即有的作用为性……告子荀子对性的解释,皆读此本义而来"③,即荀子以"性"为恶之说,多数学者与唐先生相同,视其"性"乃基于此对自然之性、生而具有的本能之观察。

对于人性,荀子原文明言:"今人之性,生而有好利焉,顺是,故争夺生而辞让亡焉;……生而有耳目之欲,有好声色焉,顺是,故淫乱生而礼义文理亡焉。"(《荀子·性恶》)此文明显以外显之行为层次为人"性"之恶,即其"性"不同于孟子四端之心的"人性隐微、有待扩而充之"的正向视野,而是以"可视、可闻的耳目声色、好利争夺之欲"为"性"的本质。如就原初儒学考察,事实上孟子并非不了解此种传统上"以生论性"的见解。一如"口之于味"章已指出一种"命"观下的人性论,将"性"之内涵排除耳目口鼻等"生之谓性"的观点,改以仁义之性取代血气之性,强化伦理场域中"人"具抉择自由的主体之性。④此皆说明孟子确实了解告子型态的性,且欲有所创新,故排除"欲""乐"之性,仅以根于"心"的"仁义礼智"为人之"性"。⑤就此而论,孔孟论性所预设的人文理想之精神性较高,而告子与荀子之"性"则承接原始的"以生论性",然而,其中也非全无理想,而是寄托与礼制与后王,期待后天教化的工夫。

总体而言,中国文化观察"性"的方式,大体是从"人之善而落实于人之心,

---

① 唐君毅:《中国哲学原论·原性篇》,台北:台湾学生书局1991年版,第65页。
② 傅斯年:《性命古训辨证》,《中国现代学术经典》,河北:河北教育出版社1996年版,第35—40页。
③ 徐复观:《中国人性论史·先秦篇》,台北:台湾商务印书馆2007年版,第6—7页。
④ 请参考黄信二:《论孟子命观之哲学基础》,《哲学与文化》第38卷11期,2011年11月,第23—42页。
⑤ 孟子曰:"广土众民,君子欲之,所乐不存焉。中天下而立,定四海之民,君子乐之,所性不存焉。君子所性,虽大行不加焉,虽穷居不损焉,分定故也。君子所性,仁义礼智根于心。"(《孟子·尽心上》)

由人心之善,以言性善。这是中国文化经过长期曲折、发展,所得出的总结论。"①但告子与荀子解"性"的方式则以原始之"性"为特征,我们也可以合理地推论:"性"的文字被创造出来以前,如果是以"生"为原型,那么"性"就一定含有"生"的部分原始元素,例如与"生"原意相关的欲望、情感与各种生理反应,等等,进而再加上后人不同的诠释意涵,而成为后来"性"的概念。例如孟、荀即分别赋予"性"不同的定位,再根据此种定位提供相应的修养工夫。如依荀子对"性"的质朴见解,则后天的教育与礼制即承担了改善自然之性的重大任务。

(三)荀子论"性恶"之内在逻辑

对荀学人性论看法争议最大的问题,皆源自于学者们思索荀子如何对治自然之性时,对其心、性、知、情、伪、恶等概念各有不同的诠释内涵。兹以《正名》为例说明如下:

> 生之所以然者谓之性;性之和所生,精合感应,不事而自然谓之性。性之好、恶、喜、怒、哀、乐谓之情。情然而心为之择谓之虑。心虑而能为之动谓之伪;虑积焉,能习焉,而后成谓之伪。正利而为谓之事。正义而为谓之行。所以知之在人者谓之知;知有所合谓之智。知所以能之在人者谓之能,能有所合谓之能。(《荀子·正名》)

引文在"性"之外,提到性与"知能"的关系,陈大齐释此文为:"情即是性,欲属于情,故亦属于性。虑是知虑,故属于知。……'伪'是'情然'之上加以知虑的选择,而后由能为之发动,故是性、知、能三者所合成的。……性、知、能三者,既非出自他种成分所合成,又不能相互归属,故可推知,性、知、能三者应是心理作用的成分。"②陈氏也引证《荣辱篇》:"材性知能,君子小人一也","可以为尧禹,可以为桀跖,可以为工匠,可以为农贾,在注错习俗之所积耳",说明不论君子或小人、不论人的差异,"性、知、能"三者是人心理作用的基本单位,此三者已简化至极,不能相互归属;另一方面,习俗对人的影响极大,可造成尧禹或桀跖的重大

---

① 徐复观:《中国人性论史·先秦篇》,台北:台湾商务印书馆2007年版,第164页。
② 陈大齐:《荀子学说》,台北:华冈出版部1971年版,第37页。

差异。

在上述观察下,陈氏将"情、欲"归属于"性",以"伪"是"情然"加以"知虑"的选择,而后由"能"为之发动,故是"性、知、能"三者所合成的。其中"知"有知觉与知虑两种作用,在知觉方面,他引述荀子的"心有征知"说明,视其类似于现今所说的"意识",也主张可把"征"字解作"证明",或者"召"。前者如眼见黑白,心证明其为黑白;后者则分心之召与不召,心召之则注意之,心不召之则不注意。并且,如能"释证为召,足以阐发欲知与不欲知之权完全操之于心,此与荀子'心者……出令而无所受令'的主张正相符合"①,此处陈氏的解释相当合理,但对于他对知虑的解释,本文则有不同看法。

本文将在第六节对荀子的"心"作整体讨论,在知虑的部分,陈大齐针对"性"的反面申论,认为"荀子所说的'性'中涵有'欲'的作用而不涵有'虑'的作用。虑属于'知',故荀子时常称之为知虑。'性'与'知'各为独立的心理作用,并不相互涵摄,故性中不能有知虑。"②本文认为此说对"知"的看法似乎较为狭窄,不符合人性天生有"知"的能力之实情——即不符合"性者,天之就也"③之观点,亦不符合荀子"人生而有知"(《荀子·解蔽》)的说法。此外,如果如前文陈氏认为"伪"是"性、知、能"三者所合成的,那么依《荀子》"伪""性"不可分的说法,④"性"实亦无法排除"知",故陈氏"性中不能有知虑"的说法仍存疑虑,荀子所言"今人之性,顺是,故争夺生而辞让亡焉"(《荀子·性恶》)至多只能说是人"知而不行",或知的深度无法抵挡欲的强度,故生争夺,而不可能说在争夺的自然之"性"中全无"知虑"的因子。

在"恶"的概念方面,荀子原文中关于"善恶"定义如下:"凡古今天下之所谓善者,正理平治也;所谓恶者,偏险悖乱也:是善恶之分也矣。"(《荀子·性恶》)引文显示荀子论性恶之"恶"并非本体之恶,而是违反"礼"的秩序——"所谓恶者偏险悖乱也"。正因荀子如此重视社会秩序(礼),忌讳社会之"乱",故指出其以"礼"为"道德之极"。

---

① 陈大齐:《荀子学说》,台北:华冈出版部1971年版,第41页。
② 陈大齐:《荀子学说》,台北:华冈出版部1971年版,第47页。
③ "性者,天之就也;情者,性之质也。"(《荀子·正名》)
④ "无性则伪之无所加,无伪则性不能自美。"(《荀子·礼论》)

另一种对"恶"的解读则是从结果论看,陈大齐对此指出,善恶是价值之词,价值必起于某一标准。荀子在此明以"平治"为标准——足以致治者则称为善,不足以治而足以致乱者则称为恶。荀子性恶论在此可说是结果主义,而非动机主义,他认为"所谓性恶者,其真实意义,非情性心理成分本身是恶的,仅谓顺从情性所发生的行为,其'结果'所造成的事实是恶的。"[1]此种从结果论看"性"之善恶的观点是较为传统与素朴的,而此观点也一直保存在哲学史脉络中,但随着儒学发展出超越自然生命的道德精神之"性"后,荀学便长期遭受到批判。然而,随着时代变化,我们亦可反思此种批评,进一步检视荀学中的对治之道是否能有其当代价值。

(四)荀子对人性恶的对治之道

在自然之"性"的观点下,荀子提出重"礼"与"伪"的对治之法,这些观点也佐证了本文提出其以"道德之极"为"礼"的看法。首先,在"礼"方面,其提出的背景是"人生而有欲,欲而不得,则不能无求。求而无度量分界,则不能不争;争则乱,乱则穷。先王恶其乱也,故制礼义以分之,以养人之欲,给人之求。使欲必不穷于物,物必不屈于欲。两者相持而长,是礼之所起也。"(《荀子·礼论》)此观点中明确提出"物质"与"生而有之欲"两概念,显示其"性"是以物质欲求、生而有之欲两者为代表,而其"求之无度"的结果即是"恶"。反之,他主张"圣王之治,礼义之化",认为如能依圣王之治与礼义转化行为即是"善",此善亦属"伪"的功能。[2] 但此中的"礼义之化"与"圣王之治",两者实有轻重而非平行概念,其"礼"的内涵主要是以"后王"与"君师"为重心,此点实因其将道德动机排除于"心"与"礼"之外,此点后文将透过"师"与"礼"的关系做进一步说明。

"伪"是荀子对人性论所提出的对治方法,其主张为:"从人之性,顺人之情,必出于争夺,合于犯分乱理,而归于暴。故必将有师法之化,礼义之道,然后出于辞让,合于文理,而归于治。用此观之,人之性恶明矣,其善者伪也。"(《荀子·性恶》)引文中的"伪"统合了先天的"性、情"与后天的"文理、师法、礼义"(以"礼"为代表)概念,其成果则是"善"与"治",进而形成一有文理与法治的良

---

[1] 陈大齐:《荀子学说》,台北:华冈出版部1971年版,第49—50页。
[2] "今人之性恶,必将待圣王之治,礼义之化,然后始出于治,合于善也。用此观之,人之性恶明矣,其善者伪也。"(《荀子·性恶》)

好社会。此中可见其"善恶"的定义,不同于一般从人的动机出发,而是从人行为的结果是否如"礼"加以立论,此即为荀子有别于其他心性哲学系统论"性"的思路。

五、荀子对"道德"的重新诠释——以"道德之极"为"礼"

(一)"礼"的内涵

1. "礼"有三本

"礼"在《荀子》中包含从"人"至"物"至"天"等范畴,他指出:"礼有三本:天地者,生之本也;先祖者,类之本也;君师者,治之本也。……故礼,上事天,下事地,尊先祖,而隆君师。是礼之三本也。"(《荀子·礼论》)引文可见"礼"的对象主要有三,分别为天地、先祖、君师,此中"祖"是虚言,[1]《荀子》中少见祭祖之语,重点乃是君师与圣王,故言"礼莫大于圣王"(《荀子·非相》),是以《荀子》全书倡礼重师。"礼"除社会功能外,亦强调重"礼"为识"道"的关键,"人无礼则不生,事无礼则不成,国家无礼则不宁"(《荀子·修身》),"礼恭,而后可与言道之方"(《荀子·劝学》),"凡治气养心之术,莫径由礼,莫要得师"(《荀子·劝学》)。又言:"礼者,所以正身也;师者,所以正礼也。无礼何以正身?无师吾安知礼之为是也?"(《荀子·劝学》)可见《荀子》一书的"礼"虽重要,但却引出一外在权威的课题。"师"(君王)的地位逐步代替"礼"的内涵,"礼"的极致逐步指向了"师"与"王"。

2. "圣王"或"先王"实即"礼义"的内在标准

前文所言"无师,吾安知礼之为是也",严格言此"师"即是"圣王"。又如其言:"辨莫大于分,分莫大于礼,礼莫大于圣王。"(《荀子·非相》)依此,吾人可言在荀学中"圣王"或"先王"实即"礼义"的内在标准与代称,至少两者属于相同的理论位阶,[2]故荀子言"不法先王,不是礼义"(《荀子·非十二子》)。同时,其大儒者标准也是"法先王,统礼义,一制度"(《荀子·儒效》),以君王为思考之始。

---

[1] 《荀子》全书仅两次提到"先祖"一词,一次是《礼论》,另一次是《君子》,全书对此概念并不重视。

[2] "凡言不合先王,不顺礼义,谓之奸言;虽辩,君子不听。"(《荀子·非相》)

又如其言:"礼者,法之大分,群类之纲纪也。"(《荀子·劝学》)"礼起于何也?曰:人生而有欲,欲而不得,则不能无求。求而无度量分界,则不能不争;争则乱,乱则穷。先王恶其乱也,故制礼义以分之,以养人之欲,给人之求。使欲必不穷于物,物必不屈于欲。两者相持而长,是礼之所起也。"(《荀子·礼论》)根据其中"先王恶其乱故制礼义"此一要点,"先王"是因,"礼义"是果,似乎"先王"的地位取代了原本的"礼",此乃使本文主张荀子以"礼"为"道德之极"的背景逐渐明朗化。

(二)排除道德动机之"心"逼显出"礼"的极致地位

如此看来,荀子以现实生活经验为出发点,他对现实的理性观察成为学问之特色,故其认知之"心"即成为其理想的哲学起点;其所重视的道德只是具体的"礼"而非形上的心性道德。此观点吾人可从其"心"排除了道德动机,以及"心"与"礼"的内在关系加以检视。

荀子认为"礼"或"道德"的追求,须赖于"心"的作用,然而,"心"在荀子而言并非纯然向上,具备积极与进取意义的概念,而仅是一整体性的活动(如前文"明统心"的分析)。"心"在《荀子》中是"可悲、可伤、可淫、可庄"的;[1]同时,对"心"吾人可使之大,亦可使之小;[2]可使之善,亦可使之恶,[3]最终,心亦可堕落而成"奸心"[4]。此外,多数学者皆以其"心"为认知心,如牟宗三先生以其为"认识的心,非道德的心也"[5];唐君毅先生则以其具认识心的功能外,亦属能有意志行为的心,可上体道而使之下贯于性,以矫性化性者,[6]然而,荀子的心是否具有此等功能,吾人可回归到原典再加以反思。

对荀子而言,其"心"是人向上学习所不可缺者,如其言:"君子之学也,入乎耳,著乎心"(《荀子·劝学》)即"心"是论学的必要条件;然而,"心"在其原典中

---

[1] "故齐衰之服,哭泣之声,使人之心悲。带甲婴胄,歌于行伍,使人之心伤。姚冶之容,郑卫之音,使人之心淫。绅端、章甫,舞《韶》歌《武》,使人之心庄。"(《荀子·乐论》)
[2] 如其言:"君子大心则敬天而道,小心则畏义而节。"(《荀子·不苟》)
[3] "形相虽恶而心术善,无害为君子也。形相虽善而心术恶,无害为小人也。"(《荀子·非相》)
[4] "劳知而不律先王,谓之奸心。"(《荀子·非十二子》)
[5] 牟先生云:"荀子于心则只认识其思辨之用,故其心是'认识的心',非道德的心也;是智的,非仁义礼智合一之心也。可总之曰以智识心,不以仁识心也。此智心以清明的思辨认识为主。"参见牟宗三:《名家与荀子》,台北:台湾学生书局2006年版,第224页。
[6] 唐君毅:《中国哲学原论·导论篇》,台北:台湾学生书局1991年版,第120页。

亦可有负面的例证。陈大齐对荀子的心解读相当周全,他认为一般以心独立于情,以心专指情欲以外心理作用的看法并不正确。学者多以"情然而心为之择"说明"心"与"情欲"对立、心有"知"的属性,因"心之所可中理"①,则心可不受情欲之限;②然而,陈大齐亦举出反例,诸如《荀子》中的"心至愉而无所诎""心好利"③,前者以"心"可作"情"解,后者以心好利本为"情"的一目,故应视"心"为包含"情"的"一切心理作用的总称。即(因)其为总称,故'知'可以称为心,'情'亦可称为心"④。

除了陈氏所举两例证外,《荀子》中"心"包含情欲,或"心"并不与"情欲"对立之证颇多,例如"心如虎狼"(《荀子·修身》),"小心则畏义而节……小心则淫而倾"(《荀子·不苟》),"人无师无法,则其心正其口腹也"(《荀子·荣辱》),这些例证皆说明陈氏观察的合理性,排除"心"作为道德动机的角色,同时也逐步逼现荀子重"礼",以"礼"为"道德之极"的论述背景。

(三)以"道德之极"为"礼"的背景之形成

因此,荀子"学"的终极目标,与其说是传统形上的道德理想,不如说是具体的"礼"与"法"。如《荀子》中所载:"学恶乎始?恶乎终?曰:其数则始乎诵经,终乎读礼。……礼者,法之大分,类之纲纪也。故学至乎礼而止矣。夫是之谓道德之极。"(《荀子·劝学》)从引文看,"礼"是学习的最终目标,也是道德之极致。换言之,荀子的道德并非形上的心性本体,而仅是具体的"礼"之行为规范。是故,吾人恐亦不必勉强以孟子心性道德模式评价荀子之道德,毕竟其"道德之极"不是孔子的"不安"或孟子的"不忍之心",而仅是以"法之大分,群类之纲纪"为实质内涵的"礼"。

---

① "心之所可中理,则欲虽多,奚伤于治?欲不及而动过之,心使之也。心之所可失理,则欲虽寡,奚止于乱?故治乱在于心之所可,亡于情之所欲。"《荀子·正名》

② 例如东方朔指出因"心之所可",使荀子即便在性恶论的观点下,人的道德修身亦成为何能。参见东方朔:《心知与心虑——兼论荀子的道德主体与人的概念》,《"国立政治大学"哲学学报》第27期,2012年1月,第35—74页。

③ "心好利,而谷禄莫厚焉。"(《荀子·王霸》)"天子者势至重而形至佚,心至愉而志无所诎,而形不为劳,尊无上矣。"(《荀子·正论》)

④ 陈大齐:《荀子学说》,台北:华冈出版部1971年版,第38页。

六、对荀子人性论以"道德之极"为"礼"的反思

（一）荀子之"性"与孔孟落差的影响与反思

牟宗三先生曾经指出孔子前"性"字之流行,以及"生""性"二字之互用与不互用的问题,其内容区分孔子前、后的论"性"方式,以及孔子为何罕言"性"的探讨。[①] 他分析孔子之前在《诗》《书》中虽有"生性互用"的情形,但"性"字之通义主要是指"自然如此本然如此之性向、性能、性好、质性或质地。"[②]但如以分殊言性,则亦可分"生物本能、生理欲望、心理情绪""气质之清浊、厚薄、刚柔、偏正、纯驳、智愚、贤不肖等所构成之性",以及"超越的义理当然之性"。此三种"性",第一种是最低层的,是后来告子、荀子所言之性;第二种即后来儒家主张的"气性才性或气质之性之类";第三种最高级的,此不属于自然生命,乃纯属于道德生命精神生命者,此性是绝对的普遍,即后来《孟子》《中庸》《易传》所讲之性,宋儒所谓天地之性与义理之性者是。[③] 牟先生此三种"性"的区分无疑地梳理了儒学史上的人性论,客观地指出儒学的精华在于第三类的道德生命精神生命,而非告子与荀子的人性论述方向。

此中值得再探讨者则是第一类与第二类都相当明确,第一类的"性"是可见之欲望与欲求;第二类则是一般人心理层次里对"性"的节制,或言其为各种节制后的"不同程度"的表现,亦近于孟子因"心"之受蔽而存在从其大体与小体之区分;[④]第三类的跨度则相当大,从可感可视之性、节制之性的范畴,抽象、上溯至人的道德理想与宗教境界之超越性。此部分虽是传统儒学最大的成就,但在当代也遭受最多的挑战,因为形上道德历程有许多隐含的背景被传统儒家之表

---

① 牟宗三:《心体与性体》(第 1 册),《牟宗三全集》5,台北:联经出版事业公司 2003 年版,第 203—234 页。
② 牟宗三:《心体与性体》(第 1 册),《牟宗三全集》5,台北:联经出版事业公司 2003 年版,第 205 页。
③ 牟宗三:《心体与性体》(第 1 册),《牟宗三全集》5,台北:联经出版事业公司 2003 年版,第 206 页。
④ 孟子曰:"从其大体为大人,从其小体为小人。"曰:"钧是人也,或从其大体,或从其小体,何也?"曰:"耳目之官不思,而蔽于物,物交物,则引之而已矣。心之官则思,思则得之,不思则不得也。此天之所与我者,先立乎其大者,则其小者弗能夺也。此为大人而已矣。"(《孟子·告子上》)

达系统省略,仅以天命之性或天地之性等词描述,故极易受当代科学实证观者的质疑。此问题复杂,非本文处理之范围,但其受批判的事实,[1]却提醒当代儒学应更重视来自现实层次的挑战,面对生理与物质生活对当代精神主体的环绕,认识到哲学工作对此现象提出调适与反思的重要。

先秦的荀子提出自然之性自有其成因,今日吾人在科学的时代,科学的实质是一种精确的"形式"发展,此与荀子重视"礼"的概念有其隐含的一致性。荀子提升"礼"为"道德之极"的看法虽未必有其完整的实效,但关于儒家重视"精神层次"的传统立说方式却值得吾人省思,启发寻求新的表达形式与诠释方法,与当代着重精确形式分析的哲学思维相接轨。

(二)重新检视"礼"的价值——反思荀子对"礼"之转化的影响

荀子对孔子"礼"之转化,主要是提出以"法"为内涵的"礼"。孔、荀二人皆重视"礼",但在《论语》中"礼"是品格的代称,如其言:"道之以德,齐之以礼,有耻且格"(《论语·为政》),其"礼"是在"德"与人"耻于不善,格其非心"脉络中的"礼";然而,荀子的"礼"则扣紧"法"——诸如"故非礼,是无法也"(《荀子·修身》),是以"法"为实质内涵的"礼"。

从荀子提出以"礼"为"道德之极"的看法可以合理推论,人性并非荀学价值的根源,其道德基础的寻求方向主要在"礼",并且,在重"礼"外,必须同时重视外在圣人、国君与师长的扶持。[2] 同时,荀子的观点也可能预设了一种前提,即或许荀子真的对价值根源兴趣不高,故将此任务交给圣人;又,荀子并不认为人与价值世界是二分与断裂,反而人是"意欲"活在(礼义)价值世界中的。[3] 此种"人"与"社会秩序"(礼)密不可分的想法,表面上虽符合吾人当代社会的思潮,然而,却违反先秦以来的儒学传统,因为孔子所主张的目标并非以社会功能论

---

[1] 有的学者指出新儒家的保守与唯心,视此种形上学无异宗教经验,欠缺哲学论证与事实描述;或以其混同宇宙论和本体论,造成生道德秩序和宇宙秩序彼此等同的谬误。参考(1)余英时:《犹记风吹水上鳞》,台北:三民书局1991年版,第71—72页。(2)冯耀明:《本质主义与儒家传统》,《鹅湖学志》第16期,1996年6月,第53—99页。

[2] "荀子很明确地要求,工夫不能只是从内在面流出上着眼,人性不是价值的根源,学者没有那么强的自主性,他需要师长的扶持;在学习态度上则要始终一贯,坚持下去;更重要的,一定要遵循礼。"杨儒宾:《儒家身体观》,台北:"中央研究院"中国文哲研究所筹备处1996年版,第70—71页。

[3] 林启屏:《从古典到正典:中国古代儒学意识之形成》,台北:台湾大学出版中心2007年版,第204—208页。

为主轴,这些成果仅属修身的附带功能。从《论语》所言"古之学者为己,今之学者为人"(《论语·宪问》)、"吾日三省吾身"(《论语·学而》),其所重视者皆属内在的道德修养,又如《论语》中所言:"人不知而不愠,不亦君子乎?"(《论语·学而》)更是以一己之内在世界为儒学重中之重,此亦是《大学》以修身正心为治国前提,为后世形成先"内圣"后"外王"模型之原委,①皆以修身为主,其治国效益仅属修德后水到渠成的功能。

此种思考的优点在其目标可贯穿"心""性""情"三者,如牟先生所言之"本体论的觉情"(ontological feeling),②可统合道德动机与实践历程两者,使心性之学有内圣外王两者间一致性的论述。然而,在哲学上,一致性的论述本非哲学的终极性追求,哲学的目标应在对存在之真实的逼近。在表达历程中,一致性与完备性本为不可能同时存在者,③在此构想下,传统心性论确实较具内外之一致性,尽心知性的脉络可贯穿"心""性""情"三者,荀子的论述相对而言即显得较为疏漏,欠缺三者间的一致性。但此种一致性无疑亦偏重"精神底情感性",未能正面处理物质的情感性。荀子的自然之性,以及提升"礼"为道德之极的说法虽欠缺道德动机,但此"中间一段"的"道德",确实为社会秩序与教育工作所不可或缺。

荀子此说影响有二:一是切割了道德动机与行为结果,认为两者不必然有其关联性,故吾人可以礼义法度代替四端恻隐之心,可以法先王明君之训,以制约情欲自然之性,此即前文劳思光先生所批评权威主义的结果。二是相信形式与物质两者的效力,④认为心性哲学某种程度上忽略此面向,有其不足处。在

---

① "古之欲明明德于天下者,先治其国;欲治其国者,先齐其家;欲齐其家者,先修其身;欲修其身者,先正其心。"(《礼记·大学》)

② "心"与"情"的关系李明辉先生有过详尽的说明,指出"以恻隐、羞恶、辞让、是非为'情'固可,但此'情'并非情、理二分的间架中的'情'……所理解的'四端之心'应属于'精神底情感性'之领域,牟先生即名之曰'本体论的觉情'(ontological feeling)。"参见李明辉:《儒家与康德》,台北:联经出版事业公司1990年版,第136页。

③ 可参考 Gödel 的不完备定理。Kurt Gödel (1995). "Ontological Proof". Collected Works: Unpublished Essays & Lectures, Volume III. pp. 403-404. Oxford University Press. ISBN 0195147227.

④ 本文虽肯定此种形式效力(礼)具有某种程度的功能,但亦认为此方法仅能达成部分成效,不可能对人性有全面的改造。有学者主张透过荀子的方式,对情欲的处理可使之从"自然的身体"到"礼义的身体"两者间形成一合理的系统。但笔者以为要让"个体"与"礼"完全合一,只是研究者一己之想象,并不符合人性的存在实情。其观点请参见伍振勋:《荀子的"身、礼一体"观——从"自然的身体"到"礼义的身体"》,《中国文哲研究集刊》第19期,2001年9月,第317—344页。

形式方面即是他对礼法等形式要求的推崇;在物质方面,则是他对情欲影响人心的重视。

如再就后设立场反思其立说之旨,以"礼"为道德之极的意义,在于指出《荀子》一书的道德不等同于孟子的道德,其"道德"只是"礼"之行为规范,并且其"礼"的内在标准又只是"先王"。因此,我们似乎不必辩解其"道德"观是否堕落,因其"设定"的理论重心在社会与国家,而不在心性论的系统,故孟、荀两人观点实属于两个不相同的系统。如果以心性论的系统观之,如张亨所言,荀子的性恶说无法阐明其礼法思想之"形成"(原因),故是一种不完整的主张。[1] 然而,若从诠释学的主张看,文本可以仅属于阅读者自身时,荀子本人作为一古代经典的读者,他确实可以从重视"社会功能"的角度解读经典,此思路即与荀学相较于心性系统的儒学而言是否堕落无关。同时,其"心"在"解蔽"的工夫后亦可不再受生理范围限制,可形成具宇宙人性格的大清明之心。[2] 从此种路线可能开展出合理的道德动机与基础,但此举亦可能并非荀子的理论目标,其所重视者仍在于"学圣王"与"合王制"上。[3] 如林肇屏教授所言,荀学的价值在其能"立足世界以统类之心通贯历史与社会,在大无畏却极具忧患意识中开展'道'的现世性格。"[4]

七、结论

《荀子》一书曾明白指出,人"可以为尧禹,可以为桀跖,可以为工匠,可以为农贾,在注错习俗之所积耳"(《荀子·荣辱》)。其中可见荀子虽以人性为恶,但对人性仍有所期许,期待透过后天的积累工夫而达成"伪"的化性效果。本文以"礼"为荀学向上之路的象征性概念,点出其以"礼"为"道德之极"的论述背景,

---

[1] 参见张亨:《荀子的礼法思想试论》,《思文之际论集——儒道思想的现代诠释》,台北:允晨文化1997年版,第156页。

[2] 参见林启屏:《从古典到正典:中国古代儒学意识之形成》,台北:台湾大学出版中心2007年版,第204—208页。

[3] "圣也者,尽伦者也;王也者,尽制者也;两尽者,足以为天下极矣。故学者以圣王为师……传曰:'天下有二:非察是,是察非。'谓合王制不合王制也。"(《荀子·解蔽》)

[4] 林启屏:《孟荀心性论与儒学意识》,《文史哲》2006年第5期,第31—42页。

其意义在于此种"礼"虽仅属实践心性论型态中"中间一段"的道德,亦有可能陷入权威主义之结果,然而,"礼"的形式意义在今日却值得吾人重新检视。传统心性论的特色,是道德之路可贯穿心、性、情三者,使道德动机与实践历程统合为一,使心性之学有一致性的论述。然而,此种心性论型态之形上观点的合理性,在当代亦受到学者质疑,认为它无法正面处理物质性的情感欲求。因此,本文认为在物质性科技文明全面笼络吾人生活之际,荀子的论述虽不够完备,但其自然之性与提升"礼"为"道德之极"的观点可说是其对"道德"的新诠释,亦可说是其面对时局不得已之所为,因而重新界定"礼"之内涵。至于其门徒在后续发展中将"礼"虚级化,只强调"师"与"法",其本质又与荀子大异矣。

张载哲学中"礼"与"理"间的转换机制

黄信二

台湾中原大学通识教育中心

一、前言

笔者曾写过一篇有关张载的论文,探讨其学说中心性论与宇宙论两者间的转换机制,本文可视为该文的持续性发展。该文中所论证的目标是:人与自然两对象自古即为中西哲学所关注,在中国哲学则以心性论与天道论两范畴加以表述;但此两范畴间的"转换原则"常欠缺明确说明,哪些文本与概念方能促成转换发生,即属该文主要的分析目标。该文指出《论语》的下学与上达,本即儒家内部此两系统转换现象的代表,张载文本中亦有诸多案例符合此模型,故该文分别就"张载文本""当代新儒家对张载的诠释"两层面进行论证。[1] 本文乃接续前述心性与天道两者间的转换观点,以张载的"礼者理也"[2]命题为分析对象,检视其中"人之礼"与"天之理"两范畴间的转换方式,此种转换也是对宋明理学重视存天理与去人欲课题的现代诠释。

回顾儒学史,礼一直是儒家关注的主题,从《论语》开始即要求后人重视"礼"落实于人伦之际形成僵化的问题;此类反思以孔子所言"礼云礼云,玉帛云

---

[1] 可参考黄信二:《张载心性论与宇宙论间的转换与还原机制之分析》,《哲学与文化》第45卷第9期,2018年9月,第81—98页。本段内容引自该文摘要。
[2] "盖礼者理也"。(宋)张载:《张载集》,北京:中华书局1978年版,第326页。

乎哉"①最具代表性。往后再至荀子与其弟子韩非,礼的形式化则达至高峰。"礼"形成一结构性地向"法"转变的重大历程,经汉代董仲舒独尊儒家,至魏晋南北朝"名教"与"自然"两者之辩,持续对此问题进行检讨。② 张载亦重视此题,对后学的教育即主张"以礼教学,使学者先有所据守"③,因此伊川赞其"自孟子后,儒者都无他见识"④。张载重"礼"实有其时空背景,即"今世(宋代)之不讲礼",使"男女从幼便骄惰坏了","不肯屈下,病根常在"⑤。又如"礼"与"祭祀"关系密不可分,张载曾提到今人祭祀之弊,在于"陈其数而已,其于接鬼神之道则未也",强调"祭祀之'礼',所总者博,其'理'甚深",而今人对祀礼所知者"其数犹不足",故无法达成"圣人致祭之义"⑥,此亦宋代礼僵化的表征,即促使张载必须重新依"理"的深意,对"礼"进行存在的还原工作,使"礼"的内容能承载人的情感与动机。

对"礼"的起源,一般学界的探讨主要是依文字学方法,⑦以"礼为祀神之事"⑧,后来则扩展为包含"吉、凶、军、宾、嘉等各种仪制"⑨的范畴。有关张载论

---

① "礼云礼云,玉帛云乎哉?乐云乐云,钟鼓云乎哉?"(《论语·阳货》)
② 笔者曾反思先秦的"礼"观念,思考《论语》中"礼之本""克己复礼"的"礼",向以"法"为主之"礼"的转变意义。参见黄信二:《论儒家之"礼"从"乐中礼"向"法中礼"转变之意义》,《哲学与文化》第35卷第10期,2008年10月。
③ (宋)张载:《张载集》,北京:中华书局1978年版,第336页。
④ (宋)张载:《张载集》,北京:中华书局1978年版,第337页。
⑤ 他说:"古人于孩提时已教之'礼',今世学不讲,男女从幼便骄惰坏了,到长益凶狠,只为未尝为子弟之事,则于其亲已有物我,不肯屈下,病根常在。"(宋)张载:《张载集》,北京:中华书局1978年版,第280—281页。
⑥ "今人之祭,但致其事生之'礼',陈其数而已,其于接鬼神之道则未也。祭祀之'礼',所总者博,其'理'甚深,今人所知者,其数犹不足,又安能达圣人致祭之义!"(宋)张载:《张载集》,北京:中华书局1978年版,第294页。
⑦ 有关"礼"的文字学探讨,除了《说文解字》外,可参考:(1)李孝定:《甲骨文字集释》,台北:"中央研究院"历史语言研究所1965年版,第1册,第49页。(2)王国维:《观堂集林》第1册,北京:中华书局1994年版,第291页。(3)章炳麟:《文始·文三》,台北:台湾中华书局1970年版,第1页下。(4)邱衍文:《中国上古礼制考辨》,台北:文津出版社1990年版,第17页。
⑧ 此看法为多数学者共识,可参考:(1)徐复观:《中国人性论史·先秦篇》,台北:台湾商务印书馆1990年版,第42页。(2)陈来:《古代宗教与伦理》,北京:生活·读书·新知三联书店1996年版,第227—238页。(3)武内义雄:《武内义雄全集》卷三《儒教篇2》,东京:角川书店1979年版,第451—454页。
⑨ 郭沫若:《十批判书·孔墨的批判》,收于《郭沫若全集·历史编》卷二,北京:人民出版社1982年版,第96页。

"理"与"礼"的关系当代亦有学者探讨,[①]但本文主要是从哲学观点探讨其形上与伦理两层次如何相互诠释,透过彼此存在范畴的相互转换与还原,进而可还原"礼"的基础,强化道德实践动机。

本文所言"礼"与"理"间的转换机制,其意义并非时间性的"前后转换"概念,即从 A 转换为 B,或是以 B 取代 A;相反的,此"转换"实际上是一种"哲学还原"的工作,设法以新概念 B(理)重新诠释旧概念 A(礼),并还原出旧概念僵化前原始的丰富内容。在此历程中,A(礼)概念与 B(理)概念两者仍同时存在、保留,但却能互相发明、相得益彰,激发出更高的道德实践动机。以本文言,张载主张"礼者理也",强调"理",并以"理"观念重新诠释原有的"礼";其内在目标实即运用宋代重理的精神,重新诠释《论语》的"礼之本",强调"克己复礼"的工夫,此亦宋明理学强调"存天理去人欲"的初衷。

本文的结构将区分为三部分,其中第一项要点将分析"礼"与"理"间转换的"动力"与"对象",将从"理"的本质意义、从天理到人理的内在逻辑,以及"礼"的内涵加以说明。第二项"如何转换",则从分析"礼"的工夫论、以克己之"理"探掘"礼"之基础,透过工夫论的属性,使转换得以成立的人之主体性地位受到彰显。第三项"转换的机制与其功能",则依"理"与"礼"两者的关系,提出三项转换原则,说明其转换与互相诠释如何可能;最后再提出"'如理'之礼"与"礼"的功能,依此三项脉络呈现出张载所言"礼者理也"命题的意义。

二、"礼"与"理"间的转换动力——张载对"理"的定位

"理"在宋代起逐渐成为中国哲学的重心,张载之"理"虽受汉儒影响有其宇宙论属性,却又能回归孔孟之心性论理想,使之成为转换与活化"礼"的重要因子,以下即对其"理"进行分析。

[①] 相关文献有:(1) 林素芬:《张载的"知、礼成性"论》,《东华汉学》第 13 期,2011 年 6 月,第 39—78 页。(2) 陈政扬:《张载哲学中的"理"与"礼"》,《高雄师大学报(人文与艺术类)》第 18 期,2005 年 6 月,第 163—178 页。(3) 林乐昌:《张载礼学三论》,《唐都学刊》2009 年第 3 期,第 34—38 页。(4) 杨治平:《宋代理学"礼即是理"观念的形成背景》,《台大文史哲学报》第 82 期,2015 年 5 月,第 43—82 页。

(一) 从"太和"与"天理"观其"礼"之根源

张载的体系相当复杂,在分析其"礼"与"理"前,有必要回顾其整体架构与其内在逻辑。一方面他虽强调"气"①,但又能从宇宙论上提至天道论,又能再重返工夫论,谈尽性工夫。② 其说可谓无所不备、有其完整性,如其言:

> 太和所谓道,中涵浮沉、升降、动静、相感之性,是生絪缊、相荡、胜负、屈伸之始。……散殊而可象为气,清通而不可象为神。……太虚无形,气之本体,其聚其散,变化之客形尔……。客感客形与无感无形,惟尽性者一之。天地之气,虽聚散、攻取百涂,然其为理也顺而不妄。③

引文代表张载理论如何从宇宙论上提至天道范畴,再重返工夫论,其细部内容由于笔者已另有专文处理,故不再赘述。④ 然而,从太和之道至尽性工夫,透过其"气"的"散殊、清通、聚散、攻取、变化、物交、客感、无感"的分析,以及"几微、广大、至静"等极限境界的预设,可见张载对"天""地""人"三者之理的定位并非跳跃式的独断与自白,而有其细腻的分解。⑤ 其目标即如本段所言追求"易简"与"尽性",以及其"顺而不妄之理"也。这一方面说明其学说以"易简之理"为核心定位"人"与"天";另一方面,亦延伸了"气"无所不在,包含宇宙与人生,是故可再秉持下学精神,从"理"往下指导人间行为,以形上兼摄形下,此即

---

① 张载的"气"并非物质或精神之气的问题,而是强调一存在之流行的力量。参考唐君毅:《中国哲学原论·原教篇》,台北:台湾学生书局1984年版,第87页。
② 即因张载的体系,其内在逻辑涉及"理"与"气"、宇宙论与工夫论,故林乐昌先生即指出张载之"礼"有其"多重根源",至少包含"太虚""理"与"性情"等面向。参考林乐昌:《张载理学与文献探研》,北京:人民出版社2016年版,第96—97页。
③ (宋)张载:《张载集》,北京:中华书局1978年版,第7页。
④ 参拙著:《张载心性论与宇宙间的转换与还原机制之分析》,《哲学与文化》第45卷第9期,2018年9月,第81—98页。
⑤ 此处张载虽对"气"有诸多的形容,但唐君毅先生解释此文时强调"不可径说构渠之论是唯物论……物与物能相感以成事,即更有其事其物之屈伸终始……而此中之存在之物,即应说为流行的存在或存在的流行。"参考唐君毅:《中国哲学原论·原教篇》,台北:台湾学生书局1984年版,第87页。

其重视"理",以"理"为其转换与诠释"礼"的原动力之背景。①

(二) 从天理到人理转换之内在逻辑

1. 转换之关键

从天之理到人之理,张载认为转换关键是在"修德的工夫论",强调成德的主体性意义,一如其言:"故神也者,圣而不可知。……'屈伸顺理'则'身安而德滋'。穷神知化,与天为一,岂有我所能勉哉?乃德盛而自致尔。"②引文强调主体性,关切"人"在工夫论中如何能"顺理而能身安德滋",使德盛而自致,此即开启了宋代儒学存天理与去人欲的主要方向,亦彰显了张载从天理到人理、重视穷理尽性,以及制礼作乐的内在步骤。也正因"理"的重要,故对学生习"礼"的教导,他认为亦应先以"天理"为本,再论个体如何能"述天理而时措之也"。③

2. 转换之内在逻辑

在"礼"与"理"的思考方面,张载学问中从天理到人理、再到制礼作乐,其看法是有本有源的,有其内在逻辑的。他说:"不闻'性'与'天道'而能'制礼作乐'者末矣。……徇物丧心,人化物而灭天理者乎!"④即"性"与"天道"两者是其"制礼作乐"的基础,此为其形上学的理论预设之理;而在工夫论的部分,其预设即是修德顺理,避免使人"徇物丧心"而"灭天理"。在此角度下其工夫论即强调"穷理",《全集》中亦多次运用此概念,⑤以穷理为中心,主张"尽性穷理而不可变,乃吾则也。"⑥批评释氏"梦幻人世,谓之穷理可乎?不知穷理而谓尽性可乎?"⑦此即说明"尽性"与"穷理"是其工夫论的核心,能尽此原则时,则天理与天

---

① 陈政扬亦指出"在张载思想中,天理流行是礼的形上根源"。陈政扬:《张载哲学中的"理"与"礼"》,《高雄师大学报(人文与艺术类)》第18期,2005年6月,第163页。
② (宋)张载:《张载集》,北京:中华书局1978年版,第17页。
③ "君子教人,举天理以示之而已;其行己也,述天理而时措之也。"(宋)张载:《张载集》,北京:中华书局1978年版,第24页。
④ (宋)张载:《张载集》,北京:中华书局1978年版,第18页。
⑤ 《正蒙·太和篇》,《横渠易说》皆多次提及。
⑥ (宋)张载:《张载集》,北京:中华书局1978年版,第22页。
⑦ (宋)张载:《张载集》,北京:中华书局1978年版,第26页。

德、人先天之气与终极的死生之事都在此历程中得以完成。①

三、转换的对象:"礼"之本质与转换后"礼"之属性

(一)"礼"的本质

本文认为欲理解"礼"与"理"间的转换与还原内涵,首先必须回答"礼"的本质的内涵。张载说:"'立本处'以易简为是,'接物处'以时中为是,易简而天下之理得,时中则要博学素备。"②即根据其文本,我们可以从"立本处"与"接物处",或言"个体"与"群体"两方向对"礼"的本质进行理解。前者是"为己之学"(内圣之理),后者则属"时中见之(外王)事业"。③

1. 从"立本处"看"礼"

从"立本处"看,"礼"主要是自身内部修养之事,即为己之学。他说:"多闻见适足以长小人之气。君子庄敬日强,始则须拳拳服膺,出于牵勉,至于'中礼'却从容,如此方是'为己之学'。"④此即排除"多闻多见",转而强调"拳拳服膺"的实践,从工夫论观点谈"礼",要求"中礼却从容",如此方是为己之学。他认为人如果不能"庄敬日强""拳拳服膺",则人必生怠惰,故他说:"天资美不足为功,惟矫恶为善,矫惰为勤,方是为功。人必不能便无是心,须使思虑,但使常游心于义理之间。"⑤又云:"仁不得义则不行,不得礼则不立。"⑥此种观注内在,使其能游于"义理"间的主张,实即"志于道",即从立本处观礼。

从立本处观"礼",亦可透过"个体修养之理"重新对"礼"进行理解,例如透过"敬"与"恭"的视野,张载云:"敬,礼之舆也,不敬则礼不行。""恭敬撙节退让

---

① "穷理尽性,则性天德,命天理,气之不可变者,独死生修夭而已。"(宋)张载:《张载集》,北京:中华书局1978年版,第23页。
② (宋)张载:《张载集》,北京:中华书局1978年版,第271页。
③ 朱建民先生亦认为可将张载思想分为两方面:一为义理系统之建立,一为典章制度之订定;前者属"内圣",后者属"外王"。在张载"外王"方面的思想中,主要以恢复古礼为职志。此种分法与张载所言"立本处"与"接物处"实有其一致性。朱建民:《张载思想研究》,台北:文津出版社1989年版,第163页。
④ (宋)张载:《张载集》,北京:中华书局1978年版,第269页。
⑤ (宋)张载:《张载集》,北京:中华书局1978年版,第271页。
⑥ (宋)张载:《张载集》,北京:中华书局1978年版,第274页。

以明礼,仁之至也,爱道之极也。"①可见"敬与恭之理"即是人践礼的内在基础,人如能"敬而无失,(则)与人接而当也"——强调人应能"恭而有礼,不为非礼之恭也"②,此即属其以"理"之深义对个体之"礼"的存在性的还原,而较不重视"礼"的"形式"③意义,而试图强化实践礼之行为动机。

2. 从"接物处"看"礼"

"礼"最早的意义与各种祭礼仪式有关,④本属典型的群体之礼,运作在人与人之间;特别是如冠礼、婚礼、丧礼,等等,因此可说"舍祭礼而外,固无所谓礼制也"⑤。张载亦认为"礼"可反推政治的运作,故言"见其礼而知其政,闻其乐而知其德"⑥,此即群体之礼的呈现,亦是在个体重视修养外,强调礼在"接物处"的功能,而其内涵参考《系词上》强调"时措"与"时中"之理两观念。张载指出:

> 时措之宜便是礼,礼实时措时中见之事业者。非礼之礼,非义之义,但非时中皆是也……时中之义甚大,须是精义入神以致用,[始得]观其会通以行其典礼,此则真义理也。⑦

张载观点中"时措之宜"(方是真"义理"也)即"礼"的原初精神:一方面"礼"在吾人生活中无所不在,面对外在变化的不同情境,故要求"礼"须以"时措"之理为基础,此种"时中"并非仅属一观念,其精义须"入神以致用,始得观其会通",方可合宜地行其"礼"。另一方面,在情境高度变化下,常人极难拿捏分寸,

---

① (宋)张载:《张载集》,北京:中华书局1978年版,第36页。
② (宋)张载:《张载集》,北京:中华书局1978年版,第45页。
③ 当代部分学者较重视儒家"礼"本身的"形式"意义,此与张载主张的"礼者理也",重视"礼"的"内涵"两者差异甚巨。例如芬格莱特即以"礼"一词为"神圣性的礼仪"(holy ritual),或"神圣化的仪式"(sacred ceremony),以"礼"是人的冲动的圆满实现,是人与人之间动态关系的具体的人性化形式。芬格莱特(Herbert Fingarette),彭国翔、张华译:《孔子——即凡而圣》,南京:江苏人民版社2002年版,第5—6页。
④ "礼"最原始、最狭义的意义,是"祭祀的仪节"。参见何炳棣:《原礼》,《二十一世纪》1992年第11期,第102—110页。
⑤ 《古政原始论·礼俗原始论》:"上古五礼之中仅有祭礼,若冠礼、婚礼、丧礼,咸为祭礼所赅……礼字从'示',足证古代礼制悉赅于祭礼之中,舍祭礼而外,固无所谓礼制也。"参见刘师培:《刘申叔遗书》,南京:江苏古籍出版社1997版,上册第678—679页。
⑥ (宋)张载:《张载集》,北京:中华书局1978年版,第213页。
⑦ (宋)张载:《张载集》,北京:中华书局1978年版,第192—193页。

易因情境而陷于"非礼之礼,非义之义"又不能自知;即形成"不时中也"。为避免此状况,他建议学者应能时时刻刻掌握变化,能"穷变化之神,以时措之宜",如履薄冰、注意举止,如颜回一般"乾乾进德,思处其极",否则,极易陷于非礼的状态。① 他认为唯有"博文约礼,由至著入至简,故可使(人)不得叛而去。"②

此外,从"接物处"看"礼"其属性亦包含"适用对象"的挑战,此方面他亦务实地面对礼的执行,主张"君子"与"常人"能尽"礼"的程度不同。他认为"礼不下庶人",他并不认为一般人能理解"礼"的天道背景、"时措之宜之理"等深度内涵,故云"庶人之礼至略,直是不责之,难责也",庶民言行之不如礼,有其"财不足用,智不能及"等因素,故难以责备。反之,他认为君子应克己复礼,以内在"行己之志"与"诚尽而止"之理——以最高标准尽礼之道。③ 此即可见张载之"礼"统合了现实的社会与理想的天理两属性。

(二) 转换后"礼"之属性

"礼"的属性可略分为形式与内涵两方面理解,前者主要指其理性原则与化繁为简,后者主要从存在情感看,指礼可以哲学慰藉人心,以及以恭敬之心以明礼。

1. 礼论能彰显人的理性功能

"礼"本因其与祭祀不可分,故本有其神秘而不可知的属性,但受理学风气影响,张载"礼"论中人的理性功能反为其所强调,如《张子语录》中载:

> 孔子所不语怪者,只谓人难信,所以不语也……如《周礼》救日之弓,救月之矢,岂不知无益于救? 但不可坐视其薄蚀而不救,意不安也,救之不过失数矢而已。故此诗但可免不言之失……礼但去其不可者,其他取力能为之者。④

---

① "庸言庸行,盖天下经德达道,大人之德施于是(者)溥矣,天下之文明于是者著矣。然非穷变化之神,以时措之宜,则或陷于非礼之礼,非义之义,此颜子所以求龙德正中,乾乾进德,思处其极,未敢以方体之常安吾止也。"(宋)张载:《张载集》,北京:中华书局1978年版,第51页。
② (宋)张载:《张载集》,北京:中华书局1978年版,第30页。
③ 他说:"'礼不下庶人,刑不上大夫。'于礼,庶人之礼至略,直是不责之,难责也,盖财不足用,智不能及。若学者则不在此限,为己之所得所行,己之所识也。某以为先进之说,只是行己之志,不愿乎其外,诚尽而止。"(宋)张载:《张载集》,北京:中华书局1978年版,第317页。
④ (宋)张载:《张载集》,北京:中华书局1978年版,第315页。

引文先是重申《论语》"所不语怪者",与不言"人难信者",主张儒家学说本具理性特征;其次,又引《周礼》"救日之弓"与"救月之矢"案例,说明对日蚀与月蚀的习俗,主张人虽该为此自然现象有所作为(即救之),但亦从后设立场做哲学反思,提出"岂不知无益于救?但不可坐视其薄蚀而不救也"。此处表现出张载受理的影响而重视主体性,强调人理性思考的大原则,故言"岂不知无益于救"。此外,明知无效仍救之的作为,亦表现出哲学在重理性外,仍顾全大局,欲以哲学慰藉人心,故强调不可使民"意不安也"。相同的案例又如《语录》中提到"射礼,不胜者亦饮之堂上,故不言。'下而饮',非也,升而让可也,下而让无此理也"①,即"礼"的内容仍须以合"理"为原则,重视理性原则。同段又解释道:"礼文虽不说'下而饮',不胜者自下而请饮,胜者又不可饮之于下,故升饮也。"②即"礼"的内容仍须"如理",此亦张载重视"礼",同时仍强调"穷理"③的原因。

2. 强调以恭敬之心明礼

在实践"礼"的过程中,恭敬的态度或恭敬之理是其关键。"恭敬以明礼"本属儒者"仁"与"道"的外显表现,但张载认为"尽道"一事非常困难,圣人亦难为之,他认为:"恭敬以明礼"是"仁"与"道"外显性的表现,两者互为表里。④ 他曾以孔子画像为例,说画像只是一种形式,挂在座位的左边、右边都不重要;重要的反而在此,画像的形式所内含的"道"或"恭敬之理",观者要真能"尊其道",否则孔子画像不如不挂,不如"卷而藏之"⑤。即人如果不能尊孔子之"理",则尊孔之"礼"的形式亦失其意义。同时,他也很务实,承认圣人不是完人,他说:"圣人惟恐不能尽此五德(温、良、恭、俭、让)",又说:"圣人岂敢自谓尽忠恕也"⑥,即张载考虑人性本质后,认为"恭敬以明礼"中的恭敬之心是相当高远的目标,连圣

---

① (宋)张载:《张载集》,北京:中华书局1978年版,第309页。
② (宋)张载:《张载集》,北京:中华书局1978年版,第309页。
③ 张载言:"穷理亦当有渐,见物多,穷理多,如此可尽物之性。"(宋)张载:《张载集》,北京:中华书局1978年版,第312页。
④ "恭敬撙节退让以明礼,仁之至也,爱道之极也。"(宋)张载:《张载集》,北京:中华书局1978年版,第36页。
⑤ 他说:"家中有孔子真,尝欲置于左右,对而坐又不可,焚香又不可,拜而瞻礼皆不可,无以为容,思之不若卷而藏之,尊其道。"(宋)张载:《张载集》,北京:中华书局1978年版,第289页。
⑥ "温、良、恭、俭、让,圣人惟恐不能尽此五德。如'夫子之道,忠恕而已',圣人惟忧不能尽忠恕,圣人岂敢自谓尽忠恕也!"(宋)张载:《张载集》,北京:中华书局1978年版,第316页。

人实亦难为之。他说:"道何尝有尽?圣人人也,人则有限,是诚不能尽道也。圣人之心则直欲尽道,事则安能得尽!……修己以安百姓,是亦尧舜实病之,欲得人人如己,然安得如此!"①他认为圣人亦人,因人必有其限度,故圣人亦不可能尽完全之道(事则安能得尽),即"修己以安百姓"虽是其理想,但尧舜实亦难为之(实病之)。此种情况下,一方面是圣人亦人,有其先天的限度;另一方面,也是因为"礼"所依之"理"本有其变化性,故欲使"礼"得"时措之宜"即属不易,因此主张化繁为简。

四、"理"与"礼"间如何转换——"礼"的工夫论特征

(一)"理"与"礼"如何转换与互诠

"理"与"礼"之间的转换是需要动态力量(工夫论)之推动的,此点以张载用语即是"强礼"的工夫,但"强礼"并非一孤立概念或固定的方法论,而有其系统性的三个学习阶段与目标。他说:"志学然后可与适道,强礼然后可与立,不惑然后可与权。""博文以集义,集义以正经,正经然后一以贯天下之道。"②即其"礼"是其实践整体儒学蓝图的重要历程,此历程分为"志学、强礼、不惑"三学习阶段,以及实践"适道、博文、集义、正经、一以贯天下之道"等理想。学者能博文约礼,方属"由至著入至简,故可使不得叛而去",否则,一旦舍礼与义,则学者必将"饱食终日,无所猷为","所事不踰衣食之间"③。此外,张载所重视的"学习"的另一要点,在于学习时能真正的喜悦而有所得,有所得而能日进也。他说:"'乐则生矣',学至乐则自不已,故进也。生犹进,有知乃德性之知也。"④其中"学(能)至于乐则自不已"是关键,因为人的学习状态常是被知识淹没,既见不到知识的智能,亦无法从中获益,保有强烈的学习动机,故张载"礼"的工夫论特征,强调人能"乐"、能"生"与能"进"的动态学习历程之理。以下再分析几则张载原典中具此特征的"礼"之内涵。

---

① (宋)张载:《张载集》,北京:中华书局1978年版,第317页。
② (宋)张载:《张载集》,北京:中华书局1978年版,第29页。
③ "博文约'礼',由至著入至简,故可使不得叛而去……学者舍礼义,则饱食终日,无所猷为,与下民一致,所事不踰衣食之间、燕游之乐尔。"(宋)张载:《张载集》,北京:中华书局1978年版,第30页。
④ (宋)张载:《张载集》,北京:中华书局1978年版,第282页。

（二）以"克己之理"探掘"礼"之基础

强调能"进"与能"生"的主要目标在存天理去人欲，此一方面是对孔子克己复礼在宋代的新诠释方式，另一方面，亦有其"制奢"的目标。此种诠释方向虽不同于汉学对克己的看法，但因本文所论属宋代文本，故仍以宋学主流较重视"克己"为优先，强调去私欲以避免非礼之礼，依张载所言诠释克己。① 张载言'克己'是："下学上达交相养也"，"克己，要当以理义战退私己"②，即以诚明的工夫论退私心，特别是制奢，此两者皆为其尽礼的目标。又如其言："礼之本，所以制奢也。凡'礼'皆所以（致）[制]奢。"③对《论语》的克己复礼，张载以"非礼弗履"与"天德"诠释。张载在《大壮》中所解的"克己复礼"，其"礼"的内涵明显具有前述的能"进"之理的特征。此外，本文视张载的"复礼"即为"践礼"，强调道德实践的修身问题，以其内涵为"能够使得自己驯服于礼的制约"，而非视"复礼"为回到周礼的"返礼"。④

（三）"诚意之理"与"进退之礼"的转换与互诠

"礼"与"理"间的转换并非互相取代或消除对方，而是互相诠释使彼此能相得益彰，一如此处张载即以"诚意之理"说明"礼"的内涵，他说：

> 诚意而不以礼则无征，盖诚非礼无以见也。诚意与行礼无有先后，须兼修之。诚谓诚有是心，有尊敬之者则当有所尊敬之心……此心苟息，则礼不备，文不当，故成就其身者须在礼，而成就礼则须至诚也。⑤

---

① 宋明理学的代表朱熹亦强调"克己"，他说："晓得此理，便见得'克己复礼'，私欲尽去。"〔（宋）黎靖德编：《朱子语类》卷六，北京：中华书局1986年版，第112页。〕汉学与宋学虽对"克己"与"复礼"两者孰轻孰重有不同看法，但此非本文处理的对象，有关克己复礼汉宋之争的不同看法，请参考（清）程树德：《论语集释》，北京：中华书局1983年版，第818页。

② "克己反礼，壮莫甚焉，故《易》于《大壮》见之。克己，下学上达交相养也，下学则必达，达则必上，盖不行则终何以成德？明则诚矣，诚则明矣，克己要当以理义战退私己，盖理乃天德，克己者必有刚强壮健之德乃胜己。"(宋)张载：《张载集》，北京：中华书局1978年版，第130页。

③ （宋）张载：《张载集》，北京：中华书局1978年版，第319页。

④ 参考杜维明：《从既惊讶又荣幸到迷惑而费解——写在敬答何炳棣教授之前》，《二十一世纪》1991年第8期，第148—150页。

⑤ （宋）张载：《张载集》，北京：中华书局1978年版，第266页。

引文显示出张载以"诚意之理"诠释"礼",主张"诚意"与"行礼"无有先后,须兼修,不可偏废。① 因为"诚意而不以礼则无征,盖诚非礼无以见也",两者虽有内外与表里之异,但同时亦具互补功能。此引文亦涉及"诚""心""尊敬之心"等内在修养状态,以及"礼""文"与"身"等具体可视的范畴;他将内外两者统合,以"至诚之理"为基础,形成一礼备与文当之体系。另外,张载亦云:"洒扫应对是诚心所为,亦是义理所当为也。……至于徇私意,义理都丧,也只为病根不去,随所居所接而长。人须一事事消了病则常胜,故要克己。克己,下学也,下学上达交相培养,盖不行则成何德行哉!"②此即其工夫论以"诚心"为出发点诠释"克己"——即"只有责己,(而)无责人"③的主张,故其内在逻辑实属以"去私成德之理"保障"礼"在常人百姓(洒扫应对)中的日常运作。

五、"理"与"礼"之转换机制及其功能

本节将透过"理"与"礼"关系的分析,论述两者间的转换机制,以及其转换成果与功能。

(一) 转换之理论预设:天人同源

张载学说转换的理论预设在于天人同源,在其能既论形上天道,又可平衡此"天道",使之与"人之形"充分结合,他说:

> 人生固有天道。人之事在行,不行则无诚,不诚则无物,故须行实事。惟圣人践形为实之至,得人之形,可离非道也。与天同原谓之虚,须事实故谓之实,此"叩其两端而竭焉",更无去处。天地之道无非以至虚为实,人须于虚中求出实。④

此段先对"天道"与"人之形"有所把握,其次以"虚"为天人同源处,依此"同

---

① 陈俊民亦指出张载之礼有"从'礼'到'诚'的致思趋向"。参见陈俊民:《张载哲学与关学学派》,台北:台湾学生书局1990年版,第165页。
② (宋)张载:《张载集》,北京:中华书局1978年版,第287页。
③ (宋)张载:《张载集》,北京:中华书局1978年版,第288页。
④ (宋)张载:《张载集》,北京:中华书局1978年版,第325页。

源"的特性说明"天地之道无非以至虚为实,人须于虚中求出实",从宇宙论走向工夫论,充分展示出其学问能"叩其两端(天人两端)而竭焉"的精神,"竭焉"实即孟子的"尽心",以尽心之道统合天人,使人能知性与知天。

(二)"理"与"礼"之间的转换机制

张载认为"理"是"礼"的核心,能得"礼"之意,再观"礼"之行,即能"知理"进而方可"制礼",此即其"理"与"礼"之间的转换前提。① 以下再就张载文本,统整出其学说中"理"与"礼"间转换的几项主要原则:

1. 以人道诠释天道之转换原则

"礼"实有其先天与天地相关的根源性,如张载所云的"天序"与"天秩",以及"知序然后经正,知秩然后礼行。"②即"礼"不仅是形式或仪式,在张载观点中,有其先天的天秩与天序的根基(预设),其"礼"多与"天之时"有关。一如其言:"日出而阴升自西,日迎而会之,雨之候也,喻婚姻之得'礼'者也。"③又如:"夏商以禘为时祭,知追享之必在夏也。"④这些观点多和天之时相交涉,使其"礼"与宇宙论相关;然而,这些却非张载礼论特征,其重心仍在"理",以理为基础,如后文言"理之尽也"。一般来说"礼"常涉及祭祀鬼神,如《王禘》:"祭社稷五祀百神者,以百神之功报天之德尔,故以天事鬼神,事之至也,理之尽也。"⑤然而,以哲学言,人毕竟是一理性主体,人孤立于天地之间,依据理性定位自身,《论语》亦只能对鬼神之事提出"敬而远之"的态度,是故,张载亦言"以'天'事鬼神,事之至也"。以"天"事之,一方面"事之至也"——代表人对鬼神的最高诚意;另一方面,"理之尽也"又代表人穷尽理性后,选择从思辨范畴转向工夫范畴,必须从知性朝德性转向,以实践礼的工夫追求存天理的目标,此即以人道诠释天道,形成其"礼者理也"的原则。

---

① (宋)张载:《张载集》,北京:中华书局1978年版,第327页。林素芬亦强调此观点,主张张载的观点是"义理优先于文本,礼意决定礼文"。参考林素芬:《张载的"知、礼成性"论》,《东华汉学》第13期,2011年6月,第39—78页。
② 张载云:"生有先后,所以为天序;小大、高下相并而相形焉,是谓天秩。天之生物也有序,物之既形也有秩。知序然后经正,知秩然后礼行。"(宋)张载:《张载集》,北京:中华书局1978年版,第19页。
③ (宋)张载:《张载集》,北京:中华书局1978年版,第57页。
④ (宋)张载:《张载集》,北京:中华书局1978年版,第59页。
⑤ (宋)张载:《张载集》,北京:中华书局1978年版,第59页。

2. 以中道之理为礼内涵之转换原则

以符合"理"(中道之理)为"礼"之内涵时,礼方有其持久与普遍性,一如他说:"(礼)虽有崩坏之时,然不直至于泯绝天下"①,表示"礼"有其普遍性与恒久性的基础;然而,此种普遍性又建基于中礼之理。一如恒卦探讨持久之道时,张载即言"柔巽在下以应于上……人道之交贵乎'中礼'",认为唯有中礼之理,人与人的相处方可"久渐而成"。② 又云:"礼当有渐""礼不可骇俗",应以"德性充实",皆说明了"礼"应符合中道,方有其持久与普遍性。③ 此种以"中道之理"为基础所形成的"礼"内涵,其中道特征亦属其"理"与"礼"间的转换原则。

3. 以"尽心"与"节礼乐"为工夫之转换原则

对张载言,透过"尽心"而"节礼乐",即可使"理"从形上理想落实于人间社会,使"民(能)化而归厚矣"。张载的"心"在此居中发挥功能,即因"心"具统合功能,能合"情""性"两者,使两者合一。如从"性"上看,"性如心之田地,充此中虚,莫非是理而已"④,此"理"即属从形上的角度解释人的本质(性)。再从"心"看,如其云:"心是神明之舍,为一身之主宰,性便是许多道理得之于天而具于心者,发于智识念虑处皆是情";即"心"是身之主宰,而"情"则是我们在思虑之际所发出的情感,故云:"仁是性,恻隐是情,须从心上发出来。"⑤再如从工夫论看,人如能尽心,即能"节礼乐"⑥,人能节礼乐则能"知蔽固之私心"、亦能"知所先

---

① "观《虞书》礼大乐备,然则礼乐之盛直自虞以来。古者虽有崩坏之时,然不直至于泯绝天下,或得之于此国,或得之于彼国,互相见也。"(宋)张载:《张载集》,北京:中华书局1978年版,第312页。

② "柔巽在下以应于上,持用为常,求之过深也。故人道之交贵乎中礼,且久渐而成也。持一作特。"(宋)张载:《张载集》,北京:中华书局1978年版,第127页。

③ "大凡礼不可大段骇俗,不知者以为怪,且难之,甚者至于怒之疾之。故礼亦当有渐,于不可知者,少行之已为多矣,但不出户庭亲行之可也,毋强其人为之。已德性充实,人自化矣,正己而物正也。"(宋)张载:《张载集》,北京:中华书局1978年版,第312页。

④ (宋)黎靖德编:《朱子语类》卷九八,北京:中华书局1986年版,第2514页。

⑤ 本段原文如下:"心统性情者也。寂然不动而仁义礼智之理具焉,动处便是情。有言'静处便是性,动处是心',如此则是将一物分作两处了。心与性不可以动静言。……'理'在人心,是之谓性。'性'如心之田地,充此中虚莫非是'理'而已。'心'是神明之舍,为一身之主宰,性便是许多道理得之于天而具于心者,发于智识念虑处皆是情,故曰'心统性情者也'。性、情、心惟孟子横渠说得好。仁是性,恻隐是情,须从心上发出来。(宋)张载:《张载集》,北京:中华书局1978年版,第339页。

⑥ "礼"的意涵逐渐转为人间法则,礼本身就是"节"。在宋人的论述中,礼本身就是"节",是先王因人性的种种需要而制作的人世法则。杨治平:《宋代理学"礼即是理"观念的形成背景》,《台大文史哲学报》第82期,2015年5月,第43—82页。

后"而有序,如此即可"恭不劳,慎不葸,勇不乱,直不绞,民化而归厚矣"①。简言之,人透过修养可"不凝滞于心",即可使言行"莫非时中也",不至于做出"非礼之礼"②,由此可知,透过尽心功夫、透过"节礼乐",则张载的形上之"理"亦可落实于人伦日用,使理为人间社会之礼的良好指标。

(三)"如理"之"礼":转换后的礼功能

1. 礼可别异

张载重视礼,主张礼可别异,他提到:"礼反其所自生,乐乐其所自成。礼别异不忘本,而后能推本为之节文;……礼天生自有分别,人须推原其自然,故言反其所自生"。③ 在此文本中他表示"礼别异不忘本",以礼的功能虽在别异——使父子、君臣、上下有别,但此分别中仍需有诚恳的情感之理,仍不能忘本,即必须如理;他说:"若谓天神降,地祇出,人鬼可得而礼,则'庸有此理'"④,即其判断礼标准仍在如理与否。又,其礼以天理的理想为特征,以之为"别异"的基础,亦因此基础而"后能推本为之节文"。又言:

> 礼非止著见于外,亦有无体之礼,盖礼之原在心。礼者圣人之成法也,除了礼,天下更无道矣。欲养民当自井田始,治民则教化刑罚俱不出于礼外。⑤

前文先是确立礼可别异的功能,接着本段指出其基础在于"无体之礼",以及"礼之原在心"两者。此皆说明其礼非仅属外在"形式",而包含"知礼成性"的目标,此点容于后文说明。其次,张载强调礼是圣人的成法,是现实生活可依循的行为准则,就具体的社会而言,可说在教化方面除了礼,天下更无道矣;即所有社会的法令依据,亦不出于礼之外(治民则教化刑罚俱不出于礼外)。换言

---

① "节礼乐,不使流离相胜,能进反以为文也。……言形则卜如响,以是知蔽固之私心,不能默然以达于性与天道。人道知所先后,则恭不劳,慎不葸,勇不乱,直不绞,民化而归厚矣。"(宋)张载:《张载集》,北京:中华书局1978年版,第45页。
② "日新之谓盛德,过而不有,(不)凝滞于心,知之细也。""礼器不泥于小者,则无非礼之礼,非义之义,盖大者则出入小者,莫非时中也。"(宋)张载:《张载集》,北京:中华书局1978年版,第33页。
③ (宋)张载:《张载集》,北京:中华书局1978年版,第261页。
④ (宋)张载:《张载集》,北京:中华书局1978年版,第262页。
⑤ (宋)张载:《张载集》,北京:中华书局1978年版,第264页。

之,礼在维持秩序层面言,亦是(刑)法的基础,如其言"礼(成)教备,养道足,而后刑可行,政可明"①,即是此义。以上可见张载的礼有其多重意义,一是立足于"道"与"理"的形上理想,与"成性"的本体论相关;另一则是具体落实于人间社会,既与"教化刑罚"相关,亦与个体追求"持性"的修养不可分——即以"成性"为最终目标。

2. 知礼成性

本文虽非探讨张载学说的心性论,但"成性"与"持性"仍与其礼论密切相关,他主张礼即"天地之德也",守礼的目标在"成性"。② 其"性"的本质不仅涉及人道之性,其基础实以天道为背景,强调统合有无、内外的特征。他说:"天性,乾坤、阴阳也,二端故有感,本一故能合。天地生万物,所受虽不同,皆无须臾之不感,所谓'性即天道'也。感者性之神,性者感之体。在天在人,其究一也。……通万物而谓之道,体万物而谓之性"③。其"性"旨在发微"人"如何能定位"天"与"人"的关系,故涉及天与人、道与性、外与内两者如何合一的主题。

张载对礼与"性"关系的重要说法是"知礼成性",此观点本源自《周易·系辞上》"继之者善也","成性存存,道义之门"。他主张人如能"成性成身",则能"知礼成性",能"如天地设位而易行"④。此说使其礼论中的人的主体性与道德性不可分,皆以"安遇敦仁""成性成身"为目标。其中又有两组发展方向:一是下学系统中对人修养的定位,以成性为目标;另一则是上达系统,将礼的位阶提升到天地的高度,他说:

> 知崇礼卑,叩其两端而竭也,崇既效天,卑必法地。非知,德不崇;非礼,业不广。[知]崇,天也,形而上也。通昼夜之道而知,其知崇矣。知及之而不以礼性之,非已有也,故知礼成性而道[义]出,如天地[设]

---

① (宋)张载:《张载集》,北京:中华书局1978年版,第213页。
② 张载原文如下:礼所以持性,盖本出于性,持性,反本也。凡未成性,须礼以持之,能守礼已不畔道矣。礼即天地之德也,如颜子者,方勉勉于非礼勿言,非礼勿动。勉勉者,勉勉以成性也。(宋)张载:《张载集》,北京:中华书局1978年版,第264页。
③ (宋)张载:《张载集》,北京:中华书局1978年版,第63—64页。
④ 《易·系辞上》:"知崇礼卑,崇效天,卑法地,天地设位而易行乎其中矣。成性存存,道义之门。"

位而易行。……夫《易》，圣人所以崇德广业，以知为德，以礼为业也，[故]知崇则德崇矣。……知礼亦如天地设位。何以致不息？成性则不息。……如川之流，源泉混混……《易》曰"继之者善也"，惟[其]能相继而不已者，道之善也；至于成性，则不勉而中，不思而得，从容中道矣，[故]曰"成性存存，道义之门"。①

引文义理涉及三个层次，其一是"知礼"的"知"并非知性之知，而是"心能感知与崇仰"天道本体，其原文以"知崇，天也，形而上也"表述，彰显其礼所预设的人文基础在"知崇天的理想历程"，若无此，则后文所言之"天地设位"即不可能。② 其二是礼的实践范畴，原文以"知及之而不以礼性之，非己有也"为代表，说明"知"前者的"崇天"后，若不向实践礼以"成性"的工夫论迈进（行），则此"知崇天"的理想历程不存，如此，心性与天道、知行与天人两空，故言此礼"非己有也"。第三层次则以圣人为典范，提出历史证明，认为圣人可以"崇德广业，以知为德，以礼为业也，故知崇则德崇矣"，依此说明圣人必以"知天德理想"与实践"礼的事业"两者同存。此点他在《至当篇》亦有相同看法，认为人除了应能"安所遇而敦仁"外，更应以"大达于天"为目标，认为能大达于天（崇天）方可"成性成身"③；又，人如能成性成身，即能有"知礼成性而道义出"的效果，亦即能"如天地设位而易行"④。

简言之，此三层次说法指出其礼与理、人之礼与天之理的结构与统合之道；此道以探讨人"实践礼的动力源"（何以致不息），并思考其伦理学与形上学两者如何统合为一的课题。故其言若执礼者能符合天地设位，则人的道德动机必可"如川之流，源泉混混"，亦可"成性不息"，能"成性以成其身"。

---

① （宋）张载：《张载集》，北京：中华书局1978年版，第191—192页。
② 有关知礼成性，有学者特别强调"知"的功能，例如林素芬指出："知者德性所知，即此天道运化，天人贯通之理，也即穷理而尽性之学"。又言："'知、礼成性'一词，学界多作'知礼成性'，未能突显张载倡导知与礼并重以成学的宗旨。"林素芬：《张载的"知、礼成性"论》，《东华汉学》第13期，2011年6月，第39页。
③ "安所遇而敦仁……则不择地而安，盖所达者大矣；大达于天，则成性成身矣。"（宋）张载：《张载集》，北京：中华书局1978年版，第34页。
④ （宋）张载：《张载集》，北京：中华书局1978年版，第37页。

六、结论

　　笔者曾研究过礼在宋明理学中的两大类型,依本文的分析,张载重视礼的天理之节文、重视理的落实与执行,此种风格似乎影响了朱熹。[①] 本文反省张载"礼者理也"的观点,分析礼与理两者如何转换与互诠,从中观察其如何透过理学家重视的理,强化礼精神原有的内涵,以天道之理兴发其中落实礼的实践动机,以宋代的方式重新诠释孔子的"礼之本"。本文首先从理的本质意义、从天理到人理的内在逻辑,以及礼的内涵加以说明,以还原"礼之本"的精神。其次,则从分析礼的工夫论、以克己之理探掘"礼"的基础,透过工夫论还原个体实践"礼"之精神。其三则依"理"与礼两者关系,提出三项转换原则,说明其两者间的转换如何可能;最后再提出"如理之礼"与其社会功能,依上述脉络呈现出张载所言"礼者理也"的深义。

[①] 此两种类型:一种是如朱子言"礼者,天理之节文,人事之仪则也",即以"天理之节文"为其礼之本;此种礼有偏重人事,强调守礼之际强烈的坚定意志;另一种"礼"则以"使此心纯乎天理之极"为礼之本,其礼之根源在求至善与天理。如果说前者是以节文秩序言礼,后者则更从敬让言礼。如果说朱子对礼的定义,是从礼的发生或本体的角度言是天理之节文,即其礼之本的内涵,较重视天理、法则、理性、秩序等观念。相对言,阳明以心体良知为本体,有较多情意之属性,故在礼的应用层次,在礼制问题上便有更大的弹性。以上观点,引自黄信二:《从朱子与阳明论蒯聩与卫辄比较朱王之"礼"论》,《哲学与文化》第41卷第5期,2014年5月,第47—76页。

荣仲方鼎铭文所见诸子之官及其职掌

——兼论周初学校的设立及学中所习之业*

贾海生

浙江大学古籍整理研究所

新近发现的荣仲方鼎有两件，二器的出土地皆不详，一件入藏保利艺术博物馆，另一件见于《中国文物学会青铜器专业委员会成立大会暨首届年会文集》所收署名吉金的论文。二器内壁均有铭文，共计48字，合文2，重文1，文字风格、铭文内容完全相同，唯行款略有差异，保利艺术博物馆所藏荣仲方鼎有铭文10行，而吉金的论文所附铭文照片则仅有9行。铭文云：

> 王作荣仲序，在十月又二月生霸吉庚寅，子加（嘉）荣仲扬庸一、牲大牢。已巳，荣仲速内（芮）伯、馘（胡）侯子。子锡白金钧，用作父丁䵼彝。史。

李学勤首先隶写了上引释文，对铭文也进行了深入的研究，结合有关文献的记载，断铭文中的"序"是周代所立学校的名称，认为铭文中前后两"子"的身份不同，并非同一个人，前一"子"是国子，后一"子"则是芮伯、胡侯之子，同时还根据器形、字体及铭中月相词语等因素，估定荣仲方鼎是康王时器。[①] 其后学术界围绕着文字的释读、铭文中前后两"子"身份的确认等问题展开了广泛的讨论，发表了一系列论文。李朝远从三个方面论述了李学勤释为"序"的字当释为

---

* 本文为国家社科基金重点项目"中国传统礼学文献专题研究"（13AZD023）阶段性成果。
① 李学勤：《试论新出现的版方鼎和荣仲方鼎》，《文物中的古文明》，北京：商务印书馆2008年版，第240页。

"宫"字,认为"宫"在铭文中表示宗庙之义,铭中的"子"是代表天子的王子。① 王占奎也认为李学勤释为"序"的字当释为"宫"字,断器作于昭王末年,而"子"则是尚未逾年的周穆王,还对整篇铭文作了新的诠释。② 冯时亦认为李学勤释为"序"的字当释为"宫",分析字形为从广从雔,同时还认为铭文反映了宫室落成,荣仲接受庆贺之礼一事,铭中的"子"即史氏宗子。③ 此外,何景成、陈絜等学者也对荣仲方鼎铭文提出了各自不同的意见,进行了有益的探索。④ 继诸家讨论之后,李学勤又撰文对荣仲方鼎作了进一步的研究,据甲骨卜辞及执卣、执尊铭文辨古文字"序"与"宫"的差别,证荣仲方鼎铭文首句末字释为"序"字不误,但修正了自己以前对铭中前后两"子"身份的判断,认为铭中前一"子"指王子,又进而据张培瑜《中国先秦史历表》,结合夏商周断代工程西周历谱及觉公簋铭文,断荣仲方鼎铭文所言十二月生霸吉庚寅在公元前1003年,此年是康王二十一年,十二月戊子朔,初三日庚寅。⑤

诸家考释荣仲方鼎铭文,之所以对首句末字有释"序"、释"宫"之争,就在于在古文字系统中"序"与"宫"的字形极其相似。研习古文字的学者都知道,考释铜器铭文中的古文字,除了特别关注字形、音读外,还应兼顾铭文反映的内容。单从荣仲方鼎铭文的字面意思而言,大意是说,周王为荣仲建造了序或宫,十二月生霸吉庚寅日,子赏赐了荣仲扬庸一、牲大牢,至于己巳日,荣仲召唤芮伯、胡侯之子入于序或宫中,子又赏赐了荣仲白金一均,荣仲受此荣宠,就制作了用于祭祀其父的方鼎。若据铭文字面反映的内容寻绎隐藏在字面背后的历史事实,则不由得使人联想到王朝中职掌国子之政的诸子之官。《周礼·诸子》云:

> 诸子掌国子之倅,掌其戒令与其教治,辨其等,正其位。国有大事,则帅国子而致于大子,唯所用之。若有甲兵之事,则授之以车甲,

---

① 李朝远:《青铜器学步集》,北京:文物出版社2007年版,第278—281页。
② 王占奎:《新出现荣仲方鼎的年代学意义》,《中国文物报》2005年12月2日第7版。
③ 冯时:《坂方鼎、荣仲方鼎及相关问题》,《考古》2006年第8期,第67—73页。
④ 何景成:《关于〈荣仲方鼎〉的一点看法》,《中国历史文物》2006年第6期,第63—66页;陈絜:《浅谈荣仲方鼎的定名及其相关问题》,《中国历史文物》2008年第2期,第61—68页。
⑤ 李学勤:《论荣仲方鼎有关的几个问题》,《通向文明之路》,北京:商务印书馆2010年版,第153—157页。

合其卒伍,置其有司,以军法治之,司马弗正。凡国政弗及。大祭祀,正六牲之体。凡乐事,正舞位,授舞器。大丧,正群子之服位。会同、宾客,作群子从。凡国之政事,国子存游倅,使之修德学道,春合诸学,秋合诸射,以考其艺而进退之。

诸子在《周礼》的职官系统中属于司马的属官,由下大夫二人担任其职。诸子作为职官名称,亦称庶子官,见于《礼记·燕义》。郑注云:"庶子,犹诸子也。"[①]诸、庶义同,俱训为众。庶子官亦简称为庶子,见于《文王世子》。文中"庶子之正于公族者"之"庶子",即《燕义》所谓庶子官。庶子作为职官名称,其义与相对于嫡子而言的庶子不同。诸子或庶子之官,皆是王朝设置的职官,名异实同,并非如孔疏所言,王朝谓之诸子而诸侯谓之庶子。孙希旦明确指出:"《周礼》有诸子而《礼记·燕义》引诸子职作庶子,则庶子即诸子,非侯国之异名也。"[②]众所周知,《周礼》所记大宰、大司徒、大宗伯、大司马、大司寇及各自的属官并非一朝一王同时设置的职官,而是周初至于晚周随时设置又随时废弃的职官,同一职官的职掌在不同的时代往往也不相同,《周礼》的作者裒而叙之,与金文职官系统中的职官与职掌互有出入。金文职官系统中的小子一职,见于西周初期的铜器铭文。如小子生尊铭文云:"王命生辨事于公宗,小子生易金、郁鬯。"再如何尊铭文云:"王诰宗小子于京室曰:昔在尔考公氏克弼文王。"张亚初、刘雨已指出,金文所见小子,或是属官之官,或是诸子之官,与《周礼》中的小子一职名同实异。[③] 以《周礼》与金文相互参证,可见职掌国子之政的职官早在西周初期就已设立,其官名或称诸子,或称庶子,或称小子,则《诸子》和《燕义》所记并非无据。因此,合观《诸子》所记与荣仲方鼎铭文,荣仲方鼎铭文中的一系列疑问都可以得到合理的解释。

第一,铭文中的己巳日是庚寅后的第四十天,根据前文所述李学勤的研究,庚寅日是前一年的十二月初三,则己巳日当在下一年的孟春之月。此日荣仲召唤芮伯、胡侯之子入于序中或宫中,与《诸子》所言"春合诸学"相合,不仅可证铭

---

① (清)阮元校刻:《十三经注疏》,北京:中华书局2009年版,第3669页。
② (清)孙希旦:《礼记集解》卷二〇,北京:中华书局1989年版,第567页。
③ 张亚初、刘雨:《西周金文官制研究》,北京:中华书局1986年版,第45—47页。

文首句末字释为表示学名的"序"字不误,而且也可证铭文反映了西周时代王朝立学施教的历史事实,同时也透露了荣仲的职掌是治国子之政。国子春季入学,屡见于文献记载。如《礼记·月令》于孟春之月云:"是月也,命乐正入学习舞。"再如《周礼·大胥》云:"春入学,舍采合舞。"凡此皆可证荣仲己巳日召唤芮伯、胡侯之子入于序中是"春合诸学"的反映。

第二,以铭文所言"子加(嘉)荣仲扬庸一、牲大牢""子锡白金钧"与《诸子》所言"国有大事,则帅国子而致于大子,唯所用之"相互参证,则铭文中的"子"当指大子而荣仲的身份当是诸子之官。大子位尊权重,唯国子是用,荣仲既掌国子之政,明是任诸子之职,受爵例不过大夫,大子赏赐荣仲乐器、牲牢,不违周礼的等级制度,则铭中"子"指大子而荣仲为诸子之官当无疑问。《诸子》云"诸子掌国子之倅",《燕义》作"庶子官职诸侯、卿大夫、士之庶子之卒",郑注训"倅"为副贰,孙诒让驳其误,认为"倅"或"卒"皆当读为"萃",义训聚集。[①] 铭中"荣仲速内(芮)伯、敫(胡)侯子",即是召唤芮伯、胡侯之子而聚集于序中。相互推阐,亦可证荣仲的身份是诸子之官而铭文反映了诸子之官聚集国子入学习业的历史事实。

实际上,若能明确荣仲方鼎铭文中的"子"指大子而荣仲任诸子之官,则无论是释首句为"王作荣仲序",还是释为"王作荣仲宫",都不妨碍揭示铭文反映了诸子之官聚集国子入于序中讲学习业的历史事实,况且凡是宫室若用于教学习礼,即有学宫之称,传世文献与铜器铭文皆有明文。《周礼·大司乐》云:"凡有道者有德者使教焉,死则以为乐祖,祭于瞽宗。"郑注引郑司农云:"或曰:'祭于瞽宗,祭于庙中。'《明堂位》曰:'瞽宗,殷学也。泮宫,周学也。'以此观之,祭于学宫中。"[②]瞽宗是殷商所立学校的名称,周人立学承用其名,郑司农则称为学宫。静簋铭文云:"唯六月初吉,王在芬京,丁卯,王令静司射学宫,小子眔服、眔小臣、眔尸(夷)仆学射,雩八月初吉庚寅,王以(与)吴㐰、吕牺俻幽盎师邦君射于大池。"静簋属王世民等所分圈足簋中的第3式,是西周中期约当穆王前后的标准器之一。[③] 从铭文来看,六月丁卯,周王命静职掌学宫射事,至八月庚

---

① (清)孙诒让:《周礼正义》,北京:中华书局1987年版,第2475页。
② (清)阮元校刻:《十三经注疏》,北京:中华书局2009年版,第1700页。
③ 王世民、陈公柔、张长寿:《西周青铜器分期断代研究》,北京:文物出版社1999年版,第61页。

515

寅,周王与吴忞等人在大池习射,则学宫即大池。杨树达列举数证,证大池即辟雍,亦即学宫。① 辟雍是周人所立学校,铭文亦以学宫称之。因此,诸家释荣仲方鼎铭文首句末字为"宫",若进而视为学宫,则与释为"序"字并无二致,皆与铭文反映的内容契合无间,只不过释为"序"字,而"序"在文献中明指学校,意义更加显明而已。

根据甲骨卜辞的记载,商代不仅有教授贵族子弟礼、乐、舞、射等技艺的大学、内学、教瞽、右学等名称不同的学校,②而且还有以序为名的学校,《甲骨文合集》第 36542 号黄组卜辞云:

甲午卜,贞在猷天邑商皿序卒兹月亡畎,宁。
乙丑卜,贞在猷天邑商公序卒兹月亡畎,宁,在九月。
甲午卜,贞在猷天邑商公序卒兹月亡畎,宁。

从上引卜辞的内容来看,是贞问设在猷地的天邑商皿序或公序在兹月之内是否安宁。李学勤指出:"天邑商皿序或公序是商都的学校。"③传世文献中,亦有殷商所立学校名序的记载。《孟子·滕文公上》云:"夏曰校,殷曰序,周曰庠,学则三代共之。"序本是殷商所立学校的名称,卜辞与文献的记载皆可为证。周承殷制,立学施教,沿用旧名,亦名其所立学校为序。因此,释铭文首句末字为序,不仅意义更加显明,而且还反映了殷周学名相承不替的历史事实。当然,文献中亦有以序为夏代学名的记载。如《礼记·明堂位》记鲁国所立学校云:"序,夏后氏之序也。"传闻异辞,不足为怪,或许商代名序的学校亦是承用了夏代的学名。

传世文献关于周代王朝所立学校及其名称的记载,颇为零碎而散见于各处:天子立东学、西学、南学、北学、中学,而中学最尊,见于《大戴礼记·保傅》所引《学礼》;虞学名上庠、下庠,夏学名东序、西序,殷学名右学、左学,周学名东

---

① 杨树达:《积微居金文说》(修订本),北京:中华书局 1997 年版,第 168—170 页。
② 宋镇豪:《夏商社会生活史》下册,北京:中国社会科学出版社 1994 年版,第 679—695 页。
③ 李学勤:《论荣仲方鼎有关的几个问题》,《通向文明之路》,北京:商务印书馆 2010 年版,第 154 页。

胶、虞庠,见于《礼记》的《王制》和《内则》；东序、瞽宗、上庠、成均,见于《文王世子》；辟雍,见于《诗经·大雅》的《灵台》和《文王有声》。师氏因守王门而教国子三德、三行,保氏因守王闱而教国子六艺、六仪,见于《周礼》,而后世遂有师氏、保氏在门闱立学施教的说法。经书的记载支离破碎,汉唐的注疏相互违依,令人难以对周代所立学校的格局有一个明晰的认识。至于宋代,陆佃始将诸书所言学校与《学礼》的记载结合起来,对周代所立学校的格局作出了合理的阐释。[1] 其后黄式三、黄以周父子等学者续有发明,周代王朝所立学校的格局及其名称始了然可辨。[2] 综合诸家所论,周代王朝所立学校有五,并于一处建之,东学名东序,南学名成均,西学名瞽宗,北学名上庠,中学名辟雍而辟雍四周有水环之,若称辟雍为大学则东序、成均、瞽宗、上庠皆有小学之名,师氏、保氏教国子之小学别在王宫南之左,同在一处的五学相对于王宫南之左的小学而言又往往皆称为大学。

　　序作为周王朝沿用殷商旧名设立的学校,因其建在辟雍之东,亦或称东序,或称东胶。东胶之称,不仅在于明其所在,亦在于明其功能。郑注《王制》云:"胶之言纠也。"[3]纠察德行之善恶、学业之精疏,故因其位在辟雍之东或有东胶之称。在西周时代,序不仅是讲学习业的学校,亦是执行选举制度、养老制度、受成告克等各项政治制度的行政机构之一。荣仲方鼎的铭文极其简略,未言荣仲召唤芮伯、胡侯之子入学所习之业。若据上引静簋铭文的记载,似可推测在序中所习之业是射礼,因为序或学宫都是演习礼乐、施教布政的学校。传世礼书中,《仪礼》的《乡射礼》《大射》分别记载了州长、诸侯所行射礼的总体进程与主要仪节,却不见详细记载天子所行射礼的总体进程与主要仪节的文本。州长、诸侯举行射礼之前皆先行饮酒之礼,天子行射礼当也不例外。凡射前先行饮酒之礼,必杀牲以为俎实膳羞。天子制俎实膳羞之牲,传世文献有记载。《周礼·牛人》云:"飨食宾射,共其膳羞之牛。"孙诒让据《诗经·伐木》及《毛序》,认为天子射前所行饮酒之礼用于制俎实膳羞之牲当是大牢。[4] 天子举行射礼,不

---

[1] (宋)卫湜:《礼记集说》卷一百十三,文渊阁《四库全书》本。
[2] 程继红、张涅主编:《黄式三全集》第5册,上海:上海古籍出版社2014年版,第85—87页;(清)黄以周:《礼书通故》,北京:中华书局2007年版,第1327—1352页。
[3] (清)阮元校刻:《十三经注疏》,北京:中华书局2009年版,第1426页。
[4] (清)孙诒让:《周礼正义》,北京:中华书局1987年版,第928页。

仅杀牲制俎实膳羞,而且自始至终的主要仪节都以乐行礼,有关的记载散见于《周礼》中各职官之下:凡射,笙师共其钟笙之乐;宾射,典庸器帅其属设笋虡、陈庸器,眡瞭奏其钟鼓,镈师鼓其金奏之乐;大射,王出入,大司乐令奏《王夏》,及射,大司乐令奏《驺虞》、诏诸侯以弓矢舞,大师帅瞽而歌射节;燕射,乐师帅射夫以弓矢舞。因此,就荣仲方鼎铭文而言,周王为担任诸子之职的荣仲建造了名序的学校,大子赐予荣仲扬庸一、牲大牢,二者皆是射礼不可或缺的礼物,可证荣仲召唤芮伯、胡侯之子入于序中是为了演习射礼。

若根据传世文献的记载,亦结合大子赏赐荣仲扬庸一、牲大牢而论,似又可推测荣仲召唤诸侯之子入于序中的目的是行养老之礼。《礼记·文王世子》云:

> 天子视学,大昕鼓征,所以警众也。众至,然后天子至,乃命有司行事,兴秩节,祭先师先圣焉。有司卒事,反命,始之养也。适东序,释奠于先老,遂设三老、五更、群老之席位焉。适馔,省醴,养老之珍具,遂发咏焉。退,修之以孝养也。反,登歌《清庙》,既歌而语,以成之也。言父子、君臣、长幼之道,合德音之致,礼之大者也。下管《象》,舞《大武》,大合乐以事,达有神,兴有德也。

释礼的记文大都是针对实际践行的礼典阐释整个礼典或主要仪节的礼义,上引记文也不例外。从其据礼释义的叙述来看,略可分辨出养老之礼的主要仪节及其进程,可证东序中所行养老之礼是西周以来实际践行的礼典,绝非出于后世的凭空杜撰。西周以来,在学中举行养老之礼,其他文献也有记载。《王制》云:"周人养国老于东胶,养庶老于虞庠。"《乐记》云:"食三老、五更于大学,天子袒而割牲,执酱而馈,执爵而酳,冕而总干,所以教诸侯之弟也。"前文已指出,东胶即东序,亦简称序,皆指建在辟雍之东的学校,相对于王宫南之左的小学而言,东序亦有大学之称。因此,上引诸文有关养老的记载并无不同,相兼互补,义更显明。"养老之珍具"即袒而所割之牲牢,"冕而总干"即合乐所舞之《大武》。实际上,铜器铭文也记载了养老之礼。效卣铭文云:

> 唯四月初吉甲午,王雚(观)于尝,公东宫内(纳)乡(飨)于王。王

赐公贝五十朋,公赐厥涉(世)子效王休(好)贝廿朋,效对公休,用作宝尊彝。

与此卣同铭之器,还有一尊。关于铭文的释读,自来有多种不同的意见。①冯时认为铭中"观尝"与《周易·颐》所言"观颐"意同,又据《象》《序卦》的说明,明确指出效卣铭文所记是养老之礼,西周时代早已成为制度。②效卣属扁圆体罐形卣中的一种类型,是西周中期偏早时段的标准器之一。③传世文献中的东序、东胶皆指处于辟雍之东的学校,以东序、东胶例之,东宫或亦代指学校,只不过"公东宫"可能指诸侯所立学校,亦因其所在而有东宫之名,犹如凡可作为学校的宫室皆可称为学宫一样,铭文中未必一定是太子、官名或姓氏的代称。若此判断不误,联系前引《文王世子》文,则效卣铭文所记或亦是周王视学观礼而在学中行养老之礼的记载,可证东序养老是西周时代自天子至于诸侯都实际践行过的礼典。综上所述,养老之礼是西周时代曾经践行的重要礼典之一,之所以在序中行此大礼,目的是为了教国子以孝道,行礼时升歌《清庙》、下管《象》、舞《大武》以乐三老、五更及群老,又备醴酒、牲牢等养老之珍具以养之。至此再联系荣仲方鼎铭文所言大子赏赐荣仲之物而言,扬庸或是用于奏乐合舞,牲牢则是养老之珍具。若此推测不误,则荣仲孟春召唤芮伯、胡侯之子入于序中所习之业正是养老之礼。于此需要补充说明的是,《象》和《大武》都是周初制礼作乐时周公主持制作的乐舞,而升歌《清庙》、下管《象》、舞《大武》则是合用武舞与文舞的程序,所用乐歌除《清庙》外,见于《诗经·周颂》的还有《维天之命》《维清》《武》《赉》《酌》《桓》,旨在表现周王朝的文治武功。④荣仲方鼎是康王时器,若铭文所言果是养老之礼,行礼时用周初制作的乐舞以乐所养之诸老,固在情理之中,也符合历史发展的逻辑顺序。

相传古代的学校是依季节的变化分别以诗、书、礼、乐四科教授国子,如《王制》云:"乐正崇四术,立四教,顺先王诗、书、礼、乐以造士。春秋教以礼、乐,冬

---

① 陈梦家:《西周铜器断代》上册,北京:中华书局2004年版,第121页。
② 冯时:《董鼎铭文与召公养老》,《考古》2017年第1期,第78页。
③ 王世民、陈公柔、张长寿:《西周青铜器分期断代研究》,北京:文物出版社1999年版,第128页。
④ 贾海生:《周公所制乐舞通考》,《周代礼乐文明实证》,北京:中华书局2010年版,第133—159页。

夏教以诗、书。"《文王世子》亦云："凡学世子及学士必时：春夏学干戈，秋冬学羽钥，皆于东序。……春诵夏弦，大师教之瞽宗。秋学礼，执礼者诏之。冬读书，典书者诏之，礼在瞽宗，书在上庠。"荣仲召唤芮伯、胡侯之子聚于序中是在孟春之月，若在序中所行之礼是射礼，行礼时有奏乐歌诗的仪节，体现了以诗、礼、乐为国子所习之业的情形，若在序中所行之礼是养老之礼，升歌《清庙》、下管《象》、舞《大武》更能体现以诗、礼、乐为国子所习之业的情形。无论是哪一种情况，都反映了《王制》《文王世子》所言春季应当实施的教学内容，可见二者所言虽互有出入，却并非完全无据。若此判断亦不误，可据以推测至于夏、冬两季国子所习之业又变为以读书为主了。

综上所论，荣仲方鼎的发现，不仅为研究西周初期的官制，也为中国教育史的研究，提供了珍贵的资料，值得不断进行更加深入的探索。

附记：下图为荣仲方鼎器形及铭文拓本

从苞苴礼看上古礼义的生成方式

余 琳 戴伟华
华南师范大学中国文学与文化研究所

在"苞苴礼"的阐释史上,一直与《诗经·国风》中的一首诗歌有着密切的联系。《诗经·召南·野有死麕》:

> 野有死麕,白茅包之。有女怀春,吉士诱之。
> 林有朴樕,野有死鹿。白茅纯束,有女如玉。
> 舒而脱脱兮,无感我帨兮,无使尨也吠。

如同《诗经》中其他爱情诗一样,本诗的爱恋主题,在此后两千多年的《诗经》学研究史上,也经历了一番艰难的确认过程。汉代开始,《毛诗序》将该诗的主题确定为"礼制诗",认为本诗是针砭乱世时期,男女交往无礼:"言恶无礼,谓当纣之世,天下大乱,强暴相陵,遂成淫风之俗。被文王之化,虽当乱世,其贞女犹恶其无礼。"[1]自此,经学家对本诗的主题分析引入政教化的"以礼说诗"阐释模式。如唐代经学家孔颖达疏:"言凶荒则杀礼,犹须礼以将之,故贞女欲男于野田中有死麕之肉,以白茅裹之为礼而来也。"[2]南宋王质《诗总闻》:"女至春而思有所归,吉士以礼通情,而思有所耦,人道之常。"[3]清人王先谦说:"韩说曰:

---

[1] (清)阮元校刻:《十三经注疏》,北京:中华书局2009年版,第615页。
[2] (清)阮元校刻:《十三经注疏》,北京:中华书局2009年版,第615页。
[3] 转引自程俊英、蒋见元:《诗经注析》,北京:中华书局1991年版,第54页。

'平王东迁,诸侯侮法,男女失官昏之节,《野麕》之刺兴焉。'"[1],历代解经家都自觉或无意识地忽略了本诗的爱情主题,而将其归为"说解古礼大义",直至民国时期新文化运动兴起,本诗的真实情感才得以正视。值得注意的是,从西汉延续至清代,经学家们均将本诗的主题归纳为"刺"诗——以全刺偏,针砭其时礼崩乐坏,男女逾礼。《国风》中将爱情诗归为"刺"诗的诗歌很多,如《国风·郑风》,孔子就贬其为"郑声淫",但《野有死麕》诗中男女自由开放的爱恋行为则不仅不是经学家斥责的对象,反而是其表彰的典范,理由在于诗中男主人公——吉士的行为恪守了某项古礼的规定,那么,是什么礼仪具有如此灵活的意义阐释能力,使得经学家借此掩饰原本使其尴尬的情诗主题呢?

一、"礼"为何礼?

在上述经学家的阐释中,都认为《野有死麕》中男子之所以能成为正面典范,是因其守礼,如孔颖达"白茅裹之为礼而来",王质"吉士以礼通情",经学家这里所理解的礼,究竟是何种礼仪呢?从众多阐释来看,都指向"婚姻"之礼。如王先谦"诸侯侮法,男女失官昏之礼,《野麕》之刺兴焉"。婚礼,属古之嘉礼范畴,具有调和阴阳、厘定人伦、顺天地人性的礼仪大义。那么《诗经》中吉士的行为为何与婚礼有所关联?《毛诗》孔疏曰:"昏礼,五礼用雁,唯纳征用币,无麕鹿之肉。……此由世乱民贫,故思以麕肉当雁币也。"[2]孔颖达将吉士所献上的"麕肉"理解为婚礼中重要的环节"纳采、纳征"中使用的雁币,这原是婚礼中固定的礼物,被称为"挚",并借用古礼中"杀礼"的原则进行解释,当遇到灾难或不可阻挡的困难时,行礼者可以相应地变换礼仪中礼物的种类或数量,这种仪式上的调整并不影响礼仪意义的表达,故《礼记·礼器》:"礼不可不省也。礼不同、不丰、不杀。"因此麕肉等同于"雁币",执行着与之相应的礼物功能。

然而,孔颖达的解释事实上存在很多可以质疑的地方。首先,世乱民贫、遭遇荒年,但捕获麕鹿并不比获取大雁更为容易。"野有死麕,群田之,获而分其

---

[1] (清)王先谦:《诗三家义集疏》卷二,北京:中华书局2011年版,第111页。
[2] (清)阮元校刻:《十三经注疏》,北京:中华书局2009年版,第616页。

肉。"从常识上讲,大雁可单人射取获得,而麋鹿则需群体集体捕获,从劳动强度上讲,后者比前者更为不易。再者,古礼的"杀礼"原则,一般是朝"减"的方向努力,如数量减少、规格降低等,但麋鹿较之大雁,在体量上有"增"的趋势。第三,婚礼中纳采用雁,纳征用币,在挚礼上具有严格的区分,前者代表婚礼的开始,后者代表婚姻关系的正式缔结,二者之间还需通过"问名"与"请期"的环节,素无两者合二为一,省略中间过程、合送一礼的惯例。最重要的是,雁在婚礼过程中具有"阳倡阴和"象征含义,而这是麋鹿所无法取代的,因此经学家本人对此都难以自圆其说,只能将话语重心转移到礼物的包裹方式上,借此确立意义。孔颖达疏:"及野之中有群田所分死鹿之肉,以白茅纯束而裹之,以为礼而来也。由有贞女坚而洁白,德如玉然,故恶此无礼,欲有以将之。"①

可以看出,对本诗"礼"的主题阐释,事实上有两个维度,经学家致力于从"婚姻中挚礼"的角度为本诗提供合乎正统政教的解说,却又不得不从吉士行礼的特殊方式"白茅包之"上进行阐发。而这两个解释维度,背后的依据事实上是两种不同的礼仪形态:以象征意义为主导的挚礼,与以日常行为为基础的苞苴礼。二者也代表着古礼意义构建的两种途径。

经学家对《野有死麕》的内涵期待与解读努力,显然是倾向于挚礼的。挚礼是古代相见礼重要的实现形式,"士以职位相亲,始承挚相见"②,具体表现为手持礼物前往见面,礼物具有固定的种类,《周礼·大宗伯》:"以禽作六挚,以等诸臣。孤执皮帛,卿执羔,大夫执雁,士执雉,庶人执鹜,工商执鸡。"有区分等级之意,在诸侯朝见天子及互相见面、卿大夫相见、士相见、士面见卿大夫等场合,持不同礼物而来,代表各自所属的阶层,也从礼物上折射出自身所具有的品格。郑玄注:"皮帛者,束帛而表以皮为之饰。皮,虎豹皮。帛,如今璧色缯也。羔,小羊,取其群而不失其类。雁,取其候时而行。雉,取其守介而死,不失其节。鹜,取其不飞迁。鸡,取其守时而动。"③可见每种礼物与各等级人的身份特征是相符合的,诸侯执皮帛,虎豹皮与玉色丝帛,都是最为贵重之物,象征君主至高的地位。卿执羔,群而不独,代表着利益核心集团的向内一致性与向外排斥

---

① (清)阮元校刻:《十三经注疏》,北京:中华书局2009年版,第616页。
② (清)阮元校刻:《十三经注疏》,北京:中华书局2009年版,第2105页。
③ (清)阮元校刻:《十三经注疏》,北京:中华书局2009年版,第1644页。

性;大夫执雁,雁候时而行,象征大夫群体追随君王,听其召唤,随其东西;士执雉,雉鸟性情耿介,守节而死,象征士人坚贞不屈,为君死节的节操;庶人执鹜,庶人是一般百姓,普罗大众,鹜是鸭的古称,鸭不善飞远,庶人执鹜,象征安土重迁,眷念故土;工商执鸡,随机而动,善于经营。

挚礼还要求呈现礼物的方式需要显明性,使人一目了然。《仪礼·士相见礼》贾公彦疏:"凡以挚相见之法,唯有新升为臣,及聘朝,及他国君来,主国之臣见,皆执挚相见。"①所挚之物不可遮挡,是个人身份、社会等级地位的象征符号,在礼仪中清晰地传达意义。《仪礼·士相见礼》:"士相见之礼。挚,冬用雉,夏用腒。左头奉之。"《曲礼》:"执禽者左首",孔颖达疏:"禽,鸟也。左,阳也。首亦阳也。左首谓横捧之也。凡鸟皆然……客以鸟首授之。"②有时为携带或装饰之便,也会加以覆盖包装,但通常会在包裹上标出记号,显示出内含何物,一目了然,如"饰羔雁者以缋。缋,画也。画布为云气,以覆羔雁为饰以相见也"。这是挚礼中虽掩犹显的献礼行为。

经学家试图将"麇鹿"视为婚礼中的"雁币",是因为雁币在婚礼中的给出方式,正是通过行"挚礼"来完成的。上古婚礼仪式中,需行六礼:纳采、问名、纳吉、纳征、请期、亲迎。在以上仪式中,最为关键的两个环节是纳采与纳征。纳采礼中,男方请媒人将大雁送至女方家,以示求婚之意,大雁代表婚姻关系,雁顺时气而动,代表婚姻关系中阴与阳的相生相长:"用雁为挚者,取其顺阴阳往来。"③纳征又名纳币,代表婚姻关系的确定:"征,成也。使使者纳币以成昏礼。"④男方向女方奉上一定数量的玉璧锦帛,除此之外,还要加上俪皮,即鹿皮两张。"两皮为庭实",此物要陈列于朝堂之上,公开展示。这两个环节完成后,代表着事实上婚姻关系已经建立起来了。经学家希冀以"麇鹿"代表"雁币",来表示吉士与女子婚姻关系的确立,因此两人的接触在合乎礼法的婚姻关系中,不仅不是负面例子,反而是顺天地之意,合人伦之美了。

然而,经学家在"野有死麇,白茅包之"这一记载上始终阐释无力,挚礼的核

---

① (清)阮元校刻:《十三经注疏》,北京:中华书局2009年版,第2108页。
② (清)阮元校刻:《十三经注疏》,北京:中华书局2009年版,第2694页。
③ (清)阮元校刻:《十三经注疏》,北京:中华书局2009年版,第2074页。
④ (清)阮元校刻:《十三经注疏》,北京:中华书局2009年版,第2077页。

心要求,第一是礼物要具有象征性,第二是礼物的呈现方式应公开、明确。而这一诗句正好违背了挚礼的两个关键性的要求,以致于以"杀礼"为借口也无法掩饰,经学家才不得已从白茅"包裹"的外形上阐释意义。这一解释中的困境正提示出本诗句的记载并非随意为之、毫无意义,而是对另一礼仪古制的如实反映——即上古苞苴礼的存在形态。

二、苞苴礼内涵考察

"野有死麇,白茅包之",这一看似朴素的行为揭示出在上古相见礼的行礼模式中,除挚礼外,还有一种隐藏礼物,包裹赠予的行礼方式,即苞苴礼。在历代礼书中,有关苞苴礼的内涵解释是只言片语的,但"包裹"常作为物品的呈送形式出现在吉、凶、军、宾、嘉五礼当中。如《曲礼》中记载:"赐果于君前,其有核者怀其核。御食于君,君赐余,器之溉者不写,其余皆写。"《曲礼》是记载士人生活中细枝末节事项的礼仪。此处经文中的"君",可以视为尊者——如位高者,年长者等,发生的礼仪背景,正是长者与少者、尊者与卑者相见时的场面,属于宾礼范畴。《曲礼》中的这条记载,是相见时分,尊者赐食物给下属的礼仪规范,尊者赐果实时,不能随意丢弃果核,尊者将未食尽的饭食赐予属下,是对属下的一种礼遇,那么当下属领受这样的饭食时,如果是用可以洗涤的器皿如陶器、漆器等盛放,则可以直接就着该器物进食,如果是以不便洗涤的器物如萑、竹类装盛,则需倒出食用,以免时间过长,食物污染器物,清洗不易,损坏了属于尊者的器物。在尊者赐下的食物当中,提到有可溉者,即可以洗涤的陶器、漆器;以及不可洗涤的"其余者",如萑竹类。可见尊者所赐食物都是以器皿装盛,以保证食品清洁卫生。此外,在盛放或运输肉类食品的时候也需要包裹起来,这一方面是出于清洁的考虑,一方面也为了便于搬运或携带,如《礼记·礼运》篇:"及其死也,升屋而号,告曰:'皋某复!'然后饭腥而苴熟。"孔颖达疏义解释"苴熟":"至欲葬设遣奠之时,而用苞裹孰肉,以遣送尸,法中古修火化之利也。"[1]这里提到丧礼中用苞苴裹熟肉,进献给象征亡灵的"尸"享用,象征上古

---

[1] (清)阮元校刻:《十三经注疏》,北京:中华书局2009年版,第3065页。

时期人们告别生食后,在生活中以火煮食的习俗。《仪礼·士昏礼》:"腊必用鲜,鱼必用鲋,必殽全。"婚礼中使用腊,本为干肉,但为取新婚夫妇日新之义,腊替换为新鲜的牺牲肉类。风干的腊肉可直接呈放,对搬运和保存没有大的影响,新鲜的肉类则需要苇草包裹以便收纳,鲋鱼就是鲫鱼,无论是鲜肉还是鱼类,都需要使用没有腐败与破损的,所以必要的包裹对保持鱼、肉的完整清洁是很有用的。《礼记·少仪》孔疏云:"《内则》云'炮取豚,编萑以苴之',是编萑苇以裹鱼及肉也,亦兼容他物。故《禹贡》云:'厥包橘柚。'"苞苴礼是以天然草木植物苇叶,将肉类或蔬果类包裹起来,既使物品清洁卫生,又方便携带。作为一种礼仪,它具备了两方面的信息:首先,苞苴礼的礼物多为可消耗的食品,其次,礼物的呈现形态是被包裹掩盖着的,即在进献时是隐蔽的。这两者都与挚礼的内容与形式形成了鲜明对比。

苞苴礼的这两个特征,使其在古礼体系中长期处于次要和随从的地位。原因在于:首先,古礼是一套内涵丰富的表意话语体系,它所具有的象征意义是第一位的,如《乡饮酒礼》中宾主坐位,都具有严格的规定性与对应意义,"宾主,象天地也。介僎以象日月,立三宾以象三光也。让之三也,象月之三日而成魄也。四面之坐,象四时也"。象征意义的建立,必然要求有稳定的物质符号作为载体,如挚礼中对礼物严格的规定性。但苞苴礼中所奉礼物,种类较多,变化也较为频繁,可以是蔬果、肉类、主粮等。第二,在象征性符号体系中,人们重视的是符号所指向的意义,而非符号的物质本身。但苞苴礼作为具体的献礼行为,使人们将关注重心放在苞苴之物,以及对物的消费上,因此它的现实功用性较为突出,使其居于较次要的意义行列之中。第三,挚礼与苞苴礼虽均为相见礼仪的两种形式,但在行礼过程中所居的时间节点是不同的。挚礼位于礼仪的开端阶段,在相见环节行挚礼,显示来者的身份和礼仪的开始。《礼记·表记》:"无辞不相接也,无礼不相见也,欲民之勿相亵也。"又如上古婚礼第一环节"纳采"开始时,先由求婚一方所派出的媒人向女方赠予挚礼——大雁。若女方接受大雁,则婚礼流程继续向下进行,如拒绝则到此为止。再如《仪礼·士相见礼》:"宾对曰:'某不以挚不敢见。主人对曰:'某不足以习礼,敢固辞。'宾对曰:'某也不依于挚不敢见,固以请。'"《仪礼》中主人与来宾的对话显示挚是相见礼仪开展的依据。对于求见的宾客来说,挚代表着充满敬意的请见;郑玄注:"见于所尊敬而无挚,嫌大简。"对于主人来讲,接受挚礼前需要推辞一番,表示谦让。因此,挚礼的授收,意味着一系列复杂的礼仪活动随之拉开了序幕。人类学、民俗学的研究都认为,礼物在早期人类社会出现时,有代表人际交往中相互馈赠和交换的含义,礼物的交换是礼仪起源、演变和发展的源头。杨向奎先生在其著作《宗周社会与礼乐文明》中介绍了法国学者莫斯(Mauss)关于原始社会物物交换的学说:

> 原来在初民社会内,无所谓商业交易,仅有一种友谊的或强迫的赠借制度,而此(前文)所谓的"全体赠给"。即因此种制度乃是强迫的,相互的,集合的,并且是与经济的、法律的、宗教的、艺术的、社会形态等方面全体有关的。在此制度内,应给与者必须给与,应接受者必须接受,而接受者经过相当期间后,仍必须予原来给与者以报酬。此种必须给予、必须接受与必须报酬之种种手段,均须在一盛大的节日与公共的宴会之下举行。在这种典礼、宴会之内,一方面带有浓厚的宗教或巫术的色彩,另一方面也有财富、技术或美术的竞赛意味。又因为此种竞赛式赠借制度是与初民的整个生活有关,所以莫斯名之曰"竞赛式之全体赠借"。[1]

苞苴礼出现在礼仪的进行环节中:《礼记·少仪》是专门记载相见与荐羞的一篇,其中便有这样的记载:"笏、书、修、苞苴、弓、茵、席、枕、几、杖、琴、瑟,戈有刃者,椟、策、龠,其执之,皆尚左手。"以上诸物,左手在上执之,右手在下承之。在挚礼之后,更多礼物继续呈上,这里所列之物,多为日用之物,苞苴礼位列其中,显示其所含之礼物也与日常用品同类,为消费品,不如挚礼所献之物那样具有重大的象征含义。可以看出,在全面建立礼制及其阐释体系的西周时代,在一个以象征含义为最大价值追求的礼仪体系面前,苞苴礼以其具体而细致的行为方式,只能在行礼中充当辅助与从属的功能,是协助礼仪大义建构的细枝末节。

---

[1] 杨向奎:《宗周社会与礼乐文明》,北京:人民出版社1997年版,第244页。

三、包而裹之——苞苴礼之意义重构

象征性礼仪体系具有稳定的阐释模式,但也具有一定的潜在风险,当礼仪体系赖以依存的社会文化语境消失之后,原有的表意符号也随之丧失意义。因此,当两周礼制逐渐瓦解之后,挚礼相对固定的物质载体也开始失去表意功能。进入春秋时期后,人们也开始注意到,在时空范围内相对独立的,除固定的物质形式外,还有具有共通性的行为模式。因此,苞苴礼从另一个角度重新回到礼仪视野中。苞苴礼的重要行为模式,在于无论内含何物,均需要以"包裹"的形式将其装束起来。因此,当包裹完成之后,实物被隐藏,显现出新的外在形式。这一行为本身与所呈现的外形为苞苴礼的意义重构提供了又一话语空间。

"野有死麕,白茅包之",一句看上去无意的记载,事实上具有深刻的历史内涵。首先,从包裹物的选择上看,使用的是白茅。在《诗经》中象征着女子的纯洁品行的白茅,上古时期广泛运用于祭祀等重要场合起到包裹之用。《左传·僖公四年》管仲对曰:"昔召康公命我先君大公曰:'五侯九伯,女实征之,以夹辅周室。'赐我先君履,东至于海,西至于河,南至于穆陵,北至于无棣。尔贡包茅不入,王祭不共,无以缩酒,寡人是征……"可见以茅包之是春秋时期献礼常用的做法,白茅还因此列于贡品行列。《小雅·白华》"白华菅兮,白茅束兮。之子之远,俾我独兮",这里白茅是裹束之用。白茅叶片细小,易腐损,不可能用其叶进行包裹,其颜色为绿色,即使包裹,也不可能呈现出"洁白"的质感。从古籍记载来看,古人利用的是白茅根部,进行捣练沤麻,提取纤维进行纺织。白茅根制麻布似为上古时期较为主流的织物形式:《周易》:"藉用白茅,无咎。"《黄帝问玄女兵法》:"凡欲招致神,当于帛上书诸神名,如法祭之。齐事六日见形,六十日一祭,合诸神祭之。祭法:脯长一尺,广三寸,白茅为藉,编以青丝;藉长二尺四寸,广六寸;饼枣粟并脯置藉上,杯皆黑中。"[1]《山海经》:"自招摇之山,以至箕尾之山,凡十山,二千九百五十里,其神状皆鸟身而龙首。其祠之礼:毛用一璋玉瘗,糈用稌米,一璧,稻米、白菅为席。"白菅是白茅的别称,几处文献都提到祭祀

---

[1] (清)严可均编:《全上古三代秦汉三国六朝文·全上古三代文》卷一六,北京:中华书局1958版,第229页。

中收纳祭祀品,多盛放在白茅麻席之上。以将其制作成席的形式,置于祭祀品之下。因白茅织布色泽较为洁白,有洁净之意,目的在于使祭祀品更为干净,同时,也使祭祀品与日常空间有所隔离。《史记·孝武本纪》:"于是天子又刻玉印曰'天道将军',使使衣羽衣,夜立白茅上,五利将军亦衣羽衣,立白茅上受印,以示弗臣也。"要使使者和将军能够在白茅上站立,必定先需将白茅制成织物,从文意推测,此站立之物也应为白茅席。从上述文献看,在上古祭祀、礼仪中,都存在大量使用白茅织物的场合,白茅本为野生植物,生长周期较快,但因对纺织物的巨大需求,还需有专人耕种白茅,用以织成麻布。那么,重新审视"野有死麕,白茅包之",可以发现,白茅根所织的麻布是上古珍贵而重要的包裹物,用其包裹麇鹿肉,不仅清洁卫生,便于携带,而且赋予礼物优美的外观形式,较之麇鹿肉本身,这种外在洁白的礼品形式更能表达送礼人的深情厚谊。孔颖达在说解此句意义时,也注意到这一包裹的外形带给观者强烈的视觉感受:"及野之中有群田所分死鹿之肉,以白茅纯束而裹之,以为礼而来也。由有贞女坚而洁白,德如玉然。"虽然他极欲将该句作婚礼中的"挚礼"解读,但客观而言,也不得不承认此诗句反映出上古苞苴礼特有的处理礼物方式。

苞苴礼以织物、器皿等包装礼物的形式,本为清洁、便利的实用性功能考虑,但与挚礼相反,它恰好遮盖了礼物本来的样式,使其形式逐渐显得比内容更为重要,苞苴礼的流行,为礼仪发展提供了新的可能。在礼仪起源阶段,以物易物是礼仪的核心,献出礼物为的是换回同等的价值,遵循的是平等交换原则,而苞苴礼则提供了"礼尚往来"的行为模式,即礼物本身不再是礼仪中心,而伴随物建立起来的人际关系网络和情谊流动成为新的礼仪目的。

以《卫风·木瓜》为例,在《诗经》注释中,这是一首明确提及苞苴礼的诗歌:孔颖达疏:"《孔丛》云:孔子读《诗》,自《二南》至于《小雅》喟然叹曰:'吾于《二南》,见周道之所成;于《柏舟》,见匹夫执志之不易,于《淇奥》,见学之可以为君子,于《考槃》,见遁世之士而无闷于世;于《木瓜》,见苞苴之礼行;于《缁衣》,见好贤之至。'"[1]《孔丛子》中孔子论诗,谈及苞苴之礼时是有深意的。孔子在谈《诗经》中《二南》《柏舟》《淇奥》《考槃》《缁衣》等篇时,都从中领悟到了君子修

---

[1] (清)阮元校刻:《十三经注疏》,北京:中华书局2009年版,第691页。

身、立命、为人、处世的大道理,唯独于《木瓜》一诗,孔子悟到的是——"苞苴之礼行"。倘若如郑玄注中所释"以果实相遗者,必苞苴之",将其理解为一种包裹物品的方式,那么孔子对其他诗篇的理解与对《木瓜》一诗的理解,将不在一个层面上,其他诗作均领会到其诗歌背后的哲理,唯独《木瓜》,读出的是一种献礼行为?前者谈精神,后者谈物质,这显然是不对称的,因此孔子对《木瓜》中"苞苴之礼"的理解,应该另有深意。

在《木瓜》一诗中,礼物赠予的过程是很特别的,获赠木瓜、木桃、木李,回报以琼琚、琼瑶、琼玖。前者是植物果实,后者是稀有美玉,从价值上判断,后者比前者要贵重很多。《诗经》解题中解释到,《木瓜》一诗是卫国人赞美齐桓公美德的诗篇,当狄人入袭卫国时,齐桓公施救,并赠以车马器服。卫人思及齐桓公厚德,欲厚报之,故作《木瓜》。因此,本诗中的礼物交换既突破了原始礼仪交换中以物易物的等价原则,也不再遵循挚礼中礼仪代表身份、地位、行礼意图等象征原则,而表现出重德行、重仁义的道德原则。苞苴礼在行礼过程中,对礼物进行了遮盖,因此礼物本身所具备的价值不再是第一位的,馈赠礼物的真诚心意则成为最重要的,所以《木瓜》诗中反复强调:"匪报也,永以为好也。"报答本来是礼物交换的根本原则,《礼记·曲礼上》:"太上贵德,其次务施报。礼尚往来,往而不来,非礼也;来而不往,亦非礼也。"答报的依据在于等价值,但此时礼仪双方永远友好的愿望使得道德感情胜过了利益考虑,成为君子馈赠的新标准,苞苴礼借其包裹的外在形式,不拘于礼物的轻重,而成为感恩图报、情谊沟通的载体,是孔子所感叹的君子交往的更高标准。所以苞苴礼从一种具体的行礼方式,发展成为儒家人际交往的审美理想,超越了原始礼仪物物交换的功利性,礼制社会等级分明的阶级性,使礼从实用主义禁锢中完全解放,表现出一种去利、存义,等尊卑亲疏的大和大同精神向度,完成了儒家礼仪的终极意义构建。

然而,苞苴礼所体现出来的这种审美理想,在礼仪发展的过程中,只是昙花一现,很快就消失了。正如"大礼与天地同节"是儒家的礼教理想,而事实上礼仪是一种严格的社会行为规范一样,形而上的精神意志,与形而下的现实始终处于割裂之中,苞苴礼也重新回到送礼行礼的具体行为之上,并且经过战国"礼崩乐坏"的社会变革,它甚至成为夹藏重金、私下贿赂的行礼手段:《荀子》一书中已有记载:"汤旱而祷曰:'政不节与,使民疾与,何以不雨至斯极也!宫室荣与,妇谒盛与,何以不雨至斯极也!苞苴行与,谗夫兴与,何以不雨至斯极也!'"(《荀子·大略篇》),汤王将干旱不雨的原因归纳为政不节,宫室荣与苞苴行,可见这三方面均具有负面意义,杨倞注释道"货贿必以物包裹,故总谓之苞苴"。苞苴礼的自我解构,正是从它建构意义的方式而来,包裹形式本来是对物质内容的覆盖与超越,但此时却为利益收授打开方便之门。苞苴礼在战国时期的流行,随之而来的则是自身古义的沦丧。古代礼仪所具备的精神向度、象征符号,意义诉求与价值标准也被这日渐膨胀的功利主义思想所逐渐蚕食,苞苴礼以日常行为方式建构起自己宏大意义的同时,也遭到来自同一维度的解构,意义终归消解。

精神道德已被践踏,具体的行为准则也遭漠视,"下臣事君以货,中臣事君以身,上臣事君以人"(《荀子·大略》),当君臣上下,朋党之间均以利益作为价值取向时,传统礼仪的精神内核也不复存在,苞苴礼有名无实,意义沦丧,最终消失在礼仪发展的长河中,它的命运,似乎也昭示着中国礼制社会的发展走向。

明代国家祭祀体系的衍变

李 媛

东北师范大学亚洲文明研究院

国家祭祀为明代国家礼制体系的核心内容之一,为吉、凶、军、宾、嘉五礼体制之首重——吉礼中的首要内容。"吉礼者,首之以祀典,以及朝会等类。凶礼也,丧葬之类。军也、宾也、嘉也,各寓以戎事、朝聘、婚姻等类……"[①]国家礼制首重吉礼、吉礼首重祭祀的传统,早在中国传统社会初期,即礼制体系形成时期就已奠定。《礼记·祭统》云:"凡治人之道,莫急于礼。礼有五经,莫重于祭。"《左传》里也有"国之大事,在祀与戎"的说法。成于西周时期的传统礼制体系,至唐代臻于完备,宋元以后的国家礼制大体沿袭,又各具特色。明承元后,在国家制度方面仿照和借鉴汉唐宋元,并做了一些调整,其基本体系是在明太祖洪武时期成型的,在礼仪建制上亦是如此。清人在回顾明朝礼制建设时,对洪武时期的礼制建设做如下描述:

> 明太祖初定天下,他务未遑,首开礼、乐二局,广征耆儒,分曹究讨。洪武元年命中书省暨翰林院、太常寺,定拟祀典。乃历叙沿革之由,酌定郊社宗庙议以进。礼官及诸儒臣又编集郊庙山川等仪,乃古帝王祭祀感格可垂鉴戒者,名曰《存心录》。二年诏诸儒臣修礼书。明年告成,赐名《大明集礼》。其书准五礼而益以冠服、车辂、仪仗、卤簿、字学、音乐,凡升降仪节,制度名数,纤悉毕具。又屡敕议礼臣李善长、

---

① (明)徐一夔等:《明集礼》原序,文渊阁《四库全书》第649册,第1页。

傅瓛、宋濂、詹同、陶安、刘基、魏观、崔亮、牛谅、陶凯、朱升、乐韶凤、李原名等，编辑成集。且诏郡县举高洁博雅之士徐一夔、梁寅、周子谅、胡行简、刘宗弼、董彝、蔡深、滕公琰至京，同修礼书。在位三十余年，所著书可考见者，曰《孝慈录》，曰《洪武礼制》，曰《礼仪定式》，曰《诸司职掌》，曰《稽古定制》，曰《国朝制作》，曰《大礼要议》，曰《皇朝礼制》，曰《大明礼制》，曰《洪武礼法》，曰《礼制集要》，曰《礼制节文》，曰《太常集礼》，曰《礼书》。若夫厘正祀典，凡天皇、太乙、六天、五帝之类，皆为革除，而诸神封号，悉改从本称，一洗矫诬陋习，其度越汉、唐远矣。又诏定国恤，父母并斩衰，长子降为期年，正服旁服以递而杀，斟酌古今，盖得其中。[①]

这一概括可见，洪武三年以前为礼仪初定制期，集中表现为建立礼制机构，编制礼仪典制和各类礼制书籍，与前代相比还包括对几种重要礼制内容进行改革。基于此，清人评价洪武礼制建设是"斟酌古今，盖得其中"，然而此段描述仍然过于简略。下面就结合明代国家祭祀体系的制度设置与实际情况梳理其衍变过程。

一、洪武制礼与明代国家祭祀体系的确立

洪武一朝是明代国家祭祀体系的确立时期，这一时期的礼仪建制可以分为三个阶段：第一个阶段是朱元璋正式称帝以前。朱元璋在元至正十二年(1352)正式投入郭子兴部，开始反元斗争。在称吴王和正式建立明王朝以前，便十分重视祭祀活动，但这个时期的祭祀活动主要是临时性的、与军事和民事相关的祭祀活动，如祈祷战争胜利，纪念忠臣义士，祈祷民生顺遂等，这些活动虽带有公共性质，但与建国以后的仪式性祭祀活动显然不同。称吴王以后，祭祀活动已经不完全是临时性的，而是含有为全面礼仪制度建设做准备的意味。如建立圜丘、方丘、社稷坛、太庙，考证雅乐，初定乐舞制度，召集儒士讨论有关祭祀制

---

① （清）张廷玉：《明史》卷四七，北京：中华书局1974年版，第1223—1224页。

度的相关内容等,并多次与大臣们讨论礼制建设在王朝初建中的重要地位,这些言论体现了朱元璋在制定祭祀制度时注意讲究诚敬,不饰虚文,因时而制,而又不拘泥古礼。

第二个阶段是洪武元年到洪武三年(1368—1370),这一时期是祭祀制度的初创期,也是明初礼制建设的密集期。一方面,建国伊始,需要借助一系列国家祭祀仪式和礼仪活动展现朱明政权存在的合理性,并向天下民众展示新政权的威严;另一方面需要对古礼进行追溯和考证,建立起明朝自己的祭祀体系和制度规定,以便后代子孙遵行。因此,这一时期祭祀制度的制定最频繁,内容几乎涉及祭祀所有方面,包括郊社、宗庙、朝日夕月、先农、孔子、城隍、三皇、岳镇海渎、风云雷雨、圣帝明王、忠臣烈士、先贤、旗纛,祭祀服装、器物、仪式,等等。对地方府州县祭祀活动也做了初步规定:洪武元年(1368)九月,命中书省下郡县,访求应祀神祇,名山大川,圣帝明王,忠臣烈士,凡有功于国家及惠爱在民者,具实以闻,著于祀典,令有司岁时致祭。① 十一月,中书及礼部定奏:"天子亲祀圜丘、方丘、宗庙、社稷;若京师三皇、孔子、风云雷雨、圣帝明王、忠臣烈士、先贤等祀,则遣官致祭;郡县宜立社稷,有司春秋致祭;庶人祭里社土谷之神,及祖父母、父母,并得祀灶,载诸祀典,余不当祀者并禁止。"②对从天子到庶人的祭祀活动做了明确的等级划分。洪武二年(1369)春正月,封京都及天下城隍神,将原来的太岁、风云雷雨、岳镇海渎、天下名山、京都城隍及天下城隍皆祀于城南,改为太岁、风云雷雨诸天神合为一坛,岳镇海渎及天下山川、城隍诸地祇合为一坛,春秋专祀,以惊蛰、秋分日祭太岁诸神,以清明、霜降日祀岳渎诸神。③ 八月,于圜丘、方丘坛南皆建殿九间,社稷坛北建殿七间,为望祭之所;一改唐宋灵星等神坛而不屋的旧制,为灵星、寿星、司中、司命、司民、司禄诸神建望祭之屋。④ 洪武三年(1370)春正月甲午,礼部奏定朝日、夕月礼,除以日月从祀郊坛以外,

---

① 《明太祖实录》卷三五,洪武元年九月丙子,台北:"中央研究院"历史语言研究所1962年版,第632页。
② 《明太祖实录》卷三六上,洪武元年十一月丙午,台北:"中央研究院"历史语言研究所1962年版,第668页。
③ 《明太祖实录》卷三八,洪武二年正月丙申、戊申,台北:"中央研究院"历史语言研究所1962年版,第755、762页。
④ 《明太祖实录》卷四四,洪武二年八月甲申,台北:"中央研究院"历史语言研究所1962年版,第871页。

各设朝日、夕月坛专祀。① 二月,以风雷云雨、岳镇海渎皆阴阳一气,流行无间为由,将二坛合二为一,并增四季月将、旗纛诸神,共设十九坛,均由皇帝亲自行礼。② 五月,增列风云雷雨及天下山川从祀圜丘、方丘之次,③ 六月癸亥,诏定岳镇海渎、城隍诸神号,规定凡岳镇海渎并去其前代所封名号,止以山水本名称其神,郡县城隍神号一体改正。历代忠臣烈士亦依当时初封以为实号,后世溢美之称皆革去,惟孔子仍其旧。甲子,颁布禁淫祠制,对应祭及禁祭做出明确规定。④ 九月,设坛专祭周天星辰。⑤ 十二月,始命祭无祀鬼神,京都王国、各府州县及里社皆得祭祀。⑥

第三个阶段是洪武三年到洪武三十一年(1370—1398),这一时期对某些祭礼做增补删减,虽不如第二阶段那样频繁,但有关祭礼变动的总量和涉及的方面并不少,其重要变动包括:王国祭祀礼乐;地方合祀帝王;太庙合祭功臣配享;更定释奠孔子祭器乐章;乐舞生服制;建历代帝王庙;重建鸡笼山功臣庙;诸神祇祭祀日期及神坛;祭祀拜礼;五祀之礼;改定天地合祀礼仪;升祭祀社稷为上祀,社稷同坛合祭;颁释奠先师孔子仪注于天下府州县学;罢祭朝日夕月禜星;更定诸祀礼仪;编撰礼仪书籍,以及整理地方祀典等。经过对祭祀体系的不断调整,明朝国家祭祀体系最终确定下来。

整体来看,洪武时期对国家祭祀制度的作为最多,并为明朝后代君主所普遍遵循,而在这期间各个方面的调整也最频繁,展现了朱元璋开国君主之气象。

---

① 《明太祖实录》卷四八,洪武三年正月甲午,台北:"中央研究院"历史语言研究所1962年版,第951页。
② 《明太祖实录》卷四九,洪武三年二月甲子,台北:"中央研究院"历史语言研究所1962年版,第963页。俞汝楫《礼部志稿》卷81记载为洪武三年正月,误。
③ 《明太祖实录》卷五二,洪武三年五月癸丑,台北:"中央研究院"历史语言研究所1962年版,第1027页。
④ 《明太祖实录》卷五三,洪武三年六月癸亥、甲子,台北:"中央研究院"历史语言研究所1962年版,第1033、1036页。
⑤ 《明太祖实录》卷五六,洪武三年九月癸卯,台北:"中央研究院"历史语言研究所1962年版,第1092页。
⑥ 《明太祖实录》卷五九,洪武三年十二月戊辰,台北:"中央研究院"历史语言研究所1962年版,第1155页。

二、两京制下祭祀体系的调整

建文一朝仅存四年,一来礼仪制度建树不多,史料也多缺失;二来,建文时期制度建设上的变动在永乐时基本又都改回到洪武时期的状态,因此对祭祀制度整体上几乎没有影响。从永乐到仁宣时期的祭祀制度变迁,主要围绕两京制度的建立展开,最终完成国家祭祀制度从南京向北京的转移。

明代两京制度的建立肇始于洪武时期,早在洪武元年(1368),朱元璋即以南京为首都,以大梁为北京,后定发迹之地临濠为中都,于洪武四年(1371)开始建造圜丘、方丘、日月、社稷、山川坛及太庙,并积极营建中都城。但最终无论是大梁还是临濠,都没有完成营建,因此洪武时期,虽有迁都意向,却终未成行。"靖难之役"后,朱棣基于军事和政治上的考量,将明朝帝都及整个政治中心转移到北方,定其发迹之地北平为北京,[1]并开始一系列营建北京的举动,如将原有燕国的王国祭礼制建筑仪式改为国家祭祀建筑和仪式,以及相应增加祭祀管理机构,[2]北京的祭祀规格慢慢提高。在朱棣多次北上巡守期间,北京也多次举行国家性质的祭祀活动,已隐隐展现其帝都地位。期间留守南京的太子则负责主持南京城中的祭祀活动,[3]因此这个时期,虽然首都尚未由南京转移到北京,但实际上,明朝的诸多国事活动都在北京举行,一些在北京新建的祭祀规制较南京更高,如马祖等神的祭祀,[4]可见北京的祭祀地位慢慢得到提升,南京城中的祭祀活动和地位趋于减少和降低。经过多年的营建和准备,永乐十八年(1420)正式定北京为京师,不称"行在"。相应的,郊社、宗庙及宫殿等一一建

---

[1] 关于朱棣迁都,以及明朝实行两京之制用意的讨论可参见(明)章潢:《图书编》卷三五,文渊阁《四库全书》,台北:台湾商务印书馆,1986年。
[2] 《明太宗实录》卷二〇,永乐元年五月壬午,台北:"中央研究院"历史语言研究所1962年版,第358页。
[3] 《明太宗实录》卷八八,永乐七年二月丙子,台北:"中央研究院"历史语言研究所1962年版,第1163页。
[4] 永乐十三年二月立北京马神祠,设马祖等神及司马之神五位,每位用羊、豕、帛各一,仪制准南京。这次在北京建立的马神祠与南京相比,更多依据古礼,所祀神位由南京时的仅祀司马之神,扩大为祭祀司马、马祖、先牧、马社、马步五位,较南京祭祀规格有所提升。《明太宗实录》卷一六一,永乐十三年春二月甲申,台北:"中央研究院"历史语言研究所1962年版,第1825页。

成,规制悉如南京,且高敞壮丽均超过南京。正式定都北京后,祭祀中心开始正式由南京向北京转移。

永乐以后,仁宗曾有回迁南京之意,并下令修葺南京皇城,未及完成即突然去世,复都事宜遂付搁置。宣宗于迁都回南京并无强烈意愿,且在位时间不长,所以实际上仁宗和宣宗期间,虽然北京为名义上的"行在",但事实上仍为首都,祭祀中心也没有改变。这两朝关于祭祀制度本身没有做出更多改动,所讨论和变动者多是一些细节,如对于祭祀用玉的制造;对祭祀牺牲和采买事宜的规定;对郊坛户杂役的优免;对祭祀庙宇坛墠损坏者进行修理;更定王国祭祀社稷山川乐舞生;定诸王之国合行祭祀礼仪;增元儒吴澄从祀孔庙;考订各处儒学从祀先贤爵位;更定某些地方祭祀神祇,等等。直到正统六年(1441),随着北京皇城修建基本竣工,北京正式成为京师,之后再无迁都之说。国家祭祀活动是围绕权力中心展开的,是体现王朝政治意图的仪式活动,因此北京的正式定都,使得以北京为中心的国家祭祀体系完全替代了以南京为中心的体系,留都南京则在保留原有祭祀坛庙殿宇的基础上,仅保留春秋祈报之类常规祭祀活动,祭祀中心完成了从南京向北京的转移。

正统六年北京去"行在"正式成为首都后,北京(京师)祭祀中心的地位正式确立,留都南京尚保留一部分祭祀活动,因此从正统七年以后直到正德末年(1442—1521),可以在两京差异的视角下梳理祭祀内容的变化。相较之下,北京祭祀活动的变动较多,主要表现在祭祀仪式与祭器、乐舞人员的变化,王国祭祀制度的变动,新建祠庙及敕封、修建祭祀场所,以及庙学祭孔等内容。而南京祭祀活动则趋于停滞,其变化主要表现在对祭祀场所和祭器进行修缮与管理。

成化时期的祀典变化突出表现在孔庙祭祀和地方祀典两方面。对孔庙祭祀规格的提高在成化时期达到顶峰,主要表现在加封孔子帝号,提升冕服之制,增加笾豆佾舞数量,以及讨论孔庙从祀问题;地方上常有增加庙祀的要求,对于一些紊乱祀典的内容也进行了清理。

弘治初期,孝宗力图纠正成化时期的诸多问题,对祭祀制度内容的更定也较多,尤其是在弘治元年(1488)前后,主要以宗庙祭祀和厘正祀典为中心,包括孔庙祀典、耕籍田、岳镇海渎等。① 此时期在太庙升祔和祧迁规制方面的改动尤其引人注意,因为这是自明朝开国以来定太庙之制后,首次面临九庙已备,需要制定祧迁之制的情况,其所定制度对后来的庙制具有指导意义。祧迁之制遵循周制传统,规定尊德祖为始祖,懿祖以下奉祧,太祖、太宗为万世不祧之主,太庙寝殿后别建一殿九室以藏祧庙神主,岁暮合祧庙与未祧主于太庙行祫祭礼。此外,还对岳镇海渎、耕籍田、视学仪和孔庙从祀制度作了一些调整。弘治元年后,官员们对祭祀礼仪提出诸多调整建议,但付诸实施的较少。武宗正德时期的祭祀活动较成弘时期均少,武宗本人因沉溺于豹房,又常常出巡,对待祭祀一类礼仪活动十分消极,反而是大臣们呼吁祭祀活动按常规举行的上疏更为引人注目。

三、嘉靖时期的祭祀体系改革

明代祭祀体系的重大变动发生在嘉靖时期,可分为四个阶段。第一是全面礼制改革的序幕,即"大礼议"时期;第二阶段从庙祀之争到大礼终定;第三阶段是围绕郊、庙为中心而展开的全面祀典改制;第四阶段是嘉靖后期的祭祀活动。

"大礼议"本身并非针对祭祀活动,但其关注的要点、讨论的内容,以及最后的结果,均与这时期的祭祀改制密切相关,因此可以说是祭祀改制的序幕。这一过程从正德十六年(1521)三月武宗驾崩,到嘉靖三年(1524)九月大礼初步定论。庙堂之上,君臣们争论的核心内容是,如何确定以藩王身份入继大统的嘉靖帝的生父母——兴献王和王妃的称号及庙祀问题,以及与其相关的礼仪。以嘉靖三年七月左顺门事件为高潮,到九月,终于以称孝宗为皇伯考,武宗为皇兄,兴献帝为皇考,并在奉先殿西室别建观德殿,以奉安献皇神主,同时命以太庙规制造祭器,行超越内庙制度的祭祀礼仪,为进一步升祔献帝神主于太庙做铺垫而告终。

大礼初定后,庙祀问题再度成为争论焦点。由于庙祀较称号牵涉更多,因此受到来自大臣的更多反对,甚至在大礼议过程中支持嘉靖帝的官员都在这个

---

① 李媛:《弘治初年祀典厘正论初探》,《东北师大学报》2008年第2期,第24—32页。

问题上持反对兴献帝祔太庙的意见。嘉靖帝令礼部会议群臣多次,最终于嘉靖四年(1525),在环碧殿旧址创建世庙,制如太庙而高广稍减。世庙的建立使得原来作为内殿的观德殿祭祀开始向外庙祭祀转变,而从世庙的位置、祭祀的时间、方式、仪式规模等诸方面均可以看到,世宗意欲将其打造成准太庙的意图。与此同时,移建观德殿于奉先殿左,改称崇先殿,与奉慈殿相对,以示与世庙内外相对。直到嘉靖七年(1528),《明伦大典》书成,将嘉靖即位以来大礼之争前后始末及最终结论昭告天下,大礼终定。

从嘉靖八年(1529)开始,世宗又正式启动了以郊祀和庙享为中心的一系列国家祭祀典制改革,成为自洪武定制以来最大规模的祭礼改制。主要内容可分述为郊祀、宗庙、孔庙三个方面,以及围绕这三个方面所施行的一些相关调整。

嘉靖九年(1530),创建先蚕祭祀成为郊祀改制的先声。经过礼部建议及官员讨论,择西苑隙地造织室,于北郊由皇后主持行亲蚕礼。到嘉靖十年(1531),拆北郊蚕坛,移先蚕礼于西苑,于旧仁寿宫前建土谷坛,宫后为蚕坛,先蚕祭祀由北郊转为内苑祭祀。并于十五年(1536)始行遣官祭祀礼,次年罢亲蚕礼。

郊祀改制的核心是将洪武十年(1377)的天地合祀改为四郊分祀,比附天子亲耕南郊,皇后亲蚕北郊。在嘉靖帝的多次授意下,群臣反复议论,终定天地分祀,称南郊坛为天坛,北郊坛为地坛,东西郊分别为日坛、月坛,著载《会典》,与此同时,罢南京郊祀。南郊圜丘坛除了举行郊天礼外,还举行祈谷与雩祭礼,祈谷于惊蛰日,奉高皇帝配享,遣官代祀;雩祭则单独建坛,参酌古礼而行。除郊祀改制外,还包括改社稷配享,即改太祖、太宗配享太社稷,为后土勾龙与后稷配享太社稷;仿照社稷坛规制建太岁神祇坛,单独祭祀太岁、并云雨风雷、岳镇海渎等神祇;于西苑土谷坛建立帝社稷,以区别于太社稷;建立帝王庙,增元世祖入帝王庙祀典。

第二个中心是宗庙祭祀制度。庙祀制度从嘉靖大礼议开始就是君臣议论的焦点,其核心是睿宗祔太庙。嘉靖九年(1530)后,关于太庙祭祀制度的讨论包括:定禘祀礼,以高皇为始祖,以德祖为所自出之帝;定大祫礼、特享礼、时享礼;借南京太庙火灾后重修太庙的契机,改同堂祭祀为独立的都宫寝庙制,左昭庙右穆庙,改建九庙之制后,重定宗庙雅乐。与此同时,改世庙为献帝庙,与太庙祭祀规制也更为相近。最后是关于孔庙祭祀制度的改革:改定孔子封号,去除"大成文宣"称号,只称庙不称殿;四配十哲皆称先贤某子、先儒某子,改塑像为木主;乐舞笾豆改为降郊庙一等;更定配享及从祀先贤先儒。

嘉靖七年大礼议之后到十五年之间(1528—1536),是世宗集中进行祭祀改革的一段时期,内容涉及国家祭礼的绝大部分,甚至有一些新的创制,此后祭祀制度的变动大旨包括:献帝称宗,配享明堂;重建宗庙,恢复同堂异室旧制,睿宗进入太庙;先行将孝烈皇后祔太庙,确定遵太祖,祧迁仁祖以下的祧迁之制;增定太庙功臣配享;罢元世祖祀帝王庙;定文华殿祀孔子仪;定三皇祭祀等。除此以外,嘉靖时期还有一些关于地方庙祀、孔庙从祀、宗藩祭祀、祭品祭服、乐舞以及祭祀人员方面的讨论也值得关注,显示嘉靖时期关于国家祭祀制度的改革是全方位的。嘉靖十五年以后,随着大礼终定,世宗对祭祀礼仪的改革热情随之降低,嘉靖后期的祭祀活动并不突出,也无重大变化,此处从略。

四、隆万以后国家祭祀体系的逐渐式微

隆庆时期,有关国家祭礼的讨论和祭祀活动的举行有短暂的恢复。隆庆元年(1567)春正月,礼部遵诏会议郊社诸典礼及祔享之制,其有关国家祭礼的讨论与改动主要围绕郊祀礼、祈谷礼、大享礼、社稷礼以及太庙祔享礼展开。如对郊礼的讨论主要围绕郊祀分祀是否改回合祀,礼臣认为,因分祀之制已久,不宜纷更,宜照例南北二郊于冬夏至日由皇帝亲祭,奉太祖高皇帝配,东郊以甲丙戊庚壬年,西郊以丑辰未戌年由皇帝亲祭,其余每岁遣官代行。太岁仍于岁暮、孟春遣官专祭,天神地祇已从祀南北郊,因此不复举仲秋神祇坛之祀。[①] 其次是鉴于与祭先农含义重合,建议罢嘉靖九年始定的大祀殿祈谷礼,止于先农坛行事。[②] 第三是罢嘉靖首创之大享礼。第四是罢社稷礼,照旧奉太社、太稷之祭。

[①] 参见《明穆宗实录》卷九,隆庆元年六月丙申,台北:"中央研究院"历史语言研究所1962年版,第247页。

[②] 明初没有专门的祈谷礼,祈祷农业耕种的祭礼主要是在郊外的先农坛,每岁仲春上戊日由皇帝亲祭。永乐后仅于皇帝登极时举行一次,其他时间遣顺天府官代行。祈谷礼在嘉靖时期成为常规祭祀,嘉靖十年以启蛰日改行于圜丘,十八年又改行于禁内玄极宝殿,遂为定例。同时,每年常规祭祀先农亦不废。嘉靖时期对祈谷礼的改动一来使其常规化,二是为了能使圜丘、方丘分祀之制顺利施行,也是对当时礼臣极力反对撤销大祀殿的一种折中。

第五是讨论太庙祔享礼。① 这一时期对礼仪制度的存废标准,已经不像嘉靖时,主要围绕如何提升睿宗地位,达到称宗祔庙的目的,而是参照礼仪传统、实用性和存在的必要性加以考量,对施行已久且有制度源流可考者,如天地分祀,社稷坛配享皆不予改动,对缺乏实用性没有存在必要的大享礼、祈谷礼、帝社稷礼、玉芝宫岁时享祀予以废除。总体看来,对嘉靖时期的祭祀改制尊重继承者多,变动废除者则无关宏旨。同时,与嘉靖后期倦怠的祭祀活动相比,隆庆时期也更为积极,遇有因事可能废礼的情况即令礼臣考证明白,对于多年未亲躬的祭祀活动也有所恢复。

神宗即位初期,有朝臣建议对庙祀制度进行调整,但万历皇帝以典礼重大为由拒绝,仍遵循原有的太庙祧迁升祔原则。万历时期的国家祭祀制度和礼仪活动整体上逐渐趋于荒疏,尤其是在万历十年(1582)神宗亲政以后。万历皇帝长期不理朝政,在祭祀大礼上也是一样,从最初能够亲力亲为,到后来遣官代祀成为常态,以致于遭到朝臣连篇累牍上疏劝谏,甚至是批评,这一点反映在郊祀大典上尤为突出。万历皇帝或百般辩解,或不予理睬,甚至给予上疏官员惩罚。国家祭祀活动荒疏,陪祀官员玩忽职守,由此引发了朝臣们更多的批评。这一时期较为引人注目的讨论还有孔庙从祀的问题。这期间有多人屡次上疏要求增加孔庙从祀人员,至万历十二年(1584)十一月,准王守仁、陈献章、胡居仁从祀学宫,②其他从

---

① 《明穆宗实录》卷二,隆庆元年春正月丙寅,台北:"中央研究院"历史语言研究所1962年版,第45页。关于孝烈皇后神主到底应该奉祀何处,礼臣后来指出,列后奉祀(即不仅指原配皇后),或于大内,或于别殿,或于陵寝。内殿之祀近而专,陵寝之祀稍疏而远。孝烈皇后虽非世宗原配,不得祔享太庙,当迁改,但因是穆宗皇帝的生母,如遽迁于陵寝,则于追崇之孝,瞻戴之情均有未安,遂主张大内别殿之祀,以景云殿奉孝烈皇后专祀。三月更名弘孝殿,迁奉孝烈皇后神主。参见《明穆宗实录》卷五,隆庆元年二月甲辰,台北:"中央研究院"历史语言研究所1962年版,第123页。

② 《明神宗实录》卷一五五,万历十二年十一月庚寅,台北:"中央研究院"历史语言研究所1962年版,第2866页。先是,隆庆元年,给事中赵思诚、御史石槚疏题王守仁、陈献章不宜从祀。而副都御史徐栻,给事中魏时亮、赵参、鲁宗、洪选,御史谢廷杰、梁许、萧廪、徐乾贞,进士邹德泳俱言二臣应从祀。又,《明实录》记载,万历十八年二月,陕西道御史李颐请从祀胡居仁于孔庙,认为宋儒自周程张朱而下,到明朝薛瑄、胡居仁俱传得其宗,而自薛瑄以下无有右于居仁也。下礼部覆议,允其从祀。《明神宗实录》卷二二〇,万历十八年二月丁酉,台北:"中央研究院"历史语言研究所1962年版,第4122页。又《明神宗实录》卷三二,万历二年十二月甲寅载,万历二年十二月,以新建伯王守仁从祀孔子庙庭,称守仁之学以良知为宗,经文纬武,动有成绩……历来从祀诸贤无有出其右者。朱鸿林《王阳明从祀孔庙的史料问题》(《史学集刊》,2008年第6期,第35—44页)认为,《实录》《万历起居注》《国榷》等史料关于王阳明从祀的时间有多处记载混乱,此即一处。

祀人员则多涉地方庙祀。最后,朝臣还多次提出恢复建文帝祀典,但万历时期对国家祭祀制度的态度基本上以保留旧制为主,不轻易改变。

光宗朱常洛即位不及一个月即暴毙,诸事均无作为。到天启年间(1621—1627),熹宗朱由校又是一个荒唐皇帝,朝政长期被宦官把持,所以实际上对于祭祀制度也没有全面恢复和张扬的举措。对于万历时期荒废已久的祭祀活动,天启年间曾数次讨论恢复亲祭,但也是直到天启三年(1623)才行亲祀郊天大典。整体来看,天启年间的祭祀活动与制度变更都很少,如有关恢复孔子塑像,出睿宗神主于太庙,为建文帝请庙祀等均未得允施行。崇祯时期,为了体现振兴之意,崇祯帝在祭祀活动上力求做到身体力行,但因内忧外患,无暇在礼制建设上多花心思,其有关增加孔庙从祀,全面厘正祭乐,以及增建祧殿等事也均停留在讨论阶段。

总之,从泰昌到崇祯时期,国家公共祭祀活动基本上沿袭了万历时期的不作为状况,只有崇祯时期有短暂的试图振兴的征兆,但是在明末内忧外患的局势下,对祭祀制度的整饬以及对祭祀活动的重视都自然而然地退居次要地位,明代国家祭祀体系最终趋于没落。

时代学风与宋儒通经致用的经典诠释取向

——以"三礼"诠释为中心的考察

潘 斌

西南财经大学社会发展研究院

"三礼"是《周礼》《仪礼》和《礼记》三部古典文献的统称,属于儒家"十三经",在中国思想文化史上占有重要地位。"三礼"所记之内容,涉及先秦时期的社会、历史、伦理、价值观念等各个方面的内容。由于"三礼"本身所具有的丰富的思想文化内涵,所以其从汉代开始便陆续成为官方所认定的经典,并成为科考的重要科目。"三礼"亦受到宋代统治者和学人的普遍重视,相关著述宏富。据笔者统计,尚可考见的宋代《周礼》类文献有一百零六种,《仪礼》类文献有六十六种,《礼记》类文献有二百七十余种。[①] 若加上文集中关于"三礼"之篇章,宋代"三礼"学文献的数量会更大,由此可见宋代"三礼"学之盛。今人结合宋代学风探讨宋儒"三礼"诠释的方法和价值取向,对于认识"三礼"在宋代文化中的地位、扮演的角色以及发挥的作用等都有重要意义,对于研究宋代理学、经学等亦有参考价值。本文拟重点结合宋代学风探讨宋儒"三礼"诠释与通经致用之间的关系,至于宋儒利用"三礼"从事理学思想体系建构的内容与方法,笔者将另

[①] 在宋代,"三礼"不仅受到士人的重视,还受到最高统治者的青睐。据《宋史·选举志》《宋会要辑稿·选举》和《续资治通鉴长编》等史书记载,可知北宋开宝年间到嘉祐年间,殿试赐进士及第、赐进士出身以及赐学究出身者,"三礼"所占的比例很大。比如开宝六年(973)殿试进士及第,其中"三礼"及第者达三十六人,为诸经中最多。开宝八年(975)"三礼"及第者甚至达三十四人。通过比较,可知宋代习"三礼"者众多,出现这种状况的根本原因,是"三礼"之学受到了宋代科举考试的重视。此外,宋代有些皇帝还以"三礼"中的部分篇卷赐进士和文臣。如据《宋会要辑稿·选举》之记载,可知淳化三年(992)三月初九日,宋太宗赐新及第进士御制诗、《儒行箴》各一首,十五日,诏新及第进士及诸科贡举人《儒行篇》各一轴。又据《宋史·职官八》记载,大中祥符年间,宋真宗以《礼记·儒行篇》赐亲民厘务文臣。

辟专文述之。①

一、宋儒"三礼"诠释与修身齐家、移风易俗

赵宋王朝建立之初,所面对的是五代"礼废乐坏"之残局,不少人"忘君臣之分,废父子之亲,失夫妇之道,绝兄弟之好"②,以至于"以众暴寡,以智欺愚,以勇威怯,以强陵弱……昏冠丧祭,宫室器用,家殊俗异,人自为制,无复纲纪"③。鉴于道德陵夷、世风坏乱之社会现实,不少人希望在古老的经典中获得资源,从而解决时代所面临的问题。由于"三礼"关乎伦理纲常,故受到宋儒的青睐。宋儒利用"三礼"来修身齐家、移风易俗,可以从以下三个方面来看。

第一,宋儒以《礼记·大学》为据阐发内圣外王的人格理想。

宋儒对天人关系的论述,对伦理道德的设定,落脚点皆在理想人格之塑造上。所谓理想人格,是指"一个社会、一个民族文化中人们最推崇的人格范型,这种人格范型最典型地体现了该社会文化的基本特征和价值标准"④。笼统地说,儒家的理想人格就是"内圣外王"。内圣是指人通过心性修养,从而达到高尚的境界;外王是指高尚的境界在现实社会的外化和彰显。这种理想人格,集中地反映于《礼记·大学》"修齐治平"之论述上。

宋儒重视《大学》所倡导的内圣外王之道,并做了新的诠释。如司马光据《大学》"大学之道在明明德,在亲民,在止于至善",认为君子应具备"修身"和

---

① "三礼"与宋代理学思想体系之建构有密切的关系。如有些宋儒据《周礼》《仪礼》之记载,从而抑道辟佛,弘扬儒家伦理。如张载据《周礼》天官职掌,认为《周礼》天官布局与佛教所言天地之"大"不相涉,二者不具有可比性。在此基础上,张载扬儒批佛。〔见(宋)张载著,张锡琛点校:《经学理窟·周礼》,《张载集》,北京:中华书局1978年版,第248—249页〕又如魏了翁认为,士人若致力于《仪礼》之研读,则有益于"变化气质""复性情之正"。〔见(宋)魏了翁:《鹤山集》卷五十二《横渠礼记说序》,文渊阁《四库全书》第1172册,第585页〕此外,《礼记》中的《大学》《中庸》《乐记》中的概念、命题,为宋儒构建理学思想体系提供了资源,故受到宋儒的高度重视。朱熹的《四书章句集注》是理学的代表作,其中的《大学章句》和《中庸章句》的文本依据就是《礼记》的《大学》和《中庸》。
② (宋)郑居中等:《政和五礼新仪序》,《政和五礼新仪》卷首,文渊阁《四库全书》第647册,第2页。
③ (宋)郑居中等:《政和五礼新仪序》,《政和五礼新仪》卷首,文渊阁《四库全书》第647册,第2页。
④ 朱义禄:《儒家理想人格与中国文化》,沈阳:辽宁教育出版社1991年版,绪论第7页。

"治天下"之志,才能至于"尽善"。他说:"明明德所以修身也,亲民所以治天下国家也。君子学斯二者,必至于尽善然后止,不然不足谓之大学也。定者能固执于至善也,静者不为纷华盛丽之所移夺也,安者悦而时习之也,虑者专精致思以求之也,得者入于圣人之道也。"①司马光于此言君子应"修身""治天下"兼备,实际上是"内圣外王"的另一种说法。宋人邵甲亦据《大学》此语曰:"夫始于明明德,已而新其民,复继之曰在止于至善,何也?盖至善即明德新民极致之地,明德而未极于至善,则其明为未周,新民而未极于至善,则其化为尚浅。"②邵氏认为,明明德乃自身道德修养之事,德为本心所有,非外在所能增益,自己当做的就是使此德外化;新民乃成就他物者,具体地说,就是以方导民、以渐化民;明德、新民有程度深浅之不同,只有当明德、新民达到"极致",方可称为至善。邵氏于此所言,亦是对《大学》所言内圣外王之道所做之阐释。

《礼记·大学》又言"自天子以至于庶人,壹是皆以修身为本"。叶适认为,《大学》此章极体用而言之。他说:"天下之人悦其外而忘其内,安其末而不思其本,莫知其所以致知者,何也?故敛其用以反其本,收其远而归于近,则明明德于天下者,必先治其国,治其国者,必先齐其家,以至于正心诚意,敛之无余力,用之无余功。"③在叶适看来,人应该从格物致知开始,以见大道之本,再到齐家、治国,以至于明明德于天下。张载亦据《大学》此语云:"一国一家一身皆在处其身,能处一身则能处一家,能处一家则能处一国,能处一国则能处天下。心为身本,家为国本,国为天下本。心能运身,心所不欲,身能行乎?"④在张载看来,"处其身"是齐家、治国之前提,能处一身则能齐家,能齐家则可治国、平天下。

《大学》"三纲领""八条目"所讲的内圣外王之道,实际上有着本末先后的关系,修身为本,齐家、治国、平天下为末。司马光、邵甲、叶适、张载等人从事《大学》诠释时强调内圣,认为外王只不过是内圣的自然外化,这与儒家传统的人格理想是一致的。

---

① (宋)卫湜:《礼记集说》卷一四九,文渊阁《四库全书》第120册,第575页。
② (宋)卫湜:《礼记集说》卷一四九,文渊阁《四库全书》第120册,第579页。
③ (宋)卫湜:《礼记集说》卷一五〇,文渊阁《四库全书》第120册,第596—597页。
④ (宋)卫湜:《礼记集说》卷一四九,文渊阁《四库全书》第120册,第582页。

至于儒家理想人格之要素,"三礼"亦有记载,义、敬、中庸等皆此类也。宋儒还以"三礼"为据,对理想人格的构成要素作了阐释。如宋儒讲礼、崇礼,认为礼乃圣贤必备的要素。《礼记·曲礼》言"礼不逾节,不侵侮,不好狎",宋人周行己据此认为:"礼者,分而已矣。居下而犯上,则逾上之节,不知下之分也。居上而逼下,则逾下之节,不知上之分也。侵侮者失人,不知人之分也。好狎者失己,不知己之分也。君子明礼而知分,故居上不骄,为下不乱,与人不争,处己必敬。此所以作事可法,容止可观,而为万夫之望者也。"[1]周氏认为《曲礼》"不逾节""不侵侮""不好狎",意在使人明上下之分,与人不争,处己必敬。又如《礼运》言"礼,先王以承天之道,以治人之情,故失之者死,得之者生",宋人刘执中据此曰:"先王正心诚意,动必如礼者,欲盛厥德,以配天地也,不曰承天之道乎?"[2]刘氏认为"失之者死"即失礼则悖于中道,灾祸及身;"得之者生"即有礼则行动协调,合符中道;"天下国家可得而正"即天地得礼则阴阳和顺,鬼神得礼则生以时,诸仪得礼则君臣、父子、兄弟、夫妇、朋友各有职分而不及乱。

宋儒重视义利之辨,故义亦是宋儒理想人格之要素。如《大学》主张"国不以利为利,以义为利也",宋人叶梦得释之曰:"聚人者财,理财者义。务财用,求所以聚人也;不务财用,求所以为义也。小人不知所以聚人,而务在于聚财,此灾害所以并至也。"[3]叶氏认为,聚敛财富之根本目的是聚人,不聚敛财富之目的是求义;小人专事聚财而不知求义,遂招致灾害;专事聚敛财富者不义,是小人之事;以义为目标,不专事聚敛财富者则是君子之事。朱熹引陆贽和吕希哲之语,亦认为聚敛财富乃小人之事,伤民心,伤国本;人主敛财,令智昏而不知害。朱熹曰:"怨已结于民心,则非一朝一夕之可解矣。圣贤深探其实,而极言之,欲人有以审于未然,而不为无及于事之悔也。以此为防人,犹有用桑弘羊、孔仅、宇文融、杨慎矜、陈京、裴延龄之徒,以败其国者。"[4]朱熹认为君子不应以聚财为务,如此方能利国利民。

第二,宋儒以"三礼"为据从事家庭伦理道德建设。

---

[1] (宋)周行己:《经解》,《全宋文》第137册,上海:上海辞书出版社;合肥:安徽教育出版社2006年版,第123页。
[2] (宋)卫湜:《礼记集说》卷五四,文渊阁《四库全书》第118册,第127页。
[3] (宋)卫湜:《礼记集说》卷一五三,文渊阁《四库全书》第120册,第668页。
[4] (宋)卫湜:《礼记集说》卷一五三,文渊阁《四库全书》第120册,第668—669页。

中国古人认为家庭家族是社会稳定、人民福祉的基础,而伦理道德建设又是家庭家族兴旺繁荣、长盛不衰的前提。由于五代的战乱和破坏,北宋时期的家庭家族礼仪,以及与之相关的婚、葬、祭诸礼皆存在很大问题。如司马光批评当时的婚俗曰:"今世俗之贪鄙者将娶妇,先问资装之厚薄,将嫁女,先问聘财之多少。至于立契约,云某物若干某物若干,以求售某女者。亦有既嫁而复欺绐负约者,是乃驵侩鬻奴卖婢之法,岂得谓之士大夫婚姻哉。"[1]据司马光所言,可知北宋中前期的婚姻普遍看重物质利益,而忽视婚礼神圣之本义。鉴于社会风俗坏乱的现实,有些宋儒希望通过编撰礼书,从而为家庭家族的伦理道德建设提供支持。众多的礼书中,司马光的《书仪》和朱熹的《家礼》最具有代表性,二者是在结合当时的社会风俗,并参考《仪礼》和《礼记》所记冠、婚、丧、祭诸礼的基础之上从而制定的士庶人通礼。

司马光《书仪》所记诸礼仪节之展开,是以《仪礼》为依据,并以《周礼》《礼记》之记载为佐证。如《书仪》所记冠仪的筮日、筮宾、戒宾、宿宾、三加、宾字冠者、冠者见诸父诸兄、拜赞者、见诸母姑姊诸仪节,与《仪礼·士冠礼》所记冠礼仪节皆相合。南宋朱熹认为《书仪》"大概本《仪礼》"[2],准确道出了《书仪》与《仪礼》的密切关系。不过也应看到,司马光并非照搬《仪礼》之记载,他以变通的眼光,结合历代礼仪和当时的社会风俗,对《仪礼》所记诸礼加以改造,从而更好地满足当时社会之需要。如关于男女的嫁娶年龄,《周礼·地官·媒氏》认为"男三十而娶,女二十而嫁",《礼记·内则》认为"(男子)三十而有室,始理男事","(女子)十有五而笄,二十而嫁"。司马光认为,古书所言男女嫁娶年龄仅是理想之记载,而非事实之反映。他结合宋代的风俗,认为顺天地之道、合人情之宜的嫁娶年龄,"男子年十六至三十,女子十四至二十"[3],而不必男子三十、女子二十。

司马光还以宋代熟悉的事物代替《仪礼》所记之礼器和行礼场地,于《仪礼》所记仪节亦有变通。如冠礼筮日,《仪礼》必决于卜筮,灼龟曰卜,揲蓍曰筮。司

---

[1] (宋)司马光:《书仪》卷三,文渊阁《四库全书》第142册,第475—476页。
[2] (宋)黎靖德编:《朱子语类》卷八四,北京:中华书局1986年版,第2183页。
[3] (宋)司马光:《书仪》卷三,文渊阁《四库全书》第142册,第473页。

马光则认为"卜筮在诚敬,不在蓍龟,或不能晓卜筮之术者,止用杯珓亦可也"①,甚至"取大竹根判之,或止用两钱掷于盘,以一仰一俯为吉,皆仰为平,皆俯为凶"②。又如《仪礼》所记冠礼有醴礼,而宋代私家无醴,司马光遂主张"以酒代之,但改醴辞'甘醴惟厚'为'旨酒既清'耳,所以从简"③。又如《仪礼》所记丧礼有为尸沐浴仪节,司马光则认为古今堂室建置有异,古人沐浴和饭含皆在牖下,今则可在所卧之床前,"以从宜也"④;古人沐浴设床祖簀,祖簀者去席,盖水便也,今籍以簀,不设毡褥,"亦于沐浴便"⑤。《书仪》对《仪礼》所记诸礼所作之变通,意在守礼之意的同时,方便今人之实施。

朱熹认为司马光《书仪》"无所折衷""遗其本而务其末""缓于实而急于文",遂损益《书仪》而成《家礼》。在冠、婚、丧、祭礼仪框架方面,《家礼》与《书仪》大致相同。不过在礼仪操作方面,《家礼》对《书仪》作了很多简化。比如《书仪》引经据典者颇多,朱熹认为正文太繁使礼之实施者难得其要,遂将《书仪》的不少正文变为注文。《书仪》的注释繁冗,《家礼》则大量简化。此外,《家礼》对《书仪》的部分仪节亦有剪裁,如《书仪》于公文、表奏、家书的撰写格式有详尽之说明,《家礼》则略而不言。《书仪》所记冠礼有筮宾仪节,朱熹认为筮宾仪节"今不能然,但择朋友贤而有礼者一人可也"⑥。《书仪》所记婚礼有问名和纳吉仪节,朱熹认为这两种仪节已为宋代所不尽用,遂主张"止用纳采、纳币,以从简便"⑦。由于朱熹《家礼》更简练和更具有操作性,因此对宋代以及宋代以后的家庭家族礼仪建设远较《书仪》深远。

第三,宋儒还通过"三礼"诠释,从而移风易俗。

北宋建立之初,民生凋敝,礼乐不兴。鉴于民风凋敝之社会现实,不少士人从各个角度对移风易俗提出了自己的主张。其中不少士人试图通过"三礼"之

---

① (宋)司马光:《书仪》卷二,文渊阁《四库全书》第142册,第467—468页。
② (宋)司马光:《书仪》卷二,文渊阁《四库全书》第142册,第467—468页。
③ (宋)司马光:《书仪》卷二,文渊阁《四库全书》第142册,第469页。
④ (宋)司马光:《书仪》卷五,文渊阁《四库全书》第142册,第485页。
⑤ (宋)司马光:《书仪》卷五,文渊阁《四库全书》第142册,第485页。
⑥ (宋)朱熹:《家礼》卷二,见朱杰人等编:《朱子全书》第7册,上海:上海古籍出版社;合肥:安徽教育出版社2010年版,第890页。
⑦ (宋)朱熹:《家礼》卷三,见朱杰人等编:《朱子全书》第7册,上海:上海古籍出版社;合肥:安徽教育出版社2010年版,第897页。

诠释,从而移风易俗。

如程颐撰《婚礼说》,对婚礼中的"六礼"有简要之解释。如于"纳吉",程颐曰:"纳吉,谓婿氏既得女名,以告神而卜之,得吉兆,又往告女氏,犹今之言定。使辞曰:'吾子有贶命,某加诸卜,占曰吉,使某也敢告。'"①"六礼"的最后一个仪式是"亲迎",程颐称之为"成婚"。其曰:"期日,婿氏告迎于庙。初昏,婿受命于所尊,出乘,前引妇车。"程颐自注曰:"受命而出,乘马前引妇车,迎妇之车也。今或用担子。"②程颐用宋代常用的仪节或事物与《仪礼》相比况,如其用宋代的"言定"以释《仪礼》的"纳吉",用宋代的"担子"以释《仪礼》亲迎婿引妇车所乘之马。透过程颐对《仪礼》所记婚礼六礼之诠释内容,可知程颐对《仪礼》所记礼仪之尊崇态度,还可见其与时俱进的变通精神。

至于移风易俗之具体举措,宋儒积极从《仪礼》等书中获取资源,并加以阐释。如不少宋儒主张恢复乡饮酒礼,希望藉此醇化风俗,有益教化。孙何上真宗疏,希望推行《仪礼》所记乡饮酒礼。孙何曰:"孝悌立而人伦厚,教化行而邦本固。古先哲王知宇宙之广,不可家督而户劝也,故率之以仁义;知亿兆之众,不可丁诲而口授也,故示之以礼乐。……盖乡饮酒之礼,由是而行于天下,欲其观尊卑之叙而孝慈其父子,见长幼之节而友恭其兄弟,见宾主之仪而肃其宗族邻里。自乡而率邑,自邑而率都,自都而率国,而达四海,薰然而大和,巍然而至治,因此术也。"③孙何认为,仁、义、礼、乐乃不可斯须去身者,若乡饮酒之礼行,那么家庭宗族由此而知礼;乡饮酒礼之推行,可由乡到邑,由邑到都,以至于国家、四海,从而实现天下之大治。

在士人们的推动下,宋代有乡饮酒礼之实践。如据蒋汝通于绍定五年(1232)所撰《乡饮酒记》,可窥当时地方行乡饮酒礼之概况。蒋氏记载道:"礼废乐缺,迨今百年,往往视为迂阔,而念不到此也。郡侯史权院寯之笃意举行,遣辞喻指,命乡之耆秀参订异同,润色绵蕝,修废典而新之。……是日也,冠带班

---

① (宋)程颐:《婚礼说》,《全宋文》第80册,上海:上海辞书出版社;合肥:安徽教育出版社2006年版,第316页。
② (宋)程颐:《婚礼说》,《全宋文》第80册,上海:上海辞书出版社;合肥:安徽教育出版社2006年版,第317页。
③ (宋)孙何:《上真宗请复乡饮礼》,《全宋文》第9册,上海:上海辞书出版社;合肥:安徽教育出版社2006年版,第182页。

列,豆笾有楚,主宾之揖逊逾再,歌笙之升间以三。济济跄跄,雍容和乐,献酬交错,情文粲然,燕席序登,爵乐无算,纯音缛礼,皆畴昔耳目之所未接,礼义之心,油然以生。"[1]据蒋氏所言"礼废乐缺……往往视为迂阔",可知乡饮酒礼之实践在宋代并不普遍;据蒋氏所言"遣辞喻指……修废典而新之",可知绍定所行乡饮酒礼并非完全恪守《仪礼》所记之仪节,而是根据社会实际需求有所变通。对于宋人来说,乡饮酒礼已算是古董,然而宋人怀着"好古"心态去探寻、阐释、实践之,希望藉此使宋代社会拥有良善美俗。

二、宋儒"三礼"诠释与议政论政

北宋庆历以后,土地兼并日益严重,官僚和地主占有大片土地,而贫者无地可耕作。此外,冗员、冗兵也给政府带来很大的财政压力。鉴于当时社会存在的各种问题,不少士人希望通过改革从而缓解社会矛盾。在中国古代,社会改革的前提无疑是要得到统治者的支持。这种支持之获得,除了改革的主张要符合社会实际以外,还要有经典依据。在中国古人的意识中,经典具有神圣意义,经典之记载是学说或治国理政措施合理性与合法性最基本的依据。为了获得宋代统治者的支持,不少士人积极著书立说,从古老的经典中寻找理论依据和制度资源,从而议政论政。[2]如李觏以《周礼》为主、兼取《礼记》等儒家经典,从而阐发致太平思想。熙宁变法期间,王安石从《周礼》等经典中寻找制度和思想资源,为变法的合理性和合法性提供依据。张载、叶时、郑伯谦等人亦据《周礼》从而阐发自己的经略思想。此外,不少士人还通过"三礼"之诠释,从而阐发社会理想、规劝当政者。

第一,宋儒据"三礼"之记载从而阐发社会政治理想。

---

[1] (宋)蒋汝通:《乡饮酒记》,《全宋文》第 341 册,上海:上海辞书出版社;合肥:安徽教育出版社 2006 年版,第 203—204 页。

[2] 在中国,利用经典议政论政是古老的传统,中国古人"以《禹贡》治河,以《洪范》察变,以《春秋》决狱,以《三百五篇》当谏书,治一经得一经之益"。(见皮锡瑞:《经学历史》,北京:中华书局 2012 年版,第 56 页)由于"三礼"所记载的礼仪制度和蕴含的礼学思想对于人的道德提升以及社会秩序整合有积极意义,所以受到历代统治者的高度重视。如王莽效法《周礼》推行改制,北周宇文邕命苏绰、卢辩仿《周礼》置六卿官。虽然王莽、宇文泰据《周礼》从事社会改革都走向失败,但是这并没有影响宋人采用《周礼》从事政治经济制度改革的热情。

中国古代的"理想国"思想，集中地体现于《礼记·礼运》。《礼运》认为，大同社会尽善尽美，天下为全体人民所共有，选举有贤德有才能的人来管理；讲求诚信，致力友爱；人们不只是爱自己的双亲，不只是疼爱自己的子女，而且能博爱世人。宋儒在从事《礼运》之诠释时，将他们的社会理想表达了出来。如宋人刘执中认为，五帝时代世风质朴、人民纯洁，"是以选贤与能，讲信修睦，不必自于朝廷，而族党人人公共推让，不敢以为己私也。虽以天下让于人，而人不以为德；虽以天下外于子，而人不以为疏。故不谨于礼而人无作伪以逾于中，不由于乐而人无纵精以失其和"[1]。宋人陈祥道认为，尧、舜之世为大同，而禹、汤、文、武、成王、周公之世为小康，"大道之行为大同，大道之隐为小康，以道之污隆升降系乎时之不同而已。盖大道者，礼义之本，礼义者，大道之末。……此尧舜所以为大同，而禹、汤、文、武、成王、周公所以为小康也"[2]。

此外，《礼记·王制》有不少理想化的政治制度之记述。有些宋儒对《王制》所记政治制度的评价甚高，如永嘉徐自明认为"《王制》一书，叙次三王四代之制度，盖圣王所以经纶天下之大经，而为万世法程者也"[3]，高文虎认为"《王制》一篇皆先王治天下之规模，而本末先后未尝无定序也"[4]。不少宋儒还据《王制》所记之政治制度，从而阐发自己的社会政治理想。如徐自明曰："《王制》……推明班爵制禄之法、祭祀养老之义，其立国之纪纲制度，讲若画一而不相逾越。三代所以享国长久，虽有辟王而维持者不乱，盖得其道矣。周衰，上无道揆，下无法守，诸侯坏乱法纪，以斁先王之制多矣。"[5]在徐氏看来，三代能行《王制》所记先王之道，故能享国长久；周代以来，由于上无道为准，下无法可守，先王制度坏乱，诸侯恣意妄为，周遂走向衰微。又如高文虎认为，王者之制莫重于设官分职、班爵制禄、分地建国，因为这些制度"为斯民之极，故必使内外相维，上下相制，井然有不可逾越之法，是诚立国之本也。……虽然欲使人君尽行古制，天下尽从王者之制，其本又在于人伦天理之不失，此所以终之以六礼七教八政欤"[6]。

---

[1] （宋）卫湜：《礼记集说》卷五四，文渊阁《四库全书》第118册，第119页。
[2] （宋）卫湜：《礼记集说》卷五四，文渊阁《四库全书》第118册，第119页。
[3] （宋）卫湜：《礼记集说》卷二四，文渊阁《四库全书》第117册，第479页。
[4] （宋）卫湜：《礼记集说》卷二四，文渊阁《四库全书》第117册，第476页。
[5] （宋）卫湜：《礼记集说》卷二四，文渊阁《四库全书》第117册，第479页。
[6] （宋）卫湜：《礼记集说》卷二四，文渊阁《四库全书》第117册，第476页。

宋儒通过《礼运》和《王制》之诠释,从而描绘了自己心中的理想社会。宋儒心中的理想社会是"三代"盛世,最好的社会治理途径是"法先王"。这些理想体现了宋儒企图改变积弊颇深的社会现实之强烈愿望,是理想主义与现实批判相结合的政治学说。

第二,宋儒还通过"三礼"之诠释,从而提出治国的方略和政策。

针对北宋土地兼并之社会现实,北宋李觏、张载,以及南宋叶时等人通过《周礼》之诠释,从而为土地制度改革提供依据,并提出了改革的具体方案。

北宋李觏以《周礼》为据,兼取其他儒家经典的相关内容,成《周礼致太平论》一书。在该书的《国用》十六篇中,李觏根据《周礼·大司徒》《遂人》《载师》之记载,主张土地的分配应该多元化。他说:"载师'以宅田、士田、贾田任近郊之地;以官田、牛田、赏田、牧田任远郊之地'。宅田,致仕者之家所受田也。士田,仕者亦受田。……若余夫、致仕者、仕者、贾人、庶人在官者、畜牧者之家,皆受田,则是人无不耕。无不耕,则力岂有遗哉?一易再易,莱皆颁之,则是地无不稼。无不稼,则利岂有遗哉?"①李觏认为,《周礼》所记宅田、士田、贾田、官田、牛田、赏田、牧田等,皆可为宋代统治者划分土地时所效法。此外,余夫、致仕者、仕者、贾人、庶人在官者、畜牧者之家,也应分得土地,由此人人有其田之愿景就不难实现。

北宋张载在《经学理窟·周礼》中主张恢复周代之井田制。在张载看来,"仁政必自经界始。贫富不均,教养无法,虽欲言治,皆苟而已。世之病难行者,未始不以骤夺富人之田为辞,然兹法之行,悦之者众,苟处之有术,期以数年,不刑一人而可复,所病者特上未之行尔"②。张载认为,北宋社会的主要问题是土地分配不均,时下紧要的是推行西周井田制,从而改变土地分配不均的现状。张载还据《周礼》,对井田制推行之具体措施有所阐述。如他说:"百五十亩,田百亩,莱五十亩。《遂人职》曰:'夫廛,余夫亦如之。'廛者,统百亩之名也。又有莱五十亩,可薪者也。野曰莱,乡曰牧,犹民与氓之别。"③"二百亩,田百亩,此在

---

① (宋)李觏:《周礼致太平论·国用第四》,《李觏集》卷六,北京:中华书局2011年版,第82页。
② (宋)吕大临:《横渠先生行状》,《张载集》附录,北京:中华书局1978年版,第384页。
③ (宋)张载:《经学理窟·周礼》,《张载集》,北京:中华书局1978年版,第252页。

二十而三,与十二之征之间,必更有法。"①张载于此所言"廛""莱""牧",皆源自《周礼》。

宋儒还据《周礼》,从而提出财税制度改革方案。如李觏以《周礼》《礼记》为据,对国家收入以及获得收入的途径做了阐述,所论及的有农业、手工业、器用、赋税、财贿、燕私之物、水旱灾之防御、任民、钩考等各个方面。如李觏据《周礼·天官·大府》记大府所掌有关市、邦中、四郊、家削之赋、邦甸、邦县、邦都、山泽、币余之赋,认为《周礼》赋税种类划分如此之细有特定的意义。他说:"凡其一赋之出,则给一事之费。费之多少,一以式法。如是而国安财阜,非偶然也。"②在李觏看来,一种赋税是为了应对某类事件之花费,赋税的征收要据花费而定,如此才能实现国泰民安。

北宋儒学功利派的代表人物王安石亦是通过对《周礼》等儒家经典加以诠释,从而阐发自己的经略思想。熙宁变法时期,王安石所撰《周官新义》乃变法的经典依据之一。在此书中,王安石以《周礼》的《泉府》《膳宰》等职官之职掌为据,从而阐发自己的财税改革思想。如王安石以《周礼·地官》泉府职掌为据推行青苗法,希望藉此改变北宋农民和手工业者遭受富商大贾高利贷盘剥之现实,从而增加政府的收入。《泉府》言"敛市之不售货之滞于民用者,以其贾买之,物楬而书之,以待不时而买者",王安石据此认为,"善为国者,不取于民而财用足",③"泉府所言国之财用,凡以赊贷之息供之"④,"周人国事之财用,取具于息钱"⑤。凡此诸言,皆是为青苗法抑豪强、平物价、广积蓄诸主张提供经典依据。

王安石还以《周礼》为据陈述变法的合理性、反击反对派。如有官员上书宋神宗指斥安石所推青苗法、市易法"言补助则为虚名,言敛散则为徒扰"⑥,"上

---

① (宋)张载:《经学理窟·周礼》,《张载集》,北京:中华书局1978年版,第252页。
② (宋)李觏:《周礼致太平论·国用第一》,《李觏集》卷六,北京:中华书局2011年版,第80页。
③ 程元敏:《三经新义辑考汇评(三)——〈周礼〉》上编《地官司徒二》,台北:台湾编译馆1987年版,第213页。
④ 程元敏:《三经新义辑考汇评(三)——〈周礼〉》上编《地官司徒二》,台北:台湾编译馆1987年版,第212页。
⑤ 程元敏:《三经新义辑考汇评(三)——〈周礼〉》上编《地官司徒二》,台北:台湾编译馆1987年版,第212页。
⑥ (清)徐松辑:《宋会要辑稿》第10册,上海:上海古籍出版社2014年版,第6058页。

以欺罔圣听,下以愚弄天下之人"①,有人甚至指斥青苗法、市易法"非圣人之意"②。针对这些指责和攻击,王安石屡次称引《周礼》泉府之记载以驳之。王安石认为,与《周礼》泉府所记借贷利率相比,青苗法的二分息已经很低。王安石还以《周礼》为据力陈推行青苗法、市易法之合理性,他说:"政事所以理财,理财乃所谓义也。一部《周礼》理财居其半,周公岂为利哉?奸人者,因名实之近而欲乱之,以眩上下,其如民心之愿何?"③既然出自圣人周公的《周礼》是如此重视理财,那么重视理财的青苗法、市易法不可能不合圣人之意。

第三,宋儒据"三礼"之记载议政、规谏当政者。

宋儒喜据"三礼"议政。如有人据《礼记》,认为当政者应以礼治国。《礼运》云"治国不以礼,犹无耜而耕也",宋人蒋渊据此,认为圣人制礼以教天下,繁文缛节,意义详备,功用周遍,就如人进太仓,饮食随取,从而"使人相安相养于其中,而不知若服田足食之喻,其亦本于养人之意与"④。宋人叶时据《礼运》此语,认为圣人于人情深有体察,故有以礼治国之主张;受人情之影响,性之本善可变为恶,以礼治国可防人情对人性的负面影响,以臻"人情治,人性明,而人道立矣"⑤。

又如有人据《礼记》,力主官员七十而致仕。《礼记·曲礼》云"大夫七十而致仕",然而北宋时期,年满七十仍在位的官员不在少数。曹修古于天圣四年(1026)上奏,力主七十当致仕。在此上奏中,曹氏据《礼记》以论七十致仕之必要性。其理由有三:一是"七十致仕载在礼经"⑥;二是年老者体力、心力渐衰,不能胜任职务;三是年老者多作身后之计,易导致腐败。包拯于皇祐三年(1051)上奏亦认为"七十致仕著在礼经,卓为明训"⑦,年老而不致仕,既不符合朝廷待

---

① (宋)韩琦:《上神宗论条例司画一申明青苗事》,赵汝愚编:《宋名臣奏议》卷一〇二,文渊阁《四库全书》第432册,第385页。
② (宋)刘攽:《彭城集》卷二七《与王介甫书》,文渊阁《四库全书》第1096册,第272页。
③ (宋)王安石:《临川文集》卷七三《答曾公立书》,文渊阁《四库全书》第1105册,第608页。
④ (宋)卫湜:《礼记集说》卷五八,文渊阁《四库全书》第118册,第231—232页。
⑤ (宋)卫湜:《礼记集说》卷五八,文渊阁《四库全书》第118册,第232页。
⑥ (宋)曹修古:《内外官七十并令致仕奏》,《全宋文》第16册,上海:上海辞书出版社;合肥:安徽教育出版社2006年版,第192页。
⑦ (宋)包拯:《论百官致仕奏》,《全宋文》第25册,上海:上海辞书出版社;合肥:安徽教育出版社2006年版,第321页。

士大夫之本意,亦不符合士大夫之礼。在曹修古等人的努力下,仁宗年间,七十而致仕者较前代稍多。

宋儒还以"三礼"之记载为据,规劝当政者勤于朝政、懂得节俭、重视礼教。如宋真宗迷信"天书封禅",大兴土木,建玉清昭应宫以供奉"天书"。对于真宗此举,群臣无人敢言,只有王曾上《乞罢营玉清昭应宫疏》,极力劝说真宗以邦国大计为重,不要大兴土木、伤民力。王曾曰:"臣谨按《月令》:'孟夏无发大众,无起土工,无伐大木。'今肇基卜筑,冲冒郁蒸,俶扰厚坤,乖违前训。矧复旱嘆卒痒,雷电迅风,拔木飘瓦,温沴之气,比屋罹灾,得非似未承天地之明效欤?"[①]王曾据《礼记·月令》,认为建玉清昭应宫是不遵时令、失于物宜之举。

又如英宗时,禁中遣使泛至诸臣之家为颖王择妃。韩维据《礼记·坊记》"诸侯不下渔色,故君子远色以为民纪",认为颖王家室之择取,首先"宜历选勋望之家","不宜苟取华色而已"[②]。其次应注意"矫世励俗"之效应,因为"近世简弃礼教,不以为务。婚娶之法,自朝廷以达民庶,荡然无制,故风俗流靡,犯礼者众",所以英宗应"考古纳采问名之义,以礼成之"[③]。韩维认为英宗应据古代纳采、问名之仪式,遵从《仪礼》婚礼之程序,从而劝民向善、有益风化。

综上所述,可知宋儒据"三礼"议政论政,有着现实主义与理想主义的双重特质。对于王安石、曹修古、包拯等统治阶层的实权派来说,他们据"三礼"议政论政的现实主义成分要多些,而对于李觏、张载、叶时等士人来说,理想主义的成分则更明显。王安石、曹修古、包拯等人藉经典以推行自己的改革主张,获得了统治者的支持,并获得了一定的成效。而李觏、张载、叶时等人藉经典提出的改革主张,没有得到当权者的重视。不过从士人理想的文化价值角度来看,李觏、张载、叶时等人所提出的带有复古色彩的改革主张并非毫无其价值,比如他们倡导的井田制就是如此。《周礼》所记井田制,是夏、商、周时期的土地国有制度,是夏、商、周时期社会结构稳定的经济保障。但是宋代主要实行土地私有

[①] (宋)王曾:《乞罢营玉清昭应宫疏》,《全宋文》第15册,上海:上海辞书出版社;合肥:安徽教育出版社2006年版,第382—383页。

[②] (宋)韩维:《上英宗乞不泛于诸臣家为颖王择妃》,《全宋文》第49册,上海:上海辞书出版社;合肥:安徽教育出版社2006年版,第137页。

[③] (宋)韩维:《上英宗乞不泛于诸臣家为颖王择妃》,《全宋文》第49册,上海:上海辞书出版社;合肥:安徽教育出版社2006年版,第137页。

制,土地国有制只占很小比例。面对土地兼并成风的社会现实,土地均平的主张看似有其合理性,实际上却行不通。然而我们不能简单地否定李觏、张载、叶时等人所提出的井田制主张之意义。在中国古代,士人理想除了修身、齐家,还要治国、平天下,张载甚至主张"为天地立心,为生民立命,为往圣继绝学,为万世开太平"[①]。中国古代的士人往往带有理想主义气质,他们所绘的理想蓝图往往与社会现实有一定的张力,甚至是难以实现的梦想。不过他们的出发点却是善意的,他们的用心是良苦的。李觏、张载、叶时等人的井田梦想,有着古典理想主义的特质,是中国古代士人价值追求之体现。

三、宋儒"三礼"诠释与议礼制礼

宋人对"三礼"所记之礼制颇为重视,他们依据"三礼"议礼制礼,涉及学术、政治、伦理等各个方面。宋儒议礼制礼的内容,或以专著、文章、笔记的形式予以表达,或以上奏的形式予以陈述。宋儒据"三礼"议礼制礼的例子,最典型的莫过于濮议和郊礼之争。今拟通过对濮议和郊礼之争的探讨,以见宋儒据"三礼"议礼制礼之一般特点。

北宋仁宗无嗣,濮安懿王允让之子赵曙继位,是为宋英宗。英宗即位的第二年,诏议崇奉生父濮王典礼。侍御史吕诲、范纯仁、吕大防、司马光、王珪等人力主称仁宗为皇考,称濮安懿王为皇伯。中书韩琦、欧阳修等人则主张称濮安懿王为皇考。围绕英宗生父濮王之称谓,以司马光、王珪为首的台谏派与欧阳修为首的中书派发生了激烈的争论。论辩双方皆引经据典,力证自己的观点符合经义、不违古制。

司马光、王珪等人据《丧服》认为,既然为人后者为所后者服斩衰三年,为本生父服齐衰期,那么濮王于英宗是亲生父亲而非所后者,故英宗对于濮王的称谓要体现降服之义,不得称父,而应以"皇伯"代之。如王珪曰:"先王制礼,尊无二上,若恭爱之心分于彼,则不得专于此故也。"[②]程颐亦认为,台谏派以英宗称亲,此"亲"字的涵义模糊,然而不管是确指父,还是不确指父,皆与降服之义不

---

① (清)黄宗羲著,(清)全祖望补:《宋元学案》卷一七,北京:中华书局1986年版,第664页。
② (元)脱脱:《宋史》卷二四五,北京:中华书局1977年版,第8709页。

符,徒乱大伦。

欧阳修则力主英宗称亲,他说:"为人后者所承重,故加其服以斩,而所生之亲恩有屈于义,故降其服以期。"[1]欧阳修认为,圣人制礼,情义兼尽,符合人之常情,乃礼仪之要义;英宗于濮王称亲符合人情,不称亲则有悖于人情。与欧阳修立场相同的韩琦亦认为,古礼固然重要,却需"以义制事""因时适宜"[2],英宗对其生父称亲,既是对古礼之尊崇,又是"因宜称情"[3]。

司马光、程颐对《仪礼·丧服》本义之关注,与其一贯的政治文化立场是相同的。针对王安石提出的"天命不足畏,祖宗不足法,人言不足恤"[4],司马光认为"祖宗之法不可变"[5],程颐亦主张"复先代明王之法治"[6],司马光、程颐所持的是趋于保守的文化政治立场,他们主张恪守《丧服》之义,正是他们所持政治文化立场之反映。以欧阳修为首的中书派之关注点,更多是现实需要。欧阳修认为,自己主张英宗于濮王称亲,意在"追崇以彰圣君之孝而示天下也"[7],韩琦上奏亦曰"庶几上以彰孝治,下以厚民风"[8]。欧阳修、韩琦的深层动机,是他们对当政者动机之省察。英宗被立为太子之前多年在濮王府生活,其对生父濮王的感情要比对仁宗的感情深厚得多。英宗继位后,其对濮王之感念需要藉尊号得以表达。欧阳修等人看到了英宗的真实需要,他们从现实人情的角度出发,力辩英宗称亲的合法性。在论辩过程中,欧阳修等人对于《丧服》并非视而不见,然其诠释并非恪守经义,而是变通甚至不惜曲解经义,从而满足当朝皇帝之需要。欧阳修的主张与其政治文化立场亦是密切相关的。庆历前后,不少士人以救时行道的价值追求代替了以往固陋守旧的价值取向,而在由古典理想主义向现实主义学风转变的过程中,欧阳修起到了关键性的作用。欧阳修在《丧服》

---

[1] (宋)欧阳修著,李逸安点校:《欧阳修全集》卷一二一,北京:中华书局2001年版,第1858页。
[2] (宋)欧阳修著,李逸安点校:《欧阳修全集》卷一二二,北京:中华书局2001年版,第1861页。
[3] (宋)欧阳修著,李逸安点校:《欧阳修全集》卷一二二,北京:中华书局2001年版,第1861页。
[4] (元)脱脱:《宋史》卷四二,北京:中华书局1977年版,第822页。
[5] (元)脱脱:《宋史》卷三三六,北京:中华书局1977年版,第10764页。
[6] (宋)程颐:《周易程氏传》卷三,王孝鱼点校:《二程集》,北京:中华书局1981年版,第901页。
[7] (宋)欧阳修著,李逸安点校:《濮议》,《欧阳修全集》卷一二一,北京:中华书局2001年版,第1854页。
[8] (宋)韩琦:《濮安懿王合行典礼议》,《全宋文》第55册,上海:上海辞书出版社;合肥:安徽教育出版社2006年版,第49页。

诠释中表现出的变通精神,体现了其现实主义的政治文化立场。

郊礼之争亦是宋代礼制史和政治史上的大事,许多士人都曾参与讨论。据《周礼·春官·大司乐》《周礼·春官·典瑞》之记载,郊礼是天子祭天地的大礼。历代统治者皆重视郊祭,宋代亦如此。宋人曰:"国莫重于祭,所以作民恭之先。礼无大于郊,所以报物生之始。"①赵宋开国以后,关于郊祭之内涵一直有争议。宋初的皇帝实行天地合祭,然而元丰年间有人提出合祭有违古制。宋神宗遂罢合祭而分皇地祇于方泽北郊,南郊只祭昊天上帝。不过到了元祐年间,合祭又得以恢复。祭天祀地,争议不断,分分合合,贯穿了整个宋代历史。

不少宋儒参与了郊祭之争,如北宋苏轼等人主张天地合祭。苏轼撰《上圆丘合祭六议札子》《请诘难圆丘六议札子》,向当朝皇帝陈述合祭之理由。苏轼认为,天地合祭是有经典依据的,他说:"《书》曰:'肆类于上帝,禋于六宗,望于山川,遍于群神。'……《诗》之序曰:'昊天有成命,郊祀天地也。'……《春秋》书:'不郊,犹三望。'……臣以《诗》《书》《春秋》考之,则天地合祭久矣。"②苏轼主张合祭天神、地祇,故其征引持合祭之说的《书》《诗》和《春秋》,而不取持分祀之说的《周礼》。苏轼还认为,合祭天地更符合现实需要,因为分祭程序过于复杂,仪节过于繁多,对于行礼之天子以及辅助之百官皆带来极大不便。除了苏轼,权户部侍郎李琮亦主张天地合祭,他认为"乘舆出郊,而暑雨不常,理难预度,六军仪卫、百官车服势难减损,三代典礼或难全复,则合祭权宜,亦难轻罢"③。李琮所言,亦是出于现实之考虑。

刘安世、王子韶、朱熹等人则主张天地分祀。如王子韶曰:"《周礼》,夏日至祭地于方泽。圣人制礼,垂训万世,不易之典。元丰六年修定皇帝亲祠北郊祭皇地祇于方丘,并上公摄事等仪,已在有司,望举而行之。"④王子韶以《周礼》为据,认为冬至应祭昊天上帝,夏至应祭皇地祇。朱熹据《周礼》《仪礼》和《书》,认为古代天地并不合祭。他说:"《礼》'郊特牲而社稷太牢',《书》'用牲于郊,牛

---

① 《宋大诏令集》卷一二一《熙宁十年南郊赦天下制》,《典礼六·南郊四》,北京:中华书局1962年版,第415页。
② (宋)苏轼:《上圆丘合祭六议札子》,《苏轼文集》卷三四,曾枣庄、舒大刚编:《三苏全书》第12册,北京:语文出版社2001年版,第188—189页。
③ (清)徐松辑:《宋会要辑稿·礼三》,上海:上海古籍出版社2014年版,第549页。
④ (清)徐松辑:《宋会要辑稿·礼三》,上海:上海古籍出版社2014年版,第548—549页。

二'及'社于新邑',此明验也。本朝初分南北郊,后复合而为一。《周礼》亦只说祀昊天上帝,不说祀后土,故先儒言无北郊,祭社即是祭地。古者天地未必合祭,日月、山川、百神亦无一时合祭共享之礼。古之时,礼数简而仪从省,必是天子躬亲行事,岂有祭天却将上下百神重沓累积并作一祭耶?"①在朱熹看来,既然天子是通过郊祭向天神表达敬意,那么就不可能将所有神合在一起祭祀。

礼部郎中崔公度希望藉经典之记载平息各家之争议,他说:"《周颂》合祭,礼之情也。《周礼》特祀,礼之文也。文必有情,情必有文,然则祭祀天地,或合或特,系于时君,而礼则一也。今特祀难行,即当依旧合祭,并依祖宗旧仪,为圣朝万世不刊之典。"②崔氏认为,《诗》之记载乃合祭天地之礼,为礼之情,《周礼》之记载乃分祀天地之礼,为礼之文;时下当行合祭,天地分祀难行。崔氏试图通过调和经典之记载,从而平息分祭与合祭之争议。

从郊祭论辩各方所做之论证,可知论辩双方皆重视经典依据,都试图证明自己的观点符合古礼古制,如苏轼认为自己的观点是"上合三代六经"③,孔武仲认为冬至祀天、夏至祭地乃"先王之制"④。在论证过程中,论辩双方亦皆引经据典,如苏轼以《书》《诗》《春秋》为据,刘安世、王子韶、朱熹、崔公度等人则以《周礼》为据。苏轼于《周礼》祭天祀地之内容不可能不知,然而其在论证时舍之,是因为《周礼》主张分祀,与《书》《诗》《春秋》所记合祭的观点相反。由此可见,苏轼有先入为主之见,若经典之记载与自己观点相合则取之,不符则去之。苏轼等人所列合祭之理由,更多的是出于现实之考量,如分祀天地可能导致人、财、物的消耗。现实之需要,使苏轼等人考虑更多的是如何简化礼仪,方便天子和百官。为了论证合祭乃正确的选择,苏轼甚至断言"今所行皆非周礼"⑤。"周礼"在中国历代儒者的心目中有着崇高的地位,苏轼主张后世所行并非要尽合于周礼,其现实主义精神体现得再明显不过了。王子韶、朱熹等人以苏轼未曾

---

① (元)脱脱:《宋史》卷一百,北京:中华书局1977年版,第2456页。
② (清)徐松辑:《宋会要辑稿·礼三》,上海:上海古籍出版社2014年版,第540页。
③ (宋)苏轼:《请诘难圆丘六议札子》,《苏轼文集》卷三四,见曾枣庄、舒大刚编:《三苏全书》第12册,北京:语文出版社2001年版,第194页。
④ (清)徐松辑:《宋会要辑稿·礼三》,上海:上海古籍出版社2014年版,第542页。
⑤ (宋)苏轼:《上圆丘合祭六议札子》,《苏轼文集》卷三四,见曾枣庄、舒大刚编:《三苏全书》第12册,北京:语文出版社2001年版,第194页。

征引的《周礼》为据,得出了与苏轼截然相反的观点。王氏和朱氏现实成分的考虑要少一些,他们更多地是关注郊祭与经典记载之吻合程度,至于现实行礼之繁文缛节,在他们看来正是郊祭的应有内容。平心而论,关于郊祭中的分合问题,《周礼》的记载较为翔实和准确,而《诗》《书》《春秋》的记载既零散,又模糊不清。苏轼与王子韶、朱熹等人的郊祭之争,皆反映了宋代士人通经致用的经典诠释取向,只不过在现实的面前,苏轼等人选择了游离于经义之外,而王子韶、朱熹等人选择了恪守经之本义。

四、结语

北宋建立以后,统治者采取了偃武修文的政策,政府重视并大量选用文人治国理政。此外,宋代的政治氛围也比较宽松,臣民上书言事、民间自由讲学蔚然成风。在这样的社会文化背景下,宋代实现了文化的高度繁荣。而自汉代提倡儒学以来,包括宋代在内的历代统治者皆是以儒学为官方哲学,儒家经典俨然成为立身行事之依据、判断是非之法典。在学风较为自由、学术高度发达的宋代,通经致用更是当时士人从事经典诠释的学术价值诉求。苏轼曾说:"宋兴七十余年,民不知兵,富而教之,至天圣、景祐极矣,而斯文终有愧于古。士亦因陋守旧,论卑气弱。自欧阳子出,天下争自濯磨,以通经学古为高,以救时行道为贤,以犯颜纳说为忠。长育成就,至嘉祐末,号称多士。"[①]据苏轼所言,可知北宋庆历以后,以往固陋的价值观被士人抛弃,通经致用逐渐成为士人的主流观念。宋儒的"三礼"诠释,正好印证了这一经典诠释观念之演变。北宋欧阳修、司马光、李觏、王安石、张载、"二程",南宋朱熹、叶时、郑伯谦,以及其他很多的两宋士人,都积极从事"三礼"之诠释。他们从事"三礼"诠释之初衷是解决现实社会所存在的各种问题,这些问题涉及社会制度层面,也涉及社会教化层面,还有人的伦理道德和心灵归宿层面,即使是实学色彩较浓的《仪礼》诠释,也不乏

[①] (宋)苏轼:《六一居士集叙》,《苏轼文集》卷八三,见曾枣庄、舒大刚编:《三苏全书》第13册,北京:语文出版社2001年版,第466页。

通经致用取向。① 如朱熹编撰的《仪礼经传通解》所言冠、婚、丧、祭诸礼部分皆是关乎修身,所言王朝礼部分皆是关乎社会秩序的整合。总而言之,宋代宽松的氛围、自由的学风、士大夫的担当精神使宋儒的"三礼"诠释有着鲜明的通经致用取向,而宋儒"三礼"诠释的价值取向,也反过来印证了宋代的学风和士人精神。

---

① 从"三礼"诠释的体式,亦可窥见宋儒经典诠释的方法和旨趣。据笔者统计,可知的宋代"三礼"学文献总数的三分之二是解体、义体、疏体和说体等诠释体式,这几种经典诠释体式皆重在阐发经文大义和经典思想。